마르크스

자본론 제3권

마르크스
자본론 제3권

사사키 류지 지음
정성진·서성광 옮김

21세기문화원

일러두기

1. 이 책은 사사키 류지佐々木隆治의 『マルクス資本論 第三巻』(KADOKAWA, 2024)을 번역한 것이다.
2. 맞춤법과 표기법은 국립국어원의 어문 규범에 따랐다. 다만 외국어 표기가 원음과 멀어진 경우에는 예외로 했다.
3. 각주에서 '역주'라고 표시된 것은 옮긴이의 주이고, 나머지는 지은이의 주이다.

한국어판 서문

이 책은 칼 마르크스의 주저 『자본론』 제3권의 해설서입니다. 이 책이 갑작스럽게 제3권부터 시작하는 것에 의문을 품는 독자도 계실 것이므로, 우선은 그 사정을 설명하겠습니다.

일본어판 원서에서는, 이 책이 제1권을 해설한 졸저 『마르크스 자본론』의 속편에 해당합니다. 첫 책인 『마르크스 자본론』은 『자본론』 간행 150주년에 해당하는 2018년에 가도카와角川選書에서 "시리즈 세계의 사상"의 첫 번째 책으로 간행된 것입니다. 이 시리즈는 철학이나 사회사상 분야의 여러 명저를 입문자용으로 해설하는 것으로, 담당 편집자님께서는 되도록 평이하고 간결한 책을 집필해 달라고 요청하셨습니다. 그런데 실제로 다 쓰고 보니, 원서로 550쪽이 넘는 방대한 분량의 책이 되어 버렸습니다. 가능한 한 짧게 만들려고 노력했지만, 『자본론』의 중요한 부분을 인용하면서 해설하다 보니, 이 정도 길이가 되는 것은 어쩔 수 없었습니다.

출판 직후에는 "이렇게 긴 책이라면 그다지 널리 읽히지 않겠지"라고 예상했지만, 의외로 많은 독자분께서 읽어 주셔서 기뻤습니다. 원문을 인용하면서 될 수 있는 대로 정성껏 상세하게 해설하는 스타일이 공을 세운 것이겠지요. 그래서 다소 무리한 부탁일지도 모른다고 생각하면서 가도카와의 편집자님께 『자본론』 제3권에 대한 해설서를 비슷한 스타일로 간행할 수 있는지 상담해 보았더니, 좋다는 답변을 받을 수 있었던 것입니다.

『마르크스 자본론 제3권』은 더욱 두꺼운 책이 되고 말았지만, 다행히도 이 책 역시 많은 독자분께서 읽어 주시는 듯합니다. 일반 시민이나 젊은 연구자들로부터 이 책으로 독서 모임을 하고 있다는 희소식도 전해지고 있습니다. 그리고 이번에는 더욱 기쁘게도, 제가 존경하는 마르크스 연구자 중 한 분인 정성진 교수님께서 주선해 주셔서 한국어 번역판을 간행하게 된 것입니다. 『마르크스 자본론』의 번역에 앞서 『마르크스 자본론 제3권』의 한국어 번역판이 간행된 이유로는, 정성진 교수님께 듣기로는 한국에서는 제3권에 대해 해설한 책이 거의 없어, 출판 시장에서 '희소성'이 높다는 사정이 있는 듯합니다. 어떤 이유에서든 이 책이 번역되는 것은 매우 반가운 일이지만, 이 책에서도 곳곳에서 참조하고 있듯이, 제3권을 이해하기 위해서는 제1권의 이해 또한 빠뜨릴 수 없습니다. 가까운 시일 내에 『마르크스 자본론』 역시 번역되기를 바랍니다(그때까지는 졸저 『한 권으로 읽는 마르크스와 자본론』(정성진 옮김, 산지니, 2020)에서 『자본론』 제1권을 해설한 부분을 봐 주십시오).

그렇다 해도, 애초에 왜 제2권이 아니라 제3권 해설서를 먼저 간행했는지 궁금한 분들도 계실 터입니다. 여기에는 주로 세 가지 이유가 있습니다.

첫째는, 제가 2018년경부터 『자본론』 제3권 초고의 일본어 번역 작업에 매진해 왔다는 점입니다(제3부 주요 초고의 일본어 번역은 내년이나 내후년에 사쿠라이서점桜井書店에서 간행될 예정입니다). '머리말'에서도 서술했듯이, 현재 일반적으로 구할 수 있는 엥겔스 편집 『자본론』 제2권이나 제3권은 엄밀하게는 마르크스의 저작이 아닙니다. 그 때문에 마르크스 자신의 텍스트를 일반 독자용으로 소개하려면 초고의 번역이 필요하지만, 그 작업이 지금까지는 제3권만 완료되었기에, 제2권 해설서에 먼저 착수할 수 없었던 것입니다. 현재 제2권 초고도 번역 작업을 진행하고 있지만, 완성되기까지는 시간이 좀 걸릴 듯합니다.

다음으로, 순수하게 연구상의 관점에서 보아도, 연구를 마르크스 자신의 이론적 발전의 추적이라는 형태로 수행하는 한, 제1부(제1권) → 제3부(엥겔스판 '제3권') → 제2부(엥겔스판 '제2권')라는 순서가 될 수밖에 없다는 사정이 있습니다. '인물과 작품'을 보면 아시겠지만, 마르크스는 1863년부터 1865년에 걸쳐 제1부부터 제3부까지의 초고를 일단 완성하고, 제1부에 대해서는 그 초고를 바탕으로 『자본론』 제1권을 1867년에 간행하지만, 제2부와 제3부에 대해서는 충분한 완성도에 이르지 못했기 때문에 그 후 개고 작업에 들어갑니다. 제3부에 대해서는 제1장의 서두 초안을 네 개 정도 쓰는 데 그쳤지만, 제2부에 대해서는 그 후 만년에 이르기까지 방대한 초고를 여러 개 썼으며, 최초에 쓴 초고를 전면적으로 다시 썼습니다. 따라서 만년에 쓴 제2부의 초고는 미간행으로 끝났다고는 하나, 마르크스의 경제학비판 관련 텍스트 중에서 가장 이론적 수준이 높은 것이며, 그것을 이해하기 위해서는 그전에 쓴 제2부 초고는 물론이고 제1부나 제3부 초고의 내용도 충분히 파악해 둘 필요가 있다고 생각됩니다.

마지막으로, 이것이 가장 본질적인 이유지만, 제3부의 내용이 현대 자본주의 분석에 매우 중요하다고 생각했기 때문입니다. 이 책은 어디까지나 『자본론』 제3부(엥겔스판 '제3권')를 해설하는 데 중점을 두고 있어 본격적으로 전개하진 않았지만, 필자는 현대자본주의가 렌트(노동에 의해서는 생산 곤란한 생산(생업) 조건의 독점에 기초한 수익. 이 책 제7장 참조)의 취득을 중심으로 한 새로운 타입의 자본주의, 즉 '렌트 자본주의'라고 생각합니다. 당연한 일이지만, 이 렌트를 분석하기 위해서는 제3부에서 전개되는 지대(토지의 독점에 의해 취득되는 렌트)론을 참조할 필요가 있는데, 중요한 것은 그것만이 아닙니다. 왜 산업을 중심으로 한 자본주의가 쇠퇴하는 가운데, 소비를 중심으로 한 포스트포디즘이나 금융자본주의가 대두될 수 있었는지, 왜 현재 '렌트 자본주의'의 힘이 이토록 막강한지를 이해하기 위해서는 제3부의 주제를 이루는 "형상화形象化"에 대한 이해가 빠질 수 없습니다. 제3부의 이론적 핵심을 이루는 형상화론이야말로, 자본의 수익 형태가 잉여가치로부터 질적 및 양적으로 자립화해 가고, 최종적으로는 렌트의 형태에서 노동의 희소성에 의거하지 않는 '허위의 사회적 가치'의 수탈이 가능해진다는 것을 보여줄 수 있는 것입니다.

주의해 주셨으면 하는 점은 여기서의 '가능'이란 단지 경제학적인 의미가 아니라, 권력론적인 의미라는 것입니다. 자본주의 시스템에서 노동 성과의 착취나 부의 수탈은 결코 순수하게 경제적인 구조나 제도에 의해 성립하는 것이 아닙니다. 유례를 지배하는 일정한 권력관계가 존재함으로써 비로소 가능해지는 것입니다.

예를 들어, 임금노동에 대해 생각해 봅시다. 일반적으로 전통적인 마르크스주의자들 사이에서는 임금노동자가 자본가에게 착취당하는 것은 자본가가 생산수단을 사적으로 소유하고 있기 때문이라고 생각합니다. 물론, 현상만 보면 이것은 틀리지 않습니다. 실제로 우리가 노동력을 기업에 판매하고, 자본가에게 착취당해야만 하는 입장에 놓여 있는 것은 우리 자신이 생산수단—즉 공장이나 기계 등의 생산 설비, 나아가 생산에 필요한 원료—을 갖고 있지 않고, 그것들을 자본가들이 독점하고 있기 때문입니다. 따라서 문제는 이러한 경제시스템을 가능하게 하는 '구조'이며, '제도'라는 것입니다. 이렇게 생각한다면, 그것을 개량하거나 변혁하기 위한 방책은 선거에서 좌파 정당의 의원을 늘리거나, 혁명 정당의 멤버를 증대시키기 위한 정치 운동이라는 결론에 이를 것입니다.

그러나 만약 그것이 마르크스가 말하고 싶었던 것이라면, 『자본론』에 그토록 복잡하고 난해할 필요가 있었을까요? 예를 들어, 데이비드 하비David Harvey(1935-)는 가치형태론의 까다로운 논의를 "극단적으로 지루한 설명"1)이라고 생각하는 듯하지만, 마르크스 자신은 그것이 "이 책(『자본론』) 전체에 있어 너무나도 결정적"(*MEW* 31, 306)2)이라고 생각했습니다. 또한, 이 책(654쪽, 제7장 4절의 자본주의적 생산양식을 특징짓는 것 ①—물상화와 그것에 기초한 권력)에서도 인용되어 있듯이, 상품의 물신적 성격 속에는 자본주의적 생산양식 전체를 특징짓는 사회적 생산 여러 관계의 물상화나 생산자와 생산수단 관계의 전도轉倒가 이미 포함되어 있다는 점도 지적하고 있습니다. 요컨대, 마르크스는 상품 장의 가치형태론이나 물신성론이 자본주의 시스템을 이해하는 데 결정적

1) 역주: 데이비드 하비, 『데이비드 하비의 맑스 '자본' 강의』, 강신준 옮김, 창비, 2011, p.65.
2) 역주: 카를 마르크스, 「마르크스가 맨체스터에 있는 엥겔스에게」(1867.6.22), 『자본론에 관한 서한집』, 김호균 옮김, 중원문화, 1990, p.151.

이라고 생각했던 것입니다.

그렇다면 왜 가치형태론이나 물신성론이 중요한 것일까요? 그것은 그 이론들이야말로, 자본주의 시스템에서 최대의 권력인 자본 권력의 가장 깊숙한 기초를 설명하는 것이기 때문입니다. 마르크스에 따르면, 자본이란 자기증식하는 가치(주체화된 가치)와 다름없지만, 이 주체화된 가치의 권력 기초에 있는 것이 가치의 권력(물신성론)이며, 화폐(자립화한 가치)의 권력(가치형태론)인 것입니다. 이 이상 장황하게 설명하면 『자본론』 그 자체의 해설이 되어 버리므로, 결론만 말하자면, 우리를 지배하는 가치, 화폐, 자본의 권력은 우리 자신의 나날의 행위, 즉 사적 노동과 임금노동에서 발생하고 있다는 것입니다. 현재의 시스템이 아무리 강력하게 보일지라도, 만약 우리가 일제히 사적 노동과 임금노동을 그만둔다면, 이들 권력은 사라져 버리고, 현재와 같은 가치나 화폐의 힘에 입각한 근대적 사적 소유 제도도 성립하지 않게 되고 맙니다.

실제로 과거 혁명 정세에서 '총파업' 때는 공장을 자주 관리하고, 자신들 스스로 경제를 통제함으로써, 그러한 상태가 일시적이고 국소적으로나마 출현했습니다. 재해 등 위기적인 상황 하에서 사람들이 함께 협동하는 '재난 유토피아'도 그러한 사례 중 하나라고 생각할 수 있을 것입니다. 반대로, 과거의 소련이나 현재의 중국처럼, 아무리 국가가 자신들의 사회를 '사회주의 사회'라고 선언하고, 기간산업을 국유화하거나, 토지를 국유화했다고 해도, 사람들에게 생산수단에 대한 접근이 보장되어 있지 않고, 자신들 스스로 생산을 제어할 수 없는 한, 그리고 그로 인해 사람들이 현실적으로 사적 노동이나 임금노동을 하지 않을 수 없는 한, 가치, 화폐, 자본의 권력은 사라지지 않고, 시장 메커니즘의 영향을 피할 수 없습니다. 많은 연구자들이 그러한 사회들을 '국가

자본주의'라고 생각하는 까닭입니다.

그렇다 해도, 임금노동이라는 행위 그 자체를, 우리가 바로 현존하는 제도에 의해 강제당하고 있는 것이 아니냐고 생각하는 분이 계실지 모릅니다. 확실히 개인으로서는 그럴지도 모릅니다. 다른 사람들이 임금노동을 계속하는 가운데 자신만이 임금노동에서 이탈하여 살아가는 것은 지극히 곤란합니다. 그러나 이것이 곤란한 이유는, 다른 사람들이 임금노동을 함으로써 가치, 화폐, 자본의 힘을—다른 말로 하면, 그것들이 없으면 생산이나 생활을 계속해 나갈 수 없다는 상황을—계속 만들어 내고 있기 때문이라고 할 수 있습니다. 그런 의미에서, 우리는 집합적으로 우리 자신의 행위를 통해, 우리에게 임금노동을 강제하는 권력, 혹은 그것이 권력으로서 작동하는 상황을 계속 재생산하고 있는 것입니다. 이러한 사태를 마르크스는 '물상화物象化'라고 불렀습니다. 이 표현은 완성고인 『자본론』 제1권에는 한 번밖에 나오지 않지만, 내용적으로는 일관되게 이 물상화에 대해 이야기하고 있으며, 다른 초고에서는 이 단어가 제법 빈번하게 등장합니다.

아무튼, 이처럼 자신들 스스로 자신들의 생산 방식을 제어할 수 없는 상황에 놓이면, 사람들은 자연스럽게 시장경제를 '자연'스러운 것으로서 수용하게 되고, 생산물이 가치를 가지며, 상품으로서 판매되는 것은 당연한 일이며, 바꿀 수 없는 것이라고 생각하게 되어 갑니다. 이러한 환상을 낳는 상품의 성격을 상품의 '물신적 성격'이라고 하지만, 이러한 환상은 화폐에 대해서도, 자본에 대해서도 발생하게 됩니다.

나아가, 물상화가 발생하면, 필연적으로 물상의 인격화라는 현상이 발생합니다. 이것은 사람들이 물상(상품, 화폐, 자본 등)의 인격적 담지자로서 행동하게 되면, 사람들 자신의 욕망이나 의지의 양상이 변용되어

배리는 현상입니다. 예를 들어, 사용가치에 대한 욕망뿐만 아니라, 가치 그 자체, 단적으로는 화폐에 대한 욕망이 발생하고, 이것이 점점 더 우위가 되어 갑니다. 사용가치에 대한 욕망 그 자체도 변용되어, 우리의 생활을 풍요롭게 하는 수단이라기보다는, 상품을 소비하는 것 자체에 대한 욕망으로 슬며시 바뀌어 갑니다. 또한, 소유란 사람들이 물건을 소지하거나 점유하는 것을 사회적으로 승인하는 것을 의미하지만, 이 승인이 오로지 상품이나 화폐라는 물상의 힘에 의존하여 이루어지게 됩니다. 원래 소유의 승인 방식에는 전통이나 신분, 종교나 윤리 등 다양한 유형이 있었지만, 그것이 시장에서의 거래로 일원화되어 가고, 그 결과, 소유는 매우 배타적인 성질을 띠게 됩니다. 이것을 근대적 사적 소유라고 부릅니다.

이러한 물상의 인격화를 기반으로 하여, 상품이나 화폐의 담지자로서의 자유, 평등, 소유야말로 본래의 자유, 평등, 소유이며, 그것에 기초하여 사적 이익을 추구하여 행위하는 것이야말로 사회 전체의 이익을 실현할 수 있다는(공리주의) 환상, 즉 "자유, 평등, 소유, 그리고 벤담" (『자본론』 제1부 제4장)이 사회에 깊이 뿌리내려 갑니다. 이렇게 해서, 물상화에 저항하는 것은 점점 더 어려워져 갑니다.

그렇다 해도, 자본주의적 생산양식이 안정적으로 성립하기 위해서는 물상화에 의해 물상의 권력이 발생하고, 물상의 인격화에 의해 사람들의 욕망의 양상이나 의지의 양상이 변용되는 것만으로는 충분하지 않습니다. 사람들이 생존에 필요한 토지나 생산수단에 자신들의 의지로 직접 접근할 수 없고, 항상 시장관계를 통해, 단적으로는 화폐의 힘을 통해 접근해야만 하며, 그 화폐를 입수하기 위해서는 자본의 담지자가 되어야만 한다는, 역사적으로 보면 지극히 이상한 상태에 모든 사람이 작용할 수 있다고는 할 수 없습니다. 실제로, 자본주의 발흥기에는 인클로저에 의해 토지를 잃은 많은 사람이, 얌전히 임금노동자가 되는 대신, 산적이나 걸인이 되었습니다. 또한 다른 한편으로는, 시장 메커니즘 그 자체의 힘만으로는 시장을 원활하게 작용시킬 수 없으며, 화폐의 도량 단위를 통일하거나, 지폐에 강제 통용력을 부여할 수도 없습니다. 이러한 물상화 및 물상의 인격화의 한계를 매개하고, 조정하는 것이 국가에 의해 성립하는 법률이나 제도라는 것입니다. 반대로 말하면, 법률이나 제도는 어디까지나 물상화된 사회시스템을 보완하는 것에 지나지 않는다고 말할 수 있을 것입니다.[3] 그럼에도 불구하고, 우리들 대부분은 오히려 자본주의 시스템이 성립하기 위해서는 법률이나 제도라는 매개가 필요하다는 사정에만 주목한 나머지, 그것들이 사회의 양상을 근본적으로 규정하고 있다는 전도된 견해('법학 환상' 내지 제도 환상)에 빠져 버리고 마는 것입니다. 이렇게 해서, 우리가 할 수 있는 것은 기껏해야 법률이나 제도를 개선하는 것뿐이라든가, 생산을 제어하려면 기업을 국유화하면 된다는 식의 흔한 관점에 빠져들게 됩니다.

"인물과 작품"에서도 설명했듯이, 이 책의 주제를 이루는 형상화는 이상에서 서술해 온 물상화가 현상적 메커니즘에서 전개된 것과 다름없습니다. 제1부와 제2부에서는 생산자와 생산물 사이에서 발생하는 권력관계, 즉 생산자와 생산물 및 생산수단과의 관계의 전도가 주제가 되었습니다. 즉 생산자들이 아니라 시장이, 생산자가 아니라 자본이 생산을 지배한다는 전도입니다. 이에 대해, 제3부에서는 이상의 전도, 즉

3) 여기서 다시 "그렇다면 국가란 무엇인가"라는 의문이 생긴 분도 계실 것입니다. 이에 대해서는 스미다 소이치로의 『국가에 대항하는 마르크스』(정성진·서성광 옮김, 산지니, 2024)를 봐 주십시오.

물상화를 기초로 하여, 자본의 수익 형태가 자립화하고, 마치 자본이 임금노동과 독립적으로 수익을 취득할 수 있는 것처럼—그리고 또한, 개별 자본가에게는 실제로 그렇게—나타납니다. 즉, 여기서는 단지 생산자와 생산물 및 생산수단의 관계가 전도되어, 생산물 내지 생산수단 측이 힘을 획득할 뿐만 아니라, 그 힘을 기초로 하여, 생산자들로부터 자립하여 권력을 행사할 수 있는 관계가 성립한다는 것입니다. 이런 의미에서 형상화에서는 물상화가 한층 더 심화됩니다.

구체적으로 봅시다. 예를 들어, 이자는 화폐를 빌려줌으로써 취득할 수 있는 수익이며, 개별적인 사례만 보면 반드시 임금노동을 필요로 하는 것은 아닙니다. 그렇다 해도, 이자라는 수익 형태가 정당성을 획득하고, 사회 전체로 퍼지기 위해서는 임금노동이 불가결합니다. 임금노동이 일반적으로 존재하지 않는 사회에서도 이자는 존재했지만, 그러한 현물경제 중심의 사회에서 지속가능한 방식으로 이자를 받아 내는 것은 곤란했으며, 많은 경우, 차입자나 사회 전체에 파괴적인 영향을 미쳤습니다. 근대 사회가 되기까지, 종교적으로 이자가 금지되거나 윤리적으로도 기피되어 온 이유입니다.

그런데, 화폐 경제가 발전하고, '본원적 축적'(『자본론』 제1부 제7편)을 통해 임금노동이 일반화되면, 사정은 일변합니다. 임금노동이 일반화된 사회에서는, 어느 정도 상당한 액수의 화폐가 있으면 그것을 자본으로 투하하여 잉여가치를 취득하는 것이 가능해집니다. 이 책의 제1장에서 보듯이, 자본가들에게는 가변자본과 불변자본을 구별한다는 발상이 없으며, 게다가 생산수단과 생산자 사이에서 전도가 발생하여, 생산자가 생산의 주체라는 관계조차 없어져 버렸기 때문에, 이 잉여가치는 임금노동의 산물임에도 불구하고, 투하 자본 전체의 산물로서, 즉

'이윤'으로서 나타납니다. 화폐자본가들은 그러한 사업을 하는 자본가들에게 자본을 빌려주고, 그들의 이윤 일부를 받는 방식으로, 지속가능한 형태로 이자를 취득할 수 있게 되는 것입니다. 이러한 형상화 프로세스를 통해, 이자는 그 일반화의 현실적 근거와 정당성의 근거를 획득합니다. 왜냐하면, 화폐 경제가 보급된 사회에서는 물상의 인격화로서 자유의사의 거래를 행하는 것이야말로 공정하기 때문이며, 임금노동을 기반으로 하는 사회에서는 자본을 투하함으로써 이윤을 얻을 수 있는 것은 당연한 일이고, 거기서는 화폐를 빌려주는 것은 사회를 파괴하기는커녕, 오히려 이 자본주의적 생산의 발전에 불가결한 것이 되기 때문입니다. 다른 한편으로, 이처럼 이자는 임금노동을 기반으로 한 사회에서 비로소 그 성립 근거를 부여받는 셈이지만, 그럼에도 불구하고, 화폐자본가가 화폐를 빌려주는 상대는 임금노동자가 아니라 산업자본가나 상업자본가이므로, 이자는 완전히 임금노동으로부터 독립적으로, 자신의 화폐자본에 의해 자립적으로 얻어지는 것처럼 나타나며, 개별 사례를 보더라도 실제로 그렇게 됩니다. 나아가, 이 이자를 기반으로 가공자본이 성립하고, 현재의 금융시장에서 행해지는 여러 복잡한 거래가 가능해지며, 그에 의한 부의 수탈 또한 정당화되고 있는 셈이지만, 이에 대해서는 이 책의 제5장을 참조해 주십시오. 어쨌든, 여기서 중요한 것은 단지 이자의 출처가 잉여가치의 일부라는 식의 경제학적 논의가 아닙니다. 오히려, 문제는 자본주의 시스템에서 왜 이자가 정당성을 획득하고, 자립적인 수익 형태로 정착할 수 있는가, 혹은 그러한 권력 관계가 어떻게 하여 성립하는가 하는 것입니다.

비슷한 일은 지대에 대해서도 말할 수 있습니다. 근대 이전의 사회에서는 애초에 토지는 현재처럼 상품으로서 매매할 수 있는 것이 아니었습니다. 설령 일정한 소유관계하에 놓인다 해도, 거기에는 왕, 영주, 교회, 농민들의 중층적인 권리 의무 관계가 겹겹이 쌓여 있어, 누군가가 일방적으로 처분할 수 있는 것이 아니었기 때문입니다. 이 책에서도 보듯이, 마르크스는 토지가 가진 풍요로운 성질은 하루아침에 형성되는 것이 아니며, 모두가 공유하며 계승해 가야 할 "커먼"(공유물)이라고 생각했지만, 바로 그러한 "커먼"적인 성질 때문에 인류는 토지를 어떤 식으로든 공동적으로 관리해 왔습니다.

그런데, 생산자가 토지에 대한 접근권을 갖지 못하는 임금노동이라는 노동 방식이 일반화되고, 또한, 물상화의 진행과 함께 근대적 사적 소유가 침투하면, 토지는 나날이 그것을 이용하고 그 은혜를 향유하는 생산자들로부터 분리되어 버립니다. 토지는 다른 상품과 마찬가지로 가격이 매겨지고, 그 소유자가 자유롭게 처분할 수 있는 물상이 되어, 오로지 경제적 이익을 얻기 위해 이용하는 것이 가능해져 버립니다. 이렇게 해서, 토지소유자는 근대적 의미의 "지대"를 취득하는 것이 가능해지는 셈이지만, 이 지대는 본질적으로 자본 투하와는 전혀 관계가 없습니다. 이자의 경우에는 그나마 빌려준 화폐자본이 산업자본이나 상업자본가에 의해 현실의 산업이나 상업에 투하되어, 잉여가치의 생산이나 실현의 확대에 도움이 되는 일이 있었지만, 지대를 가져오는 토지의 소유권은 그 자체로서는 잉여가치의 생산이나 실현에 어떠한 적극적인 역할도 하지 않습니다. 그럼에도 불구하고, 토지소유자가 지대를 취득할 수 있는 것은 왜일까요? 바로 토지소유자가, 사람들의 노동에 의해 생산하는 것이 불가능하며, 따라서 공유하고 계승해 가야 할 토지를 근대적 소유의 원리에 기초하여 배타적으로 소유하고 있기 때문입니다. 사람들이 물상의 인격화로서 행동하는 한, 토지소유자가 본래 커면이어야 할 토지를 배타적으로 독점하여 지대를 취득하는 것은, 그것이 지주와 임차인 사이의 자유의사에 기초하고 있는 이상, 완전히 정당한 것으로 여겨집니다. 나아가, 자본가가 토지 구입에 '자본'을 투하하는 경우에는, 토지에 대한 투자의 대가로서 지대가 얻어진다는 식으로 사태는 나타납니다. 여기서는 토지 소유권은 가공자본이 되어, 지대의 취득은 한층 더 자연스러운 것으로 간주될 것입니다.

마르크스는 지대가 노동의 희소성에 의해 뒷받침된 잉여가치로부터 분배된 것이 아니라, '허위의 사회적 가치'(노동의 희소성에 의해 뒷받침된 것이 아니라, 생산 불가능한 생산수단의 독점에 의해 사회적으로 덧붙여진 허위의 가치 부분)임을 지적하고 있습니다.[4] 마르크스의 지대론이 보여 주는 것은 바로 이러한 순수한 부의 수탈이 형상화의 전개를 통해 그 현실성과 정당성을 획득하고 있다는 것입니다.

마르크스가 『자본론』 제3부 주요 초고에서 언급한 것은 지대뿐이지만, 본래 노동(보다 정확하게는 자본이 동원하는 임금노동)에 의해 생산할 수

4) 그렇다 해도, 마르크스는 지대가 잉여가치의 일부라는 발언도 하고 있습니다. 이 점을 생각할 때 참고가 되는 것이 다음 문장입니다. "만약 독점가격을 갖는 상품이 노동자의 필요소비에 들어간다면, 그 상품은 노임의 가치를 높이고, 그에 따라 잉여가치를 줄일 것이다. 그렇다고 해도 그렇게 되는 것은 노동자가 지금까지처럼 자신의 노동력의 가치를 지불받는 경우의 일이지만. 그 상품이 노임 그 자체를 끌어내릴(노임의 가치는 그대로임에도 불구하고) 수도 있을 것이지만, 그렇게 되는 것은, 단지, 노임이 그 생리적 최저한계보다 위에 있는 한에서의 일이다. 이러한 경우에는, 독점가격은 실질임금(즉 노동자가 같은 양의 노동에 의해 받게 될 사용가치의 양)으로부터의 공제나 다른 자본가들의 이윤으로부터의 공제에 의해 지불되게 될 것이다"(①879f, E869, 김1091. [역주: 인용 표기에 관해서는 '범례' 참조]). 초과이윤을 실현하는 판매자에게의 플러스, 즉 노동의 희소성을 상회하는 초과이윤에 의한 구매력의 증대는 그 구매자에게의 마이너스, 즉 실질적인 구매력의 저하가 됩니다. 그러므로, 만일 실질임금이 유지된다고 한다면, 그 마이너스는 오로지 자본가가 입게 됩니다. 지대가 직접적으로는 노동의 희소성에 근거하는 것이 아님에도 불구하고, 잉여가치로부터의 분배라고 마르크스가 반복해서 서술하고 있는 것은 이렇게 상정하고 있기 때문인 것으로 보입니다.

없거나 곤란하면서도 희소한 것, 즉 커먼으로서의 성격을 가진 것이라면, 그것을 배타적으로 독점함으로써 초과이윤(평균이윤을 넘는 이윤)의 취득을 구조화하는 것이 가능합니다. 이때의 초과이윤을 '렌트'라고 부릅니다. 즉 커먼을 배타적으로 독점할 수 있으면 렌트를 취득할 수 있게 되는 것입니다. 실제로, 마르크스도 토지 외에 철도를 예로 들지만, 그러한 사회 기반 시설의 독점도 렌트의 취득을 가능하게 할 것입니다.

나아가, 현대에서 가장 중요한 것은 디지털 영역입니다. 스마트폰이나 컴퓨터 등의 디바이스를 통해 접근하는 디지털 플랫폼(전자상거래, 소셜미디어, 콘텐츠 전송 플랫폼, 클라우드 서비스, 앱스토어, 전자결제)이나 각종 애플리케이션, 생성형 AI는 물론이고, 사물 인터넷에 의해 연결된 공장, 사무실, 도시 교통, 나아가 사람들의 생활 영역도 디지털 영역에 포섭되어 있습니다. 이제 디지털 영역과 무관하게 산업 활동, 상업 활동, 소비 활동을 하는 일은 거의 없다고 해도 좋을 정도입니다. 이 디지털 영역은 거대 자본에게 서비스를 제공함으로써 산업이윤이나 상업이윤을 실현하는 장일 뿐만 아니라, 동시에 렌트의 취득을 가능하게 하는 장이기도 합니다. 왜냐하면, 이들 부문에서는, 인프라 부문이 자연독점을 통해 초과이윤을 취득할 수 있는 것과 마찬가지로, 그 네트워크 효과를 초과이윤의 원천으로 삼을 수 있고, 게다가 그 효과를 끊임없는 데이터 수집 → 알고리즘 개선 → 추가적인 데이터 수집이라는 순환을 통해 끊임없이 강화할 수 있기 때문입니다. 이들 디지털 영역에서는, 말하자면, 자본 자신에 의해서는 생산할 수 없는 우리의 사회적 생활이나 협동 그 자체가 생산수단이 되어 있으며, 이것을 네트워크 효과가 가져오는 탈퇴 비용이나 데이터 수집에 기초한 알고리즘의 힘으로 둘러쌈으로써, 독점적 지위를 구축하고, 렌트를 취득할 수 있는 것입니다.

이렇게, 현재는 렌트의 취득이 자본주의 시스템에 매우 큰 의미를 갖게 되었지만, 이 점은 바로 현대사회가 위기적 상황에 있음을 의미합니다. 왜냐하면, 바로 렌트란 사회적으로 보호하고 세대를 넘어 계승해 가야 할 커먼을 화폐의 힘으로 개인이나 민간 법인이 배타적으로 독점하여 사적 이익을 위해 이용함으로써 얻어지는 것이기 때문입니다. 그러므로 현재처럼 이윤율의 경향적 저하 법칙의 귀결로서 산업자본의 축적이 막다른 길에 부딪혀, 렌트의 비중이 증대하고 있다는 것은 단지 사회적 부의 수탈이 증대하고, 격차가 확대되며, 빈곤이 증대하는 것을 의미하는 데 그치지 않습니다. 인류의 장기적인 활동에 가장 중요하다고도 할 수 있는 요소를, 눈앞의 이윤 극대화를 위해 소모해 버리는 태도가 점점 더 일반화된다는 것을 의미하는 것입니다.

실제로, 마르크스가 우려했던 환경 파괴는 이제 문명의 존속을 위태롭게 하는 수준에까지 이르렀습니다. 또한, 현재의 소셜미디어 상황만 보아도, 사람들이 연대하기 위해 필요한 사회적 생활과 협동이라는 커먼이 알고리즘의 영향으로 궤멸적인 손상을 입고 있음을 알 수 있을 것입니다. 앞으로는 생성형 AI와 같은 한층 더 강력한 알고리즘이 점점 더 우리를 둘러싸고 영향을 미치게 될 것입니다. 요컨대 우리는 자본주의의 위기와 자본주의에 의한 포섭이 동시에 진행되는 상황, 바꾸어 말하면 위기가 자본주의 시스템 측과 그것에 저항하는 측에서 이중으로 진행되고 있는 상황에 놓여 있는 것입니다.

일찍이 정보 기술의 발전에 따라 도래한 커뮤니케이션 사회가 코뮤니즘의 가능성을 가져오는 것이 아니냐는 안토니오 네그리Antonio Negri(1933-2023)의 질문에 대해, 질 들뢰즈Gilles Deleuze(1925-1995)는 "언론과 커뮤니케이션은 구석구석까지 금전에 침식당해 있다"[5]라고 대답했지만, 바로 그대로의 상황이 출현하고 있다고 말할 수 있지 않을까요? 이러한 커뮤니케이션의 성질 변화는 이미 '새로운 사회운동'의 아카데미즘화에 의해 시작되고 있던 체제 내로의 편입을 촉진할 뿐만 아니라, 소셜미디어에서 인플루언서와 같은 형태로 개인주의화를 강화하고, 사회적 연대의 가능성을 현저히 저해하고 있습니다. 단적으로 말해, 렌트 자본주의로의 이행이 진행되는 가운데, 커뮤니케이션 영역이라는 커먼이 침식당하고, '새로운 사회운동'의 부르주아적 권리로의 전환과 개인의 분단화가 급속히 진행되고 있는 것입니다.

확실히, 20세기 말에 안토니오 네그리와 마이클 하트Michael Hardt(1960-)가 제시했던 비전은 선구적이었고, 위대한 것이었습니다. 현대의 공산주의 운동은 과거와 같은 이론적 중심(마르크스·레닌주의)이나 정치적 중심(코민테른)을 갖지 않으며, 상향식으로, 다양한 운동이 연대해 가야 하고, 민주집중제의 상의하달에 의한 정치혁명을 제1 목표로 삼지 않고, 좀 더 수평적이고 민주적인 방식으로 사회 혁명 그 자체를 지향한다는 비전은 많은 급진적 좌파에 의해 공유되어 왔습니다.

그러나 우리가 직시해야만 하는 것은 이러한 양면적인 위기—즉, 자본주의 시스템의 위기인 동시에 대항시스템 운동 그 자체의 위기라는—시대 상황 속에서, 기존 비전의 유통기한이 끝나 가고 있다는 것입니다. 그렇다고 한다면, 일찍이 로자 룩셈부르크Rosa Luxemburg(1871-1919)나 카를 코르쉬Karl Korsch(1886-1961)가 사회민주주의에 대항하고자 등장한 레닌주의에 대해서도 비판의 칼끝을 겨누고, 그것을 극복하려고 고투했던 것처럼, 사회민주주의와 스탈린주의(=레닌주의의 보수화

---

5) 역주: 질 들뢰즈, 『대담 1972-1990』, 신지영 옮김, 갈무리, 2023, p.317.

형태) 쌍방을 극복하려 했던 네그리 등의 비전에 대해서도 비판의 칼끝을 겨누고, 그것을 극복하기 위한 노력을 시작해야만 합니다.

물론, 이것은 간단한 일이 아닙니다. 언뜻 보기에, 룩셈부르크나 코르쉬의 시대와 마찬가지로, 새로운 비전의 기반이 될 만한 사회적 세력은 존재하지 않는 것처럼 보입니다. 그러나 그들의 시대와 결정적으로 다른 것은, 이제 축적체제로서의 자본주의의 명운은 다해 가고 있으며, 이제 수탈체제를 구축하고 유지하는 길밖에 남아 있지 않다는 것입니다. 이것은 자본주의가 위기를 상례화하고, 악화시키는 가운데, 권력을 유지할 수밖에 없음을 의미합니다. 최근 권위주의의 대두는 결코 우연이 아닙니다. 그렇다면, 필요한 것은 위기를 전제로 하여 그 위기 속에서 어떻게 비전을 그려 낼 것인가 하는 것이 아닐까요?

이러한 노력에 있어서 유행하는 아이디어에 섣불리 올라타거나, 아카데믹한 권위에 기대는 것으로는, 아무것도 해결할 수 없다는 것은 분명합니다. 오히려 원리적 사유의 차원에서 재검토를 피해 갈 수 없습니다. 일찍이 룩셈부르크는 사회민주당의 보수화에 맞서기 위해, 『자본론』 제2권의 사회적 총자본의 유통과정을 치밀하게 연구했습니다.[6] 레닌 Vladimir Lenin(1870-1924)은 제2인터내셔널의 붕괴에 직면하여, 철학사에서 가장 난해한 저작 중 하나로 꼽히는 헤겔Georg Wilhelm Friedrich Hegel(1770-1831)의 『대논리학』 연구에까지 되돌아갔습니다.[7] 코르쉬는 사회민주주의와 레닌주의 쌍방을 극복하기 위해, 만년에 이르기까지 마르크스의 저작을 문자 그대로 '비판적'으로 검토하고, 마르크스주의 그 자체를 극복하는 것과 같은 공산주의의 비전을 끊임없이 탐구했습

6) 역주: 로자 룩셈부르크, 『자본의 축적 1·2』, 황선길 옮김, 지만지, 2013.
7) 역주: V.I. 레닌, 『철학노트』, 홍영두 옮김, 논장, 1989.

니다.[8]

지금 바로 필요한 작업도 비슷한 것이 아닐까요? 그리고 현재에도, 수호해야 할 경전으로서가 아니라, 원리적 사유의 재검토를 위한 '무기'로서 읽는다면, 마르크스의 저작, 특히 그의 주저인 『자본론』은 여전히 우리에게 남겨진 위대한 지적 원천 중 하나로 계속 남을 것입니다. 모쪼록 이 책이 그러한 마르크스 다시 읽기에 도움이 되기를 마음으로부터 바랍니다.

2025년 9월
사사키 류지

8) 역주: 칼 코르쉬, 『마르크시즘과 철학』, 송병헌 옮김, 학민사, 1986.

서 문

이 책은 칼 마르크스(1818-1883)의 『자본론』 제3권에 대한 해설서입니다. 『자본론』 제1권에 대해서는 이 책과 동일한 '시리즈 세계의 사상'에서 졸저 『마르크스 자본론』이 출간되어 있으므로, 이 책은 그 속편에 해당합니다(참고로 『자본론』 제2권에 대한 해설서도 같은 시리즈에서 출간할 예정이지만, 일단 전작 『마르크스 자본론』을 읽었다면 이 책을 이해하는 데 충분합니다).

『자본론』 제1권에서는 자본이 노동자를 어떻게 착취하여 이윤을 창출하는지, 이윤을 지상 목적으로 하는 자본의 운동이 어떻게 실업자를 만들어 내는지 등, 우리의 생활과 밀접하게 연관된 자본주의의 본질적인 메커니즘에 대해 논의되었습니다. 이에 비해 『자본론』 제3권에서는 '일반적 이윤율의 형성'이나 '이윤율의 경향적 저하 법칙' 등 낯선 논의가 등장하며, '이자율'이나 '유가증권' 등 그 존재는 알지만 다소 '경제학적'이고 일상과는 거리가 멀게 느껴지는 주제들이 다루어집니다. 처음에는 접근하기 어려울 수도 있습니다.

그러나 사실 『자본론』 제3권에서 다루는 이러한 주제들은 현대자본주의 시스템을 이해하는 데 결정적인 의미를 가지고 있습니다. 이는 1970년대 이후 진행된 자본주의의 구조전환과 밀접한 관련이 있기 때문입니다. 지난 반세기 동안 선진국뿐만 아니라 전 세계적으로 제조업의 성장이 둔화되었으며, 금융 수익이나 실물 자산의 소유에서 얻는 '렌트'(임대료 또는 사용료)가 점점 더 큰 중요성을 가지게 되었습니다. 자본주의의 '황금시대'를 지탱했던 '제조업'을 통해 수익을 증대시키는 것이 어려워진 가운데, 금융 부문에서 투기 활동이나 지적 재산권, 디지털 플랫폼의 독점을 통한 수익 확대가 추구되게 된 것입니다.

바로 이러한 사태를 해명하는 열쇠를 제공하는 것이 『자본론』 제3권입니다. 이 책에서는 왜 자본주의에서 '경제성장'이 둔화될 수밖에 없는지, 또는 금융 수익이나 렌트가 어떤 메커니즘을 통해 발생하는지에 대해 고찰하고 있기 때문입니다. 더욱이 기후위기나 코로나 팬데믹을 배경으로 이러한 경향은 더욱 강해지고 있으며, 『자본론』 제3권은 현대자본주의 분석에 점점 더 필수적인 존재가 되고 있다고 할 수 있습니다.

전작 『마르크스 자본론』을 출간한 2018년 당시에도 환경 파괴나 빈부격차 등 자본주의의 모순은 심각한 상태였지만, 그 이후 이러한 문제들은 더욱 심화되었습니다. 빙하의 해빙과 영구동토의 해동 진행, 대규모 산불, 폭염, 수해의 빈발과 대규모화, 농작물 흉작과 그로 인한 난민 발생 등, 기후위기가 초래하는 피해는 계속 확대되고 있습니다. 2020년에는 자본주의의 세계화가 삼림 벌채, 야생육의 상품화, 농업 비즈니스의 확대 등을 통해 팬데믹을 유발할 수 있다는 기존의 우려가 현실이 되었습니다. 이른바 '신자유주의' 정책으로 인해 의료 체계가 약화된 것도 치명적이었습니다.

경제적 불평등의 확대도 멈출 줄 모릅니다. 현재 상위 10%의 사람들이 전 세계 소득의 약 절반, 자산의 75% 이상을 점유하고 있습니다. 이러한 경향은 코로나 팬데믹 하의 금융 정책과 '디지털 전환'에 의해 가속화되었으며, 99%의 사람들의 소득이 감소하는 가운데 대부호는 자산을 두 배로 늘렸습니다. 게다가 이 위기적 상황에 더해, 러시아의 우크라이나 침공이 발발했습니다. 이 전쟁 자체로 인한 피해는 물론, 에너지 안보를 위해 기후변화 대책이 정체되고, 이미 코로나 팬데믹 하에서 시작된 인플레이션이 가속화되는 등 다양한 형태로 사람들의 생활을 고통스럽게 하고 있습니다.

이러한 상황을 계기로 자본주의라는 경제시스템에 대한 비판도 높아지고 있습니다. 이를 상징하는 것이 최근 '제너레이션 레프트'[9]의 부상입니다. 젊은 세대의 좌경화가 전 세계적으로 진행되고 있으며, 이들 다수는 자본주의에 회의적인 반면, 사회주의에 호감을 가지고 있다고 합니다. 실제로 이러한 경향은 선거 결과 등에서도 명확히 나타나고 있습니다. 물론 여기서 말하는 '사회주의'는 과거 소련이나 현재 중국과 같은 권위주의적 정치 체제를 의미하는 것이 아니라, 민주주의적 방법을 통해 경제시스템을 제어함으로써 지속가능한 사회를 실현하려는 새로운 유형의 사회주의를 의미합니다.

그러나 한편으로 간과해서는 안 되는 것은 이러한 위기의 심화에도 불구하고 자본주의는 점점 더 스스로를 강고하게 만들고 있는 듯 보인

9) 역주: 키어 밀번Keir Milburn(1970-), 『제너레이션 레프트: 금융 위기 이후 새로운 좌파가 온다』, 김정아 옮김, 책세상, 2021.

다는 점입니다. 실제로 많은 논자들이 지적하듯, '감시 자본주의', '플랫폼 자본주의', '테크노 봉건제', '렌트 자본주의' 등으로 불리는 자본주의의 새로운 형태가 부상하고 있습니다. 이 새로운 형태는 그 특징적인 현상형태만 주목한다면, 디지털 플랫폼을 중심으로 한 다양한 기술을 통한 데이터 추출과 독점에 기반한 '렌트' 징수 체제라고 할 수 있습니다. 이는 단순히 구글이나 아마존 같은 디지털 기업의 거대화와 고수익화를 의미하는 것이 아닙니다. 자동차나 가전 등의 제조업, 교육·의료·요양·보육 등의 돌봄 노동, 그리고 상업이나 금융 등 모든 영역에서 데이터 독점을 향한 산업 및 업계 구조의 재편이 진행되고 있습니다. 우리의 생활 영역은 점점 더 상품경제에 포섭되며, 자본이 수익을 얻기 위한 수단이 되고 있습니다.

그렇다면 문제는 더 이상 자본주의가 구조전환을 이루며 금융 수익이나 렌트 쪽으로 이익의 비중이 이동하고 있다는 것만이 아닙니다. 이러한 변화 속에서 전례 없는 위기에 직면하면서도, 바로 그 위기를 계속해서 만들어 내는 자본주의 시스템이 오히려 강력해지고 있다는 역설에 대해 질문해야 합니다. 전 세계적으로 젊은이들의 좌경화가 진행되고, 폭동과 파업이 빈발하며, 일본에서도 자본주의를 비판하는 담론을 미디어에서 접하는 것이 드물지 않은 상황이 생겨나고 있는데도, 이를 삼켜 버리는 듯한 자본주의의 강고화는 왜, 어떻게 가능해지고 있는 것일까. 한마디로, 이러한 위기의 심화에도 불구하고, 왜 자본주의라는 시스템은—적어도 현재로서는—흔들리지 않는 것일까.

『자본론』 제3권은 이른바 '경제학적' 문제에 그치지 않고, 이러한 사회적 권력 관계를 둘러싼 질문에 대해서도 중요한 시사를 제공합니다. 이미 『마르크스 자본론』을 통독한 독자분이라면 쉽게 예상할 수 있겠지만, 『자본론』 제3권은 단순히 금융 수익이나 렌트가 발생하는 경제적 메커니즘을 해명하는 데 그치지 않습니다. 그 메커니즘 속에서 사람들을 종속시키는 권력이 어떻게 발생하는지에 대해서도 반복적으로 논의합니다. 현대자본주의의 혼란스러운 상황을 해명하고, 겹겹이 쌓인 위기를 극복하기 위한 전망을 생각할 때도 의지할 수 있는 저작입니다. 이런 의미에서 『자본론』 제3권은 '최강의 이론적 무기'라고 할 수 있습니다.

이상에서 『자본론』 제3권의 시의성에 대해 대략적인 이미지를 얻으셨기를 바랍니다. 하지만 이 책을 읽을 때 주의해야 할 점이 있습니다. 그것은 『자본론』 제3권 특유의 '난해함'입니다.

물론 제1권도 결코 쉽지 않지만, 그래도 마르크스 본인이 완성하여 생전에 실제로 출간한 저작입니다. 따라서 완성도가 높고, 마르크스 자신의 의도도 명확히 드러나 있으므로, 오랜 『자본론』 연구를 통해 그 큰 틀은 해명되었다고 할 수 있습니다. 실제로 제1권 전체를 해설한 전작 『마르크스 자본론』도 "알기 쉽다"는 평가를 많이 받았으며, 예상보다 훨씬 많은 독자분들이 읽어 주셨습니다.

반면, 제2권과 제3권은 마르크스의 사후에 맹우인 엥겔스가 미완성 유고를 편집하여 출간한 것으로, 완성도가 낮고 마르크스 자신의 의도가 명확히 드러나지 않습니다. 특히 제3권은 오랜 기간에 걸쳐 여러 초고가 작성된 제2권과 비교해도 완성도가 더 낮으며, 마르크스 자신의 의도가 어디에 있었는지 명확하지 않은 부분이 빈번합니다. 설상가상으로, 마르크스 자신의 텍스트를 존중하면서도 독자에게 읽기 쉬운 책으로 편집하려는 엥겔스의 배려가 마르크스의 서술을 왜곡하여 그 본래 의도를 파악하기 더욱 어렵게 했습니다. 따라서 제3권에 대해서는 연구자들 사이에서도 여전히 해결되지 않은 여러 문제가 있습니다.

이러한 사정 때문에 지금까지 『자본론』 제3권 전체를 상세히 해설하는 입문서는 거의 출간되지 않았습니다. 제3권을 소개하더라도 각 연구자의 문제의식에 부합하는 부분만 논의되거나, 매우 대략적인 형태로 전체상이 제시되는 데 그쳤습니다. 하지만 이러한 부분적이고 대략적인 소개로는 『자본론』 제3권의 핵심에 접근할 수 없습니다. 역시 마르크스 자신의 의도에 다다르려면, 어떤 방식으로든 노력을 기울여 전체에 접근해야 할 것입니다.

이를 위해 이 책은 두 가지 특징이 있습니다. 첫째, 이 책에서는 마르크스 사후에 엥겔스가 편집·출간한 『자본론』 제3권이 아니라, 마르크스 본인이 작성한 『자본론』 제3부 초고의 텍스트를 수록했습니다(참고로, 초고 전체의 번역은 필자를 포함한 연구그룹이 진행 중인데, 사쿠라이서점에서 곧 출간될 예정입니다). 이를 통해 적어도 엥겔스의 선의에 의한 '왜곡'의 영향을 받지 않게 됩니다.

그렇지만 엥겔스의 영향을 배제하더라도, 제3부 초고는 어디까지나 초고에 불과하며 미완성인 것에는 변함이 없습니다. 단순히 서술로서 완성되지 않은 것뿐 아니라, 이론 자체의 기술이 불충분하거나 경우에 따라 모순되기까지 합니다. 제1권이나 미완성이지만 완성에 가까웠던 제2권과 달리, 텍스트를 '마르크스 자신의 텍스트로서 있는 그대로 읽는' 것만으로는 포괄적인 이해에 도달할 수 없습니다.

따라서 둘째로, 이 책에서는 미완성이지만 마르크스의 서술에 존재하는 일관된 논리를 의식적으로 추출하여, 이를 바탕으로 내용을 정리한다는 방침을 정했습니다. 이를 통해 상당히 명확해지고 이해하기 쉬워졌다고 자부합니다. 다만, 전작 『마르크스 자본론』에 비해 필자 자신의 해석이 들어갈 여지가 커졌다는 점에 유의해 주시기 바랍니다. 스스로 정합적인 해석에 도전하고 싶은 분은 부디 곧 출간될 제3부 초고 번역을 읽어 주십시오. 이 책은 그러한 독자적 해석에서도 하나의 참고물로 유용할 것입니다.

차 례

인물과 작품

『자본론』 집필에 이르기까지 마르크스의 궤적과 『자본론』의 '최종 목적'에 대해서는 이전 저서 『마르크스 자본론』의 '인물과 작품'에서 다루었습니다. 따라서 여기에서는 마르크스가 『자본론』 제3권을 포함하여 『자본론』을 어떻게 집필해 나갔는지를 개관한 후, 『자본론』 제3권이 어떤 주제를 다룬 저작인지 살펴보고자 합니다. 여기서는 대략적인 이미지를 파악하는 정도로 충분하니, 이해하기 어려운 부분은 건너뛰면서 읽어 나가시면 됩니다.

『자본론』 완성을 향한 여정

1848년 혁명의 실패 후, 마르크스는 런던으로 망명했습니다. 당시 런던은 세계 최대의 도시이자 자본주의의 중심지였습니다. 마르크스는 이곳에서 그때까지 획득했던 '새로운 유물론'—사회 변혁의 근거를 이

표 1 『자본론』 및 관련 초고

집필연도(초고) 또는 출판연도(저작)	생전에 출판된 저작은 고딕체	일본어 번역본
1857-58	『경제학비판 요강』	『마르크스 자본론 초고집』 ①②(大月書店)
1858	『경제학비판』 원초고	『마르크스 자본론 초고집』 ③(大月書店)
1859	**『경제학비판』**	동일
1861-63	『1861-1863년 초고』	『마르크스 자본론 초고집』 ④~⑨(大月書店)
1863-64	『자본론』 제1부 초고(「직접적 생산과정의 제 결과」만 존속)	光文社 고전 신역 문고 등
1864-65	『자본론』 제3부 제1고(주요 초고)	桜井書店(근간 예정)
1864-65	『자본론』 제2부 제1고	마르크스 라이브러리 3(大月書店)
1867	**『자본론』 제1권 초판**	幻燈社書店
1867-68	『자본론』 제3부 제2고~제3고(제1장의 서두만 존재)	『마르크스 연구회 연지』 제6호(제2고만)
1867-81	『자본론』 제2부 제2고~제8고	오타니 데이노스케大谷禎之介 『자본론 초고에서 마르크스의 고투를 읽다』[10](제8고만)
1872-73	**『자본론』 제1권 제2판**	幻燈社書店
1872-75	**『자본론』 제1권 불어판**	法政大學出版局

념이나 이데올로기가 아니라 사람들의 일상적이고 물질적인 삶 속에서 찾아내는—에 기반하여 경제학 연구에 몰두했습니다. 아래에서는 이 집필 과정에 대해 간략히 개관해 보겠습니다(표 1).

런던에 도착한 마르크스는 즉시 대영박물관의 입장권을 손에 넣고, 경제학 저서나 경제 관련 잡지를 섭렵하고, 방대한 양의 연구 노트를 작성해 나갑니다. 그리고 1857년에는 세계적으로 발생한 공황에 자극을 받아, 마침내 경제학에 관한 초고의 집필을 시작했습니다. 마르크스는

10) 역주: 大谷禎之介(1934-2019), 『資本論草稿にマルクスの苦闘を読む』, 桜井書店, 2018.

당시 엥겔스에게 보낸 편지에서 "대홍수가 오기 전에 적어도 요강Grundrisse만은 명확히 해 두고 싶어서, 나는 경제학 연구의 정리 작업을 매일 밤 철야로 미친 듯이 진행하고 있습니다"[11]고 썼습니다. 이것이 『경제학비판 요강』입니다.[12] 이는 후일의 『자본론』의 최초의 초안에 해당한다고 할 수 있을 것입니다. 이 『요강』은 매우 거칠게 다듬어진 것이었지만, 그만큼 놀라울 정도로 풍부한 아이디어를 담고 있어, 안토니오 네그리를 비롯한 현대의 마르크스주의자들에게도 계속해서 참조되고 있습니다.[13]

더 나아가, 마르크스는 『요강』을 바탕으로 한 저서의 출간을 계획합니다. 이것이 1859년에 출간된 『경제학비판』입니다.[14] 이는 상품, 화폐, 자본 등 후일의 『자본론』에서 다루어질 주제에 그치지 않고, 국가나 세계시장의 분석을 포함하는 거대한 플랜을 가진 저서로 구상되었습니다. 하지만 실제로 출간된 것은 제1분책뿐이었으며, 거기에는 상품과 화폐의 장만 포함되어 있었습니다. 게다가 그 내용이 난해했던 탓도 있어, 마르크스의 기대에도 불구하고 반향은 거의 없었다고 전해집니다. 또한 "이토록 나를 실망시킨 책은 지금까지 없었다"(빌헬름 리프크네히트 Wilhelm Liebknecht, 1826-1900),[15] "도대체 무슨 소용이 있는지 〔모르겠다〕"(에라르트 비스캄프Elard Biskamp 1820-1882)[16] 같은 평가가 나오

11) 역주: 카를 마르크스, 「마르크스가 맨체스터에 있는 엥겔스에게」(1857.12.8), 『자본론에 관한 서한집』, 김호균 옮김, 중원문화, 1990, p.94.

12) 역주: 칼 맑스, 『정치경제학 비판 요강 I·II·III』, 김호균 옮김, 백의, 2000.

13) 역주: 안토니오 네그리, 『맑스 너머의 맑스: 정치경제학비판 요강에 대한 강의』, 윤수종 옮김, 새길아카데미, 2020.

14) 역주: 칼 마르크스, 『정치경제학 비판을 위하여』, 김호균 옮김, 중원문화, 1988.

15) 역주: Wilhelm Liebknecht, *Karl Marx: Biographische Erinnerungen*, W. G. Pieper & Co., 1896, p.46.

는 등, 가까운 사회주의자들 사이에서도 평판이 좋지 않았습니다.

그 후, 마르크스는 자본의 장을 포함한 제2분책의 집필에 착수하지만, 이는 결국 완성되지 못했습니다. 왜냐하면 『1861-1863년 초고』라 불리는 준비 초고를 작성하는 과정에서 당초의 집필 플랜을 대폭 변경하게 되었기 때문입니다(왜, 어떻게 플랜이 변경되었는지에 대해서는 책 말미의 '보론'을 참조해 주세요).

이렇게 해서 마르크스는 변경된 플랜에 따라 새로운 저서를 구상했습니다. 이것이 바로 『자본론』입니다. 마르크스는 『자본론』 제1권 서문에서 "이 저서는 …… 『경제학비판』의 연속이다"(김(1)3)라고 말했지만, 실제로는 평판이 좋지 않았던 상품과 화폐에 관한 장도 전면적으로 다시 썼으며 (화폐 장에 대해서는 이론 구조 자체는 유지되었지만, 상품 장에 대해서는 이론적으로도 완전히 다른 것이 되었다고 해도 과언이 아닙니다), 앞서 언급했듯이 플랜 자체가 크게 변경되었기 때문에, 두 저서는 별개의 저서로 간주해야 할 것입니다. 이 새로운 플랜에서는 더 이상 국가나 세계시장은 주제에 포함되지 않고, 주로 자본이 주제가 되었습니다. 그 구성 플랜은 표 2와 같습니다.

여기서 주의해야 할 점은 마르크스에 의한 출간안과 엥겔스가 편집한 현행판이라고 불리는 버전에서는 어느 부분을 어느 권에 포함시킬지에 대해 차이가 있다는 점입니다. 따라서 연구자들 사이에서는 '권'이라는 표현이 혼란을 일으킬 수 있어 잘 사용하지 않고, 대신 '부'를 사용하는 경향이 있습니다. 예를 들어, 일반적으로 『자본론』 제3권이라고 불리는 것은 사실 마르크스의 출간안에서는 제2권의 후반부에 포

---

16) 역주: Elard Biskamp, "Zur Kritik der politischen Oekonomie. Von Karl Marx. Erstes Heft. Berlin 1859", *Das Volk*, No.15, 1859.8.13.

표 2

『자본론』의 구성 (안)	마르크스의 간행 (안)	현행판
제1부 '자본의 생산과정'	제1권(독일어 초판, 독일어 제2판, 프랑스어판)	제1권
제2부 '자본의 유통과정'	제2권(미간행)	제2권
제3부 '총과정의 형상화'		제3권
제4부 '이론의 역사'	제3권(미간행)	『잉여가치학설사』(『1861-63년 초고』 일부를 카우츠키가 편집한 것)

함될 예정이었기 때문에, 연구자들 사이에서는 『자본론』 제3부라고 불리는 것이 일반적입니다. 따라서 이 책에서도 앞으로는 기본적으로 『자본론』 제3권이 아니라 『자본론』 제3부라는 표현을 채택하고자 합니다.

이제 새로운 계획에 따라 작성된 『자본론』의 집필 과정에 대해 좀 더 자세히 살펴보겠습니다(표 1).

플랜을 대폭 변경하여 『자본론』 집필에 착수한 마르크스는 먼저, 기존의 초고를 바탕으로 제1부의 초고를 작성했습니다. 그리고 아마도 1864년 여름경에 제3부 초고의 집필을 시작했을 것입니다. 이것이 '제3부 제1고' 또는 '제3부 주요 초고'라고 불리는 것입니다. 마르크스는 이윤율의 경향적 저하를 주제로 한 제3장(참고로, 제3부 초고의 '장'은 엥겔스가 편집한 현행판 『자본론』 제3권의 '편'에 해당합니다)의 집필 중에 일단 제3부 초고의 집필을 중단하고, 제2부 초고의 집필을 진행했습니다. 그리고 아마도 이 제2부 초고 제1고를 완성한 후에 다시 제3부 초고 집필로 돌아가, 1865년 12월에 이 초고를 일단 완성했습니다.

그 후, 마르크스는 『자본론』 제1부의 마무리 작업에 들어가, 1867

년에 마침내 『자본론』 제1권 초판을 출간했습니다. 마르크스는 이어서 제2부와 제3부도 곧바로 출간할 계획이었으나, 인터내셔널(국제노동자협회)의 활동에 시간을 빼앗기고, 연구 주제 자체가 확대되고 심화된 탓에 이 작업은 난항을 겪었습니다.

제2부에 관해서 마르크스는 말년인 1881년까지 원고를 반복적으로 수정했습니다. 먼저, 1867년에서 1880년경에 걸쳐 작성된 이른바 제4고 및 제2고에서 제1고를 전면적으로 다시 썼습니다(참고로, 제○고라는 명칭은 엥겔스에 의한 것으로, 현재의 문헌고증 순서와 반드시 일치하지는 않습니다. 또한, 엥겔스가 제○고라는 명칭을 붙이지 않은 초고도 존재합니다). 또한, 자본순환을 논한 제1장에 대해서는 1870년대에 여러 차례 개고를 반복했습니다. 그리고 '재생산표식'에 관한 논의를 포함하는 제3장에 대해서도 1878년부터 1881년에 걸쳐 제8고에서 근본적인 개고를 진행하여, 이론적으로 비약적인 전진을 이루었습니다(제2부 집필 과정의 자세한 내용은 오타니 데이노스케의 『자본론 초고에서 마르크스의 고투를 읽다』를 참조하시기 바랍니다). 이러한 오랜 시도를 통해 제2부는 제1고 시절과는 비교할 수 없을 만큼 높은 수준에 도달할 수 있었습니다. 이론적으로는 거의 완성에 가까워졌다고 할 수 있을 것입니다. 하지만 안타깝게도, 최종 마무리를 할 시간은 더 이상 마르크스에게 남아 있지 않았습니다.

반면, 제3부에 관해서는 1867년부터 1868년에 걸쳐 제1장의 서두 부분에 한정된 네 개의 초안(이른바 제2고 및 제3고를 포함)을 작성하는 데 그쳤습니다. 그 외에도 잉여가치율과 이윤율의 관계, 또는 이윤율과 자본의 회전 관계에 대해 방대한 계산을 한 초고가 남아 있지만, 이는 어디까지나 준비 작업에 불과하며 정리된 서술로 완성되지는 않았습니다. 이렇게 해서 제3부는 제1장의 서두를 제외하고는 "단 하나뿐인,

게다가 심각하게 누락된 부분이 많은 최초의 초안만"(엥겔스, 김4-5) 남게 되었습니다. 이것이 제3부 제1고가 '주요 초고'라고 불리는 이유입니다.

따라서 우리가 제3부 초고를(또는 그 초고를 편집하여 만들어진 현행판 제3권을) 읽을 때 잊지 말아야 할 점은 그 초고의 내용이 미완성이라는 사실입니다. 만약 마르크스에게 시간이 더 주어져 여러 번 개고를 거듭할 수 있었다면, 제2부가 그랬듯이 제3부 초고 제1고의 내용은 거의 전부 다시 쓰였을 것입니다. 실제로 제3부 초고 제1고에는 논의가 충분히 전개되지 않았거나 모순적으로 보이는 서술이 여러 곳 있습니다. 우리에게 남겨진 제3부 초고가 제1고뿐이라고 해서, 그것이 실제로 완성된 제1부나 여러 차례 개고를 거듭할 수 있었던 제2부와 같은 완성도가 있다고 생각한다면, 정합적인 해석을 다는 것은 어려워질 것입니다. 요컨대 『자본론』 제3부는 초고의 완성도가 낮기 때문에 단순히 '텍스트를 있는 그대로 읽는' 것만으로는 충분한 이해에 도달할 수 없습니다. 여기에 제3부 특유의 '어려움'이 있다고 할 수 있습니다.

따라서 이 책에서는 특히 '형상화'와 마르크스 고유의 '균형' 개념(이 책에서는 이를 '마르크스균형'이라 부릅니다)에 주목하여 초고의 내용을 정리함으로써 이 '어려움'을 해결하고자 합니다. '형상화'에 관해서는—지금까지 그다지 주목받지 못했지만—마르크스 자신이 일관된 논리로 기술하고 있으므로, 이 논리를 찾아내는 것은 그리 어렵지 않습니다(그 내용에 대해서는 이후에 설명합니다). 반면, '마르크스균형'에 관해서는 마르크스 자신의 기술이 반드시 일관되지 않아 이를 파악하는 것이 쉽지 않지만, 결국 이는 마르크스 자신의 기술로부터 도출해 낼 수 있는 것입니다('마르크스균형'의 내용에 대해서는 제2장에서 자세히 설명합니다). 이 책의 해석에 어떤 독창성이 있다면, 마르크스가 기술했지만 철저히 발전시키지 못했던 아이디어를 전면적으로 활용하여 포괄적인 해석을 세우려 한 점에 있다고 할 수 있습니다. 즉 이 책은 어디까지나 마르크스에 의해 마르크스를 이해하려는 시도라 할 수 있습니다.

반면, 만약 마르크스가 제3부 초고를 여러 번 개고할 수 있었다면, 이 책의 해석을 넘어서는 보다 혁신적인 아이디어를 제시했을 가능성도 있습니다. 따라서 '어려움'의 해결에 있어 마르크스가 남기지 못한 완전히 새로운 아이디어를 추구하는 대담한 방식도 있을 수 있을 것입니다. 이 책은 어디까지나 마르크스 자신의 텍스트를 이해하는 데 주안점을 두고 있으므로 그러한 방향은 취하지 않지만, 만약 그러한 독창적인 아이디어를 만들어 낼 수 있다면, 『자본론』 연구를 비약적으로 발전시킬 수 있을지도 모릅니다. 그러한 독창적인 시도에도 이 책은 하나의 단서가 될 것입니다.

제3부의 주제—대략적인 이미지

이제 다음으로 제3부의 주제에 대해 살펴보겠습니다. 제3부는 『자본론』 체계의 마무리 위치에 있으므로, 제3부의 주제를 이해하려면 필연적으로 『자본론』 체계 전체에 대한 이해가 필요합니다. 하지만 이를 갑자기 정확히 설명하려 하면 어려운 이야기가 되므로, 아래에서는 세 단계를 거쳐 생각해 보겠습니다. 먼저 『자본론』 체계 전체에 대한 대략적인 이미지부터 살펴보겠습니다.

통속적인 해석에서는 『자본론』 체계가 다음과 같이 이해됩니다(표 3). 먼저 『자본론』 제1부 '자본의 생산과정'에서는 자본에 의한 잉여가치의

표 3

『자본론』 체계의 대략적인 이미지(제3부 제목은 엥겔스 판본임)		
제1부	자본의 생산과정	잉여가치의 생산(생산과정에서의 노동자 착취)
제2부	자본의 유통과정	잉여가치의 실현(상품 판매를 통한 이익의 실현)
제3부	자본주의적 생산의 총과정	잉여가치의 분배(상업이윤·이자·지대 등으로의 분배)

그림 1

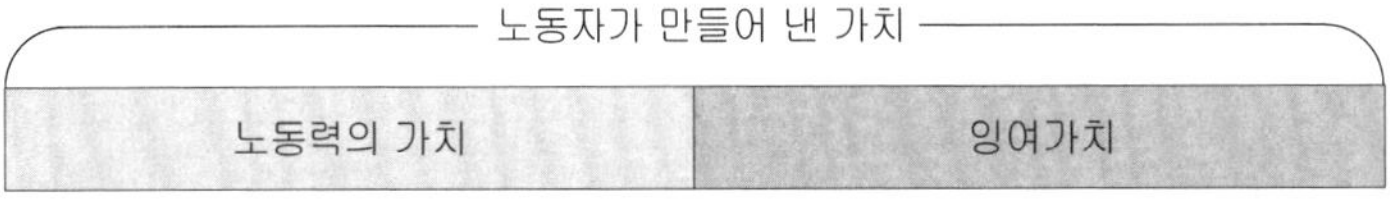

생산이 어떻게 이루어지는지에 대한 문제가 다루어집니다. 이전 저서 『마르크스 자본론』에서 보았듯이, 잉여가치란 노동자가 생산 활동을 통해 만들어 낸 '가치'에서 그 노동자를 고용하기 위해 자본가가 지출한 '노동력의 가치'를 뺀 것입니다(그림 1). 간단히 말해, 노동자를 착취함으로써 얻어진 자본가의 '이윤'에 해당하는 부분입니다. 따라서 제1부의 주제는 자본이 가능한 한 많은 잉여가치를 얻기 위해 생산과정에서 노동자를 어떻게 착취하는지를 분석하는 것입니다.

다음으로, 『자본론』 제2부 '자본의 유통과정'에서는 자본의 생산과정에서 생겨난 잉여가치가 어떻게 '실현'되는지에 대한 문제가 다루어집니다. 여기서 말하는 '실현'이란 상품을 판매하여 화폐를 손에 넣음으로써, 생산한 상품의 가치를 언제든지 자유롭게 사용할 수 있는 가치로 변환하는 것을 의미합니다. 생산과정에서 노동자를 고용하여 상품을 생산하게 하고, 그로 인해 '잉여가치'를 생산하는 데 성공했다고 하더라도, 생산한 상품을 판매하여 그것을 화폐로 변환할 수 없다면, 실제로 '이윤'을 얻은 것은 아닙니다. 이러한 잉여가치의 실현이 유통과정에서, 즉 상품의 매매를 통하여 어떻게 이루어지는지가 제2부의 주제라고 할 수 있습니다.

『자본론』 제3부 '자본주의적 생산의 총과정'(이는 현행판의 제3부 제목입니다)에서는 실제로 산업에 종사하는 산업자본가가 생산하고 실현한 잉여가치가 어떻게 분배되는지에 대한 문제가 다루어집니다. 산업자본가가 생산한 상품의 잉여가치는 모두 그 산업자본가의 것이 되는 것은 아닙니다. 우선 많은 경우, 산업자본가는 생산한 상품을 실제 소비자에게 직접 판매하지 않고, 상품 판매를 전문적으로 수행하는 상업자본가(도매나 소매)에 위탁함으로써 상품 판매에 드는 비용을 삭감하려 합니다. 하지만 그만큼 산업자본가는 상업자본가에게 본래의 가치보다 싸게 상품을 판매해야 합니다. 이때의 판매가격과 본래의 상품가치 사이의 차액이 상업자본의 '이윤'의 원천이 되기 때문입니다. 이렇게 해서, 잉여가치의 일부는 상업이윤으로서 상업자본가에게 분배됩니다.

또한, 산업자본가는 모든 자본을 스스로 준비할 수는 없습니다. 신흥자본가는 물론이고, 거대자본이라 하더라도 사업을 급속히 확장하는 경우에는 역시 은행 등에서 자금을 조달해야 합니다. 조달한 자금에 대해서는 일정한 이자를 지불해야 하며, 이로 인해 잉여가치의 일부는 이자로서 화폐를 빌려주는 화폐자본가에게 분배됩니다. 마찬가지로, 산업자본가가 생산할 수 없는 생산조건인 토지는 토지소유자에게 독점되어 있으므로, 산업자본가가 직접 토지를 구매하여 취득하지 않는 한, 토지소유자에게 빌려 사업을 운영해야 합니다. 따라서 잉여가치는 지대라는 형태로 토지소유자에게도 분배됩니다. 이처럼, 제3부에서는 자본주의적 생산의 총과정에서 잉여가치가 어떻게 분배되고, 각각의 수입형태로 분기되는지를 분석하는 것이 주제가 됩니다.

제3부의 주제—보다 정확한 이미지로

위에서 설명한 해석은 무척 거칠고, 매우 부정확한 해석이지만, 『자본론』 체계에 대한 최초의 이미지를 형성하는 데는 유익하다고 할 수 있을 것입니다. 실제로, 마르크스 자신도 엥겔스에게 제3부의 개요를 소개한 편지(1868년 4월 30일)에서 "제3부에서 우리는 잉여가치가 그 다양한 형태Formen 및 서로 분리된 구성부분들로 전화되는 것으로 나아간다"17)라고 말했습니다. 그러나 마르크스 자신의 초고 텍스트를 읽고 해석하려는 이 책에서는 이 수준에 머물러 있을 수는 없습니다. 다소 이해하기 어렵더라도, 역시 마르크스 자신이 의도한 『자본론』 체계의 구상을 가능한 한 정확히 파악할 필요가 있습니다. 따라서 좀 더 정확한 이미지로 접근해 보겠습니다.

그림 2를 보십시오. 제1부 '자본의 생산과정'과 제2부 '자본의 유통과정'에서는 자본주의적 생산양식의 '본질적 메커니즘'이 문제가 되었던 반면, 제3부 '총과정의 형상화'에서는 자본주의적 생산양식의 '현상적 메커니즘'이 문제가 된다는 것을 보여 줍니다. 이 그림에 쓰여 있는 기호의 배열은 화폐자본순환을 나타냅니다. 처음에 자본가가 화폐를 투하하여 생산수단과 노동력을 구매하여 상품생산을 수행하고, 완성된 상품을 판매하여 잉여가치를 포함한 더 큰 액수의 화폐를 획득하는 순환입니다. 이 자본순환 중 옅은 음영 처리는 자본의 생산과정에 해당하는 부분이고, 진한 음영 처리는 자본의 유통과정에 해당하는 부분입니다. 제1부와 제2부는 각각 잉여가치생산이 이루어지는 자본의 생산

17) 역주: 카를 마르크스, 「마르크스가 맨체스터에 있는 엥겔스에게」(1868.4.30), 『자본론에 관한 서한집』, 김호균 옮김, 중원문화, 1990, p.175.

그림 2 『자본론』 체계에 대한 보다 정확한 이미지

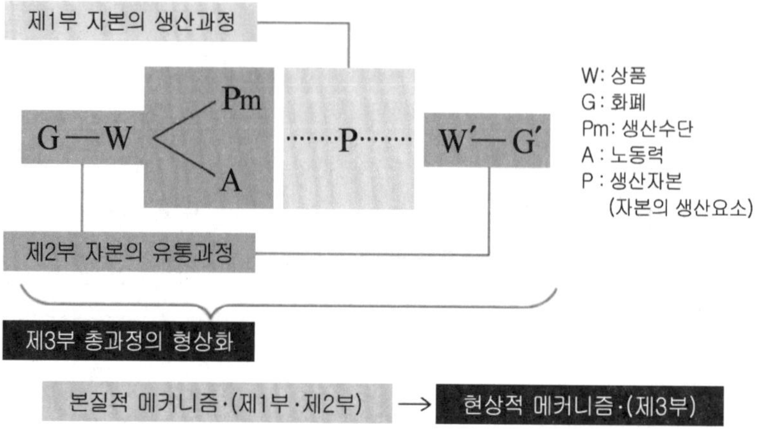

과정과 잉여가치를 실현하고 생산과정을 준비하는 유통과정에 초점을 맞춰, 자본주의적 생산양식의 본질적인 메커니즘을 분석한 것입니다. 제3부에서는, 이 분석을 전제로 하여, "그렇다면 그 본질적인 메커니즘이 현실의 자본주의 경제에서 어떻게 나타나는가"라는 문제를 주제로 다룹니다. 앞서 본 '대략적인 이미지'에서의 잉여가치의 분배는 바로 이 '현상적 메커니즘'에서 발생하는 사태라고 이해할 수 있을 것입니다.

그렇다면, 여기서 말하는 '본질'과 '현상'은 무엇을 의미하는가? 마르크스는 이 개념들을 분명히 헤겔 철학에 기반하여 사용하고 있지만, 여기서는 헤겔에 들어가지 않고, 『자본론』의 독해에 필요한 범위 내에서 살펴보겠습니다.

우선, '현상'은 인간의 감각에 의해 직접 포착할 수 있는 세계로, '본질'은 그 현상의 배후에 있는, 감각으로는 직접 포착할 수 없는 세계로 이해할 수 있습니다.[18] 여기서 주의가 필요한 점은 그렇다고 해서 양자가 서로 분리된 것이 아니라는 점입니다. 오히려 헤겔이 말했듯이, “본질은 현상으로 나타나야 한다”[19]이며, 양자는 서로 밀접한 관계에 있습니다. 즉 마르크스는 이 개념들을 사용함으로써, 우리가 일상적으로 보는 ‘현상’적인 세계가 직접적으로 볼 수 없는 ‘본질’적인 메커니즘의 징조임을 시사하려 했습니다.

이를 가장 이미지화하기 쉬운 뉴턴Isaac Newton(1643-1727) 역학의 세계를 예로 들어 생각해 봅시다. 지구는 약간 기울어져 자전하며, 태양 주위를 공전합니다. 그러나 이러한 지구의 운동은 일상의 인간 의식에는 그대로의 형태로 나타나지 않습니다. 지구에서 생활하는 인간의 눈에는 지구의 자전이 태양이 동쪽에서 떠서 서쪽으로 지는 태양의 운동으로 ‘현상’하고, 공전은 일출과 일몰의 시간이나 위치의 변화로 ‘현상’합니다. 이때, 태양이 동쪽에서 떠서 서쪽으로 지는 ‘현상’이나, 계절에

---

18) 참고로, ‘본질’이라는 말에는 어떤 대상에 대해 고정적인 속성을 강요하는 이미지가 있어, 현대에서는 그다지 선호되지 않습니다. 그것이 사회에 적용되면 그 사회의 변화나 변혁의 가능성을 부정하기 쉽고, 인간에 적용되면 “여성은 ○○하는 존재다” 등으로 단정하게 되어 차별로 이어질 수 있습니다. 하지만 마르크스의 ‘본질’은 어디까지나 변화 가능한 특정 메커니즘 내의 내적인 법칙성 — 직관적으로는 이해할 수 없고 일정한 이론적 고찰을 통해 처음으로 파악할 수 있는 법칙성 — 임을 유의할 필요가 있습니다. 마르크스는 『1861-1863년 초고』에서 다음과 같이 말했습니다. “여기서 문제가 되는 것은 물론 부르주아적 생산의 자연법칙들Naturgesetze이다. 즉 일정한 역사적 단계 위에서, 그리고 특정한 역사적 조건들 하에서 생산이 이루어지는 것은 이러한 자연법칙들의 내부에서이다. 만약 그러한 법칙이 없었다면, 애초에 부르주아적 생산의 시스템은 이해할 수 없는 것이 될 것이다. 문제는 물론 이 특정한 생산양식의 본성Natur을, 즉 그 자연법칙들을 서술하는 것이다. 하지만 이 생산양식 자체가 역사적인 것처럼, 그 본성 및 그 본성의 법칙들Gesetze dieser Natur도 역사적이다. 아시아적 생산양식 또는 고전고대적 생산양식 또는 봉건적 생산양식의 자연법칙들은 본질적으로 다른 것이다.”(Karl Marx, *Zur Kritik der politischen Ökonomie (Manuskript 1861-1863)*, *MEGA* II/3.6, Dietz Verlag, 1980, p.2269.)

19) 역주: G.W.F. 헤겔, 『대논리학 II』, 임석진 옮김, 자유아카데미, 2022, p.197.

따라 일출과 일몰이 변화하는 '현상'은 실제 사건을 인간이 지각한 것이며, 결코 착각이 아닙니다. 하지만 그렇다고 해서, 이 눈에 보이는 현상적인 운동에만 집착하여, 지각된 현상만으로 태양의 운동을 분석하려 해도 잘되지 않습니다. 실제로 천동설의 입장에 선다면, 프톨레마이오스 Claudios Ptolemaeus(100-170)처럼 천체의 운동에 대한 이론은 극히 복잡한 것이 될 수밖에 없습니다. 태양의 운동을 합리적으로 이해하려면, 지구에서 관찰할 수 있는 태양의 현상적인 운동을 단서로, 그 배후에 있는 '본질'적인 운동, 즉 지구의 자전과 공전을 발견해야 합니다. 이를 통해, 지구나 태양을 비롯한 천체의 운동을 '만유인력의 법칙'에 의해 통일적인 방식으로 합리적으로 이해할 수 있게 됩니다.

이 예가 단적으로 보여 주듯이, 현상적 메커니즘은 그것만을 보고 있었을 때는 합리적으로 이해할 수 없습니다. 그것을 본질적 메커니즘이 나타난 것으로 파악했을 때, 비로소 그 현상적 메커니즘의 운동법칙을 통일적인 방식으로 합리적으로 설명할 수 있습니다. 그러므로, 현상적 메커니즘의 고찰에서는 그 현상의 과학적 분석을 통해 본질적 메커니즘과 그것을 규제하는 법칙을 발견하고, 거기서부터 현상을 다시 파악하는 것이 필요합니다.

또 하나의 예를 들어 보겠습니다. 지구상에서 물체가 지면에 낙하하는 운동은 천체의 운동과 마찬가지로 만유인력의 법칙에 의해 이해할 수 있지만, 현실의 낙하운동은 만유인력의 법칙만으로는 설명할 수 없습니다. 예를 들어, 만유인력의 법칙에 따르면 같은 높이에서 동시에 낙하한 물체는 무게가 달라도 동시에 착지해야 하지만, 실제로는 공기저항이 작용함으로써 무거운 물체가 더 빨리 착지합니다. 그러므로, 우리가 일상적인 현상만을 보면, 만유인력의 법칙이 성립하지 않는 것처럼 보입니다. 하지만, 그렇다고 해서 만유인력의 법칙을 포기해 버리면, 물체의 낙하에 대한 합리적인 설명은 불가능해질 것입니다. 만유인력의 법칙을 기초로 하여, 공기저항의 영향을 고려한 실제 물체의 낙하 방식을 해명할 수 있는 것입니다.

이 예가 보여 주는 것도 현상형태에만 집착하는 한, 그 현상형태를 이해할 수 없다는 것이지만, 그 원인은 앞의 예와 다릅니다. 앞의 예에서는 관찰 당사자의 시점의 제약이 본질적 메커니즘의 인식을 방해했던 반면, 이 예에서는 실제로 본질적인 메커니즘의 작동을 방해하는 요소가 끼어듦으로써, 그 인식이 방해받는 것입니다.

위의 예는 어디까지나 자연과학의 이야기이지만, 같은 것은 자본주의적 생산양식의 고찰에서도 적용됩니다. 『자본론』 제1부에서 '노동력의 가치'가 '노동의 가격'으로 나타난다는 논의를 떠올려 봅시다(『마르크스 자본론』 제17장). 마르크스는 거기서 다음과 같이 말했습니다.

> "어쨌든 '노동의 가치 및 가격' 또는 '임금'이라는 현상형태는 현상으로 나타나는 본질적 관계로서의 노동력의 가치 및 가격과는 구별되며, 이러한 현상형태에 대해서는 모든 현상형태와 그 배후에 숨겨진 것에 대해 말할 수 있는 것과 동일한 것이 적용된다. 현상형태는 보통의 사고형태로서 직접적으로 스스로 재생산되지만, 그 배후에 있는 것은 과학에 의해 비로소 발견되어야 한다."(『마르크스 자본론』 428쪽, 김(1)736f)

여기서 "노동력의 가치"가 "본질적 관계"이며, "노동의 가격"이 그 "현상형태"가 됩니다. 우리가 일상적으로 경험하는 바와 같이, 임금노동자가 자본가에 고용되었을 때 받는 임금은 당사자인 자본가와 임금노동자에게는 노동의 대가, 즉 "노동의 가격"으로 나타납니다. 그러나 이 현상형태에 머물러 있으면 임금에 대한 합리적인 이해에 도달할 수 없습니다. 여기서 마르크스가 말하는 바와 같이, 과학에 의해 그 현상의 배후에 있는 본질적 관계—임금노동자가 판매하는 것은 노동이 아니라 노동력이며, 그 가치는 노동력의 재생산비에 의해 규정된다—를 파악하고, 거기서부터 현상형태를 다시 파악할—예를 들어 시급은 하루의 노동력의 재생산비를 표준적인 노동시간으로 나눈 것으로 이해할—필요가 있습니다.

여기서 마르크스가 노동력에 대해 행한 분석을 자본에 대해 행한 것이 『자본론』 제3부라고 생각할 수 있을 것입니다. 제3부 초고 제1고(주요 초고)의 서두에 쓰여 있는 다음 단락을 보십시오.

> "이미 본 바와 같이, 전체로서 보인 생산과정은 생산과정과 유통과정의 통일이다. 이 점은 유통과정을 재생산과정으로 고찰했을 때 …… 상세히 논의했다. 이 [제3]부에서 해야 할 것은 이 '통일'에 대해 일반적으로 이것저것 반성하는 것이 아니다. 오히려 중요한 것은 자본의 과정—전체로서 본—으로부터 생겨나는 구체적인 형태들Formen을 찾아내어 서술하는 것이다. {자본들은 그들의 현실의 운동에서는 그러한 구체적인 형태를 취하여 상호 대립하며, 이러한 형태들에게는 직접적 생산과정에서의 자본의 자태Gestalt도 유통과정에서의 자본의 자태도 특수한 계기로서만 나타날 뿐이다. 그래서 우리가 이 [제3]부에서 전개해 나가는 자본의 여러 형상화Gestaltungen는 그것들이 사회의 표면에서 생산당사자들 자신의 일상의식 속에서, 그리

고 마지막으로 다양한 자본이 서로에 대해 행하는 행동 속에서, 즉 경쟁 속에서 모습을 드러낼 때의 형태에 한 걸음 한 걸음 다가가게 되는 것이다.}"(①7, E33, 김31f)

여기서는 '본질'이나 '현상'이라는 말은 사용되지 않았지만, 자본의 생산과정과 유통과정을 고찰한 『자본론』 제1부와 제2부가 본질적 메커니즘에 해당하며, 제3부가 현상적 메커니즘에 해당한다는 것을 읽어낼 수 있을 것입니다. 제3부에서는 제2부까지 고찰된 "전체로서 보인 자본의 과정"을 전제로 하여, 거기서 생겨나는 구체적인 형태들을 고찰하는 것이 과제가 됩니다. 그리고, 그러한 여러 현상형태의 고찰을 통해, "사회의 표면에서 생산당사자들 자신의 일상의식 속에서, 그리고 마지막으로 다양한 자본이 서로에 대해 행하는 행동 속에서, 즉 경쟁 속에서 모습을 드러낼 때의 형태에 한 걸음 한 걸음 다가가게 되는" 것입니다. 이 인용문에서 등장하는 "형상화"라는 말은 본질적 메커니즘이 현상적 메커니즘으로 전화할 때 새로운 경제적 형태규정을 두르고 나타나는 것을 의미하므로, 제3부의 주제를 한마디로 표현하자면, 마르크스가 제3부의 제목으로 명명한 대로 자본의 '총과정의 형상화 Gestaltungen des Gesammtprozesses'라고 할 것입니다(표 2).

여기서 중요한 것은 다음 세 가지 점입니다. 첫째, 우리가 일상적으로 보는 자본주의적 생산양식의 구체적인 형태들—예를 들어 이윤, 이자, 지대 등—을 합리적으로 이해하려면, 그것들을 직접 분석하는 것만으로는 불충분하며, 제2부까지 고찰된 본질적 메커니즘에서 생겨난 것으로 이해해야 한다는 것입니다. 그러므로 『자본론』에서는 갑자기 이윤, 이자, 지대를 고찰하는 것이 아니며, 그에 앞서, 보다 본질적인 관계의 표현인 잉여가치를 고찰한 것입니다. 바로, 제3부의 과제는 제2부까지의 자본의 본질적 메커니즘의 이해에 기초하여, 자본의 현상적 메커니즘을 해명하는 것에 있다고 말할 수 있을 것입니다.

둘째, 이 인용문에서 본질적 메커니즘에서 구체적인 현상형태가 생겨나는 방식에는 두 가지 경우가 있음을 읽어 낼 수 있습니다. 하나는 "생산당사자들 자신의 일상의식"에서 현상형태가 발생하는 경우입니다. 이는 뉴턴 역학의 예로 말하자면, 지구의 운동이 지구상의 인간에게는 태양의 운동으로 나타난다는 사태에 해당한다고 할 수 있을 것입니다. 이는 또한, 앞서의 노동력의 가치가 노동의 가격으로 나타난다는 경우에도 적용되며, 『자본론』 제3부로 말하자면, 잉여가치가 이윤으로 나타나는 경우가 이에 해당합니다. 두 번째는 "다양한 자본이 서로에 대해 행하는 행동 속에서, 즉 경쟁"을 통해 현상형태가 발생하는 경우입니다. 『자본론』 제3부로 말하자면, 가치가 생산가격이나 시장가치로 나타나는 경우가 이에 해당합니다. 여기서는 본래의 가치법칙이 경쟁에 따른 여러 특수한 조건에 의해 수정되거나 왜곡되어 나타나므로, 이는 뉴턴 역학의 예로 말하자면, 지구상에서의 물체의 낙하를 관측할 때 만유인력의 법칙이 공기저항 때문에 왜곡되어 나타난다는 사태에 해당한다고 할 수 있을 것입니다.

셋째, 제3부에서는 현상적 메커니즘의 전부를 고찰하는 것이 아니라, 그중 '구체적인 형태'에 초점이 맞춰져 있다는 것입니다. 보다 정확히 말하자면, 제3부의 주제는 자본주의적 생산양식의 현상형태에 관련된 경제적 형태규정의 고찰에 한정되어 있다는 것입니다('경제적 형태규정'이라는 용어의 뉘앙스에 대해서는 졸저 『마르크스 자본론』의 142~143쪽을 참조하십시오). 그러므로 『자본론』 제3부에서 현상적 메커니즘의 해명이 완전히 이루어지는 것은 아닙니다. 그 총체를 이해하려면, 제3부에서의 경제적 형태규정을 대상으로 하는 일반적 분석을 기초로 하여, 현상적 메커니즘에 대한 보다 전문적인 특수 연구를 수행할 필요가 있습니다. 이 점은 제3부의 주제를 정확히 이해하는 데 중요한 논점이지만, 다소 전문적인 논의가 되므로, '플랜 문제'에 대해 해설한 책 말미의 '보론'에서 보다 자세히 설명하겠습니다.

제3부의 주제—물상화의 심화로서의 형상화

지금까지 살펴본 '본질—현상' 모델에 의한 설명—직접적으로 관찰할 수 있는 것이 '현상적 메커니즘'이며, 이론적 고찰을 통해서만 이해할 수 있는 것이 '본질적 메커니즘'이라는 구별에 기반한 설명—은 마르크스 자신의 서술에 따른 것이므로 그 자체로 상당히 정확하지만, 그럼에도 약간의 부정확성이 남아 있습니다. 왜냐하면, 제3부의 주제인 '형상화'에서 문제되는 것은 단순히 본질적 메커니즘이 그와 다른 형태로 나타난다는 것만이 아니기 때문입니다.

만약 형상화가 그 정도의 의미만을 가진다면, '형상화'론의 요점은 외관상의 '현상' 뒤에 있는 '본질'을 간파하고(제1부 및 제2부), 이 '본질'로부터 '현상'을 재구성하는(제3부) 것일 것입니다. 그러나 이 이해에는 약간의 문제가 있습니다. 독자 여러분 중 일부는 이미 눈치챘을 수도 있겠지만, 사실 '현상'이라는 표현은 제1부에서도 다수 사용되었으며, 예를 들어 가치형태론에서도 가치라는 '내실'이 '현상'한 것이 가치형태라고 여겨졌습니다. 그렇다면, 제1부와 제2부에서는 '본질'이 다루어지고, 제3부에서는 '현상'이 다루어진다는 식의 설명은 충분하지 않게 됩니다.

이 문제를 해결하는 열쇠는 '물상화'에 있습니다. 마르크스의 물상화론의 상세한 내용은 『마르크스 자본론』의 관련 항목을 참조하기 바라지만, 여기서도 간단히 되짚어 보겠습니다. 시장경제에서는 사람들이 자유의지에 따라 행위하지만, 그러한 행위들이 총체로서 작용함으로써 역설적으로 자신들의 의지로는 통제할 수 없는 시장 메커니즘, 마치 사람들로부터 독립적으로 운동하는 듯한 시장 메커니즘을 만들어 냅니다. 이처럼 사람들의 행위가 그들로서는 통제할 수 없는 경제적 메커니즘을 만들어 내고, 인간들에 대해서 상품이나 화폐 같은 물건이 '물상'으로서 중요한 사회적 의미를 가지며, 인간과 생산물의 관계가 전도轉倒되는 것을 마르크스는 '물상화'라고 불렀습니다(『마르크스 자본론』 135~138쪽).

사실, 제1부와 제2부에서 논의되는 본질적 메커니즘은 이 물상화의 가장 근원적인 발생 기제와 관련된 것이었습니다. 즉, 거기서 다루어지는 메커니즘은 그 근원적인 전도—생산자와 생산물의 전도—와 직접적으로 연관된 것에 한정되어 있었습니다. 따라서 거기에 등장하는 상품의 교환력으로서의 '가치'나 자본이 획득하는 '잉여가치'는 생산자의 노동과 직접적인 대응 관계에 있으며, 가치는 추상적 인간노동의 대상화이고, 잉여가치는 잉여노동의 대상화일 뿐이었습니다.

이에 반해, 제3부에서 논의되는 현상적 메커니즘은 이 본질적 메커니즘의 '형상화'에 따라 발생하는 전도, 즉 형상화에 수반되는 물상화의 심화와 관련된 것입니다. 따라서 이 책에서 살펴보겠지만, 상품의 평균 가격인 '시장생산가격'은 더 이상 노동량과 직접적으로 일치하지 않으며, 자본이 획득하는 다양한 수익 또한 자본이 동원하는 잉여노동

그림 3 본질적 메커니즘과 현상적 메커니즘의 관계

본질적 메커니즘

(근원적인 물상화=생산자와 생산물 사이의 전도)

↓ 형상화

현상적 메커니즘

(형상화에 수반되는 물상화=생산자와 생산물 사이의 전도의 심화)

의 양과 일치하지 않습니다. 이렇게 생각하면, 본질적 메커니즘과 현상적 메커니즘의 구별은 물상화가 발생하는 층위의 차이에 있다고 말할 수 있을 것입니다(그림 3).

본질적 메커니즘에서 현상형태가 발생할 때는 당사자의 일상적 의식과 경쟁의 개입이라는 두 가지 경우가 있었지만, 형상화에 수반되는 전도에도 이에 대응하는 두 가지 경우가 있습니다. 제3부의 내용을 미리 언급하게 되어 다소 이해하기 어려울 수 있지만, 우선 대략적인 이미지만 파악해 둡시다. 초학자는 이 부분을 건너뛰셔도 괜찮습니다.

우선, 일상적 의식의 개입에 의한 형상화에서는 물상화에 수반되는 전도가 당사자들의 일상적 의식에 비판 없이 나타남으로써 전도가 발생합니다. 예를 들어, 본질적 메커니즘에서는 생산수단(자본)과 노동자(임금노동자)의 관계의 전도, 즉 자본이야말로 주체이고 노동자는 객체에 불과하다는 전도된 관계가 형성되지만, 당사자들의 일상적 의식에는 그렇게 형성된 결과인 전도된 관계만이 그대로 나타납니다. 따라서 자본이 노동자로부터 착취한 잉여가치가 노동자가 만들어 낸 것이 아니라, 오히려 주체로서의 자본이 생산과정을 조직함으로써 만들어 낸 것으로 나타납니다. 이렇게 하여 본질적으로는 자본이 노동자로부터 착취한 ‘잉여가치’가 현상형태에서는 오히려 자본이 만들어 낸 ‘이윤’으로, 전도된 형태로 나타나게 됩니다.

또한, 경쟁의 개입에 의한 형상화에서는 단지 물상화에 수반되는 전도가 그대로 현상형태에 반영되는 것만이 아니라, 경쟁을 통해서 이 전도 자체를 더욱 심화시킵니다. 예를 들어, ‘잉여가치’가 일상의식에서는 자본의 산물로서 나타남으로써 발생한 ‘이윤’은 자본들 사이의 경쟁을 통해서 실제로 투하 자본액에 비례하여 획득할 수 있는 ‘평균이윤’으로 전화해 버립니다. 이렇게 되면, 더 이상 형태에서뿐만 아니라, 금액에서도 ‘잉여가치’와는 다른 것이 됩니다. 이렇게 해서, 현상적 메커니즘에서의 전도는 경쟁을 통해서 더욱 심화됩니다.

‘서문’에서 살펴본 바와 같은 금융 수익이나 렌트의 대두는 실제로 이러한 형상화의 논리와 밀접하게 관련되어 있습니다. 왜냐하면, 잉여가치 생산에 직접적으로 관여하지 않는 자본이 막대한 수익을 올릴 수 있게 하는 것은 바로 형상화에 수반되는 전도—자본이 그 자체로서 노동자에 의한 잉여가치 생산으로부터 독립적으로 수익을 창출할 수 있다는 전도—때문입니다. 이 설명만으로는 이해하기 어려울 수도 있지만, 본문에서 반복적으로 등장하는 주제이므로, 논의를 순서대로 따라가시면 이해는 그리 어렵지 않을 것입니다.

제3부의 주제를 정확히 전달하기 위해 다소 추상적인 이야기를 해왔지만, 가장 중요한 것은 『자본론』의 목적입니다. 제1권 서문에서 마르크스가 쓴 것처럼, 『자본론』의 목적은 포스트자본주의 사회, 즉 공산주의 사회를 낳을 때의 “산고를 짧게 하고 완화하는”(김(1)6) 것이며, 그러한 실천을 수행하기 위한 이론적 지침을 주기 위해 ‘근대 사회’, 즉

자본주의 사회의 '경제적 운동법칙'을 해명하는 것이었습니다. 제3부에서도 사회변혁을 항상 의식하고 있으며, 물질대사의 교란이나 계급투쟁에 관한 논의가 등장합니다. 따라서 제3부도 협의의 경제학 문제에 한정하여 읽는 것이 아니라, 그 사회변혁상의 의의를 염두에 두고 읽음으로써 더욱 많은 시사를 얻을 수 있을 것입니다.

이제, 이상으로 제3부를 읽기 위한 준비가 완료되었습니다. 이 책은 가령 제2부에 대한 지식이 없더라도, 제1부에 대한 지식이 있다면 읽을 수 있지만, 만약 제2부의 내용을 확인하고 싶으신 분은 본문으로 진행하기 전에 책 말미의 '제2부의 요약'을 읽어 주세요.

범 례

• 『자본론』 제3부 초고로부터의 인용에 관해서는 해당 부분을 (①7, E33)과 같이 표시합니다. 원 숫자 (①)는 그것이 어느 초고에 해당하는지를 나타내고(원 숫자와 초고의 대응 관계는 표 4를 참조), 그 뒤의 숫자 (7)은 그 초고가 수록된 *MEGA*(『마르크스·엥겔스 전집』)의 권에 있는 쪽수를 나타냅니다. 근간 예정인 제3부 제1고의 번역에는 *MEGA*의 쪽수도 표시되어 있으므로, 이를 통해 해당 부분을 조사할 수 있습니다. E33은 인용된 부분이 엥겔스가 편집한 현행판『자본론』 제3권 (E)[20]의 어느 쪽수 (33)에 해당하는지를 나타냅니다. 이 쪽수는 『자본론』의 오카자키岡崎 역과 신니혼슛판新日本出版 역에서 페이지 상단에 쓰여 있는 괄호로 묶인 숫자로 표시된 것이며, 이는 현행판 『자본론』의 독일어 원본의 쪽수에 해당합니다. 다만, 초고와

20) 역주: 'E'로 표시한 엥겔스 편집 『자본론』 제3권으로부터의 인용 쪽수는 Karl Marx, *Das Kapital: Kritik der politischen Ökonomie, Dritter Band, MEW*, Bd.25, Dietz Verlag Berlin, 1964의 쪽수이다.

현행판에서는 내용이 다른 경우도 적지 않습니다. 또한, 애초에 해당 부분이 현행판에 존재하지 않는 경우도 있으며, 이 경우 현행판의 쪽수는 표기하지 않습니다. 참고로, 쪽수 뒤에 f나 ff라는 기호가 붙어 있는 경우가 있는데, 이는 각각 인용문이 다음 페이지에 걸쳐 있는 경우, 인용문이 세 페이지 이상에 걸쳐 있는 경우를 의미합니다.[21]

표 4 『자본론』 제3부 관련 초고

	집필 시기	초고(*MEGA*)	엥겔스에 의한 명칭	주요 내용
①[22]	1864-65	제3부 주요 초고(II/4.2)	제1고	제1장부터 제7장까지
②	1867.6	제1장 제1초안(II/4.3)[23]	없음	제1장 서두의 짧은 단편
③	1867.9	제1장 제2초안(II/4.3)	없음	위와 같음
④	1867.9-10	제1장 제3초안(II/4.3)	제3고	제1장 서두의 다소 긴 초고
⑤	1868. 봄	제1장 제4초안(II/4.3)	제2고	위와 같음
⑥	1867-68	이윤율 및 회전과 관련된 여러 초고(II/4.3)	없음	이윤율, 잉여가치율, 회전의 수학적 관계에 관한 고찰
⑦	1871-82	이윤율과 잉여가치율에 관한 여러 초고(II/14)[19]	없음	이윤율과 잉여가치율의 수학적 관계에 관한 고찰
⑧	1876	'토지자본'에 관한 단편(II/14)	없음	'토지자본'에 관한 각서
⑨	1878	이윤율, 이자, 렌트에 관한 단편(II/14)	없음	이윤율, 이자, 렌트에 관한 각서

※ (II/4.2) 등의 표기는 해당 내용이 수록된 *MEGA*의 권수를 나타냅니다. 또한, 집필 시기는 *MEGA* 편집자들의 추정에도 기반하고 있습니다.

---

21) 역주: 이 책의 저자는 마르크스의 『자본론』 제3부 초고로부터의 인용문의 출처를 *MEGA* 판과 엥겔스 편집본 판을 기준으로 예컨대 (①7, E33)로 밝혔다. 이 한국어판에서는 해당 인용문의 국역본 쪽수도 김수행 번역본(칼 마르크스, 『자본론』, 제3권, 김수행 옮김, 비봉출판사, 2015)을 기준으로 하여 (①7, E33, 김**)과 같은 방식으로 병기했다. 또 『자본론』, 제1권 인용문에도 김수행 번역본(칼 마르크스, 『자본론』, 제1권, 김수행 옮김, 비봉출판사, 2015)을 기준으로 하여 해당 쪽수를 '김(1)**'과 같은 방식으로 병기했다.

22) 역주: 이 책에서 저자가 '①'로 표시한 마르크스의 『자본론』 제3부 제1고는 'II/4.2', 즉 Karl Marx, *Ökonomische Manuskripte 1863-1867, MEGA* II/4.2, Dietz Verlag Berlin, 1992를 가리킨다.

23) 역주: 'II/4.3'은 Karl Marx, *Ökonomische Manuskripte 1863-1868, MEGA* II/4.3, Akademie Verlag, 2012를 가리킨다.

- ①의 번역문은 필자도 참여하고 있는 번역 프로젝트의 번역(사쿠라이 서점 근간 예정)에 의거하고 있지만, 더 이해하기 쉽도록 일정한 수정을 가했습니다. 다른 3부 초고에 관해서는 기존의 번역이 없으므로[25], 모두 필자에 의한 번역입니다(참고로, ⑤에 대해서는 필자의 번역이 『마르크스 연구회 연지』 제6호에 게재되어 있습니다).[26]
- 필요에 따라 『자본론』 제1권이나 『자본론』의 준비 초고에서도 인용하지만, 전자에 관해서는 현행판 『자본론』 제1권의 독일어 원본[27]의 쪽수, 후자에 관해서는 오츠키서점大月書店에서 간행된 『자본론 초고집』의 권수, 쪽수를 나타냅니다.
- 그 외의 마르크스의 저작에 관해서는 오츠키서점에서 간행된 『마르크스·엥겔스 전집』[이는 *MEGA*가 아니라 *MEW*(*Marx-Engels-Werke*. 마르크스·엥겔스 저작집)의 번역]의 권수, 쪽수를 나타냅니다.
- 전작인 『마르크스 자본론』에 관한 참조 지시는 (마34)와 같이 표시하고 있습니다. 이는 『마르크스 자본론』의 34쪽을 참조하라는 의미입니다.
- 마르크스가 한 강조는 모두 굵은 글씨로 나타내고 있습니다.

---

24) 역주: 'II/14'는 Karl Marx and Friedrich Engels, *Manuskripte und Redaktionelle Texte zum Dritten Buch des "Kapitals" 1871 bis 1895, MEGA* II/14, Akademie Verlag, 2003을 가리킨다.

25) 역주: 'II/4.2'를 대본으로 한 『자본론』 제3부 제1고의 영역본은 Karl Marx, *Marx's Economic Manuscript of 1864-1865*, translated by Ben Fowkes, edited and with an introduction by Fred Moseley, Brill, 2016으로 출판되었다.

26) 역주: 佐々木隆治 訳, 「『資本論』第三巻第一章第四草案: 第一章 剰余価値の利潤への転化、および剰余価値率の利潤率への転化」, 『マルクス研究会年誌』, 第6号, 2022, pp.86-106.

27) 역주: Karl Marx, *Das Kapital: Kritik der politischen Ökonomie*, Erster Band, *MEW*, Bd.23, Dietz Verlag Berlin, 1962.

- 인용문 안에 있는 ( )나 { }는 마르크스 자신이 쓴 괄호입니다.
- [ ] 안의 어구는 *MEGA* 편집자에 의한 보충입니다.
- 원문에 밑줄이 그어져 있는 경우가 있지만, 이 밑줄은 요점을 명확히 하기 위해 모두 필자가 한 것입니다. 또 이해하기 쉽게 하기 위해 인용한 텍스트를 필자가 보충하거나, 주석을 추가한 경우에는 〔 〕로 묶어 두었습니다.
- 이 책에서는 기본적으로 원문의 번역을 제시하고, 이를 해설하는 스타일로 진행합니다. 다만, 원문이 명확하여 그 이상의 설명이 불필요하다고 여겨지는 경우, 해설은 추가하지 않았습니다.
- 내용을 이해하기 쉽게 하기 위해, 인용문 앞에 필자가 소제목을 붙였습니다. 이 소제목은 모두 고딕체로 되어 있습니다.
- 주석은 다소 발전적인 내용을 언급할 때 달았습니다.[28]
- 이 책에서 '파운드'는 모두 영국 화폐 단위인 '파운드 스털링'을 의미합니다.

28) 역주: 이 책의 각주 중 서두에 '역주'라고 표시되지 않은 각주는 모두 원저에 있는 저자의 주석이다.

제1장 잉여가치의 이윤으로의 전화 및 잉여가치율의 이윤율로의 전화

제1장의 주제는 ‘이윤’입니다. 일반적으로 ‘이윤’이라는 단어는 기업이 올린 이익을 의미하지만, 여기서는 『자본론』 제1부와 제2부에서 해명한 자본주의 시스템의 본질적 메커니즘에 대한 지식, 구체적으로는 ‘잉여가치’에 대한 지식에 기반하여, 이 ‘이윤’을 보다 정확히 이해하는 것이 과제입니다.

우리는 이미 제1부에서 자본의 이윤의 원천이 ‘잉여가치’라는 것을 배웠습니다. 자본가는 노동자를 고용하고, 그 노동자에게 그가 고용될 때 지불한 가치(임금) 이상의 가치를 생산하게 함으로써 가치를 증식시킬 수 있습니다. 마르크스는 이때의 가치 증가분을 ‘잉여가치’라 부르며, 이것이 자본주의 시스템에서 자본이 획득할 수 있는 모든 이윤의 원천이 된다고 보았습니다.

그러나 이러한 자본주의의 본질적 메커니즘은 자본주의 사회에서 경제 활동을 영위하는 우리의 일상의식에 있는 그대로 나타나는 것이 아닙니다. 예를 들어, 현실의 자본가가 산업 활동에 투자를 할 때 생각하는 것은 그 투자로 얼마나 많은 이익을 올릴 수 있는가이며, 자신이 고용한 노동자로부터 얼마나 많은 잉여가치를 쥐어짜 낼 수 있는가가 아닙니다. 또는 애초에 자본가는 산업 활동에 투자하지 않을 수도 있습니다. 자본가에게 중요한 것은 어떤 형태로든 이익을 올리는 것이며, 상업에 투자하여 돈을 벌든, 금융상품에 투자하여 돈을 벌든 상관없습니다.

그러나 다른 한편으로, 우리가 보고 있는 현실은 제1부나 제2부에서 해명한 본질적 메커니즘과 결코 무관하지 않습니다. 예를 들어, 자본가가 직접 잉여가치를 의식하지 않는다 하더라도, 일반적으로 고용한 노동자를 가능한 한 오랫동안, 가능한 한 효율적으로 일하게 하는 것을 열심히 추구합니다. 이는 바로 마르크스가 제1부에서 해명한 잉여가치 생산의 메커니즘과 일치합니다. 또한, 상업이나 금융에 투자함으로써 얻을 수 있는 수익도, 만약 산업 활동 전체가 순조롭게 진행되지 않아 그로부터 수익을 얻을 수 없는 상황이 계속된다면, 결국에는 고갈될 것입니다. 따라서 정확한 설명에는 앞으로 이 책에서 설명할 여러 '중간항'이 필요하지만, 궁극적으로는 잉여가치가 모든 이윤의 원천이라는 점은 직관적으로 이해할 수 있을 것입니다.

제3부의 과제는 바로 제1부나 제2부에서 본 '본질적 메커니즘'에서 우리가 일상적으로 보는 '현상적 메커니즘'이 어떻게 나타나는지를 하나하나 꼼꼼히 추적하고 순서대로 설명하는 데 있습니다. 이를 통해 현상적 메커니즘에서도 본질적 메커니즘의 고찰로 해명된 다양한 법칙이 관철되고 있음이 명확해지며, 본질적 메커니즘에서 벗어나는 듯 보이는 현상적 메커니즘의 작동도 합리적으로 이해할 수 있게 됩니다.

이러한 '현상적 메커니즘'의 생성의 출발점이 바로 '이윤'입니다. 제1부에서 해명된 '본질적 메커니즘'의 핵심을 이룬다고 할 수 있는 잉여가치는—왜냐하면 자본주의 시스템의 최대 특징은 금전적 이익을 위해 생산 활동을 수행한다는 점에 있기 때문입니다—우선 이윤이라는 형태를 취합니다. 제1장에서 논의되는 이윤은 아직 추상적인 것이기도 하여, 지금까지의 연구에서는 그다지 중시되지 않았습니다. 그러나 잉여가치의 이윤으로의 전화는 형상화의 출발점인 동시에 그 이후의 모든 형상화의 기초를 이루며, 그런 의미에서 이 장은 제3부 전체의 기초를 이루는 중요한 장이 됩니다.

'인물과 작품'에서 『자본론』 제3부에서의 현상적 메커니즘의 생성에는 크게 나누어 일상의식으로의 현상과 경쟁을 통한 현상이라는 두 가지 패턴이 있음을 지적했지만, 일단 이 장에서 문제되는 것은 '일상의식으로의 현상'입니다. 즉, 본질적 메커니즘으로서의 잉여가치가 자본주의 사회의 경제 활동 당사자의 일상의식에 대해 이윤이라는 형태를 취해 나타나는 것입니다. 이하, 이 장에서 이 작동 방식에 대해 가능한 한 자세히 살펴보겠습니다.

문헌고증

이 책은 현행판이 아니라 초고에 의거하므로, 장마다 간단한 문헌고증을 제시하고자 합니다. 이미 현행판에 익숙한 독자를 위한 것이므로, 초심자는 건너뛰셔도 무방합니다.

현행판 『자본론』 제3권은 엥겔스에 의해 편집된 것으로, 마르크스의 초고 그 자체와 구성이 다른 부분이 있습니다. 특히 이 장에 대해서는 양자 간에 큰 차이가 있습니다(표 1.1).

그 이유로는 이 장에서는 다른 장과 달리 여러 초고가 사용되고 있기 때문입니다. 마르크스는 이 장의 제1절을 위해 네 개의 개정 초안(②~⑤)을 작성했으며, 여기서 절의 제목이 제3부 주요 초고(①)의 '잉여가치와 이윤'에서 '비용가격과 이윤'으로 변경되었습니다. 또한, 제1장 자체의 제목도 '잉여가치의 이윤으로의 전화'에서 '잉여가치의 이윤으로의 전화 및 잉여가치율의 이윤율로의 전화'로 변경되었습니다.

마르크스는 이 네 개의 개정 초안을 작성함으로써 이 장의 구성을 근본적으로 재구성했다고 할 수 있습니다. ①에서는 잉여가치율과 이윤율의 관계에 대한 수량적 고찰에서 비용가격을 포함한 여러 개념의 고찰로 넘어갔지만, 개정 초안에서는 오히려 서두에서 비용가격의 고찰을 수행하고, 이를 통해 이윤이라는 범주를 도출하고 있습니다. 또한, ①에서는 비용가격의 고찰 없이 이윤이라는 개념을 규정하려 했기 때문에, 이윤율에서 이윤 자체를 도출하게 되어, 장의 마지막에서 '이윤 자체'에 대해 고찰한다는 복잡한 구성이 되어 버렸습니다. 물론 개정 초안에서 서술된 이론 구성 자체는 ①에서도 찾아볼 수 있지만, 그것이 적절한 순서로 제시되지 않았다는 단점이 있었습니다. 마르크스는 이 단점을 개정 초안의 작성을 통해 극복했다고 할 수 있습니다.

다만, 제2절 이후에 대해서는 개정 초안이 존재하지 않아, 마르크스가 어떤 구성을 의도했는지는 알 수 없습니다. 다만, 적어도 제2절이 '비용가격'이 아니게 된 것은 확실합니다. 따라서 이 책에서는 제2절에 대해서는 현행판과 마찬가지로 '이윤율'이라는 절의 제목을 붙이고, 이에 관련된 ①의 서술을 배치했습니다. 반면, 이 책은 제3절 이후에 대해서는 ①의 구성에 그대로 따랐습니다. 다만, 제7절에 대해서는 마르크스의 개정 초안에 의해 절로 독립시키는 것은 불필요하다고 판단하여, 절로는 채택하지 않았습니다. 참고로, 현행판에서는 제6절을 제4장에 옮기고, 제4절과 제5절을 합쳐 제5장으로 하며, 제7절은 '보유'라는 장의 제목으로 변경하는 처리가 이루어졌지만, 이 책에서는 가능한 한 마르크스의 초고에 가까운 구성을 유지했습니다(표 1.2).

표 1.1

제3부 주요 초고(①)	현행판(E)(사용된 초고)
제1장 잉여가치의 이윤으로의 전화	제1편 잉여가치의 이윤으로의 전화 및 잉여가치율의 이윤율로의 전화
제1절 잉여가치와 이윤	제1장 비용가격과 이윤(①④⑤)
[제2절 비용가격]	제2장 이윤율(①)
제3절 불변자본 사용의 절약	제3장 이윤율의 잉여가치율에 대한 관계(①⑦)
제4절 원료 가격변동	제4장 이윤율에 대한 회전의 영향(엥겔스 집필)
제5절 방출과 구속. 감가와 증대, 자본의 가치 상승과 가치 하락	제5장 불변자본 사용의 절약(① 제3절)
제6절 유통시간의 변화, 단축 혹은 연장(또한 그와 결부된 교통수단)의 이윤율에의 영향〔미집필〕	제6장 가격변동의 영향(①)
제7절 이윤(부르주아지에게 나타나는 그대로)	제7장 보유(①)

※ 엥겔스 편집에서는 '편'은 마르크스 초고의 '장'에 해당하며, 전자의 '장'은 후자의 '절'에 해당합니다. [ ] 안의 절 번호 및 절 제목은 *MEGA* 편집자에 의한 것입니다.

표 1.2

제1장 잉여가치의 이윤으로의 전화 및 잉여가치율의 이윤율로의 전화	
제1절	비용가격과 이윤(①④⑤)
제2절	이윤율(①)
제3절	불변자본 사용의 절약(①)
제4절	원료의 가격변동(①)
제5절	자본의 방출과 구속, 자본의 증가(가치증대)와 감가(가치감소)(①)
제6절	유통시간의 변화, 단축 또는 연장(또한 그것과 연결된 교통수단)에 의한 이윤율에 대한 영향(①)

또한, ①의 제6절은 미집필 상태이며, 현행판에서는 이 장(제4장) 전체를 엥겔스 자신이 작성했지만, 이 책에서는 다른 장의 서술을 도입하여 마르크스 자신의 서술로 내용을 이해할 수 있게 했습니다. 또한, 이 책에서는 현행판처럼 초고의 문장을 '수정'하지 않고, 기본적으로 초고를 그대로 인용하고 있습니다. 따라서 경우에 따라 현행판과 비슷한 문장이라도 다르게 읽히거나, 현행판과는 상당히 다른 내용을 나타내는 경우도 있을 것입니다.

제1절 비용가격과 이윤

잉여가치의 직접적 현상형태로 되돌아가기

“**잉여가치**는 우선 **생산물의 가치 중** 그 형성에 **지출된** 생산요소들의 **가치 총액**을 넘는 **초과분**으로 나타난다.”29)

“이 잉여가치의 직접적 현상형태unmittelbaren Erscheinungsform로 — 잉여가치의 성질, 잉여가치의 기원, 잉여가치 생산의 방법, 잉여가치의 크기를 규제하는 법칙들은 이미 제1부에서 연구했으므로 — 이제 우리는 되돌아간다.”(⑤383)

이미 보았듯이, 『자본론』 제3부는 잉여가치의 현상형태인 ‘이윤’에 관한 이야기에서 시작됩니다.

29) 이 인용문은 『자본론』 제1부 제7장에서 가져온 것이지만, 약간 간략화되었습니다. 해당 구절의 정확한 문장은 다음과 같습니다. “전대자본 前貸資本 C가 생산과정에서 창출한 잉여가치, 혹은 전대자본 가치 C의 가치증식은 우선 상품 가치 중 그 생산요소의 가치 총액을 넘는 초과분으로 나타난다.”(김(1)282)

사실, 잉여가치의 가장 단순한 현상형태는 이미 제1부에서 등장했었습니다. 서두의 제1부 제7장에서 인용된 문장 중에 있는 "**생산물의 가치 중** 그 형성에 **지출된** 생산요소들의 **가치 총액**을 넘는 **초과분**"이 이에 해당합니다. 즉, "자본가의 이윤은 상품을 그 생산에 든 비용보다 높게 판매함으로써 생긴다"는 소박한 관념입니다.

다만, 제1부에서는 여기서 이윤에 관한 논의로 나아가는 대신, 오히려 이 현상형태의 '본질'이 결국 잉여가치라는 점이 논의되었습니다. 제1부와 제2부의 과제는 우리 눈앞에 있는 현상적 메커니즘을 분석함으로써 그 이면에 있는 본질적 메커니즘을 파악하는 것이었고, 현상적 메커니즘 그 자체를 분석하는 것이 아니었기 때문입니다.

이에 반해, 제3부의 과제는 현상적 메커니즘 그 자체를 해명하는 것이며, 제2부까지의 고찰을 통해 획득한 본질적 메커니즘의 지식에 기반하여 현상적 메커니즘 그 자체의 성질을 밝혀내야 합니다. 그래서 마르크스는 우선 이미 제1부에서 등장했던 가장 단순한 "잉여가치의 직접적 현상형태"로 되돌아가, 거기서부터 현상적 메커니즘에 대한 논의를 시작하려는 것입니다.

비용가격

"자본주의적으로 생산되는 모든 상품의 가치는 c+v+m으로 분해할 수 있다. 이 생산물 가치에서 잉여가치를 빼면, 남는 것은 **상품의 생산요소에 지출된 자본가치** c+v에 대한, 즉 소비된 생산수단과 사용된 노동력의 가격 총액에 대한 **상품에서의** 단순한 **등가**, 즉 **보전가치**이다. 상품 가치의 이 부분은 자본가에게 있어 상품이 **자본가**

자신에게 지출하게 하는 것만을 보전하며, 따라서 **자본가에게 있어서는** 상품의 **비용가격**을 이룬다. 상품 가치를 w, 비용가격을 k라 하면, 정식 w = c + v + m은 정식 w = k + m, 즉 **상품 가치 = 비용가격 + 잉여가치**로 전화한다."(④14, E34, 김32)

마르크스가 "잉여가치의 직접적 현상형태", 즉 "**생산물의 가치 중** 그 형성에 **지출된** 생산요소들의 **가치 총액**을 넘는 **초과분**"에 대해 고찰할 때 처음 주목하는 것은 "생산요소들의 **가치 총액**"의 부분입니다. 왜냐하면, 그 부분이 본질적 메커니즘과 다른 현상형태를 취함으로써 잉여가치도 그 본질과는 다른 현상형태를 취하게 되기 때문입니다.

제1부에서 보았듯이, 상품의 가치 크기는 그 상품의 생산에 필요한 노동량에 의해 결정됩니다. 물론, 여기서 말하는 노동량은 개별적인 경우의 노동량이 아니라 평균적인 경우의 노동량을 말하며, 평균적인 생산력 하에서 평균적인 숙련을 가진 노동자가 평균적인 강도(노동 밀도)로 일한 경우의 노동시간으로 계산할 수 있습니다. 마르크스는 이를 '사회적 필요 노동시간'이라 불렀습니다.

그러나 상품의 생산에 필요한 것은 노동만이 아닙니다. 원료나 기계 등의 생산수단도 필요합니다. 따라서 상품 가치에는 노동에 의해 부가되는 가치뿐 아니라, 그 상품을 생산하는 데 필요한 생산수단에서 이전된 가치도 포함됩니다. 원료 등의 경우에는 사용된 부분의 가치가, 기계나 도구 등 생산에 반복적으로 이용할 수 있는 것의 경우에는 사용에 의해 마모된 부분의 가치가 이전되는 것입니다. 따라서 "상품 가치 = 그 상품의 생산을 위해 소비된 생산수단의 가치 + 그 상품을 생산하는 노동에 의해 부가된 가치"라는 정식이 성립하게 됩니다.

더욱이, 자본가에 의해 잉여가치의 획득을 목적으로 생산되는 상품의 경우, 노동에 의해 부가되는 가치가 두 부분, 즉 노동력 가치의 부분과 잉여가치 부분으로 분할된다는 것도 이미 보았습니다. 자본가에 고용된 노동사가 노동에 의해 상품에 부가한 가치 중, 노동력의 가치를 초과하는 부분이 잉여가치가 되는 것입니다. 이렇게 하여 앞의 정식은 "상품 가치=소비된 생산수단의 가치+노동력 가치+잉여가치"가 됩니다. 생산수단에 투하된 자본을 불변자본(마르크스는 이를 c라는 기호로 표현), 노동력에 투하된 자본을 가변자본(마르크스는 이를 v라는 기호로 표현)이라 부르므로, 상품 가치를 w, 잉여가치를 m이라는 기호로 표현하면, 'w=c+v+m'이라는 정식이 성립합니다. 예를 들어, 한 대의 책상을 생산하기 위해 5만 엔의 목재를 사용하고 8시간 노동이 필요하며, 또한 이 노동이 창출하는 가치를 3만 엔이라는 금액으로 나타낼 수 있고, 나아가 이 노동을 수행하는 노동력을 1만 엔에 살 수 있다고 하면, 이 책상 한 대의 가치(가격으로 표시)=5만 엔(c)+3만 엔(노동자가 부가한 가치)=5만 엔(c)+1만 엔(v)+2만 엔(m)=8만 엔이 됩니다.

여기서 중요한 점은 단순히 상품 가치가 세 가지 성분으로 분할된다라고 하는 것이 아닙니다. 오히려, 생산수단에서 이전된 가치(c)와 노동자가 노동함으로써 부가한 가치(v+m)라는 두 가지 가치 구성 요소가 서로 다른 메커니즘에 의해 상품 가치를 구성하고 있다는 점이 핵심입니다. 상품 가치 중 c와 v는 모두 자본가가 상품생산을 위해 지출한 가치 부분이지만, 본질적 메커니즘의 관점에서 보면, c가 생산수단의 가치가 이전된 것인 반면, v는 노동자가 상품에 부가한 가치의 일부분이며, 양자가 완전히 다른 메커니즘에 의해 상품 가치를 형성하고 있음이 드러납니다. 이 둘의 차이는 각 요소의 가치 변화를 생각해 보면 명백해집니다. 예를 들어, 앞의 예에서 목재의 가치가 6만 엔으로 증가했다면, 그 증가한 가치가 상품으로 이전되므로 상품 가치는 9만 엔으로 상승합니다. 반면, 노동력의 가치가 2만 엔으로 상승하더라도 상품 가치는 변하지 않고 8만 엔 그대로입니다. 노동력의 가치는 상품에 이전되는 것이 아니라, 노동자가 부가한 가치(3만 엔)에서 보전되는 것이기 때문입니다. 그만큼 잉여가치가 1만 엔으로 감소하게 됩니다.

그런데 이전의 인용문에 언급된 "잉여가치의 직접적 현상형태", 즉 자본가의 이윤은 "**생산물의 가치 중** 그 형성에 **지출된** 생산요소들의 **가치 총액**을 넘는 **초과분**"이라는 관념에서는, 상품 가치가 위에서 살펴본 'c+v+m'이라는 형태로 나타나지 않습니다. 자본가의 이윤은 노동자가 부가한 가치와 노동력 가치의 차액으로서가 아니라, 상품 가치와 생산 비용의 차액으로 나타나고 있습니다. 따라서 이러한 자본가의 일상의식에서는, c와 v는 모두 생산요소의 비용이며, 자본가가 그 비용을 부담해야 한다는 의미에서 동일한 것으로 간주되며, 양자는 일괄적으로 같은 범주 아래 나타나게 됩니다. 이것이 바로 '비용가격'입니다.

비용가격은 자본가가 상품의 생산을 위해 부담한 비용이며, 상품의 판매가격 중 그 비용을 보전하기 위한 가격 부분을 이릅니다. 비용가격을 k라는 기호로 표현하면, 본질적 메커니즘의 분석을 통해 해명된 w = c+v+m이라는 정식은 자본가의 일상의식에 대해 w = k+m이라는 현상형태를 취해 나타나게 됩니다(그림 1.1).

그림 1.1

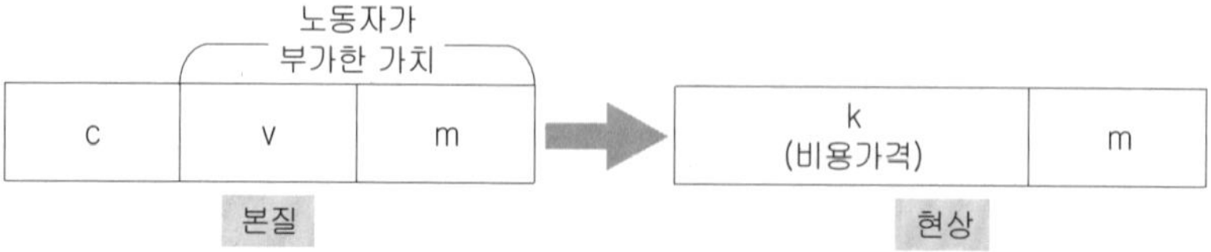

비용가격의 현실적 기초

"상품이 그 **자본가에게 부담하게 하는** 것과 **상품의 생산 그 자체가 부담하는** 것은 물론 두 가지 전혀 다른 크기이다. 상품 가치 중 잉여가치로 구성된 부분이 자본가에게 **아무것도** 지출하게 하지 않는 것은 그것이 노동자에게 **불불노동**을 지출하게 하기 때문이다. 그럼에도 불구하고, 자본주의적 생산이라는 기초 위에서는 노동자 자신도 생산과정에 들어간 후에는 자본가의 것으로 기능하는 생산자본의 단순한 한 가지 구성 요소일 뿐이므로, 따라서 자본가가 현실의 **상품생산자**이기 때문에 상품의 **비용가격**도 **자본가에게는 상품 그 자체의 비용가격**으로서 필연적으로 나타나는 것이다. ……

따라서 상품의 가치 중 단지 그 상품의 생산에 **지출된 자본** 가치만을 보전하는 다양한 부분들을 **비용가격**이라는 범주 아래 총괄하는 것은 한편으로 자본주의적 생산의 독자적인 성격을 나타낸다. 상품의 자본주의적 비용은 **자본의 부담**에 의해 계산되며, 상품의 현실 비용은 **노동의 부담**에 의해 계산된다. 따라서 상품의 자본주의적 비용가격은 상품 가치 혹은 상품의 현실 비용가격과는 달리, 즉 **상품의 가치보다 작다**. 왜냐하면, $w = k + m$이므로, $k = w - m$이 되기 때문이다. 다른 한편으로, 상품의 비용가격은 결코 자본가의 **장부** 속에만 있는 항목이 아니다. 이 가치 부분의 **자립화** *Verselbstständigung*는 현실의 상품생산에서 끊임없이 실제로 나타난다. 왜냐하면, 그것은 유통과정을 통해 주기적으로 그 상품 형태에서 생산자본의 형태로 재전화해야 하며, 따라서 상품의 비용가격은 상품의 생산에 소비된 생산요소를 끊임없이 다시 **사들여야** 하기 때문이다."(④28f, E34f, 김32f)

비용가격은 추후 자세히 서술하겠듯이, 자본주의적 생산양식의 본질적 메커니즘을 보이지 않게 하는 역할을 수행하지만, 다른 한편으로 그것은 결코 자본가의 착각에서 발생하는 것이 아닙니다. 그것은 자본주의의 본질적 메커니즘 속에 필연적 발생 근거를 가지고 있습니다. 이 점에 대해 마르크스는 두 가지 측면에서 서술하고 있습니다.

첫 번째 측면은 사회적 비용과 자본주의적 비용의 차이입니다. 사회적 관점에서 보면, 상품생산이 지출하는 것은 상품 가치 전체입니다. 왜냐하면, 제1부에서 살펴본 바와 같이 사회는 그 상품의 생산에 필요한 노동을 동원해야 하며, 노동을 동원하기 위해서는 상품 가치를 부담해야 하기 때문입니다. 경제 활동이 공동체적 인격적 유대에 의해 조직되지 않고, 시장 메커니즘을 통해 편성되는 자본주의 사회에서는 노동의 동원이 강제나 도덕에 의해 이루어지는 것이 아니라 경제적 이해관계를 통해 이루어져야 합니다. 따라서 모든 노동의 특수성—필요한 기능이나 지식 등—을 도외시하고 단순화하여 생각하면, 각 생산부문에 필요한 노동을 동원하기 위해서는 그 노동량(사회적 필요노동시간)에 상응하는 가치를 지불해야 한다는 것이 됩니다. 즉, 사회는 상품생산자에게 상품 가치를 지불해야 합니다. 만약 사회가 가치 이하만 지불한다면, 그 상품을 생산하는 생산자는 결국 사라질 것이며, 반대로 가치 이상을 지불한다면 그 상품의 공급이 과잉이 되어, 사회 내의 제한된 노동량 중에서 과잉의 노동량을 동원하게 될 것입니다(마130ff).

또한, 그 상품을 생산하기 위한 노동에는 생산수단이 필요하다는 점을 잊어서는 안 됩니다. 사회가 상품생산을 위해 노동을 동원하기 위해서는 노동량에 대응하는 가치를 지불하는 것뿐만 아니라, 상품생산자가 생산수단을 구입하기 위한 비용도 부담해야 합니다. 따라서 사회는 노동을 동원하여 상품을 생산하기 위해 '생산수단 가치+노동자가 부가한 가치'라는 상품 가치의 전체를 지출해야 하는 것입니다.

그러나 자본주의 사회에서 생산 활동을 담당하는 자본가는 상품생산을 수행하기 위해 상품 가치의 전체를 부담할 필요가 없습니다. 자본가는 스스로 노동하지 않고 노동자를 고용하여 노동하게 하므로, 그가 지출해야 하는 것은 노동자를 고용하기 위한 비용, 즉 노동력 가치와 생산수단을 구매하기 위한 비용, 즉 생산수단의 가치뿐입니다. 그러므로 자본가에게는 생산요소를 구매하기 위한 자본 지출이 상품생산 그 자체의 비용으로 나타나는 것입니다. 실제로, 이 인용문에서 마르크스가 말하듯이, 바로 사회가 상품생산에 부담하는 상품 가치와 자본가가 상품생산에 지출하는 비용가격이 다르기 때문에 잉여가치의 획득을 목적으로 하는 자본주의적 생산이 가능해지는 것입니다.

두 번째 측면은 자본순환에 관한 것입니다. 자본가가 자본가로서 살아가기 위해서는 지속적으로 잉여가치를 획득해야 하며, 그러기 위해서는 생산 활동을 지속해야 합니다. 이를 위해서는 생산한 상품을 판매하여 획득한 화폐로 끊임없이 생산요소를 다시 사들여야 합니다. 끊임없이 반복되는 자본순환을 생산자본(생산수단과 노동력으로 구성된 자본)을 기점으로 한 순환으로 파악한 것을 '생산자본순환'이라 하지만('제2부 요약' 제1장), 이 순환에서 등장하는 화폐의 일부는 상품의 비용가격 부분이 화폐화된 것에 다름없으며, 이 화폐로 끊임없이 생산요소를 다시 사들이는 것이 자본순환의 지속의 필요 조건이 되는 것입니다. 따라서 비용가격의 보전은 현실의 자본주의적 생산의 지속이라는 점에서 현실적 의의를 가집니다.

노동력 가치가 노동의 가격으로 나타남으로써 불변자본과 가변자본의 구별이 은폐

"…… 한편, 이미 보았듯이, 노동력의 지불에 투하된 자본 부분은 노동의 지불 내지 **임금**에 투하된 자본으로 나타난다. 그러나 임금에서는 생산과정에서 유동화된 노동이 **지불된** 노동으로 **나타난다**. 이렇게 하여 노동력에 투하된 자본 부분의 **가변적** 성격은 보이지 않게 되며, 그로 인해 또한 그 대립물인 생산수단에 투하된 자본 부분의, 그 가치가 상품 가치에 **재현될** 뿐이라는 **불변적** 성격도 보이지 않게 된다.

비용가격 k=**지출된 생산수단의 가치**(생산수단에 지출된 자본)+**임금**(노동에 지출된 자본)이라는 정식에서는 노동에 투하된 자본 부분이 생산수단, 예를 들어 면화에 투하된 자본 부분과 구별되는 것은 그것이 **소재적으로** 다른 생산요소의 지불에 기여한다는 점에 의해서일 뿐, 결코 그것이 생산물의 가치형성에서, 따라서 또한 자본의 가치 증식 과정에서 기능적으로 다른 역할을 수행한다는 점에 의해서가

아니다."(⑤384f, E41f, 김36f)

이미 살펴본 바와 같이, 비용가격은 불변자본과 가변자본이라는 상품 가치의 형성에서 전혀 다른 역할을 수행하는 두 요소를 그것들이 모두 자본가가 자신의 자본을 지출함으로써 부담해야 하는 비용이며, 따라서 상품 가치의 일부에서 보전해야 하는 것이라는 공통성에 기반하여 일괄함으로써, 양자의 구별을 은폐하는 첫걸음을 내디딥니다. 그러나 이것만으로는 양자의 구별의 은폐가 확고해지지 않습니다. 왜냐하면, 단지 가치를 이전할 뿐인 생산수단과 달리, 노동력이 스스로 가치를 생산하고 부가하는 힘을 가지고 있다는 점은 아직 놓치지 않았기 때문입니다.

여기서 결정적 역할을 하는 것은 제1부 제6편에서 논의된 노동력 가치의 노동가격(임금)으로의 전화입니다(마422ff). 거기서 자세히 논의되었듯이, 당사자인 자본가나 임금노동자의 일상의식에 대해 자본가가 임금노동자에게 지불하는 임금은 '노동의 대가'라는 외관을 취해 나타납니다.

애초에 본질적으로 보면 임금은 노동력이라는 상품의 가치를 화폐로 표현한 것에 다름없습니다. 임금노동자의 대부분은 생산수단을 가지고 있지 않거나, 생산수단을 구입할 자금력이 없으므로, 스스로 노동하여 상품을 생산할 수 없습니다. 따라서 이 자본주의 사회에서 살아남기 위해서는 자신이 가지고 있는 노동력—즉 노동할 수 있는 능력—을 자본가에게 판매하여 화폐를 입수해야 합니다. 여기서 노동은 노동자가 자본가에 고용된 이후 자본가의 지휘 아래 수행되는 것이며, 노동자들이 직접 자본가와 거래할 수 있는 것이 아닙니다.

그러나 현상형태에서는 오히려 노동력 상품의 소비인 노동 그 자체가 매매되는 것처럼 보입니다. 왜냐하면 우리의 일상의식에서는 자신이 자본가에게 노동을 제공했기 때문에 그 대가로 임금을 받을 수 있었다는 사태가 나타나기 때문입니다. 대부분의 경우 임금이 후불이며, 또한 시간당 임금(일급, 주급, 월급 등)이나 성과급이라는 사정이 "우리가 매매하는 것은 노동이다"라는 관념을 더욱 강화합니다.

이렇게 노동력 가치의 노동가격으로의 전화가 발생하면, 더 이상 노동력이라는 상품이 가치를 생산하고 부가하는 특별한 힘을 가지고 있는 점은 보이지 않게 됩니다. 본질적으로 임금은 노동력의 가치에 의해 규정되며, 노동자가 노동에 의해 창출한 가치의 일부를 이루는 것에 지나지 않지만, 임금이 노동의 대가라는 외관을 취함으로써 노동자가 수행한 노동 전체에 대한 지불인 것처럼 나타나기 때문입니다. 즉, "전대자본의 가변 부분은 임금에 지출되는 자본으로, 생산 중에 지출되는 모든 노동을 **지불하는** 자본 가치로 나타난다"는 것입니다(④19, E41, 김36).

이렇게 하여 "비용가격=지출된 생산수단의 가치(생산수단에 지출된 자본)+노동력의 가치(노동력에 지출된 자본)"이라는 정식이 "비용가격=지출된 생산수단의 가치(생산수단에 지출된 자본)+임금(노동에 지출된 자본)"이라는 정식으로 전화하면, 더 이상 불변자본과 가변자본이 각각 가지고 있는 고유한 성격은 보이지 않게 됩니다. "우리에게 보이는 것은 단지 **현존하는 가치**—전대자본 가치 중 생산물 가치의 형성에 들어가는 부분—뿐이며, 새 가치를 창조하는 요소는 아무것도 보이지" 않고, "불변자본과 가변자본의 차이는 사라져 버린다."(④22, E42, 김37). 여기서는 생산수단도 노동도 생산 활동에 필요한 생산요소에 불과하며,

그것들에 지불한 자본 지출을 상품의 판매가격의 일부로 보전해야 할 뿐입니다. 따라서 자본가의 일상의식에는 노동자가 노동에 의해 가치를 창출하므로 그로 인해 노동력의 가치를 보전할 수 있다는 식이 아니라, 오히려 생산수단과 마찬가지로 노동을 낭비 없이 유익하게 사용했기 때문에 그 노동의 구입에 필요했던 비용이 상품 가치에 이전되고, 그 비용을 보전할 수 있었다는 식으로 여겨집니다.

유동자본과 고정자본의 구별에 의한 불변자본과 가변자본의 동일화

> "전대자본의 가치 요소가 상품의 비용가격, 따라서 상품 가치 일반에 다른 영향을 미치는 한에서, 이 차이는 단지 생산에 점진적으로만 이용되는 자본 부분에 대해서는 **가치**의 극히 **일부**만 비용가격에 들어가고, 이에 반해 그 전부가 생산에 이용되는 자본 부분에 대해서는 **총가치**가 비용가격에 들어간다는 데에 있을 뿐이다. 반면, 이 구별의 기초 위에 …… 노동력에 투하된 자본이 생산 재료에 투하된 자본과, 따라서 **불변자본의 일부분**과 합쳐지고, 또한 그 부분과 함께 **유동자본**으로서, **불변자본의 다른 부분**, 즉 노동수단에 존재하는 **고정자본**의 대립물을 이루는 것이다. **가변자본**인 노동력에 투하된 자본과 **불변자본**인 생산수단에 투하된 자본의 구별이 이미 노동력의 지불에 투하된 자본이 동시에 노동 그 자체 혹은 **임금**에 투하된 자본으로 나타남으로써 해소되고 만다면, 이제 노동력에 투하된 가변자본이 생산 재료에 투하된 **불변자본** 부분과 **명확히 동일시되는** 것이다. 이로 인해 비용가격에서는 생산자본의 서로 다른 구

성 부분이 상품의 가치형성 과정에서, 따라서 자본의 가치증식 과정에서 실제로 수행하는 서로 다른 기능들의 어떤 흔적도 보이지 않게 된다. 뿐만 아니라 비용가격이 나타내고 있는 것은 이 기능들의 차이와 명확하게 반대물이다."(⑤386)

이미 살펴본 바와 같이, 원료처럼 그 전부가 생산에 이용되는 생산수단의 경우에는 그 전체 가치가 비용가격에 들어가지만, 기계나 도구처럼 생산에 반복적으로 사용할 수 있는 생산수단은 그 가치를 점진적으로 이전시키므로 비용가격에는 그 일부밖에 들어가지 않습니다. 반면, 노동력에 대해서는 생산수단처럼 가치가 이전되는 것이 아니지만, 노동자가 부가한 가치로부터 그 전체 가치를 보전하게 되므로—만약 보전하지 못한다면 잉여가치를 획득할 수 없을 뿐 아니라 적자가 되어 버립니다—원료의 경우와 마찬가지로 그 전체 가치가 비용가격에 들어갑니다. 따라서 기계나 도구에 투하된 자본은 그 가치를 점진적으로밖에 회수할 수 없지만, 원료나 노동력에 투하된 자본은 생산한 상품을 판매할 때마다 전액 회수할 수 있다는 뜻이 됩니다. 이 관점에서 보면, 투하된 자본 가치의 환류 방식 차이에서도 자본을 구별할 수 있다는 것을 알 수 있습니다. 마르크스는 『자본론』 제2부에서 기계에 투하된 자본처럼 점진적으로 생산물에 가치를 이전하고 그 가치를 회수하는 자본 부분을 '고정자본'이라 부르고, 원료나 노동력에 투하되어 생산물이 판매될 때마다 그 전체 가치를 회수하는 자본 부분을 '유동자본'이라 불렀습니다.

불변자본과 가변자본의 구별이 비용가격에서 은폐되는 반면, 고정자본과 유동자본의 구별은 비용가격에 직접적인 영향을 미칩니다. 유동자본은 그 전부가 비용가격에 들어가지만, 고정자본은 그 일부밖에 비용가격에 들어가지 않습니다. 이러한 자본 가치의 환류 방식에 기반한 구별이 가치형성 메커니즘과 관련된 불변자본과 가변자본의 구별을 더욱 애매하게 만드는 것은 분명합니다. 전자의 구별에서는 불변자본의 일부와 가변자본의 전체가 함께 같은 '유동자본'이 되고 있기 때문입니다(표 1.3). 앞서 살펴본 노동력 가치의 노동가격으로의 전화가 불변자본과 가변자본의 구별을 은폐했다면, 여기서는 이른바 불변자본의 일부와 가변자본의 "**동일화**"(①58)가 발생했다고 말할 수 있을 것입니다. 이렇게 하여 비용가격에서의 가치형성 메커니즘의 은폐는 더욱 심화됩니다.

잉여가치는 비용가격 및 지출된 자본의 증가분일 뿐만 아니라 투하된 자본의 증가분이기도 하다

"…… 우선, 이 잉여가치는 **상품 가치 중 상품의 비용가격을 넘는 초과분**이다. 그러나 상품의 비용가격은 지출된 자본의 가치와 같고, 이 자본의 소재적 요소들로 끊임없이 재전화되므로, 이 가치 초과분은 상품의 생산 중에 지출되어 상품의 유통에 의해 돌아오는 자본의 **가치 증가분**이다. ……

그러나 잉여가치는 …… 상품의 비용가격에서 보전되는 **지출된** 자본에 대해서뿐만 아니라, 생산에 **사용된**[투하된] 자본에 대해서도 일정한 가치 증가분을 이루고 있다. 생산과정에 들어가기 전에는 우리는 1,680파운드의 자본 가치를 가지고 있었다. 즉 노동수단에 투하된 고정자본 1,200파운드—그중 20파운드만이 마모분으로서 상품의

표 1.3

<table>
<tr><td>노동수단(기계·도구 등)</td><td rowspan="2">불변자본</td><td>고정자본</td></tr>
<tr><td>노동대상(원료 등)</td><td rowspan="2">유동자본</td></tr>
<tr><td>노동력</td><td>가변자본</td></tr>
</table>

※ 노동수단 중에는 드물게 유동자본이 되는 것도 있다(노동수단의 사용기간이 상품의 생산기간보다 짧을 경우).

가치에 들어간다—더하기 생산 재료 및 임금에 투하되는 유동자본 480파운드[생산 재료 가치가 380파운드, 노동력 가치가 100파운드라고 가정]이다. 생산과정이 끝난 후에는 우리는 생산자본의 가치 구성 요소로서의 1,180파운드 더하기 상품 자본 600파운드[잉여가치율 = 잉여가치 ÷ 노동력 가치 = 100%라고 가정하므로, 잉여가치 = 100파운드여야 하며, 노동자가 상품에 부가하는 가치는 200파운드이다. 따라서 상품 가치 = 생산 재료 가치 380파운드 + 노동수단의 마모분 20파운드 + 노동자가 부가하는 가치 200파운드]를 가지고 있다. 이 두 가치액을 합하면, 자본가는 이제 1,780파운드의 가치를 가지고 있다. 그가 거기서 전대 총자본 1,680파운드를 빼면, 가치 증가분 100파운드가 남는다. 따라서 잉여가치 100파운드는 **투하된** 자본 1,680파운드에 대해서도, 생산 중에 **소비된** 그 일부 500파운드에 대해서도 마찬가지로 가치 증가분을 이루고 있다."(④24, E44f, 김39f)

이제 비용가격에 대한 고찰이 일단락되었으니, 이번에는 상품 가치의 또 다른 부분, 즉 잉여가치에 대해 고찰해 보겠습니다. 서두에서 살펴본 바와 같이, 가장 소박한 이미지에서는 자본가의 이윤의 원천인 잉여가치는 상품의 판매가격에서 비용가격을 뺀 것으로 나타납니다. 이 관점에서 보면, 잉여가치는 비용가격의 증가분—즉 상품생산에 지출된 금전적 비용을 상회하는 부분—으로 생각할 수 있습니다.

그러나 애초에 상품에 포함된 비용가격이란 자본가가 상품생산을 위해 부담해야 하는 비용이며, 따라서 자본가가 생산 활동을 지속하기 위해 상품의 판매가격에서 되찾아야 하는 비용이었습니다. 그러므로 자본가의 입장에서는 비용가격은 결국 자본가가 생산을 위해 실제로 지출한 자본 부분에 다름없습니다. 이 관점에서 보면, 잉여가치는 자본 지출에 대한 증가분으로 파악할 수 있습니다.

이를 마르크스가 제시한 예로 구체적으로 살펴보겠습니다. 먼저, 원료 구매에 지출된 380파운드와 임금을 지불하기 위해 지출된 100파운드는 유동자본 부분에 해당하며, 자본순환이 시작될 때마다 자본가는 자신의 자본에서 원료와 임금 비용인 480파운드를 지출해야 하며, 또한 상품의 판매가격에서 그 480파운드를 보전하여 다음 자본순환의 지출에 대비해야 합니다.

반면, 노동수단에 투하된 1,200파운드는 고정자본 부분에 해당하며, 노동수단을 구매할 때 1,200파운드의 자본이 투하되지만, 원료와 달리 노동수단은 반복적으로 사용할 수 있으므로 각각의 자본순환에서 생산된 상품의 판매가격에서 그 비용을 조금씩 회수하면 됩니다. 이 예에서는 한 번의 자본순환에서 노동수단의 마모가 20파운드라고 가정하므로—1,200÷20=60이므로 이 노동수단은 60회의 자본순환 사용에 견딜 수 있다고 가정—한 번의 자본순환마다 상품의 판매가격에서 20파운드씩 회수하여, 이를 60회 반복해 1,200파운드를 적립하면 새로운 노동수단을 구매할 수 있다는 뜻이 됩니다. 이때 이 노동수단은 60회의 생산과정 동안 계속 정상적으로 사용할 수 있지만, 가치의 관점에서 보면 이 노동수단은 자본순환마다 20파운드씩 가치를 잃고, 그 잃은 20파운드를 생산물에 이전시킨다고 생각할 수 있습니다. 처음 노동수단을 구매한 시점에서 이미 1,200파운드의 자본이 노동수단 구매에 투하되었지만, 노동수단은 한 번의 자본순환에서 20파운드의 가치만 잃고 나머지 가치는 노동수단 안에 남아 있으므로, 실제로 노동수단과 관련하여 지출된 비용은 20파운드라는 뜻이 됩니다.

이처럼 잉여가치는 단순히 상품의 비용가격의 증가분일 뿐만 아니라, 자본가의 입장에서 보면 실제로 생산에 지출된 자본 부분—이 경우 원료 구매와 임금 지불에 지출된 480파운드+노동수단의 마모분 20파운드—에 대한 증가분으로도 파악할 수 있습니다.

그러나 이 견해도 자본가의 관점을 충분히 반영한 것은 아닙니다. 왜냐하면 자본가는 실제로 생산과정에서 지출된 비용만을 부담하는 것이 아니기 때문입니다. 자본가는 또한 처음에 노동수단을 구매하기 위해 필요한 자본도 투하해야 합니다. 지금 예에서 보면, 자본가는 자본순환마다 끊임없이 돌아오는 480파운드를 유동자본으로 투하할 뿐만 아니라, 60회의 자본순환을 거쳐야 비로소 그 전체를 회수할 수 있는 1,200파운드도 고정자본으로 투하해야 합니다(물론 자본순환의 진행에 따라 점진적으로 그 가치를 화폐로 회수할 수 있지만, 이 화폐도 나중에 새로운 노동수단을 구매하기 위해 적립해야 합니다). 따라서 비록 상품의 판매가격에서 회수해야 하는 비용가격이 500파운드라 하더라도, 실제로 자본가가 잉여가치를 획득하기 위해서는 1,680파운드의 자본을 투하해야 합니다. 그러므로 잉여가치는 비용가격 및 지출된 자본의 증가분일 뿐만 아니라, 사용된 자본의 증가분이기도 하다는 뜻이 됩니다.

잉여가치는 생산에 투입된 자본에서 생기는 것으로 나타난다

"이제 이 잉여가치가 **어떻게** 생기는지는 하나의 수수께끼이다. 다만, 분명한 것은 잉여가치가 **전대자본**에서 생긴다는 것, 이 자본 가치의 모든 요소가 생산과정에 지출되든 그렇지 않든 **마찬가지로** 이 가치 증가분의 형성에 기여해야 한다는 것이다. …… 총자본, 즉 노동수단의(고정자본의) 전체 및 생산 재료와 노동의 전체가 소재적으로는 상품의 …… 생산에 들어간다. 총자본은 비록 가치증식 과정에는 그 일부만 들어가더라도, 소재적으로는 통상적인 노동과정에 들어간다. 아마도 자본이 전체로서 노동과정에 들어가고, 부분적으로만 가치증식 과정에 들어가기 때문에, 바로 그로 인해 자본은 부분적으로만 비용가격에 들어가지만 …… 잉여가치의 형성에는 전체로서 들어간다고 여겨지는 것이다. 사정이 어떻든, 분명한 것은 사용된 자본의 다양한 구성 부분이 그 가치량에 따라 **마찬가지로** 잉여가치의 형성에 기여한다는 것이다. 이 추론은 맬서스와 함께 단순히 이렇게 말한다면 더욱 간략화할 수 있다. '자본가는 전대하는 자본의 어느 부분에 대해서도 동등한 이익을 **기대한다**.'"(⑤389f, E45f, 김41f)

이미 살펴본 바와 같이, 상품 가치에 포함된 생산수단 가치의 부분과 노동력 가치의 부분이 모두 "비용가격"으로 나타남으로써 상품 가치의 형성 메커니즘이 은폐되고, 자본가의 일상적 의식에는 보이지 않게 됩니다. 이렇게 하여 "이제 이 잉여가치가 **어떻게** 생기는지는 하나의 수수께끼"가 되는 것입니다.

그렇다면 잉여가치 생산의 본질적 메커니즘이 보이지 않게 된 자본가의 일상적 의식에 대해, 잉여가치는 어떤 것으로 나타나는 것일까요? 앞서 언급한 바와 같이, 잉여가치는 우선 비용가격의 증가분 또는 지출된 자본의 증가분으로 이해될 수 있습니다. 그러나 이는 자본가의 입장을 충분히 반영한 것이 아닙니다. 자본가가 실제로 생산 활동을 조직하고 거기서 잉여가치를 얻으려면, 지출된 자본 부분뿐만 아니라 비용가격에 들어가지 않는 불변자본 부분을 포함한 투하 자본의 전체를 자신의 화폐에서—그것이 스스로 축적한 것이든, 은행에서 빌린 것이든—마련해야 하기 때문입니다. 따라서 맬서스가 말한 바와 같이, 자본가는 자신이 실제로 투하해야 하는 자본액 전체에 대해, 즉 "전대하는 자본의 어느 부분에 대해서도 동등한 이익을 **기대한다**"[30]는 것입니다. 이렇게 하여 자본가들의 일상적 의식에 대해서는 잉여가치가 무엇보다도 투하된 자본의 전체에서 생기는 것으로 나타납니다.

또한, 여기서 마르크스가 강조하듯이, 잉여가치가 투하 총자본 전체에서 발생한다는 외관은, "총자본은 비록 가치증식 과정에는 그 일부만 들어가더라도, 소재적으로는 통상적인 노동과정에 들어간다"는 사정에 의해서도 강화됩니다. 예를 들어, 생산과정에서 기계는 그 가치의 일부분만 상품 가치로 이전하지만, 소재적—물질적이라고 바꿔 말해도 좋을—관점에서 보면, 그 기계 전체가 생산과정에 들어가 노동생산력을 높이는 역할을 수행합니다. 이러한 사실을 기초로 하여, 자본의 모든 요소가 생산 활동에 기여하고 있으므로, 자본 전체에서 잉여가치가 발생한다는 관념이 생겨나는 것입니다.

---

30) 역주: T.R. Malthus, *Principles of Political Economy: Considered with a View to their Practical Application*, 2nd ed., London: William Pickering, 1836, p.268.

이윤이란 무엇인가

“**잉여가치**—상품의 비용가격을 넘는 상품 가치의 초과분—가 노동력에 투하된 자본 부분에서, 따라서 불불노동에서가 아니라, **전대총자본**에서 발생하는 것처럼 보이는 한, 잉여가치는 **이윤**이라는 전화 형태verwandelte Form를 획득한다. 어떤 가치액이 자본인 것은 그것이 이윤을 낳기 위해 지출되기 때문이며, 또는 이윤이 나오는 것은 어떤 가치액이 자본으로 사용되기 때문이다. 이윤을 p라고 이름붙이면, 정식: $w=c+\overparen{v+m}=k+m$은 정식: $w=k+p$, 즉 **상품 가치=비용가격+이윤**으로 전화한다.”(⑤391, E46, 김42)

이 인용문의 의미는 여기까지 서술해 온 내용에서 이미 명확할 것입니다. 먼저, 상품 가치에 포함된 생산수단 가치와 노동력 가치가 모두 비용가격으로 나타남으로써, 상품 가치의 형성 메커니즘, 나아가 잉여가치의 형성 메커니즘이 은폐되고, 상품 가치의 또 다른 요소인 잉여가치도 단순히 “상품의 비용가격을 넘는 상품 가치의 초과분”으로 나타납니다. 그리고 그로 인해, 본래 노동자가 창출한 가치의 일부인 잉여가치가 자본가의 일상적 의식에서는 자본가가 생산을 위해 전대한 총자본 전체에서 창출되는 것으로 나타납니다. “비용가격의 외관상 형성에서는 불변자본과 가변자본의 구별이 인정되지 않으므로, 생산과정에서 일어나는 가치 변화의 근원은 가변자본 부분에서 총자본으로 옮겨질 수밖에 없다”(④26, E46, 김42)는 것입니다. 그러한 총자본의 산물로서, 잉여가치는 ‘이윤’이라는 전화 형태를 획득하는 것입니다.

이렇게, “정식: $w=c+\overparen{v+m}=k+m$은 정식: $w=k+p$, 즉 **상품 가치**

=비용가격+이윤으로 전화"합니다.

이윤은 잉여가치가 신비화된 형태이지만, 생산과정의 물상화라는 현실적 기초가 있다

"따라서 이윤—여기서 당분간 우리 앞에 있는 것과 같은—은 잉여가치와 동일한 것이며, 단지 그것이 전화되고, 게다가 신비화된 형태, 즉 잉여가치를 전대 총자본에서 발생하는 것으로 **표상하게 하는***vorstellt* 형태를 취하고 있을 뿐이다. 그러나 이 표상Vorstellung은 자본주의적 생산양식에서 필연적으로 발생하며, 그 생산양식의 특정한 실제적 관계를 표현하므로, 이는 자본주의 경제의 **범주***Kategorie*를 이루는 것이다."(⑤391)

"…… 상품의 비용가격과 가치 사이의 구별은 실제 관계를 표현하고 있다. 이는 자본주의적 상품생산자가 현실의 생산자가 아니라는 사실에 기반한다. 잉여가치, 즉 비용가격을 넘는 상품 가치의 초과분이 전대 **총자본**에서 발생한다는 자본가의 관념도 생산수단—불변자본 부분—이 단지 사용가치의 생산에만 기여하는 것이 아니라, 타인의 노동을 획득하는 데 기여하며, 따라서 자본주의적 가치증식과정에서 일정한 기능을 수행하는 한, 현실적 기초를 가지고 있다. 생산수단의 **자본**으로서의 정재Dasein는 노동력을 자본에 결합하기 위한 조건이다."(⑤392)

"자본의 모든 부분이 **초과된 가치**(이윤)의 원인으로서 동일하게 나타남으로써, 자본관계는 신비화된다.

그러나, …… 잉여가치가 이윤이라는 형태로 전화되는 방식은 이미 생산과정 중에 발생하는 주체와 객체의 전도Verkehrung가 더욱 전개된 것에 불과하다. 어떻게 하여 노동의 모든 사회적 생산력이 자본의 생산력으로 나타나는지에 대해서는 이미 거기서 보았다. 한편으로, 가치, 즉 과거의 노동—그것이 살아 있는 노동을 지배한다—이 자본가로 인격화된다. 다른 한편으로, 반대로 노동자는 단지 대상적인 노동능력, 상품으로 나타난다. 이 전도된 관계에 대응하여, 이미 본래의 생산과정 자체에서도, 그에 대응하는 형태로 전도된 관념, 치환된 의식이 필연적으로 발생하는 것이다."(①61, E55, 김53)

이 단계에서는 잉여가치와 이윤은 양적으로 완전히 동일합니다. 단지 그 형태만이 신비화된 것, 즉 "잉여가치를 전대 총자본에서 발생하는 것으로 **표상하게 하는** 형태"로 되어 있을 뿐입니다. 그렇다고 해도, 이 신비적 형태는 자본가의 자의적인 확신에서 생겨난 것이 아닙니다.

먼저, '비용가격의 현실적 기초' 항목에서 자세히 살펴본 바와 같이, 잉여가치의 형성 메커니즘을 은폐해 버리는 "비용가격"이라는 현상형태는 상품이 사회에 지출하게 하는 것은 그 생산에 필요한 노동이며, 또한 그 노동을 가능하게 하는 생산수단이지만, 상품이 자본가에 지출하게 하는 것은 생산수단을 위한 비용과 임금일 뿐이라는 사실에 현실적 기초를 두고 있습니다.

또한, 비용가격이라는 현상형태를 전제로 하여 성립하는 "비용가격을 넘는 상품 가치의 초과분이 전대 **총자본**에서 발생한다는 자본가의 관념"도 현실적 기초가 있습니다. 이는 생산과정에서의 주체와 객체의 전도, 즉 자본주의적 생산과정에서는 생산수단이 주체가 되고, 노동자는 객체가 되어 버리는 전도입니다. 『마르크스 자본론』에서 말한 바와 같이, 이를 '생산과정의 물상화'라고 부를 수도 있을 것입니다. 이윤이라는 현상형태를 성립시키는 '전도된 관념'은 현실의 생산과정에서의 전도, 즉 물상화를 기초로 하고 있는 것입니다. 이 점은 기존의 연구에서는 거의 주목되지 않았지만, 이 장뿐만 아니라 제3부 전체를 이해하는 데 매우 중요한 논점이므로, 신중히 살펴보겠습니다.

'인물과 작품'에서도 살펴본 바와 같이, 사람들의 행위가 사람들에 의해 통제할 수 없는 경제적 메커니즘을 낳고, 인간들에 대해 상품이나 화폐 등의 물건이 '물상物象'으로서 사회적 힘을 갖게 되는 것을 '물상화'라고 했습니다. 제1부에서 상세히 논의된 바와 같이, 이 물상화는 시장 메커니즘 자체뿐만 아니라, 자본이 조직하는 생산과정에서도(마 315f), 또는 그것을 끊임없이 확대된 규모로 반복하는 자본축적 과정에서도 발생합니다(마483). 노동력이 가치증식의 수단이 되어 버리는 자본주의적 생산에서는 "노동자가 노동조건을 사용하는 것이 아니라, 반대로 노동조건이 노동자를 사용한다"(마374, 김(1)571)는 전도가 발생하는 것입니다.

제3부에서는 이 본질의 차원에서의 전도를 기초로 하여, 또 하나의 전도가 발생합니다. 이는 본질적 메커니즘의 현상적 메커니즘으로의 전화에 따른, 현상의 차원에서의 전도입니다. 이미 살펴본 바와 같이, 마르크스는 본질적 메커니즘의 현상적 메커니즘으로의 전화를 '형상화'라는 말로 표현했으므로, '형상화'에 동반되는 전도라고 할 수도 있을 것입니다.

이 인용문의 문맥에 맞춰 구체적으로 살펴보겠습니다. 본질적 메커니즘에서는 노동자가 생산수단을 사용하는 관계가 전도되어, 자본이야말로 주체이며, 노동자는 객체에 불과하다는 관계가 형성됩니다. 그러나 당사자들의 일상적 의식에는 그렇게 형성된 결과인 전도된 관계만이 그 자체로 나타납니다. 따라서 자본이 노동자로부터 착취한 잉여가치도 노동자가 창출한 것이 아니라, 오히려 주체로서의 자본이 생산과정을 조직함으로써 창출한 것으로 나타납니다.

다소 추상적인 논의로 들릴 수 있지만, 이는 우리가 일상적으로 품고 있는 경제 활동의 이미지를 정확히 설명하는 것입니다. 예를 들어, 우리는 보통 하이브리드 자동차 '프리우스'를 생산하는 주체가 '토요타'라는 기업이라고 생각하기 쉽습니다. 그러나 잘 생각해 보면, '프리우스'의 생산 활동을 실제로 담당하는 것은 토요타 공장에서 일하는 다양한—기간제 노동자 등을 포함한—노동자들입니다. 그럼에도 불구하고, 왜 우리는 당연하다는 듯이 기업을 생산의 주체라고 생각할까요? 이는 현실의 생산 현장에서 자본이 주체이고, 노동자는 객체인 관계가 성립되어 있기 때문입니다.

어떤 생산과정에서도, 노동자가 자신의 의지로 능동적으로 생산수단에 관여하고, 그것을 사용하지 않으면 생산 활동을 수행할 수 없습니다. 그러나 자본주의적 생산과정에서는 이 능동적 관여 자체가 고용 계약에 의해 강제되는 것입니다. 게다가 기계나 도구, 원료 등의 생산수단은 노동자가 아니라 자본가가 마련한 것이며, 노동자는 자본가의 생산 계획에 따라, 자본가의 소유물인 생산수단을 낭비하지 않도록 가능한 한 '효율적'으로 노동해야 합니다. 여기서는 노동자가 생산수단의 편의에 맞춰 노동해야 하는 관계가 현실적으로 존재하는 것입니다.

더 나아가, 이 전도는 생산력의 발전과 함께 점점 더 강화됩니다. 자본주의 사회에서는 많은 사람들을 결합함으로써 생산력을 사회화하고, 새로운 기술을 도입해 생산력을 고도화할 수 있는 것은 거액의 화폐라는 사회적 권력을 손에 쥔 자본뿐입니다. 현실의 생산 활동을 담당하는 노동자들은 자본에 고용되지 않고서는 고도화된 사회적 생산에 참여할 수 없습니다. 이렇게 되면, 자본이 생산의 주체이고, 노동자는 그를 위한 수단에 불과하다—프리우스를 생산하는 주체는 토요타이며, 거기서 일하는 수많은 노동자들이 아니다—는 전도된 관계는 매우 견고해집니다.

이처럼 생산의 주체가 노동자가 아니라 자본인 관계가 현실적으로 성립되어 있다면, 그 생산 활동의 산물인 잉여가치가 노동력이 창출한 것이 아니라, 자본이 창출한 것으로 나타난다는 것은 필연이라고 할 수 있습니다. 제3부에서는 이 경우에 한정되지 않고, 형상화에 따른 전도가 여러 차례 등장하지만, 그 어느 것도 본질적 메커니즘에서의 물상화를 그 현실적 기초로 하고 있다는 점이 그 메커니즘을 이해하는 데 중요한 핵심이 됩니다.

잉여가치가 판매에 의해 발생한다는 환상

"비용가격은 상품의 **최저 가격**을 이루고 있다. 상품이 그 비용가격 이하로 판매된다면, 그 판매가격으로는 생산자본에서 지출된 구성 부분이 완전히 보전되지 않는다. 이 과정이 지속된다면, 전대 자본은 사라질 것이다. 이미 이 관점에서도 자본가는 비용가격을 상품의 고유한 **내재적 가치***innern Werth*로 여기기 쉽다. 왜냐하면 비용가격은 그의 자본을 유지하는 데 필요한 가격이기 때문이다. 그러나 상품의 비용가격은 자본가 자신이 그 상품의 생산을 위해 지불한 **구매가격**이며, 따라서 그 상품의 생산과정 자체에 의해 규정된 구매가격이라는 점이 추가된다. 그러므로 상품의 판매로 실현되는 가치 초과분 또는 잉여가치는 자본가에게는 쉽게 **상품의 가치가 상품의 비용가격을 넘는 초과분으로서가** 아니라, **상품의 판매가격이 상품의 가치를 넘는 초과분**으로 나타나며, 따라서 상품에 포함된 잉여가치는 상품의 판매로 실현되는 것이 아니라, 판매에 의해 비로소 발생하게 되는 것이다."(⑤394, E47f, 김43f)

이윤 자체에 대한 설명은 일단락되었으므로, 여기서부터 절의 끝까지는 비용가격이나 이윤이라는 현상형태가 낳는 다양한 환상에 대해 지적한 문장을 살펴보겠습니다.

일반적인 『자본론』 해석에서는 거의 구별되지 않지만, 마르크스는 현상형태와 그 현상형태에서 생겨나는 다양한 환상을 명확히 구별합니다(마85f). 예를 들어, 자본주의 사회에서 부의 대부분이 '상품'이라는 형태로 나타난다는 것은 사회적 관계로 성립된 사실이며, 경제 활동 당사자들의 환상에 의한 것이 아닙니다. 그러나 그 당사자들이 "어떤 부든 사회적 관계와 무관하게, 그 자체에 내재된 성질로서 '가치'를 가지고 있다"고 생각한다면, 이 생각은 바로 '환상'입니다. 마르크스는 이를 '물신숭배'라고 불렀습니다. 그렇다고 해도, 이 '환상'은 상품 자체의 '물신적 성격'에 현실적 기초를 가지고 있으므로, 상품생산 사회에서 필연적으로 발생하는 '환상'이라고 할 수 있습니다.

본질적 메커니즘에서도 경제적 형태규정의 성립과 함께 이미 이러한 착각이 발생하고 있었지만, 현상적 메커니즘에서는 본질적 메커니즘과의 거리가 멀어지기 때문에 이 착각은 더욱 견고한 것이 됩니다. 예를 들어, 이 인용문에서는 자본가에게 비용이란 다름 아닌 '비용가격'이기 때문에 이를 가치 자체와 혼동하는 착각이 발생한다고 지적하고 있습니다. 즉, 자본가들은 "상품을 가치보다 비싸게 팔아 이윤을 얻을 수 있다"는 환상을 품게 됩니다. 여기서 이윤은 잉여노동과 완전히 분리됩니다. 마르크스는 이미 『자본론』 제1부 제4장에서 상품을 가치보다 비싸게 팔아 잉여가치를 설명하려는 경제학자들의 환상을 비판했지만, 이러한 환상은 비용가격이라는 경제적 형태규정을 경유함으로써 더욱 견고해지는 것입니다.

자본과 이윤의 관계의 신비화

"자본과 이윤의 관계, 즉 자본과 잉여가치의 관계에서는 잉여가치가 한편으로는 유통과정에서 실현되는 상품의 비용가격을 넘는 초과분으로, 다른 한편으로는 총자본에 대한 비율에 의해 보다 상세히 규정되는 초과분으로 나타나는 것처럼, **자본은 자기 자신에 대한 관계로**, 즉 자본이 그 자체에 의해 설정된 새로운 가치에 대해 원래의 가치액으로 구별되는 관계로 나타난다. 그리고 자본이 이 새로운 가치를 생산과정과 유통과정을 통한 자본의 운동 사이에 창출한다는 점은 의식 속에 있다. 그러나 이것이 어떻게 일어나는지는 이제 신비화되며, 자본 자체에 귀속되는 불가사의한 성질에서 비롯되는 것처럼 보인다."(①64, E58, 김56f)

이윤에 대해서도 비용가격의 경우와 동일한 환상이 발생합니다. 현상적 메커니즘에서는 잉여가치가 총자본의 산물로, 즉 "이윤"으로 나타나지만, 이 현상형태는 잉여가치의 원천을 은폐함으로써 성립되므로, 이것만을 보고 있으면 불가피하게 "잉여가치는 자본 자체에 귀속되는 불가사의한 성질에서 비롯된다"는 환상이 발생합니다.

제2절 이윤율

이윤율

"G－W－G′는 자본의 운동을 이루며, 여기서 두 번째 G′는 첫 번째 G보다 커진다. 즉, 100파운드－W－110파운드가 된다. G와 G′의 차액＝10이 잉여가치이며, 잉여화폐의 생산에 대해 100이 사용된 비율, 즉 100의 가치 총액이 가치증식한 비율은 이 잉여가치 10의 전대 총자본 100에 대한 비율, 즉 **이윤율**이다. 따라서 10/100＝10% …… 이다."(①52)

앞 절의 고찰을 통해 이윤이란 잉여가치가 "상품의 비용가격을 넘는 상품가치의 초과분"으로 나타남으로써 노동력에서가 아니라 투하 총자본에서 생기는 것으로 나타난다는 점을 알게 되었습니다. 즉 이윤이란 투하 총자본의 산물로 나타난 잉여가치에 다름없습니다.

사실, 이 이윤의 정의와 부합하는 자본에 대한 이미지는 이미 제1부 제4장에서 주어졌습니다. 그것이 자본의 일반적 정식인 G－W－G′입니다. 마르크스는 자본에 대한 가장 막연한 현상 세계의 이미지에서 출발하여, 자본의 가치증식의 비밀이 잉여가치의 생산에 있음을 밝혔습니다. 그리고 이제 제3부 제1절의 비용가격과 이윤의 분석을 통해 우리는 다시 이 자본의 일반적 정식으로 돌아온 것입니다.

본질적 메커니즘에서 결정적인 것은 구매한 노동력으로 얼마나 많은 잉여가치를 생산할 수 있는가이지만, 현실의 당사자인 자본가에게 이 잉여가치는 투하자본의 산물, 즉 이윤으로 나타납니다. 현실의 자본가들에게는 총자본을 투하하여 얼마나 많은 잉여가치를 얻을 수 있는가만이 문제입니다. 따라서 자본가가 관심을 갖는 것은 투하 총자본과 잉여가치의 비율이며, 이는 '이윤율'로 나타납니다.

잉여가치율과 이윤율

"잉여가치율은 잉여가치가 v와의 관련, 즉 잉여가치가 생기는 부분의 자본과의 관련으로 계산되며, 이윤율은 같은 잉여가치가 총자본과의 관련으로 계산된다. 한쪽은 m/v이고, 다른 쪽은 m/(v+c) 또는 m/C〔C는 전대 총자본을 의미〕이다. 두 경우 모두 잉여가치의 크기가 **계산**된다. 구별되는 것은 잉여가치 자체가 아니라 그 크기를 규정하는 데 사용되는 척도다. 잉여가치/가변자본 = m′(잉여가치율)이다. 잉여가치/총자본 = p′(이윤율)이다. 가변자본 하에서 계산된 잉여가치의 비율이 **잉여가치율**이라 불리며, 총자본 하에서 계산된 잉여가치의 비율이 **이윤율**이라 불린다."(①52)

본질적 메커니즘에서 중요한 것은 노동력을 얼마나 착취했는지를 나타내는 잉여가치율이지만, 현실의 당사자인 자본가에게 중요한 것은 이윤율입니다. 그러나 이윤이 잉여가치의 현상형태이며 그 본질적 메커니즘과 분리될 수 없는 것처럼, 이윤율도 잉여가치율과 분리될 수 없습니다. 예를 들어, 불변자본과 가변자본의 비율이 불변이라면, 일반적으로 잉여가치율이 상승하면 이윤율도 상승하고, 잉여가치율이 저하되면 이윤율도 저하되는 관계가 성립합니다.

이윤율의 분모는 비용가격이 아니라 고정자본 부분을 포함한 전대 총자본이다

"상품들의 가격(가치) 중 그 **비용가격**을 넘는 **초과분**은 ― 그 생산에 **전대된 총자본, 또는 사용된 총자본**(=상품의 생산에서 **소비된** 자본의 부분+고정자본의 소비되지 않는 부분)으로 계산되어 **이윤율**을 형성한다. …… **비용가격**(=생산에서 소비된 불변자본과 가변자본의 총액)을 넘는 **초과분**으로 나타나는 것이 일정한 화폐 총액을 넘는 초과분으로서의 잉여가치이며, 이 형태에서는 자본의 구성요소의 본질적 구별, 즉 불변자본과 가변자본의 구별, 따라서 잉여가치와 가변자본의 개념적 관계가 지워지고 불분명해진다. **일정한** 화폐 총액 ― 비용 ― 의 부분들로서 그것들은 양적 구별만 가지며 질적으로는 동일한 것이다. **이윤율**에서는 초과분도 자본의 구별 없는 총가치에 대한 비율로 계산되며, 이 총가치의 화폐 표현에서는 자본 자체의 모든 부분이 동종의 화폐 총액일 뿐이다. 예를 들어, 1,000파운드라는 어떤 자본의 잉여가치가 200파운드라면, 이는 1,200파운드라는 상품들의 판매가격 중 1,000파운드의 비용가격을 넘는 초과분=200파운드로 나타나며, 이는 200=20%[의 이윤율]일 것이다. 그러나 1,000에 포함된 불변자본의 손모분 외에, 예를 들어 사용되었지만 소비되지 않은 1,000파운드의 불변자본, 즉 **고정**자본이 존재한다면, 초과분 200은 2,000에 대해 계산되며, 이윤율은 10%에 불과하다."(①56f)

일부 해설서 등에서는 설명이 불분명하거나, 현행판『자본론』제3권에서 오해를 불러일으킬 수 있는 서술이 몇 가지 있어, 이윤율의 분모가 비용가격이라는 오해를 불러일으키기 쉽기 때문에, 이윤율의 분모가 전대 총자본이라는 점은 특히 강조하고 싶습니다. 제1절에서 보았듯이, 잉여가치는 우선 비용가격의 초과분으로 나타나지만, 자본가가 현실적으로 투하해야 하는 자본은 비용가격의 보충분에 그치지 않고 고정자본 전체를 포함하는 전대 총자본이며, 비용가격의 초과분으로 나타난 잉여가치는 이 총자본의 산물로 나타납니다. 이것이 바로 이윤입니다. 따라서 이윤율 계산에서는 전대 총자본이 분모가 되어야 합니다. 실제로 현재도 자본가들이 이익률 지표로 주로 사용하는 것은 ROE(자기자본이익률)나 ROIC(투하자본이익률)입니다.[31]

이윤율의 분모가 전대 총자본이라는 점의 현실적 의의는 고정자본의 존재만 고려해도 이미 명확하지만, 제6절에서 다루듯이 유동자본의 회전 문제를 고려하면 더욱 분명히 이해될 것입니다.

---

31) 역주: ROE(Return on Equity. 자기자본이익률)는 = (당기순이익 ÷ 자기자본)×100으로 계산하며, ROIC(Return On Invested Capital. 투하자본이익률)는 = (세후영업이익 ÷ 투하자본)×100으로 계산한다.

제3절 불변자본 사용의 절약

m/(c+v)라는 정식에서 즉시 알 수 있듯이, 자본가는 불변자본을 절약함으로써 이윤율을 높일 수 있습니다. 불변자본을 절약하는 방법은 크게 두 가지로 나눌 수 있습니다. 하나는 노동자의 노동 방식을 변화시키는 방법입니다. 예를 들어, 노동시간을 연장하거나 많은 노동자를 한 장소에 모아 노동하게 함으로써 기계나 건물을 대폭 절약할 수 있습니다. 또 하나는 불변자본을 구성하는 생산수단의 사용법을 바꾸거나 생산수단 자체를 변화시키는 방법입니다. 사용된 원료의 재활용, 노동수단의 내구성 향상, 또는 필요한 안전장치의 '절약' 등이 이에 해당합니다.

물론 이러한 방법들은 서로 관련되어 있습니다. 많은 노동자를 한 장소에 모아 노동하게 하려면 그만큼 대규모의 생산설비나 건물이 필요하며, 반대로 불변자본의 절약을 가능하게 하는 생산수단의 변화에는 많은 노동자의 협업, 즉 노동의 사회화가 필요한 경우가 대부분입니다. 이 절에서 마르크스가 강조하듯이, 일반적으로 불변자본의 절약은 생산수단의 대규모화가 노동의 사회화와 결합함으로써 진행됩니다.

그러나 여기서 말하는 '절약'이 어디까지나 자본의 이윤 획득을 위한 절약이라는 점을 잊어서는 안 됩니다. 자본주의적 생산에서 불변자본 절약은 이윤율을 높이기 위한 것이며, 노동력의 낭비나 자연환경의 파괴를 동반하는 경우가 적지 않기 때문입니다. 이 점도 이 절에서 마르크스가 강조하는 포인트 중 하나입니다.

아래에서는 불변자본 절약의 방법과 그 구체적 예를 마르크스의 초고를 따라 살펴보겠습니다.

노동일 연장에 의한 고정자본의 절약

“절대적 잉여가치, 즉 **잉여노동의 연장**, 따라서 **노동일**의 연장은 가변자본이 동일한 상태, 즉 동일한 노동자 수가 사용되고 명목상 동일한 임금으로 사용될 때, …… 총자본 및 가변자본과 비교한 불변자본의 가치를 상대적으로 **감소시키며**, 또한 **이를 통해** 잉여가치율의 상승이나 잉여가치의 양 증가를 도외시하더라도 **이윤율을 높인다**. **고정자본**—예를 들어 공장 건물이나 기계설비 등—으로 이루어진 불변자본 부분의 규모는 16시간 노동이 이루어지든 12시간 노동이 이루어지든 변하지 않는다. 노동일의 연장은 이 부분, 즉 불변자본의 가장 비용이 많이 드는 부분에 대한 새로운 투자를 필요로 하지 않는다. ……따라서 노동일의 연장은 초과 노동시간이 지불되더라도, 그리고 (당연히 일정한 한계까지는) 그것이 표준 노동시간보다 비싸게 지불되더라도 이윤을 가져온다. 따라서 근대 산업 시스템에서 고정자본의 발전은 이윤을 탐하는 자본가들에게 노동일 연장의 주요 자극 중 하나였다.

노동일이 불변인 경우에는 이와 유사한 관계가 발생하지 않는다.

이 경우에는 더 많은 노동을 착취하기 위해 노동자의 수와, 그와 일정한 비율로 건물이나 기계설비 등의 고정자본의 [양]을 증대시킬 필요가 있다."(①111, E87f, 김95f)

노동일 연장에 의한 불변자본의 절약은 이미 제1부 제13장 '기계와 대공업' 제3절 '기계 경영이 노동자에게 미치는 직접적 영향'에서 상세히 논의되었지만(마367), 이 현상은 이윤율의 관점에서 고찰함으로써 더욱 명확히 이해될 수 있습니다.

임금노동자의 하루 노동시간, 즉 노동일을 늘리지 않고 생산량을 증대시키려면, 고용하는 노동자의 수를 늘리는 수밖에 없으며, 또한 그 증가한 노동자의 수에 맞춰 건물이나 기계 등의 고정자본도 새로 구매해야 합니다. 그러나 노동일을 연장할 수 있다면, 고용하는 노동자의 수를 늘리지 않고, 따라서 건물이나 기계를 새로 구매하지 않고, 단지 원료를 늘리는 것만으로 생산량을 증대시킬 수 있습니다. 이 경우, 노동일의 연장에 의해 잉여가치율이 증가하는 경우는 물론, 잔업수당 지급으로 잉여가치율이 저하되는 경우에도, 고정자본 절약의 효과로 인해 이윤율을 높일 수 있습니다.

게다가 노동일의 연장은 기계나 도구 등의 노동수단에 투하된 자본의 회수를 앞당김으로써 이윤율을 높일 수 있습니다. 이 점에 대해서는 제5절 및 제6절을 참조하십시오.

대규모 생산수단의 공동 소비에 의한 절약

"노동 양식이 변하지 않더라도, 상당히 많은 노동자를 동시에 사용하는 것은 노동과정의 대상적 조건들에서 하나의 혁명을 일으킨다. 많은 사람들이 그 안에서 노동하는 건물, 원료 등을 위한 창고, 많은 사람들에게 동시에 또는 교대로 유용한 용기, 도구, 장치 등, 즉 생산수단의 일부가 노동과정에서 공동으로 소비된다. 한편, 상품의 교환가치, 따라서 생산수단의 교환가치는 그 사용가치의 활용도가 아무리 높아져도 전혀 높아지지 않는다. 다른 한편, 공동으로 사용되는 생산수단의 규모는 커진다. 20명의 직공이 20대의 직기를 사용해 작업하는 방은, 2명의 장인을 거느린 한 사람의 독립적인 직조 장인의 방보다 더 넓어야 한다. 그러나 20명용 작업장을 하나 만드는 데는 2명용 작업장을 10개 만드는 데보다 적은 노동밖에 필요하지 않다. 따라서 일반적으로, 대량으로 집중되어 공동으로 사용되는 생산수단의 가치는 그 규모나 유용 효과에 비례하여 증가하지 않는다. …… 이러한 생산수단 사용의 절약은 단지 많은 사람들이 노동과정에서 그것을 공동으로 소비하는 것에서만 비롯된다."

(『자본론』 제1권, 343f, 김(1)442f)

"노동자의 집적과 그들의 대규모 협업에 의해, 한편으로는 불변자본이 **절약**된다. 같은 건물, 난방, 조명 등은 소규모 생산 단계보다 대규모 생산 단계에서 이용되었을 때 비율적으로 비용이 적게 든다. 마찬가지로, 기계설비 등의 일부 비용, 예를 들어 보일러의 비용은 그 마력에 비례하여 증가하지 않는다. 기계설비의 절대적 가치는 증가하지만, 그 **상대적** 가치는 생산규모나 운동시키는 가변자본의 크기, 즉 착취되는 노동력의 양에 비해서 저하된다."(①116, E92, 김101)

자본가는 노동자들이 대규모 협업을 함으로써도 불변자본을 절약할 수 있습니다. 이 점은 이미 제1부 제11장 '협업'에서 논의되었지만, 이윤율과의 관련에서 다시 다뤄지고 있습니다. 비교적 이해하기 쉬우므로 제1부의 서술도 인용해 두었습니다. 대규모 협업이 생산수단의 절약을 가능하게 한다는 것은 직관적으로 이해할 수 있을 것입니다. 전형적인 예는 건물입니다. 마르크스가 지적한 바와 같이, 20명을 수용하는 방을 한 곳만 만드는 경우와 2명을 수용하는 방을 10곳 만드는 경우를 비교하면 분명히 전자가 비용이 덜 듭니다. 또한, 이 인용문 뒤에서 마르크스가 구체적인 예를 들어 지적하듯, 20명을 수용할 수 있는 방에 무리하게 25명을 수용하여 노동하게 할 수도 있을 것입니다. 따라서 앞서의 노동일 연장의 경우와 마찬가지로, 협업에 의한 불변자본의 절약은 많은 경우 노동자의 희생을 동반하게 됩니다.

폐기물의 생산수단으로의 재전화에 의한 절약

"…… **생산의 폐기물**, 이른바 **찌꺼기**를 동일한 산업 부문이든 다른 산업 부문이든 **새로운 생산조건들**로 재전화하는 것 …… 이것은 이 폐기물이 생산의 순환, 따라서 (생산적 또는 개별적) 소비의 순환에 재투하되는 과정이다. 이 부류[의 절약]도 …… 대규모 노동의 결과다. 이 규모에 비례하여 이러한 찌꺼기가 대량으로 존재함으로써, 그것들 자체가 다시 거래의 대상이 되고, 따라서 생산의 새로운 요소들이 된다. 이러한 찌꺼기는—새로운 생산요소들로서 취하는 역할을 별개로 하면—그것들이 다시 판매 가능한 것이 됨에 따라, 원료의 비용—여기에는 **표준적**인 손모, 즉 그것을 가공할 때 통상 평균적으로 손실되는 것이 항상 계상된다—을 낮춘다. 그리고 불변자본의 이 부분의 비용 감소는 가변자본의 크기와 잉여가치율이 주어져 있을 때, 그만큼 이윤율을 높인다."(①113f, E89f, 김98)

"이 재이용의 조건들은 대체로 다음과 같다. 대규모 노동에서 발생하는 **이 폐기물이 대량이라는** 점. 이전 형태에서는 이용할 수 없었던 소재를 새로운 생산을 위해 재구성하도록 하는 **기계설비의 개량. 과학의 진보**, 특히 그러한 생산 폐기물의 사용 가능한 속성을 발견하는 **화학**의 진보. 생산에서 발생하는 것과 마찬가지로 (**개별적**) 소비에서도 폐기물이 발생하지만, 예를 들어 천연 폐기물이나 낡은 천 조각 등과 같이 다시 생산에 들어간다. 이는 다시 생산요소로 이용될 수 있도록 먼저 **수집**되어야 한다. 이에 대한 고찰은 여기에는 속하지 않는다. 이 점에서, 부르주아적 체제, 또는 오히려 자본주의적 체제에서 여전히 **많은 낭비**가 발생한다는 점을 언급하는 것으로 충분하다."(①150, E111, 김124)

여기서부터는 생산수단의 이용법의 변화 또는 생산수단 자체의 변화에 의한 불변자본의 절약이 다뤄집니다. 마르크스가 처음으로 언급하는 것은 생산과정에서 발생한 폐기물의 재이용입니다. 폐기물을 체계적으로 이용하려면 상당히 대규모의 생산과정이 필요하므로, 이 경우에도 역시 대규모 협업을 전제로 하며, 다른 한편으로는 그러한 재이용을 가능하게 하는 과학의 발전도 필요합니다.

여기서 중요한 것은 자본주의적 생산에서는 이러한 재이용이 어디까지나 이윤율을 높이기 위한 것이며, 사회 전체의 자원을 절약하기 위한 것이 아니라는 점입니다. 자본주의적 생산은 한편으로는 비용 절감을 위해 생산수단의 절약을 추구하지만, 다른 한편으로는 가능한 한 많은 이윤을 얻기 위해 상품생산을 최대한 확대하려 하며, 방대한 산업 폐기물이나 폐기 상품을 만들어 냅니다. 현재도 폐기물 처리에 따른 온실가스 발생, 환경오염, 그리고 방대한 식품 낭비나 의류 낭비가 심각한 사회 문제로 대두되고 있습니다.

기계설비의 개량에서 비롯되는 절약

"…… 여기서 고찰해야 할 것은 기계설비의 끊임없는 개량—예를 들어, 목재 대신 철과 같은 소재의 개량이라고 하더라도—에서 비롯되는 절약이다. 그러나 특히 (1) 기계 공장 일반의 개량으로 기계설비가 저렴해짐으로써 발생하는 절약. 따라서 불변자본의 고정 부분의 가치는 대규모 노동의 발전과 함께 항상 증가하지만, 그 가치는 〔대규모 노동의 발전과〕 같은 **정도**로 **증가**하지 않는다. (2) 기존의 기계설비조차 더 저렴하고 효율적으로 이용할 수 있게 하는 특수한 개량에서 비롯되는 절약. 예를 들어 보일러 등의 개량 ……"
(①115, E91, 김99)

여기서 마르크스가 지적하는 것은 기계의 개량에서 비롯되는 절약입니다. 이는 크게 두 가지로 나뉩니다. 하나는 규모에 비례한 기계의 저렴화입니다. 즉, 생산규모가 커질수록 기계설비도 대규모가 되지만, 그 규모의 증가에 비례하여 가치가 증가하지 않으므로, 결과적으로 불변자본의 절약으로 이어진다는 것입니다. 또 하나는 기존 기계설비의 개량입니다. 예를 들어, 같은 기계라도 보일러를 개량함으로써 사용하는 석탄의 양을 줄일 수 있습니다.

불변자본의 저렴화

"다른 한편, **어떤 생산부문에서의 노동생산력 발전**, 예를 들어 철 생산, 석탄 생산, 기계 생산, 건축술 등에서의 생산력 발전은—또한 그 일부는 지적 생산, 즉 자연과학과 그 응용 분야에서의 새로운 발전과 관련될 것이지만—여기서는 **다른 어떤 생산부문에서의 생산수단 비용**(가치) **감소** 조건으로 나타난다. 이는 자명하다. 왜냐하면 한 산업 부문에서 생산물로 생겨나는 상품이 생산수단으로 다른 산업 부문에 다시 들어가기 때문이다. 또한 그 상품의 크고 작은 저렴화는 그 상품을 생산하는 생산부문에서의 **노동생산성**에 의존하지만, 다른 한편, 그 크고 작은 상품의 저렴화는 그 상품이 생산수단으로 생산과정에 들어가는 상품의 저렴화 조건일 뿐만 아니라, 그것이 다른 생산부문에서 불변자본의 요소가 될 때, 그 불변자본의 **가치를 감소시키는** 조건이기도 하며, 따라서 **이윤율**을 증대시키는 조건이기도 하다.

…… 진전되는 산업의 발전에서 비롯되는 이러한 종류의 **불변자본의 절약**의 특징은 여기서 한 산업 부문에서의 **이윤율 상승**이 다른 부문에서의 **노동생산력**의 발전 덕분이라는 점이다. 여기서 자본가

에게 유용한 것은 다시 **사회적 노동의 산물**이지만, 잉여가치의 경우와는 다를 뿐만 아니라, 앞서 언급한 불변자본 사용에서의 절약, **자본가 자신이 직접 착취하는 노동자** 사용에서의 절약과도 다르다. 그 생산력의 발전은 궁극적으로 사용되는 노동의 사회적 성격에 언제나 귀착될 수 있다. 즉 사회 **내부**의 분업, 또는 정신적 노동의 발전(**자연과학** 등)에 귀착될 수 있다. 여기서 자본가가 이용하는 것은 **사회적 분업**, 사회 전체에서의 분업이다. 여기서 **자본의 이윤율을 높이는** 것은 외부 부문, 즉 자본가에게 생산수단을 제공하는 부문에서의 **노동생산력**의 발전이다."(①115f, E91f, 김100f)

마지막으로 마르크스는 사회적 생산력의 발전에 의한 불변자본의 저렴화, 즉 기계나 원료 등의 가치 저하가 결과적으로 불변자본의 절약을 가져오고 이윤율을 상승시킨다고 지적합니다. 여기서도 핵심은 역시 사회적 노동의 발전이지만, 이전의 경우와 달리 사회 전체에서의 분업 발전, 그리고 그 안에서 정신적 노동의 발전에 의존하는 것입니다.

다른 한편, 자본주의 사회에서의 생산력 발전은 자본의 유기적 구성의 고도화, 즉 가변자본에 대한 불변자본의 비율 증대를 가져오므로, 장기적인 경향을 보면 이윤율을 낮추는 작용을 하게 됩니다. 이에 대해서는 제3장에서 자세히 고찰할 것입니다.

착취에 필요한 것은 불변자본의 사용가치이지 그 가치가 아니다

"…… 노동 그 자체를 직접적으로 착취하는 데 중요한 것은 고정자본이든, 원료나 보조재료든, 사용되는 착취 수단의 **가치**가 결코 아니다. 노동의 전달체이자 흡수자로서—노동, 따라서 잉여노동이 대상화되는 장소 또는 그 수단인 매개체로서—기계설비, 건물, 원료 등의 **교환가치**는 전혀 문제가 되지 않는다. 오로지 문제 되는 것은 한편으로는 그 분량, 즉 일정량의 노동에 대해 (일정량의 살아 있는 노동과 결합하기 위해) **기술학적**으로 필요로 하는 양이다. 다른 한편으로는 그 효율성인데, 이는 기계설비 등에서는 자명하다고(즉 바로 떠오른다) 하지만, 원료의 질 등에서도 역할을 한다. …… 이로부터 자본가의 생산수단 절약에 대한 열광이 이해된다. {아무것도 파손하지 않고, 낭비가 없으며, 생산 그 자체에 의해 필요로 하는 방식으로만 생산수단이 소비되는 것 등은 일부는 노동자의 훈련이나 교육에 의존하며, 일부는 자본가가 결합된 노동자들에게 행사하는 규율에 의존하며, 이는 더 높은 수준의 자기 관리, 합목적적인 행동 등으로 〔나타난다〕.} 이 열광은 특히 **생산요소들의 위조**에서 나타나며, 이는 가변자본에 비해 불변자본의 가치를 저하시키고 이윤율을 높이는 주요 수단이 된다. (이 경우, 이 생산요소들이 그 가치—생산물에서 그 가치가 재현되는 한—를 **초과하여 판매되는** 것이 사기의 중요한 요소로 추가된다.)"(①117f, E93f, 김101f)

지금까지의 인용문으로 불변자본 사용의 절약 방법에 대해 대강 개관했습니다. 여기서부터는 불변자본 사용의 절약이 갖는 의미에 대해 검토하겠습니다.

당연한 것이지만, 자본가가 생산수단을 사는 것은 그것이 생산 활동에 유용하기 때문이지, 그것에 가격이 매겨져 있기 때문이 아닙니다. 즉, 자본가가 노동자를 착취하는 데 필요한 것은 어디까지나 생산수단의 사용가치이며, 그 가치가 아닙니다. 오히려 이 절에서 보았듯이, 생산수단에 드는 비용은 적을수록 좋습니다. 따라서 자본가는 기술적으로 필요한 생산수단을 가능한 한 절약하고, 그것을 저렴한 가격에 입수하는 데 "열광"합니다. 이 "열광"을 끝없이 추구하면 "생산요소들의 위조"에까지 나아갈 것입니다.

실제로 현재 자본주의에서도 식품의 원산지나 원료의 위장 사례는 끊이지 않습니다. 일본의 기간 산업인 자동차 산업에서도 디젤 엔진의 배출가스에 대한 데이터 조작이 밝혀졌습니다. 이는 직접적으로 생산요소들의 위조라기보다는 생산물 자체의 성능 위장이라고 하는 것이 더 정확할 수 있지만, 낮은 성능의 정화 장치를 사용하여 생산수단의 비용을 절약하려는 점에서는 여기서 말하는 "생산요소들의 위조"의 예로 간주할 수 있습니다.

불변자본의 절약은 자본에 고유한 힘으로 나타난다

"…… 불변자본 사용의 절약은 어떤 측면에서 고찰되든, 일부는 **결합된 노동자들***combinirten Arbeiters***의 공동적인** 생산수단으로서 생산수단이 기능하고 소비되는 결과이며, 따라서 이 절약은 그 자체로 **직접적으로 생산적인 노동**의 사회적 성격의 **산물**로 나타나지만, 일부는 자본[가]에게 생산수단을 제공하는 부문들에서의 **노동생산성 발전**의 결과로 나타난다. 따라서 자본가 A가 사용하는 노동자가 자본가 A에 상대하는 것으로 고찰되지 않고, 총노동이 총자본에 상대하는 것으로 고찰된다면, 후자의 절약도 사회적 노동의 생산력 발전의 산물이며, 다른 점은 자본가 A가 직접 자신의 작업장의 노동생산성을 이용하는 것이 아니라 타인의 작업장에서 노동생산성을 이용한다는 것뿐이다. 그러나 이러한 사정이 있더라도, **불변자본의 절약** 원인과는 무관하게, 자본가에게는 이 절약이 노동자와는 완전히 무관하고 절대적으로 아무 관련 없는 조건, 노동자가 전혀 관여하지 않는 조건으로 나타나는 것이지만, 다른 한편 자본가에게는 항상 매우 명백한 것은 자본가가 동일한 화폐로 노동을 많이 사느냐 적게 사느냐는 것(이는 자본가와 노동자 간의 거래가 자본가의 의식에 그렇게 나타나기 때문)이 노동자에게도 어떤 식으로든 관련이 있다는 점이다. 노동에 내재하는 다른 능력들에 비하여 훨씬 더 높은 정도로, 이 **생산수단 사용에서의 절약**, 즉 일정한 성과를 최소한의 지출로 달성하려는 이 방법은 **자본에 고유한 힘**으로 나타나며, 또한 자본주의적 생산양식에 특유하고 그것을 특징짓는 방법으로 나타나는 것이다."(① 118f, E94f, 김103f)

『자본론』 제1부에서는 노동생산력이 왜 자본의 생산력으로 나타나는지가 상세히 논의되었습니다. 자본주의적 생산에서 노동자들이 생산과정에서 발휘하는 생산력은 자본이 조직하는 협업과 분업, 그리고 자본가가 구매한 기계설비에 크게 의존하기 때문에, 자본 그 자체가 가진 생산력으로 나타납니다. 마찬가지로 자본주의적 생산에서는 불변자본의 절약도 자본 그 자체가 가진 힘으로 나타납니다.

마르크스가 반복해서 지적하듯, 불변자본의 절약은 노동자 협업의 발전을 필수적인 전제로 하므로, 그 관점에서 보면 노동의 사회적 성격 발전의 산물에 다름없습니다. 이 절에서 살펴본 불변자본 절약 방법은 노동이 협업이라는 형태로 대규모로 이루어짐으로써, 즉 그러한 사회적 노동을 합리적으로 수행하는 노동자의 능력에 의존함으로써 비로소 실현될 수 있습니다. 그러나 다른 한편, 불변자본은 직접적으로 자본가의 소유물이며, 그 자본가만이 그것을 어떻게 다룰지 결정할 수 있습니다. 따라서 각 자본가에게는 불변자본의 절약이 노동자와는 전혀 관계없이, 오로지 자신의 고안에 의해 실현되는 것처럼 보입니다. 이렇게 하여 불변자본을 절약하는 방법은 자본 그 자체에 내재하는 고유한 힘으로 나타나며, 이윤의 최대화를 추구하는 자본이야말로 생산수단의 합리적 사용을 실현할 수 있다는 관념이 발생하게 됩니다.

노동생산력의 경우, 비록 그것이 자본의 생산력으로 나타난다 해도, 노동자가 어느 정도 관여하고 있다는 것은 누구나 알 수 있습니다. 그러나 불변자본의 절약의 경우에는 직접적으로 오로지 자본가의 개입에 의해 실현되므로, 그것이 자본 그 자체에 내재하는 힘에 의해 실현된다는 외관은 더욱 견고합니다.

이 현상의 현실적 기초

> "이러한 〔불변자본의 절약이 자본에 고유한 힘으로 나타난다는〕 표상 방식은 사실의 외관이 이에 부합하고, 노동자와 그의 노동의 생산조건들이 완전히 무관하게 되고, 외재화되고, 소외됨으로써 자본관계가 실제로 그 내적 연관을 은폐하기 때문에, 오히려 그만큼 덜 기이하게 여겨진다.
>
> 첫째, 불변자본을 구성하는 **생산수단**은 그 **가치**로 보면 단지 **자본가의 화폐**를 나타내며……, 자본가와만 관련이 있는 반면, 노동자는 실제 생산과정에서 생산수단과 관련될 때는 생산수단을 **생산의 사**

용가치, 즉 노동 재료 및 노동수단으로 삼아 관계한다. 따라서 생산수단의 가치 증감은 노동자의 자본가에 대한 관계와는 거의 관련 없는 사안이다. …… **둘째**, 이 생산수단이 자본주의적 생산과정에서 동시에 **노동 착취 수단**인 한, 노동자에게는 이 **착취 수단**이 상대적으로 싸지든 비싸지든 상관없다. 이는 말을 제어하는 굴레나 고삐가 비싸든 싸든 말에게는 상관없는 것과 같다. 마지막으로, 이미 보았듯, 노동자는 실제로 그의 노동의 사회적 성격(결합)에 대해 그것이 그에게 낯선 것으로 관계하며, 또한 그의 노동의 실현 조건들은 그에게 타인의 소유물이기 때문에, 노동자가 그 절약을 강제로 강요받지 않는다면, 그 낭비는 노동자에게 완전히 상관없는 일이 될 것이다. (예를 들어, 노동자들 자신에게 귀속되는 공장에서는 사정이 다르다. 예를 들어 로치데일Rochdale[32]). 말할 필요도 없이, 한 생산부문에서의 **노동생산성**이 다른 생산부문에서의 생산수단의 **저렴화**나 **개량**으로 나타나는 한 {그리고 그것이 이윤율을 상승시키는 데 유용한 한}, 사회적 노동의 이 일반적 연관은 **노동자들에게는 완전히 소원한** 것으로 나타나며, 자본가만이 이 생산수단을 **획득하고 구매하는** 한, 실제로 자본가와만 관련 있는 것으로 나타난다."(①119f, E95f, 김104f)

불변자본의 절약이 자본에 고유한 힘으로 나타나고, 자본이야말로 이 절약을 가능하게 한다는 관념이 성립하는 것은 노동자와 생산수단

32) 유토피아 사회주의 사상의 영향 아래, 맨체스터 북쪽에 있는 로치데일의 노동자들이 1844년에 공정선구자조합Equitable Pioneers Society을 결성했습니다. 원래 소비조합이었지만, 곧 협동조합적인 생산 시설도 운영하게 되었습니다.

의 관계가 실제로 무관하고 낯선 것이 되어 버렸기 때문입니다. 마르크스는 이를 세 가지 관점에서 설명하지만, 이는 모두 이미 제1절에서 상세히 살펴본 생산과정에서의 주체와 객체의 전도, 즉 생산과정의 물상화와 관련된 것입니다.

애초에 생산과정의 물상화가 발생하는 것은 노동자들이 생산수단에 대해 자신들의 의지로 자신들을 위한 사용가치를 생산하는 수단으로 관계하는 것이 아니라, 타인(자본가)의 계획에 따라 타인(자본가)을 위해 잉여가치를 생산하는 수단으로 관계하기 때문입니다. 노동자들이 이러한 '소외'된 노동의 방식을 강제받고, 실제로 그러한 행동을 지속하는 한, 생산수단은 노동자들이 어떻게 할 수 없는 것, 단지 자본의 강제 아래 그 사용가치의 성질에 자신의 노동 방식을 맞춰야 하는 것으로 나타납니다. 이러한 관계에서 생산수단의 합리적 사용에 대해 노동자들의 주도성이 발휘되지 않고, 그것이 오로지 자본의 능력으로 나타나는 것은 당연합니다.

그러나 마르크스가 여기서 지적하듯, 자본주의 사회 안에서도 노동자 협동조합에서는 노동자가 생산수단에 대해 자신의 것으로 관계할 수 있으므로, 생산수단의 합리적 사용에 대해 주도성을 어느 정도—시장경제에서의 경영이라는 한계가 있긴 하지만—발휘할 수 있습니다. 하물며 물상화로부터 완전히 해방된 사회시스템에서는 노동자들이 생산수단의 합리적 사용을 실현하지 못할 이유가 전혀 없습니다. 오히려 거기서는 화폐나 자본의 힘에서 자유로워져 있으므로, 보다 인간적이고 지속가능한 생산수단의 합리적 사용을 실현할 수 있을 것입니다.

노동자의 희생에 기반한 불변자본의 절약

"자본주의적 생산양식은 한편으로는 사회적 노동의 생산력의 발전을 재촉하듯이, 다른 한편으로는 불변자본 **사용에서의 절약**을 재촉한다.

그러나 문제는 한편으로 노동자, 즉 살아 있는 노동의 담지자와 다른 한편으로 그들의 노동 조건들의 경제적 사용 사이의 소외나 무관심에 그치지 않는다. 자본주의적 생산양식은 그 모순된 대립적 본성에 따라, **노동자의 생명, 건강의 낭비, 노동자의 생존 조건들** 그 자체의 **격하**를 **불변자본 사용의 절약**으로 간주하고, 그렇게 해서 **이윤율을 높이기** 위한 수단으로 삼을 정도로까지 나아간다.

노동자는 생활의 대부분을 생산과정에서 보내기 때문에, 부분적으로는 생산과정의 조건들이 그의 생활과정, 그의 활동적 생활의 조건들이며, 그의 생활조건들이다. 또한, 이러한 생활조건들에서의 절약이 이윤율을 높이는 하나의 방법이며, 이는 이전에 이미 보았듯이, 과잉노동, 즉 노동자의 노동 가축Arbeitsvieh으로의 전화가 자본의 자기증식의 기초—잉여가치의 생산—를 가속하는 하나의 방법인 것과 동일하다. 이 절약은 좁은 공간으로의 노동자 밀어넣기—이는 건물의 절약과 일치한다—위험한 기계설비의 집적, 그리고 이에 대한 방어수단의 결여, 그 성질상 건강에 해로운 노동(생산부문)에서의 위험예방 조치의 결여, 광산 등에서의 위험예방 조치의 결여에까지 이르고, 이는 지출을 절약하기 위한 것 등등 때문이다. 노동자 입장에서 생산과정을 인간답게 하고, 쾌적하게 하기 위한 모든 설비가 결여되어 있는 것은 말할 것도 없다. 이러한 설비는 자본주의적 입장에서 보면 전적으로 목적과 의미를 결여한 낭비가 될 것이다. 자본주의적 생산은 애초에 **인간재료***Menschenmaterial*라는 것에 대해 전적으로 낭비적이며, 이는 다른 한편으로 자본주의적 생산이 (상업에 의한) 생산물의 분배 방식이나 경쟁 방식에 의해 물질적 수단을 매우 낭비적으로 다루고, 한편으로 얻는 것을 다른 한편으로 잃는 것과 완전히 동일하다."(①120f, E96f, 김105f)

"자본주의적 생산은 어느 정도까지 — 유통의 전 과정이나 경쟁의 증대를 사상한다면 — **실현되는 노동**, 상품에 실현되는 노동을 대단히 절약한다. 자본주의적 생산은 어떠한 다른 생산양식보다도 훨씬 더 인간이나 살아 있는 노동을 낭비하는 자이며, 육체와 피뿐 아니라 뇌와 신경까지도 낭비하는 자이다. 실제로, 인류의 사회주의적 구성 socialist constitution of mankind에 역사적으로 선행하는 이 시기에서는 인간 전체의 발달이 보장되는 것은 개인적 발달을 극심하게 낭비함으로써만 가능하다."(①124f, E99, 김108f)

여기서는 앞서 언급한 생산과정의 물상화 때문에, 단순히 노동자와 생산수단의 관계가 소원해질 뿐 아니라, 생산수단의 절약을 위해 노동자가 희생되는 사태가 발생한다고 지적되고 있습니다.

마르크스가 초고에서 상세히 기술한 바와 같이, 노동자의 안전이나 건강을 보호하기 위해서는 손가락이나 손의 절단 등으로부터 노동자를 보호하는 방호장치나, 공기의 오염으로부터 노동자를 보호하기 위한 환기장치, 최소한의 방의 넓이가 필요합니다. 이러한 위험예방 조치는 "생산과정을 인간답게 하고, 쾌적하게 한다"는 입장에서 보면 지극히 합리적인 것입니다. 그러나 보유한 자본으로 가능한 한 많은 이윤을 획득하는 것을 목적으로 하는 자본주의적 생산의 입장에서 보면, 이러한 위험예방 조치는 "전적으로 목적과 의미를 결여한 낭비"로 간주됩니다. 현재도 위험예방 조치를 요구하는 노동자들의 운동이나 이를 바탕으로 제정된 각종 안전·건강 보장을 위한 법률에도 불구하고, 열악한 노동환경으로 인한 노동재해나 건강피해의 발생은 끊이지 않습니다.

이렇게 자본가들은 오로지 이윤율의 최대화를 위해 불변자본의 절약을 철저히 하고, 인간의 안전과 건강을 경시함으로써 인간 그 자체를 "낭비"하게 됩니다. 경제적 효율의 최대화에 가장 적합한 경제시스템으로 보이는 자본주의적 생산양식은 다른 한편으로는 지극히 비합리적인 "낭비"를 낳는 경제시스템임이 드러납니다. 마르크스가 지적하듯이, "자본주의적 생산은 어떠한 다른 생산양식보다도 훨씬 더 인간이나 살아 있는 노동을 낭비하는 자이며, 육체와 피뿐 아니라 뇌와 신경까지도 낭비하는 자"입니다.

여기서 주목할 점은 "노동자는 생활의 대부분을 생산과정에서 보내기 때문에, 부분적으로는 생산과정의 조건들이 그의 생활과정, 그의 활동적 생활의 조건들이며, 그의 생활조건들이다"라는 문장입니다. 생산과정은 동시에 노동자 입장에서 생활과정의 일부이며, 불변자본 사용의 절약은 바로 노동자의 생활과정, 즉 노동자와 자연과의 물질대사를 비정상적인 상태에 놓고 교란하게 됩니다. 마르크스 본인은 명시적으로 언급하지 않았지만, 이는 불변자본 사용의 절약이 생산과정 외부에 있는 노동자의 생활과정에 영향을 미칠 가능성을 시사한다고 할 수 있습니다. 자본은 불변자본 사용의 절약을 생산과정에서 노동자의 생활조건을 희생하여 수행할 뿐 아니라, 생산과정 외부에서 노동자의 생활

조건을 희생하여 수행할 것이기 때문입니다. 즉, 불변자본의 절약은 노동자 입장에서의 위험예방 조치의 "절약"에 그치지 않고, 인류 전체의 환경보호 조치의 "절약"으로까지 이어집니다. 이는 현재의 지구온난화 대책의 지연은 물론, 그동안 발생한 수많은 공해 사례에서도 쉽게 확인할 수 있습니다.

불변자본의 절약과 노동의 사회화

"이러한 절약은 이미 언급한 바와 같이, 노동조건들이 대규모로 사용되는 것, 즉 직접적으로 사회적인 **사회화된 노동**의 여러 조건들로서, 또는 **직접적 생산과정 내부**의 직접적 **협업** 조건들로서 역할을 수행한 결과이다. 이는 한편으로 **상품의 가격을 높이지 않고** 기계학적·화학적 발명들을 사용하기 위한 조건들이며, 이는 항상 **불가결한 조건**이다. 다른 한편으로는 이러한 대규모 생산에서야 비로소 **공동적**(생산적) **소비**에서 비롯되는 **절약**이 가능해진다. 그러나 마지막으로, 어디에서 어떻게 절약해야 하는지, 이미 이루어진 발견들을 어떻게 가장 쉽게 실행할 수 있는지, 이론의 실행 — 생산과정으로의 이론의 적용 — 에 있어 어떤 **실천상의 마찰**을 극복해야 하는지 등은 **결합된 노동자** *combinirten Arbeiters*의 **경험**에 의해서만 발견되고 드러나는 것이다.

(**덧붙여 말하자면, 일반적 노동** *allgemeiner Arbeit*과 **공동체적 노동** *gemeinschaftlicher Arbeit*은 구분되어야 한다. 둘 다 생산과정에서 그 역할을 담당하며, 서로 혼합되기도 하지만, 구분되기도 한다. 일반적 노동은 모든 **과학적** 노동이며, 모든 **발견**, 모든 **발명**이다. 이는 일부

는 공존하는 자들의 협업에 의해 조건지어지고, 일부는 과거 사람들의 노동을 이용함으로써 조건지어진다—**공동체적 노동**은 개인들의 **직접적 협업**을 전제로 한다.)

위에서 언급한 것은 자주 관찰되는 다음의 사실로 하나의 확증을 얻는다. 즉,

(1) **기계를 처음 새로 제작하는 비용**과 이를 **재생산하는 비용**의 큰 차이. ……

(2) 일반적으로 새로운 발견에 기반한 사업은 나중에 그 사업의 몰락, 그 유골 위에 일어서는 같은 종류의 사업들과 비교하면 훨씬 많은 비용으로 운영되는 것. 이로 인해 최초의 소유자들이 대개 파산하고, 그 물건 등을 더 싸게 손에 넣는 뒤따라온 자들이 비로소 성공하게 된다. 따라서 인간적 정신의 일반적 노동의 모든 새로운 발전들과 결합노동combinirte Arbeit에 의한 그들의 사회적 이용에서 최대한의 이윤을 끌어내는 것은 대개 가장 비열하고 가장 무가치한 부류의 화폐자본가들이다."(①158f, E113f, 김127f)

여기서 마르크스는 다시금 불변자본의 절약과 노동의 사회화의 관련성에 대해 언급하고 있습니다. 자본가가 수행하는 불변자본의 절약이 노동자들의 협업의 발전에 의해 가능하다는 것은 이미 언급했지만, 여기서는 더 나아가 그러한 절약을 실행함에 있어 실제로 현장에서 노동하는 노동자들의 창의적 고안이 결정적 역할을 한다고 지적하고 있습니다. 노동자들이 협업 속에서 수행하는 노동은 단순히 생산과정에서 직접 결합된다는 의미에서 "공동적 노동"일 뿐 아니라, 과학의 응용에 관여하고 이에 관련된 실제 기술을 발전시키는 활동이라는 의미에

서 "일반적 노동"이기도 합니다. 따라서 자본가가 불변자본의 절약을 실현할 때는 공동적 노동을 실행하는 노동자들의 능력뿐 아니라, 창의적 고안으로 생산과정을 끊임없이 개선하는 그들의 지적 능력에 의존하게 됩니다.

이미 보았듯이, 자본주의적 생산에서는 생산과정의 물상화가 발생하여 노동자와 생산수단의 관계가 소원해집니다. 따라서 노동자로부터 생산수단의 합리적 사용을 위한 주도권이 발휘되지는 않습니다. 그럼에도 불구하고, 생산수단의 절약, 즉 그 합리적 사용을 자본가가 실제 생산과정에서 실현하려면, 역시 현장에서 작업하는 노동자의 다양한 정신적 능력을 이용해야만 합니다.

마르크스는 더 나아가 이러한 노동자들의 창의적 고안의 힘에서 "최대한의 이윤을 끌어내는" 것은 새로운 사업에 과감히 도전하는 자본가들이 아니라, 그 자본가들의 몰락이나 파산을 통해 그 사업을 매수하는 "화폐자본가"(직접 산업이나 상업을 운영하지 않고, 화폐를 대여하거나 금융시장에 투자하여 수익을 얻으려는 자본가)들이라고 지적합니다. 이 자본주의 시스템에서는 "가장 비열하고 가장 무가치한 부류의 화폐자본가"가 "인간적 정신의 일반적 노동"의 성과를 착취하고 약탈합니다.

제4절 원료의 가격변동

석유나 반도체 등 현실 경제를 보더라도 명백하듯이, 원료의 생산 및 공급은 자연 조건이나 국제정세 등에 영향을 받기 때문에 그 가격이 크게 변동하는 경우도 적지 않습니다. 이 절에서는 이러한 원료 가격의 변동이 이윤율에 미치는 영향에 대해 고찰합니다.

원료 가격의 변동과 이윤율

"이윤율은 m/C, 즉 m/(c+v)이므로, m과 v 및 그 비율이 변하지 않을 때는 c의 크기의(따라서 또한 C의) 변화를 일으키는 모든 것이 이윤율의 변화를 일으키는 것이 명백하다. 그러나 **원료**는 불변자본의 주요한 **구성요소를 이룬다.** …… **따라서** 다른 **사정이 변하지 않는** 경우, **이윤율은 원료의 가격에 반비례하여 저하하거나 상승한다.** 이로부터 특히 명백해지는 것은 공업국들에게 원료의 낮은 가격이 얼마나 중요한가 하는 점이며, 이는 원료 가격의 변동들이 생산물의 판매 부문에서의 변동들을 전혀 동반하지 않을 때에도 {따라서 **수요와 공급의 관계를 전적으로 도외시하더라도**} 그렇다. 더 나아가 명백해지는 것은 **외국무역**이 임금에 대한 그 작용의 전부를, 즉 외국무역에 의한 1차적 생활수단의 저렴화를 도외시하더라도—즉 **제조업이나 농업으로** 들어가는 원료나 보조재료의 가격이 외국무역에 의해 영향을 받는 한—**이윤율**에 작용한다는 것이다."(①165f, E116f, 김130f)

원료는 불변자본의 일부를 구성하므로, 그 가격의 상승은 이윤율을 저하시키고, 하락은 이윤율을 증대시킵니다. 따라서 원료를 저렴한 가격으로 확보하는 것은 자본에게 사활이 걸린 문제입니다. 이를 단적으로 보여 주는 것이 '선진국'이 '개발도상국'으로부터 원료를 저렴한 가격으로 수탈해 온 역사입니다. 20세기의 '고도성장'도 '개발도상국'에 대한 식민주의적 지배를 통해 석유를 비롯한 천연자원을 파격적인 저가격으로 입수할 수 있었던 사정이 있었음을 잊어서는 안 됩니다.

자본가에게 있어서 관세 폐지 또는 인하의 중요성

"따라서 공장주들에게 있어서 원료에 대한 관세의 폐지 또는 인하가 매우 중요하다는 것이 분명해진다. 그러므로 또한 원료를 가능한 한 자유롭게 수입하는 것이 이미 보다 합리적으로 전개된 보호관세 제도의 주심 교리였다. 이는 곡물관세의 폐지와 더불어 영국 자유무역론자들에게 있어서 주요 목표였으며, 그들은 특히 "**면화**에 대한 **관세를 폐지하는 것** 등을" 요구하고 있었다."(①166, E117, 김131)

원료를 해외에서 저렴한 가격으로 확보하는 가장 빠른 방법은 관세의 폐지 또는 인하입니다. 최근에도 자본축적(마458)이 정체되고 이윤율이 저하되는 가운데, 자본가들은 각종 자유무역협정의 확대를 일관되게 추구해 왔습니다. 현재 국제정세의 급격한 변화로 인해 국제적 공급망의 단절이 우려되고 있지만, 만약 이러한 상황이 심각화된다면 자본가들에게는 이윤율 저하의 요인이 되어 큰 부담을 강요받을 것입니다.

원료의 가치는 한 번에 그 전부가 생산물로 이전된다

"원료의 가치(보조재료의 가치와 마찬가지로)는 그것이 원료 또는 성분이 되는 생산물의 가치에 **전부** 한 번에 **들어**간다. 반면, 기계설비, 일반적으로 고정자본은 그 마모에 조응하는 만큼만 점진적으로 생산물에 들어간다. 여기서 도출되는 것은 **이윤율**은—투하된 자본의 어느 정도의 부분이 소비되는지, 또는 소비되지 않는지에 관계없이—**투하된** 자본의 총량에 의해 규정되지만, **생산물의 가격**은 **원료의 가격**에 의해 훨씬 더 높은 정도로 영향을 받는다는 점이다. 명백한 것은 …… 시장의 확장과 수축은 **개별 상품 가격**에 의존하며, 이 가격의 **확장과 수축**에 반비례한다는 점이다. 따라서 또한 현실에서는 원료의 가격이 상승하더라도 공업제품의 가격은 이 제품의 성분과 비례하여 상승하지 않으며, 원료의 가격이 하락하는 경우에 그것과 비례하여 〔제품 가격이〕 하락하지 않는다는 점이다. 그러므로 이윤율은 상품이 그 가치로 판매되는 경우에 비해 한쪽 경우에는 더 크게 저하하고, 다른 쪽 경우에는 더 크게 상승한다. 또한, 사용되는 기계설비의 크기와 가치는 노동생산력 발전과 함께 증가하지만, 이 기계설비가 더 생산적이 되거나 노동생산력이 더 생산적이 되는 것과 같은 비율로 증가하는 것은 아니다. 이에 비해, 원료가 들어가는 산업부문, 즉 노동대상 자체가 이미 과거 노동의 생산물인 산업부문에서는 노동의 증가하는 생산력은 **더 많은 원료가** 어떤 **일정량의 노동을 흡수하는** 비율로 나타나며, 따라서 예를 들어 한 시간 노동에서 생산물, 상품으로 전화되고 가공되는 원료의 증가하는 양으로 나타난다. 따라서 노동의 생산력이 발전하는 것과 같은 비율로 **원료**의 가치는 **상품의 가치**의 더욱 큰 구성부분을 이루는데, 이는 원료의 가치가 **전부 상품의 가치에 들어가기** 때문만이 아니라, **총생산물의** 각 **가분 부분**에서 기계설비의 마모를 이루는 부분과 새롭게 부가된 노동을 이루는 부분이 항상 하락하고 감소하기 때문이다. 반면, 이 하락하는 운동에 의해 원료가 형성하는 **가치 부분**은 **비율상으로 커진다.** 이 증대가 원료 자체의 산출에 사용되는 노동의 증가하는 생산성에서 비롯되는 원료 측의 **가치 감소**에 의해 무력해지지 않는다면 말이다."(①167f, E118f, 김132f)

이미 보았듯이, 고정자본을 이루는 기계나 건물 등은 생산물에 가치를 점진적으로 이전하기 때문에, 비록 그 가격이 변화하더라도 생산물의 가격에 미치는 영향은 제한적입니다. 그러나 유동자본을 이루는 원료는 사용된 만큼 그 전 가치를 생산물로 이전하기 때문에, 그 가격의 변화는 생산물의 가격에 큰 영향을 미칩니다.

게다가 생산력의 발전과 함께 상품 가격에서 원료 비용의 비중은 증가하는 경향이 있습니다. 생산력의 발전과 함께 상품 1단위당 노동이 부가하는 가치량이 감소하는 것은 이미 제1부 '상대적 잉여가치의 생산'에서 보았습니다. 다음으로 기계에 대해 말하자면, 예를 들어 노동생산력을 이전의 기계에 비해 두 배로 높일 수 있는 기계라고 해서 그 가격이 이전 기계의 두 배가 되는 것은 아닙니다. 오히려 마르크스는 일반적으로 그 이하가 된다고 지적했으며, 이러한 경우 상품 한 개당 기계의 비용은 감소하게 됩니다. 반면, 원료에 대해서는 그것을 사용하는 생산과정에서 노동생산력이 높아지더라도 그 가치가 하락하는 것은 아닙니다. 생산과정 전체로 보면 오히려 노동생산력 발전에 따라 더 많은 원료가 필요하게 되고, 그만큼 원료를 확보하기 위한 비용도 증가합니다. 물론 어떤 이유로 원료 가격이 부가가치와 기계에서 이전되는 가치의 감소 효과를 상쇄할 정도로 하락한다면 이야기는 다르지만, 그렇지 않은 한, 상품 한 개당 원료 비용의 비중은 점점 높아지게 됩니다.

이러한 이유로 원료 가격은 특히 상품 가격에 큰 영향을 미치지만, 이는 원료 가격의 변동이 생산에 필요한 자본액을 변화시킴으로써 이윤율을 증감시킨다는 이미 살펴본 논의와는 별개의 방식으로 이윤율을 증감시키게 됩니다.

이를 이해하기 위한 열쇠는 '수요의 가격탄력성'에 있습니다. 자세한 내용은 다음 장의 시장가치론을 둘러싼 논의에서 다루겠지만, 간단히 말해 어떤 상품의 가격이 높아지면 그만큼 그 상품에 대한 수요는 감소하고, 반대로 그 가격이 낮아지면 수요는 증가한다는 것입니다. 이는 여러분의 일상적인 소비 행동을 되돌아보면 쉽게 이해할 수 있을 것입니다.

사실 이러한 수요의 탄력성은 원료 가격이 급등했을 때 자본가에게 골치 아픈 문제를 일으킵니다. 지금까지 살펴본 마르크스의 가치론에 따르면, 상품가치＝생산수단에서 이전된 가치+노동자가 부가한 가치이며, 원료 가격은 그것이 증가하더라도 상품 가격에 그대로 이전될 수 있다는 전제로 생각해 왔습니다. 그러나 현실에서는 원료가 급등했을 때 그 가격을 모두 생산물 가격에 전가하는 것은 쉽지 않습니다. 왜 그럴까요? 만약, 급등한 원료 가격을 모두 생산물 가격에 전가하면 상품 가격이 매우 높아져 수요의 가격탄력성 때문에 수요가 감소하고, 상품이 원하는 만큼 팔리지 않게 되기 때문입니다. 따라서 현실에서는 자본가가 급등한 원료 가격의 전부를 생산물 가격에 전가할 수 없으며, 전가하지 못한 만큼 이윤이 감소하게 됩니다. 이렇게 원료 가격이 급등했을 때는 수요의 탄력성 효과로 인해 이윤율이 감소하게 됩니다.

반면, 원료 가격이 하락했을 때는 반대의 일이 일어납니다. 생산물의 가격에 전가해야 할 원료 가격이 하락하면 그만큼 생산물 가격이 하락하고, 수요의 가격탄력성에 의해 수요가 증가하기 때문입니다. 따라서 현실에서는 자본가가 하락한 원료 가격을 전가한 생산물 가격보다 약간 높은 가격으로 그 상품을 판매할 수 있으며, 이를 통해 이윤을 증가시킬 수 있습니다. 이렇게 원료 가격이 하락했을 때는 수요의 탄력성 효과로 인해 이윤율이 증가하게 됩니다.

제5절 자본의 방출과 구속, 자본의 증가增價(가치 증대)와 감가減價(가치 감소)

이 절에서 문제되는 것은 주로 두 가지 사태입니다. 하나는 어떤 원인으로 원료나 기계의 가격이 변동함으로써 이들 원료나 기계를 구성부분으로 하는 기존 자본가치가 변화하는 사태입니다. 또 하나는 원료나 기계의 가격변동에 더해 노동력의 가격변동을 통해 같은 규모의 사업 지속에 필요한 자본이 증가하거나 감소하는 사태입니다. 아래에서는 이 두 가지 사태가 이윤율에 미치는 영향에 대해 살펴봅니다.

자본의 감가와 증가는 무엇인가

"〔자본의〕 감가와 증가增價 …… 가 의미하는 것은 어떤 일반적인 경제적 사정들의 결과—여기서는 임의의 사적 자본의 특별한 운명이 문제가 아니므로—기존 자본의 가치가 증감하는 것과 다름없으며, 따라서 또한 생산에 전대된 자본의 가치가—**그 자본에 의해 획득된 잉여노동에 의해 가치증식되는 것과는 관계없이**—상승하거나 하락한다는 것과 다름없다."(①178f, E120f, 김136)

여기서 설명하는 감가와 증가는 단순히 자본가의 보유 자금이 줄거나 늘었다는 것이 아닙니다. 또한 자본축적에 의해 자본의 규모가 증가하는 사태도 아닙니다. 여기서 문제가 되는 것은 "일반적인 경제적 사정들의 결과"로 기존 자본가치가 증가하거나 감소하는 사태입니다. 여기서 주로 다루어지는 것은 원료나 기계 등의 생산수단 가격의 변동을 통해 자본가가 보유한 생산자본(생산요소의 형태를 띤 자본)이나 상품자본(생산된 상품의 형태를 띤 자본)의 가치가 변동하는 사태입니다.

원료 가격 변화의 자본가치에 대한 영향

"원료, 예를 들어 면화의 가격이 상승하면, 더 저렴한 면화로 제조된 완성된 면제품(실과 같은 반제품이나 직물 등과 같은 완성된 상품)의 가격도 상승한다. 또한 마찬가지로 아직 가공되지 않고 창고에 있는 면화도, 마지막으로 이미 노동이 더해진 면화의 가치도 상승한다. 후자는 그것이 소급적으로 더 많은 노동시간을 표현하므로, 그것이 성분으로 들어가는 생산물에 그 자체가 원래 가지고 있던 것보다 높은 가치를, 또한 자본가가 그것에 지불한 것보다 높은 가치를 부가한다.

따라서 원료 등의 가격이 상승했을 때, 반제품이든 어느 단계의 생산물이든 완성된 상품이 시장에 다량 존재한다면, 이 상품의 가치는 증가하며, 그와 함께 **기존 자본**의 가치 **상승**이 발생한다. 이 가치 상승은 개별 자본가에게, 또는 자본의 특수한 생산부문에, 원료의 가격 상승에 따른 이윤율의 저하를 보상할 수 있다(심지어 보상하고도 남을 수 있다). 동일한 사항이 생산자의 손에 존재하는 창고에 있는 원료나 반제품 등의 재고에도 적용된다. 여기서는 경쟁 문제에는 관여하지 않지만, 만전을 기하기 위해 다음을 말할 수 있다. (1) 창고에 있는 원료의 재고가 상당한 양이라면, 이는 원료의 가격 상승에 대해 반대로 작용한다. (2) 시장에 있는 반제품 또는 완성된 상품이 시장을 매우 강하게 압박하고 있는 경우, 이는 완성된 상품 또는 반제품의 가격이 그것에 들어가는 원료의 가격에 비례하여 증가하는 것을 방해한다.

원료의 가격 하락 — 일반적으로 이윤율을 높이는 — 경우에는 반대의 일이 일어난다. 시장에 있는 상품은 감가되며, 원료의 재고, 마지막으로 반완성품, 또는 애초에 제조 중인 물품도 감가된다."(①179f, E122f, 김137f)

이 인용문에서 설명하는 것은 원료 가격의 변동에 따른 자본가치의 변화에 관한 것입니다. 예를 들어 면화의 가격이 상승하면, 그것을 원료로 하는 방적업의 생산물, 즉 면사의 가격도 상승합니다. 이때 면화의 가격만 상승한다면, 이미 본 바와 같이 불변자본의 증가로 인해 이윤율은 저하하게 됩니다.

그러나 다른 한편으로, 면화 가격의 상승은 자본가치의 증가를 가져올 수 있습니다. 예를 들어, 면화 가격이 급등했을 때, 이미 많은 면화 재고를 보유하고 있는 방적업 자본가는 시장에서 새로 면화를 구입해야 하는 다른 자본가들에 비해 낮은 비용으로 원료를 확보할 수 있게 됩니다. 만약 급등한 면화 가격을 모두 면사에 전가할 수 있었다고 가정한다면, 면화 재고를 보유하고 있던 자본가에게는 급등한 면화 가격과 이전의 면화 가격의 차액이 전부 이윤이 됩니다. 즉, 원료 가격의 급등으로 인해 원료 재고로 가지고 있던 생산자본의 가치가 증가한 결과, 이 자본가는 이윤을 증가시킬 수 있었던 것입니다. 또한 마르크스는 가공 중인 면화나 이미 시장에 나와 있는 완성된 면사에 대해서도 원료 가격의 상승으로 인해 유사한 일이 발생할 수 있음을 지적하고 있습니다.

그리고 반대의 경우, 즉 원료 가격이 하락할 때는 위의 메커니즘과 반대되는 사태가 발생하여 이윤율을 저하시키는 요인이 된다고 지적하고 있습니다.

그렇지만 위의 마르크스의 논의에는 다소 이론적인 혼란이 보입니다. "여기서는 경쟁의 문제에는 관여하지 않지만"이라고 말한 것처럼, 마르크스는 인용문의 전반부에서 구체적인 경쟁 관계를 일체 무시하고 현재의 원료 가격이 재고로 보유한 원료의 가치나 시장에 나와 있는 생산물의 가격에 그대로 반영된다고 기계적으로 생각하는 경향이 있습니다. 그러나 예를 들어, 원료 가격의 급등이 자본의 가치 증가를 가져오는 경우를 생각하려면 자본가들 간의 경쟁 문제를 어느 정도 구체적으로 검토하지 않을 수 없습니다. 왜냐하면 그러한 경우가 발생하려면 특정 자본가가 다른 자본가들보다 낮은 비용으로 원료를 확보할 수 있어야 하기 때문입니다. 만약 그렇지 않다면—예를 들어 대부분의 자본가가 저렴하게 구입한 대량의 원료 재고를 보유하고 있었다면—현재 시장의 원료 가격이 급등하고 있다 하더라도 그 급등한 원료 가격을 생산물 가격에 그대로 반영하기는 어려울 것입니다.

마찬가지로, 이미 완성된 상품이 시장에 대량으로 존재하는 경우에 원료 가격이 상승하면, 그 상품 가격도 상승하여 결과적으로 자본가치가 상승한다는 마르크스의 논의에도 충분한 근거가 없어 보입니다. 그 산업 부문 전체의 자본가들이 이미 대량으로 상품을 공급하고 있을 때, 미래의 생산에 사용될 원료 가격이 급등했다고 해서 그 급등한 원료 가격을 현재 시장에 존재하는 상품에 반영하기는 어렵고, 적어도 이것이 일반적으로 성립한다고 보기는 어렵기 때문입니다.

다만, 마르크스 자신도 인용문의 마지막 부분에서 경쟁을 고려할 경우 원료 가격의 급등으로 인한 자본가치의 증가라는 명제가 일반적으로 성립하지 않음을 지적하고 있습니다. 많은 자본가가 재고를 보유하고 있거나 완성된 상품이 시장에 상당히 많이 공급되어 있는 경우에는 분명히 이 명제가 성립하지 않기 때문입니다. 또한 여기서는 언급되지 않았지만, 이전 절에서 본 '수요의 가격탄력성' 문제를 고려하면 현재의 원료 가격 급등을 과거의 더 저렴한 원료로 생산된 상품 가격에 반영하여 이윤을 증가시키는 것은 더욱 어려워집니다.

물론, 위에 언급한 바는 원료 가격의 급등이 이미 시장에 유통 중인 상품 가격에 반영되어 그 가격을 상승시키는 경우가 존재하지 않는다는 뜻은 아닙니다. 원료 가격의 급등이 공급량의 심각한 부족에 기인한 것이라면, 그 원료를 사용하는 생산물이 곧 품귀 현상을 빚을 것으로 예상되므로 그 가격도 상승하여 원료 가격의 급등을 반영할 수 있게 될 것입니다. 다만, 이러한 일들은 모두 시장에서의 구체적인 경쟁 관계에 의해 결정되는 것이며, 일반적으로 원료 가격의 변화가 생산물 가격에 즉시 반영된다고 생각할 수는 없습니다.

기계설비 등의 가격 변화가 자본 가치에 미치는 영향

"불변자본의 다른 부분, 즉 기계설비나 일반적으로 고정자본에 관해서는 …… 감가에 대해 일반적으로 중요한 것은 다음 사항이다. 즉, (1) 끊임없는 개량으로 인해 기존의 기계 설비나 공장 시설 등에서 상대적으로 그 사용가치가 박탈되고, 따라서 그 교환가치도 박탈된다. 특히 이 과정은 새로 도입된 기계설비가 일정한 성숙도에 도달하기 전, 즉 자신의 가치를 재생산할 시간도 갖기 전에 끊임없이 구식이 되어 버리는 도입 초기 단계에서, 매우 폭력적으로 일어난다. 이것이 노동시간의 연장, 주야 교대 노동의 이유 중 하나이며, 이를 통해 일정한 기간 내에 기계설비의 마모를 지나치게 증가시키지 않으면서 그 가치를 재생산한다. 이와 달리, 기계설비의 짧은 작용 시간(그 짧은 수명)이 이처럼 상쇄되지 않으면, 기계설비는 마모를 상각하기 위해 너무 큰 가치 부분을 생산물로 이전하게 되어, 결국 기계설비는 심지어 수작업과도 경쟁할 수 없게 된다. (2) 기계설비, 회사 건물, 일반적으로 고정자본이 일정한 성숙도에 도달하여, 적어도 그 기본 구조가 오랫동안 변하지 않으면, 이 기계설비, 회사 건물 등의 재생산에서 개량이 이루어진다. 그 가치가 감소하는 이유는 그것들이 더 새롭고 생산적인 기계설비 등에 의해 대체되거나 적어도 어느 정도 시대에 뒤떨어지기 때문이 아니라, 그것들이 처음 생산되었을 때보다 더 저렴하게 재생산될 수 있기 때문이다. 이것이 큰 기업이 두 번째 소유자 밑에서 처음으로 번영하는 이유 중 하나이며, 최초 소유자가 파산한 후, 두 번째 소유자는 그로 인해 처음부터 더 적은 비용가격으로 그 과정을 시작할 수 있다."(①181, E123f, 김139f)

여기서는 고정자본, 그중에서도 기계의 가치 하락으로 인한 자본가치의 감소에 대해 언급하고 있습니다. 이미 제1부에서 사회적 마모로 인한 기계의 감가에 대해 다루었습니다(마367). 즉, 현재 사용 중인 기계의 상각—즉 그 기계 구입에 필요했던 금액의 회수—완료 전에, 경쟁 자본가들이 더 고성능이거나 더 저렴한 기계를 도입함으로써 자신의 기계 상각이 충분히 이루어지지 않아 결과적으로 자본가치가 감소하는 사태입니다.

이러한 사태가 발생하면, 물론 이윤은 감소하고 이윤율도 저하될 것입니다. 더욱이 이때 중요한 점은 원료 가격 하락의 경우와 달리, 고정자본의 사회적 마모의 경우에는 이윤율의 증가를 가져오는 요인이 존재하지 않는다는 것입니다. 원료 가격이 하락하면 그만큼 불변자본이 감소하므로 이윤율이 상승합니다. 그러나 고정자본의 '사회적 마모'의 경우에는 투하된 불변자본의 가액價額 자체는 변하지 않으므로 이러한 이윤율 상승은 일어나지 않습니다. 고정자본의 '사회적 마모'는 오로지 이윤율을 낮추는 요인으로만 작용합니다.

자본가들은 이러한 사태를 피하기 위해 가능한 한 빨리 상각을 완료하려 하지만, 이 과정에서 노동시간 연장이나 주야 교대제 같은 노동자들에게 큰 부담을 주는 방식이 강력한 수단이 될 수 있음도 지적되고 있습니다.

자본의 구속과 방출이란 무엇인가

"일반적으로 자본의 **구속***Bindung*[33])으로 이해되는 것은 생산이 기존의 규모로 지속된다고 가정할 때, **생산물의 총가치**에서 **일정한 주어진 비율**이 새로이 불변자본 또는 가변자본의 요소들로 재전화되어야 한다는 것이다. 자본의 **방출***Freisetzung*[34])로 이해되는 것은 생산이 기존 규모의 제한 내에서 지속된다면, 이전에는 불변자본이나 가변자본으로 재전화되어야 했던 **생산물의 총가치**의 일부분이 자유롭게 처분 가능하거나 **여분**이 되는 것이다."(①182, E121, 김136)

이 절의 또 다른 주제는 자본의 구속과 방출입니다. 자본의 구속이란, 기존 규모의 생산을 유지하는 경우 항상 일정액의 자본이 생산요소의 구매에 충당되어야 하는 것으로서 계속 구속된다는 것을 의미합니다. 반면, 자본의 방출은 생산수단이나 노동력의 가격이 하락함으로써 생산에 구속되지 않은 잉여 자본이 생겨나는 것을 의미합니다. 아래에서는 이에 대한 구체적인 예가 설명됩니다.

가변자본 가치의 방출

"**임금이 하락하면** …… 그동안 임금에 투하되었던 자본 부분이 **방**

---

33) 역주: "Bindung"을 현행 국역본들은 "묶임", "결합" 등으로 번역하지만, 이 책은 "구속"으로 번역한다.

34) 역주: "Freisetzung"을 현행 국역본들은 "풀려남", "대기" 등으로 번역하지만, 이 책은 "방출"로 번역한다.

출된다. **가변자본**의 방출이 발생하는 것이다. 이는 새로 투하되어야 하는 자본에 대해서는 그저 높아진 잉여가치율로 자본이 운영되게 하는 효과를 가질 뿐이다. 같은 양의 노동이 이전보다 적은 화폐로 운동하게 되며, 그만큼 불불노동은 지불노동에 비해 비율적으로 높아진다. 그러나 이미 사용 중인 자본에 대해서는 잉여가치율이 상승할 뿐만 아니라, 그동안 임금에 투하되었던 자본의 일부가 방출된다. 그 부분은 그때까지 구속되어 있던 것이며, 사업이 기존 규모로 지속되었다면 생산물의 매출에서 분리되어 임금에 투하되고 가변자본으로 기능해야 했던 일정한 부분을 구성하고 있었다. 이제 이 부분은 자유롭게 처분 가능한 것이 되며, 따라서 같은 사업의 확장을 위해서든, 다른 생산부문에서 기능하기 위해서든, 새로운 자본 투하로 이용될 수 있다."(①182, E124f, 김140f)

임금이 하락하면 그만큼 잉여가치가 증가합니다. 이것만으로도 임금의 하락은 자본가에게 큰 의미를 가지지만, 자본의 방출이라는 관점에서 생각하면 기존 규모의 생산에 구속되지 않는 잉여 자본이 생긴다는 이점도 있습니다. 즉, 임금 하락으로 인해 기존 사업을 더 적은 자본으로 운영할 수 있게 되므로, 잉여가 된 자본을 기존 사업의 확장에 투자하거나 다른 생산부문에 투자할 수 있게 됩니다. 이를 통해 자본가들은 이윤을 증가시키고 이윤율을 높일 수 있습니다.

반대로, 임금이 상승하면 잉여가치가 감소할 뿐만 아니라 더 큰 금액의 자본이 기존 규모의 생산에 구속됩니다. 물론 이 경우에는 잉여가치가 감소할 뿐만 아니라 투하 자본이 증가하므로 이윤율은 저하합니다.

불변자본의 방출과 구속

"불변자본도 이를 구성하는 요소의 증가增價 또는 감가의 결과로 구속되거나 방출될 수 있다. 이를 제외하고, 불변자본의 구속은 생산력이 증가하여 같은 노동량이 더 많은 생산물을 생산하고, 따라서 더 많은 불변자본을 운동시키는 경우에만 가능하다(가변자본의 일부분이 불변자본으로 전화되지 않는다면). (예를 들어, 농업 등에서 보듯이, 생산력이 하락하여 같은 노동이 같은 생산물을 생산하기 위해 더 많은 생산수단, 예를 들어 더 많은 씨앗이나 배수 장치 등을 필요로 한다면, 같은 결과가 생길 것이다.) 불변자본이 (감가 없이) 방출될 수 있는 것은 개량이나 자연력의 이용 등으로 인해 더 적은 가치의 불변자본이 이전의 더 큰 교환가치의 불변자본과 기술적으로 동일한 활동을 하는 경우이다." (①188, E127, 김143)

불변자본의 방출과 구속의 경우에는 잉여가치의 크기는 변하지 않지만, 방출의 경우에는 잉여 자본의 투자로 인해 이윤 및 이윤율이 증가하고, 구속의 경우에는 투하 자본의 증가로 인해 이윤율이 저하됩니다.

자본의 유통과정의 관점에서 볼 때
가장 중요한 생산요소는 원료이다

"유통과정의 고찰에서 보았듯이, 상품이 화폐로 전화되고 판매된 후, 이 화폐는 자본의 소재적 요소들로, 주어진 생산부문의 일정한 기술적 성격이 그 요소들을 필요로 하는 비율로 재전화되어야 한다.

모든 부문에서 가장 중요한 요소는—매주 또는 그렇지 않더라도 일정한 기한으로 지불되어야 하는 **임금을 도외시하면**—즉 가변자본을 도외시하면—**원료**이다{보조 재료도 포함되며, 이는 채취산업이나 광산업 등과 같이 본래의 원료가 전혀 들어오지 않는 생산부문에서 특히 중요하다}. 이는 기계설비의 마모분을 보전해야 하는 가격 부분이 기계설비가 여전히 기능하고 있는 한 오히려 관념적으로 계산에 포함되기 때문이다. 즉 그것이 지불되고 보전되는 것이 오늘인지 내일인지, 또는 자본의 회전 기간(시기)의 어느 부분일지는 엄밀히 말해 중요하지 않기 때문이다. 원료(보조재료를 포함)의 경우는 다르다. 원료의 가격이 상승하면 (임금 등을 공제한 후의) 상품의 가치에서 그 부분을 보전하는 것은 불가능할 수 있다 등등. 따라서 원료의 격렬한 가격변동은 재생산과정에서의 중단 등 큰 충돌이나 파국을 초래한다."(①188, E127, 김144)

자본의 유통과정이 원활히 진행되기 위해서는 생산요소의 구매와 완성된 상품의 판매가 지체 없이 이루어져야 합니다. 여기서는 자본의 구속과 방출에 대해 생각하고 있으므로, 생산요소의 구매에 초점이 맞춰져 있습니다.

우선 노동력을 도외시하고 생산수단만을 고려하면, 특히 중요한 것은 원료입니다. 이미 살펴본 이유에 더해, 장기적으로 자금을 회수하고 구매 자금을 적립해 가면 되는 고정자본과 달리, 유동자본의 일부를 이루는 원료의 경우에는 회수한 자금으로 끊임없이 새로운 원료를 구매하지 않으면 안 된다는 사정이 있기 때문입니다. 따라서 원료 가격이 크게 변동하면, 즉시 생산요소의 구매에 묶이는 자본이 증가하여 경영이 어려워지고, "큰 충돌이나 파국"을 초래할 수 있습니다.

일본의 대기업은 중소기업을 '하청 기업'으로 자사의 원료 공급망에 편입시켜, 이들 기업(및 이들 기업에 고용된 노동자)의 부담으로 안정적인 공급을 저렴한 가격으로 실현하거나, '저스트인타임Just in Time'이라 칭하며 '하청 기업'의 부담으로 가능한 한 재고를 줄이려 했지만, 이것도 원료 확보에 구속되는 자본을 최대한 줄이고 이윤율을 높이기 위한 시도였다고 할 수 있습니다.

자본주의적 생산에서는 농업생산물인 원료가 부족하고 가격이 급등하는 경향이 있다

"특히 본래의 농업생산물(식물계나 동물계에 속하는 원료)은 그러한 가치 변동에 …… 노출되어 있다. 여기서는 같은 양의 노동이, 제어할 수 없는 자연적 관계들이나 계절의 좋고 나쁨 등으로 인해 매우 다른 양의 사용가치로 표현될 수 있으며, 이에 따라 이 사용가치의 일정량이 매우 다른 가격을 갖게 될 것이다. …… 두 번째 요소는 …… 사물의 성질상, 식물성 및 동물성 재료 — 그들의 성장과 생산은 어떤 자연적인 시기와 결합된 일정한 유기적 법칙들에 결부되어 있다 — 는 예를 들어 기계설비, 고정자본, 또는 석탄 등 — 그들의 증대는 다른 자연적 조건들을 전제로 하면, 또한 산업이 발전한 민족에서는 급작스럽게 진행될 수 있다 — 과 같은 비율로 갑자기 증대시킬 수 없다는 점이다. 따라서 기계설비 등의 고정자본으로 이루어진 불변자본의 부분의 생산과 확장은 원료(식물성 및 동물성 원료, 보조재료를 포함)로 이루어진 불변자본 부분을 현저히 초과할 수 있으며, 발전한 자본주의적 생산에서는 불가피하기까지 하며, 그 결과, 이러한 원료 등에 대한 수요가 공급보다 급속히 증가하고, 따라서 **가격**이 상승하는 것이다."(①188f, E128, 김144f)

"지금까지 전개한 바에서도 다음은 이미 명확하다. 즉 자본주의적 생산이 더 발전할수록, 따라서 기계설비 등으로 이루어진 불변자본 부분을 급격히 그리고 지속적으로 증대시키는 수단들이 클수록 — (번영기에서처럼) 축적이 급속할수록 — 기계설비나 기타 고정자본의 **상대적 과잉생산**은 더 커지고, 또한 (식물성 및 동물성) 원료의 **상대적 과소 생산**도 점점 더 빈번해지며, 이미 언급한 원료 가격의 상승과 이에 대응하는 폭락도 점점 더 빈번해진다. 따라서 재생산과정의 요소들 중 하나가 이렇게 격렬히 가격변동하는 것을 원인으로 하는 격렬한 동요도 점점 더 빈번해진다."(①189f, E129, 김145)

원료 중에서도 큰 가격변동에 노출될 위험이 높은 것은 농업생산물입니다. 마르크스가 말했듯이, 농업생산물은 그 생산이 자연 조건에 크게 제약받으며, 따라서 공업제품처럼 급격히 생산량을 증대시킬 수 없습니다. 따라서 자본주의적 생산의 발전에 따라 농업생산물 원료가 부족하고 가격이 급등하는 사태가 자주 발생하게 됩니다. 전형적인 예가 마르크스 시대의 면화입니다.

문제는 원료 가격의 급등에 그치지 않습니다. 예를 들어, 면화가 급등하면 자본가들은 면화 생산에 뛰어들거나 생산량을 증대시키려 할 것입니다. 그러나 면화 생산은 자연 조건에 제약받기 때문에 실제로 공급을 증대시키는 데 시간이 걸립니다. 따라서 면화 부족과 가격 급등은 쉽게 해소되지 않고, 면사나 면제품의 가격도 계속 급등하지만, 결국 수요의 가격탄력성 때문에 수요가 저하되고, 이들 상품에 면화 가격을 전가하기는 점차 어려워집니다. 만약 이러한 상황에서 증산된 면화가 일시에 공급된다면, 면화는 가격 붕괴를 일으킬 것입니다.

이렇게 자본주의적 생산의 발전과 함께 농업생산물 원료의 과소 생산은 점점 더 빈번해지고, "원료 가격의 상승과 이에 대응하는 폭락도 점점 더 빈번해지는" 것입니다.

원료 가격의 급등과 폭락이 자본가와 원료 생산지에 미치는 영향

"원료 생산물 가격의 갑작스러운 폭락은 원료 생산물의 재생산을 억제하고, 따라서 가장 좋은 조건에서 생산을 수행하는 공급지 또는 공급지들에 의한 **독점**이 회복된다. 이는 아마 어느 정도 제한된 범위에서 회복될 것이지만, 어쨌든 회복된다. 확실히, 원료의 재생산은 주어진 자극의 결과로 확대된 규모로 이루어진다. 특히 이 생산을 독점하는 국가들에서는 그렇다. 그러나 기계설비 등의 확장의 결과로 생산이 이루어지는 **기초**는, 그리고 이제 몇 번의 변동 후에 새로운 표준적 기초로서 새로운 출발점으로 간주되어야 할 기초는, 마지막 회전기간 동안의 과정에 의해 매우 확대되어 있다. 그러나 원료의 2차적 매입처의 일부에서는 재생산이 현저히 억제되고 있다. 예를 들어, 수출표에서도 지적할 수 있듯이, 최근 30년간 인도에서 면화 생산은 미국 등의 면화 생산이 부족하면 증대되고, 그 후 갑자기 또한 다소 지속적으로 억제되고 있다. 원료 가격 급등 시기에는 산업자본가들이 함께 손을 잡고, **생산**을 조정하기 위해 연합체Associationen를 형성한다. 예를 들어, 1848년 면화 가격 급등 후 등이 그러하며, 맨체스터에서 연합체[가 형성되었다]. 아일랜드의 아마 **생산** 등에 대해서도 마찬가지였다. 그러나 직접적인 자극이 지나가고, 당연히 '가장 싼 시장에서 산다' …… 라는 경쟁의 일반 원리가 다시 최고 규칙이 되자마자, 공급의 조정은 다시 '가격'에 맡겨진다. 원료의 생산을 공동적이고 포괄적이며 예견적으로 제어Controlle한다는 모든 생각은 —(제어라는 것은 일반적으로 자본주의적 생산의 법칙들과 결코 양립할 수 없으며, 따라서 항상 순진한 바람에 머물거나, 큰 당면한 위험이나 혼란의 시기에 예외적으로 취해지는 공동적 조치에 한정된다)— 공급과 수요가 서로 조정될 것이라는 믿음에 자리를 내준다. …… 물론, 계절의 변화로 인해 다시 더 저렴한 원료 등이 제공될 수도 있다. 이것이 수요의 확장에 미치는 직접적인 영향을 도외시하더라도, 이미 언급한 이윤율에 미치는 효과가 자극 요소로 추가된다. 그리고 기계설비 등이 불변자본의 원료로 구성된 부분을 점차 추월하여 생산되는 위의 과정이 더 큰 규모로 반복된다. 실제로 원료가 개량되고, 원료가 양적으로뿐만 아니라 필요한 질에 따라서도 공급되려면, 예를 들어 면화가 인도로부터 공급되려면, 장기적으로 꾸준히 증가하는 안정적인 유럽의 수요가 필요할 것이다(인도의 생산자들이 처한 국내의 경제적 조건들은 전혀 별개로 하더라도). 이렇게 원료 생산부문은 단지 돌발적으로 확장되거나 강화되고, 그 후 다시 폭력적으로 수축된다 등등."(①190f, E129ff, 김146ff)

"역사적 교훈은 농업에 대한 다른 고찰에서도 얻어질 수 있지만, 부르주아적 시스템이 합리적인 농업에 적합하지 않으며, 또는 농업이 부르주아적 시스템과 양립하지 않고(그 시스템이 농업의 발전을 기술적으로 촉진하더라도), 자영 소농민의 손이나 어소시에이트한associirten[35] 생산자들에 의한 제어를 필요로 한다는 점이다."(①191, E131, 김148)

여기서는 앞서 본 원료의 급등과 폭락이 자본가나 원료 생산지에 미치는 영향에 대해 검토하고 있습니다. 전자에 관해서는, 원료의 급등으로 경영이 어려워지면 자본가들은 자발적으로 "연합체"를 형성하고, 공급량을 조정하여 생산물 가격을 유지함으로써 위기를 극복하려 한다는 것입니다. 물론 이는 일시적인 대처에 불과하며, 당면한 위기가 지나가면 공급의 조정은 다시 "가격"에 맡겨지게 된다는 것입니다. 어쨌든, 마르크스가 지적한 바와 같이, 사적 이익의 추구를 근간으로 하는 자본주의적 생산은 생산의 사회적 제어와 근본적으로 모순되는 것이며, 전자의 내부에서는 후자는 원료의 가격 급등과 폭락을 일정 정도 완화하기 위해 예외적으로 취해지는 조치에 불과합니다.

한편, 원료 생산지에 미치는 영향에 대해 말하자면, 여기서 가장 심각한 영향을 받는 것은 "원료의 2차 매입처"입니다. 당시의 면화의 경우라면, 인도입니다. 이는 즉, 영국 식민지로서 경제적으로 약한 입장에 놓여 있던 인도가 자본주의적 생산의 변동에 직접적으로 노출되어 심각한 타격을 입었다는 것과 다름없습니다. 큰 경기변동을 동반하면서도 자본주의 시스템이 존속할 수 있었던 것은, 이러한 식민지의 농민이나 노동자들의 희생 덕분이었습니다.

35) 역주: "associirten"을 현행 국역본들에서는 "연합한", 혹은 "결합한"으로 번역했지만, 이 책에서는 "어소시에이트한"으로 음역했다.

그 후, '선진국'은 식민지나 과거의 식민지 국가에서 단일작물 경제를 형성하여 농업생산물의 안정적인 확보를 도모했습니다. 이를 통해 자본주의 시스템은 원료 가격 급등의 위험을 낮추는 데 성공했지만, 반면 이는 식민지나 과거 식민지 국가 농민의 전통적인 생활 방식을 파괴하고 경제적으로 약화시킴으로써 그들을 가혹하게 착취하는 것이었습니다. 자본주의적 생산의 확대와 그 아래에서의 생산력 발전에 의해 '해결'된 것처럼 보이는 문제가 실제로는 '개발도상국'이나 '글로벌 사우스'라 불리는 지역 사람들의 큰 희생을 바탕으로 성립되어 있다는 사실은 역시 오늘날에도 변하지 않습니다.

제6절 유통시간의 변화, 단축 혹은 연장 (또한 그와 결부된 교통수단)의 이윤율에 대한 영향

자본의 회전이란 자본순환이 끊임없이 여러 번 반복되는 것을 말하며, 이 회전의 속도는 자본순환에 필요한 시간(이하의 고찰에서 마르크스는 이를 '자본의 유통시간'이라 부르고 있습니다)이 변화함에 따라 달라집니다. 자본순환에 필요한 시간이 길어지면 회전 속도는 느려지고, 회전 횟수는 줄어듭니다. 짧아지면 그 반대의 일이 일어납니다. 또한, 회전 속도는 유동자본과 고정자본에서 달라집니다. 전자의 회전시간은 화폐자본순환의 시간과 일치하지만, 후자는 여러 번의 화폐자본순환의 결과로서야 비로소 한 번 회전할 수 있습니다(자세한 내용은 '제2부의 요약' 제2장 부분을 참조하기 바랍니다). 여기서는 이러한 사정이 이윤율에 미치는 영향에 대해 고찰합니다. 마르크스는 초고의 이 절 부분을 작성하지 않았으므로, 관련 내용을 다음 장부터 인용함으로써 해설하고자 합니다.

수치적인 관계로 보면, 회전과 이윤율의 관계는 어려운 것이 아닙니다. 자본의 회전이라는 시간적 요소를 고려하여 이윤율을 고찰할 때는 일정한 기한을 설정할 필요가 있으므로, 보통 연이윤율(자본이 연간에 올린 이윤÷투하 총자본)로 생각하게 됩니다. 이때 유동자본의 연 회전수를 n이라 하면, 가변자본 부분도 1년에 n번 회전하게 됩니다. 따라서 가변자본이 한 번 회전할 때마다 가져오는 잉여가치를 m이라 하고, 투하 총자본을 c(불변자본)+v(가변자본)이라 하면, 연이윤율=nm/(c+v)가 됩니다.

따라서 이윤율에 직접 영향을 미치는 것은 유동자본의 회전수뿐입니다. 그러나 이는 고정자본의 회전속도가 전혀 영향을 미치지 않는다는 뜻은 아닙니다. 이미 보았듯이, 고정자본의 회전속도가 빠를수록 그 자연적 손모나 사회적 손모의 위험이 줄어들기 때문입니다. 또한, 이때 고정자본의 회전속도를 빠르게 하기 위해 주야 2교대제가 채택된다면, 그로 인해 유동자본의 회전수도 증가할 것입니다. 다만, 총자본의 크기를 주어진 것으로 하고, 그 증가나 감가에 대해 고려하지 않는 한, 앞서의 공식이 타당하게 됩니다.

고정자본과 유동자본으로 구성된 자본의 구성 비율은 이윤율에 영향을 미치지 않는다

"이에 대해, **고정자본과 유동자본**으로 구성된 자본의 **구성 비율**에 대해 말하자면, 그것 자체로 보면 이윤율에 전혀 영향을 미치지 않는다. 그것이 이윤율에 영향을 미칠 수 있는 것은 단지 이 구성의 차이가 **불변 부분과 가변 부분** 간의 비율 차이를 낳는(혹은 그것과 일치하는) 경우, 즉 이윤율의 차이가 이 차이에 귀속되고 **유동** 부분과 **고정** 부분의 차이에는 귀속되지 않는 경우이거나, 고정 구성 부분과 유동 구성 부분 간의 비율 차이가 **회전시간***Umschlagszeit*, **즉 일정한 이**

윤이 실현되는 **회전시간**의 차이를 초래하는 경우에만 해당한다. 예를 들어, A는 끊임없이 생산물의 일부를 원료 등으로 전환해야 하지만, B는 더 긴 시간 동안 같은 기계 장치 등을 사용한다고 해도, 둘 다 생산을 하고 있는 한, 항상 그 자본의 일부를 작동시키고 있으며, 즉 한쪽은 원료(**유동자본**인 것)로, 다른 쪽은 건물, 즉 **고정자본**으로 작동시키고 있는 것이다. A는 끊임없이 자본의 일부를 생산물 형태에서 화폐 형태로 전화하고, 화폐 형태에서 원료의 형태로 재전화하지만, B는 이러한 변화 없이 자본의 일부를 상당히 긴 기간에 걸쳐 노동용구로 지속적으로 이용한다. 만약 둘 다 같은 크기의 노동을 사용하고, 1년 동안 가치가 다르다고 하더라도(한쪽에는 고정자본의 마모분만 들어가고, 다른 쪽에는 유동자본의 총가치가 들어가므로), 같은 양의 잉여가치를 포함하는 생산물을 판매한다면, 둘의 이윤율은(이윤은 전대 총자본에 대해 계산되며, 그것이 소비되었는지 여부와는 상관없으므로) 그러한 고정자본과 유동자본의 구성이 다르고, 그 **총 유통시간**이 다른데도 불구하고, **동일**하다. 두 자본은 완전히 회전하기 위한 **유통시간***Circulationszeit*[36]이 다른데도 불구하고, 같은 **유통시간**에 같은 양의 이윤을 실현한다. (유통시간의 차이가 그 자체로 의미를 갖는 것은 단지 그것이 **일정한 기간**에 **같은 자본**에 의해 획득되고 실현될 수 있는 잉여노동의 양에 영향을 미치는 한에서일 뿐이다.)"(①226f, E160ff, 김188ff)

36) 역주: "Circulationszeit"를 현행 국역본들은 "회전시간" 혹은 "회전기간"으로 번역하지만, 이 책에서는 "유통시간"으로 번역하여 같은 문단 앞부분의 "회전시간Umschlags-zeit"과 구별했다.

이 절의 서두에서 본 공식에서도 분명하듯이, 투하 총자본 중 얼마가 유동자본이고, 얼마가 고정자본인지는 그 자체로 문제가 되지 않습니다.

이를 명확히 하기 위해, 여기서는 불변자본의 전부가 유동자본인 A와 불변자본의 전부가 고정자본인 B라는 극단적인 예를 생각하고 있습니다. 불변자본 부분만 생각하면, A와 B는 회전시간이 완전히 다릅니다. A는 1년에 두 번 회전하지만, B는 10년이 걸려 한 번 회전하는 경우도 있을 수 있습니다. 이러한 차이가 있더라도, A와 B가 같은 금액의 자본이고, 1년 동안 만들어 내는 잉여가치의 양이 같다면, 이윤율은 변하지 않습니다. 예를 들어, A와 B의 자본의 유기적 구성이 같다면, A와 B의 가변자본의 회전수가 같기만 하면, 즉 유동자본 부분의 회전수가 같기만 하면, 연간 생산되는 잉여가치의 양은 변하지 않고, 이윤율은 같게 됩니다.

따라서 유동자본과 고정자본의 비율이 이윤율에 영향을 미치는 것은 그것이 간접적으로 자본의 유기적 구성에 영향을 주거나, 혹은 가변자본의(따라서 유동자본의) 회전수에 영향을 주는 경우에만 해당합니다.

COLUMN 1 엥겔스에 의한 『자본론』 제3권의 편집

엥겔스는 마르크스의 사후 얼마 지나지 않은 1883년 3월 25일에 『자본론』 제2부 및 제3부를 위한 방대한 초고를 발견했습니다. "우리는 이 원고가 어느 정도까지 인쇄할 수 있는 상태인지 모르고 있으며, 또한 우리는 아직 무엇을 더 찾을 수 있는지 모른다"(라우라 라파르그Laura Lafargue [1845-1911, 마르크스의 차녀]에게 보낸 편지)[37]라고 말한 것처럼, 이 시점에서 엥겔스는 그 내용에 대해 거의 아무것도 모르는 상태였습니다. 마르크스와 일상적으로 교류했던 엥겔스는 제2부 및 제3부의 대략적인 구상에 대해서는 알고 있었지만, 구체적인 작업의 진행이나 그 내용에 대해서는 알려지지 않았을 것입니다. 이러한 탐색 상태에서 『자본론』 제2권 및 제3권 출간을 위한 엥겔스의 고투가 시작되었습니다. 특히, 제2부에 비해 초고의 완성도가 낮았던 제3부의 편집에는 엥겔스 자신의 건강 상태가 악화된 것도 있어, 9년 이상의 세월이 소요되었습니다.

이 책에서는 마르크스가 생각한 바를 가능한 한 충실히 재현하기 위해, 엥겔스 편집에 기반한 현행판이 아니라, 마르크스 본인이 작성한 초고를 사용하고 있습니다. 그러나 역사적으로 보면, 엥겔스가 『자본론』 제2권(1885) 및 제3권(1894)의 출간을 이루어 주었기 때문에, 많은 사람들이 제2부 초고 및 제3부 초고의 대략적인 내용을 알 수 있었으며, 그 역사적 의의를 잊어서는 안 될 것입니다.

---

37) 역주: Friedrich Engels, "Engels an Laura Lafargue in Paris"(1893.3.25.), *MEW*, Bd. 35, Dietz Verlag Berlin, 1967, p.465.

제2장 이윤의 평균이윤으로의 전화

제2장의 주제는 '평균이윤'입니다. 다른 장들과 비교해 구체적인 예시가 부족하고 언뜻 보면 난해하지만, "지금까지 경제학politischen Oekonomie에 의해 이해되지 못했던 자본주의적 경쟁의 근본법칙"(⑤384, E 47, 김43)을 해명하는 것을 과제로 삼는 중요한 장이 됩니다.

제1장에서 등장한 '이윤'은 이미 개념적으로, 즉 경제적 형태로는 잉여가치와는 별개의 것이었지만, 양적으로 보면 여전히 잉여가치와 동일한 것이었습니다. 그러나 평균이윤의 경우에는 형태뿐만 아니라 양적으로도 잉여가치와는 다른 것이 됩니다. 이는 무슨 의미일까요.

자본주의적 생산양식의 본질적 메커니즘의 해명을 과제로 삼는 제1부와 제2부에서는 상품이 가치대로의 가격으로 교환된다는 전제에 따라 고찰이 이루어져 왔습니다. 자본의 이윤의 원천이 되는 '잉여가치'도 기본적으로 이 전제에 기초해 고찰되어 왔습니다. 그러나 제3부에 들어서, 잉여가치의 현상형태인 '이윤'에 대해 구체적으로 생각하려 하면 까다로운 문제가 발생합니다. 가치대로의 교환이라는 전제를 따르는 한, 자본의 유기적 구성(마476)이 높은 산업의 자본은 가변자본이 적고, 생산되는 잉여가치도 적으므로 이윤율이 낮아지고, 반대로 자본의 유기적 구성이 낮은 산업의 자본의 이윤율은 높아지게 되기 때문입니다(그림 2.1).

이는 분명히 실제 자본주의 시스템의 현상들과는 모순됩니다. 실제

그림 2.1

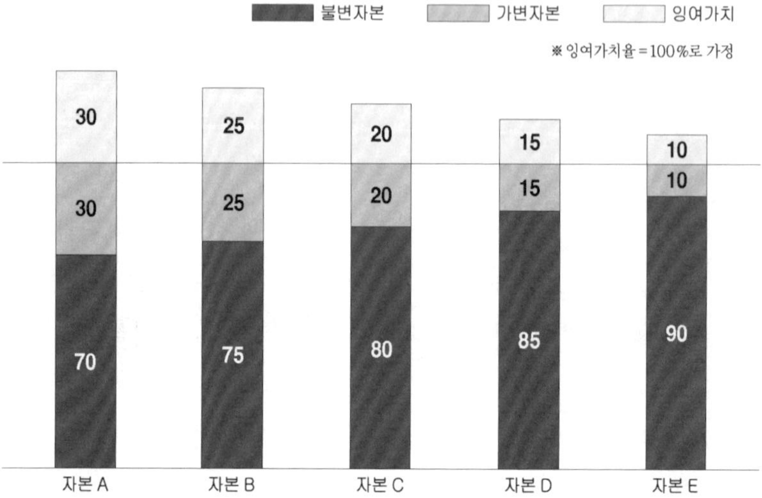

로는 자본의 유기적 구성의 차이와 관계없이, 어느 산업의 자본이든 대체로 비슷한 이윤율로 수렴해 가는 경향이 있습니다(다만, 어디까지나 경향이므로 예외는 무수히 존재합니다만). 즉, 자본은 그 유기적 구성이 어떠하든, 그것과 관계없이 투하 총자본에 비례한 크기의 이윤을 만들어 내는 경향이 있는 것입니다. 『자본론』에서는 이러한 이윤을 '평균이윤'이라고 부릅니다(그림 2.2). 이 평균이윤이 잉여가치와 양적으로 다르다는 것은 두말할 필요도 없습니다.

따라서 잉여가치의 현상형태인 이윤에 대해 이해하기 위해서는, 언뜻 잉여가치와 모순되는 것처럼 보이는 이 '평균이윤'에 대해서도 해명할 필요가 있습니다. 이때 핵심이 되는 것은 다음 세 가지입니다.

첫째, 평균이윤은 언뜻 잉여가치와 양립할 수 없는 것처럼 보이지만, 그럼에도 불구하고 잉여가치라는 본질적 메커니즘의 현상형태로 이해

그림 2.2

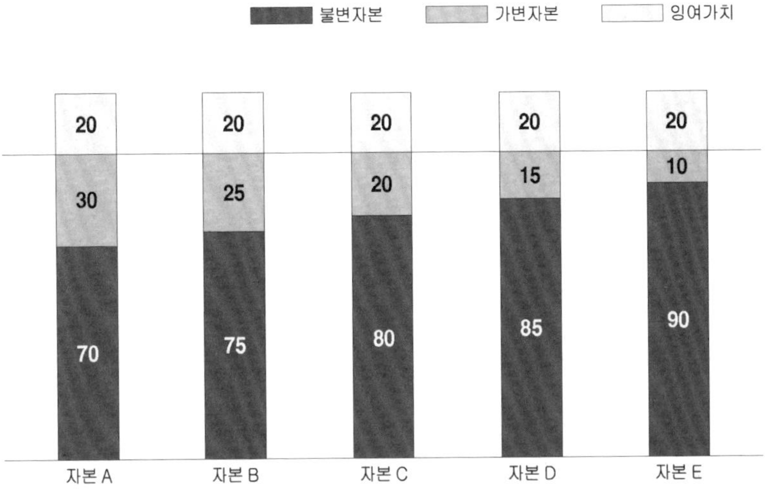

되어야 합니다. 예를 들어, 그림에서 평균이윤이 20으로 설정되어 있지만, 이것이 왜 20이 되는지는 현상형태만을 관찰해서는 결코 해명할 수 없습니다. 현상형태로부터 알 수 있는 것은, 어느 산업의 자본이든 동일한 이윤율로 수렴해 가는 경향이 있으며, 따라서 평균이윤을 만들어 낸다는 것뿐이고, 예를 들어 평균이윤이 왜 20인지, 그 경우의 이윤율이 왜 20%가 되는지는 잉여가치라는 본질적 메커니즘에서 생각하지 않고서는 해명할 수 없는 것입니다.

둘째, 잉여가치라는 본질에서 평균이윤이라는 현상을 생각할 때 중요해지는 것은 제1장에서 살펴본 '이윤' 개념입니다. 거기서 살펴본 바와 같이, 이윤이란 투하 총자본의 산물로서 나타난 잉여가치였습니다. 이 이윤이라는 잉여가치의 현상형태는 결코 자본가의 '착각'에 기초한 것이 아닙니다. 앞 장에서 자세히 살펴본 바와 같이, 자본가가 노동자를 착취해 잉여가치를 획득하기 위해서는 노동력뿐만 아니라 생산수단도 구매하고 확보해야 한다는 사정이 현실적으로 존재하기 때문이며, 그리고 그렇게 조직된 생산과정에서 노동자가 아니라 자본이 주체인 전도가 현실적으로 성립하기 때문에, 잉여가치는 이윤이라는 현상형태를 취하는 것입니다. 제2장에서 등장하는 평균이윤은 말하자면, 이 이윤이라는 개념을 양적으로도 철저히 한 것이라고 생각할 수 있습니다. 왜냐하면, 만약 이윤이 투하 총자본의 산물이라고 한다면, 그것은—고용한 노동자의 수에 따르는 것이 아니라—투하 총자본의 양에 따라 획득되어야 하기 때문입니다. 예를 들어, 3억 엔을 투하한 자본가는 1억 엔을 투하한 자본가의 세 배의 이윤을 획득하는 것이 마땅하다고 자본가들은 생각할 것입니다.

셋째, 자본가들이 이러한 생각에 기초해 실제로 행동함으로써, 즉 '경쟁'함으로써, 이윤의 평균이윤으로의 전화가 발생합니다. 이미 살펴본 바와 같이, 현상적 메커니즘의 생성에는 일상의식으로의 현상과 경쟁을 통한 현상이라는 두 가지 패턴이 있었습니다. 앞 장에서 문제되었던 것은 '일상의식으로의 현상'이었지만, 이 장에서는 그에 의해 생긴 이윤이라는 현상형태에 기초해 자본가가 실제로 경쟁을 함으로써 '평균이윤'이라는 현상형태가 생겨나는 것입니다. 여기서는 잉여가치가 단순히 투하 총자본의 산물로서 나타날 뿐만 아니라, 투하 총자본의 양에 비례해 생기는 것으로서 나타나므로, 잉여가치와 평균이윤은 양적으로 일치하지 않으며, 더 이상 가치대로의 교환이 성립하지 않습니다. 상품은 가치가 아니라, 비용가격과 평균이윤의 합계인 '생산가격'으로 교환되게 됩니다. 마치 공기 저항이 만유인력의 법칙의 작용을 왜곡하듯이, 이윤형태에 기초한 자본가의 경쟁이 가치법칙의 작용을 왜곡하는 것입니다. 그렇다고 해서, 공기저항이 만유인력의 법칙을 폐기하지 않듯이, 이윤형태에 기초한 경쟁은 가치법칙을 폐기하는 것이 아닙니다. 오히려, 공기 저항이 아무리 있더라도 물체의 낙하운동은 만유인력의 법칙 없이는 이해될 수 없는 것처럼, 이윤형태에 기초한 경쟁에 의한 왜곡이 아무리 있더라도 평균이윤은 가치법칙 없이는 이해될 수 없는 것입니다. 그러므로 이 장에서는 가치법칙을 기초로 하면서, "지금까지 경제학에 의해 이해되지 못했던 자본주의적 경쟁의 근본법칙, 즉 **일반적 이윤율***allgemeine Profitrate*과 그것에 의해 규정되는, 이른바 **생산가격** *Productionspreise*을 규제하는 법칙"(⑤384, E47, 김43)을 해명하는 것이 과제가 됩니다.

이제 위의 세 가지를 염두에 두고 읽어 나가면 훨씬 명확하게 이해할 수 있겠지만, 그래도 이 장의 내용은 상당히 난해합니다. 실제로 이 장에서 다루어지는 평균이윤이나 생산가격을 둘러싸고는, 마르크스 경제학자들 사이에서 100년 이상에 걸쳐 논쟁이 계속되어 왔습니다. 이는 이 장에서 다루어지는 문제에 대해 마르크스 자신도 명확한 서술을 남기지 못했기 때문입니다. 경우에 따라서는 상호 모순되는 것처럼 보이는 서술마저 존재합니다. 이러한 낮은 완성도의 원인으로는 문제 자체의 난이도에 더해, 몇 번이고 다시 쓴 제1장의 서두 부분과 달리, 제2장 이후에 대해서는 기본적으로 하나의 초고만 존재한다는 사정도 있을 것입니다. 따라서 이 장에서 다루어지는 평균이윤이나 생산가격을 둘러싼 문제에 대해서는, 텍스트를 곧이곧대로 해석하는 것만으로는 해결할 수 없는 것입니다.

그래서 이 장에서는 제1부나 제3부 초고의 서술로부터 도출할 수 있는 '마르크스균형'이라는 개념을 제3절에서 도입함으로써, 텍스트를 가능한 한 일관되게 해독하고자 합니다. 구체적으로는, 텍스트에 충실히 해석하면서도, 상호 모순되는 서술이 있는 경우에는 '마르크스균형'에 부합하는 서술을 채택하고, 경우에 따라서는 '마르크스균형'에 부합하도록 텍스트의 서술을 보완하는 방침으로 텍스트를 해석해 나갑니다. 물론, 다른 해석의 여지를 부정하는 것은 아니지만, 필자로서는 '마르크스균형'을 보조선으로 삼음으로써야말로 마르크스 자신의 의도를 명확히 설명할 수 있다고 생각합니다. 또한 '마르크스균형'에 부합하지 않는 서술에 대해서도 인용하여, 왜 부합하지 않는지를 해설해 나가므로 마르크스의 초고 그 자체의 전체를 알고 싶은 독자분들도 안심하시기 바랍니다.

문헌고증

이 장 이후는 일부 예외를 제외하고는 오로지 제3부 주요 초고(①)만을 참조해 나갑니다. 참고로, 현행판도 제6편의 일부를 제외하고는 주로 ①을 사용해 편집되었습니다.

MEGA 편집자는 페이지 번호의 매김 방식이나 종이의 종류 등의 단서로부터, 마르크스가 제3부 주요 초고(①)를 제1장이 아니라 제2장에서 쓰기 시작한 것이 아닌가 추측하고 있습니다. 이 추측이 맞다면, 그 이유는 『1861-1863년 초고』에서는 경쟁의 관점에서 일반적 이윤율의 고찰이 충분히 이루어지지 않았고, "자본주의적 경쟁의 근본법칙"이 여전히 해명되지 않았다는 데에서 찾을 수 있을 것입니다. 즉, 제2장에 대해서는 제1장에 비해 미해결 문제가 많이 존재했기 때문에, 마르크스는 그것에 먼저 착수한 것이 아닌가 생각됩니다. 이는 동시에 ①이

표 2.1

<table>
<tr><th>제3부 주요 초고(①)</th><th>현행판(E)</th></tr>
<tr><td>제2장 이윤의 평균이윤으로의 전화</td><td>제2편 이윤의 평균이윤으로의 전화</td></tr>
<tr><td>제1절 서로 다른 생산부문에 있어서 자본구성의 차이와 그 결과로서 생기는 이윤율의 차이</td><td>제8장 서로 다른 생산부문에 있어서 자본구성의 차이와 그 결과로서 생기는 이윤율의 차이</td></tr>
<tr><td>제2절 일반적 이윤율(평균이윤)의 형성과 상품가치의 생산가격으로의 전화</td><td>제9장 일반적 이윤율(평균이윤율)의 형성과 상품가치의 생산가격으로의 전화</td></tr>
<tr><td>제3절 일반적 이윤율의 균등화를 위한 경쟁. 시장가격과 시장가치. 초과이윤</td><td>제10장 경쟁에 의한 일반적 이윤율의 균등화. 시장가격과 시장가치. 초과이윤</td></tr>
<tr><td>제5절 임금의 일반적 인상 또는 인하(하락)가 다양한 상품의 생산가격에 미치는 영향</td><td>제11장 생산가격에 대한 임금의 일반적 변동의 영향</td></tr>
<tr><td>제4절 자본가의 보상 이유</td><td rowspan="4">제12장 보유
제1절 생산가격변동을 초래하는 원인들
제2절 중위구성 상품의 생산가격
제3절 자본가의 보상 이유</td></tr>
<tr><td>생산가격으로의 보유</td></tr>
<tr><td>제3부 제1장부터 제2장으로의 이행에 관한 보유</td></tr>
<tr><td>[보유] 중위구성 상품의 생산가격</td></tr>
</table>

표 2.2

제2장 이윤의 평균이윤으로의 전화	
제1절	서로 다른 생산부문에 있어서 자본구성의 차이와 그 결과로서 생기는 이윤율의 차이
제2절	일반적 이윤율(평균이윤)의 형성과 상품가치의 생산가격으로의 전화
제3절	일반적 이윤율의 균등화를 위한 경쟁. 시장가격과 시장가치. 초과이윤
제4절	자본가의 보상 이유
제5절	임금의 일반적 인상 또는 인하(하락)가 다양한 상품의 생산가격에 미치는 영향

"자본주의적 경쟁의 근본법칙"에 처음으로 본격적으로 착수한 초고이기 때문에, ①에서도 특히 제2장이 완성도가 낮은 부분임을 알 수 있습니다.

주요 초고 제2장과 현행판 제2편의 구성은 표 2.1과 같습니다. 제1장과 달리, 후반 부분에 순서 변경이 약간 있을 뿐 큰 차이는 없습니다. 다만, 제4절의 '자본가의 보상 이유'는 제3절에 대한 보충으로 생각해야 하므로, 초고대로 제4절에 배치하는 편이 이해하기 쉬울 듯합니다. 따라서 이 장에서는 초고의 순서를 그대로 채택하고 있습니다. 또한, 보유 부분은 필요한 한도 내에서 각 절에 포함시켜 놓았습니다(표 2.2).

제1절 서로 다른 생산부문에 있어서 자본구성의 차이와 그 결과로서 생기는 이윤율의 차이

이 절에서는 제1장의 이해를 바탕으로 이윤율에 대해 고찰함으로써 이 장에서 해결해야 할 과제가 제시됩니다.

다만, 이 장에서는 기본적으로 잉여가치율을 일정(100%)한 것으로 하며, 동일한 산업 부문 내에서의 자본의 유기적 구성이나 회전의 차이도 존재하지 않는 것으로 가정합니다. 이는 이 장에서 다루는 '평균이윤'이나 '생산가격'과 같은 새로운 경제적 범주가 그러한 차이에 의해 발생하는 것이 아니기 때문입니다. 그것들이 일정하더라도, 다양한 산업 간에 자본의 유기적 구성이나 가변자본의 회전속도가 다르다면 '평균이윤'이나 '생산가격'은 필연적으로 생성됩니다. 따라서 불필요한 요소를 제거하여 이 장에서 다룰 문제를 명확히 하기 위해, 당분간 잉여가치율은 일정하고 산업 부문 내부에서 자본의 유기적 구성이나 회전의 차이는 존재하지 않는다고 가정할 필요가 있습니다.

자본의 유기적 구성 차이에 의한 이윤율의 차이

"**따라서 서로 다른 크기의 자본들을 백분율**로 계산한 것이 혹은 여기서는 결국 같은 의미이지만, **동일한 크기의 자본들**이 **매우 다른 이윤량**을 산출하는 것은 그것들이 매우 다른 잉여가치량을 산출하기 때문이며(노동일이 동일하고 노동 착취도가 동일한 경우에도), 즉 다양한 생산부문에 있는 자본들의 유기적 구성의 차이로 인해 자본들의 가변 부분이 달라지고, 따라서 자본들에 의해 운동하는 살아 있는 노동의 양이 달라지며, 따라서 자본들에 의해 흡수되고 획득되는(혹은 실현되는) 잉여노동의 양, 즉 불불노동의 양이 달라지기 때문이고, 이 잉여노동이 잉여가치의 실체를 이루며, 따라서 이윤—양적으로 보면 잉여가치와 동일한—의 실체를 이루기 때문이다. 다양한 생산부문에서 총자본의 동일한 크기의 부분을 고려하면, 불균등한 잉여가치의 원천이 그 부분들에 결합되며, 잉여가치의 유일한 원천은 살아 있는 노동이다. 동일한 노동 착취도를 전제하면, 100의 자본에 의해 운용되는 노동의 양, 따라서 획득되는 잉여노동의 양은 그 자본의 가변 구성 부분의 크기에 의존한다. …… 따라서 백분율로 계산된 자본들—즉 동일한 크기의 자본들—이 다양한 생산부문에서 다르게 불변 요소와 가변 요소로 분할되고, 다른 양의 살아 있는 노동을 운동시키며, 따라서 다른 양의 잉여가치, 즉 이윤을 산출하기 때문에 **이윤율**—정확히 백분율로 계산된 총자본의 잉여가치다—은 **생산부문들**마다 **다른** 것이다."(①221f, E158f, 김185f)

자본의 유기적 구성의 차이로 인해 이윤율의 차이가 발생한다는 것은 앞서 본 그림 2.2에서도 명확할 것입니다. 반복하건대, 여기서는 잉여가치율이 항상 일정하다는 점에 유의해 주십시오.

이와 같이 상품이 가치대로 교환된다는 전제에 따를 때, 자본이 획득하는 이윤은 각 산업 부문의 자본의 유기적 구성에 따라 달라지며, 투하되는 자본의 규모에 비례하여 획득되지 않게 됩니다.

자본의 회전 차이에 의한 이윤율의 차이

"…… 서로 다른 생산부문에 있는 동일한 크기의 자본이 운용하는 잉여노동의 양의 차이 외에도 …… 이윤율의 이러한 불균등성의 또 다른 원천으로 다음이 추가된다. 즉, 생산부문의 차이에 의한 …… 동일한 크기의 자본들의 **회전 차이**, 혹은 같은 의미로, 백분율로 계산된 서로 다른 크기의 자본들의 회전 **차이**다. ……

…… 이윤 p가 실현되는 **유통시간**[**유동자본의 회전시간**]이 한 산업 부문에서 다른 산업 부문의 두 배라면, 동일한 이윤을 생산하기 위해 한 경우에는 다른 경우의 두 배의 자본이 필요한 것이며, 그 반대도 마찬가지다.

따라서 **이러한 회전시간의 차이**는 왜 서로 다른 생산부문에 있는 동일한 크기의 자본들이 동일한 기간[초고에는 "불균등한 크기의 기간"이라고 쓰여 있으나 오타일 것이다]에 동일한 크기의 이윤을 생산하지 않는지, 따라서 왜 **이윤율**이 이러한 부문 간에 다른지에 대한 또 다른 이유이다."(①225f, E160, 김187f)

다음으로 자본의 회전 차이에서 발생하는 이윤율의 차이에 대해 살펴보겠습니다. 앞 장에서도 보았듯이, 투하되는 자본의 양이 동일하고, 자본의 유기적 구성이 동일하더라도, 가변자본의 회전수의 차이에 따라 일정 기간, 예를 들어 1년 동안 생산되는 잉여가치의 양은 달라집니다.

예를 들어, 투하되는 자본의 총액이 1,000만 엔이고, 자본의 유기적 구성이 가변자본 : 불변자본 = 200만 엔 : 800만 엔인 경우를 생각해 봅시다. 잉여가치율 = 100%라면, 200만 엔의 가변자본에 의해 창출되는 잉여가치는 200만 엔이므로, 이 자본의 이윤율은 200만 엔 ÷ 1,000만 엔 = 20%가 됩니다. 그러나 이 이윤율 계산은 시간 문제가 고려되지 않았기 때문에 불충분합니다. 일반적으로 이윤율은 1년 동안 생산된 잉여가치 ÷ 투하 총자본으로 계산됩니다.

이에 자본의 회전을 고려하여 생각해 봅시다. 만약 가변자본이 1년에 한 번 회전한다고 가정하면, 1년 동안 생산되는 잉여가치는 200만 엔으로 변함없으며, 이윤율도 앞서와 같은 20%가 됩니다. 그러나 가변자본이 두 번 회전한다면 어떨까요? 투하 총자본의 양도, 그중 가변자본의 양도 전혀 변하지 않았지만, 가변자본이 두 배의 속도로 회전하므로 1년 동안 창출하는 잉여가치의 양도 두 배인 400만 엔이 됩니다. 이 경우 이윤율도 40%로 상승합니다. 이와 같이 자본의 유기적 구성이 동일하더라도 가변자본의 회전 차이에 의해 1년 동안 생산되는 잉여가치가 변화하며, 이윤율이 변동할 수 있게 됩니다(그림 2.3).

그림 2.3

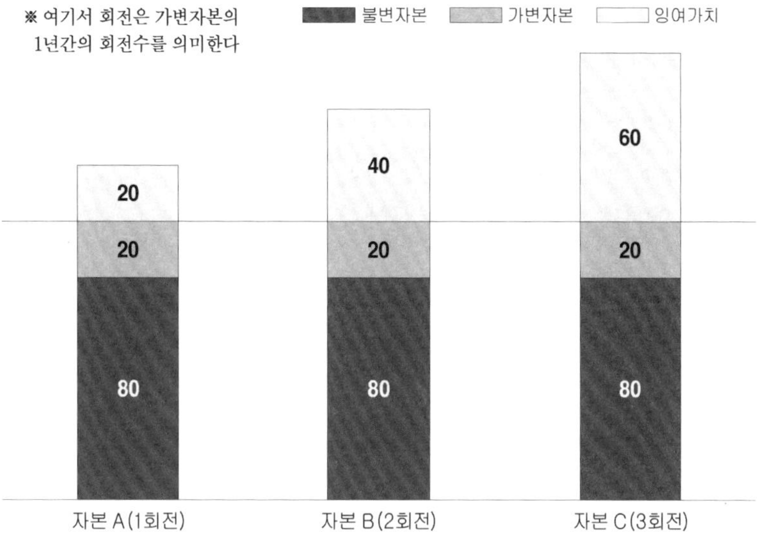

가치론이 현실의 운동과 모순되는 것처럼 보인다

"따라서 명백해진 것은 산업 부문이 다르면, 자본들의 유기적 구성의 차이에 대응하여, 그리고 유통시간[가변자본의 회전시간]의 차이에 대응하여 …… **동일하지 않은 이윤율**이 지배한다는 것이며, 따라서 **이윤은 자본들의 크기에 비례하고**, 따라서 **같은 크기의 자본들은 같은 기간에 같은 크기의 이윤을 가져온다는** 법칙이 (일반적인 경향으로 보아) 타당한 것은 **동일한 유기적 구성을 가진** 자본들에 대해서만(동일한 유통시간[가변자본의 회전시간]을 전제하는) 그러하다. 우리가 전개해 온 것은 대략 지금까지 우리가 전개해 온 것의 바탕이 되었던, 상품은 그 **가치**대로 판매된다는 토대 위에서는 타당한 것이다. 반면,

현실에서는 비본질적이고 우연적인 서로 상쇄되는 차이를 도외시하면, 산업 부문의 차이에 따른 **평균이윤율**의 차이는 **존재하지 않으**며, 부르주아적 생산의 전체 시스템을 폐기하지 않는 한, 그것은 존재할 수 없을 것이라는 점에는 의심의 여지가 없다. 따라서 **가치론**Werth-*theorie*은 여기에서 **현실의 운동**과 양립하지 않고 (실제 생산의 현상들과 일치하지 못하며), 따라서 현실의 운동을 파악하는 것을 완전히 포기하지 않으면 안 되는 것처럼 보인다."(①229f, E162, 김190f)

이 절의 고찰에서 자본의 유기적 구성의 차이, 나아가 가변자본(따라서 유동자본)의 회전속도의 차이에 의해 이윤율의 차이가 생긴다는 것이 밝혀졌습니다. 지금까지의 고찰의 기초가 되었던 가치론, 즉 상품의 가치는 그 생산에 사회적으로 필요한 노동시간에 의해 규정된다는 이론에 기초하는 한, 잉여가치는 노동력에 의해 생산되므로 이러한 결론이 나올 수밖에 없습니다.

문제는 이것이 현실의 자본주의 경제에서 관찰되는 현상들과 어긋난다는 점입니다. 현실의 자본주의 경제에서는 자본의 유기적 구성이나 유동자본의 회전이 아무리 다르더라도, 어느 산업에서나 대체로 동일한 이윤율이 되는 경향이 있습니다. 만약 산업 부문에 따른 이윤율의 현저한 차이가 존재하고, 그것이 고착된다면, 이윤율이 극단적으로 높은 산업에는 자본이 과도하게 투하되고, 반면 이윤율이 낮은 산업에서는 자본이 부족하게 되어, 사회 전체의 수요를 충족시키는 생산 활동을 조직하는 것이 불가능해질 것입니다.

그렇다면 『자본론』 제1부 및 제2부의 이론적 기초가 되어온 가치론으로 현실의 현상들을 분석하는 것은 포기해야 하는 것일까요? 실제로 많은 '마르크스 비판자'들은 이 '어긋남'을 근거로 『자본론』이 틀렸다고 주장해 왔습니다. 지금도 그러한 구태의연한 비판을 쓰는 사람이 적지 않습니다.

그러나 애초에 "사물의 현상형태와 본질이 직접적으로 일치한다면, 모든 과학은 불필요"(①721, E825, 김1037)하다는 것이 마르크스의 입장입니다. 마르크스에게 있어서 중요한 것은 첫째, 현상형태와 직접적으로 일치하지 않는 현상의 이면에 있는 본질적 메커니즘을 어떻게 포착하느냐는 것이며, 둘째, 그 본질적 메커니즘에서 현상적 메커니즘의 작동을 어떻게 해명하느냐는 것입니다. 전자가 제1부 및 제2부의 과제이고, 후자가 이 제3부의 과제라는 것은 반복해서 설명해 온 바와 같습니다. 여기에서도 과제는 가치법칙(상품의 가격변동의 중심을 이루는 가치의 크기가 사회적 필요 노동시간에 의해 결정된다는 법칙)이라는 본질적 메커니즘에서 평균이윤이라는 현상형태를 해명하고, 이를 합리적으로 설명하는 것입니다.

그러나 본질과 현상이 직접적으로 일치하지 않는 이상, 본질적 메커니즘에서 현상적 메커니즘을 설명하려면 몇 가지 매개항이 필요합니다. 이미 제1장에서는 자본가의 일상적 의식이 도입되었고, 그 관점에서는 잉여가치가 이윤으로 나타난다는 것이 해명되었습니다. 제2장에서는 이 이윤을 최대화하려는 자본가들의 행위, 즉 경쟁이 가치법칙의 나타남을 어떻게 왜곡하는지—공기 저항이 만유인력의 법칙의 작용을 왜곡하듯이—이윤의 평균이윤으로의 전화를 일으키는지를 밝히는 것이 과제가 됩니다.

제2절 일반적 이윤율(평균이윤)의 형성과 상품 가치의 생산가격으로의 전화

이 절부터 본격적으로 일반적 이윤율, 평균이윤, 생산가격의 논의에 들어갑니다. 얼핏 간단해 보이지만, 오해되기 쉬운 부분이므로, 꼼꼼히 살펴보도록 하겠습니다.

참고로, 이 절에서도 여전히 잉여가치율은 일정하며, 100%라고 가정합니다. 또한 이 절에서는 기본적으로 가변자본의 회전 횟수는 1회(즉 유동자본의 회전시간은 정확히 1년)라고 가정하고, 산업 간 자본의 회전 횟수의 차이에 대해서는 고려하지 않습니다.

잉여가치율과 달리, 가변자본의 회전은 이 절에서 고찰하는 "평균이윤"이나 "생산가격"과 같은 경제적 범주의 생성과 밀접하게 관련되어 있습니다. 그럼에도 불구하고 이 절에서 이 문제를 다루지 않는 것은 이론적으로 회전 횟수의 차이를 자본의 유기적 구성의 차이와 동등한 것으로 취급할 수 있기 때문입니다. 여기에서 문제 되는 것은 가치법칙에 기초할 때 동일한 규모의 자본이 만들어 내는 잉여가치량에 차이가 생긴다는 것이며, 그 관점에서 보면, 가변자본의 회전수가 큰(작은) 자본은 유기적 구성이 낮은(높은) 자본으로, 즉 가변자본의 비율이 높은

	잉여가치율	잉여가치	이윤율	상품가치	비용가격
Ⅰ) $C^{80}V^{20}$	100%	20	20%	90	70 즉 40의 원료와 10의 마모분
Ⅱ) $C^{70}V^{30}$	100%	30	30%	111	81
Ⅲ) $C^{60}V^{40}$	100%	40	40%	131	91
Ⅳ) $C^{85}V^{15}$	100%	15	15%	70	55
Ⅴ) $C^{95}V^{5}$	100%	5	5%	20	15

(낮은) 자본으로 취급할 수 있습니다. 따라서 자본의 유기적 구성의 차이에서 생기는 잉여가치의 차이에 관한 고찰을 그대로 가변자본의 회전의 차이에서 생기는 잉여가치의 차이에 관한 고찰에 적용할 수 있습니다.

다양한 생산부문에 투하된 여러 자본을 단일한 총자본으로 간주하여 이윤율과 상품 가치를 고찰하고, 일반적 이윤율, 평균이윤, 생산가격의 개념 규정을 수행한다

"〔앞의 표의〕 I부터 V의 자본들을 하나의 총자본으로 간주하면, 이 총자본의 구성은 $=C^{390}V^{110}=C^{78}V^{22}$이며, 100당 평균잉여가치는 =22가 된다. 왜냐하면 V=22이고 m′=100%이기 때문이다. 이 잉여가치가 100당 균등하게 I부터 V에 분배된다면, 다음과 같은 상품가격이 나올 것이다〔다음의 표를 보라〕.

합계를 내면 상품은 가치보다 +2+7+17=26만큼 높게 팔리고, 가치보다 -18-8=-26만큼 낮게 팔리므로, 따라서 가치로부터의

	m'	잉여가치	상품가치	상품가격	이윤율	상품가치와 상품가격의 차이
I) $C^{80}V^{20}$	100%	20	90	92	22%	가치보다 +2
II) $C^{70}V^{30}$	100%	30	111	103	22%	가치보다 -8
III) $C^{60}V^{40}$	100%	40	131	113	22%	가치보다 -18
IV) $C^{85}V^{15}$	100%	15	70	77	22%	가치보다 +7
V) $C^{95}V^{5}$	100%	5	20	37	22%	가치보다 +17

가격 편차는 100[의 투하 자본]**당 평균 22의 이윤**을 I부터 V의 상품 **각각의 비용가격**에 대해 균등하게 배분하고 부가함으로써 균등화되고 상쇄된다. 또한 상품의 일부가 그 가치 이상으로 판매되는 동일한 비율로 상품의 다른 부분이 가치 이하로 판매되기 때문이다. 그리고 그러한 가격에 의한 상품 판매만이 I부터 V의 이윤율이 자본 I부터 V의 유기적 구성의 차이와 관계없이 균등하고 22%가 되도록 가능하게 한다. 다양한 생산부문의 다양한 이윤율의 평균을 취하고, 이 **평균이윤**을 다양한 생산부문의 **비용가격**에 추가함으로써 성립하는 가격이 바로 **생산가격**이다. 생산가격의 전제는 일반적 이윤율의 존재이며, 그 **일반적 이윤율**은 특수한 생산부문의 이윤율의 평균, 즉 모든 생산부문에서의 어떤 특수한 생산부문의 이윤율도 m/C인 것을 전제하고, 그리고 그 일반적 이윤율은 오직 상품의 **가치**로부터만 전개될 수 있다. 이 전개 없이는 일반적 이윤율은(따라서 상품의 생산가격도) 무의미하고 무개념적인 표상에 머무른다. 따라서 상품의 **생산가격**은 = 상품의 비용가격 + 일반적 이윤율에 따라 백분율로 비용가격에 추가된 이윤, 즉 = 상품의 비용가격 + 평균이윤이다."(①233f, E166f, 김195f)

이 예에서는 고정자본이 존재하며, 따라서 불변자본의 일부만 생산물의 비용가격에 들어간다는 경우를 고려하고 있습니다.

예를 들어, I의 자본의 경우, 불변자본은 80이지만, 그중 유동자본은 원료 구매에 투자되는 40이고, 나머지 40은 고정자본이 됩니다. I의 자본 전체로 보면, 고정자본은 40이고, 유동자본은 40〔원료 구매에 투자되는 가치〕+20〔노동력 구매에 투자되는 가치〕=60입니다. "10의 마모분"이라고 쓰여 있듯이, 여기서는 고정자본이 매년 생산물에 10씩 가치를 이전한다고 가정하므로 이 고정자본은 4년 동안 1회전하는 것을 알 수 있습니다.

이 경우, 유동자본의 가치=40은 모두 그대로 상품의 비용가격에 들어가지만, 고정자본의 가치=40은 그 일부인 10밖에 비용가격에 들어가지 않습니다. 가변자본의 가치=20이므로, 비용가격의 총계는 70이 됩니다. 또한, 잉여가치율은=100%이므로, 20의 가치를 가진 노동력에 의해 창출된 가치는 40이고, 잉여가치는 20이 됩니다. 따라서 I의 자본에 의해 생산되는 생산물의 가치는 50〔불변자본의 가치 이전분〕+40〔노동력에 의해 추가된 가치. 그중 20은 가변자본 가치의 보충분이고, 나머지 20은 잉여가치〕=70〔비용가격〕+20〔잉여가치〕=90이 됩니다.

이런 경우, 이윤율을 20÷70으로 계산하고 싶어질 수 있지만, 이는 잘못입니다. 반복해서 살펴본 바와 같이, 이윤은 전대 총자본의 산물로 나타난 잉여가치이며, 이윤율은 전대 총자본에 대해 계산되어야 합니다. 이 경우, I의 전대 총자본은 100이고, 이것이 분모가 되어야 합니다. 따라서 이윤율은 20÷100=20%가 됩니다.

II부터 V의 자본에 대해서도 I의 경우와 완전히 동일하게 생각할 수 있습니다. 171쪽의 표에는 I과 달리 원료 가격이 쓰여 있지 않아 유동자본과 고정자본의 가치를 구할 수는 없지만, 비용가격이 쓰여 있으므로 상품 가치는 비용가격+잉여가치로 구할 수 있습니다. 이윤율은 잉여가치÷전대 총자본이므로 비용가격이 어떠하든 전혀 영향을 받지 않습니다. 어쨌든 이 표에서는 앞서 인용문의 예와 마찬가지로 자본의 유기적 구성의 차이에 의해 이윤율의 차이가 발생함을 보여 줍니다.

여기서 중요한 것은 마르크스가 "I부터 V의 자본들을 하나의 총자본으로 간주한다"는 개념적 조작을 수행하고 있다는 점입니다. 상세한 설명이 없으므로 마르크스가 구체적으로 어떤 사태를 상정하고 있는지 명확하지 않지만, ①235쪽에서의 유사한 예에 대한 서술을 보면, 아마도 I부터 V의 생산부문이 각각 다른 상품의 생산과 판매를 수행하지만, 그 자본들이 모두 단일 자본가에 의해 투하된 사태를 상상하고 있을 것입니다.

이 경우, I부터 V는 각각 독립된 사회적 분업을 담당하는 생산부문이며, I부터 V 사이에는 이윤율의 차이가 실제로 존재하게 됩니다. 그러나 이 자본들을 투하한 것은 모두 한 명의 자본가이므로, 그에게는 500의 총자본을 투하한 결과 110의 이윤이 얻어졌다는 식으로 사태가 나타납니다. 생산부문 간에 이윤율의 차이가 존재하더라도, 그의 관점에서는 자신이 투하한 총자본의 이윤율은 22%일 뿐입니다. 이 관점에서 보면, 100의 자본은 어디에 투하되든 22의 이윤을 실현해야 하는 것으로 나타납니다. 왜냐하면 자본가에게는 어느 산업 부문에 투하되든 100은 100이며, 모두 100의 자본으로서 동일한 의미를 가지기 때문입니다. 그에게는 동일한 100을 투하했음에도 이윤율이 현저히 다른 것은 본래 이상한 일입니다.

따라서 이 자본가의 관념을 현실에 그대로 적용해 110의 잉여가치를

I부터 V의 자본에 균등히 배분해 보겠습니다. 이것이 두 번째 표[172쪽]입니다. 모든 부문의 이윤율이 동일한 22%가 되지만, 대신 각 부문의 상품 가격은 상품 가치와 괴리가 있습니다. 그러나 이 가치로부터의 가격 편차는 전체로 보면 상쇄되어 0이 됩니다. 비용가격에는 전혀 변화가 없으며, 잉여가치도 전체적으로 110의 잉여가치를 생산하는 데 변함이 없고, 단지 분배 방식이 바뀌었을 뿐이기 때문입니다. 따라서 개별 상품의 가격이 가치와 괴리되어 있더라도, 상품 총액은 가치에 규정되며, 이러한 의미에서 여전히 가치법칙이 타당하다고 마르크스는 말하려는 것입니다.

그러나 동일한 자본액은 동일한 이윤을 낳아야 한다는 자본가의 관념을 현실에 적용하는 것만으로는 가치법칙의 타당성을 입증할 수 없습니다. 각 생산부문으로의 잉여가치 '분배'가 어떤 메커니즘으로 발생하는지는 아직 전혀 설명되지 않았기 때문입니다. 오히려 여기서의 요점은 위의 가상적 고찰을 바탕으로 중요 개념의 정의를 수행하고 있다는 점입니다.

우선, 일반적 이윤율은 균등화된 이윤율을 의미하며, 일단 모든 생산부문의 이윤율의 평균으로 생각할 수 있습니다. 또한, 평균이윤은 일반적 이윤율에 의해 가져오는 이윤으로, 투하 자본×일반적 이윤율로 구할 수 있습니다. 생산가격은 평균이윤의 획득을 가능하게 하는 상품 가격을 말하며, 생산가격=비용가격+평균이윤이 됩니다. 따라서 두 번째 표에서 볼 수 있는 "상품 가격"은 사실 "생산가격"인 셈입니다.

마르크스도 강조하듯, 상품 가격은 일반적 이윤율이 성립함으로써 가치와 괴리되지만, 이 일반적 이윤율 자체는 가치법칙에 의해 규제됩니다. 위의 잠정적 정의에 따르면, 일반적 이윤율=총잉여가치÷총투하 자본이 됩니다.

가치의 총계와 생산가격의 총계는 일치한다

"따라서 I부터 V로 주어진 예는 다음과 같이 다룰 수 있다. 이 다섯 개의 서로 다른 자본 투하가 한 사람의 것이라고 가정하자. I부터 V의 각 투자에서 사용된 자본 100당 얼마나 많은 (가변 및 불변) 자본이 상품생산에서 **소비되는**지는 주어져 있을 것이며, 또한 I부터 V의 상품의 이 가치 부분은 얼핏 상품 가격의 일부를 이룰 것이다. 이는 이 가격이 재생산에 필요하지만 소비된 전대 자본의 부분을 보전하기 위해 필요하기 때문이다. 이 I부터 V의 **비용가격**은 서로 다르며, 그렇게 다양하게 다른 것으로서 I부터 V의 소유자에 의해 확정될 것이다. 그러나 I부터 V에서 생산된 잉여가치와 이윤의 다양한 양에 대해 말하자면, 자본가는 그것들을 100의 자신의 전대된 총자본의 이윤으로 매우 적절히 계산할 수 있으며, 따라서 100에 대해 일정한 가분 부분이 귀속될 것이고, I부터 V의 비용가격은 다르지만, I부터 V의 상품 가격 중 100당에 부가된 동일한 이윤으로 이루어진 부분은 동일할 것이다. I부터 V의 상품의 총가격은 그 **총가치**와 같으며, 즉 **I부터 V의 비용가격의 총계+다섯 부문에서 생산된 잉여가치 또는 이윤의 총계**와 같으며, 따라서 실제로 **총노동량, 즉 I부터 V의 상품에 포함된 죽은 노동+추가된 노동의 화폐 표현***Geldausdruck für das Gesammtarbeitsquantum*일 것이다. 그리고 이렇게 사회 그 자체에서도—사회적 생산부문의 총체를 고찰한다면—**생산된 상품의 생산가격의 총계는 그 가치의 총계와 같다.**"(①235f, E169, 김198)

이미 살펴본 바와 같이, 한 명의 자본가가 자신이 투하한 100의 자본은 모두 동일한 이윤율을 가져야 한다고 생각하고, 총자본이 창출하는 총잉여가치를 각 생산부문에 균등히 분배한다면, 상품 가격은 가치와 괴리된 생산가격으로 전화합니다. 그러나 이때 비용가격에는 변화가 없으며, 잉여가치도 각 생산부문으로의 분배 방식이 바뀌었을 뿐이므로, "생산된 상품의 생산가격의 총계는 그 가치의 총계와 같다"는 관계가 성립합니다. 따라서 개별 상품의 가격은 어찌 되었든, 상품 전체의 총가격은 여전히 가치에 규정됩니다.

이는 '마르크스경제학'에서 '총계일치 명제'라 불리며, 가치의 생산가격으로의 전화에서 이 명제가 실제로 성립하는지에 대해 수많은 논쟁이 벌어졌습니다. 그러나 그런 논의에 들어가기 전에 생각해 주었으면 하는 것은 이 명제의 성립 근거입니다. 마르크스는 여기서 한 명의 자본가가 다섯 개의 산업 부문에 자신의 자본을 투하하는 모델을 고찰하며, 이 자본가가 자신의 총자본을 투하해 얻은 총잉여가치를 각 부문에 투하된 자본에서 균등히 생긴 것으로 간주한다면, 이 '총계일치'가 성립한다고 보여 줄 뿐입니다.

그러나 본래 여기서 생각해야 할 것은 "사회 그 자체에서", 즉 "사회적 생산부문의 총체를 고찰"했을 때, 왜 '총계일치 명제'가 성립하는가입니다. 마르크스도 지적하듯, "현실에는 …… 다양한 사회적 생산부문에서의 다양한 이윤율은 **경쟁**에 의해, 이 다양한 이윤율의 전체 평균인 하나의 **일반적 이윤율**로 균등화된다"(①234, E167, 김196)는 것입니다. 그런데 이 인용문에서 마르크스는 "이렇게"라는 구절로 단일 자본가의 모델을 그대로 "사회 그 자체", 즉 다수의 자본가가 서로 경쟁하는 현실의 자본주의 사회에 적용하고 있을 뿐입니다. 이 적용이 왜 가능한지,

그 근거에 대해서는 아무것도 말하지 않습니다.

실제로, 전자의 모델과 현실의 자본주의 사회에는 결정적인 차이가 있으며, 이러한 적용은 가능하지 않습니다. 전자에서는 한 명의 자본가가 실제로 획득한 총잉여가치를 관념 속에서 균등하게 분배하고 있을 뿐이지만, 후자에서는 다수의 자본가들 간의 경쟁이 총잉여가치의 균등한 분배를 이루어야 하기 때문입니다. 따라서, 실제로 '총계일치 명제'가 성립하는지를 밝히기 위해서는 자본가들 간의 이윤을 둘러싼 경쟁이 어떻게 일반적 이윤율을 형성하는지, 그 메커니즘을 해명해야 합니다. 마르크스는 이 과제를 다음 절에서 다루게 될 것입니다.

이상에서, 이 절에서 한 명의 자본가가 총자본을 투하한다는 특수한 사례를 고찰해 온 이유를 알 수 있을 것입니다. 마르크스는 다음 절의 주제인 경쟁을 다루는 것을 회피하면서, 경쟁을 고찰하기 위한 전제가 되는 개념(일반적 이윤율, 평균이윤, 생산가격)을 정의하기 위해, 의도적으로 가상적인 예를 설정하여 고찰을 진행해 온 것입니다.

따라서, 이 인용문에서 마르크스가 주장하는 명제는 아직 그 근거가 명확히 드러나지 않은 것이지만, 그것이 성립한다고 일단 인정하고, 나머지 논의를 살펴보겠습니다.

일반적 이윤율에서는 자본의 회전 차이에서 발생하는
이윤율의 차이도 균등화된다

“**일반적 이윤율**은 일정 기간, 예를 들어 1년간 백분율로 표시한 **다양한 이윤율**의 평균에 의해 형성되므로, 거기에서는 **유통시간**[가변자본의 회전시간]**의 차이**(다양한 자본에 있어서)로 인해 발생하는 차이도 소멸한다. 그러나 이 차이는 다양한 생산부문의 **다양한 이윤율**에 규정적으로 들어가며, 그것들의 평균에 의해 일반적 이윤율이 형성된다.”(①237, E171, 김201)

앞서 살펴본 바와 같이, 이 절에서는 일반적 이윤율을 형성하는 경쟁 메커니즘에 대해서는 아직 해명되지 않았지만, 가령 일반적 이윤율이 형성되고 자본 규모에 따라 잉여가치가 균등하게 분배된다면, 거기에서는 가변자본의 회전시간 차이에서 발생하는 이윤율의 차이(그림 2.3)도 균등화되어 있을 것입니다(그림 2.4). 거기에서 어떤 생산부문의 가변자본 회전수의 많음은 일반적 이윤율을 끌어올리고, 회전수의 적음은 일반적 이윤율을 끌어내리는 방향으로 작용할 것입니다. 다만, 이미 언급한 이유로, 이 회전수의 차이는 기본적으로 이 절이나 다음 절에서는 제외되어 있습니다.

그림 2.4

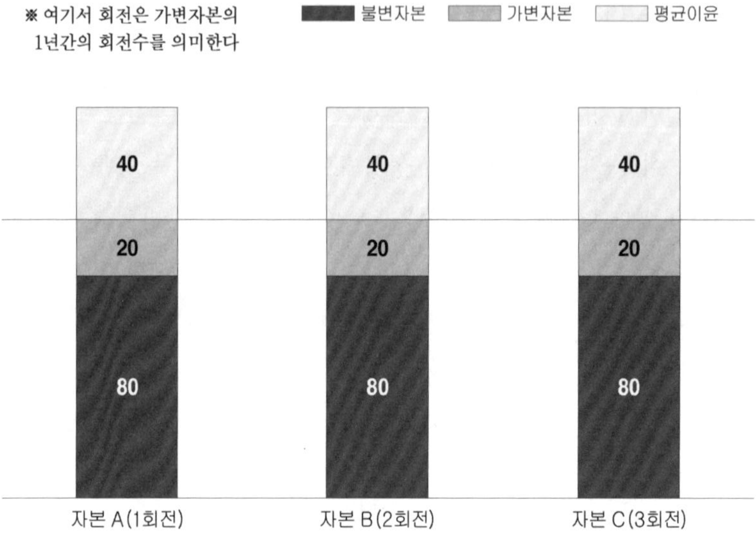

일반적 이윤율은 각 생산부문의 이윤율뿐만 아니라 그 생산 부문에 투하되는 자본의 상대적 크기에 의해서도 규정된다

"…… **일반적 이윤율**은 **다양한 부문에 투하된 자본들**의 **각각의 크기**에 따라 매우 다를 것이다. 예를 들어, 잉여가치가 100%인 경우, A에서는 100당 가변자본=25, B에서는=40, C에서는=15, E에서는=10이라면,

I) A)	총자본 100당 잉여가치 및 이익	= 25
B)		= 40
C)		= 15
E)		= 10
		90

이 될 것이고, $\frac{90}{4}\% = 22\frac{1}{2}\%$의 평균 이익률이 될 것이다. ……

만약 아래와 같다면,

III)	A)	200	50
	B)	300	120
	C)	1000	150
	E)	4000	400
		5500	720

$= 13\frac{1}{11}\%$ 이다.

…… 따라서, **서로 다른 생산부문들에서의 이윤율** …… 의 차이만이 문제가 되는 것이 아니라, 서로 다른 부문들의 이윤율이 일반적 이윤율의 형성에 참여하는 **상대적 비중**도 문제가 된다. 그러나 이 비중은 각 특수한 부문에 투하되는 **상대적 크기**, 즉 각 특수한 생산부문에 투하된 자본이 사회적 총자본 중 얼마만큼의 **등분한** 부분을 이루는지에 의존한다."(①238f, E172, 김201f)

지금까지는 다섯 개의 생산부문에 각각 동일하게 100씩을 투하한다는 전제로 고찰해 왔습니다. 그러나 현실에서는 각 생산부문에 대한 투하액은 다릅니다. 여기에서는 이 사정을 고려한 뒤, 일반적 이윤율에 대해 고찰하고 있습니다.

예를 들어, 자본의 유기적 구성이 동일하더라도, 투하자본액이 크면 클수록 전체 이윤율의 평균에 미치는 영향은 커지고, 반대로 투하자본액이 적으면 적을수록 전체 이윤율의 평균에 미치는 영향은 작아집니다. 따라서 일반적 이윤율은 각 생산부문의 자본의 유기적 구성(과 가변자본의 회전수)뿐만 아니라, 사회적 총자본이 어떤 크기로 각 생산부문에 배분되는지에 의해서도 결정됩니다.

자본의 구성이 사회적 평균자본의 구성과 일치하는 자본이 생산하는 상품의 생산가격은 그 가치와 일치한다

"노동의 사회적 생산력의 독자적 발전은 각 특수한 생산부문에서 **일정량의 노동**에 의해, 따라서 주어진 노동일에서 **일정 수의 노동자**에 의해 **작동되는 생산수단의 양**이 얼마나 큰지, 따라서 일정량의 생산수단에 대해 **필요로 하는 살아 있는 노동의 양**이 얼마나 **작은지**에 비례하여, 더 높은 정도이거나 더 낮은 정도이므로, 우리는 불변자본이 총자본에 대해 더 큰 비율로 존재하고 가변자본이 더 작은 비율로 존재함으로써 그 구성이 사회적 자본의 평균구성과 …… 다른 자본을, 사회적 평균구성보다 **고도한** 구성의 자본이라 부르겠다. 이는 그 **구성**이 사회적 평균 **이상**인 자본이다. 반대로, 불변자본이 가변자본보다 상대적으로 작은 자리를 차지하는 자본을 우리는 **저도한** 구성의 자본이라 부르겠다. 즉, 이는 그 구성이 사회적 평균 이하인 자본이다. 마지막으로, 그 구성이 사회적 평균자본의 구성과 동일한 자본을 **평균적** 구성의 자본이라 부르겠다. …… 첫 번째 자본[고도한 구성의 자본]에 의해 생산된 상품에 대해서는 그 가치가 생산가격보다 작고, 두 번째 자본[저도한 구성의 자본]에 대해서는 생산가격이 그 가치보다 작다. 그리고 그 구성이 우연히 사회적 평균 …… 과 일치하는 자본에 대해서만, 그 자본에 의해 생산된 상품이 가치=생산가격이 될 것이다."(①241, E173f, 김203f)

여기에서는 고도 구성의 자본, 저도 구성의 자본, 평균구성의 자본의 정의를 하면서 중요한 지적을 하고 있습니다. 그것은 평균구성의 자본

이 생산한 상품에 대해서는 가치=생산가격이 성립한다는 것입니다. 왜냐하면 평균구성의 자본의 이윤율은 잉여가치의 분배가 이루어지기 전부터 일반적 이윤율과 일치하기 때문입니다. 이 명제는 오로지 총계일치 명제만을 중시하는 일반적인 '마르크스경제학'에서는 거의 주목되지 않지만, 제3절에서의 경쟁의 고찰에서 중요한 명제가 되므로 염두에 두시기 바랍니다.

비용가격의 생산가격화에 관한 고찰 ① — 이윤이 잉여가치와 괴리될 뿐만 아니라 비용가격도 가치와 괴리되지만, 이 괴리는 사회 전체에서는 대체로 상쇄된다

"예를 들어, 자본 B의 생산물의 **가격**이 그 **가치**와 괴리되는 것은 B에서 실현되는 **잉여가치**가 B의 상품의 가격에 부가되는 **이윤**보다 클 수도 있고 작을 수도 있기 때문이지만, 이 외에도 **같은** 사정이 B의 **불변**부분 및 B의 **가변**부분을 이루는 상품들에 대해서도 타당하기 때문이다. 불변부분에 대해 말하자면, 이 부분 자체가=비용가격+잉여가치이며, 따라서 이제는=비용가격+이윤이다. 그리고 이 이윤은 그것이 대체하는 잉여가치보다 클 수도 있고 작을 수도 있다. 그리고 가변부분에 대해 말하자면, 확실히 평균적인 하루의 임금은 노동자가 필요 생활수단을 생산하기 위해 노동해야 하는 시간 수와 항상 같지만, 이 시간 수 자체도 생활필수품의 생산가격이 그 **가치**와 괴리됨으로써 왜곡된다. 다만, 이것은 항상 잉여가치로 들어가는 것이 한쪽 상품에서 과잉인 만큼 다른 상품에서는 과소하다는 것, 따라서 상품의 비용가격에 포함된 **가치**로부터의 괴리도 상쇄된다는 것에 귀착된다. 전체적으로 이 부르주아적인 쓰레기Scheisse 전체에서 일반적 법칙이 지배적 경향으로서 자신을 관철하는 것은 항상 매우 복잡하고 매우 대략적인 방식으로만 이루어진다."(①237, E170f, 김200)

지금까지의 일반적 이윤율의 고찰에서 주목된 것은 오로지 잉여가치 부분뿐이었으며, 그 균등한 분배가 가치의 생산가격으로의 전화를 가져온다는 설명이 이루어져 왔습니다. 이는 한 명의 자본가가 투하한 다섯 개의 산업부문의 상품만을 고찰한다는 제한적인 모델의 필연적 귀결이었다고 할 수 있을 것입니다.

그러나 현실적으로 일반적 이윤율이 형성될 때 변화가 일어나는 것은 잉여가치 부분만이 아닙니다. 비용가격 부분도 역시 변화합니다. 왜냐하면 불변자본을 구성하는 상품의 가격도 또한 가치에서 생산가격=비용가격+평균이윤으로 전화되기 때문입니다. 마찬가지로 가변자본의 총액도 노동자의 생활수단을 구성하는 상품의 가격이 가치에서 생산가격으로 전화됨으로써 변화할 것입니다. 이러한 점을 고려한다면, 더 이상 총생산가격=총가치는 성립하지 않습니다. 살펴본 바와 같이, 마르크스는 이 '총계일치'를 가치법칙이 성립하는 근거로 간주했으므로, 이는 중대한 문제입니다.

여기서 마르크스는 이 문제를 다음과 같이 '해결'하고 있습니다. 개별 상품의 비용가격은 가치와 괴리되겠지만, 모든 상품의 비용가격을 총합하면 가치로부터의 괴리는 사라진다는 것입니다. 왜냐하면 비용가격에 포함되는 상품들 중에는 고도로 구성된 자본에 의해 생산된 상품과 낮은 구성의 자본에 의해 생산된 상품이 모두 존재하며, 전자는 생산가격>가치이고 후자는 생산가격<가치이므로, 비용가격의 가치로부터의 편차는 양자 간에 상쇄되어 사라지기 때문입니다.

그러나 조금 생각해 보면 알 수 있듯이, 이 '해결'은 완전한 것이 아닙니다. 예를 들어, 상품 중에는 노동자가 거의 소비하지 않고 그 대부분이 자본가에 의해 소비되는 사치품이 다수 포함되어 있는데, 이들은 비용가격에 포함되지 않습니다. 따라서 사치품 생산부문의 유기적 구성과 그 외 상품생산 부문 전체의 유기적 구성이 다르다면, 비용가격을 총합하더라도 가치로부터의 괴리가 상쇄되지 않을 것입니다. 마르크스도 이 점을 인지했던 것으로 보이며, 약간의 짜증을 담아 "이 부르주아적인 쓰레기 전체에서 일반법칙이 지배적 경향으로서 자신을 관철하는 것은 항상 매우 복잡하고 매우 대략적인 방식으로만 이루어진다"고 말하고 있습니다.

따라서 일정 시기까지의 '마르크스경제학'에서는 "마르크스는 가치의 생산가격으로의 전화 문제를 해결하지 못했다"는 설이 유력했습니다. 이에 따라 이를 어떻게 해결할 것인가를 둘러싼 논쟁, 즉 '전형문제' 논쟁이 오랫동안 이루어져 왔습니다. 대부분의 '마르크스경제학자'는 어떤 상품의 생산에 투입된 상품의 가격과 생산된 그 상품의 가격이 완전히 일치한다는 전제하에 연립방정식을 세워 이 문제를 해결하려 했으나,[38] 그 결과 밝혀진 것은 '총계일치' 명제가 성립하지 않는다는 것

38) 예를 들어, 밀을 생산할 때 씨앗으로 투입되는 밀의 가격과 그 결과로 생산된 밀의 가격이 완전히 일치한다는 전제에 따르면, 밀의 가격을 변수로 하여 방정식을 세울 수 있습니다. 여기서는 자세히 다루지 않겠지만, 이러한 방정식은 하나의 고정된 기술체계를 전제하며, 생산수단이나 노동력을 그 현상형태 그대로 생산요소로 동렬에 놓고, 거기서 균형가격을 도출하려는 것으로서, 살아 있는 노동의 사회적 성격의 대상화가 가치량을 규정한다는 마르크스의 가치론을 표현하는 것은 아닙니다.

이었습니다. 이렇게 해서 '마르크스경제학'은 미로에 빠져들었고, 점점 더 마르크스 자신의 논의에서 멀어져 갔습니다.

이러한 과거의 '마르크스경제학' 논의에는 두 가지 문제가 있습니다. 첫째는 애초에 가치법칙의 타당성 여부를 '총계일치'의 성립 여부로 판단할 수 있는가 하는 문제입니다. 이 절만 보면 마르크스 자신이 '총계일치'를 중시하는 것처럼 보이므로 그렇게 생각해도 문제없어 보이지만, 가치법칙의 기초를 논한 제1부나 생산가격의 구체적인 성립 메커니즘을 논하려 했던 다음 절의 내용을 고려하면 그렇게 단정하기는 어렵습니다. 실제로 마르크스는 왜 '총계일치'가 성립하면 가치법칙이 관철되는지에 대한 이유를 어디에도 쓰지 않았습니다.

또 하나는 애초에 비용가격에 포함되는 상품의 가치에서 생산가격으로의 전화가 여기서의 고찰에 큰 영향을 미치는 것인가 하는 문제입니다. 왜냐하면 마르크스는 바로 뒤의 인용문에서 비용가격의 가치와의 괴리, 즉 비용가격의 생산가격화에 대해 완전히 다른 접근법을 채택하고 있기 때문입니다.

비용가격의 생산가격화에 대한 고찰 ②—자본가에게 비용가격은 주어진 것이며, 그의 생산과 독립된 전제이다

"위에서 전개한 논의에 의해, 물론 상품들의 **비용가격** 규정에 대해 하나의 수정이 생기고 있다. 처음에 가정한 것은 한 상품의 **비용가격**=그 생산에 **소비된** 상품의 **가치**였다. 그러나 어떤 상품의 **생산가격**은 비용가격으로서 다른 상품의 가격 형성에 들어가므로, 또한 생산가격은 상품의 가치와 괴리될 수 있으므로, 따라서 어떤 상품의 비용가격도 그 상품에 들어가는 생산수단의 가치에 의해 형성되는 **상품의 총가치 중 일부**보다 **크거**나 **작을** 수 있다. 비용가격의 이 수정된 의미를 상기하고, 따라서 어떤 특수한 생산부문에서 상품의 **비용가격**과 그 생산에서 소비된 생산수단의 **가치**가 동일하다고 하면 항상 **오류**가 생길 수 있음을 상기해야 한다. 우리의 현재 연구에서는 이 점에 대해 더 자세히 다룰 필요는 없다. 어쨌든 상품의 비용가격은 항상 그 가치보다 작다는 명제는 여전히 참이다. 왜냐하면 상품의 **비용가격**이 상품에 소비된 생산수단의 **가치**에서 얼마나 괴리되든, 자본가에게는 이 과거의 오류vergangne Irrthum는 아무래도 상관없기 때문이다. 상품의 비용가격은 자본가에게 주어진 것gegeben이고, 그의 생산과 독립된 전제unabhängige Voraussetzung이며, 반면, 그의 생산의 결과는 **잉여가치**, 즉 그 상품의 비용가격을 상회하는 **가치초과분**을 포함하는 상품을 생산하는 것이다."(①241f, E174f, 김204f)

"…… 예를 들어, 중위구성mittlere Zusammensetzung39)이 $C^{80}V^{20}$이라고 해 보자. 그런데 이러한 구성의 실제 자본에서는 이 C를 구성하는 상품들의 **생산가격**이 그 **가치**와 괴리되어 있기 때문에, C^{80}이 이 C(불변자본)의 가치보다 크거나 작을 수 있다. 마찬가지로 임금에 포함되는 상품의 생산가격이 그 가치와 괴리된 경우, V^{20}도 그 가치와 괴리될 수 있다. 즉, 노동자가 이러한 상품을 다시 사들이기(보전하기) 위해 노동해야 하는 시간이 필요 생활수단의 생산가격이 그 가치와 일치할 때 필요한 시간보다 더 길거나 짧을 수 있으며, 즉 노

39) 역주: "mittlere Zusammensetzung"을 현행 국역본들에서는 "평균구성"으로 번역하지만, 이 책에서는 "중위구성中位構成"으로 번역한다.

> 동자가 해야 하는 필요노동이 더 많거나 적을 수 있다.
>
> 그럼에도 불구하고, 이러한 가능성은 중위구성의 상품에 대해 세워진 명제들의 정확성을 조금도 바꾸지 않는다. 이 상품에 할당되는 이윤의 양=그 상품 자체에 포함된 잉여가치의 양이다. C^{80}과 V^{20}에 관해, 잉여가치의 규정에 중요한 것은 이것들이 그 실제 가치의 표현인지 여부가 아니라, 이것들이 서로 어떤 비율을 이루고 있는가이다. 그것은 V=총자본의 $\frac{1}{5}$이고, C=$\frac{4}{5}$라는 것이다. 이 비율만 되어 있으면, V가 만들어 내는 잉여가치=평균이윤이다. 반면, 그것이 평균이윤과 같기 때문에, 생산가격은 K+p(비용가격+이윤)=K+m이며, 실제로 상품의 가치와 같아지는 것이다."(①283f, E217, 김255f)

여기서는 이전과 다른 각도에서 생산가격의 비용가격화 문제가 다루어지고 있습니다. 먼저, 마르크스는 비용가격의 생산가격화에 의한 가치와의 괴리를 지적한 후, "우리의 현재 연구에서는 이 점에 대해 더 자세히 다룰 필요는 없다"고 말합니다. 즉, 비용가격의 생산가격화에 의한 가치와의 괴리는 여기서 고찰되고 있는 점에 있어 중요하지 않다는 것입니다. 왜일까요?

그 이유로 마르크스는 비용가격이 "자본가에게 주어진 것"인 한, 자본가에게 비용가격이 가치와 괴리되는 "과거의 오류는 아무래도 상관없다"는 점을 지적합니다. 자본가의 목적은 "상품의 비용가격 이상의 **가치 초과분**을 포함하는 상품을 생산하는 것"이며, 이 생산을 수행하는 자본가에게 비용가격은 "독립된 전제"입니다. 즉, 비용가격이 어떤 값이든, 그것은 현재의 생산에 있어 그 생산물의 판매를 통해 회수되어야 할 금액이며, 이를 초과하는 부분이 이윤이 된다는 사실은 전혀 변하지 않습니다. 생산수단의 가격이 얼마나 가치와 괴리되어 있든, 자본가들은 이미 확정된 이 비용가격을 전제로 현재의 잉여가치 생산을 수행합니다.

이후 마르크스는 이전의 '편차 상쇄'론을 버리고, 이 '비용가격 소여所與(주어지다gegeben)'론을 채택하며, 이를 통해 논의가 상당히 명확해졌습니다. 그럼에도 이 부분은 한 번 읽는 것만으로는 이해하기 어려운 부분이므로, 좀 더 자세한 설명이 필요합니다. 먼저, 중요한 것은 '양'의 문제에만 관심을 빼앗기지 않는 것입니다. 핵심은 '형태'의 문제이며, 현재의 고찰에서 어떤 경제적 형태규정이 문제되고 있는지를 항상 염두에 두고 생각하는 것이 중요합니다.

이미 언급했듯이, 이 장에서 고찰하는 평균이윤은 이전 장에서 고찰한 '이윤'이라는 잉여가치의 현상형태를 기초로 합니다. 자본가의 이윤의 원천은 노동자로부터 착취한 잉여가치이지만, 이 잉여가치를 획득하기 위해서는 노동력뿐만 아니라 다양한 생산수단을 구매해야 하며, 이를 위해 자신의 자본을 투하해야 합니다. 따라서 자본가의 일상적 의식에서는 잉여가치가 투하 총자본의 산물로서, 즉 '이윤'으로서 나타납니다. 다음 절에서 고찰하듯이, 이 '이윤'이라는 현상형태를 기초로 자본가가 행동함으로써 '평균이윤'이 성립하게 됩니다.

이러한 '이윤'에 기초한 실제 자본가의 행동을 생각할 때 중요한 것은 말할 필요도 없이, 생산수단이나 노동력의 가치가 본래 얼마였는지가 아니라, 실제로 자본가가 그것들을 얼마에 구매했는지입니다(물론 여기서 문제되는 것은 그때그때의 수급관계 변동에 의해 가격이 가치와 괴리되는 경우가 아니라, 표준적인 경우에 자본이 구매하는 상품의 가격이 생산가격이 되어 가치와 괴리되는 경우입니다). 가치로 보면 그것들의 총액이 900만 엔이었다고 해도, 그것들이 생산가격의 총액인 1,000만 엔에 판매되고 있다면, 자본가는 1,000만 엔을 투하해야 합니다. 자본가에게 생산수단이나 노동력의 본래 '가치' 같은 것은 '아무래도 상관없는' 것이며, 중요한 것은 실제로 그것들이 얼마에 판매되고 있는지입니다. 이윤율은 물론 '본래의' 자본 가치인 900만 엔이 아니라, 실제 투하된 자본액인 1,000만 엔을 분모로 계산될 것입니다. 또한, 그 자본이 생산한 상품의 생산가격도 생산수단 가치나 노동력 가치에서 산출되는 '본래의' 비용가격에 기반하지 않고, 실제로 투하된 1,000만 엔의 자본을 보전하기 위해 필요한 현실의 비용가격에 평균이윤을 더한 것이 될 것입니다. 즉, 시장에서 판매되는 상품의 '본래의' 가치 같은 것은 그 자체로는 자본가의 행동에 아무런 영향을 미치지 않습니다.

이 사실은 두 번째 인용문에서도 확인할 수 있습니다. 여기서는 생산물의 가치와 생산가격이 일치하는 평균구성의 자본이 다루어지고 있지만, 여기에서도 비용가격과 가치의 괴리가 문제로 보입니다. 왜냐하면, $C^{80}V^{20}$의 자본은 생산가격화함으로써 예를 들어 $C^{85}V^{15}$가 되어 더 이상 평균구성의 자본이 아니게 되는 사태가 발생할 것처럼 보이기 때문입니다.

그러나 여기서도 중요한 것은 실제로 자본가가 얼마를 투하했는지, 그리고 그 자본의 유기적 구성이 실제로 어떤 비율이 되는지입니다. 이 인용문의 예로 말하자면, '본래의' 자본 가치가 설령 $C^{80}V^{20}$이었다 하더라도, 실제로 투하되는 자본이 $C^{85}V^{15}$라면, 애초에 그것은 평균구성의 자본이 아닙니다. 자본의 유기적 구성은 어디까지나 실제로 투하된 자본으로 계산되어야 합니다. 극단적인 예로, 어떤 자본가가 실제로 불변자본에 900만 엔, 가변자본에 100만 엔을 투하했다고 하면, 설령 그 불변자본의 가치가 400만 엔이고 가변자본의 가치가 100만 엔이라 하더라도, 이윤율은 실제 자본의 유기적 구성에 따라 계산된 10%가 되며, 자본의 '본래의' 가치의 유기적 구성에 따라 계산된 이윤율인 20%가 되지 않습니다. 따라서 어떤 구성이 일반적 이윤율을 가져오는 평균구성이 되는지는 실제 자본 투하에 근거하여 규정되어야 합니다.

더 중요한 것은 위의 전제를 바탕으로, 평균구성의 자본이 생산한 상품의 "생산가격은 K+p(비용가격+이윤)=K+m이며, 실제로 상품의 가치와 같아진다"고 언급된 점입니다. 즉, 비용가격이 생산가격화되어 있더라도, 이윤 부분이 잉여가치와 일치한다면, 즉 부가가치 부분이 가치와 일치한다면, 그 상품의 생산가격은 가치와 같아진다는 것입니다.

따라서 여기서는 사실상 상품 가치의 재정의가 이루어졌다고 볼 수 있습니다. 제1부에서도 상품 가치=생산수단에서 이전된 가치+노동력이 부가한 가치로 정의되었지만, "생산수단에서 이전된 가치" 부분에 대해서는 그 생산수단의 생산에 실제로 투하된 노동량에 의해 규정되는 것으로 예시 설명이 이루어졌습니다(마245). 그러나 이제 "생산수단에서 이전된 가치"는 생산에서 소비된 생산수단의 생산에 실제로 투하된 노동량에 의해 결정되지 않고, 자본가가 그 생산수단을 실제로 입수할 때의 비용, 즉 구매가격에 의해 결정됩니다. 예를 들어, 투하된 노동량으로 보면 생산수단 부분의 비용가격이 300만 엔이고, 부가가치 부분이 200만 엔인 상품이 있다고 합시다. 제1부에서 제3부 제1장까지의 논의에서는 이 상품의 가치는 당연히 300만 엔+200만 엔=500만 엔이 될 것입니다. 그러나 비용가격의 생산가격화로 인해 생산수단 부분의 비용가격이 400만 엔이 된다면, 이 상품의 가치는 이제 400만 엔+200만 엔=600만 엔이 될 것입니다. 따라서 재정의된 상품

가치에서는 생산수단에서 이전된 가치가 실제 노동량을 반영하는지 여부는 상관없으며, 자본가가 실제로 생산수단 구매를 위해 투하된 자본을 보전할 수 있는 가치량을 의미하게 됩니다.

기존의 '마르크스경제학'에 익숙한 분들에게는 터무니없는 논의로 들릴 수 있지만, 사실 재정의된 상품 가치가 제1부 상품 장(제1장)에서 전개되는 본래의 가치 개념에 더 부합합니다. 그래서 마르크스도 이러한 재정의를 수행한 것입니다. 이 점에 대해서는 다음 절에서 설명하겠습니다.

또한, 이 가치 정의에 따르면 잉여가치 및 잉여가치율에도 일정한 수정이 필요할 것입니다. 즉, 잉여가치의 크기는 '노동력이 수행한 노동이 부가한 가치-노동력의 재생산에 필요한 생활수단의 생산에 실제로 투하된 노동량에 의해 규정되는 가치'에 의해 결정되는 것이 아니라, '노동력이 수행한 노동이 부가한 가치-노동력의 구매가격에 표현된 가치'에 의해 규정됩니다. 또한, 잉여가치율도 '노동력이 수행한 노동이 부가한 가치-노동력의 구매가격에 표현된 가치'÷'노동력의 구매가격에 표현된 가치'에 의해서 규정됩니다.

더 나아가, 이 가치 정의를 총가치와 총생산가격에 적용하면 '총계일치'가 성립함을 알 수 있습니다. 이 가치 정의에 따르면, 상품 가치 중 비용가격 부분이 가치인지 생산가격인지는 전혀 상관없으며, 오로지 실제로 보전해야 할 비용에 의해 결정되므로, 더 이상 비용가격과 가치의 괴리라는 문제는 발생하지 않습니다. 반면, 지금까지의 논의에서 총잉여가치=총이윤이 성립한다는 것은 이미 밝혀져 있으니 — 이것이 경쟁을 통해 실현되는 메커니즘의 해명은 아직 이루어지지 않았지만 — 총생산가치=총가치라는 '총계일치 명제'가 당연히 성립하게 됩니다.

다만, '총계일치 명제'가 성립했다고 해서 그것이 가치법칙의 타당성을 증명하는 것은 아님에 주의해 주십시오. 이 점에 대해서는 다음 절에서 자세히 검토하겠습니다.

평균이윤에 의한 잉여가치의 신비화

"이제 어떤 특수한 생산부문에서 실제로 창출된 잉여가치, 즉 이윤이 상품의 판매가격에 산입된 이윤과 일치하는 것은 아직 우연에 불과하다. …… 노동의 착취도[잉여가치율]가 주어진 경우, 이제 어떤 특수한 생산영역에서 창출되는 잉여가치의 양은 직접적으로 각각의 특수한 생산부문들 내의 자본가에게보다 사회적 자본의 총평균이윤, 즉 자본가계급 일반의 총평균이윤에 더 중요하다. 자본가에게는 그의 부문에서 창출되는 잉여가치의 양이 공동 규정적으로 평균이윤율의 규제에 개입하는 한에서만 중요하지만, 이는 자본가의 배후에서 보이지 않게 발생하며, 자본가가 보거나 이해하지 못하는 과정, 또한 실제로는 자본가의 관심을 끌지 않는 과정이다. …… 이윤과 잉여가치 간의 현실적인 **양적 차이**는 이윤의 진정한 본성과 기원을 여기서 스스로를 속이는 데 특별한 관심을 가진 자본가뿐만 아니라 노동자에 대해서도 이제 완전히 은폐한다. 가치의 생산가격으로의 전화와 함께, 가치 규정 자체의 기초가 눈에 보이지 않게 된다. 마지막으로, 단순히 잉여가치의 이윤으로의 전화에서, 이윤을 형성하는 상품의 가치 부분은 상품의 **비용가격**으로서 다른 가치 부분과 대립하며, 그 결과 여기서는 이미 가치라는 개념이 자본가에게 사라지고—왜냐하면 자본가의 눈앞에 있는 것은 상품생산에 필요한 **총노동**이 아니라, 자본가가 살아 있는 **생산수단**이나 또는 죽은 **생산수단**이라는 형태로 **지불한** 이 총노동의 부분뿐이기 때문이다—그리고 이렇게 이윤이 자본가에게 상품의 내재적 가치 외부에 있는 것으로 나타난다면, 이제 이 표상은 완전히 확증되고 고정되며 굳어진다. 왜냐하면 비용가격에 **부가된 이윤**은 실제로 **특수한** 생산부문이 검토될 때, 그 생산부문 자체 내에서 이루어지는 가치형성을 규정하는 고유한 가치형성의 한계에 의해서가 아니라, 이에 대해 완전히 외적으로 확정되기 때문이다."(①244f, E177f, 김208f)

"이윤"에서도 이미 그 원천이 잉여가치에 있다는 것이 은폐되고 신비화가 발생했지만, "평균이윤"에서는 양적으로도 잉여가치와 괴리되므로, 그 원천이 잉여가치에 있다는 것이 더욱 은폐되고 신비화도 더욱 심화됩니다. 이는 평균이윤이 잉여가치로부터 양적으로 괴리됨으로써 현상면의 관찰만으로는 상품의 가치 규정에 도달하기가 쉽지 않기 때문입니다.

또한, 실천적으로도 자본가에게는 비용가격이 상품에 내재하는 "가치"로 나타나는 반면, 평균이윤은 각 생산과정에 의존하지 않고 외적으로 결정되는 것으로 나타납니다. 비용가격은 각 생산부문 내부에서의 지출에 의해 결정되며, 그 생산 부문의 특수성에 의존합니다. 예를 들어, 투하 자본이 동일한 100이라 하더라도, 유동자본과 고정자본의 비율 차이, 또는 고정자본의 회전시간 등에 따라 비용가격은 완전히 달라집니다. 그러나 평균이윤은 사회적으로 결정되는 일반적 이윤율에 좌우되며, 그 생산부문의 특수성에 의존하지 않습니다. 이렇게 평균이윤이 실제로 자신의 생산부문과 직접 관련이 없는 것으로 됨으로써, 비용가격만이 현실의 상품의 "내재적 가치"라는 외관이 더욱 강화되고, 이윤은 점점 더 외적인 것으로 나타나게 됩니다.

제3절 일반적 이윤율의 균등화를 위한 경쟁. 시장가격과 시장가치. 초과이윤

이 절은 제3부 중에서도 가장 난해한 부분입니다. 이론적으로 난해한 문제를 다루고 있을 뿐만 아니라 완성도가 매우 낮기 때문입니다. 마르크스의 서술은 복잡하고 얽혀 있어, 이 텍스트만을 아무리 정밀히 읽어도 이해하기 어렵다고 할 수밖에 없습니다. 따라서 여기서는 마르크스 자신의 서술 순서에 얽매이지 않고, 제3부 초고의 다른 부분이나 제1부의 내용을 참조하면서, 마르크스가 이 절을 완성했다면 어떤 모습이었을지를 생각해 보겠습니다.

본래의 어려운 문제

"여기에서는 본래의 어려운 문제eigentlich schwierige Frage는 이러한 이윤의 균등화 또는 이러한 일반적인 이윤율의 형성이 어떻게 이루어지는가라는 문제이다. 왜냐하면 이 균등화는 분명히 결과이지 출발점이 될 수 없기 때문이다."(①250, E183, 김216)

"'잔여의 가치, 즉 잉여는 각 산업에서 사용되는 자본의 가치와 비례 관계에 있을 것이다'(**리카도**)[40]. 어려움은 바로 어떻게, 그리고 왜 그런지를 보여 주는 데 있다."(①215)

앞 절에서 일반적 이윤율, 평균이윤, 생산가격이라는 새로운 개념이 도입되었지만, 어떻게 일반적 이윤율이 성립하고 이윤이 평균이윤으로 전화되는가라는 문제는 해결되지 않았습니다. 앞 절에서는 경쟁을 배제할 수 있는 가상적인 조건 하에서 이러한 개념들의 정의를 수행했을 뿐이기 때문입니다. 그러나 이 인용문에서 언급된 바와 같이, "본래의 어려운 문제"는 "이러한 이윤의 균등화 또는 이러한 일반적인 이윤율의 형성이 어떻게 이루어지는가라는 문제"입니다. 바로 이 문제를 해결하는 것이 이 절의 과제가 됩니다.

그러나 이 절의 서술에서 그 답을 찾아내려 해도 기대에 미치지 못할 것입니다. 유감스럽게도 이 절에서는 논의의 대부분이 시장가치론(이에 대해서는 나중에 자세히 설명하겠습니다)에 할애되어 있으며, 생산가격의 성립 메커니즘에 대해서는 극히 미미한 고찰만 이루어졌습니다. 게다가 시장가치의 고찰에 큰 분량을 할애했음에도 불구하고, 그 성과는 생산가격의 성립 메커니즘의 고찰에 거의 활용되지 않았습니다. 적어도 남아 있는 서술 자체는 마르크스 자신이 제기한 문제—즉 이윤의 평균이윤으로의 전화가 자본가들의 경쟁을 통해 어떻게 성립하는가라는 문제—를 해결하는 데는 미치지 못합니다.

그렇다면 마르크스는 이 문제의 해결에 실패한 것일까요? 그렇게 단

40) 역주: 데이비드 리카도David Ricardo(1772-1823), 『정치경제학 및 과세의 원리』, 정윤형 옮김, 비봉출판사, 1991, p.160.

정할 수는 없습니다. 왜냐하면 마르크스는 이 절의 고찰을 통해 가치법칙에 대한 고찰을 심화하여, 이전의 저작이나 초고에서는 명확히 정리하지 못했던 중요한 논점—수요와 공급의 일치가 무엇을 의미하는가—를 부각시켰기 때문입니다. 다만, 이 논점의 의의를 명확히 이해하기 위해서는 이를 바탕으로 마르크스가 나중에 도달한 가치법칙의 이해—즉 『자본론』 제1부에서 가치법칙과 관련된 서술의 이해—가 필요합니다.

사실 여러분이 이미 읽은 제1부 제1장 '상품'의 내용은 이 절에서의 고찰을 바탕으로 한 것입니다. '인물과 작품' 표1에 나와 있듯이, 제1부 제4장 '화폐의 자본으로의 전화' 이후의 초고는 제3부 초고를 작성하기 전에 쓰여졌지만, 제1부 제1장 '상품'에서 제3장 '화폐 또는 상품 유통'까지의 부분은 제3부 초고 제1고 이후에 작성되었습니다. 당초 마르크스는—플랜의 대폭적인 변경이 있었음에도—상품과 화폐에 관한 내용을 포함한 전작 『경제학비판』에 이어서 서술을 시작할 예정이었으나, 제3부 초고를 작성하는 과정에서 『경제학비판』의 불충분함을 깨닫고 상품과 화폐에 대해서도 근본적으로 다시 쓰기로 한 것입니다. 특히 상품에 대해서는 『경제학비판』과는 완전히 다른 이론 구성을 취하고 있으며, 완성도도 몇 단계 높은 수준입니다. 따라서 제1부에서 제시된 가치법칙의 이해는 이 절의 문제를 사고하는 데 가장 중요한 토대가 됩니다.

따라서 다소 우회적이지만, 제1부 제1장 '상품'에서 가치법칙과 관련된 내용을 재확인하는 것부터 고찰을 시작해 보겠습니다.

가치법칙과 사회적 총노동의 배분

제1부의 가치법칙에 대한 기본적인 해설은 『마르크스 자본론』의 117~133쪽에서 이루어지고 있습니다. 여기에서는 그 내용을 바탕으로 하여, 가치법칙에 대해 다시 자세히 설명하고자 합니다.

우선 중요한 것은 어떤 사회에서도 그 사회를 재생산하기 위해서는 사회적 총노동의 적절한 배분이 필요하다는 점입니다. 예를 들어, 농업 생산성이 그리 높지 않은 농경사회에서는 사회적 총노동 1만 시간 중 식량 생산부문에 7,000시간, 의류 생산부문에 2,000시간, 주거 생산부문에 1,000시간을 배분해야 하는 식입니다.

전근대 사회 및 어소시에이션 사회(공산주의 사회)에서는 인격적인 유대가 사회관계의 토대가 되므로, 사회적 총노동의 배분을 공동체적 질서에 의해 — 전근대적 전통이나 사람들의 자유로운 의사결정에 의해 — 해결할 수 있습니다. 그러나 근대 사회에서는 공동체적 질서가 해체되어 있으므로, 이러한 방식으로 사회적 총노동의 배분을 실현할 수 없습니다. 근대에서 이를 실현하는 것은 다름 아닌 시장시스템입니다. 이 메커니즘을 자세히 살펴보겠습니다.

시장시스템에서는 상품교환 외에 생계 수단을 얻을 방법이 없습니다. 따라서 상품생산자는 가능한 한 유리한 교환비율을 가진 상품을 생산하려 합니다. 현재 종사하는 생산부문의 상품이 불리한 교환비율로밖에 교환되지 않는다면, 그는 더 유리한 교환비율을 기대할 수 있는 다른 생산부문으로 이동하여 그 산업에 자신의 노동을 투입할 것입니다. 이때, 교환비율이 유리한지 불리한지를 판단하는 기준이 되는 것은 상품의 생산에 소요된 노동량, 즉 추상적 인간노동입니다. 왜냐하면 상품을 생산하기 위한 궁극적인 비용은 노동이기 때문입니다(이 단계에서는 원료나 노동 용구 등의 생산수단의 존재는 사상되어 있음에 유의해야 합니다). 누구나 노동을 하면 그만큼 피로해지고 시간도 소요됩니다. 따라서 상품 생산자에게 자신이 수행하는 노동량은 유한하며, 이 노동량을 기준으로 자신의 생산물의 교환비율의 유리함과 불리함을 판단하여 행동하게 됩니다. 이렇게 상품 교환을 통해 생계의 양식을 얻어야 하는 상품 생산자들은 '가치'를 기준으로 자신의 생산물의 교환가치의 유리함과 불리함을 판단하여 행동하도록 강제됩니다.

사회적 총노동의 배분을 가능하게 하는 것은 바로 이러한 가치를 기준으로 한 상품생산자들의 행동입니다. 예를 들어, 어떤 이유로 상품의 생산량이 충분하지 않아 가격이 가치를 상회하는 경우, 투하된 노동이 상품 가격에서 그 투하 노동량 이상으로 평가되므로 상품생산자들은 그 산업 부문으로 유입될 것입니다. 반대로, 상품이 필요 이상으로 생산되어 가격이 가치를 하회하는 경우, 투하된 노동이 상품 가격에서 그 투하 노동량 이하로만 평가되므로 그 산업 부문에서 유출될 것입니다. 이렇게 상품생산자들은 누구에게 강제받지 않고 사적 이해에 따라 자신의 노동 배분을 조정하며, 결과적으로 사회적 총노동의 배분을 이루어 냅니다.

이상에서 가치법칙의 핵심은 상품 형태를 매개로 한 노동 배분의 메커니즘이라는 점이 분명해집니다. 여기서 중요한 것은 단순히 상품 가격이 노동량에 대응한다는 사실이 아닙니다. 오히려 생산자들이 상품의 교환비율을 통해 무의식적·간접적·사후적으로 사회적 총노동 중에서 그 생산부문에 균형적으로 노동이 배분되었는지를 고려하고 행동하며, 그로 인해 상품의 교환비율이 제약된다는 메커니즘이 중요합니다.

간단히 말하면, 자본주의 시스템=전면적인 시장시스템이란 금전적 이익(상품 가격)을 통해 살아 있는 노동을 동원하여 사회적 총노동의 배분을 이루어 내는 경제시스템이라는 것입니다. 따라서 더 많은 노동이 필요한 생산물의 가격은 높아지고, 반대의 경우에는 그 반대의 결과가 나타납니다. 이것이 상품 가격이 노동량에 의해 규제되는 근본적인 이유입니다.

덧붙여, 제1부에서 명확히 언급되지 않았던 점을 덧붙이겠습니다. 마르크스가 단순히 '노동'이라고 할 때, 특수한 문맥이 없는 한 그것은 모두 '살아 있는 노동', 즉 인간의 활동으로서의 노동을 의미합니다. 따라서 이는 노동력의 배분과 동일한 것이 아닙니다. 살아 있는 노동은 노동력만으로 실현될 수 없으며, 반드시 그 유용 노동에 맞는 생산수단을 필요로 합니다. 총노동력의 배분만이라면 자본가들이 노동력을 구매하는 것만으로 가능하지만, 총노동의 배분을 실현하려면 그 노동을 실제로 수행하기 위한 생산수단의 배분이 필요합니다. 따라서 총노동의 배분은 필연적으로 이에 대응하는 생산수단의 배분을 수반합니다. 이 점은 '상품' 장의 가치법칙 고찰에서 생산수단의 존재가 사상되어 있기 때문에 간과되기 쉽지만, 이 절의 고찰에서는 중요한 의미를 갖습니다.

또한 이와 관련하여, 생산수단의 가치가 상품가치로 이전되는 것도 바로 그것이 총노동의 배분에 필요하기 때문입니다. 만약 생산수단을 구입하는 데 필요했던 비용을 회수할 수 없다면, 상품생산자는 투하한 노동에 걸맞은 대가를 얻지 못하게 되며, 그런 부문에는 아무도 노동을 투하하려 하지 않게 됩니다. 따라서 사회적 총노동의 배분을 실현하려면 상품이 가치대로, 즉 생산수단에서 이전된 가치+노동자가 부가한 가치로 교환될 필요가 있습니다. 이전 절에서 보았듯이, 여기서 말하는 "생산수단에서 이전된 가치"는 본래의 "가치"가 아니라 실제로 생산수단의 구매에 필요했던 비용을 의미한다는 점은 말할 필요도 없습니다. 본래의 "가치"가 어떻든, 사회적 총노동의 균형적 배분을 실현하려면 생산수단의 취득에 필요했던 실제 비용을 회수해야 합니다.

이제 본질적 메커니즘에서의 가치법칙 설명으로는 위의 설명으로 충분하다고 할 수 있습니다. 다만, 현상적 메커니즘을 해명하는 제3부에서는 이 가치법칙이 그대로의 형태로는 성립하지 않게 됩니다. 제2부까지는 본질적 메커니즘의 차원에서 논의가 진행되었으므로 가치법칙이 그대로 타당했습니다. 만약 상품생산자가 자본가로 변하더라도, 자본가가 잉여가치를 추구하는 한, 즉 자본가가 노동력의 구매를 통해 동원한 노동량에 대한 대가를 추구하며 행동한다고 가정하는 한, 상품가치에 의한 사회적 총노동의 배분이 여전히 가능했기 때문입니다. 그러나 제3부에서는 이 가치법칙에 '왜곡'이 발생하게 됩니다. 이 왜곡을 초래하는 것은 바로 이윤을 둘러싼 자본가들의 경쟁이 만들어 내는 수요와 공급의 관계입니다.

수요와 공급 개념 규정의 본래의 어려움

"수요와 공급의 일반적인 개념 규정에 있어서 본래의 어려움은 <u>이 개념 규정이 동어반복처럼 보인다</u>는 점이다."(①260f, E195, 김230)

"수요와 공급의 불일치나 그 결과로서 **시장가치**로부터 **시장가격**의 괴리라는 불일치를 파악하는 것만큼 쉬운 일은 없다. <u>진정한 어</u>

려움은 **수요와 공급의 일치**라는 말로 이해되어야 할 것을 규정하는 데 있는 것이다.

수요와 공급이 일치하는 것은 수요와 공급이 일정한 생산부문의 상품량이 그 시장가치대로 팔리고, 그보다 싸거나 비싸지 않은 비율로 되어 있는 경우이다. 이것이 우리가 듣는 첫 번째 것이다.

두 번째로 듣는 것은 상품이 그 시장가치대로 팔릴 수 있는 경우에는 수요와 공급이 일치하고 있다는 것이다."(①264, E199, 김233f)

"수요와 공급이 **시장가격**을 규정한다면, 다른 한편으로는 시장가격이, 그리고 더 분석을 진행하면 시장가치가 수요와 공급을 규정한다. 수요는 자명하다. 왜냐하면 수요는 가격에 반비례하여 움직이기 때문이다. 그러나 공급도 마찬가지이다. 왜냐하면 공급되는 상품에 들어가는 생산수단의 가격은 이 생산수단에 대한 **수요**를 규정하고, **따라서** 이 생산수단에 대한 수요를 포함하는 상품의 공급을 규정하기 때문이다."(①265, E200f, 김236)

마르크스는 이 절의 복잡하고 얽혀 있는 고찰—문자 그대로 복잡하고 얽혀 있기 때문에 이 책에서는 그 궤적을 추적하지 않겠습니다—을 통해 중요한 논점에 도달했습니다. 그것이 바로 "수요와 공급의 일반적인 개념 규정에 있어서의 본래의 어려움", 또는 "**수요와 공급의 일치**라는 말로 이해되어야 할 것"을 규정하는 "어려움"이라는 문제입니다. 이 수요와 공급을 둘러싼 고찰이야말로 평균이윤의 형성 메커니즘의 해명이라는 이 절의 과제를 해결하기 위한 중요한 실마리가 됩니다.

일반적인 경제학에서는 수요와 공급이 어떻게 결정되는지, 어떤 경우에 일치하는지에 대해 많이 논의되지만, "수요와 공급의 일반적인 개념 규정"이나 "**수요와 공급의 일치**라는 말로 이해되어야 할 것"이 무엇인지에 대해서는 문제가 되지 않습니다. 그것들은 자명한 것으로 여겨지기 때문입니다. 사실, 전작인 『마르크스 자본론』의 해설에서도 상식적인 관념에 의존하여 '수요'나 '공급'이라는 개념을 많이 사용했습니다. 그편이 이해하기 쉽다고 생각했기 때문입니다. 그러나 마르크스 자신은 예외적인 경우를 제외하고—특수한 상품인 노동력에 대해 논할 때를 제외하고—『자본론』 제1부에서 수요와 공급이라는 개념에 대해 언급하는 것을 피했습니다. 아마도 여기서 말하는 "어려움" 때문에, 이러한 개념을 본질적 메커니즘의 차원에서 다루는 것이 어렵다고 마르크스는 생각했던 것일 것입니다.

그렇다면 여기서 마르크스가 지적하는 어려움이란 어떤 것일까요? 간단한 예를 들어 보겠습니다. 밀의 가치(정확히 말하면 그 화폐 표현)를 100그램당 30엔이라 하고, 사회 전체의 밀에 대한 수요를 100만 톤이라 합시다. 본질적 메커니즘의 차원에서 생각하는 한, 문제는 간단합니다. 사회에 의한 밀의 공급이 100만 톤인 경우, 가격은 가치와 일치하고, 100그램당 밀의 가격은 30엔이 됩니다. 만약 밀의 공급이 100만 톤을 초과하면 가격은 가치 이하로 하락하고, 반대로 공급이 100만 톤에 미치지 못하면 가격은 가치 이상으로 상승할 것입니다. 언뜻 보기에는 여기에는 아무 문제가 없는 것처럼 보입니다.

그러나 이 고찰에서는 가격의 변화가 수요에 미치는 영향이 고려되지 않았습니다. 현상적 메커니즘에 접근하기 위해서는 당연히 이 점도 고려해야 합니다. 그래서 앞의 밀의 예에서 100그램당 밀의 가격이 27엔인 경우에는 밀의 수요가 110만 톤이 된다는 가정을 추가해 봅시다. 그러면 사회가 110만 톤의 밀을 공급했을 때 공급 과잉으로 인해 밀의 가격이 27엔으로 내려간다면, 이번에는 그로 인해 수요가 증가하여 공급된 110만 톤의 밀을 시장이 모두 흡수할 수 있게 됩니다. 이렇게 수요가 가격에 따라 변화하는 성질을 '수요의 가격탄력성'이라고 합니다.

여기에서도 여전히 문제가 발생하지 않은 것처럼 보이지만, 사실 개념상의 문제가 이미 발생하고 있습니다. 그것은 애초에 수요와 공급이 일치한다는 것이 무엇인지 규정하는 것이 어려워진다는 문제입니다. 외형적으로 보면, 100만 톤을 100그램당 30엔에 파는 경우도, 110만 톤을 100그램당 27엔에 파는 경우도, 공급된 밀은 모두 판매할 수 있습니다. 그런 의미에서 둘 다 공급이 수요를 충족하고 있는 것입니다. 이처럼 수요는 가격에 따라 변동하므로, 더 이상 밀의 사회적 수요가 일정한 불변량, 예를 들어 100만 톤이라고 말할 수 없습니다.

그렇다고 하더라도, 30엔에 파는 경우와 27엔에 파는 경우에는 결정적인 차이가 있습니다. 전자는 가치대로 판매할 수 있어 밀의 생산에 동원한 노동량에 대응하는 화폐를 획득할 수 있는 반면, 후자는 가치 이하로만 판매할 수 있어 동원한 노동량에 대응하는 화폐를 획득할 수 없다는 점입니다. 그래서 가격과 가치가 일치할 때 수요와 공급이 일치한다고 생각해 보면 어떨까요? 그러나 그것은 마르크스가 말한 대로 '동어반복'입니다. 수요와 공급이 일치할 때 가격과 가치가 일치한다고 되어 있었는데, 이제는 가격과 가치의 일치야말로 수요와 공급의 일치라는 내용이 되기 때문입니다.

더 나아가, "수요=공급은 가격=가치를 의미한다"고 일반적으로 정의한다면, 더 이상 수요와 공급이 무엇을 의미하는지조차 불명확해집니다. 극단적으로 말하면, 상품이 팔리지 않고 재고가 남더라도 가격과 가치가 일치하기만 하면 수급이 일치하는 것이 되기 때문입니다. 그렇다고 가격=가치를 수요=공급으로 간주한다면, 가치 개념은 허공으로 사라질 것입니다. 여기서는 시장이 상품 전체를 흡수하는 한, 가치는 그때그때 성립되는 가격 외에 아무것도 아니게 되기 때문입니다.

이러한 답보 상태는 어떻게 해결할 수 있을까요? 해결의 열쇠는 시장에서의 상품의 수요와 공급이라는 문제를 본질적 메커니즘, 즉 앞서 본 가치법칙의 관점에서 다시 포착하는 데 있습니다.

마르크스균형 ① — 수급의 일치는 사회적 총노동의 균형적 분배의 현상형태다

"…… 노동생산성의 일정한 기반 위에서는 각각의 특수한 생산부문에서 **일정량의 물품의 생산에는 일정량의 사회적 노동시간**이 필요하다. …… 더 나아가, 사회가 어떤 욕망을 충족시키려 하는 한, 즉 사회적 욕망을 충족시키는 어떤 물품을 생산하려 하는 한, 그 한에서 사회는 이 욕망의 대가를 지불해야 한다. 실제로 — 상품생산에서는 분업이 전제되어 있으므로 — 사회는 우선 **사회가 처분해야 하는 노동시간**의 일정량을 그 생산에 사용함으로써 이 물품을 사는 것이며, 즉 주어진 사회가 처분할 수 있는 **노동시간**의 일정**량**으로 이 물품을 사는 것이다. 사회 중에서 사회적 분업에 의해 이 특정 물품의 생산에 자신의 노동을 사용하도록 배정된 부분의 사람들은 자신의 욕망을 충족시키는 물품들에 나타난 사회적 노동을 통해 등가물을 받아야 한다. …… 어떤 특정 물품의 생산에 투입되는 **사회적 노동의 범위가 충족되어야 할 특수한 사회적 욕망***gesellschaftlichen Bedürfnis-*

*ses*의 **범위**에 적합하고—결과적으로 생산되는 양이 생산과 재생산의 통상적인 기준에 적합하다면—이 **상품**은 그 **시장가치**로 판매된다. 상품들의 가치대로의 교환, 또는 이것의 다른 형태에 불과하지만, 상품들의 가치대로의 **판매**는 합리적인 것이며, 따라서 상품들의 균형의 자연법칙natürliche Gesetz ihres Gleichgewichts이다. 이 균형으로부터 편차Abweichungen를 설명해야 하며, 반대로 편차로부터 균등을 설명해서는 안된다."(①261f, E196f, 김230ff)

"한 상품이 그 시장가치대로 판매되기 위해서는, 즉 그 상품에 포함된 **사회적 필요**노동에 비례하여 판매되기 위해서는 **이 상품 종류 전체**에서 소비되는 사회적 노동의 **총량**이 이 상품에 대한 사회적 욕망, 즉 지불능력이 있는 사회적 욕망의 양에 상응해야 한다. 경쟁, 즉 수요 공급 관계의 상하 변동에 대응하는 시장가격의 등락은 각각의 상품 종류에 사용되는 노동의 총량을 그 기준으로 끊임없이 귀착시키려 한다."(①267, E202, 김238)

"수요와 공급이 일치하면, **그것들은 작용하지 않게 되며**, 또한 그렇기 때문에 상품은 그 **시장가치**로 판매되는 것이다.

수요와 공급이 일치하는 순간, 그것들은 무력화된다—예를 들어, 원심력과 구심력이 균등하게 작용하는 경우, 그것들은 전혀 작용하지 않으며, 이러한 조건 하에서 일어나는 현상은 이 두 힘의 작동과는 별개의 것으로 설명되어야 하는 것처럼. 자본주의적 생산의 현실의 내적 법칙들은 분명히 수요와 공급의 상호작용으로부터 설명할 수 없다……. 왜냐하면 이 법칙들이 순수하게 현실화되어 나타나는 것은 수요와 공급이 **작용하지 않을** 때, **즉 양자가 일치할** 때이기 때문이다."(①264, E199, 김234)

수급 관계의 문제를 일단 제쳐 두고, 가치법칙의 논의로 돌아가 봅시다. 거기서 명확해진 것은 시장이 사회적 총노동의 배분을 "가격"을 통해 실현하는 시스템이며, 그렇기 때문에 가치와 가격이 일치하는 것은 사회적 총노동의 배분이 실현되는 경우가 된다는 것이었습니다. 반대로 말하면, 사회적 총노동의 배분을 실현하려면, 사회가 사회적 필요를 충족시키는 사용가치의 생산을 위해 동원한 노동에 대해 그 노동 투입에 걸맞은 "등가물" 즉 "가치"를 "지불"할 필요가 있었던 것입니다. 이것이 가치법칙의 본질적인 의미였습니다.

현실의 시장에서는 가치법칙이 그대로 나타나는 것은 아니지만, 그렇다고 해서 이 본질적 메커니즘이 변화하거나 무효화되는 것은 아닙니다. 가치법칙이 경쟁에 의해 형성되는 수급관계에 의해 아무리 왜곡된다 하더라도, 시장이 사회적 총노동의 분배를 이윤을 통해, 상품 가격을 통해 실현해야 한다는 점에는 변함이 없기 때문입니다. 그렇기 때문에 수급관계는 그것이 초래하는 상품 가격의 변동을 통해 사회적 총노동의 배분을 실현하는 것이어야 합니다.

이 관점에서 보면, 수요<공급은 상품 가격의 하락을 통해 그 상품의 생산에 배분된 노동을 감소시키는 것이어야 하며, 수요>공급은 상품 가격의 상승을 통해 분배되는 노동을 증대시키는 것이어야 합니다. 그리고 수요=공급이란 "그것들이 작용하지 않게 되고", "법칙이 순수하게 현실화되어 나타나는" 상태, 즉 노동의 균형적 배분이 실현되고 있는 상태를 의미합니다.

따라서 수요와 공급의 일치는 본질적으로 사회적 욕망에 대한 사회적 총노동의 균형적 배분의 실현과 다름없습니다. 앞서의 밀의 예에서 30엔의 경우에 수급이 일치한다고 말할 수 있는 것은 바로 그것이 사회적 총노동의 균형적 배분을 가능하게 하기 때문입니다. 반대로, 27엔의 경우에 수급이 일치하지 않는다고 말할 수 있는 것은 그것이 일정 기간 지속된다면, 비록 밀이 모두 팔렸다 하더라도 투하 노동에 걸맞은 이윤을 확보할 수 없기 때문에, 그 산업 부문에서 상품생산자의 다수가 철수할 것이라고 생각되기 때문입니다.

이처럼 마르크스는 시장에서의 균형 상태—상품에 대한 수요와 상품의 공급이 일치하고, 그들의 작용이 상쇄되는 상태—를 사회적 총노동의 균형적 배분 속에서 찾아냈습니다. 즉, 수급의 일치는 사회적 총노동의 균형적 배분이 물상화된 형태로 나타난 것에 다름 아닙니다. 이러한 균형 이해는 마르크스 고유의 것이므로, 이 책에서는 이를 '마르크스균형'이라 부르겠습니다.

이상의 논의에서 알 수 있는 것은, 마르크스가 말하는 균형, 즉 '마르크스균형'에서의 수요와 공급의 균형이란 상품형태를 매개로 한 사회적 총노동배분의 균형을 의미하는 것이지, 소재적 의미에서의 균형을 의미하는 것은 아니라는 점입니다. 따라서 마르크스균형이 성립하는 경우라 할지라도, 소재적 균형이 성립하지 않는 경우는 충분히 있을 수 있습니다. 사회적 총노동의 배분을 상품형태를 통해 간접적으로밖에 실현할 수 없는 사회, 즉 물상화적 균형밖에 실현할 수 없는 사회에서는, 노동의 사회적 성격을 직접 미리 고려할 수 있는 사회와 동일한 균형을 실현할 수 없는 것입니다.[41] 마르크스 자신이 특별히 이 점을 강조해서 논하고 있는 것은 아니지만, 마르크스균형의 특징을 이해하기

41) 참고를 위해, 마르크스가 말하는 균형, 즉 물상화적 균형이 성립한다고 하더라도, 비물상화 사회에서의 소재적 균형은 성립하지 않을 수 있다는 점에 대해 보충해 두겠습니다. 『자본론』에서 가장 추상적인 차원에서 가치법칙을 전개하는 제1부 상품 장에서는 생산수단의 존재가 사상되어 있었지만, 이를 굳이 도입하여 생각해 보면, 마르크스균형=물상화적 균형을 실현할 수 있는 가격은 생산수단 가치의 이전분을 더한 '생산수단에서 이전된 가치+노동량에 대응하는 가치'여야만 합니다. 그리고 지금까지 살펴본 물상화적 균형의 관점에서 볼 때, 여기서 말하는 '생산수단에서 이전된 가치'는, 소재적 균형을 전제로 한 가치방정식으로 도출된 '생산수단 가치'가 아니라, 현실에서 생산수단 구매에 필요했던 비용이어야만 합니다(이 책 186쪽에서 상세히 논하고 있습니다). 새로 부가된 부분의 가격이 노동량에 대응하는 것이라 하더라도, 나머지 가격 부분이 생산수단의 구매 가격에 대응하지 않는다면, 즉 생산수단 가치의 이전 부분이 유리하게도 불리하게도 작용하지 않는 가격이 아니라면, 물상화적 균형을 실현하는 균형 가격이 될 수 없기 때문입니다. 이러한 마르크스균형을 실현하는 균형 가격하에서 소재적 균형을 실현할 수 없다는 것은 분명합니다.
예를 들어, 이번 기에 생산되는 생산수단의 가치가 생산력 저하로 인해 증대된다고(예컨대 전기의 생산수단 가치 1만 엔이 이번 기에 2만 엔까지 상승한다) 하더라도, 이번 기의 생산은 전기의 생산수단을 사용하는 것이므로 이번 기에 물상화적 균형을 가져오는 가격, 즉 가치는 변하지 않을 것입니다(가령 부가가치가 1만 엔이라면 상품가치는 2만 엔 그대로이다). 그렇지 않으면, 마르크스균형=물상화적 균형은 실현될 수 없기 때문입니다. 하지만 이 균형 가격은 소재적인 균형을 실현하는 가격이 아닙니다. 왜냐하면 이 균형 가격으로는 다음 기의 생산을 실현하기 위한 생산수단을 입수하기가 곤란해지기 때문입니다(매출 2만 엔 중 조금이라도 자신의 생활을 위해 소비한다면 2만 엔의 생산수단을 구매할 수 없게 된다). 따라서 위와 같은 어려움을 피하고 소재적인 균형을 실현하기 위해서는 생산에 투입된 생산수단의 가격과 생산된 생산수단의 가격이 동일해야만 한다는 것이 됩니다.
그러나 현실의 자본주의 경제에서 사적 생산자들의 경쟁에 있어 비용가격은 항상 주어진 것이며, 그들은 그때그때의 비용가격을 전제로 이익을 최대화하도록 노동 배분을 조정할 수 있을 뿐입니다. 거기서는 물상을 매개로 한 사회적 총노동의 균형적 배분을 실현할 수 있을 뿐이며, 소재적 균형을 일반적으로 달성하는 것은 경향적으로도 불가능합니다. 자본주의적 생산양식의 추상 부문으로서의 시장시스템은, 사적 생산자들이 사용가치의 취득이 아닌 가치의 취득을 목표로 행위하는 것을 통해 노동을 동원하는 시스템이며, 그러한 이상 이와 같은 소재적 불균형은 불가피합니다. 실제로 마르크스도 『자본론』 제2부 제1장의 자본순환론이나 제3부 제1장 제5절의 '자본의 구속과 방출'에 관한 논의에서 생산수단 가치의 변동에 따른 불균형의 일반적 가능성을 지적하고 있습니다. 나아가, 이는 끊임없는 자본축적이나 회전속도의 향상을 지향하는 자본의 시도, 혹은 상업자본의 매개를 통해서도 조장될 것입니다. 의류품이 대표적이지만, 비교적 저가이면서 색상이나 디자인 등에서 다양한 유형이 존재하는 상품은 산업순환과는 독립적으로, 항시적으로 과잉생산되는 경향이 있습니다. 이러한 상품 종류의 경우, 과잉생산으로 인한 손실보다 기회손실을 방지하고 회전수를 높이는 것의 이익이 더 크기 때문입니다. 자본주의 시스템은 산업 위해서는 중요한 점이므로, 참고로 지적해 둡니다.

이제, 이상의 '마르크스균형'을 통해 시장에서의 수요와 공급의 일치가 갖는 의미를 이해하는 것이 가능해졌지만, 아직 문제가 해결된 것은 아닙니다. 수급관계가 균형 그 자체에 미치는 영향이 아직 고찰되지 않았기 때문입니다. 수급관계는 그 작용을 통해 사회적 총노동의 균형적 배분을 실현할 뿐만 아니라, 이 균형을 실현하는 상품 가격을 가치와 괴리시킵니다. 총노동의 균형적 배분을 상품의 매매를 통해 실현해야 하기 때문에, 상품 거래에 특유한 사정에 영향을 받아 균형가격 그 자체가 변화하게 되는 것입니다.

앞서의 밀의 예에서는 가격변동에 의한 수요의 변화라는 요인만 고려했기 때문에, 마르크스균형을 실현하는 균형가격은 가치와 일치했습니다. 그러나 수요 측의 요인뿐만 아니라 개별 자본의 생산력의 차이 등 공급 측의 요인을 고려하면, 더 이상 균형가격과 가치는 일치하지 않게 됩니다. 가치법칙이 왜곡되어 나타나는 것입니다. 이를 설명하는 이론이야말로 이 절에서 많은 지면이 할애된 시장가치론입니다.

마르크스균형 ② — 균형으로의 경향은 균형의 끊임없는 해소의 반작용으로만 작동할 수 있다

> "확실히 다양한 생산부문은 끊임없이 서로 균형을 유지하려고 한다. 왜냐하면, 한편으로는 상품생산자가 각각 어떤 한 가지의 사용가치를 생산해야 하고, 즉 어떤 한 가지의 특수한 사회적 욕망을 충

순환의 과잉생산기를 제외하고서라도, 과잉생산을 상시화하는 성질을 가지고 있으며, 이로 인해 소재적 균형에서 더욱더 괴리하게 됩니다.

족시켜야 하는데, 이러한 욕망의 크기는 양적으로 다르며, 하나의 내적 유대가 다양한 욕망의 양을 결합하여 하나의 자연발생적 체계로 만들기 때문이며, 다른 한편으로는, 상품의 가치법칙Wertgesetz이 사회가 처분할 수 있는 전체 노동시간 중에서 각 특수한 상품 종류의 생산에 얼마나 지출할 수 있는지를 결정하기 때문이다. 그러나 이러한 다양한 생산부문이 서로 균형Gleichgewicht에 가까워지려는 끊임없는 경향은 단지 이 균형의 끊임없는 해소Aufhebung에 대한 반작용Reaktion으로서만 작동한다."(『자본론』 제1권, 376f, 김(1)484)

"수요와 공급은 실제로는 **결코** 일치하지 **않는다**. 혹은 일치한다 하더라도, 그것은 **우연**에 불과하며, 따라서 학문적으로는 0으로 간주해야 한다(발생하지 않는 것으로 보아야 한다). 경제학Oekonomie에서는 수요와 공급이 동일한 것으로 가정된다. 왜일까? 현상Phänomene을 그 합법칙적 형태, 즉 그 개념에 대응하는 형태Gestalt로 고찰하기 위해서이며, 즉 현상을 수요와 공급의 운동에 의해 야기되는 **외관** *Schein*과 **독립**적으로 고찰하기 위해서이다. 다른 한편으로는, 수요 공급 운동의 실제 **경향**을 찾아내기 위해서, 즉 이를 확정하기 위해서이다. 왜냐하면, 이러한 불균등들은 서로 대립하는 성질을 가지며, 또한 이 불균등은 끊임없이 연이어 발생하기 때문에, 이들의 상호 대립하는 성격과 상호 모순에 의해 상쇄되기 때문이다. 이렇게 해서, 주어진 어떤 경우에도 수요와 공급이 결코 일치하지 않더라도, 이 불균등은 연이어 발생하고 — 그리고 **한쪽**으로의 **편차**의 결과가 **반대 방향으로의** 또 다른 **편차**를 초래하기 때문에 — 크거나 작은 일정 기간 전체를 보면{한 가지의 주어진 크거나 작은 자본의 회전시간 전체를 보면},

수요와 공급은 항상 일치하지만, 단지 **운동의 평균***Durchschnitt der Bewegung*으로서만, 그리고 **그 모순의 끊임없는 운동***beständige Bewegung ihres Widerspruchs*[42)]으로서만 일치할 뿐이다."(①264f, E199f, 김234f)

시장가치론의 논의로 넘어가기 전에, 마르크스균형의 중요한 특징을 살펴보겠습니다. 일반적으로 '균형'이라는 단어로 상상하는 것은 어떤 운동이 시간의 경과와 함께 일정한 정태적인 상태로 수렴하는 사태, 혹은 대립하는 힘이 어우러져 운동이 정지하고 있는 것 같은 사태일 것입니다.

그러나 '마르크스균형'은 이러한 이미지와 일치하지 않습니다. 마르크스균형이 '균형'인 것은 그것이 생산부문으로의 노동의 균형적 배분을 실현하기 때문이지, 가격의 운동이 특정 가격으로 수렴하거나 특정 가격에서 가격의 운동이 정지하기 때문이 아닙니다. 오히려 마르크스균형은 현실에서는 우연적으로만 성립하며, 거의 '0'으로 간주할 수 있는 것입니다. 왜냐하면, 상품생산의 본질은 사적 생산이며, 수많은 사적 생산자들이 자기 이익을 위해 경쟁을 벌이는 현실의 시장에서는 완전한 균형이 성립하고 그것이 장기적으로 유지되는 일은 있을 수 없기 때문입니다. 다시 말해, 마르크스균형을 실현하려는 수요와 공급의 작용은 마르크스균형에서 벗어났을 때 그 반작용으로서만 작동하며, 상품 가격을 균형 상태로 수렴시키고 거기에 계속 유지하는 힘은 가지고

42) 역주: "beständige Bewegung ihres Widerspruchs"을 현행 국역본들은 "끊임없는 불일치", "운동의 끊임없는 어긋남" 등으로 번역하지만, 이 책에서는 "모순의 끊임없는 운동"으로 번역했다.

있지 않습니다. 따라서 마르크스균형에 의해 실현되는 균형가격(가장 본질적으로는 '가치')은 끊임없는 가격변동과 끊임없는 반작용을 통해 평균적으로만 실현됩니다.

그럼에도 불구하고, 이 장을 포함한 『자본론』의 논의 대부분은 마르크스균형이 성립하고 있다는 것을 전제로 진행됩니다. 왜일까요? 이유는 두 가지입니다. 첫째는 자본주의적 생산양식의 "개념에 대응하는 형태", 즉 그 경제적 형태규정에 집중하기 위해서입니다. 균형으로 되돌리려는 수급관계의 작용은 현실의 자본주의적 생산양식의 역동성을 이해하는 데 매우 중요한 요소이지만, 경제적 형태규정을 해명하는 데 있어서는 오히려 문제를 복잡하게 만들고 그 본질을 잘못 보게 할 수 있습니다. 둘째는 "수요공급 운동의 실제 경향"을 찾아내기 위해서입니다. 수요와 공급의 관계는 노동 배분을 마르크스균형으로 되돌리는 방향으로 작용할 뿐만 아니라, 이 균형을 실현하는 상품 가격에도 영향을 미칩니다. 이 후자의 영향을 고찰하기 위해서는 물론 마르크스균형의 성립을 전제로 할 필요가 있습니다. 아래에서 보겠지만, 시장가치론이나 생산가격론에서도 이 점이 문제를 해결하는 열쇠가 됩니다.

시장가치 ①—시장가치란 무엇인가

"문제가 가장 명확하게 드러나는 것은 상품 총량 전체를 **하나의** 상품으로, 동일 상품의 가격 총액을 **하나의 가격**(하나의 가격으로 집계된 것)으로 간주하는 경우이다. 이 경우, 개별 상품에 대해 언급된 것은 문자 그대로 시장에 존재하는 특정 생산부문의 상품 총량에 적용된다. <u>상품의 개별적 가치가 상품의 사회적 가치에 대응한다는 것은</u>

이제 총량이 그 생산에 필요한 사회적 노동을 포함하고 있다는 점까지, 그리고 이 총량의 가치=그 **시장가치**라는 점까지 현실화되며, 혹은 더욱 구체적으로 규정된다."(①257, E191f, 김225)

"다양한 생산부문의 상품이 그 가치대로 팔린다고 가정한다면, 이 전제가 의미하는 바는 물론 단지 상품의 가치가 중심이며, 상품의 가격은 그 중심을 둘러싸고 운동하며, 가격의 끊임없는 상승과 하락은 이 중심에 균등화된다는 것뿐이다. 이 경우, 항상 **시장가치** …… 는 다양한 생산자에 의해 생산된 상품의 개별적 가치와 구별되어야 한다. 이들 상품 중 일부의 개별적 가치는 시장가치 **이하**일 것이고(즉 그 생산에 더 적은 노동시간이 필요하다), 다른 일부의 개별적 가치는 시장가치 **이상**일 것이다. **시장가치**는 한편으로는 **한** 부문에서 생산된 상품의 **평균 가치**로 간주되어야 하며, 다른 한편으로는 그 부문의 **평균적 조건들** 하에서 생산되고 그 부문의 **대량***grosse Masse*을 이루는 상품의 개별적 가치로 간주되어야 한다. 단지 예외적인 조합ausserordentliche Combinationen 하에서만, **최악의 조건들** 또는 **예외적으로 우수한** 조건들 하에서 생산된 상품이 시장가치를 규제하며, 그 시장가치가 시장가격의 중심 ― 그렇지만, 시장가격은 같은 종류의 상품에 대해서는 동일하다 ― 을 이루는 것이다."(①253, E187f, 김220f)

이미 살펴본 바와 같이, 애초에 가치는 추상적 인간노동의 사회적 성격이 상품의 속성으로 대상화된 것입니다. 이는 상품이 시장에서 가지는 교환력을 생각할 때 가장 기본이 되는 본질적 관계를 이론적으로 표현한 것이지만, 그렇기 때문에 매우 추상적입니다. 이를 그대로 현상에 적용하는 것만으로는 경쟁을 통해 형성되는 수급 관계나 그 영향을 받는 가격변동의 메커니즘을 파악할 수 없습니다.

사실, 제1부의 '상대적 잉여가치의 개념'에서도 이미 개별적 가치와 사회적 가치라는 개념이 등장했습니다. 개별적 가치는 개별 자본가에게 있어서의 가치, 즉 같은 생산부문 내에서 각 생산자가 실제로 생산에 필요한 노동량을 반영한 것이며, 이에 반해 사회적 가치는 본래의 가치, 즉 그 생산부문 전체의 생산자가 사회적으로 필요한 노동량인 사회적 필요 노동시간을 반영한 것입니다. 이를 통해 경쟁을 통해 개별적 가치가 '가치'라는 하나의 가격으로 수렴한다는 것을 보여 준 것입니다. 그러나 사회적 가치와 개별적 가치라는 구별은 '가치'라는 본질적 메커니즘 내부에서 자본가 간의 경쟁을 묘사하기 위해 편의상 채택된 것에 불과하며, 현실의 자본가 간 경쟁이나 그로 인해 형성되는 수급관계를 분석하기에는 역시 불충분합니다.

그래서 마르크스는 시장가치라는 개념을 도입하여 가치 개념을 보다 구체화합니다. 즉, 추상적 인간노동의 대상화로서의 가치를 시장에 존재하는 "특정 생산부문의 상품 총량"의 "시장가치"로 보다 구체적으로 규정하는 것입니다. 여기서 마르크스는 특정 생산부문의 공급구조나 수요의 탄력성을 구체적으로 고찰함으로써 자본가의 경쟁이 형성하는 현상적 메커니즘에 접근하려고 하는 것입니다.

본질적 메커니즘에서의 '가치'에서는 수요의 탄력성이나 공급구조의 특수성이 사상되어 있습니다. 수요는 시장가격의 변동에도 불구하고 일정하다고 간주되었습니다. 또한 공급구조의 특수성, 즉 어떤 특정 상품의 생산에서 서로 다른 생산력을 가진 생산자 그룹이 어떤 양과 비율로 존재하는지는 고려되지 않았습니다. 따라서 가치의 크기는 단지 평균적 생산조건에서 평균적 강도에 의한 노동시간, 즉 사회적 필요 노동시간으로 추상적으로 규정될 뿐이었습니다. 이 두 가지를 고려하여, 그 상품이 가지는 고유한 수급구조의 관점에서 가치를 보다 구체적으로 규정한 것이 시장가치입니다.

두 번째 인용문에서 시사된 바와 같이, 시장가치는 더 이상 가치와 일치하지 않을 수 있습니다. "예외적인 조합" 하에서는 특정 개별적 가치가 시장가치를 규제하며, 가격변동의 중심이 되는 시장가치가 가치와 괴리되는 일이 발생할 수 있습니다. 여기서 주의해야 할 점은 이 괴리는 시장가격과 시장가치의 괴리와는 별개라는 것입니다. 시장가치는 어디까지나 마르크스균형에서의 가격이며, 가격변동의 중심이 되는 것입니다. 따라서 시장가치와 가치의 괴리는 그 상품의 고유한 수급구조에 의한 가치의 수정에 다름 아닙니다. 이에 반해, 시장가격과 시장가치의 괴리는 마르크스균형이 성립하지 않은 경우, 즉 수급이 일치하지 않은 경우에 발생하는 것입니다.

그렇다면 구체적으로 어떤 메커니즘에 의해 시장가치와 가치의 괴리가 발생하는 것일까요? 아래에서 이를 살펴보겠습니다.

시장가치 ②— 공급구조의 영향

"…… 대량의 상품이 거의 동일한 표준적 사회적 조건들 하에서 생산되고, 따라서 이 가치가 동시에 이 상품량을 형성하는 개별 상품의 개별적 가치이기도 하다고 가정한다. 이제, 상대적으로 작은 부분이 이 조건 **이하의** 조건 하에서 생산되고, 다른 부분은 그 **이상의** 조건 하에서 생산되며, 따라서 한쪽 부분의 개별적 가치는 상품

대량의 중위 가치보다 크고, 다른 쪽 부분의 개별적 가치는 그보다 작지만, 이 두 극단이 상쇄되어, 결과적으로 양극에 속하는 상품들의 평균 가치=중위의 총량에 조응하는 상품들의 가치이며, 이 경우 **시장가치**는 중위의 조건 하에서 생산된 상품들의 가치에 의해 규정된다. 사실, 이 경우 상품량 전체의 등분한 모든 부분들의 **평균 가치**=중위의 조건들 하에서 생산된 상품의 개별적 가치이며, **상품 총량의 가치**는=모든 개별 상품—중위의 조건들 **내부에서** 생산된 상품들, 그리고 그 **이하** 또는 그 **이상**의 조건들에서 생산된 상품들—을 포함하는 가치의 실제 총액이다. 이 경우, 이 상품량의 **시장가치** 또는 **사회적 가치**—이 상품에 포함된 필요한 노동시간—는 중위의 대량의 가치에 의해 규정된다.

이에 반해, 나쁜 조건들 하에서 생산되는 상품들의 가치가 좋은 조건들 하에서 생산되는 상품들의 가치와 상쇄되지 않고, 그 결과 나쁜 조건들 하에서 생산되는 총량 부분이 중위의 상품량 및 다른 극단과 비교해도 상대적으로 상당한 양이라고 가정하면, 이 경우 **나쁜 조건들** 하에서 생산되는 상품량이 **시장가치** 또는 사회적 가치를 규제한다.

마지막으로, **중위**보다 **좋은 조건들** 하에서 생산된 상품의 양이 더 나쁜 조건들 하에서 생산된 상품의 양을 크게 초과하고, 또한 중위의 관계들 하에서 생산된 상품량에 비해서도 상당한 양을 이룬다고 가정하면, 이 경우에는 {항상 가장 좋은 조건들 하에서 생산된 부분이 **시장가격**을 규제하는 것과 같은 시장의 과잉 공급은 도외시한다. 다만, 우리가 여기서 다루는 것은 **시장가치**와 다른 한에서의 **시장가격**이 아니라, **시장가치** 그 자체의 **다양한 규정**들이다} 가장 좋은 조건들 하에서 생산된 부분이 시장

가치를 규제한다.”(①257f, E192f, 김225f)

시장가치에 큰 영향을 미치는 공급구조의 특수성으로는 동일한 생산부문 내에서 어떤 생산력 수준(열등·중위·우수)의 생산자 그룹이 가장 많은 상품을 공급하고 있는가라는 점을 들 수 있습니다. 말할 필요도 없이, 열등 그룹이 공급하는 상품의 개별적 가치는 중위 그룹의 것보다 높고, 우수한 그룹이 공급하는 개별적 가치는 중위 그룹의 것보다 낮습니다. 마르크스는 전형적인 경우에는 다수를 차지하는 그룹이 경쟁에서 주도권을 잡으며, 그 그룹의 개별적 가치가 시장가치를 규정한다고 생각했던 것 같습니다. 이 명제를 엄밀히 이해하면, 시장가치는 가치와 괴리될 수 있다는 것을 의미합니다.

그렇다면, 전형적인 경우에 다수를 차지하는 그룹의 개별적 가치가 시장가치가 되는 이유는 무엇일까요? 만약 그렇지 않다면, 그 산업 부문이 다른 부문에 비해 유리하거나 불리한 산업 부문이 되어 마르크스 균형이 성립하지 않기 때문입니다. 예를 들어, 열등 그룹이 다수를 차지하는 상황이 구조적으로 성립하고 있다면, 어떤 이유로 인해 우수한 생산력을 확보하기 어려워 신규 진입자의 대부분도 열등한 생산력으로 생산해야 하는 상태에 있는 것입니다. 이런 경우, 만약 시장가치가 열등 그룹의 개별적 가치에 의해 규정되지 않는다면, 대다수 생산자가 투하 노동에 걸맞은 가격을 실현하지 못해 이 생산부문에서 철수해야 할 것입니다. 반대로, 우수한 그룹이 다수를 차지하는 상황이 구조적으로 성립한다면, 우수한 생산력을 확보하기 쉬워 신규 진입자의 대부분도 우수한 생산력으로 생산할 수 있는 상태라고 볼 수 있습니다. 이때, 만약 시장가치가 우수한 그룹의 개별적 가치에 의해 규정되지 않는다면, 다른 생산부문에 비해 상당히 유리한 생산부문이 되어 많은 신규 진입자로 넘쳐날 것입니다. 따라서 어느 경우든, 마르크스균형을 달성할 수 있는 것은 다수를 차지하는 생산자 그룹의 개별적 가치이며, 이것이 시장가치가 됩니다.

물론, 이상의 내용은 상품 공급에서 다수를 차지하는 생산자 그룹의 개별적 가치가 항상 시장가치를 규정한다는 것을 증명하는 것은 아닙니다. 예를 들어, 열등 그룹이 다수를 차지하는 경우에 기술적 돌파구가 발생해 신규 진입자는 우수한 생산력을 쉽게 확보할 수 있지만, 기존 생산자는 그 신기술을 활용하는 데 비용이 많이 들어 우수한 생산력을 확보하기 어려운 상황도 발생할 수 있습니다. 이 경우, 더 이상 다수 생산자 그룹의 개별적 가치가 시장가치를 규제하지 않으며, 신규 진입자에 의해 시장가치는 상당히 낮아질 것입니다.

오히려 여기서 보여 주는 것은 다양한 생산력 수준을 가진 생산자 그룹의 존재를 고려할 때, 마르크스균형을 가져오는 시장가격, 즉 시장가치는 가치와 괴리될 수 있다는 점입니다. 다시 말해, 동종 상품의 개별적 가치 총액과 시장가치의 총액이 어떤 경우에도 반드시 일치한다고 할 수는 없습니다. 따라서 마르크스균형의 관점에서 보다 구체적인 공급구조를 고려한다면, 생산가격이 등장하기 이전에 이미 시장가치의 시점에서 가치와의 괴리가 발생하게 됩니다.

그렇다고 해서 시장가치와 가치의 괴리가 무제한적인 것은 아닙니다. 이는 어디까지나 각 생산부문에 존재하는 생산자 그룹의—전형적으로 상품 공급에서 다수를 차지하는 생산자 그룹의—개별적 가치의 범위에 제약됩니다. 따라서 엄밀히 말해 시장가치와 가치가 일치하지는 않더라도, 대략적으로 시장가치는 가치에 제약을 받습니다. 이러한 가치에 의한 시장가치의 제약은 시장가치가 마르크스균형, 즉 사회적 총노동의 균형적 배분을 가능하게 하는 시장가격이라는 필연적 귀결이라고 할 수 있습니다.

시장가치 ③—수요의 탄력성

"따라서 수요 측면에는 일정한 사회적 욕망의 **일정량**만 존재하며, 그 욕망을 충족시키기 위해서는 시장에서 **일정한 범위**의 물품이 필요한 것처럼 보인다. 그러나 이 욕망의 **양적 규정성**은 전적으로 **탄력적***elastisch*이며 **불확정적**이다. 이 욕망의 고정성은 외관에 불과하다. 만약 생활수단이 더 저렴해지거나 화폐임금이 더 높아진다면, 노동자들은 더 많은 생활수단을 구매할 것이고, 이러한 상품 종류에 대한 '더 큰 사회적 욕망'이 나타날 것이다. …… 반대로, 예를 들어 면화가 더 저렴해진다면, 자본가의 면화 수요는 증가할 것이고, 더 많은 추가 자본이 면화 재배에 투하될 것이다 등등. …… 상품들에 대한 시장에서 **대표되는** 욕망—즉 **수요**—가 **현실의** 사회적 욕망과 **양적**으로 차이가 나는 한계는 물론 상품마다 매우 다르다. 여기서 내가 말하는 것은 요구되는 상품의 양과 상품들의 **화폐 가격**이 변하거나 구매자의 **자금 사정**(생활 형편)이 변할 때 요구될 상품의 양과의 **차이**이다."(①263f, E198f, 김233)

"시장가치가 내려가면, 평균적으로 사회적 욕망(여기서 '사회적' 욕망은 항상 '지불능력이 있는' 욕망을 의미하므로)이 증대되어 일정 정도 더 큰 상품 총량이 흡수될 수 있다. 시장가치가 올라가면, 그 상품에 대한

사회적 욕망은 축소되어 이제 더 적은 상품 총량이 흡수될 수 있다." (①256, E190, 김224)

"여기서 전혀 부수적으로 언급하고 싶은 것은 '**사회적 욕망**', 즉 수요의 원리를 규제하는 것이 본질적으로 **다양한 계급** 상호의 **관계**와 계급들 각각의 **경제적 지위**에 의해, 따라서 특히 **첫째**, 임금에 대한 총잉여가치의 비율에 의해, 둘째, 잉여가치가 분할되는 다양한 부분과 범주 상호의 비율에 의해 제약된다는 점이다. 이렇게 해서, 여기서도 역시 수요와 공급의 관계가 작용하기 위한 **기초**가 전개되어 있지 않으면 수요와 공급의 관계로부터 아무것도 설명할 수 **없다**는 것이 드러난다."(①256, E191, 김224f)

상품경제에서는 구매력에 뒷받침된 욕망만이 현실의 수요가 됩니다. 즉, 수요란 지불능력이 있는 수요, 즉 '유효수요'와 다름없습니다. 따라서 수요는 상품의 가격변동에 따라 변화할 뿐만 아니라, 구매자가 얼마나 많은 구매력을 가지고 있는지에 따라서도 변화합니다. 이 두 가지 요인이 각 상품에 대한 수요 구조를 규정합니다.

그러나 후자의 요인은 기본적으로 이 절에서는 다루지 않습니다. 마르크스가 지적한 바와 같이, 이를 충분히 다루기 위해서는 적어도 자본주의적 생산양식에서 기본적인 수입 형태에 대해 미리 해명해야 합니다. 따라서 아래에서는 오로지 전자의 요인, 즉 '수요의 가격탄력성'만을 다룹니다. 당면한 과제는 어디까지나 생산가격을 해명하기 위한 기초로서 시장가치라는 경제적 형태규정을 밝히는 데 있으며, 이 목적을 위해서는 당분간 수요의 가격탄력성을 고찰하는 것만으로도 충분하기 때문입니다.

또한, 수요의 탄력성에 대해서는 다음 두 가지 점에 대해 주의할 필요가 있습니다. 첫째, 수요의 가격탄력성이 어느 정도인지는 상품마다 상당히 다릅니다. 예를 들어, 일본의 '쌀'처럼 이미 생활 습관 속에 깊이 들어가 있는 상품은 가격에 의해 수요가 변화하는 경우가 비교적 적습니다(따라서 수요의 가격탄력성이 낮은 상품이 공급 과다 상태가 되면, 이에 대응하는 수요를 창출하기 위해 가격이 폭락하는 경향이 있습니다). 반대로, 생활 습관에 깊이 들어가 있지 않은 취미나 기호와 관련된 상품은 가격 변동의 영향을 받기 쉽습니다.

둘째, 이미 언급한 밀의 예(204쪽)에서도 알 수 있듯이, 수요의 탄력성은 단독으로는 시장가치에 영향을 미칠 수 없습니다. 아래에서 보겠지만, 공급구조와 결합될 때 비로소 시장가치에 영향을 미칠 수 있습니다.

시장가치 ④—공급구조와 수요의 가격탄력성의 조합

"**평균 가치***Durchschnittswerth*—보다 정확히 말하면, 여기서는 본래 양극 사이에 있는 **총량***Masse***의 중위 가치***mittlere Werth*로 **간주되어야** 하는 것—에서의 **상품 공급**이 통상적인 수요를 충족할 경우, **시장가치** 이하의 **개별적** 가치를 가진 상품은 **초과이윤**, 혹은 더 많은 가치를 실현하지만, 다른 한편, 시장가치 **이상의 개별적 가치**를 가진 상품은 그 상품에 포함된 잉여가치의 일부를 실현하지 **못한다**. 최악의 조건 하에서 생산된 상품이 판매된다는 것은 공급을 충족하기 위해 그 상품이 필요하다는 것을 증명한다고 말하는 것은 쓸데없다. 가정된 경우에 가격이 **중위의 시장가치**보다 **높다**면, 수요는 더 작아질 것이다. 일정한 가격에서는 어떤 상품 종류가 시장에서 일정한 비중을 차지할 수 있다. 이 비중이 가격이 변동하더라도 원래대로 유지되는 것은 더 높은 가격이 더 적은 상품 양과, 더 낮은 가격이 더 많은 상품 양과 결합된 경우에만 해당한다. 반면, 수요가 매우 강력하여 가치가 최악의 조건들 하에서 생산된 상품에 의해 규제되더라도 수요가 축소되지 않는다면, 이러한 상품이 시장가치를 규제한다. 이게 가능한 것은 수요가 통상적인 수요를 초과하거나 공급이 통상적인 공급을 밑도는 경우일 뿐이다. 마지막으로, **생산된 상품의 총량**이 **중위의 시장가치***mittlere Marktwerth*로 판매할 수 있는(판매해야 하는) 양보다 클 경우, 최상의 조건들 하에서 생산된 상품이 **시장가치**를 규제한다. 예를 들어, 이러한 상품은 완전히 또는 거의 그 **개별적 가치**대로 판매될 수 있지만, 이 경우 최악의 조건들 하에서 생산된 상품들은 아마도 비용가격조차 보전하지 못하고, 또한 중위 평균의 상품들은 그에 **포함된 잉여가치**의 일부밖에 실현하지 못하는 일이 발생할 수 있다."(①253f, E188, 김221f)

앞선 공급구조의 고찰에서는 수요의 가격탄력성이 고려되지 않았지만, 여기서는 두 요인이 시장가치에 미치는 영향을 검토합니다.

먼저, 수요가 가격의 영향을 받기 어려운 경우를 생각해 보겠습니다. 이 경우, 가격이 높아지더라도 수요는 크게 축소되지 않습니다. 이때, 이 강력한 수요를 충족하기 위해 최악의 생산조건 하에서 생산된 상품이 필수적이라면—즉, 기존 생산자나 신규 진입자가 그 이상의 생산조건으로 상품을 공급할 수 없는 어떤 사정이 있다면—이 상품의 개별적 가치가 시장가치를 규제하게 될 것입니다. 이 경우, 중위 생산자나 우수한 생산자는 자신들의 상품의 개별적 가치와 시장가치의 차액(후술할 '초과이윤')을 얻을 수 있습니다. 이 경우의 전형적인 예는 제6장의 지대론에서 다루는 '차액지대'가 성립하는 경우입니다.

다음으로 수요가 가격의 영향을 받기 쉬운 경우를 생각해 보겠습니다. 이 경우, 가격이 조금이라도 높아지면 수요가 즉시 줄어듭니다. 이때, 중위의 생산조건으로 생산된 상품의 개별적 가치에서조차도 수요가 크게 축소된다면, 최상의 조건 하에서 생산된 상품의 개별적 가치가 시장가치를 규제하게 될 것입니다. 다만, 이 경우 중위의 생산자가 생산한 상품의 개별적 가치조차 시장가치를 초과하므로, 그 생산부문에서 철수하거나 우수한 생산조건을 필사적으로 추구해야 할 것입니다. 따라서 결과적으로는 우수한 생산자 그룹이 상품의 다수를 공급하는 경우에 가까워질 것입니다.

어느 경우든 공급구조의 다양한 요인과 수요의 탄력성이 복잡하게 얽혀 있음을 알 수 있습니다. 여기서는 더 이상 시장가치를 가져오는 마르크스균형의 조건을 기계적으로 도출할 수 없습니다.[43]

오히려, 앞서 살핀 시장가치론에서 중요한 것은 공급구조와 수요의 탄력성의 영향으로 인해 시장가치가 가치와 괴리되더라도, 시장가치가 가치에 의해 제약된다는 점입니다. 양자의 요인이 어떻게 복잡하게

43) 러시아혁명 이후 크게 활약한 위대한 마르크스경제학자 루빈Isaac Ilyich Rubin(1886-1937)은 시장가치를 수요곡선과 공급곡선의 교점으로 해석했습니다. 그러나 문제는 이 공급곡선을 어떻게 규정할 수 있는가 하는 것이며, 요컨대 이는 다양한 요소의 복잡한 얽힘에 의해 규정될 수밖에 없습니다. 수요곡선조차 가격탄력성에 그치지 않고, 자본축적의 상태나 계급들의 수입 상태를 고려한다면 그 규정은 복잡해질 수밖에 없습니다. 결국 루빈이 시도한 것도 시장가치가 가치에 제약된다는 것을 보여 주는 것이었다고 할 수 있을 것입니다. 참고로, 루빈의 시장가치론에 대해서는 졸고 「マルクスの均衡概念について:価値法則の明確な理解のために」,『季刊経済理論』, 60권 4호, 2024를 참조해 주십시오.

얽히든, 시장가치는 기본적으로 가장 열등한 생산조건에서 생산된 상품의 개별적 가치와 가장 우수한 생산조건에서 생산된 상품의 개별적 가치 사이에서만 변동합니다. 그 범위 내에서만 마르크스균형을 실현할 수 있기 때문입니다.

여기서 분명해지는 것은 가치법칙의 관철이 가격 총액이 가치 총액과 일치하는 데 있는 것이 아니라, 균형가격이 마르크스균형을 실현하는 가격이기 때문에, 그리고 그러한 한에서 가치에 제약된다는 데에 나타난다는 점입니다. 시장가치의 경우라면, 시장가치의 총액이 개별적 가치의 총액과 일치하는 데 있는 것이 아니라—지금까지 살펴본 바와 같이, 특정 상품에 대해서도 사회 전체의 상품에 대해서도, 시장가치의 총액은 개별적 가치의 총액과 일치하지 않습니다—시장가치가 마르크스균형을 실현하는 가격이기 때문에 가치에 제약되며, 가치와 무관한 값을 취하지 않는다는 데에 가치법칙의 관철이 나타나는 것입니다. 이는 생산가격의 고찰에서도 결정적인 요점이 됩니다.

참고로, 여기서 인용한 텍스트는 마르크스 자신의 서술이 애매한 점도 있어, 『자본론』 연구자들 사이에서는 이 부분을 '불명료한 부분'이라고 불러 왔습니다. 실제로, 마르크스균형에 대해 전혀 고려하지 않고 앞 절에서 본 '총계일치'를 중시하는 틀로 해석하는 한, 그 의미를 제대로 파악할 수 없습니다. 그러나 마르크스균형의 관점에서 해석한다면, 여기서 마르크스가 무엇을 말하려 했는지 어느 정도 이해할 수 있지 않을까요?

생산가격 ①—생산가격도 마르크스균형으로 이해할 수 있다

"그것은 특수한 물품—특수한 물품에 대한 사회의 특수한 욕망—의 생산을 충족하는 **필요**노동이다. 이 분할이 균형을 이루고 있다면, 다양한 군群의 생산물이 각각의 가치로(나중에는 생산가격으로) 판매되거나, 또는 수정된 가치—일반적 법칙들에 의해 규정되어 있지만—로 판매된다. 이것은 실제로, 개별 상품 또는 물품과의 관련에서가 아니라, 분업에 의해 자립화된 특수한 **사회적 생산부문들의 독자적인 총생산물**과의 관련에서 효력을 발휘하는 그런 **가치의 법칙** *Gesetz des Werths*이다. 따라서 단순히 개별 상품에 필요한 노동시간만 소비되는 것이 아니라, 사회적 총노동시간 중 **필요한** 균형을 이룬 분량만이 **다양한 군群**에 사용된다. 이는 조건이 여전히 **사용가치**이기 때문이다. 그러나 이 사용가치가 개별 상품의 경우에는 그 상품 자체가 하나의 욕망을 충족시키는 데 달려 있다면, 사회적 생산물량의 경우에는 이 생산물량이 각각의 특수한 종류의 생산물에 대한 **양적으로 규정된 사회적 욕망**에 부합하는지, 따라서 양적으로 제한된 이러한 사회적 욕망에 비례하여 노동이 다양한 생산부문에 균형을 유지하며 배분되는지에 달려 있다. {이 점은 다양한 생산부문에 대한 자본 배분의 경우에도 고려해야 한다.} **사회적 능력에 대한 사회적 필요**, 즉 사용가치는 여기서는 다양한 특수한 생산부문에 할당되는 **사회적 총노동시간의 할당**을 규정하는 것으로 나타난다."(① 686f, E 648f, 김815f)

이제 이 절의 본래 주제인 경쟁을 통한 일반적 이윤율의 형성, 즉 생산가격의 성립 문제로 돌아가겠습니다. 지금까지의 시장가치론의 고찰을 통해 우리는 두 가지를 해명했습니다. 하나는 수요와 공급의 일치가 사회적 총노동의 균형적 배분, 즉 마르크스균형이 성립한 상태를 의미한다는 것입니다. 다른 하나는 수급관계가 균형 상태 자체에 영향을 미쳐 균형가격이 가치와 괴리되는 일이 있을 수 있지만, 이 경우에도 이 균형가격이 마르크스균형을 실현하는 것인 한 여전히 가치에 제약된다는 것입니다.

이제부터 고찰할 생산가격의 성립 메커니즘도 위의 두 가지로 해명할 수 있습니다. 왜냐하면 생산가격 역시 마르크스균형을 실현하는 균형가격과 다름없기 때문입니다. 시장가치의 경우와 마찬가지로, 생산가격을 가져오는 독자적인 공급구조는 생산가격을 가치에서 벗어나게 하지만, 생산가격이 마르크스균형을 실현하는 균형가격인 한 여전히 가치에 제약되는 것입니다. 순서에 맞춰 살펴보겠습니다.

생산가격 ②—이윤율의 균등화는 평균구성의 자본의 이윤율로 향하는 경향이 있다

"…… 생산부문들의 일부는 거기에 사용되는 자본의 **중위 구성** 또는 **평균구성***Durchschnittszusammensetzung*, 즉 **사회적 평균 자본의 구성**과 완전히 같거나 그에 가까운 구성을 가지고 있다.

이러한 부문에서는 생산되는 상품의 **생산가격**이 **가치**와 일치한다(완전히 일치하거나, 그렇지 않더라도 가치에서 약간 괴리되는 정도이다). 따라서 여기서는 가치의 **화폐 표현**도 **화폐액**=생산가격과 일치한다. …… **경쟁**이 …… 이윤율이 **모든** 생산부문에서 **동일**하도록(자본의 평균

구성이 지배적인 생산부문의 이윤율로 균등화되는 것을 통해) 사회의 자본을 다양한 생산부문들 사이에 배분한다면, 그때 다양한 생산부문들에서의 이윤 총액=잉여가치 총액이며, 사회적 총생산물의 생산가격 총액=사회적 총생산물의 가치 총액일 것이다. 그러나 서로 다른 구성(이 차이가 불변자본과 가변자본의 다른 비율에 기초하든, 또는 유통시간의 차이에 기초하든)을 가진 생산부문들 사이의 균등화는 항상 이들 부문을 중위구성의 부문들—이들이 사회적 평균구성44)에 정확히 일치하든, 그에 가까워지든—과 동등하게 만드는 방향으로 나아갈 수밖에 없다는 것은 분명하다. 많든 적든 가까운 것들 사이에서도 그 자체로 거의 이상적인, 즉 현실에는 존재하지 않는 중위구성을 향하려는 균등화의 경향이 생기며, 즉 그 중위구성을 중심으로 표준화되는 경향을 가진 균등화의 경향이 생긴다."(①248f, E182f, 김214f)

먼저, 고찰의 출발점은 평균구성을 가진 자본의 이윤율이 자본가들간 경쟁의 기준이 된다는 점입니다. 이미 본 바와 같이, 평균구성의 자본의 이윤율은 가치대로 교환되는 경우든, 일반적 이윤율이 성립한 경우든 이윤율은 변하지 않습니다. 즉, 평균구성의 자본이 창출하는 잉여가치는 평균이윤과 일치하며, 그것이 생산하는 상품의 가치는 생산가격과 일치합니다. 따라서 마르크스는 평균구성의 자본을 출발점으로 생산가격의 성립 메커니즘을 생각하려는 것입니다.

그러나 평균구성의 자본이 창출하는 잉여가치가 평균이윤과 일치한다는 명제는 경쟁을 사상한 특수한 가정에서 도출된 것이었습니다. 따

---

44) 역주: 마르크스는 "Mittelcomposition"(중위구성)과 "Durchschnittscomposition"(평균구성)을 구별하고 있지만, 현행 국역본들에서는 이들을 모두 "평균구성"으로 번역한다.

라서 이 명제를 마르크스균형의 관점에서 다시 살펴보겠습니다.

이미 언급했듯이, 자본가가 잉여가치를 목적으로 행동하는 한 가치법칙은 그대로 타당합니다. 왜냐하면, 잉여가치는 노동의 동원으로 얻어지는 가치와 그 동원에 필요했던 노동력 가치의 차액이며, 자본가는 이를 최대화하기 위해 노동력을 구매함으로써 동원한 노동에 대해 가능한 한 많은 대가를 얻을 수 있도록 행동할 것이기 때문입니다. 또한 불변자본 부분에 대해서는 단지 생산에 투하된 가치를 판매가격으로 회수할 수 있으면 충분하며, 그 이상의 관심은 가지지 않을 것입니다. 이러한 자본가의 행동은 수요<공급인 생산부문에서 노동을 철수시키고, 수요>공급인 생산부문에 노동을 동원함으로써, 끊임없이 노동 배분을 마르크스균형에 접근시키는 방향으로 작용할 것입니다. 따라서 자본가가 잉여가치를 목적으로 행동하는 한, 마르크스균형을 가져오는 균형가격은 상품가치와 일치할 것입니다. 예를 들어, 각 생산부문이 $C^{10}V^{5}$, $C^{20}V^{5}$, $C^{30}V^{5}$와 같은 자본의 유기적 구성을 가지고, 불변자본이 모두 유동자본으로 구성되며, 잉여가치율이 100%라면, 균형가격은 그림 2.5와 같을 것입니다.

그러나, 이 책에서 지금까지 살펴본 바와 같이, 현상적 메커니즘에서 잉여가치의 '이윤'으로의 전화가 발생하면, 자본가의 목적도 잉여가치가 아니라 '이윤'이 됩니다. 이제 자본가는 직접 동원한 노동의 대가를 추구하며 행동하는 것이 아니라, 투하 총자본 전체에 대한 보상을 추구하며 행동하게 됩니다. 균형가격이 가치와 일치하는 그림 2.5의 상태에서는 더 이상 마르크스균형이 성립하지 않습니다. 생산부문 A는 이윤율이 너무 높고, 생산부문 C는 이윤율이 너무 낮기 때문입니다. 현상적 메커니즘에서는 일반적으로 가치는 균형가격이 되지 않습니다.

그림 2.5 마르크스균형에서의 균형가격(잉여가치가 목적인 경우)

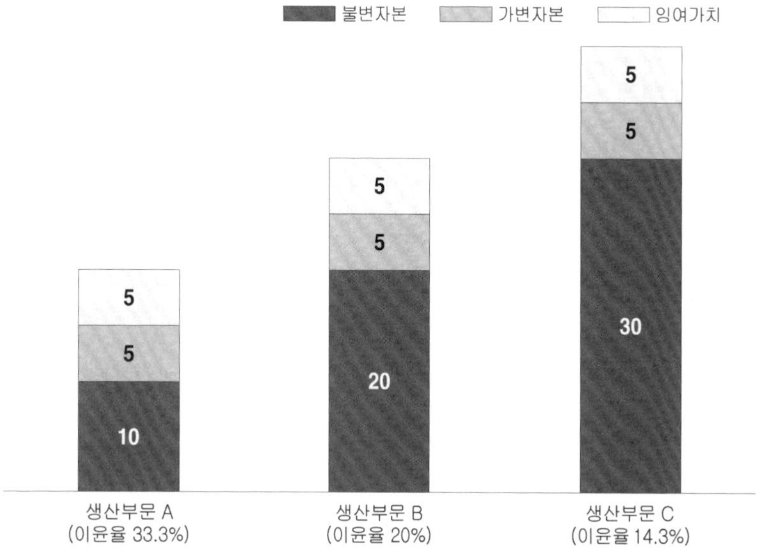

물론, 마르크스의 가치론의 입장에서—즉 마르크스균형의 입장에서—해석한다면, 이 경우 자본이 획득하는 '보상'도 본질적으로는 그 자본이 사회의 필요를 충족시키기 위해 노동을 동원한 것에 대한 대가라는 점에는 변함이 없습니다. 그런 의미에서 그 '보상'의 본질은 여전히 잉여가치이어야 합니다. 그럼에도 불구하고, 자본가가 '이윤'이라는 일상적 의식에 따라 행동함으로써 가치법칙은 왜곡되고, 가치대로의 교환, 즉 각 자본이 잉여가치를 획득하는 상태에서는 마르크스균형이 성립하지 않게 됩니다.

그러나 예외가 있습니다. 평균구성을 갖는 생산부문 B에서는 이윤율이 너무 높거나 낮지 않으므로, 본질적 메커니즘에서의 균형가격(가치)과 현상적 메커니즘에서의 균형가격(생산가격)이 일치합니다. 말하자면,

평균구성의 자본에서는 본질적 메커니즘이 직접적으로 나타나는 것입니다. 이것이 바로 마르크스가 평균구성의 자본을 고찰의 출발점으로 삼은 이유입니다.

생산가격 ③—자본가의 경쟁을 통한 생산가격의 형성

"자본주의적 생산의 경우, 어떤 형태로 유통에 투하된 가치량으로 다른 형태—다른 상품의 형태든 화폐의 형태든—에서 동등한 가치량을 끌어내는 것만이 문제가 아니라, 생산에 전대된 자본에 대해, 그것이 어떤 생산부문에서 사용되든, 같은 크기의 다른 어떤 자본과도 마찬가지로, 또는 그 자본의 크기에 비례하여, **동일한 잉여가치 또는 이윤**을 끌어내는 것이 관건이다. 따라서 적어도 최소한 평균이윤을 가져오는 가격, 즉 **생산가격**으로 상품을 판매하는 것이 문제다. 자본은 이 형태 자체에서 자신을 하나의 **사회적 힘**으로 의식하며, 각 자본가는 사회의 총자본에서 자신의 몫에 비례하여 이 사회적 힘을 나누어 갖는다. ……

그러나, 만약 상품들이 그 **가치**대로 판매된다면, 이미 언급했듯이, **생산부문이 다르면** 각 부문에 투입된 자본량의 유기적 구성의 차이에 따라 매우 다양한 **이윤율**이 존재한다. 그러나 자본은 한 부문에서 떠나 다른 부문으로 이동하며, 한마디로 말해 자본이 다양한 부문에 배분됨으로써—이윤율이 저쪽에서 떨어지거나 이쪽에서 올라가는 것에 따른 끊임없는 이동을 통해, 생산부문이 달라도 **평균이윤**이 **같아**지고, 따라서 가치가 **생산가격**으로 전화되는 수요공급 관계를 만들어 낸다. 주어진 국민사회에서 자본주의적 발전이 높을수록,

즉 한 나라의 상태가 자본주의적 생산양식에 적합할수록, 자본은 다소간 이러한 균등화를 성공적으로 이루어 낸다. 자본주의적 생산양식의 발전에 따라 그 조건들도 또한 발전하며, 즉 자본주의적 생산양식은 그 내부에서 생산과정이 이루어지는 사회적 조건들 전체를 자신의 고유한 성격과 내적 법칙들에 종속시킨다. 이러한 끊임없는 불균등의 끊임없는 균등화가 점점 빨라지는 것은 (1) 자본이 더 가동적이고, 즉 그만큼 한 부문에서 다른 부문으로 자본을 이동시키는 것이 더 쉬운 경우이며—그와 동시에 **장소에 대한** 가동성도 포함된다—(2) 노동이 한 부문에서 다른 부문으로, 그리고 한 **국지적인** 생산지점에서 다른 생산지점으로 더 빨리 투입될 수 있는 경우이다." (①269f, E205f, 김241f)

마르크스가 경쟁을 통한 일반적 이윤율과 생산가격의 형성에 대해 언급한 것은 위의 문장뿐이며, 이것만으로는 그 메커니즘이 판명되지 않습니다. 그러나 이를 마르크스균형의 관점에서 재해석함으로써, "가치가 **생산가격**으로 전화되는 수요공급 관계"가 성립하는 메커니즘을 명확히 이해할 수 있습니다.

시장가치론에서는 주로 생산부문 내부의 생산조건 차이에 초점이 맞춰지고, 그것과 수요의 탄력성의 상호작용이 고찰되었습니다. 이에 반해, 생산가격론에서는 시장가치를 가져오는 조건들은 일단 제쳐 두고—따라서 부문 내 생산조건의 차이나 수요의 탄력성은 도외시하고—생산부문 간 자본의 유기적 구성의 차이에 초점이 맞춰집니다. 즉 자본의 유기적 구성이라는 부문 간 생산조건의 차이가 사회적 총노동의 배분에 미치는 영향이 문제가 됩니다.

자본이 투하된 자본의 크기에 비례한 이윤을 획득하는 것을 목적으로 하는 한, 마르크스균형을 가능하게 하는 가격은 필연적으로 가치와 괴리될 수밖에 없습니다. 왜냐하면, 자본의 유기적 구성이 높으면, 동일한 노동량을 공급하는 데에도 평균적인 구성의 자본보다 더 많은 비용이 들기 때문에, 더 높은 상품가격이 아니면 그 노동량을 공급할 수 없기 때문이며, 자본의 유기적 구성이 낮으면, 동일한 노동량을 공급하는 데에도 평균적인 구성의 자본보다 적은 비용만 들기 때문에, 더 낮은 상품가격으로 그 노동량을 공급할 수 있기 때문입니다.

그림 2.5의 사례를 참조하면서 이 메커니즘을 좀 더 자세히 살펴보겠습니다. 자본의 유기적 구성이 높은 생산부문 C에서는 동일한 노동량을 공급하더라도 다른 부문보다 더 많은 생산수단(30)이 필요하므로, 자본가가 사회적 수요를 충족하는 노동(10)을 공급하기 위한 비용인 투하 총자본(35)이 다른 부문에 비해 높아집니다. 이러한 부문에서 생산된 상품이 가치대로의 가격으로 판매될 경우, 이윤율은 평균이윤율(20%)보다 낮아지기(14.3%) 때문에, 자본가들은 그 부문에 투자하려 하지 않고, 충분한 노동이 배분되지 않을 것입니다. 그렇지만, 이때 사회적 수요를 충족할 만큼의 상품이 그 부문에서 생산되지 않으므로, 가격이 가치 이상으로 상승하여 이 생산부문의 이윤율을 높일 것입니다. 이러한 가격 상승은 이 생산부문에 평균구성의 자본의 이윤율을 가져오며, 그로 인해 이 부문의 상품에 대한 사회적 수요를 충족할 수 있는 노동의 공급을 가져올 것입니다. 반대로, 자본구성이 낮은 생산부문은 다른 부문에 비해 낮은 투하 총자본액(15)으로 필요한 노동(10)을 공급할 수 있습니다. 따라서 그 부문의 상품을 그 가치대로 판매할 경우, 이윤율은 중위구성의 자본의 이윤율보다 높아지며(33.3%), 그 부문에

그림 2.6 마르크스균형에서의 균형가격(이윤이 목적인 경우)

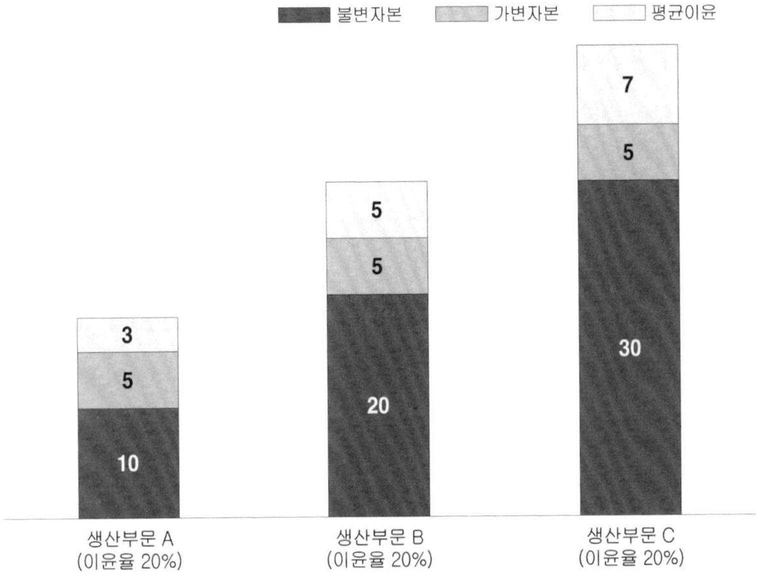

자본이 집중되어 노동이 과잉 공급됩니다. 이러한 경우, 그 부문에서는 상품이 과잉 공급되어 상품가격은 가치보다 낮아집니다. 가격 하락은 그 생산부문에 평균구성의 자본의 이윤율을 가져오며, 그로 인해 과잉 노동의 공급이 해소됩니다. 이상이 자본의 경쟁을 통한 일반적 이윤율의 형성 메커니즘입니다(그림 2.6).

다음과 같이 다양한 생산부문 간의 자본 경쟁을 고려한다면, 마르크스균형을 가능하게 하는 것은 가치가 아니라 생산가격=비용가격+평균이윤이라는 점이 됩니다. 그렇다고 하더라도, 지금까지 살펴본 바와 같이 생산가격은 가치와는 양적으로는 괴리되지만, 추상적 인간노동의 사회적 성격을 표현하고 있다는 점에서 여전히 동일한 성격을 가지고 있습니다. 왜냐하면, 자기 노동하는 상품생산자가 가치를 통해 사회적 총노동의 균형적 배분을 실현하듯이, 자본은 생산가격을 통해 사회적 총노동의 균형적 배분을 실현하기 때문입니다.

이와 같이 자본가가 투하한 자본에 대해 가능한 한 많은 이윤을 획득하려는 것을 통해 노동을 동원하는 시스템은, 제1부의 '상품' 장에서 고찰한 상품의 교환비율(가격)을 통해 노동을 동원하는 시장시스템의 발전된 버전으로 이해할 수 있을 것입니다. 그런 의미에서 생산가격 체계에서도 자본의 유기적 구성의 차이에 의해 시장가격의 변동 중심이 가치와 괴리됨에도 불구하고, 추상적 인간 노동으로서의 노동의 사회적 성격이 상품의 교환비율을 규제하고 있습니다. 따라서, 가치법칙은 생산가격론에서도 — 시장가치론의 경우와 마찬가지로 — 여전히 유효한 것입니다.

실제로 양적인 관점에서 보더라도 일반적 이윤율의 수준은 평균적인 자본의 유기적 구성을 가진 자본의 이윤율에 의해 규정되며, 후자는 가치에 의해 규정됩니다. 확실히 각각의 생산가격에서는 가치로부터의 괴리가 이제는 — 시장가치론의 경우와는 달리 — 개별적 가치의 범위를 초과하여, 각각의 자본의 유기적 구성이 평균적인 자본구성에서 괴리되는 정도에 따라 괴리됩니다. 그러나, 그럼에도 불구하고 그러한 괴리는 자의적인 것이 아니라, 여전히 자본의 유기적 구성이라는 생산조건의 범위 내에서의 괴리에 불과합니다.

따라서, 그림 2.6의 사례를 보더라도 알 수 있듯이, 자본의 유기적 구성의 영향만을 고려하는 경우에는 마르크스균형에서 총가격=총가치가 일반적으로 성립합니다. 그러나, 주의해야 할 점은 이 '총계일치'가 가치법칙의 성립을 증명하는 것이 아니라는 점입니다. 이는 '총계일치'

가 일반적으로 성립하지 않는 시장가치론의 사례를 생각해 보면 명백할 것입니다. '총계일치'는 어디까지나 자본이 중위 자본구성의 이윤율을 기준으로 행동하여, 일반적 이윤율 및 생산가격을 형성하는 결과에 불과합니다. 실제로, 생산가격론에 시장가치론의 요소를 도입하여, '시장생산가격'을 고려한다면, 더 이상 '총계일치'는 일반적으로 성립하지 않습니다.

초과이윤

"(α) 위에서 기술한 바에서 명확해진 바와 같이, **시장가치**(그리고, 이에 대해 기술한 모든 것은 필요한 **변경**을 가하면 **생산가격**에도 적용된다)는 각각의 특수한 생산부문에서 최상의 조건 하에서 생산하는 사람들의 초과이윤을 포함한다. 공황 또는 초기 공황(일반적인 과잉생산)의 경우를 제외하면, 이는 모든 **시장가격**에 적용되며, 비록 시장가격이 아무리 **시장가치** 또는 **시장생산가격***Markt-Productionspreisen*과 괴리되더라도 적용된다. 즉, **시장**가격에 포함되어 있는 것은 상품이 아무리 다른 개별적 조건들 하에서 생산되더라도, 그 상품에 대해서는 **동일**한 가격이 성립한다는 것이다. {통상적인 의미에서의 **독점**(그것이 인위적이든 자연적이든)의 결과인 초과이윤에 대해서는 여기서는 다루지 않는다.}

(β) 그러나, (α)에서 언급된 **초과이윤**의 산출 방식 외에도, 초과이윤은 어떤 생산부문이 그 가치의 생산가격으로의 전화를 면하는, **따라서 그 이윤의 평균이윤으로의 환원**을 면하는 경우에 발생할 수 있다. **지대**에 관한 장에서, 우리는 (α)와 (β)에서 논한 초과이윤의 형태의

더 진전된 형상화Gestaltung를 고찰해야 할 것이다."(①272f, E208f, 김245f)

평균이윤을 웃도는 이윤을 "초과이윤"이라고 부릅니다. "초과이윤"에는 두 가지 유형이 있습니다.

하나는, 상대적으로 우위의 생산력을 가진 생산자 그룹이 획득하는 초과이윤입니다. 최상의 생산조건의 생산물의 개별적 생산가격—각각의 생산자 그룹에게 평균이윤을 획득할 수 있는 가격—이, 시장생산가격—자본의 유기적 구성뿐만 아니라 시장가치를 가져온 요인들도 고려했을 때 마르크스균형을 실현하는 가격—을 규제하지 않는 한, 우수한 생산자 그룹은—경우에 따라 중위 생산자 그룹도—통상적인 이윤을 웃도는 "초과이윤"을 획득할 수 있습니다. 이는 제1부에서 등장한 '특별잉여가치'를 현상적 메커니즘에서 되짚어 본 것이라고 할 수 있을 것입니다. 참고로, 이 유형의 초과이윤에는 우등지 등의 생산조건의 배타적 독점에 기반한 것이나, 그 밖의 독점에 의해 가능해지는 초과이윤도 포함됩니다. 전자에 대해서는 제6장의 차액지대론에서 고찰됩니다.

또 하나는, 어떤 사정으로 인해 생산부문 간의 경쟁이 방해받아, 생산가격보다 높은 시장가치가 성립함으로써 발생하는 초과이윤입니다. 이 경우, 그 부문 전체에서 "초과이윤"을 획득할 수 있게 됩니다. 전형적인 예는 농업지의 배타적 독점에서 발생하는 절대지대입니다. 이에 대해서도 제6장에서 논의될 것입니다.

마르크스균형과 모순되는 서술 ①—가치의 생산가격으로의 전화의 역사적 이해

"따라서 — **가치법칙**에 의한 가격의 지배, 즉 **가치법칙**에 의한 **가격 운동**의 지배를 도외시하더라도 — 상품의 **가치**를 단지 이론적으로뿐만 아니라, 역사적으로도 생산가격의 선행자로 보는 것은 전적으로 적절하다. 이는 **생산수단**이 **노동자에게 속해 있는** 상태에 대해 말할 수 있으며, 이러한 상태는 구세계나 신세계에서, 노동하는 **토지소유농민**이나 **수공업자**의 경우에 발견된다.

…… 이는 이러한 상태와 마찬가지로, 노예제 및 농노제에 기반한 상태에 대해서도 — 각 생산부문에서 사용되는 생산수단들이 힘겹게 한 부문에서 다른 부문으로 이전될 수 있고, 서로 다른 생산부문들이 어느 정도 마치 낯선 나라들이나 공동체들communities처럼 서로에 대하여 관계를 가지는 한 — 말할 수 있다."(①252f, E186f, 김219f)

"더 깊이 들어가서 사태를 고찰해 보면, **개별 상품의 가치**에 적용되는 조건들이 여기서는 **하나의 상품 종류의 총액의 가치**를 결정하는 조건으로 재생산됨을 알 수 있다. 이는 자본주의적 생산이 처음부터 대량생산이며, **다른** 생산양식도 적어도 주요 상품에 대해서는 비교적 적게 생산된 것을 **시장에서 공동의 생산물**로 — 비록 다수의 소규모 생산자라 하더라도 — 집중하고 집적하여, 한 산업 부문 전체의 공동의 생산물로, 또는 그 크고 작은 부분의 공동의 생산물로 판매하기 때문이다."(①256, E191, 김224)

이 절의 마지막으로, 마르크스균형과 모순되는 일련의 서술에 대해 다루어 보겠습니다. 이미 기술한 바와 같이, 마르크스는 이 절의 대부분을 차지하는 시장가치론의 고찰을 통해 이 책에서 말하는 마르크스균형이라는 아이디어에 도달했으므로, 그 과정에서는 그것과 모순되는 서술이 적지 않습니다. 크게 나누면, 이러한 서술에는 두 가지 유형이 있습니다.

첫 번째 유형은 가치의 생산가격으로의 전화를 역사적 과정으로 해석하는 것입니다. 살펴본 바와 같이, 가치는 자본주의적 생산양식의 본질적 메커니즘을 구성하는 카테고리 중 하나이며, 현상적 메커니즘에서의 평균이윤이나 생산가격의 기초가 되는 것입니다. 따라서, 본래, 가치와 생산가격은 본질과 현상이라는 논리적 관계에 있으며, 역사적 관계를 나타내는 것이 아닙니다. 그런데, 여기서 인용한 바와 같이, 마르크스는 이 절에서 자본주의적 생산양식에 선행하는 생산양식 — 토지소유농민이나 수공업자, 나아가 노예제나 농노제 등의 공동체 사회 — 에서는 가치법칙이 순수한 형태로 나타난다는 서술을 몇 가지 남기고 있습니다.

이 절에서도 살펴본 바와 같이, 가치법칙은 경쟁을 통해 비로소 관철되므로, 이 주장은 다소 이상하게 들립니다. 그러나, 마르크스는 다음 두 가지를 주장함으로써, 가치에서 생산가격으로의 역사적 전화설을 정당화하려 했습니다.

첫째, 생산부문마다 필요로 하는 생산수단의 가치가 다른 이상, 생산부문마다 필요로 하는 자금이 다르며, 만약 생산부문 간의 이동이 자유로운 상태라면, 이 영향으로 인해 균형가격은 가치와 괴리될 수밖에 없다는 주장입니다. 산업마다 필요로 하는 자금에는 큰 차이가 있으며, 당연히 상대적으로 많은 자금이 필요로 하는 산업에서는 진입이 상대적으로 어려워져, 균형가격은 가치보다 높아질 것입니다. 따라서, 오히려 산업간 이동이 규제된 전근대적 상태가 아니면, 가치대로의 교환은 성립하지 않는다고 마르크스는 생각한 것입니다.

둘째, 전근대적 생산양식에서도 주요 상품에 대해서는 어느 정도 대량 공급이 이루어졌으며, 동일한 생산부문 내에서는 경쟁이 존재했다는 주장입니다. 다시 말해, 마르크스는 동일한 생산부문에서의 경쟁만으로 가치법칙이 관철될 수 있다고 생각한 것입니다. 마르크스는 이 테제를 입증하기 위해 시장가치론의 고찰에 들어갔으므로, 처음에는 시장가치가 동일 부문 내의 경쟁만으로 성립한다는 생각으로 논의를 전개했습니다. 그러나, 결론적으로 시장가치론에서도 역시 사회적 총노동의 배분 문제, 즉 부문간 경쟁을 고려하지 않을 수 없다는 결론에 이르렀습니다. 이러한 논의의 변천은 이 절의 시장가치론을 매우 이해하기 어렵게 만드는 원인 중 하나가 되고 있습니다.

마르크스균형과 모순되는 서술 ②—총계일치의 일반적 성립

"상품의 총가치만이 총잉여가치를 규제하지만, 이 총잉여가치가 **평균이윤의 높이**, 따라서 **일반적 이윤율의 높이**를 규제하는(일반법칙으로서, 또는 변동들을 지배하는 것으로서) 것이므로, **가치법칙**은 **생산가격**을 규제한다."(①255, E189, 김223)

"엄밀히 말하면, 개별 상품의 또는 총량의 등분한 부분들로 산정된 각 상품량의 **평균**가격 또는 **시장가치**는 이제 다양한 조건 하에서 생산된 상품들의 가치의 가산에 의해 나오는 **상품량의 총가치**와 이 총가치의 부분으로서 다시 개별 상품에 할당되는 이 가치의 등분한 부분에 의해 규정된다."(①258f, E193f, 김227)

마르크스균형에 모순되는 서술의 또 다른 유형은 '총계일치 명제'의 일반적 성립입니다. 마르크스는 앞 절에서 살펴본 총가격=총가치, 혹은 총이윤=총잉여가치가 일반적으로 성립한다고 생각했던 경향이 있었던 것 같습니다. 마르크스는 이 절의 고찰을 통해 마르크스균형의 사고방식을 획득한 후에도 이 '총계일치 명제'를 포기하지 않았습니다.

마르크스균형과는 달리, '총계일치 명제'와 가치법칙의 관련성에 대해서는 명확한 설명이 주어지지 않았지만, 아마도 마르크스는 무의식적으로 가치를 사용가치와 마찬가지로 어떤 실체적인 것으로 간주했던 것 같습니다. 더 간단히 말하자면, 마르크스는 가치를 마치 케이크처럼 자유롭게 나눌 수 있는 것으로 생각했던 경향이 있는 것입니다. 실제로, 두 번째 인용문의 시장가치론 규정—시장가치=개별적 가치의 총계÷상품량—은 이러한 실체주의적 가치 규정을 반영한 것이라고 할 수 있을 것입니다.

물론, 가치를 실체주의적으로 이해하는 것은 올바르지 않습니다. 가치는 추상적 인간노동이라는 실체를 가지고 있지만, 가치 그 자체는 추상적 인간노동의 사회적 성격의 대상화이며, 그 자체로는 "유령과 같은 대상성gespenstige Gegenständlichkeit"(『자본론』 제1권, 52, 김(1)47[45])을 가지고 있을 뿐입니다. 즉, 가치는 사회적 총노동을 배분하기 위해 상품의 교환비율이 추상적 인간노동에 의해 규제되어야 한다는 사회적 관계를 표현한 것이며, 사용가치와 같은 고정적인 실체를 가진 것이 아닙니다(엄밀히 말하면, 어떤 물질이 사용가치가 되는지는 인간의 사정에 따라 좌우되므로, 사용가치조차도 고정적인 실체를 가진다고 할 수는 없습니다만).

45) 역주: "gespenstige Gegenständlichkeit"을 김수행 번역본은 "유령 같은 모양"으로 번역한다.

그렇지만, 앞의 인용문 바로 뒤에서는 수요의 영향을 고려하면 시장가치가 평균가치와 괴리될 수 있다는 점도 지적되고 있으며, 더 이상 단순한 실체주의적 가치론이 아니게끔 변해 가는 점에도 주의가 필요합니다. 이후 마르크스의 가치론에서는 마르크스균형적 이해와 실체주의적 이해가 모순되면서도 공존했다고 할 수 있을 것입니다.

마르크스를 옹호하자면, '총계일치 명제'는 완전히 잘못된 것이 아니라, 근사적인 명제로서는 일정한 유용성을 가지고 있습니다. 시장가치론을 배제하고 생산가격론을 고찰하는 한에서는 '총계일치'가 항상 성립하며, 시장가치론을 도입하더라도 일반적인 경우를 생각하면 '총계일치'는 근사적으로 성립합니다. 일부 '마르크스 경제학자'처럼 '총계일치 명제'를 금과옥조로 삼는다면 해악이 될 뿐이지만, 마르크스균형을 전제로 하여 가치에 의한 가격의 규제를 근사적으로 표현한 것으로 해석한다면, 가치법칙의 이미지를 직관적으로 파악하는 데 유익한 역할을 할 것입니다.

제4절 자본가의 보상 이유

경쟁에서는 모든 것이 전도되어서 나타난다

"따라서 경쟁이 보여 주지 **않는** 것은 생산의 운동을 지배하는 가치규정Werthbestimmung이다—경쟁은 생산가격의 배후에 있는 가치를 보여 주지 않는다. 오히려, 경쟁이 보여 주는 것은 다음의 것이다. (α) **첫째**, 평균이윤. 이는 다양한 생산부문의 자본의 유기적 구성과 관계가 없으며, 따라서 자본이 **특정 착취 영역**에서 **획득하는 살아 있는 노동**의 양과도 관계가 없는 것이다. (β) **둘째**, 임금의 높낮이 변동의 결과로서의 **생산가격**의 오르내림. 이 현상은 상품의 **가치관계** *Werthverhältniß*와는 겉보기에 완전히 모순된다[이 점에 대해서는 제5절을 참조. 초고에서는 제4절 전에 제5절을 작성했다]. (γ) **셋째**, 시장가격의 진자운동Oscillationen. 이 진자운동은 일정 기간 동안의 상품의 평균 시장가격을 **시장가치**로 환원하는 것이 아니라, 이 시장가치와는 괴리되고 아주 다른 **시장생산가격**으로 환원한다. 이러한 모든 현상 (α), (β), (γ)은 노동시간에 의해 규정되는 **가치관계**에도 불불노동 즉 **잉여노동**으로만 구성되는 **잉여가치**의 본성에도 모순되는 것으로

보인다. 따라서 경쟁에서는 모든 것이 전도되어 **나타난다**. 표면에 나타나는 경제적 관계들의 완성된 자태는 그 실재적 존재에서도, 따라서 그 표상에서도, 이 관계들의 담당자나 행위자들이 그 관계에 대해 가지는 표상에서도, 이 관계들의 **내적이고 본질적인**, 그러나 감추어진 **자태***Gestalt*, 그 보이지 않는 핵심 자태, 그리고 이에 대응하는 **개념**과는 매우 다르며, 사실상 뒤집혀 있고 상반된 것이다."(① 279, E219, 김258)

제2절에서는 "평균이윤"에서는 단순히 형태의 변화뿐 아니라 양적으로도 잉여가치와의 괴리가 발생하며, 사태가 더욱 전도되어 나타난다고 서술되었지만, 여기서는 이 전도의 심화가 자본가들의 경쟁을 통해 발생한다고 지적되고 있습니다. 이윤에서 발생한 전도, 즉 자본에게 수익을 창출한 것은 노동자가 창출한 잉여가치가 아니라 자본이 창출한 이윤이라는 전도는 평균이윤을 성립시키는 자본가들 간의 경쟁을 통해 단순한 형태적이고 질적인 전도에 그치지 않고, 실체적이고 양적인 전도, 즉 자본이 획득하는 이윤량은 각 자본이 착취하는 잉여가치와는 관계없이 투하된 자본량에 비례한 크기가 된다는 전도로까지 심화되는 것입니다. 단적으로 말하면, 일상적 의식에 나타남으로써 발생한 형태적 전도—형상화에 따라 발생하는 첫 번째 전도—가 경쟁을 통해 관철되어, 실체적 전도—형상화에 따라 발생하는 두 번째 전도—로까지 심화된다는 것입니다.

또한, 여기서는 임금을 둘러싼 자본가와 노동자 간의 경쟁을 통해 이윤의 원천이 가려질 뿐 아니라, 경우에 따라 가치관계와 모순되는 것처럼 보이는 현상까지 발생한다고 지적되고 있습니다. 이러한 사정들로 인해 자신이 획득하는 이윤은 단지 자신의 자본 투하에서 비롯된다는 자본가의 관념은 매우 견고한 것이 됩니다.

이윤을 평균이윤보다 높이거나 낮추는 사정은
모두 보상 이유로 직접 계산에 포함된다

"자본주의적 생산이 일정한 발달 정도에 도달하면, 곧바로 다양한 생산부문의 각기 다른 이윤율이 균등화되어 일반적 이윤율이 되는 것은 결코 시장가격이 투하 자본을 끌어들이거나 밀어내는 인력Attraction과 척력Repulsion의 작용에 의해서만 이루어지는 것이 아니다. **평균가격**과 이에 대응하는 생산가격이 일정 기간 동안 고정되면, 이 균등화 속에서 **일정한 차이**는 상쇄된다는 것을 개별 자본가가 의식하게 되며, 그 결과 그들은 이러한 차이를 즉시 그들의 **상호간의 계산**에 포함시킨다. 자본가들의 표상 속에서는 이러한 차이가 여전히 유효하며, 그들에 의해 **보상 이유**로 계산에 포함되는 것이다."(①279f, E219, 김258f)

"그래서 이런 표상에 기초하여 **자본가들 간에 계산**이 이루어진다. 예를 들어, 상품이 생산과정에 꽤 오래 머물러 있거나, 상품이 먼 시장에서 판매되는 등의 이유로 드물게만 회전하는 자본은 그로 인해 자신에게서 빠져나가는 **이윤**을 역시 **계산에 포함시키는** 것이며, 따라서 가격 인상으로 손실을 보전한다. 또는, 예를 들어, 선박업 등에서처럼 상당히 큰 위험에 노출된 자본 투하는 가격 인상으로 보상받는다. (실제로 자본주의적 생산이 발전하고, 그에 따라 **보험업**이 발달하면서 곧바로 **위험**은 모든 생산부문에 대해 같은 크기가 된다. 그렇다고 하더라도, 그 부문들은 그때 비교적 높은 보험료를 지불하는 것이지만,) 실제로 이는 모두 다음으로 귀착된다. 즉, 어떤 자본 투하—일정한 한계 안에 머무른다면 모든 자본 투하가 똑같이 필요하다고 가상된다—의 이윤을 더 적게 하고, 따라서 다른 자본 투하의 이윤을 더 많이 만드는 어떤 사정도 명확히 **유효한 보상 동기**로 계산에 포함되지만, 그렇다고 해서 이러한 동기 또는 계산 요인의 정당성을 확인하기 위해 끊임없이 반복해서 경쟁의 활동을 직접적으로 필요로 하는 것은 아니다.(①280, E220, 김259)

평균이윤이 성립하면, 자본가는 현실에서 자본이 올리는 이윤은 자본 그 자체에서 창출되며, 그 양은 투하 자본에 걸맞아야 한다는 전도된 관념에 기초하여 행동합니다. 따라서 이전 절의 고찰에서는 자본가들 간의 경쟁의 압력만이 일반적 이윤율을 형성하고 이윤을 평균이윤으로 전화시킨다고 서술했지만, 실제로는 그러한 경쟁의 압력을 기다리지 않고, 자본가는 평균이윤을 전제로 한 행동을 합니다. 즉, 인용문에서 예로 든 것과 같은 다양한 차이에도 불구하고, 같은 자본량을 투하했다면 대체로 같은 이윤을 획득해야 한다는 관념에 기초하여 행동하는 것입니다. 예를 들어, 더 높은 리스크를 지닌 자본 투하는 그만큼 평균이윤을 획득하지 못할 가능성이 높은 경우가 발생하므로, 이를 "보상"할 만큼 높은 이윤이 획득되어야 한다는 식입니다. 이처럼 자본 간에 존재하는 다양한 차이는 자본가에게 평준화되어야 할 것이며, 따라서 "보상 이유"로 계산에 들어가게 됩니다.

제5절 임금의 일반적 인상 또는 인하(하락)가 다양한 상품의 생산가격에 미치는 영향

임금의 상승이 평균이윤과 생산가격에 미치는 영향

"사회적 자본의 평균구성은 $=C^{80}V^{20}$, 이윤은 =20%라고 가정하자. 이 경우 잉여가치율은 =100%이다. 임금의 일반적 인상은 — 다른 모든 것이 변하지 않는다고 한다면 — 잉여가치율의 하락이다. 평균자본에 있어서는 **이윤**과 **잉여가치**가 일치한다. 임금이 25% 인상된다고 하자. 같은 일 시키는 데 20의 비용이 들었던 같은 수의 노동자들은 이제는 25의 비용이 든다. 그러면

C	V	P
80	20	20 대신에

C	V	P
80	25	15 가 될 것이다.

…… 105에 대한 15의 이윤은 $=14\frac{6}{21}\%$ 이다. 따라서 새로운 평균

이윤율은 $14\frac{6}{21}\%$가 될 것이다. 평균 자본에 의해 생산되는 상품의 **생산가격**은 여기서 가치가 생산가격과 일치하므로 변하지 않을 것이다. 따라서 임금의 인상은 이윤의 인하를 동반하지만, 상품의 가치와 가격의 변동은 동반하지 않는다."(①273, E210, 김247)

여기서는 평균적인 자본구성을 가진 자본의 경우 임금의 전반적 상승에 대해 고찰하고 있습니다. 이 경우 이윤과 잉여가치가 일치하고, 생산가격과 가치가 일치하므로 사태는 단순합니다. 여기서 임금이 상승한 만큼 이윤이 줄어들므로 생산가격에는 변화가 없습니다. 또한, 이 경우의 이윤율을 계산하면 임금 인상에 대응한 새로운 일반적 이윤율($14\frac{6}{21}\%$)을 도출할 수 있습니다.

그러나 마르크스가 이 인용부 이후에 고찰한 바와 같이, 평균구성과 다른 자본의 경우에는 다소 복잡한 사태가 발생합니다. 구성이 낮은 자본, 예를 들어 $C^{50}V^{50}$의 경우 임금이 25% 상승하면 $C^{50}V^{62.5}$가 되며, 앞서 구한 일반적 이윤율이 $14\frac{6}{21}\%$이므로 이 자본이 창출하는 평균이윤은 $16\frac{3}{42}$이 됩니다. 이렇게 생산가격은 120에서 $128\frac{4}{7}$로 상승합니다. 반대로 구성이 높은 자본, 예를 들어 $C^{92}V^{8}$의 경우 임금이 25% 상승하면 $C^{92}V^{10}$이 되며, 평균이윤은 $14\frac{4}{7}$이 됩니다. 이렇게 생산가격은 120에서 $116\frac{4}{7}$로 하락합니다.

임금 상승의 결과

"임금의 25% 인상의 결과는 다음과 같다.

(1) 사회적 평균구성의 **자본**에서는 **상품의 생산가격**이 원래대로이며 **변하지 않는다**.

(2) 구성이 **더 낮은** 자본에서는 **상품의 생산가격이 상승한다**. 다만 이윤이 하락한 것과 같은 비율은 아니다.

(3) 구성이 **더 높은** 자본에서는 **상품의 생산가격이 하락한다**. 이 역시 이윤과 같은 비율은 아니다."(①275, E211f)

유사한 현상은 임금 하락의 경우에도 발생합니다. 다만 임금 상승의 경우와는 반대의 결과가 됩니다. 즉,

(1) 사회적 평균구성의 자본에서는 가치와 생산가격이 항상 일치하므로, 임금 하락으로 평균이윤이 증가하더라도 상품의 생산가격은 변하지 않는다.

(2) 구성이 더 낮은 자본에서는 임금 하락이 평균이윤의 증대를 초과하기 때문에 상품의 생산가격이 하락한다.

(3) 구성이 더 높은 자본에서는 평균이윤의 증대가 임금 하락을 초과하기 때문에 상품의 생산가격이 상승한다.

라는 결과가 나타납니다. 앞 절에서 본 바와 같이, 이러한 임금 변화에 따른 생산가격의 변동은 노동량에 따라 가격이 결정된다는 노동가치설의 단순한 이미지와 모순되므로, 평균이윤이라는 현상형태에서의 전도를 더욱 촉진하게 됩니다.

COLUMN 2 *MEGA*와 『자본론』 초고

*MEGA*는 *Marx-Engels-Gesamtausgabe*의 약칭으로, 번역하면 『마르크스·엥겔스 전집』입니다. 이름 그대로 마르크스와 엥겔스가 남긴 모든 저술(저서, 논문, 서신, 초고, 발췌 노트, 메모, 책의 여백에 쓴 글 등) 및 발언 기록을 모두 수록하려는 기획입니다.

원래 *MEGA*는 러시아혁명 후, 랴자노프David Ryazanov(1870-1938)가 소장으로 있던 모스크바의 마르크스·엥겔스 연구소에서 계획되었으며, 1927년부터 1935년까지 출간이 진행되었습니다. 그러나 스탈린이 등장하고, '대숙청'의 폭풍 속에서 중단되었으며, 전 42권 중 12권만 출간되었습니다(랴자노프도 1931년에 소장에서 해임되고 1938년에 처형되었습니다).

그러나 그 후 동베를린의 마르크스·레닌주의 연구소와 모스크바의 마르크스·레닌주의 연구소에 의해 새로운 *MEGA* 출간이 기획되었으며, 1975년부터 현재까지 출간이 이어지고 있습니다. 이는 과거의 '구舊*MEGA*'와 구별하여 '신*MEGA*'라고도 불립니다. 소련과 동유럽의 '사회주의' 붕괴로 지속적인 활동이 위협받았으나, 일본을 비롯한 전 세계 연구자들이 참여한 새로운 체제 아래 출간이 계속되었습니다. 현재(2023년 9월 기준), 계획된 전 114권 중 73권이 출간되었으며, 『자본론』 및 관련 초고를 수록한 제2부문은 이미 전권이 출간되었습니다.

제3장 자본주의적 생산의 진전에 있어서 일반적 이윤율의 경향적 저하의 법칙

제3장의 주제는 '일반적 이윤율의 경향적 저하'입니다. 자본주의적 생산이 이윤을 목적으로 하는 것인 이상, 이윤율이 경향적으로 저하한다면, 이것이 자본주의 시스템에서 중대한 문제가 되는 것은 말할 필요도 없습니다. 실제로, 이 장에서 밝혀지는 '일반적 이윤율의 경향적 저하의 법칙'은 이른바 '경기순환'이나 현재의 '장기침체'를 이해하는 데 핵심이 되는 이론이라고 할 수 있을 것입니다.

제2장에서는 자본 간의 경쟁을 통해 일반적 이윤율이 형성되고, 이윤이 평균이윤으로 전화되는 메커니즘이 밝혀졌습니다. 이 장에서는 이를 전제로 하여, '자본주의적 생산의 진전'에 따라 일반적 이윤율이 어떻게 변화하는지, 그 변화가 자본주의적 생산양식 자체에 어떤 영향을 미치는지를 고찰합니다. 단적으로 말해, '자본주의적 생산의 진전'이라는 시간적 요소를 고려하여, '일반적 이윤율'이나 '평균이윤'이라는 경제적 형태규정에 대해 더욱 깊이 검토하는 것이 이 장의 과제라고 할 수 있을 것입니다.

이미 우리는 『마르크스 자본론』에서 제1부의 자본축적론을 개관했습니다. 거기에서는 '자본주의적 생산의 진전'에 따라 생산에 투입되는 자본이 점점 거대화되고, 노동력에 대한 수요가 절대량으로는 증대되는 반면, "자본의 유기적 구성의 고도화"(마477)가 진행되어 상대적으로 노동력에 대한 수요가 감소하는 것이 밝혀졌습니다. 이를 통해 '상대적 과잉인구'가 끊임없이 생겨나고, 임금의 상승이 억제되며, 추가적인 자본축적을 위한 조건이 마련됩니다. 마르크스는 이를 "자본주의적 축적의 일반적 법칙"이라고 불렀습니다.(자세한 내용은 마475~508쪽 참조)

그러나 이 "자본주의적 축적의 일반적 법칙"은 잉여가치 생산의 관점에서 밝혀진 법칙이며, 자본축적(잉여가치의 자본으로의 전화에 의한 자본 규모의 확대)의 본질적 메커니즘을 보여 주는 것이지만, 그 현상적 메커니즘을 표현하는 것은 아닙니다. 이 장에서는 제2장까지의 이윤과 이윤율을 둘러싼 현상적 메커니즘의 고찰을 바탕으로, 자본축적의 현상적 메커니즘을 — 경제적 형태규정의 해명이라는 『자본론』의 과제 범위 내에서 — 해명해 나가게 됩니다. 여기서 자본축적에 따른 "자본의 유기적 구성의 고도화"는 더 이상 '상대적 과잉인구'를 항상적으로 낳는 데 그치지 않고, '일반적 이윤율'을 경향적으로 저하시키며, 이에 수반되는 다양한 현상을 낳습니다.

자세한 내용은 나중에 텍스트를 통해 살펴보겠지만, 자본의 유기적 구성의 고도화로 인해 일반적 이윤율이 저하한다는 논리는 그 자체로는 매우 간단합니다. 그림 3.1에서도 알 수 있듯이, 지금까지와 동일하게 잉여가치율을 일정(그림 3.1에서는 100%)하다고 가정할 때, 사회 전체의 자본의 유기적 구성이 고도화되면, 결과적으로 이윤율이 저하하는 것은 명백합니다. 왜냐하면, 자본 투하에서 차지하는 가변자본의 비율이 낮아지면, 그만큼 자본 투하에 대한 잉여가치의 비율도 저하하기 때문입니다.

논리적으로는 이 정도로 간단한 이야기지만, 실제로 일부 '마르크스 경제학자'는 이 '이윤율의 경향적 저하 법칙'을 지지하지 않습니다. 일본에서는 마르크스의 이론을 중시한다고 여겨지는 공산당조차 최근 이

그림 3.1 자본의 유기적 구성의 고도화로 인한 이윤율의 저하

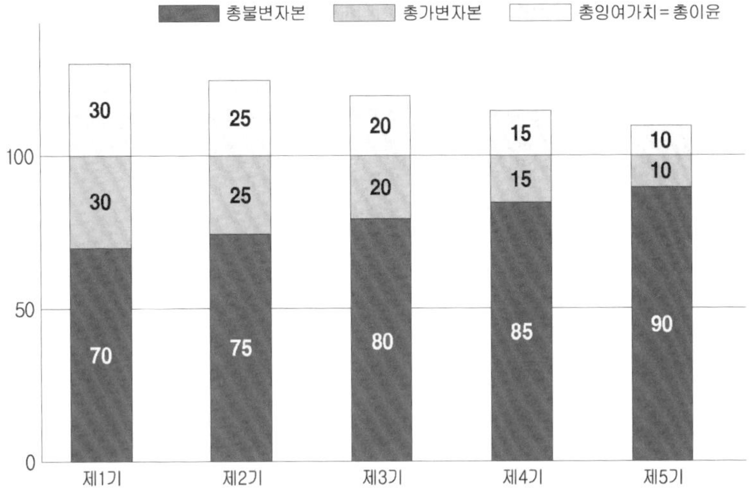

법칙을 경시하는 방향으로 기울고 있습니다. 현실이 이 법칙과 어긋나 있다면 그것을 부정하거나 경시하는 것도 이해할 수 있지만, 실제로는 현재까지 이윤율의 저하 경향은 변하지 않았습니다. 왜 '이윤율 저하 법칙'은 인기가 없을까요?

하나는 생산성의 증대가 이윤율을 저하시킨다는 논리가 직관에 어긋나기 때문일 것입니다. 『마르크스 자본론』에서 보았듯이, 자본의 유기적 구성의 고도화는 노동생산력 증대의 결과로 일어나므로, 이 법칙은 결국 생산력의 증대가 이윤율을 저하시키는 것을 의미합니다. 그러나 일반적으로 생산력이 상승하면 더 많은 부를 효율적으로 산출할 수 있게 되므로, 이로 인해 이윤율이 저하된다는 것은 납득하기 어렵게 느껴질 것입니다.

또 하나는, 만약 생산력의 증대가 이윤율을 저하시킨다면, 자본가는

왜 생산력을 증가시키려 하는가 하는 의문이 남기 때문입니다. 제1권에서 다룬 잉여가치에 대해 생각할 때는 생산력의 증대가 상대적 잉여가치의 생산으로 이어지고, 잉여가치율의 상승을 가져왔기 때문에 이 점에 대한 의문은 생기지 않았습니다. 그러나 이윤에 대해 생각하자마자, 생산력을 상승시키는 자본가의 동기에 관한 문제가 생기는 것입니다.

사실, 마르크스는 이 두 가지 문제에 대해 실질적으로 답을 제시하고 있습니다. 전반부의 '법칙'에 대한 설명에서는 부의 생산 증대를 가져올 노동생산력 발전이 왜 이윤율을 저하시키는지에 대해 반복적으로 논의됩니다. 또한, 중반 이후의 '법칙'이 초래하는 현상들에 대한 설명에서는 자본가가 가진 관념과 그 관념에 기반한 자본가의 행동을 통해, 현실에서 '법칙'이 어떻게 관철되는지가 논의됩니다. 따라서 이 두 가지 문제를 염두에 두고 읽어 나간다면 이 장 전체에 대한 이해도 더 높아질 것입니다.

문헌고증

이 장에서는 주요 초고(①)와 현행판의 큰 차이점이 두 가지 있습니다(표 3.1). 하나는 장 제목(편 제목)의 차이입니다. 주요 초고에서는 "자본주의적 생산의 진전Fortschritt"이라는 표현이 포함되어 있어, 제1권의 자본축적론과의 관계가 비교적 명확히 드러납니다.

또 하나는 현행판에서는 초고에는 존재하지 않는 장 분할이나 절 분할이 이루어져 있다는 것입니다. 일반적으로 말하자면, 이러한 구분은 텍스트의 흐름을 명확화하는 데 도움이 되지만, 이 장에 관한 엥겔스의

표 3.1

제3부 주요 초고(①)	현행판(E)
제3장 자본주의적 생산의 진전에 있어서 일반적 이윤율의 경향적 저하의 법칙	제3편 이윤율의 경향적 저하의 법칙
	제13장 법칙 그 자체
	제14장 반대로 작용하는 원인들 제1절 노동의 착취도 증가 제2절 임금의 가치 이하로의 인하 제3절 불변자본 제요소의 저렴화 제4절 상대적 과잉인구 제5절 무역 제6절 주식자본의 증가
	제15장 이 법칙의 내적 모순의 전개 제1절 개설 제2절 생산의 확장과 가치증식과의 충돌 제3절 인구과잉 상태에서의 자본과잉 제4절 보유

구분에는 다소 문제가 있습니다. 특히 문제가 되는 것은 '반대로 작용하는 원인들'을 '법칙 그 자체'로부터 분리해 버린 것입니다. 실제로는, '법칙 그 자체'의 안에 '반대로 작용하는 원인들'도 포함하여 고찰해야 하며, 이러한 구분은 오도할 가능성이 있습니다. 또한, 아래의 본문에서 이해할 수 있겠지만, 제15장 안에서 절 제목을 붙이는 방식도 반드시 내용에 부합하는 것은 아닙니다. 따라서, 이 장에서는 현행판에 의한 장 분할이나 절 분할은 일체 채용하지 않았습니다.

잉여가치율이 불변이라 하더라도 자본의 유기적 구성이 고도화되면 이윤율은 저하한다

"…… **잉여가치율**이 …… 주어져 있다 하더라도, 이전의 전개에서 귀결되듯이, 노동수단과 불변자본의 크기 차이에 따라 불변자본(c)의 가치량이 증대되고, 따라서 또한 총자본 C의 가치량이 증대함에 따라, 매우 **다른 이윤율**로 표현될 것이다. 왜냐하면 이윤율 = m/C이기 때문이다.

불변자본 = 50으로 가변자본 = 100이라면,	이윤율	p′ = 100/150 = 66⅔%
불변자본 = 100	이라면,	p′ = 100/200 = 50%
= 200		p′ = 100/300 = 33⅓%
= 300		p′ = 100/400 = 25%
= 400		p′ = 100/500 = 20%
= 500		p′ = 100/600 = 16⅔%

등등.

이처럼, 같은 잉여가치율〔100%〕이 노동의 착취도가 일정함에도 불구하고, **저하하는 이윤율**로 표현될 것이다. ……

더 나아가 지금, 이러한 자본구성의 점진적 변화가 특수한 생산부문에서 일어나는 것이 아니라, 어떤 특정한 사회에 속하는 총자본의 구성의 변화를 나타내고, 따라서 사회적 자본의 **유기적 평균구성**의 변화를 나타낸다고 하면, 그 필연적 결과는 잉여가치율이 동일하게 유지되면, 즉 자본에 의한 노동의 착취도가 일정하면, **일반적 이윤율**의 점진적 저하일 것이다.”(①285f, E221f, 김263f)

사회적 생산력의 발전과 함께 사회적 자본의 유기적 구성은 고도화된다

“그러나, 이미 지적한 바와 같이, 이 생산양식의 발전에 따라 **가변**

자본이 불변자본에 비해, 따라서 **동원되는 총자본에 비해, 상대적으로 감소한다**는 것은 자본주의적 생산양식의 법칙의 하나이다. 바꿔 말하면, 이 사실이 의미하는 것은 **동일한 가치량의 자본**에 의해, 일정한 가치량의 가변자본에 의해 동원되는 같은 **노동자 수**(동일한 노동력)가 자본주의적 생산양식의 내부에서 발전해 가는 독자적인 생산방법의 결과로서, 노동수단, 원료, 보조재료, 기계나 모든 종류의 고정자본이 끊임없이 증대해 가는 양을 — 따라서 또한 가치량이 끊임없이 증대해 가는 불변자본을 — 같은 시간에 동원하거나 생산적으로 소비하고 가공한다는 것 말고 다른 것이 아니다. 이처럼 불변자본에 비해, 따라서 총자본에 비해, 가변자본이 상대적으로 점진적으로 감소해 간다는 것은 사회적 자본의 유기적 구성이 점진적으로 **높아**진다는 것, 즉 자본의 유기적 평균구성이 높아진다는 것과 동일하다. 이는 또한, **노동의 사회적 생산력**이 점점 더 발전해 간다는 것의 또 다른 표현에 다름없으며, 이 발전은 바로 기계, 고정자본 일반의 사용 증대에 의해 더 많은 **원료나 보조재료**를 **같은 시간에**, 즉 더 적은 노동으로 생산물로 전화시킨다는 것으로 나타나는 것이다."(① 286f, E 222, 김264f)

이미 제1부에서 본 바와 같이, 노동생산력의 발전은 자본의 기술적 구성의 고도화를 가져오고, 기술적 구성의 고도화는 가치구성의 고도화를 가져옵니다. 마르크스는 이를 "자본의 유기적 구성의 고도화"라고 불렀습니다.(마475ff)

이 "자본의 유기적 구성의 고도화"에 대해서는 자본의 기술적 구성이 고도화하더라도, 생산수단의 가치가 그와 동등하거나 혹은 그 이상으로 저하한다면, 자본의 유기적 구성은 고도화하지 않을 것이라는 비판이 있습니다. 이에 대한 반비판은 이미 『마르크스 자본론』에 적어두었으므로, 자세한 내용은 그곳을 참조할 수 있지만(마485ff), 결론만 말하자면, 이러한 논의가 간과하고 있는 것은 현실의 생산력이 상승할 때의 동태적 과정입니다. 사회 전체의 노동생산력이 일제히 상승한다는 극단적인 경우를 생각하더라도 현재의 생산에 사용되는 생산수단의 가치는 즉시 감소하지 않습니다. 왜냐하면, 현재의 생산에 사용되는 생산수단은 과거에 생산된 것이기 때문입니다. 현재의 생산력의 상승이 생산수단의 가치에 반영되어 그 저하를 가져오려면 일정한 시간이 걸립니다. 이에 반해, 노동력에 대한 생산수단의 물량적 비율은 생산력의 상승에 의해 즉시 증대합니다. 따라서, 동태적 프로세스에서는 생산수단 가치의 저하 효과보다, 자본의 기술적 구성의 고도화 효과가 더 강하게 나타나, 결과적으로 자본의 유기적 구성의 고도화가 진행됩니다.

물론 이상에서 말한 것은 어디까지나 본질적 메커니즘에서 성립하는 것에 불과합니다. 후에 보게 되듯이, 자본들 간의 격렬한 경쟁전을 고려한다면, '자본의 감가'가 자본의 유기적 구성을 감소시킬 수도 있습니다. 또한, 전후 고도성장기처럼 인플레이션이 진행됨으로써도, 자본의 유기적 구성은 저하할 수 있습니다. 여기에서도 본질적 메커니즘이 자본가의 경쟁을 통해 왜곡되어 나타납니다. 그렇지만, 다른 한편으로는 이러한 현상적 메커니즘의 동태를 파악하기 위해서도, 본질적 메커니즘에서 자본의 유기적 구성의 고도화를 파악하는 것이 중요합니다.

사회적 자본의 유기적 구성이 고도화되면 일반적 이윤율이 저하한다

"따라서, 이 장의 처음에 가정으로 나타낸 저하하는 자본주의적 생산의 현실의 경향을 나타낸다. 자본주의적 생산은 불변자본에 대한 가변자본의 점진적이고 상대적인 감소에 따라, 총자본의 점점 더 높아지는 **유기적 구성**을 만들어 내며, 그 직접적인 결과는 잉여가치율이 노동의 착취도가 변하지 않는 경우에도, 또한 그것이 높아지는 경우에도, **끊임없이 저하하는 일반적 이윤율**로 표현된다. …… 따라서, **일반적 이윤율의 저하**로의 점진적 경향은 …… **노동의 사회적 생산력**의 끊임없는 발전에 관한 자본주의적 생산양식의 독자적인 표현에 다름없다."(①287, E222f, 김265)

"**동일한** 잉여가치율, 혹은 **상승하는** 잉여가치율조차도 **저하하는 이윤율**로 표현된다는 법칙은 다른 말로 하면, 어떤 사회적 평균자본의 일정량, 예를 들어 100의 자본을 취했을 때, 그중 끊임없이 커져가는 부분이 노동수단으로 표현되고, 끊임없이 작아지는 부분이 살아 있는 노동으로 표현된다는 것이며, 따라서 살아 있는 추가 총노동이 투하 총자본의 가치에 비해 줄어들기 때문에, **불불** 부분과 그것을 나타내는 **가치 부분**도 투하 총자본의 가치에 비해 줄어 간다는 것이며, 혹은 투하 총자본 중에서 점점 작아지는 부분이 살아 있는 노동으로 전환되어, 따라서 그 크기에 비해 점점 더 적은 잉여노동을 흡수하게 되는 것이며, 비록 사용되는 노동의 **불불** 부분의 **지불** 부분에 대한 **비율**이 동시에 증대되더라도, 역시 그렇다는 것이다."(①290, E225f,

김268f)

제1부에서 보았듯이, 자본의 유기적 구성의 고도화는 본질적 메커니즘에서 노동력에 대한 수요를 상대적으로 감소시키고, 상대적 과잉 인구를 지속시키는 효과를 가지지만, 현상적 메커니즘에서는 이에 그치지 않고, 일반적 이윤율을 저하시키는 효과도 있습니다. 왜냐하면 사회 전체의 자본이 생산력의 발전과 함께 그 유기적 구성을 고도화시켜 나간다면, 평균구성 자본의 유기적 구성 고도화도 역시 진행되고, 그 결과 일반적 이윤율이 저하되기 때문입니다.

여기서 중요한 것은 일반적 이윤율의 저하를 본질적 메커니즘의 차원에서 파악하고 있다는 것입니다. 마르크스가 지적하는 것은 단순히 잉여가치율이 일정한 경우에 자본의 유기적 구성이 고도화하면 이윤율이 저하한다는 수량적 관계에 대한 것만이 아닙니다. 자본의 유기적 구성의 고도화가 진행됨으로써 자본가들이 살아 있는 노동을 동원하기 위해 점점 더 많은 가치—즉 가치로서 대상화된 과거의 노동—을 필요로 하게 된다는 것을 지적하고 있습니다.

일반적으로 어떤 사회에서도 생산력이 발전한다는 것은 현재의 살아 있는 노동이 점점 더 과거의 노동의 성과에 의존하여 이루어지게 된다는 것을 의미합니다. 높은 생산력을 실현하기 위한 기계나 다양한 인프라스트럭처는 모두 과거 노동의 산물입니다. 그리고, 그 기계나 인프라를 생산하기 위한 기계나 도구, 원료도 또한 과거 노동의 산물입니다. 설령 아무리 고도의 지식을 가지고 있다고 하더라도—애초에 그 고도의 지식 자체가 오랜 세월에 걸친 노동이나 과학적 활동의 성과이지만—만약 우리의 현재 생산이 과거 1년간의 노동 성과에만 의존해야 한다면, 아주 미미한 생산력밖에 실현할 수 없을 것입니다. 현재의 매우 고도한 생산력은 과거에 인류가 꾸준히 쌓아 온 노동의 결과로서밖에 존재할 수 없습니다.

위의 내용을 고려한다면, 현재의 노동이 점점 더 과거 노동 성과에 의존하여 수행될 수 있게 된다는 것은 본래 긍정적인 일이어야 합니다. 그러나 죽은 노동(자본가치)에 의한 살아 있는 노동의 지배를 그 근본적 특징으로 하는 자본주의적 생산양식에서는 이로 인해 오히려 현재의 살아 있는 노동을 동원하기 위해 더 많은 불변자본 가치가 필요하게 되는 부정적인 것으로 나타나게 됩니다. 실제로 가치의 근거를 이루는 살아 있는 노동을 동원하는 데 더 많은 불변자본 가치가 필요하다면, 설령 잉여가치율이 상승하더라도, 경향적으로 이윤율은 저하할 수밖에 없습니다. 이는 '살아 있는 노동이 산출한 가치(v+m)' ÷ '살아 있는 노동을 동원하는 데 필요했던 불변자본가치(c)' > 이윤율(m÷(c+v))라는 관계가 항상 성립하기 때문입니다. 마르크스가 "**일반적 이윤율의 저하**로의 점진적 경향은 …… **노동의 사회적 생산력**의 끊임없는 발전에 관한 자본주의적 생산양식의 독자적인 표현에 다름없다"라고 말한 이유입니다.

이렇게 죽은 노동이 살아 있는 노동을 지배하고 착취하는 전도된 관계에서는 생산력의 발전과 함께 현재의 노동이 점점 더 과거의 노동에 의존하게 되는 당연한 사실이 이윤율의 경향적 저하로서 나타나게 됩니다.

이윤율이 저하하더라도 이윤량은 증대할 수 있을 뿐만 아니라 증대하지 않으면 안 된다

"자본에 의해 동원되는 **노동자 수**, 따라서 자본[에 의해] 동원되는 노동의 **절대량**, 따라서 자본에 의해 흡수되고 획득되는 **잉여노동의 절대량**, 따라서 자본에 의해 생산되는 잉여가치량, 따라서 **자본에 의해 생산되는 이윤의 절대적 크기** 또는 그 **절대량**은 **이윤율의 점진적 저하**에도 불구하고 증가하는 것이 **가능하**고, 또한 **점진적**으로 증가한다. 단지 그렇게 **될 수 있다**는 것만이 아니다. 자본주의적 생산양식의 기초 위에서는—일부 일시적인 변동을 제외하고—그렇게 되지 **않을 수 없다.**"(①292, E228, 김271f)

일반적 이윤율이 점진적으로 저하하는 상황에서도 잉여가치량을 증대시키는 것은 가능합니다. 왜냐하면, 비록 살아 있는 노동을 동원하는 데 더 많은 자본가치가 필요하게 되더라도, 고용하는 노동자의 수를 늘림으로써 잉여가치량을 증대시킬 수 있기 때문입니다. 이윤은 잉여가치의 현상형태이므로, 이는 이윤율의 저하에도 불구하고 이윤량이 증대할 수 있다는 것을 의미합니다.

그러나 마르크스는 여기서 이윤율이 저하하더라도 이윤량은 증대할 수 있을 뿐만 아니라 증대해야 한다고 말합니다. 즉, 이윤율 저하 속에서의 이윤량 증가라는 일견 모순되게 보이는 현상은 자본주의적 생산양식의 본성에서 필연적으로 발생하는 현상이라는 것입니다. 왜일까요? 이를 이해하려면 제1부에서 본 자본축적의 본질적 메커니즘을 떠올릴 필요가 있지만, 마르크스는 이 초고에서도 거의 동일한 논의를 반복하고 있습니다. 아래에서 살펴보겠습니다.

자본주의적 생산과정은 본질적으로 축적과정이다

"자본주의적 **생산과정**은 본질적으로 동시에 **축적과정**이다. 이미 보인 바와 같이, 자본주의적 생산이 진전되면 단순히 재생산(유지)되는 **가치**가 점점 증대되며, 게다가 사용되는 노동력이 변하지 않는 경우에도 증대된다. 그러나 노동의 사회적 생산력이 발전함에 따라 **생산되는 사용가치량—생산수단**이 그 일부를 이루는—은 그보다 훨씬 더 증가한다. 그리고 추가노동, 즉 이를 획득함으로써 이 추가의 부를 자본으로 재전화할 수 있는 추가노동은 이 **생산수단**의 (생활수단을 포함한) 가치가 아니라 그 **양**에 의존한다. 왜냐하면 노동자가 실제 노동과정에서 관계하는 것은 **생산수단의 가치**가 아니라 그 **사용가치**이기 때문이다. 그러나 축적 그 자체와 그에 따라 주어지는 자본의 집적은 그 자체로 **생산력 증대** 및 그 **상승**의 한 물질적 수단이다. 그러나 이러한 생산수단의 증대에는 노동자 인구의 증대가 포함되며, 과잉자본에 대응하는, 게다가 이 자본의 욕구를 전체적으로 항상 초과하는 노동자의 과잉인구의 창출이 포함된다. 과잉자본이 그에 의해 지휘되는 과잉인구에 대해 일시적으로 과잉이 되는 것은 이중의 방식으로 작용할 것이다. (1) 한편으로는 임금을 끌어올림으로써 노동자의 출생을 줄이고 절멸시키는 영향들을 완화하고, 결혼을 자극한다. (2) 상대적 잉여가치를 만들어 내는 방법들을 적용함으로써 인위적인 과잉인구를 창출하며, 이는 다시—자본주의적 생산 내부에서는 빈곤이 인구를 낳으므로—실제 인구 증가의 온상 중 하나가 된다. 따라서 자본주의적 축적과정—그것은 자본주의적 생산과정의 한 계기이다—의 본성에서 자연스럽게 나오는 것은 자본으로 전화되어야 할 생산수단량이 증대되면, 그에 대응하여 증대되고 심지어 과잉이 되는 착취 가능한 노동자 인구의 수가 즉시 사용 가능한 것으로 발견되고, 언제나 손쉽게 발견된다는 것이다. 따라서 생산과정과 축적과정의 진전에서 획득 가능한 그리고 획득되는 **잉여노동의 양**, 따라서 사회적 자본에 의해 획득되는 **이윤의 절대량**은 증대하**지 않으면 안 되는** 것이다. 그러나 이 동일한 축적과 생산의 법칙은 **불변자본의 양과 함께 그 가치를 가변의**, 즉 살아 있는 노동으로 전환되어 교환되는 자본 부분의 가치보다 점점 더 급속히 증대시킨다. 따라서 동일한 법칙들이 사회적 자본이 획득하는 **절대적 이윤량의 증대**를 **이윤율의 저하**와 함께 만들어 내는 것이다."(①292f, E228f, 김272f)

자본주의적 생산의 목적은 잉여가치의 생산이며, 게다가 이 잉여가치를 가능한 한 최대화하는 것입니다. 이를 위해 노동일의 연장에 의한 절대적 잉여가치의 생산, 생산력의 상승을 통한 상대적 잉여가치의 생산, 그리고 사용하는 노동자의 수를 증대시키는 자본축적이 자본에 의해 추진되는 것은 이미 제1부에서 본 바와 같습니다.

게다가 여기서 지적된 바와 같이, 자본은 생산력의 발전을 통해 스스로 자본축적의 조건을 만들어 냅니다. 자본의 유기적 구성의 고도화를 통해 끊임없이 상대적 과잉인구를 산출하는 것에 대해서는 이미 보았지만, 그것만이 아닙니다. 생산력의 상승은 동일한 자본 규모에서도 더 많은 원료나 기계를 생산할 수 있게 하며, 이 증대된 생산수단에 의해 점점 더 많은 노동자를 고용할 수 있게 됩니다. 나아가, 그로 인해 노동력에 대한 수요가 증대되면, 임금이 다소나마 상승하며, 이 임금의 약간의 상승은 출산을 자극하고 유아 사망률을 감소시킬 것입니다. 반면, 상대적 과잉인구에 의한 임금 억제는 노동자의 빈곤 상태를 유지하며, 이 빈곤 역시 출산으로의 자극이 될 것입니다. 이렇게 자본주의적 생산은 자본축적을 통해, 또는 그에 따른 생산력의 발전을 통해, 자본축적을 위한 조건을 스스로 만들어 내며, 점점 더 잉여가치의 총량을 증대시킵니다. 이러한 의미에서 "자본주의적 **생산과정**은 본질적으로 동시에 **축적과정**"입니다.(마, 제23장도 참조)

그러나 자본축적 속에서 자본축적 그 자체의 조건을 만들어 낼 수 있는 생산력의 발전은 동시에 자본의 유기적 구성의 고도화를 진행시키지 않을 수 없습니다. 이 본질적 메커니즘의 동향은 현상적 메커니즘에서는 이윤량의 증대와 이윤율의 저하의 동시 진행을 의미합니다. 그렇기 때문에 마르크스는 이윤율의 저하에도 불구하고 이윤량이 증대한다는 일견 모순된 것처럼 보이는 현상이 자본주의적 생산양식 아래에서 필연적으로 발생한다고 말한 것입니다.

이윤율이 저하하면서 이윤이 증대하려면 투하 총자본이 증대해야 한다

"한편, **절대적 이윤량의 증가**를 동반하면서 동시에 **이윤율이 저하**한다는, 이 양면적이지만 동일한 원인에서 비롯된 법칙은 어떤 형태로 나타나야 하는가? 즉 주어진 조건들 하에서 획득되는 잉여노동의 양, 따라서 잉여가치의 양이 증대되지만, 총자본을 고찰하거나 개별 자본을 총자본의 단순한 단편으로 고찰하면, 이윤과 잉여가치가 동일한 크기라는 것에 기반한 법칙은 어떤 형태로 나타나야 하는가?"

(①294f, E230, 김274)

"따라서 자본주의적 생산양식이 진행됨에 따라, **이윤율의** 점진적 **저하**의 경향으로 표현되는 노동의 사회적 생산력의 동일한 발전이 획득되는 **잉여가치 또는 이윤의** 절대**량**의 끊임없는 증대로 표현되며, 따라서 전체적으로 보면 가변자본의 상대적 감소에 가변자본의 절대적 증가가 대응하는 것이다. 이 양면적 작용은 …… 이윤율의 저하보다 더 빠른 진도로, 그리고 이윤율의 저하와 반대 방향으로 **총자본의 증대**로 나타날 수밖에 없다. 절대적으로 증가한 가변자본을 더 높은 자본구성에서, 즉 불변자본에 비해 가변자본이 감소하는 가운데 사용하려면, 총자본은 구성의 고도화에 비례하여 증대해야 한다."(①298, E233, 김278)

앞서 본 바와 같이, 이윤율의 저하와 이윤량의 증대의 동시 진행이 자본의 유기적 구성의 고도화와 자본축적의 동시 진행의 필연적 결과라 하더라도, 자본가들의 일상적 의식에 대해서는 사태가 그렇게 나타나지 않습니다. 현상적 메커니즘에서는 이윤율의 저하와 이윤량의 증대의 동시 진행은 이윤율의 저하에도 불구하고 이를 보완할 정도로 투하 총자본이 늘어남으로써 이윤량이 증대되는 것으로 나타납니다. 예를 들어, 이윤율이 10%에서 5%로 저하했을 때 이윤량이 증가하려면, 적어도 투하자본이 두 배 이상 증대해야 합니다. 따라서 본질적 메커니즘에서 가변자본의 상대적 감소와 가변자본의 절대적 증가는 현상적 메커니즘에서는 이윤율의 저하와 이를 보완하는 투하 총자본의 증대로 나타나는 것입니다.

이러한 현상형태에서는 자본의 유기적 구성의 고도화와 자본축적의 진행이 모두 동일한 원인, 즉 생산력 발전의 귀결임에도 불구하고, 서로 대립적인 관계로 나타납니다. 즉, "이윤율이 저하하면 그만큼 투하자본량을 증대시키지 않는 한 이윤을 증대시킬 수 없다", 또는 "이윤율이 저하되었다 할지라도 투하 자본량을 증대시킬 수 있다면 이윤은 증대한다"는 식으로 나타납니다.

제1부에서 자본주의적 축적의 일반적 법칙을 고찰하는 한에서는 이러한 대립관계가 발생하지 않았습니다. 거기서는 잉여가치 생산에만 초점이 맞춰져 있었기 때문에, 자본의 유기적 구성의 고도화는 상대적 과잉인구의 유지 또는 증대를 통해 자본축적을 촉진하는 측면만을 가졌기 때문입니다. 말할 필요도 없이, 상대적 과잉인구의 산출은 노동력의 공급원을 유지하고 임금을 억제하는 데 기여하므로, 자본축적에 긍정적인 역할만을 수행합니다.

그러나 제3부에서 잉여가치가 이윤으로 전화되자마자, 자본의 유기적 구성의 고도화는 이제 상대적 과잉인구의 산출로서뿐만 아니라 일반적 이윤율의 저하로서도 나타나게 됩니다. 이렇게 되면, 자본의 유기적 구성의 고도화는 투하 총자본에 대한 이윤량을 상대적으로 감소시키는 것으로서, 즉 일정 규모의 자본 투하에 의해 실현할 수 있는 이윤량을 감소시키는 것이 됩니다. 이렇게 해서, 현상적 메커니즘에서는 자본의 유기적 구성의 고도화와 자본축적의 진행이라는 같은 원인에서 발생한 운동이 대립적인 요인으로 분열하고, 한쪽의 진행을 다른 쪽의 진행으로 보완해야 하는 것으로 나타납니다.

이윤율의 저하와 이윤량의 증대의 필연적 관련

"**이윤량**이 두 요인에 의해, 즉 첫째로는 이윤율, 둘째로는 주어진 이윤율로 사용되는 자본의 양에 의해 규정된다는 것은 하나의 동어반복이다. 따라서 가능성으로 말하자면, 이윤량은 이윤율이 동시에 내려가도 증대할 수 있다는 것은 단지 이 동어반복의 하나의 표현일 뿐이며, 이 연관의 필연성을 전혀 증명하지 않는다. …… 하지만 만약 이윤율을 저하시키는 그 같은 원인이 축적, 즉 추가 자본의 형성을 촉진한다면, 그리고 만약 모든 추가 자본이 새로운 잉여노동 및 추가적 노동을 움직여 추가 잉여가치를 생산한다면, 또한 다른 한편, 만약 이윤율의 단순한 저하가 불변자본의 증가에 비례한 구舊자본의 증가를 포함한다면, 그 경우에는 이 전 과정이 신비적이지 않게 된다." (①298ff, E233f, 김278f)

여기서 중요한 것은 자본의 유기적 구성의 고도화와 자본축적의 동시 진행이 현상적 메커니즘에서는 이윤율의 저하와 투하 자본량의 증대라는 두 개의 대립적인 요인으로 나타난다 하더라도, 그로 인해 양자 간의 필연적인 연관이 상실되는 것이 아니라는 점입니다. 오히려 이윤율을 투하 자본량으로 보완하고, 투하 자본량을 이윤율로 보완하려는 개개의 자본가들의 행동을 통해, 자본의 유기적 구성의 고도화와 자본축적의 동시 진행이라는 필연적 연관, 즉 자본주의적 축적의 일반적 법칙이 관철되고, 그 현상형태인 이윤율 저하 법칙도 관철됩니다.

이것을 상세히 검토하려면, 미리 두 가지 점을 살펴볼 필요가 있습니다. 하나는 자본주의적 축적의 일반적 법칙의 현상형태, 즉 일반적 이윤율의 저하와 투하 총자본의 증대에 의한 이윤량의 증대가 이윤을 둘러싸고 경쟁하는 자본가들의 일상의식에 어떻게 반영되는가 하는 문제입니다. 이 점에 대해서는 이미 간단히 언급했지만, 더 자세히 살펴볼 필요가 있습니다.

또 하나는 생산력이 가져오는 '반작용', 즉 일반적 이윤율을 상승시키는 작용에 관한 것입니다. 생산력의 발전은 자본의 유기적 구성을 고도화시켜 이윤율을 저하시킬 뿐만 아니라, 상대적 잉여가치의 생산 등을 통해 이윤율을 상승시키는 작용도 가지고 있으며, 자본가들은 이 반작용을 활용하여 가능한 한 이윤율의 저하를 방지하려 합니다.

아래에서는 이 두 가지 점을 순서대로 살펴봅니다.

살아 있는 노동의 삭감과 죽은 노동의 더 많은 사용은 자본가들에게 직접적으로는 이윤율의 저하로 나타나지 않는다

"'자본의 각 부분이 일률적으로 이윤을 낳는다'는 이론적 견해—잉여가치의 이윤으로의 최초의 전화에 있어서의—는 이제 **실천상의 사실***praktische Thatsache*이 된다. 자본이 어떻게 구성되든, 자본이 $\frac{1}{4}$의 죽은 노동과 $\frac{3}{4}$의 살아 있는 노동을, 혹은 $\frac{3}{4}$의 죽은 노동과 $\frac{1}{4}$의 살아 있는 노동을 운동시키든, 전자의 경우에 자본이 후자의 경우보다 3배 많은 잉여노동을 흡수하든, 즉 잉여가치를 생산하든 ⋯⋯ 자본은 같은 크기의 이윤을 낳는다. 시야가 좁은 개개의 자본가—혹은 또한 각각의 특수한 생산부문의 자본가 집단이 자신의 이윤은 **자신에 의해**, 혹은 **자신의 부문**에서 사용된 노동에서만 생겨나는 것이 아니라고 생각하는 것은 정당하다. 이는 그의 평균이윤에 대해서는 전적으로 옳다. 그의 이윤이 총자본에 의해, 즉 그의 자본가 동료 전체에 의한 노동의 총착취에 의해 얼마나 매개되고, 그것과 얼마나 연관되어 있는지는, 그에게는 완전한 수수께끼(신비)이며, 부르주아 이론가인 경제학자조차 오늘날까지 그것을 해결하지 못했기 때문에 더욱 그러하다. 노동의 절약—일정한 생산물을 생산하는 데 필요한 노동뿐만 아니라 사용된 노동자 총수의 절약—과 죽은 노동의 더 큰 사용은 전적으로 경제적으로 올바른 조작으로 나타나며, 일견 일반적 이윤율이나 평균이윤을 침해하는 것으로 결코 나타나지 않는다. 그러므로 살아 있는 노동의 삭감—사용 후 제거—은 이윤을 침해하지 않으며, 그리고 일정한 상황에서는, 적어도 개개의 자본가에게는, 이윤 증대의 가장 가까운 원천으로 나타나기 때문에, 어째서 살아 있는 노동이 이윤의 유일한 원천일 수 있겠는가?"(①246f, E179f, 김210f)

"새로운 생산양식이 얼마나 더 생산적이든, 혹은 어떤 비율로 잉여가치율을 증대시키든, 그것이 **이윤율을 저하시킨다**면, 그것을 자발적으로 사용할 자본가는 없다. 그러나 이러한 새로운 생산양식은 모두 상품을 싸게 한다. 따라서 자본가는 처음에는 그 상품을 그 생산가격 **이상으로**, 아마도 그 가치 **이상으로** 판매한다. 그는 자신의 상품의 생산비와 시장가격으로 판매되는 상품 사이에 존재하는 차액을 손에 넣는다. 그가 이렇게 할 수 있는 것은 이 상품을 생산하는 데 사회적으로 필요한 노동시간의 **평균**이 새로운 생산양식에 필요한 노동시간보다 **크기** 때문이다. 그의 생산방법은 사회적 생산방법의 평균**보다도** 우수하다. 경쟁은 그 생산방법을 보급하여 그것을 일반적 법칙에 따르게 한다. 그리하여 **이윤율의 저하**가 나타나며 (아마도 처음에는 **이** 부문에서 나타나고, 그다음에 다른 부문들과 균등화된다), 따라서 이 저하는 자본가들의 **의지**에 전혀 의존하지 않는 것이다."(①337f, E275, 김331)

자본축적의 운동이 자본가들에게 어떻게 나타나는가 하는 문제를 생각할 때 중요한 것은 잉여가치가 이윤이라는 형태로 나타남으로써 이 운동이 완전히 전도된 형태로 나타난다는 점입니다. 이것이 의미하는 것은 상대적 잉여가치의 증대를 가져오는 생산력의 발전이 일반적 이윤율의 경향적 저하로 나타난다는 것만이 아닙니다. 오히려 그러한 경향적 저하를 가져오는 운동 자체가 자본가들이 이윤이라는 전도된 현상형태에 기반하여 행동함으로써 가능해진다는 것입니다.

앞장에서 본 바와 같이, 잉여가치가 이윤으로 전화되고, 더 나아가 그것이 경쟁을 통해 평균이윤으로 전화되면, 더 이상 형태뿐만 아니라 양적으로도 잉여가치와 평균이윤이 일치하지 않게 되므로, 잉여가치가 평균이윤을 규제한다는 관계는 직접적으로 보이지 않게 됩니다. 오히려 개개의 자본가들에게는 살아 있는 노동을 삭감하고 죽은 노동을 증대시키는 것이 경우에 따라—예를 들어 더 고성능의 기계를 도입한 결과로 삭감된 노동력의 가격이 그 기계의 구매가격을 보전하기 위한 비용을 상회한다면—상품의 비용가격의 삭감으로 이어져 초과이윤의 획득을 가능하게 합니다. 따라서 개개의 자본가에게는 자본의 유기적 구성의 고도화가 오히려 이윤율을 증대시키는 것으로 나타나게 됩니다.

물론 다른 자본가들이 같은 방식으로 고성능 기계를 도입하여 생산력을 높인다면, 이 초과이윤은 소멸할 것입니다. 결과적으로 남는 것은 이 생산부문 전체에서의 자본의 유기적 구성의 고도화입니다. 그러나 일반적 이윤율의 저하는 사회 전체의 생산력 발전을 통해 평균구성인 자본의 유기적 구성이 고도화함으로써 발생하는 것이며, 특정 생산부문의 자본의 유기적 구성의 고도화가 즉시 눈에 보이는 일반적 이윤율의 저하를 초래하는 것은 아닙니다. 이 사정도 자본의 유기적 구성의 고도화가 일반적 이윤율의 저하를 초래한다는 연관을 은폐합니다.

이상에서 알 수 있는 것은 일반적으로 생각되는 것처럼, 이윤율을 증대시킬 수 있을 때에만 생산력을 증대시키기 때문에 이윤율의 저하가 발생하지 않는 것이 아니라, 오히려 직접적으로는 생산력의 향상이 초과이윤의 획득을 통해 이윤율을 증대시킬 수 있기 때문에, 사회 전체로 보면 일반적 이윤율의 저하를 가져오는 생산력의 발전이 추진된다는 것입니다. 그러므로 일반적 이윤율 저하의 법칙은 바로 이윤이라는 잉여가치의 전도된 현상형태—이윤은 잉여노동에서가 아니라 자본 자체에서 발생한다—를 통해 관철됩니다.

자본주의적 축적의 일반적 법칙(이윤율의 저하와 이윤량의 증대의 필연적 연관)은 자본가들의 의식 속에서 전도되어 나타난다

"우리는 이미 **일반적 이윤율의 경향적 저하** …… 를 낳는 같은 원인이 어떻게 자본의 가속적 축적, 따라서 이 자본이 획득하는 잉여노동—잉여가치—이윤의 절대량 또는 **총량**의 증대를 초래하는지를 보여 주었다. 경쟁에서는, 그리고 경쟁 당사자들의 의식 속에서는, 모든 것이 전도되어 나타나지만, 이 법칙—내가 법칙이라고 부르는 것은 외관상 모순되는 두 가지 사이의 내적이고 필연적인 연관을 말한다—도 또한 그러하다. …… 대자본을 가용한 상태로 보유한 자본가 쪽이 외관상 '높은' 이윤을 올리는 소자본가보다 큰 이윤을, 즉 많은 화폐(화폐는 여기서 가치의 자립적 표현에 지나지 않는다)를 획득한다는 것은 명백하다. 또한 경쟁의 가장 표면적인 고찰에서도 알 수 있듯이, 어떤 사정 하에서는 더 큰 자본가가 공황기에 보이는 것처럼 시장에서 자신의 입지를 확보하고 더 작은 자본가를 몰아내려 하고, 더 큰 자본은 더 작은 자본을 전장에서 몰아내기 위해 이를 실제로 이용할 경우에, 곧 이윤율의 의도적인 인하가 등장한다. 특히, 나중에 상세히 설명할 상인자본이 보여 주는 현상들을 보아도, 이윤의 저하는 사업의 확장의 결과로, 따라서 자본의 확장의 결과로 나타나며, 등등. …… 여기서 이윤율의 저하는 자본 증가의 **결과**로 나타나며, 또한 그것과 연관된 자본가의 계산, 즉 이윤율이 내려가도 자신들의 손에 들어오는 이윤량은 커질 것이라는 계산의 **결과**로 나타나는 것이다. 이는 모두 …… 일반적 **이윤율**이 무엇인지에 대한 완전한 무개념성에, 그리고 그 기초에 놓인 다음과 같은 조잡한 표상에 기반한다. 즉, 가격은 실제로 상품의 현실 가치를 초과하는 임의의 이윤 부분의 **추가**에 의해 규정된다는 표상이다. 이 표상이 얼마나 조잡하든, 이러한 표상들은 자본주의적 생산양식의 내재적 법칙들이 경쟁 속에서 나타날 때의 전도된 현상 방식에서 필연적으로 생겨나는 것이다."(①300f, E235, 김280f)

"다음과 같은 현상—자본주의적 생산양식의 본성에서 나오는—즉 노동생산력이 증대되면, 개개의 상품 또는 일정한 상품 분량의 가격은 **내려가고**, 상품의 수량은 **증가하며**, **상품 단위당 이윤량**과 **그 상품** 전체에서**의 이윤율**은 저하되지만, **상품 총량에서의 이윤량은 증대**된다는, 이러한 현상이 표면에서 나타내는 것은 상품 하나당의 **이윤량이 저하하고**, 개개의 상품의 **가격이** 저하하며, 그리고 사회적 자본이 — 혹은 개개의 자본가만을 보아도 — 생산하는 **상품의 총수가 증가하고**, 이에 대한 **이윤량**이 증대한다는 것에 지나지 않는다. 이 현상은 자본가가 개개의 상품에 붙이는 이윤을 자의적으로 줄이지만, 자신이 생산하는 상품 수를 늘림으로써 이를 보충하는 것으로 이해된다. 이러한 사고방식은 '양도에 기반한 이윤Profit upon alienation'이라는 관념[이윤은 상품을 그 본래의 '가치'보다 비싸게 판매함으로써 발생한다는 관념]에 기반하며, 이 관념 또한 **상인자본 또는 상업자본**의 사고방식에서 끌어낸 것이다."(①319f, E240, 김286f)

개개의 자본가들에 대하여 자본의 유기적 구성의 고도화가 이윤율의 증대로서 나타난다 하더라도, 개개의 자본가가 생산력의 발전을 추구하고, 사회 전체에서 자본의 유기적 구성의 고도화가 진행된다면, 결과적으로 일반적 이윤율은 저하될 수밖에 없습니다. 그러나 동시에, 생산력의 발전은 자본축적의 조건을 만들어 내기 때문에, 이윤의 절대량은 증대합니다. 여기서는 이 외관상 모순되어 보이는 과정이 실제의 경쟁에서 어떻게 자본가들에 나타나는지가 구체적으로 서술되어 있습니다.

첫째, 경쟁의 현상형태에서는 이윤율의 저하와 이윤량의 증대가 동일한 원인에 의해 생겨나는 것이 아니라, 오히려 자본량의 증대가 이윤율의 저하를 가능하게 하고, 그것을 촉진한다는 식으로 사태가 나타납니다. 예를 들어, 대자본이 소자본을 이기기 위해 의도적으로 이윤율을 낮추어 시장 점유율을 유지하거나 확대하고, 그로 인해 이윤을 증대시키는 식입니다.

둘째, 자본가에게 이윤은 직접적으로 비용가격의 초과분에 다름없으며, 이 초과분의 합계가 자신이 획득하는 총이윤으로 나타납니다. 본질적 메커니즘에서 보면, 이윤의 수준을 근본적으로 규제하는 것은 자본가들이 그 상품의 생산에 동원한 살아 있는 노동의 총량이며, 그 총량 안에 얼마나 많은 잉여노동이 포함되어 있는가입니다. 일정량의 살아 있는 노동이 어느 정도의 이윤을 만들어 내는지는 그 생산부문의 자본의 유기적 구성에 의존하고—저도 구성의 경우에는 잉여노동보다 적은 이윤을, 중위구성의 경우는 잉여노동과 같은 이윤을, 고도 구성의 경우에는 잉여노동보다 많은 이윤을 만들어 냅니다—이 노동이 얼마나 많은 생산력을 가지고 있는지에 따라 상품의 생산 총량이 결정되고, 그것에 의해, 즉 살아 있는 노동에 의해 만들어진 이윤 총량을 상품의 생산 총량으로 나누는 것에 의해, 개개의 상품이 포함하는 평균이윤이 결정되고, 따라서 생산가격도 결정됩니다. 그러나 현상형태에서는 더 이상 살아 있는 노동이 가치의 근원이라는 것이 보이지 않기 때문에, 개개의 자본가의 자의적인—비록 경쟁에 의해 강제되었다 할지라도—가격 결정의 결과로서만 이윤이나 이윤율이 나타납니다. 예를 들어, 상품을 저렴하게 함으로써 상품당 이윤이 감소하더라도, 그것을 더 많은 상품의 판매로 보충할 수 있다는 식으로 사태가 나타나는 것입니다.

이렇게 자본가들에게는 이윤이 경쟁 속에서의 각자의 의사 결정을 통해 확정되는 것으로 나타납니다. 이윤율의 저하도, 그것을 보충할 만큼의 투하 자본량의 증대도, 자신의 의사 결정의 산물로서 나타납니다.

물론 실제로는 자본의 유기적 구성의 고도화가 진행됨으로써, 한편으로는 살아 있는 노동을 동원하기 위해 점점 더 많은 자본 가치가 필요해지고, 다른 한편으로는 자본축적을 위한 조건이 만들어지는 것과 같은 경쟁 조건의 끊임없는 변화가 그들의 의사 결정을 근본적으로 규제하고 있습니다. 그러나 이는 개개의 자본가의 의사 결정과는 독립적으로 그 배후에서 진행되는 사태이며, 경쟁 당사자인 그들은 그 사실을 직접적으로 감지할 수 없습니다. 따라서 현상적 메커니즘에서는 자본주의적 축적의 일반적 법칙도 역시 전도된 형태로 나타나게 됩니다.

반대로 작용하는 원인들 때문에 법칙은 경향적인 것으로 된다

> "예를 들어, 최근 30년간만 해도 이전의 모든 시대에 비해 사회적 노동의 생산력이 비상한 발전을 이룬 것을 생각하면, 특히 또한 본래의 기계설비 외에도 사회적 생산과정의 전체에 들어가는 고정자본의 거대한 양을 고려하면, 거기에는 지금까지 경제학자들을 괴롭혀 온 어려움, 즉 이윤율의 저하를 설명하는 것의 어려움 대신, 그와 반대의 어려움, 즉 왜 이윤율의 저하가 더 크지 않은지, 혹은 더 급속하지 않은지를 설명하는 것의 어려움이 나타난다. …… 거기에는 반대로 작용하는 영향들conteragirende Einflüsse이 작용하고 있어서, 그것들이 일반적 법칙의 작용을 막고, 방해하며, 이 일반적 법칙에 단지 하나의 **경향***Tendenz*에 불과하다는 성격을 부여하는 것에 다름없으며, 그렇기 때문에 우리는 일반적 이윤율의 저하를 **경향적 저하** *tendentiellen Fall*라고 불러온 것이다."(①301f, E242, 김289)

"…… **일반적 이윤율의 저하**를 일으키는 동일한 원인들이 이 저하를 저지하고, 지연시키며, 부분적으로 마비시키는 반대 작용을 불러일으킨다. 이 반대 작용은 법칙을 폐기하지는 않지만, 법칙의 작용을 약화시킨다. …… 이 법칙은 단지 경향으로서만 작용하며, 그 작용은 일정한 사정 아래에서 오랜 기간에 걸쳐 연장된 경우에만 뚜렷이 나타난다."(①308, E249, 김298)

이하에서는 일반적 이윤율의 저하를 억제하고, 일시적으로 저지하는 '반대로 작용하는 원인들'에 대해 살펴봅니다. 여기서 중요한 것은 이하에서 서술되는 '반대로 작용하는 원인들'은 모두 일반적 이윤율의 저하를 초래하는 생산력의 발전에 의해 직접적으로 초래되거나, 또는 간접적으로 촉진되는 것이라는 점입니다. 이윤율의 저하를 초래하는 생산력의 발전이 동시에 이윤율의 저하를 억제하는 작용을 가져오므로, 일반적 이윤율의 저하는 필연적으로 "경향적"인 것이 될 수밖에 없습니다.

그러나 '반대로 작용하는 원인들'의 작용은 모두 한정적이고 일시적인 것이어서, 생산력의 발전에 의해 끊임없이 발생하는 자본의 유기적 구성의 고도화의 효과를 항시적으로 상쇄할 만큼 강력한 것은 아닙니다. 따라서 비록 경향에 불과하다 하더라도, 일반적 이윤율은 역시 저하하게 됩니다.

반대로 작용하는 원인들 ①—노동 착취도의 증강

"(1) **노동 착취도의 증강**, 즉 잉여노동 또는 잉여가치의 **증가**, 특히 **노동시간의 연장과 노동의 강화**에 의한 것. 근대 산업의 역사를 아는 사람이라면 누구나 알고 있는 사실이다. **표준 노동시간**에 관한 입법은 이에 대한 가장 훌륭하고 전반적인 해설을 제공한다. 노동 **강화**의 계기들 중에는, 예를 들어 한 개인이 **더 많은 수량의** 기계설비를 감시하지 않으면 안 되는 등의 경우처럼, 가변자본에 비해 불변자본의 증대, 따라서 **이윤율의 저하**를 포함하는 것이 많다. 이 경우, **잉여가치율**의 증대를 만들어 내는 동일한 원인들이—상대적 잉여가치의 생산을 위해 이용되는 방법에서는 대개 그러하듯—이용되는 총자본의 주어진 규모에 대해 잉여가치**량**의 감소를 포함할 수 있다. 그러나 다른 **강화** 계기에는, 예를 들어 속도의 증대처럼, 원료 가공에 있어 **동일한** 시간에 더 많이 가공하게 하는 등의 경우가 있지만, 기계설비에 관해서는 그것을 더 급속히 사용해 닳게는 하지만, 기계설비의 가치와 그것을 움직이는 노동의 가격 간의 비율에는 영향을 미치지 않는 것이 있다. 그러나 획득되는 잉여노동량을 증가시키면서, 게다가 고용된 노동력과 그에 의해 움직이는 불변자본의 비율을 본질적으로 바꾸지 않고, 실제로는 오히려 이 불변자본의 상대적 비율을 감소시키는 것, 특히 **노동시간의 연장**은 근대 산업의 발명품이다.—또한 이미 증명된 것—그리고 이윤율의 경향적 저하의 본래의 비밀을 이루는 것—이지만, 상대적 잉여가치를 만들어 내기 위한 방법들은 대개 (전반적으로 보아) 한편으로는 주어진 노동량 중에서 가능한 한 많이 잉여노동으로 전화시키고, 다른 한편으로는 전대 자본에 비해 가능한 한 적은 노동 일반을 사용한다는 것을 포함한다. 따라서 노동의 **착취도**를 높게 하는 것을 가능하게 하는 동일한 원인이 동일한 총자본으로 이전과 **동일한 양의 노동**을 착취하는 것을 불가능하게 한다. **동일한 수의 노동자**가 더 많이 착취되지만, **동일한** 자본으로는 **더 적은 수의 노동자**가 착취된다. 이는 대항적인 경향들로, **잉여가치율**의 상승을 향해 작용하면서, 그로부터 주어진 자본에 의해 만들어지는 **잉여가치량**의, 따라서 **이윤율**의 저하를 향해 작용한다."(①302, E242f, 김289f)

노동자 수를 노동자 착취도의 증대로 보충하는 데는 넘을 수 없는 한계가 있다

"한편으로는 잉여가치율이 증대되고, 다른 한편으로는 잉여가치율에 곱하는 인수가 (비율적으로 또는 절대적으로) 감소한다. 생산력의 발전이 사용되는 노동의 지불 부분을 줄이는 한, 그것은 잉여가치율을 높여 잉여가치를 증대시킨다. 그러나 그 발전이 주어진 자본에 의해 사용되는 노동의 총량을 줄이는 한, 그것은 잉여가치율에 곱해지는 인수를 감소시켜, 따라서 잉여가치량을 감소시킨다. 잉여가치는 필요노동에 대한 잉여노동의 비율에 의해서도, 사용된 노동일 수에 의해서도 규정된다. 그러나 후자는 생산력의 발전에 따라 투하자본에 비해 감소한다. 두 명의 노동자는 각각 단지 두 시간만 노동하는 24명이 공급하는 것과 동일한 양의 잉여가치를 공급할 수 없다. 설령 두 명이 공기로만 살아가며 자신을 위해 노동할 필요가 전혀 없다고 하더라도 그렇다. 따라서 노동자 수를 노동자의 착취도 증대로 보충하는 것에는 넘을 수 없는 한계Grenzen가 있으며, 따라서 이윤율의 하락을 방해하고 지연시킬 수는 있어도, 그것을 해소aufheben할 수는 없는 것이다."(①321f, E257f, 김309)

이전 항목에서도 보았듯이, 잉여가치율의 증대에 의해 일반적 이윤율의 저하를 지연시키거나 저지할 수 있다는 것은 명백합니다. 이윤율 $= m \div (c + v) = \frac{m}{v} \div (\frac{c}{v} + 1) =$ 잉여가치율÷(자본의 유기적 구성+1)이며, 자본의 유기적 구성이 상승하더라도, 잉여가치율이 증대되면 이윤율의 저하를 억제하고, 심지어 증대시킬 수도 있기 때문입니다.

그러나 잉여가치율의 증대에 의한 이윤율 저하의 억제 내지 저지에는 넘을 수 없는 한계가 있습니다. 왜냐하면, 잉여가치율을 아무리 높이려 하더라도—마르크스가 예로 든 경우처럼 비록 노동자가 만들어 낸 가치가 모두 잉여가치가 된다고 하더라도—생산력의 증대에 따라, 노동자가 살아 있는 노동에 의해 만들어 내는 가치에 비해 그 살아 있는 노동을 동원하기 위해 필요한 불변자본량이 증대되면, 경향적으로 이윤율은 저하할 수밖에 없기 때문입니다.

이미 보았듯이, 이 관계를 수식으로 나타내면, '살아 있는 노동이 산출한 가치(v+m)' ÷ '살아 있는 노동을 동원하는 데 필요했던 불변자본 가치(c)' > 이윤율(m ÷ (c+v))이 됩니다. 즉, 투하 불변자본에 대한 살아 있는 노동의 비율이 이윤율의 상한을 이루며, 잉여가치율을 아무리 상승시키려 해도 이 상한을 초과할 수 없습니다. 따라서 사회 전체에서 투하 불변자본에 대한 살아 있는 노동의 비율이 생산력의 발전에 따라 하락하면, 일반적 이윤율도 역시 경향적으로 저하될 수밖에 없습니다.

반대로 작용하는 원인들 ②—임금의 그 가치 이하로의 삭감

"(2) **임금의 그 가치 이하로의 삭감**. 이것은 여기에서는 단지 경험적으로 제기될 뿐이다. 왜냐하면, 그것은 실제로 이 연구에서 다룰 수도 있는 다른 몇 가지 사항과 마찬가지로, 자본의 일반적 분석 allgemeinen Analyse des Capitals과는 관련이 없는 사항이며, 우리가 이 저작에서 다루지 않는 경쟁 등의 서술에 속하는 사항이기 때문이다. 그럼에도 불구하고, 여기에서 언급한 것은 이윤율의 저하로의 경향을 저지하는 가장 중요한 원인 중 하나이다."(①305, E245, 김 293f)

임금의 그 가치 이하로의 삭감은 착취도의 증강을 의미하므로, 이 원인을 독립적으로 다루는 것은 다소 이상하게 보일 수 있습니다. 다만, 마르크스로서는, 앞서 언급한 '노동 착취도의 증강'은 절대적 잉여가치나 상대적 잉여가치의 생산 등, 임금이 노동력의 가치와 일치하는 경우에도 잉여가치율이 증대되는 경우를 고려했을 것입니다.

이 임금의 절하는 마르크스가 말한 바와 같이, 이윤율의 저하로의 경향을 저지하는 가장 중요한 원인 중 하나입니다. 실제 역사를 보더라도, 예를 들어, 미국에서는 1980년대부터 1990년대에 걸쳐, 이른바 '신자유주의'적인 정책이 강행된 결과, 잉여가치율이 크게 상승하고, 일반적 이윤율도 회복되었습니다.

그렇다 하더라도, 마르크스가 여기에서 임금의 그 가치 이하로의 삭감에 대해 본격적으로 논하지 않은 이유는 무엇일까요? 마르크스는 임금의 절하는 경쟁에 관한 논의에 속한다는 이유를 들고 있습니다. 그러나 본질적 메커니즘을 다룬 『자본론』 제1부에서도 자본축적의 부분에서 임금의 가치 이하로의 인하에 대해 논하고 있음을 고려하면, 이 이유는 반드시 납득할 만한 것은 아닙니다.

그럼에도 불구하고, 이 장에서도 임금의 하락에 대해서는 여러 번 언급되고 있으며, 사실상 임금의 가치 이하로의 인하에 대해 논하고 있다고 볼 수도 있을 것입니다. 거기에서도 논의되지 않은 점으로 지적해야 할 것은 임금의 가치 이하로의 인하가 가능한지, 그것이 어느 정도의 것이 되는지는, 자본축적의 활발함의 정도나 상대적 과잉인구의 수준 등 자본주의적 축적의 일반적 법칙과 관련된 조건들에 의해서뿐만 아니라, 자본가계급의 정치적 역량이나 노동자계급 측의 단결의 정도, 즉 계급투쟁에서의 힘 관계에 의해서도 좌우된다는 것입니다. 이 점에 대해서는 마르크스가 노동자를 위해 행한 강연을 정리한 『임금, 가격, 이윤』(岩波文庫, 光文社고전신역문고 등)46)에서 비교적 자세히 논의되고 있으니, 꼭 참고하시기 바랍니다.

또한, 임금의 가치 이하로의 인하는 결과적으로 물론 잉여가치율을 증대시키지만, 그것에 의한 일반적 이윤율의 인상에는 한계가 있는 것이 앞서 논한 착취도 강화의 경우와 동일합니다.

반대로 작용하는 원인들 ③—생산수단의 저렴화

"(3) 이 부의 제1장에서, **잉여가치율이 불변**인 경우에, 또는 잉여가치율의 모든 변동과 무관하게 이윤율을 높이는 근거들에 대해 언급한 것은 모두 여기에 속한다. 따라서 특히 총자본에 대해 보면, **불변자본의 가치**는 그 물량이 발전하는 것과 같은 비율로는 증대되지 않는다는 것. 예를 들어, 유럽의 방적공 한 명이 현대의 공장에서 가공하는 면화의 양은 이전에 유럽의 방적공 한 명이 가공하는 양에

46) 역주: 칼 맑스, 『임금노동과 자본: 가치, 가격, 이윤』, 김태호 옮김, 박종철출판사, 2020.

비하면 방대하다. 그러나 그가 가공하는 면화의 **가치**는 그 양과 같은 비율로는 증대되지 않았다. 기계나 다른 고정자본 …… 석탄 등에 대해서도 마찬가지이다. 간단히 말하면, 가변자본에 비해 불변자본의 양을 증대시키는 것과 같은 발전이 노동생산력의 상승에 의해 불변자본 요소의 가치를 감소시키므로, 따라서, 불변자본의 가치가 끊임없이 증대되면서도, 불변자본의 물량, 즉 **동일한** 노동력에 의해 움직이는 생산수단의 물량이 증대되는 것과 **같은 비율**로 증대되는 것을 방해하는 것이다. 개별적인 경우에는, 불변자본의 가치가 전혀 변화 없이 불변자본의 물량이 증대할 수 있다. 심지어 반대로, 불변자본의 가치는 저하할 수도 있다."(①305, E245f, 김294)

기본적으로, 이 점에 대해서는 이미 제1장에서 상세히 설명되었습니다. 거기에서 논의되지 않은 중요한 점으로는 자본축적의 진행에 따른 자본의 감가가 있지만, 이에 대해서는 이 장의 후반 부분에서 논의할 것입니다. 또한, 생산력의 발전에 의한 생산수단의 저렴화가 자본의 유기적 구성의 고도화를 억제하는 효과에 한계가 있는 것은 이미 본 바와 같습니다.

반대로 작용하는 원인들 ④—상대적 과잉인구에 의한 노동의 형식적 포섭의 지속과 신산업으로의 노동력 배치

"(4) **상대적 과잉인구**의 산출은 **이윤율의 저하**에 나타나는 **노동생산력의 발전**과 불가분의 관계이고, 또한 그 **노동생산력의 발전**에 의해 촉진되며, 한 국가에서 자본주의적 생산양식이 발전할수록 더욱 현저하게 나타나지만, **상대적 과잉인구**는 그것 자체로, **한편으로는** 많은 생산부문에서 다소간 단순히 자본 밑으로의 노동의 형식적 포섭이 지속되고, 또한 그것이 발전의 일반적 수준이 일견 보장하는 것보다 더 오래 지속되는 원인이다. 이는 이용 가능한 상태 등에 있는 임금노동자, 즉 방출된 임금노동자가 싸고 많기 때문이다—많은 생산부문이 그 성질상, **우위를 점했던** 수작업을 대체하는 것에 대해 더 큰 저항(어려움)을 나타낸다는 것을 제외하고. **다른 한편으로는**, 새로운 생산부문, 사치재나 다른 부문이 개척되고, 이들 부문은 바로 그 상대적인, 종종 다른 생산부문에서 불변자본의 증가 때문에 방출된 인구에 기초하고 있으며, **살아 있는 노동의 요소**의 우세에 기초를 두고 있으며, 그 후에야 비로소 점차 다른 생산부문과 같은 경로를 따르는 것이다. 어느 경우에서도, 가변자본은 총자본에 대해 상당히 큰 비율을 차지한다. 그런데 일반적 이윤율은 특수한 생산부문들에서의 이윤율의 평균화에 의해 형성되므로, 이윤율의 저하 경향을 만들어 내는 것과 같은 원인이 또한 이 경향에 대한 평형력 Gegengewicht을 만들어 내어, 그것이 이 경향의 작용을 저지하고, 약화시키며, 다소간 마비시킨다."(①305f, E246f, 김295)

여기에서는 두 가지 사항이 지적되고 있습니다. 하나는, 상대적 과잉인구가 대량으로 존재함으로써 임금이 매우 낮은 정도로 억제되어, 자본가가 기계 등을 도입하는 동기가 약화된다는 것입니다. 예를 들어, 상대적 과잉인구의 현대적 형태인 비정규 고용 내지 불안정 고용이 만연하는 일본에서 설비 투자 인센티브가 후퇴하고 있다는 것은 자주 지적되는 바입니다. 이러한 저임금 노동력의 이용은 잉여가치율을 높이는 동시에, 자본의 유기적 구성의 고도화를 방해할 것입니다.

또 하나는, 생산력의 발전에 의해 생겨난 상대적 과잉인구를 새로운 산업 부문이 흡수함으로써, 사회적 생산의 기술적 재편이 이루어지고, 이를 통해 자본의 유기적 구성의 고도화가 억제 내지 저지된다는 것입니다. 일반적으로 노동생산력 발전이라고 하면, 같은 기술체계 내에서 생산 효율을 높이는 것만을 떠올리기 쉽지만—그리고 마르크스 자신이 그 측면을 강조하고 있지만—실제로는 생산력의 발전에는 이전에는 없었던 기술이나 생산물을 만들어 내고, 더 고도의 기술체계를 창출하는 것도 포함됩니다. 이 새로운 기술체계를 구축하는 단계에서는 자본의 유기적 구성의 고도화가 진행되지 않고, 오히려 저하될 수도 있습니다. 또한, 이러한 기술체계의 근본적 재편은 생산수단과 소비재 양쪽에서의 신시장의 확대를 의미하므로, 그것도 일반적 이윤율을 높이는 요인이 될 것입니다.

지금까지 자본주의적 생산양식은 기술체계의 근본적인 재편을 여러 차례 겪어 왔습니다. 마르크스가 목격한 것은 면직공업으로 상징되는 경공업 주도형 자본주의였지만, 19세기 말부터는 중공업 주도형 자본주의로 이행했으며, 게다가 전후기에는 그 기초 위에서 전자화된 기계가 사용되었고, 생산물도 자동차 등의 내구소비재로 이동해 갔습니다. 그리고 20세기 말부터 정보통신 기술의 발전으로 인해 '제3차 산업 혁명'이라고도 불리는 기술체계의 재편이 일어나고 있는 것은 잘 알려진 바와 같습니다. 각각의 기술체계의 성질에 따라 다르기 때문에 일률적으로 말할 수는 없지만, 이러한 기술체계의 근본적인 재편성은 새로운 생산부문을 연이어 창출하고, 원료 가격의 하락을 초래하며, 교통 및 통신의 효율을 대폭 향상시키는 등의 작용을 통해 자본의 유기적 구성을 낮추거나 회전속도를 빠르게 함으로써 이윤율을 증대시키는 경향이 있었습니다. 예를 들어, 20세기에 번영을 누렸던 '포디즘'이라고 불리는 자본축적 체제 하에서는 저렴한 석유를 활용하면서, 신시장으로 확대되고 있던 내구소비재의 생산에 대량의 노동자를 동원하여 '대량생산·대량소비'의 사이클을 실현하고, 급속한 자본축적을 이루어 냈습니다.

물론, 이러한 기술체계의 근본적인 재편의 효과는 오래 지속되지 않습니다. 재편된 기술체계 하에서 노동생산력이 발전하면 자본의 유기적 구성이 고도화되는 것은 피할 수 없으며, 또한 그 기술체계 하에서 개척된 신시장도 점차 포화 상태에 이르기 때문입니다. 따라서 세계적으로 유명한 트로츠키주의자였던 에르네스트 만델Ernest Mandel(1923-1995)이 주장한 바와 같이, 이 장의 후반부나 제5장 제5절에서 다루는 단기적인 산업순환과 구별되는, 약 반세기에 걸친 산업순환의 궤도, 즉 사반세기의 확장기와 사반세기의 후퇴기를 동반하는 '장기파동'이 존재한다는 설도 있습니다.[47] 이 '장기파동'론의 타당성 여부는 제쳐두더라도, 기술체계의 재편이 이윤율에 미치는 영향을 고려하는 것은 일반적 이윤율의 장기적 동향을 생각하는 데 매우 중요한 관점이라고 할 수 있습니다.

반대로 작용하는 원인들 ⑤—외국무역에 의한 생산수단 및 생활수단의 가치 저하

47) 역주: Ernest Mandel, *Long Waves of Capitalist Development*, Cambridge University Press, 1980.

“(5) 외국무역이 일부에서는 불변자본의 요소를 싸게 하고, 일부에서는 직접적으로 가변자본(필요 생활수단)을 구성하는 요소를 싸게 하는 한, 그것은 이윤율의 두 요소인 **잉여가치율**과 **불변자본의 가치**에 대해 이윤율을 상승시키도록 작용한다. 이처럼 외국무역은 일반적으로 **생산규모**의 확장을 가능하게 하는 방향으로 작용한다. 그러나 바로 이 방향에 따라 외국무역은 마찬가지로 불변자본에 대한 가변자본의 감소를, 따라서 **이윤율의 저하**를 초래하고 촉진하지만, 동시에 축적도 촉진한다. 마찬가지로, 외국무역의 확대는 자본주의적 생산양식의 유년기에는 그 기반이었지만, 그것이 진행됨에 따라 그 산물, 즉 이 생산양식의 내적 필연성을 통해 끊임없이 확장되는 시장에 따라 창출된 이 생산양식의 산물이 된다. 여기에서도 역시 동일한 작용의 이중성Zwieschlächtigkeit이 나타난다.”(①306, E247, 김 296)

반대로 작용하는 원인들 ⑥—일부 자본은 일반적 이윤율을 형성하는 경쟁에 참여하지 않는다

“(6) 앞서 언급된 다섯 가지 사항 외에 다음 내용을 추가할 수 있지만, 지금까지 전개된 기초 위에서는 지나치게 자세히 다루는 것은 불가능하다. 축적량의 가속을 수반하며 진행되는 자본주의적 생산양식의 발전에 따라, 자본의 일부는 단지 이자 낳는 자본으로서만 계산되고 사용된다. 그렇다고 해도 …… 이러한 자본들은 큰 생산적 기업에 투입되더라도, 모든 비용을 제하면, 단지 크든 작든 이자만을 발생시킨다는 의미에서이다. 예를 들어, 철도의 경우가 그렇다.

따라서 이러한 자본들은 일반적 이윤율의 균등화에는 가담하지 않는다. 왜냐하면, 이러한 자본들은 단지 평균이윤율의 일부만을 창출하기 때문이다. 만약 이러한 자본들이 추가되었다면, 이 평균이윤율은 훨씬 더 낮아졌을 것이다."(①309, E250, 김299f)

일부 자본은 그 독점적 지위에 기반하여 일반적 이윤율을 형성하는 자본 간 경쟁을 부분적으로 회피할 수 있습니다. 만약 유기적 구성이 높은 자본이 이 경쟁을 회피할 수 있다면, 그만큼 일반적 이윤율은 높아질 것입니다.

그러나 철도와 같이 커다란 자본을 필요로 하는 산업은 화폐자본가의 투자에 의존하고 있으며, 화폐자본가는 이자와 비슷한 수준의 이윤으로 만족할 것이므로, 이러한 대자본은 경쟁에 참여하지 않는다는 논의는 설득력이 별로 없습니다. 자본의 출처가 어디이든, 자본은 이윤의 최대화를 추구할 것이기 때문입니다. 실제로, 제6장에서 보듯이, 마르크스 자신도 약 10년 후에 집필한 단편에서 오히려 철도와 같은 막대한 고정자본을 필요로 하는 산업은 시장에서 독점적 지위를 차지할 수 있으며, 이를 통해 초과이윤을 획득할 수 있다고 말하고 있습니다.

확실히 이 경우에도 유기적 구성이 높은 철도 산업이 자본 간 경쟁을 회피할 수 있다면, 일반적 이윤율은 그만큼 높아질 것입니다. 그러나 반대로, 운송 서비스가 생산가격보다 높은 가격으로 판매된다면, 이를 이용하는 자본가나 노동자의 부담은 그만큼 커지고, 결과적으로 불변자본이나 가변자본의 증가를 초래하여 이윤율을 저하시키는 요인이 될 것으로 보입니다.

또한, 자본 간 경쟁을 회피할 수 있는 것은 유기적 구성이 높은 자본만이 아니라는 사정도 있습니다. 전형적인 예가 제6장에서 고찰되는 농업입니다. 농업에 투하되는 자본은 희소한 농업용지의 독점을 기반으로 하므로, 이 경쟁을 부분적으로 회피할 수 있지만, 반드시 유기적 구성이 높다고 할 수는 없으며, 오히려 마르크스의 시대에는 낮은 것이 일반적이었습니다. 그렇다면, 자본 경쟁의 회피는 이윤율을 낮추는 요인으로 작용할 수도 있으며, 일률적으로 이윤율을 증대시키는 요인으로 간주할 수는 없게 됩니다.

일반적 이윤율의 경향적 저하 법칙이 관철되는 현실의 프로세스는 어떤 방식으로 고찰되어야 하는가

"절대 잊어서는 안 되는 것은 이 잉여가치의 생산—그리고 잉여가치 일부의 자본으로의 재전화, 즉 축적이 이 잉여가치 생산의 필수적인 일부를 구성하고 있다—이 **자본주의적 생산**의 **직접적 목적**이자 **규정적 동기**라는 점이다. 따라서 자본주의적 생산을 그렇지 않은 것으로, 즉 **생산자**이자 생산의 지배자인 자본가의 향락 내지 향락 수단의 생산을 위한 것으로, 즉 직접적으로 그러한 것을 목적으로 한 생산으로 표현해서는 안 된다. 그렇게 하면 자본주의적 생산의 내적이고 핵심적인 자태의 전체에 나타나는 그 특수한 성격을 무시하게 된다."(①312, E253f, 김304f)

"그러나 축적과정에 포함된 이 양쪽의 계기Momente〔노동생산력 발전이 이윤율과 자본축적에 미치는 상호 대립된 영향〕는 리카도가 하고 있듯이, 단지 정태적으로 병존Nebeneinander하는 것으로 고찰해서는 안 된다.

이 계기들은 하나의 모순을 포함하고 있으며, 이 모순은 모순되는 경향들 및 현상들로 표현된다.

모순되는 동인들Agentien이 동시에 작용하고 있다.

연간 생산 중 자본으로 작용하는 부분의 증대에 따라 노동자 인구를 실제로 증가시키는 자극이 생기고, 동시에 상대적 과잉인구를 만들어 내는 동인들이 작용한다.

이윤율이 저하하는 동시에 자본의 양은 증대되며, 이에 따라 기존 자본의 감가가 진행되고, 이 감가는 이윤율의 저하를 억제하며 자본**가치**의 축적에 가속적인 자극을 준다.

생산력의 발전과 동시에 자본구성의 고도화, 자본의 불변 부분에 대한 가변 부분의 상대적 감소가 나타난다.

이러한 다양한 영향은 때로는 공간적으로 나란히, 때로는 시간적으로 연이어 작용하며, 상충하는 동인들의 충돌은 주기적으로 공황Crisen에서 배출구를 찾는다. 공황은 항상 기존 모순들의 일시적이고 폭력적인 해결momentane gewaltsame Lösungen일 뿐이며, 교란된 균형Gleichgewicht을 회복하기 위한 폭력적인 폭발gewaltsame Eruptionen일 뿐이다."(①323, E259, 김310f)

이제부터는 일반적 이윤율의 경향적 저하 법칙이 현실의 자본축적 운동 속에서, 즉 자본가들의 경쟁을 통해 어떻게 관철되는지에 대한 문제가 다루어집니다. 제1부의 자본축적론이나 이 장에서 지금까지 등장했던 다양한 '계기'—헤겔 철학에서 유래한 개념으로, 서로 유기적으로 관련된 요소라는 의미입니다—가 서로 모순되면서도 상호 촉진하며, 이를 통해 그 모순을 더욱 확대하고, 최종적으로 '공황'으로 귀결되는 메커니즘이 소묘되어 있습니다. 앞 장의 시장가치론 정도는 아니지만, 이 부분의 서술은 정리되어 있지 않으며, 경우에 따라 단편적인 기술에 그치고 있으므로, 마르크스 자신의 서술 순서에 얽매이지 않고 해설하고자 합니다.

구체적인 내용에 들어가기 전에 살펴보아야 할 것은 마르크스가 일반적 이윤율의 경향적 저하 법칙이 관철되는 프로세스를 어떤 방식으로 고찰했는지에 대한 것입니다.

우선, 가장 중요한 점은 자본주의적 축적의 모순에 가득 찬 운동이 자본주의적 생산양식 자체의 성격에 뿌리박고 있다는 점을 절대 잊지 않는 것입니다. 자본주의적 생산은 인간 사회에 필요한 사용가치의 생산을 목적으로 하는 것이 아닙니다. 자본가의 향락을 위한 사용가치의 생산을 목적으로 하는 것도 아닙니다. 오로지 잉여가치 생산이야말로 자본주의적 생산의 목적이며, 이 목적에 부합하지 않으면, 비록 사회에 필요한 사용가치라 하더라도 생산되지 않습니다. 자본주의적 생산양식이 "노동자가 현존하는 가치의 증식 욕구를 위해 존재하는 것이지, 그 반대로 대상적 부가 노동자의 발전 욕구를 위해 존재하는 것이 아닌 생산양식"(마 482, 김(1)848)인 이상, 그렇게 될 수밖에 없습니다. 바로 자본주의적 축적과정에서는 재생산과정의 물상화가 관철되고 있으며, 이 점을 한시도 잊지 않는 것이 중요합니다.

다음으로 중요한 것은 이러한 축적과정의 전도된 자태가 필연적으로 낳는 갖가지 대립하는 계기들을 단지 "정태적으로 병존하는 것"으로 고찰해서는 안 된다는 점입니다. 자본주의적 생산관계는 자본 자체가 잉여가치를 증대시키기 위해 추진하는 생산력 발전과 끊임없이 충돌하며, 이를 통해 다양한 모순된 계기들을 낳습니다. 이 장에서 살펴본 일반적 이윤율의 경향적 저하와 가속적인 자본축적의 동시 진행은 그러한 계기들의 근간을 이루는 것이지만, 그뿐만 아니라 이에 관련된 다양한 계기들을 포함하여, 서로 대립하면서도 상호 촉진하며 모순을 확대해 갑니다. 이처럼 축적과정에서 운동하는 갖가지 계기들은 서로 얽히면서 "때로는 공간적으로 나란히, 때로는 시간적으로 연이어 작용"하는 것이며, 만약 이를 "정태적으로 병존하는 것"으로 생각한다면 그 성질을 오해하게 됩니다.

이윤율의 저하와 자본축적의 상호 촉진과 모순

"이윤율의 저하와 가속적 축적은 둘 다 생산력의 발전을 나타내는 한, **동일한** 과정의 **다른** 표현에 불과하다. 축적 쪽은 그와 함께 대규모 노동의 집적이 일어나고, 이를 통해 자본구성의 고도화가 발생하는 한, 이윤율의 저하를 가속화한다. 반면, 이윤율의 저하 쪽은 집적Concentration과 소자본가들의 수탈을 가속화하며, 지금 관점에서 보면 다소간 상대적으로 직접적 생산자의 수탈을 가속화한다. 다른 한편으로는, 이를 통해 축적**률**이 하락함에도 불구하고 축적은—그 양에 관한 한—가속화된다.

다른 한편, **이윤율**, 즉 **총자본의 가치증식률**이 자본주의적 생산의 자극인 한, 자본의 가치증식이 자본의 유일한 목적이기 때문에, 이윤율의 저하는 새로운 독립적 자본들의 형성을 둔화시키고 자본주의적 생산과정의 발전을 위협하는 것으로 나타난다. (동일한 하락은 과잉생산, 투기, 공황Crisen, 노동의 과잉 내지 상대적 과잉인구와 병존하는 자본의 과잉을 촉진한다.) 따라서 리카도처럼 자본주의적 생산양식을 절대적인 것으로 보는 경제학자들은 여기서 이 생산양식이 스스로에 대해 제한Schranke을 만들어 낸다는 점을 느끼고, 따라서 이 제한을 이 생산양식의 탓이 아니라 자연의 탓으로 (지대론에서) 돌리려 한다. 그러나 이윤율의 저하에 대한 그들의 공포에서 중요한 것은 자본주의적 생산양식이 생산력 발전에서 그 자체로서는 부의 생산과는 아무런 관련 없는 제한들을 발견한다는 예감이며, 이 **고유**의 제한이 이 생산양식의 **피제한성***Beschränktheit*과 단지 역사적일 뿐인 성격을 증명하고, 자본주의적 생산양식이 부의 생산에 있어 **절대적인** 생산양식이 아니라 오히려 일정한 단계에서 부의 추가적 발전과 충돌하게 됨을 증명한다."(①310, E251f, 김302f)

이미 살펴본 바와 같이, 자본의 유기적 구성의 고도화와 자본축적의 동시 진행이 현상적 메커니즘에서는 이윤율의 저하와 투하 자본량의 증대라는 두 가지 대립하는 계기로 나타난다 하더라도, 이러한 현상형태에 의해 양자 간의 필연적인 연관이 상실되는 것은 아닙니다. 오히려 현상적 메커니즘에서는 이 두 가지 계기가 대립하면서도 상호 촉진하며, 이를 통해 그 대립을 더욱 심화시키는 방식으로 운동합니다. 이 인용문에서도 마르크스는 자본축적이 자본의 유기적 구성의 고도화를 촉진하고, 일반적 이윤율의 저하가 소자본의 경영을 어렵게 함으로써 자본의 집적(정확히는 '자본의 집중'이라 해야 하지만, 이 초고에서는 아직 개념 확정이 이루어지지 않았습니다. 마488를 보십시오)을 촉진하는 한편, 일반적 이윤율의 저하가 새로운 자본의 형성을 어렵게 하고 자본주의의 발전을 억제하는 것으로 작용한다고 지적합니다.

아래에서는 이러한 일반적 이윤율의 저하와 자본축적의 상호 촉진적이면서도 모순을 내포한 운동을 축으로 하여, 이 운동에 포함된 갖가지 모순들이 어떤 현상을 낳는지가 고찰됩니다. 그리고 이러한 현상에 대한 고찰을 통해 자본주의적 축적의 현상적 메커니즘에서 일반적 이윤율의 경향적 저하의 법칙이 어떻게 관철되는지가 제시될 것입니다.

일반적 이윤율의 저하에 따른 현상들 ①—자본 박탈

"어쨌든 이윤량은 이윤율이 낮아지더라도 투하되는 자본의 크기에 따라 증대한다. 게다가 이 저하된 비율이 표상하는 사용가치량이 증대한다.48) 그렇지만 이는 동시에 자본의 집적을 조건으로 한다. 왜냐하면 이제는 생산조건이 대량의 자본 사용을 요구하기 때문이다. 이는 대자본가에 의한 소자본가의 병합과 소자본으로부터의 '자본 박탈Entcapitalisirung'을 조건으로 한다. 이것 역시 생산자로부터 노동조건의 분리Scheidung가 더욱 강화된 것에 불과하며 …… 이 분리가 **자본**과 **본원적** 축적*Ursprünglichen* Accumulation의 **개념**을 형성하고, 이어서 **자본축적**의 **항구적인 과정**으로 나타나며, 여기서 마지막으로 소수의 손에 **기존 자본들의 집적**과 **다수의 사람들로부터의 자본 박탈**(이제 **수탈***Expropriation*은 이러한 방향으로 변화해 간다)로 나타난다."(①315, E256, 김307f)

제1부에서도 보았듯이, 현실의 자본축적의 운동에서는 각 자본이 축

48) 역주: 이 문장("Ausserdem wächst die Quantität der Gebrauchswerthe, die diese kleinere Proportion vorstellt.")은 엥겔스가 편집한 현행판『자본론』제3권에는 누락되어 있다.

적에 의해 증대할 뿐만 아니라, 자본이 소경영을 파탄에 몰아넣고, 나아가 대자본이 소자본을 파탄에 몰아넣음으로써 자본의 규모를 비약적으로 증대시키지만, 일반적 이윤율의 저하는 소경영이나 소자본의 경영을 어렵게 함으로써 이러한 자본 박탈에 의한 자본의 집적을 더욱 촉진합니다. 이는 한편으로는 가속적인 자본 규모의 확대를 가져오며, 이에 따라 이윤율 저하에서도 이윤량의 증대를 가능하게 하지만, 다른 한편으로는 대자본 아래로 생산수단의 집중을 촉진함으로써 더욱 자본구성의 고도화를 가져옵니다.

일반적 이윤율의 저하에 따른 현상들 ②—자본의 플레토라〔과다〕

"**이윤율의 저하**에 따라, **자본의 최소한**—개별 자본가의 손에 있어야 하는 생산수단의 집적 정도—은 증대하지만, 이 최소한은 일반적으로 노동의 생산적 사용을 위해 필요하며, 노동의 착취를 위해서도 그 노동이 그 상품의 생산을 위해 **사회적으로 필요한 노동시간**의 평균을 초과하지 않는, 상품생산에 필요한 노동시간이기 위해서도 필요하다. 그와 동시에 집적이 증가한다. 왜냐하면 일정한 한계 내에서는 이윤율이 낮은 대자본이 이윤율이 높은 소자본보다 더 급속히 축적하기 때문이다. 이 증대되는 집적은 일정한 높이에 도달하면, 이는 또다시 이윤율의 새로운 저하를 초래한다. 따라서 분산된 소자본의 거대한 무리는 모험, 투기, 신용 사기, 주식 사기, 공황〔으로 내몰린다〕. 이른바 자본의 플레토라Plethora〔過多〕는 항상 본질적으로 이윤율의 저하가 이윤의 양으로 보상되지 않는 자본(그리고 이는 항상 새로 형성되는 자본들의 새싹이다)의 플레토라와, 또는 이러한 스스로 자립할 능력이 없는 자본의 처분을 대규모 사업 부문의 지도자들에게 (신용의 형태로) 맡기는 플레토라와 관련된다."(①324f, E261, 김313f)

여기서 마르크스가 지적하듯, 일반적 이윤율의 저하에 따라 통상적인 방식으로 자본으로 운용할 수 있는 화폐액의 최저 한도는 증가할 수밖에 없습니다. 한편으로는 이윤율이 저하할수록 그만큼 더 큰 자본을 투하하지 않으면 충분한 이윤량을 확보할 수 없기 때문이고, 다른 한편으로는 이윤율의 저하를 가져오는 사회적 생산력의 발전이 개별 자본가에게 더 높은 생산력을 강제하며, 이를 위해 점점 더 큰 자본을 필요로 하게 되기 때문입니다.

이렇게 이윤율의 저하와 함께 충분한 크기를 갖지 못한 "분산된 소자본의 거대한 무리"가 형성된다면, 사회적으로 보면 그만큼 "과잉"한 자본이 형성되었다는 것을 의미합니다. 이것이 바로 "자본의 플레토라"의 본질에 다름 아닙니다("자본의 플레토라"의 보다 현상적인 형태는 제5장 제5절에서 다룹니다). 이들 소자본은 통상적인 방식으로는 투자될 수 없으므로 "모험, 투기, 신용 사기, 주식 사기" 등의 더 위험한 투자로 내몰립니다. 또는 "자립할 능력이 없는 자본의 처분을 대규모 사업 부문의 지도자들에게 (신용의 형태로) 맡기는" 일이 될 수도 있습니다. 결과적으로 이러한 행동은 금융시장을 과열시키고, 신용을 통해 더욱 자본의 축적이나 집중을 촉진하게 됩니다. 즉, 이윤율의 저하는 그 자체로 보면 이윤 획득에 대한 제한으로 나타나지만, 적어도 단기적으로는 오히려 투자를 과열시키고 자본을 더욱 팽창시키는 작용을 가져옵니다.

이윤율은 자본주의적 생산의 구동 요인이다

"**이윤율**, 즉 **비율**상의 증대는 모든 새롭고 독립적으로 무리를 이루는 **자본의 새싹**에게 중요하다. 그리고 자본 형성이 이윤량에 의해 이윤율을 보상하는 소수의 기존 대자본의 손에서만 이루어지게 된다면, 자본 형성을 활성화하는 불꽃은 꺼지고 말 것이다. 그것은 빛을 잃을 것이다. **이윤율**은 자본주의적 생산의 구동 요인treibende agency이다. 오직 이윤을 동반하여 생산할 수 있는 것만이, 그리고 그러한 것인 한에서만 생산된다. 그렇기 때문에 영국의 경제학자들은 이윤율의 감소를 걱정하는 것이다. 그 단순한 가능성만으로도 리카도가 불안을 느낀 것은 바로 자본주의적 생산의 조건들에 대한 그의 깊은 이해를 보여 준다. 리카도가 비난받는 점, 즉 그가 '인간'을 고려하지 않고 자본주의적 생산의 고찰에서 오직 생산력의 발전만을—그것이 인간이나 자본 **가치**를 얼마나 희생하여 얻어지든—염두에 둔다는 것, 바로 이것이야말로 그의 중요한 점인 것이다. 사회적 노동의 생산력 발전은 자본의 **역사적** 임무이자 존재이유이다. 바로 그것을 통해 자본은 무의식적으로 더 고도의 생산양식의 물질적 조건들을 창출한다. 리카도를 불안하게 만든 것은 이윤율—자본주의적 생산의 자극이자 축적의 조건이며 추진력이기도 한—이 생산 자체의 발전법칙에 의해 위협받는다는 점이었다. 그리고 여기서는 양적 관계가 전부이다. 실제로는 여기에는 더 깊은 무엇인가가 근저에 있지만, 그는 그것을 단지 예감할 뿐이었다. 여기서는 **순수하게 경제학적인 방식**으로, 즉 부르주아적 입장에서, 즉 '자본주의적 이해력의 한계Grenzen' 내부에서, 자본주의적 생산 자체의 입장에서, 자본주의적 생산의 제한Schranke, **그 상대성**, 그것이 결코 **절대적** 생산양식이 아니라 단지 하나의 역사적이고, 물질적 생산조건들의 어떤 국한된 발전기Entwicklungsepoche에 조응하는 **생산양식**에 불과하다는 것이 드러나는 것이다."(①332f, E269f, 김323f)

앞서 살펴본 바와 같이, 이윤율의 저하는 이에 저항하는 자본의 행동을 낳고, 단기적으로는 투자의 과열을 가져올 수 있으나, 장기적으로는 자본주의적 생산의 정체를 초래합니다. "**이윤율**은 자본주의적 생산의 구동 요인"이며, 그것이 지나치게 저하되면 자본 형성을 활성화시키는 불꽃이 꺼지기 때문입니다. 따라서 일반적 이윤율의 경향적 저하는 자본주의적 생산양식의 역사적 제한성을 "부르주아적 입장"에도 이해되는 방식으로, 즉 양적 형태로 보여 주는 것이라고 할 수 있습니다.

일반적 이윤율의 저하에 따른 현상들 ③ — 자본주의적 생산과 소비의 모순(상품의 과잉생산)

"착취될 수 있는 만큼의 잉여노동량이 상품에 물질화되면서 곧바로 **잉여가치가 생산되며**, 잉여가치의 절대량은 자본이 자유롭게 사용할 수 있는 노동자 수에 의해서만 제한된다. 그러나 이 잉여가치의 생산에서는 자본주의적 생산과정의 제1막erste Akt, 즉 직접적 생산과정이 끝났을 뿐이다. 자본은 이러 이러한 양의 **불불노동**을 흡수했다. 살아 있는 노동을 동반하는 그 과정은—그리고 이것이 직접적 생산과정을 이룬다—그것과 함께 끝난다. 이윤율의 저하로 표현되는 과정의 발전에 따라, 이렇게 생산되는 잉여가치량은 거대한 규모로 불어나며, 그 때문에 총상품량, **총생산물**은 불변자본을 보전하는 부분도, 가변자본을 보전하는 부분도, 잉여가치를 나타내는 부분도 **판매**되지 않으면 안 된다. 그것이 판매되지 않거나 일부밖에 판매되지 않는 경우가 있으면, 혹은 **생산가격** 이하의 가격으로밖에 판매되지 않는다면, 노동자는 분명히 착취당하고 있지만, 그의 착취는 자본가에게 그만큼 **실현**되지 않으며, 그의 자본의 전부 또는 일부를 잃거나, 쥐어짜 낸 잉여가치의 일부밖에 실현하지 못하는 결과로 이어질 수 있다. **직접적**인 착취의 조건들과 이 착취의 실현Realisierung 조건들은 동일하지 않다. 그것들은 시간적 및 공간적으로 일치하지 않을 뿐만 아니라, 개념적으로도 일치하지 않는다. 하나는 단지 사회의 생산력에 의해서 제한되어 있을 뿐이고, 다른 하나는 **다양한 생산부문 간의 균형관계***Proportionalität*와 사회의 **소비력**에 의해 제한된다. 그러나 사회의 소비력은 절대적 생산력이나 절대적 소비력에 의해 규정되지 않고, 사회의 큰 기반을 소비의 최소한으로 제한하는—다소 좁은 한계로 제한하는—**적대적인 분배관계들**을 기초로 하는 소비력에 의해 규정된다. 또한 사회의 소비력은 축적 욕구, 즉 자본의 증대와 확대된 규모에서의 잉여가치 생산에 대한 욕구에 의해 제한된다. 이것이 자본주의적 생산의 법칙이며, 이는 생산방법의 끊임없는 혁명, 그와 항상 결합된 기존 자본의 감가, 일반적인 경쟁전Concurrenzkampf, 그리고 몰락의 위협 아래 다만 존속하기 위한 수단으로서 생산을 개량하고 생산규모를 확대할 필요에 의해 주어진다. 따라서 시장은 끊임없이 확대되어야 하며, 시장의 관련들은 점점 더 생산자들로부터 독립된 자연법칙의 자태를 띠게 되고, 점점 더 제어할 수 없는 것이 된다. 내적인 적대성은 생산 외적 영역의 확장을 통해 해결을 모색한다. 그러나 생산력이 발전할수록, 생산력은 소비관계가 기반을 두는 좁은 기초와 점점 더 모순되게 된다. 이 **모순에 가득 찬 기초***widerspruchsvollen Basis* 위에서는 자본의 과잉이 **상대적 과잉인구**의 증대와 결합된다는 것은 전혀 모순이 아니다. 왜냐하면 이 둘을 함께 하면 생산되는 잉여가치의 양은 증가하겠지만, 바로 그와 함께 이 잉여가치가 생산되는 조건들과 그것이 실현되는 조건들 간의 **모순**이 증대되기 때문이다."(①312f, E254f, 김305f)

"…… 자본주의적 생산양식 전체는 단지 하나의 **상대적인** 생산양식에 불과하며, 그 제한Schranken은 절대적이지 않지만, **이 생산양식에서는, 그 기초 위에서는** 절대적이다. 그렇지 않다면, 인민 대중에게 부족한 바로 그 상품에 대한 수요가 부족하다는 일이 어떻게 있을 수 있겠는가? 또한, 노동자들에게 필요생활수단의 평균을 지불할 수 있도록 하기 위해서는 이 수요를 외국에서, 먼 시장에서 구해야 한다는 일이 어떻게 있을 수 있겠는가? ……

너무 많은 부Reichthum가 생산되는 것이 아니다. 그러나 그 자본주의적이고 **대립적인** 형태*gegensätzlichen* Formen에서는 주기적으로 너무 많은 부가 생산되는 것이다."(①331f, E267f, 김321f)

일반적 이윤율의 저하와 자본축적의 상호 촉진적인 운동 속에서 자본은 점점 더 팽창하며, 점점 더 거대한 규모로 잉여가치의 생산을 수행하게 됩니다. 그러나 이렇게 생산된 방대한 잉여가치를 실제로 이윤으로 실현하려면 생산된 상품을 판매해야 하며, 따라서 그에 대응하는 수요가 사회에 존재해야 합니다. 그러나 바로 이 "사회의 소비력"은 자본주의적 생산양식이 만들어 내는 적대적인 분배관계 — 노동력 상품의 가치는 그 재생산비에 불과하다 — 에 의해 제한되어 있습니다. 이 모순은 최종적으로는 상품의 과잉생산으로 나타납니다.

물론, 다른 한편으로 "사회의 소비력"은 자본의 축적 욕구에 의해서도 규정되므로, 자본축적의 진행과 함께 증대합니다. 그러나 이것으로도 문제는 근본적으로 해결되지 않습니다. 왜냐하면 자본축적의 활성화로 임금이 상승하면 이윤율이 낮아지고 — 일시적으로 경기 과열을 초래할 수 있더라도 — 결국 자본의 축적 욕구가 약화되기 때문입니다. 만약 상대적 과잉인구 등의 효과로 임금이 상승하지 않은 채 자본축적이 진행된다면, 분명히 "사회의 소비력"은 증대되겠지만, 그만큼 판매해야 할 상품은 증가하고, 노동자계급의 빈곤 상태도 개선되지 않으므로, 이 경우에도 "사회의 소비력"의 제한 문제는 해결되지 않습니다.

그러므로 이 모순의 도피처는 끊임없이 시장을 확대하는 데서 찾지만, 그것은 결국 더 많은 생산력의 발전, 더 많은 생산규모의 확대를 가져올 뿐이며, 모순을 더욱 확대하는 데에만 이릅니다. 자본주의적 생산양식 내부에서는 — 그 외부에서는 그렇지 않지만 — 소비력의 제한은 절대적인 것이 될 수밖에 없습니다.

따라서 자본주의적 생산의 문제는 그것이 "너무 많은 부"를 생산하기 때문이 아닙니다. 자본주의적 생산이라는 "**대립적인** 형태" — 즉 사용가치를 위한 생산이 아니라 잉여가치 및 이윤을 위한 생산이라는 형태 — 에서는 너무 많은 부가 생산되는 것에 있습니다.

또한, 현재 자본주의 사회에서는 너무 거대한 부가 생산되고 있으며, 생산에 따른 CO^2 배출이나 소비재의 대량 폐기가 심각한 문제이므로, "너무 많은 부가 생산되는 것이 아니다"라는 마르크스의 발언은 다소

엉뚱하게 느껴질 수 있습니다. 그러나 여기서 마르크스가 지적하는 문제의 본질은 전혀 변하지 않았습니다. 왜냐하면 대량생산에 기인한 현재의 문제들도 자본주의적 생산이 사용가치를 목적으로 하는 것이 아니라, 이윤을 목적으로 하는 것으로부터 발생하기 때문입니다. 만약 생산의 목적이 사용가치라면, 의류 업계의 대량 폐기가 문제가 되거나, '경제성장'을 우선시해 기후위기 대책이 뒷전이 되는 일은 없을 것입니다. 또한 교육, 의료, 복지 관련 서비스의 공급 체제가 약화되는 일도 없었을 것입니다. 마르크스가 목격한 것은 본격적으로 확대될 시대의 자본주의였으므로, 자본주의적 생산과 소비의 모순은 주로 상품생산의 양적 제한으로 나타났지만, 자본주의가 전세계적으로 확대되고 자본축적이 정체 경향에 있는 현재는 오히려 상품생산의 질적 풍요로움의 제한으로 나타난다고 할 수 있습니다.

일반적 이윤율의 저하에 따른 현상들 ④—자본의 절대적 과잉생산

"그러나 개별 상품의 과잉생산이 아니라 **자본의 과잉생산***Ueberproduction*(=자본의 플레토라)(이라고 하더라도 자본의 과잉생산은 항상 상품의 과잉생산을 포함하는 것이지만)이 의미하는 것은 바로 **자본의 과잉축적** *Ueberaccumulation* 그 이상도 이하도 아니다. 이 과잉생산이 무엇인지 이해하기 위해서는 …… 그저 그것을 **절대적인 것**으로 전제하기만 하면 된다. 어떤 경우에 자본의 과잉생산은 절대적인 것일까? 더구나 이런저런 생산영역이나 두세 개의 중요한 생산영역에 미치는 것이 아니라, 그 범위 자체에서 절대적이며, 따라서 모든 생산영역을 포괄하는 과잉생산은?

자본주의적 생산을 목적으로 하는 추가 자본이 = 0인 때에 곧바로 자본의 **절대적** 과잉생산이 존재하게 될 것이다. 그러나 자본주의적 생산의 목적은 자본의 **가치증식**이며, **잉여가치**의 생산, **이윤**의 생산, **잉여노동의 획득**이다. 따라서 …… **증대된 자본이** 증대되기 전의 자본과 단지 **동일한 잉여가치**만을, 혹은 **그보다 적은 잉여가치**밖에 — 여기서는 이윤의 절대량에 대해 말하는 것이지 이윤율에 대해 말하는 것이 아니다 — 생산하지 않게 되는 비율로 증대된다면, **자본의 절대적 과잉생산** *absolute Ueberproduction von Capital*이 발생할 것이다. 즉 원래의 C + ΔC는 P(이를 C가 생산한 이윤액이라고 하자)만을, 혹은 심지어 P - x만을 생산할 것이다. 어느 경우든 일반적 이윤율의 급격하고 갑작스러운 저하가 발생할 것이지만, 이번에는 이 저하를 유발하는 자본구성의 변동이 생산력의 발전에 의한 것이 아니라, **가변자본**의 **화폐가치** 증대와 이에 대응하는 **가변자본**에 대상화된 노동에 대한 **잉여노동**의 비율 감소에 의한 것이다."(①325f, E261f, 김314)

"**자본의 과잉생산**은 자본으로 **기능**할 수 있는, 즉 **주어진 착취도**에서 노동 착취에 사용될 수 있는 **생산수단** …… **의 과잉생산** 그 이상도 이하도 아니다. 이는 **이 착취도**가 일정 수준 이하로 떨어지면 자본주의적 생산과정의 정체, 교란, 공황, 자본의 파괴를 초래하기 때문이다. 이러한 **자본의 과잉생산**이 다소 큰 **상대적 과잉인구**를 동반한다는 것은 결코 모순이 아니다. (이 상대적 과잉인구의 감소는 그 자체로 이미 공황의 한 계기이다. 이는 지금 고찰한 자본의 절대적 과잉생산이라는 사태를 더 가까이 끌어오기 때문이다.) 노동의 생산력을 높이고, 생산물(상품)의 양을 늘리고, 시장을 확대하고, 자본의 축적(그 물질적 **양**과

가치량 모두에서)을 촉진하고, **이윤율**을 저하시킨 사정, 그 동일한 사정이 **상대적 과잉인구**를 만들어 냈으며, 또한 끊임없이 만들어 내고 있으며, 이 과잉인구가 **과잉자본**에 의해 사용되지 않는 것은 그것이 낮은 노동 착취도로만 사용될 수 있기 때문이며, 혹은 적어도 착취도가 일정한 경우 **낮은 이윤율**로만 사용될 수 있기 때문이다."(①330, E266, 김319)

앞서 살펴본 바와 같이, 자본주의적 생산양식에서 상품의 과잉생산은 본질적으로 단순히 사용가치가 과잉생산되는 것이 아니라, 이윤의 최대화라는 자본의 목적에 있어서 사용가치의 생산이 과잉이라는 것을 의미합니다. 그렇다면 자본에게 사용가치의 생산이 과잉이 되는 사태란 어떤 것일까요? 그것이 바로 "자본의 절대적 과잉생산"에 다름 아닙니다.

반복해서 보았듯이, 이윤율이 아무리 저하하더라도 이를 상회하는 속도로 자본축적을 하면 이윤량은 증가할 수 있습니다. 그러나 이윤율의 저하를 가속적인 자본축적으로 보완하는 이러한 운동에는 자연스러운 한계가 있습니다. 가속적인 자본축적 자체가 노동력에 대한 수요 증대를 통해 임금을 상승시키고, 이윤율을 저하시키는 효과를 가지기 때문입니다. 물론 이러한 임금 상승은 생산력 발전이 만들어 내는 상대적 과잉인구에 의해 어느 정도 상쇄될 수 있습니다. 그러나 경기과열 시기에는 더욱 가속적인 자본축적이 이루어지므로, 상대적 과잉인구를 노동력으로 흡수하는 효과가 우세해지며 임금이 급등합니다. 게다가 이러한 과열기에는 임금뿐 아니라 원료 가격도 급등할 수 있습니다. 이렇게 되면 이윤율의 저하를 보완하기 위해 자본축적을 진행하는 것이 오히려 이윤의 절대량 감소라는 사태를 초래합니다. 물론 이에 따라 이윤율도 급락할 것입니다.

예를 들어, 이윤율 10%로 100억 엔의 자본이 투하되어 10억 엔의 이윤을 실현했다고 가정해 봅시다. 이때 자본축적이 이루어져 110억 엔의 자본이 투하되었음에도 불구하고, 그로 인해 9억 엔의 이윤만 실현된다면, 이윤율은 약 8.1%로 저하됩니다.

이러한 "자본의 절대적 과잉생산"은 "자본주의적 생산과정의 정체, 교란, 공황, 자본의 파괴를 초래"합니다. 『자본론』 제1부와 제2부에서 '공황의 가능성'이나 '공황의 가능성의 발전'에 대해 언급되고는 있지만, 그것이 어떤 조건에서 현실화되는지는 설명되지 않았습니다. 여기서 마침내 공황이 현실화되는 근거가 밝혀집니다.

또한 여기서 중요한 점 하나는, 이러한 자본의 과잉생산과 상대적 과잉인구의 존재가 모순되지 않는다는 것입니다. 앞서 본 바와 같은 자본의 플레토라에 의한 경기과열은 동시에 자본의 과잉생산(및 이에 따른 상품의 과잉생산)을 초래하지만, 이러한 경기과열에서도 모든 상대적 과잉인구가 노동력으로 흡수되는 것은 아닙니다. 자본주의적 생산의 목적은 어디까지나 이윤의 최대화이며, 그 목적에 기여하는 한에서만 임금노동자들이 고용되기 때문입니다. 따라서 자본의 과잉생산에서는 상품의 과잉뿐 아니라 인구의 과잉도 동시에 병존할 수 있습니다.

일반적 이윤율의 저하에 따른 현상들 ⑤—자본의 과잉생산을 초래하는 경쟁전

"…… 축적과 결합된 이윤율의 저하는 필연적으로 경쟁전Concurrenzkampf을 불러일으킨다. 이윤량으로 이윤율의 저하를 보상한다는 것은 단지 사회의 **총자본**에 대해서만 존재하고, 또한 기존 대자본에 대해서만 존재한다. 새롭게 독립적으로 기능하는 추가 자본은 그러한 보상을 찾지 못하며, 이에 맞서 행동하지 않으면 안 된다. 이렇게 이윤율의 저하가 자본들 간의 경쟁전을 초래하며, 그 반대가 아니다. 물론 이 경쟁전은 임금의 일시적 상승을 동반하며, 이로 인한 이윤율의 더 큰 일시적 하락을 동반한다. 이는 **상품의 과잉생산**, 시장의 공급 과잉에서도 나타난다. **잉여가치의 생산, 이윤의 생산**이 자본의 목적이며, 욕망의 충족이 목적이 아니므로, 또한 자본이 그 목적을 달성하는 것은 단지 생산량을 생산규모에 맞추는 방법에만 의한 것이며, 그 반대 방법에 의한 것이 아니므로, 자본주의적 기초 위의 제한된 소비관계와 끊임없이 이 내적 제한을 초월하려는 생산 사이에는 끊임없이 분열이 생길 수밖에 없다."(①330f, E266f, 김320)

마르크스는 일반적 이윤율의 저하가 초래하는 자본가 간의 치열한 경쟁을 "경쟁전"이라는 말로 표현합니다. 크게 나누면, "경쟁전"에는 두 가지 유형이 있습니다. 하나는 이 인용문에서 언급된 자본의 과잉생산을 초래하는 경쟁전입니다.

"자본의 플레토라" 항목에서도 살펴본 바와 같이, 이윤율의 저하를 이윤량의 증대로 보상할 수 있는 것은 기존 대자본뿐이며, 소자본이나 새로 형성되는 추가 자본은 이에 맞서 행동하지 않으면 안 되며, 모험적인 투자나 투기에 내몰립니다. 이는 한편으로는 금융시장을 과열시키고, 다른 한편으로는 산업에 투자된 자본 간의 경쟁을 격화시킬 것입니다. 이윤율의 저하에서 비롯된 치열한 "경쟁전"은 경기과열을 초래하고, 임금을 급등시키며, 이윤율을 더욱 저하시킵니다. 이리하여 앞서 언급한 자본의 과잉생산이 발생하게 됩니다.

일반적 이윤율의 저하에 따른 현상들 ⑥—자본의 과잉생산이 초래하는 경쟁전

"그러나 분명한 것은, 이러한 구자본의 사실상의 감가[여기서는 자본의 절대적 과잉생산, 즉 자본축적에도 불구하고 이윤량이 감소하는 사태가 발생하여 기존 자본액으로는 이전보다 적은 가치증식만 가능해지는 것을 의미한다]는 투쟁 없이 발생하지 않을 것이며, 추가 자본 ΔC는 투쟁 없이는 자본으로 기능할 수 없을 것이라는 점이다. 이윤율이 낮아지는 것은 자본의 과잉생산의 결과인 경쟁이 발생하기 때문이 아닐 것이다. 오히려 이윤율의 저하와 자본의 과잉생산이 동일한 사정에서 비롯되므로, 이제 경쟁전이 시작될 것이다. 이전부터 기능해 온 자본가들은 자신들의 원原자본을 스스로 감가시키지 않기 위해서도, 생산영역에서 원자본의 자리를 좁히지 않기 위해서도, ΔC 중 자신들의 손에 있는 부분을 다소 유휴 상태로 둘 것이다. 혹은 그 부분을 사용함으로써 일시적 손실을 감수하더라도 추가 자본의 제로화를 새로운 침입자나 일반적으로 자신들의 경쟁 상대에게 전가하려 할 것이다.

ΔC 중 새로운 손에 있는 부분은 구자본을 희생하여 자신의 자리를 차지하려 하며, 그리고 이에 다소 성공할 것이다. 이는 그 부분이 구자본의 일부분을=0으로 만듦으로써, 또는 구자본에 이전의 자리를 양도하도록 강요하고, 그리고 추가 유휴자본이나 부분적으로만 가동

되는 추가 자본의 자리에 앉도록 강요함으로써 이루어질 것이다.

구자본의 일부 **제로화***Nullsetzung*는 어떤 사정에서도 필연적으로 발생하지만, 이는 구자본이 자본으로 기능하며 자기 증식하는 한에서의 제로화이다. 어느 부분이 특히 이 제로화를 겪는지는 자본가들의 경쟁전에 의해 결정된다. 모든 것이 순조로운 동안에는 일반적 이윤율의 균등화에서 보았듯이, 경쟁은 자본가계급의 실천적 우애로 작용하며, 이를 통해 자본가계급은 그들이 건 돈의 크기에 비례하여 공동의 전리품을 공동으로 나눈다. 그러나 문제가 이윤의 분배가 아니라 손실의 분배가 되는 순간, 각자는 자신의 손실분을 줄이고 이를 타인에게 떠넘기려 한다. 계급으로서 손실은 피할 수 없다. 그러나 각 개인이 이를 얼마나 부담해야 하는지, 도대체 어느 정도까지 그것을 함께 해야 하는지는 힘과 교활함, 약탈의 문제가 되고, 그렇게 되면 경쟁은 적대적 형제들의 전쟁Kampf der feindlichen Brüder으로 전화한다. 그렇게 되면 개별 자본가의 이해와 자본가계급의 이해의 대립이 현저해지는데, 이는 이전에는 자본가로서의 그들의 이해 일치가 경쟁에 의해 실천적으로 관철되었던 것과 마찬가지다."
(①326f, E262f, 김315f)

경쟁전의 또 다른 유형은 이 인용문에서 언급된 자본의 과잉생산의 결과로 발생하는 경쟁전입니다. 여기서는 이윤량의 감소를 초래하는 과잉 추가 투자에 의해 어떤 경쟁이 유발되는지에 대한 문제가 고찰됩니다.

과잉 추가 투자로 인해 이윤이 감소하거나 증가하지 않는 사태는 결국 그 투자로 인해 손실이 발생한다는 것과 다름없습니다(비록 이윤이 감소하지 않고 동일하게 유지되더라도, 이전부터 투자된 자본액에 대해서는 이윤량 감소에 해당합니다). 따라서 자본의 과잉생산으로 인해 발생하는 경쟁전은 손실의 분배를 둘러싼 다툼이 됩니다. 즉, 추가 투자로 인해 발생하는 이윤 감소분을 누가 부담할 것인지, 그 부담을 서로에게 떠넘기기 위한 투쟁이 되는 것입니다.

예를 들어, 여유가 있는 대자본은 자기 자본을 어느 정도 유휴 상태로 두더라도 최소한의 이윤을 확보할 수 있으므로, 손실을 피하기 위해 자본을 철수할 수도 있을 것입니다. 또는 반대로, 경쟁 상대를 무너뜨리기 위해 약간의 손실을 감수하더라도 투자를 지속할 수도 있습니다. 반면, 운 좋게 기존 대자본과의 경쟁에서 승리한 소자본이나 신규 자본의 일부는 그동안 대자본이 투자했던 시장의 일부를 차지할 수 있을 것입니다. 결국 이러한 전쟁에서 강력한 것은 대자본이지만, 그 대자본도 무사하지 못합니다. 이렇게 투자가 정체되고 고용이 축소되는 가운데, "경쟁전"에 패배한 자본의 일부는 파멸하여 "제로화"됩니다.

자본주의적 생산의 '건전한' 운동은 어떻게 회복되는가

"그렇다면 이 충돌이 어떻게 다시 해소되어 자본주의적 생산의 '건전한gesunden' 운동에 대응하는 관계들이 회복되는 걸까? ……

…… <u>모든 사정 하에서 균형은 크고 작은 범위에서 **자본의 근절** *Vernichtung*을 통해 회복될 것이다. 이 근절은 부분적으로는 **물질적인 자본 실체**에도 미칠 것이다.</u> 즉, 생산수단의 일부는 고정자본이든 유동자본이든 기능하지 않게 되어 자본으로서 작용하지 않게 될 것이다. 이미 시작된 생산 경영의 일부도 중단될 것이다. 이러한 측

면이 있지만, **시간**은 모든 생산수단을(토지를 제외하고) 악화시키고 부패시키므로, 생산수단의 현실적 파괴가 일어날 것이다. 이 측면에서 주요한 파괴는 이러한 생산수단이 생산수단으로서 작동하지 않게 되는 것, 즉 생산수단으로서의 그 **기능**이 길거나 짧은 기간 동안 파괴되는 것이다.

주요하고 게다가 가장 강렬한 성질의 파괴는 **교환가치**로서의 자본에 대해, **자본가치**에 대해 일어날 것이다. 자본가치 중 단순히 잉여가치나 이윤의 미래 분배에 대한 지시증권의 형태로 있는 부분, 실제로는 생산을 전제로 한 다양한 형태의 채무증서에 불과한 것은 그것이 기대하는 수입의 감소와 함께 즉시 감가된다. 금이나 은으로 된 현금의 일부는 유휴 상태가 되어 자본으로서 기능하지 않는다. 시장에 있는 상품의 일부는 단지 극심한 가격 수축에 의해서만, 즉 그것이 나타내는 자본의 감가Depreciation에 의해서만 그 유통 및 재생산과정을 통과할 수 있다. 마찬가지로 고정자본의 가치도 다소간 감가된다. 더욱이 다음의 사실도 더해진다. 즉, 일정한 전제된 가격관계는 재생산과정의 토대를 조건 짓고 있으며, 그 재생산과정은 가격관계의 급락으로 인해 정체와 혼란에 빠지게 되는데, 이 교란과 정체는 자본의 발전과 동시에 생기는—그 전제된 가격관계에 기반한—지불수단으로서의 화폐의 발전, 특정 기일에서의 지불의무의 연쇄, 그리고 그와 동시에 발전하는 신용시스템에 의해 격화되어 더 강렬해지며, 격렬한 공황, 갑작스러운 감가, 그리고 재생산과정의 현실적 정체와 교란 및 그로 인한 **재생산의 현실적 축소**로 이어진다.

그러나 동시에 다른 동인들도 작용했을 것이다. 생산의 정체 그 자체는 노동자계급의 일부를 유휴 상태로 만들고, 그렇게 함으로써 그 취업 중인 부분을 평균 이하의 임금 인하까지 감수할 수밖에 없는 상태에 놓이게 했을 것이다. 이 작용은 자본에 있어 상대적 혹은 절대적 잉여가치가 증대된 경우와 완전히 동일한 효과를 갖는다. …… 또한, 다양한 자본의 요소들의 감가는 그것이 불변자본과 관련된 한에서는 그 자체로 이윤율 상승을 포함하는 한 요소일 것이다. 사용되는 불변자본의 양은 가변자본과 비교해 증대되었을 것이지만, 그 불변자본의 **가치**는 그렇지 않을 것이다. 거기에 나타난 생산의 정체는 자본주의적 한계 내부에서 현실의 생산 수요를 고양시켰을 것이다.

이렇게 하여 순환은 다시 새롭게 반복될 것이다. 기능의 정체로 인해 감가되었던 자본의 일부는 그 원래의 가치를 되찾을 것이다. 그리고 결국 확대된 생산조건들과 확대된 시장에서 고양된 생산력으로 인해 동일한 악순환Zirkel vicieux이 반복될 것이다."(①327ff, E263ff, 김316fff)

자본의 과잉생산이 가져오는 "경쟁전"에 의해 손실의 떠넘기기가 이루어지고, 일부 자본은 "제로화"되지만, 그때의 자본 파괴의 형태에는 물리적인 것과 순수하게 가치적인 것이 있음을 지적하고 있습니다. 후자의 측면에 관해서는 신용시스템을 다루는 제5장에서 보다 상세히 논의되지만, 일단 '버블 붕괴' 등을 이미지로 떠올리면 좋을 것입니다. 지불이 지체되고 신용이 연쇄적으로 수축됨으로써 기존의 가격관계가 파괴되고 공황이 격화되는 것입니다.

한편, 살아남은 자본도 자본가치의 감가에 노출됩니다. 이 '자본의 감가'는 이미 제1장에서도 등장했으며, 이윤율을 끌어올려야 할 생산수단 가격의 하락이 오히려 이윤율을 저하시키는 사태가 발생할 수 있음이 지적되었습니다. 여기서는 이 자본의 감가가 "경쟁전"의 제2국면에서 어떻게 나타나는지가 서술되고 있습니다. 자본의 감가는 한편으로는 기존의 가격체계를 교란함으로써 — 예를 들어, 상품 자본이 감가되거나, 고정자본의 감가로 인해서 자본이 실제로 그 구매에 필요했던 비용을 회수하지 못하는 것에 의해 — 공황을 격화시키지만, 다른 한편으로는 그러한 공황의 격화를 통해 임금이나 생산수단 가격의 하락을 가져와 이윤율을 회복시키는 큰 요인이 됩니다.

이처럼 자본의 파괴나 자본의 감가는 잉여가치율의 상승과 생산수단 가격의 하락을 가져오므로, 이를 통해 이윤율이 회복됩니다. 그러나 이때 일반적 이윤율은 더 이상 예전의 수준까지는 회복될 수 없을 것입니다. 왜냐하면, 지금까지의 생산에 의해 "확대된 생산조건들과 확대된 시장에서, 고양된 생산력에 의해, 동일한 악순환이 반복될 것이기" 때문입니다. 마르크스가 말했듯이, "자본주의적 생산은 그 자체에 내재적인 제한들을 끊임없이 극복하려 하지만, 그러한 제한들을 극복하는 수단은 그러한 제한들을 새롭게, 그리고 더욱 확대된 규모로 재생산할 뿐이다"(①324, E260, 김312)라는 것입니다.

이렇게 자본주의적 생산양식은 산업에 투하함으로써 이윤량을 증대시키는 것이 점차 어려워집니다. 이는 이윤율 저하와 가속적인 자본축적이라는 운동의 모순을 주기적으로 발생하는 공황을 통해 돌파하여 이윤율을 회복시킬 수 있지만, 그때마다 스스로에 대한 여러 제한을 확대하고 이윤율을 경향적으로 저하시키게 됩니다. 이러한 운동이 현재의 선진 자본주의 국가에서 보이는 자본축적의 정체 경향을 초래하는 것은 필연적이었다고 할 수 있습니다.

자본주의적 생산의 진정한 제한은 자본 그 자체이다

"자본주의적 생산양식의 제한은 다음에서 나타난다.

(1) 노동생산력 발전은 **이윤율 저하**라는 하나의 법칙을 낳으며, 이 법칙은 생산력 발전이 일정 지점에 도달하면 생산력 자체의 발전에 적대적으로 대립하고, 따라서 끊임없이 공황을 통해 극복되어야 한다는 것.

(2) 사회적 욕망에 대한, 즉 사회적으로 발전한 인간의 욕망에 대한 생산의 비율이 아니라, **불불노동의 획득**과 대상화된 노동 일반에 대한 **이 불불노동의 비율**이 자본주의적 생산양식의 제한으로 나타난다는 것. 따라서 자본주의적 생산양식에서는 생산이 다른 전제 하에서는 오히려 불충분하다고 여겨질 정도에 도달했을 뿐인데도 제한이 나타난다. 생산은 욕망의 충족이 정지를 명령하는 것이 아니라, 이윤의 실현과 생산이 정지를 명령하는 곳에서 정지해 버리는 것이다."(①332, E268f, 김322f)

"자본주의적 생산의 진정한 제한은 **자본** 그 자체이며, **자본**과 그 자기증식이 출발점이자 종착점으로, 생산의 목적으로 나타난다는 것이며, 생산은 자본**을 위한** 생산이지, 반대로 생산수단은 생산자들이 형성하는 사회**를 위해** 생활과정을 확대하고 형성하기 위한 단순한 수단이 아니라는 것이다. 따라서 생산자 대중의 빈곤화와 수탈을 기초로 하는 자본가치의 유지와 증식이 이러한 **제한들** 내부에서 운동할 수 있지만, 이러한 **제한들**은 자본이 자신의 목적을 위해 사용하지 않을 수 없는, 그리고 생산의 **무제한적***unbeschränkte* 증대를 향해, 자기 목적인 생산을 향해, 노동의 사회적 생산력의 제약받지 않는 발전을 향해 돌진하는 생산방법과 끊임없이 모순되게Widerspruch 된다. 그 수단, 즉 사회적 노동의 생산력의 무조건적인 발전은 그 제한된 목적, 즉 기존 자본의 가치증식과 끊임없이 충돌하게 된다. 따라서 자본주의적 생산양식이 물질적 생산력을 발전시키고 이에 상응하는 세계시장을 창출하기 위한 역사적 수단이라면, 그것은 동시에 이러한 그 역사적 임무와 이에 대응하는 사회적 생산관계들 사이의 끊임없는 모순Widerspruch인 것이다."(①324, E260, 김312f)

위의 두 인용문은 이 장의 내용을 간결하게 요약하는 것이라고 할 수 있습니다. 생산력의 발전은 필연적으로 이윤율의 저하를 초래하며, 이 이윤율의 저하가 생산력 발전의 질곡이 됩니다. 왜냐하면 이윤율의 저하가 일정 한계를 넘어서면 자본의 축적 욕구가 쇠퇴하기 때문입니다. 그 단적인 표현이 자본의 절대적 과잉생산에 다름없습니다. 물론 자본은 그 과잉생산이 낳는 공황을 통해 이윤율을 회복시키고, 다시 자본축적과 생산력 발전을 추진하지만, 자본은 이를 그동안 발전된 생산력과 확대된 시장을 기반으로 수행하므로, 이윤율의 더욱 큰 저하를 초래합니다. 자본주의적 생산양식은 자신에 대한 제한을 돌파하려 하면서, 점점 더 자신에 대한 제한을 확대하게 됩니다.

자본주의적 생산양식인 한, 이 제한에서 벗어나는 것은—반대로 작용하는 경향들에 의해 제한을 완화할 수는 있다 하더라도—결코 가능하지 않습니다. 왜냐하면 이 제한은 자본 그 자체의 '자기증식하는 가치'라는 규정성에서, 즉 자본주의적 생산의 목적이 사용가치에 대한 사회적 욕망의 충족이 아니라 잉여가치의 최대화이며, 따라서 자본으로서의 생산수단은 생산자들이 형성하는 사회가 풍요로워지기 위한 수단이 아니라, 생산자들을 지배하기 위한 수단이라는 전도된 규정성에서 필연적으로 발생하는 것이기 때문입니다. 바로 "자본주의적 생산의 진정한 제한은 **자본** 그 자체"인 것입니다.

이 관점에서 보면, 일반적 이윤율의 경향적 저하 법칙이란 과거의 죽은 노동(가치)이 현재의 살아 있는 노동을 지배하고, 생산이 생산자들에게가 아니라 과거의 죽은 노동(자본)에 종속되는 전도된 관계, 즉 생산과정 및 재생산과정의 물상화가 시간 속에서 나타난 것이라고 할 수 있을 것입니다. 여기서는 과거의 노동에 의존하여 현재 노동의 가능성을 개척해야 할 생산력의 발전이 과거의 노동이 현재 노동의 가능성을 점점 더 제한하는 전도된 사태를 초래하는 것입니다. 자본이 자신의 가치를 유지하기 위해 "경쟁전"을 통해 생산자를 실업 상태로 만들고 생산수단을 파괴하는 공황은 그 단적인 표현에 불과합니다.

물상화가 낳는 모순의 발전은 새로운 생산양식을 위한 생산조건들을 만들어 낸다

"앞서 살펴보았듯이, 자본의 축적의 증대는 자본의 집적의 증대를 포함한다. 이렇게 해서 현실의 생산자에 대한 자본의 힘, 즉 자본가에게 인격화된 사회적 생산조건들의 자립화가 증대된다. 자본은 점점 더 **사회적 힘***gesellschaftliche Macht*(그 힘의 기능자는 자본가이며, 그 힘은 각각의 개인의 노동이 창출할 수 있는 것에 대해서는 더 이상 생각할 수 있는 어떤 관계도 가지지 않는)으로서, 그러나 **물상***Sache*으로서—그리고 이 물상을 통해 자본가의 힘으로서—사회에 대립하는 **소외되고 자립**

화된 사회적인 힘으로 나타난다. 자본이 그 모습을 취하게 되는 일반적인 사회적 힘과 이 사회적 생산조건들에 대한 **개별 자본가들의 사적인 힘***Privatmacht* 사이의 모순은 점점 더 격렬하게 발전하며, **이 관계의 해소**를 포함하는 것이 된다. 왜냐하면 이는 동시에 물질적 생산조건들을 일반적이고 공동체적gemeinschaftlichen 사회적 생산조건들로 만들어 가는 것을 포함하기 때문이다. 이러한 발전은 자본주의적 생산에 수반되는 생산력의 발전과 이러한 생산력의 발전이 일어나는 방식에 의해 주어져 있다." (①337, E274f, 김330f)

자본주의적 생산의 진정한 제한이 자본 그 자체라면, 인류가 이 제한에서 해방되기 위한 방법은 단 하나뿐입니다. 자본주의적 생산양식을 폐지하고, 이를 대체할 새로운 생산양식을 창출하는 것입니다.

지금까지 살펴보았듯이 자본주의적 생산의 운동은 다른 한편으로 더 고도한 사회적 생산력을 창출합니다. 물론 자본주의적 생산양식 하에서는 이 생산력이 특정 자본가에 의해 독점되며, 사회에 대립하는 "소외되고 자립화된 사회적 힘"으로 나타납니다. 그러나 바로 그러한 물상화가 낳는 모순에 찬 운동을 통해, 이 생산력은 보다 사회적이고, 보다 공동적으로 사용할 수 있는 고도한 생산력으로 발전해 가는 것입니다. 그리고 다른 한편으로는, 그러한 모순은 단결하고 어소시에이트함으로써 이 물상화에 저항하려는 많은 사람들을 만들어 낼 것입니다. 이처럼 자본이 만들어 내는 공동적 생산을 위한 잠재적 조건들과, 이를 자본의 힘으로 독점하는 물상화와의 모순이 격렬해질수록, 이는 "이 관계의 해소를 포함하는 것"이 됩니다.

COLUMN 3 토마 피케티의 'r > g'와 '장기 정체'

이 책 제3장에서 마르크스가 보여 주듯이, 일반적 이윤율은 경향적으로 저하합니다. 그렇다고 해서 이것이 전체로서의 자본의 수익성 저하를 직접적으로 의미하는 것은 아닙니다. 마르크스의 일반적 이윤율이란 어디까지나 산업자본이나 상업자본(제4장)의 경쟁을 통해 형성되는 것이며, 자본은 이 경쟁과 독립적으로 금융수익이나 렌트를 획득할 수 있기 때문입니다.

실제로, 1970년대 이후 자본주의 경제는 '장기 정체'에 빠졌으며, 특히 '선진국'에서는 저성장 상태가 지속되고 있지만, 이러한 가운데 금융수익이나 렌트는 증가 경향에 있습니다. 토마 피케티Thomas Piketty(1971-)는 10여 년 전 출간된 베스트셀러 『21세기 자본』[49]에서, 자본주의 경제에서 일반적으로 'r(자본수익률) > g(경제성장률)'이 성립하며, 게다가 최근에는 양자의 차이가 확대되는 경향이 있음을 지적하였습니다. 이는 바로, 실물경제에서 이윤율이 저하되고 자본축적이 정체되는 가운데, 금융부문 투자에서 얻어지는 수익이나 어떤 실물 자산의 독점에서 얻어지는 초과이윤이 증대되고 있음을 보여 줍니다.

그러나 다른 한편으로, 이러한 수익들도 최종적으로는 실물경제와 무관하게 존재할 수는 없습니다. 실물경제가 침체되는 가운데 이러한 수익이 증가하면, 이는 실물경제로부터의 수탈이 되며, 격차 확대를 초래합니다. 이 책의 제5장 및 제6장에서는 위와 같은 금융수익이나 렌트의 기본적 메커니즘을 살펴보게 될 것입니다.

---

49) 역주: 토마 피케티, 『21세기 자본』, 장경덕 옮김, 글항아리, 2014.

제4장 상품자본 및 화폐자본의, 상품취급자본 및 화폐취급자본, 혹은 상인자본으로의 전화

제4장의 주제는 '상인자본' 또는 '상업자본'입니다(마르크스는 이 두 용어를 완전히 같은 의미로 사용하지만, 후자가 일본어로 더 일반적이므로 이하 설명에서는 주로 '상업자본'을 사용하겠습니다). 이름에서 연상할 수 있듯이, 이는 주로 소매업이나 도매업 등 상품의 매매를 전문적으로 담당함으로써 이익을 얻는 자본을 의미합니다.

다만, 여기서 말하는 '상업자본'은 엄밀히 말해 소매업이나 도매업 등 상품의 매매로 이익을 얻는 '상품취급자본'만을 포함하는 것은 아닙니다. 출납 업무 등 상품의 매매에 수반되는 화폐의 취급을 전문적으로 수행함으로써 수수료를 받는 '화폐취급자본'도 포함하며, 이에 대해서는 제4절에서 다뤄집니다. 그러나 마르크스는 '상업자본'이라는 용어를 '상품취급자본'만을 지칭하여 논하는 경우도 적지 않습니다. 따라서 이하에서는 '상업자본'이라는 용어를 '상품취급자본'과 같은 의미로 사용하고, '화폐취급자본'을 포함하는 더 넓은 의미로 사용할 때는 '광의의 상업자본'이라 부르겠습니다.

이 장을 제3부 전체에 위치시키면, 전반과 후반을 연결하는 부분에 해당하는 장이라고 볼 수 있을 것입니다. 크게 나누면, 제3부의 내용은 이윤에 대한 고찰(제1장부터 제3장까지)과 파생적인 수입 형태에 대한 고찰(제5장의 이자 낳는 자본과 제6장의 지대)로 나눌 수 있습니다. 이 장에서 자세히 살펴보겠지만, 상업자본이 획득하는 수익은 '상업이윤'이며, 그 수준은 지금까지 살펴본 실제 생산 활동을 수행하는 산업자본이 획득하는 이윤과 마찬가지로 일반적 이윤율에 의해 규정됩니다. 그런 의미에서 이 장은 전반의 이윤에 대한 고찰의 연속이라고 할 수 있습니다. 그러나 다른 한편, 상업자본은 직접적으로 잉여가치를 생산하지 않으므로, 그 수익인 '상업이윤'도 산업자본이 창출한 잉여가치에서 분배된 것에 불과합니다. 따라서 스스로는 잉여가치를 생산하지 않고 수익을 획득하는 자본을 다루고 있다는 점에서 이미 파생적인 수입 형태의 고찰에 들어갔다고 할 수 있습니다. 그러므로 이 장은 이윤에 대한 분석을—적어도 경제적 형태규정의 해명이라는 과제의 범위 내에서는—완결하는 장인 동시에, 잉여가치를 생산하지 않고 수익을 획득하는, 어떤 의미에서는 기생적인 수입 형태에 대한 고찰을 시작하는 장이기도 합니다.

그렇다고 해도, 상업자본은 여전히 산업자본과 밀접하게 연계되어 있습니다. 첫째, 현실의 상업자본은 사용가치 생산의 일부를 담당합니다. 예를 들어, 소매업이나 도매업은 단순히 상품의 매매를 수행할 뿐만 아니라, 이에 수반되는 상품의 운송이나 보관 등의 업무를 일부 담당하며, 이러한 업무는 사용가치 생산의 연장으로 볼 수 있습니다. 제2부에서 자세히 설명되었지만, 그 이유를 간략히 말하자면, 상품의 사용가치를 물리적으로 소비 가능한 상태로 만들기 위해서는 운송이나 보관이 필수적이기 때문입니다.

그런 의미에서 현실의 상업자본은 잉여가치 생산의 한 축을 담당한다고 할 수 있지만, 이 장에서는 이러한 상업자본의 측면에 대해서는 일절 고찰되지 않습니다. 왜냐하면, 상업자본이라는 "자본의 이 특수한 자태의 특이성을 규정하려는 우리의 목적을 위해서는, 앞서 언급한

〔사용가치 생산과 관련된〕 기능들은 사상해야 하기"(①342, E279, 김338) 때문입니다. 즉 상업자본에서 사용가치 생산이라는 요소를 제거함으로써, 여기서 새롭게 고찰해야 할 상업자본의 경제적 형태규정을 명확히 할 수 있는 것입니다.

둘째, 이 장에서 반복적으로 지적되듯이, 상품취급자본의 이익은 산업자본의 활동에 의해 직접적으로 제약받는다는 점입니다. 크게 말해, 이자 등의 금융수익이나 지대도 잉여가치에서 분배된 것에 불과하므로, 이들도 산업자본의 활동에 제약받는다고 할 수 있습니다. 그러나 상업자본의 경우, 산업자본이 생산한 상품의 판매를 대행함으로써 수익을 얻기 때문에, 보다 직접적으로 산업자본의 생산 활동의 동향에 좌우됩니다.

이러한 산업 활동과의 밀접한 관계와, 다른 한편으로 비산업적인 방식으로 수익을 획득하는 상업자본의 양면적 성격은 이 장을 이해하는 데 중요한 포인트가 됩니다.

문헌고증

이 장에 대해서는 초고와 현행판 사이에 큰 차이가 없습니다. 다만, 엥겔스가 '상품자본에 관한 역사적 사실'로 정리한 부분은 제목이 붙지 않은 세 개의 절로 구성되어 있습니다(표 4.1).

표 4.1

제3부 주요 초고(①)	현행판(E)
제4장 상품자본 및 화폐자본의, 상품취급자본 및 화폐취급자본, 혹은 상인자본으로의 전화	제4편 상품자본 및 화폐자본의, 상품취급자본 및 화폐취급자본으로의(상인자본으로의) 전화
제1절 상품취급자본(상업이윤)	제16장 상품취급자본
제2절 상업이윤과 그 특징	제17장 상업이윤
제3절 상인자본의 회전. 가격	제18장 상인자본의 회전. 가격
제4절 화폐취급자본	제19장 화폐취급자본
제5절부터 제7절까지 모두 절 제목 없음	제20장 상인자본에 관한 역사적 사실

이 장에서는 그 세 개의 절에 다음과 같이 가제목을 붙였습니다.

제5절 상인자본에 의한 화폐축적의 특수한 형태
제6절 상업자본에 대한 경제학자의 관념
제7절 자본주의적 생산양식 이전의 상업자본

이 장에 관해서 특기할 점은 장 제목에 관한 것입니다. 이 장의 장 제목은 다음과 같은 변천을 거쳤습니다.

'상품취급자본과 화폐취급자본. 이자와 산업이윤(기업이익)으로의 이윤의 분열. 이자 낳는 자본' → '상품자본 및 화폐자본의, 상품취급자본 및 화폐취급자본, 혹은 상인자본으로의 전화. 이자와 산업이윤(기업이익)으로의 이윤의 분열. 이자 낳는 자본' → '상품자본 및 화폐자본의, 상품취급자본 및 화폐취급자본, 혹은 상인자본으로의 전화'.

즉, 마르크스는 처음에는 다음 장의 이자 낳는 자본의 내용도 이 장에 포함하여 집필하려고 했던 것입니다.

이 장 제4절에서 다루는 '화폐취급자본'은 다음 절의 내용과 밀접하게 연관되어 있으므로, 마르크스의 초기 구상에는 아무런 근거가 없는 것도 아닙니다. 그렇지만 상업이윤과 이자는 그 메커니즘이 완전히 다르기 때문에, 집필 과정에서 초기 구상은 포기하고 현재의 장 구분으로 정리된 것으로 보입니다.

제1절 상품취급자본(상업이윤)

상품취급자본(상업자본)

"…… 상인이 수행하는 조작은 대략 생산자의 **상품자본***Waaren-capital*을 화폐로 전화시키기 위해 수행되어야 하는 조작, 즉 재생산·유통과정에서의 상품자본의 기능을 매개하는 조작 외에는 아무것도 아니라는 점이다. 만약 독립된 상인 대신 생산자의 단순한 대리인이 전문적으로 이 판매에(그리고 더 나아가 매입에도) 종사해야 한다면, 이 연관은 한 순간도 은폐되지 않을 것이다.

상품취급자본*Waarenhandlungscapital*은 생산자의 **상품자본**, 즉 화폐로의 전화 과정을 거쳐 시장에서 상품자본으로서의 기능을 수행해야 하는 상품자본 외에는 아무것도 아니며, 단지 이 기능이 생산자의 부수적인 조작이 아니라, 이제는 자본가들의 특수한 **한 무리**인 상품거래업자의 **전문적인 조작**으로 나타나, 하나의 특수한 투자에 속하는 사업으로 독립되는 것뿐이다."(①344, E281, 김341)

"그런데 …… 무엇이 **상품취급자본**에 **독립적으로 기능하는 자본**

의 성격을 부여하는 것일까?

첫째. **상품자본**이 그 생산자와는 별개의 대리인의 손에 의해 **화폐로의** 최종 **전화**, 즉 그 첫 번째 변태, 즉 **상품자본으로서의** 그에 속하는 기능을 시장에서 수행한다는 것, 그리고 상품자본의 이 기능이 상인의 조작, 즉 그가 수행하는 매매에 의해 매개되고, 그 결과 이 조작이 자본의 다른 기능들에서 **분리되어**, 따라서 **독립된 고유의 사업**으로 형성된다는 것. 이는 **사회적 분업**의 특수한 한 형태로, 그 결과 원래는 생산자 스스로 유통 내부에서, 즉 자본의 재생산과정의 특수한 한 국면에서 수행되어야 할 기능의 일부가, 생산자와는 다른 별개의 **유통 대리인**의 전유 기능으로 나타나는 것이다. 그러나 그것만으로는 결코 이 **특수한 사업**이 그 재생산과정에 있는 자본과는 별개의, 그것에 대해 자립적인, 하나의 **특수한 자본**의 기능으로는 나타나지 않을 것이다. 상품거래가 산업자본가의 단순한 판매원이나 판매 출장원 또는 기타 직접적인 대리인에 의해 이루어지는 경우, 실제로 그것은 이러한 자립적인 자본의 기능으로 나타나지 않는다. 따라서 두 번째 계기가 추가되어야 한다.

둘째. 이 두 번째 계기는 이 **유통 대리인**인 상인이 **화폐자본**(자신의 것이든 차입한 것이든 상관없음)을 이 거래에서 **전대함**으로써 들어온다. 재생산과정에 있는 자본에게는 단순히 W－G, 즉 상품자본의 화폐자본으로의 전화 또는 **단순한 판매**로 나타나는 것이 상인에게는 G－W－G로서, 동일한 상품의 구매와 판매로, 따라서 또한 구매에서는 그에게서 떠나가고 판매에 의해 그에게 되돌아오는 화폐자본의 환류로 나타나는 것이다."(①346f, E283f, 김343f)

상업자본을 이해하기 위한 포인트는 두 가지입니다. 하나는, 이 인용문에서도 강조되듯이, 상업자본이 특별한 일을 하는 것이 아니라, 어디까지나 지금까지 살펴본 자본의 기능의 일부, 즉 생산된 상품의 판매라는 기능을 전문적으로 수행할 뿐이라는 점입니다. 따라서 상업자본은 생산된 상품을 산업자본으로부터 구매하여 이를 판매함으로써 이익을 얻는 자본이 되는 것입니다.

또 하나는 상업자본도 역시 자본의 일종이므로, 이 상품의 판매라는 전문 사업을 스스로의 자본을 투하함으로써 수행한다는 점입니다. 따라서 단순한 판매 대리인의 경우와 달리, 이 사업에 투하한 자본액에 걸맞은 수익을 획득해야만 합니다. 그러므로 지금까지 살펴본 경쟁 원리에 따르면, 상업자본도 산업자본과 마찬가지로 평균이윤을 획득하게 됩니다. 가령 일반적인 이윤율이 10%라고 한다면, 1,000만 엔의 자본을 운용하여 소매점을 운영하는 상업자본가는 생산자로부터 상품을 매입하고 소비자에게 판매함으로써 연간 100만 엔의 이윤을 획득할 수 있을 것입니다.

그러나 여기서 중요한 문제에 부딪히게 됩니다. 그것은 상업자본이 상품의 매매를 전문적으로 수행할 뿐이라면, 그로 인해 어떻게 이익을 올릴 수 있는가 하는 문제입니다. 지금까지 살펴본 바와 같이, 자본이 이익을 올릴 수 있는 것은 생산수단과 노동력을 구매하여 재화나 서비스의 생산을 수행하고, 그로 인해 잉여가치를 창출하기 때문이었습니다. 이러한 잉여가치 생산을 하지 않는 상업자본은 어떻게 이익을 올릴 수 있을까요?

또한 이와 관련하여, 상업자본도 실제 사업에 투하되는 자본인 한 평균이윤을 획득해야 하지만, 이 평균이윤의 형성은 어떻게 이루어지는

가 하는 문제도 있습니다. 제2장에서 평균이윤의 형성에 대한 고찰에서는 오로지 산업자본만이 전제되었으며, 상업자본에 대해서는 전혀 고려되지 않았습니다. 만약 상업자본도 평균이윤을 획득한다면, 상업자본을 포함한 상태에서 일반적 이윤율이나 평균이윤에 대해 다시 고찰할 필요가 있습니다.

이러한 문제들은 제2절에서 다루게 될 것이므로, 일단 보류하고 고찰하겠습니다.

자본주의적 생산에 있어서 상업의 기능

"생산자인 아마포 제조업자는 자신의 3만 엘레[50]를 상인에게 3,000파운드에 팔면, 그로 인해 얻은 화폐로 필요한 생산수단을 구매한다. 그리고 그의 자본은 다시 생산과정에 들어가며, 즉 그의 생산과정은 지속되고 중단 없이 재생산과정으로 진행된다. 그에게 있어서 그의 상품의 화폐 등으로의 전화는 이루어졌다. 그러나 **아마포 그 자체**에 있어서는 전화가 아직 이루어지지 않았다. 아마포는 아직 화폐로 재전화되지 않았으며, 아직 사용가치로서 산업적 소비나 개인적 소비로 들어가지 않았다. 이제 시장에서는 처음에 아마포 생산자가 대표했던 동일한 상품자본을 아마포 상인이 대표하고 있다. 아마포 생산자에 있어서는 변태 과정이 **단축되어** 있지만, 그것은 단지 상인의 손에서 이루어질 뿐이다.

만약 아마포 생산자가 자신의 아마포가 실제로 상품이 아니게 될

50) 역주: Elle는 과거 유럽, 특히 독일어권 지역에서 사용되던 길이의 단위로서, 주로 옷감의 길이를 재는 데 사용되었으며, 독일의 경우 1 Elle = 66.7cm에 해당했다.

때까지, 즉 산업적 또는 개인적인 최종 구매자의 손에 아마포가 넘어갈 때까지 기다려야 한다면, 그의 **재생산과정**은 **중단될** 것이다. 또는 재생산과정을 중단시키지 않기 위해, 그는 자신의 다양한 조작을 제한해야 했을 것이다. 즉, 자신의 생산물인 아마포의 더 작은 부분을 실이나 임금노동 등, 요컨대 생산과정의 요소들로 전화시키고, 더 큰 부분을 화폐준비로서 손에 보유해 두어, 한 부분이 상품으로 시장에 있는 동안 다른 부분이 생산적 자본으로 재전화될 수 있게 하며, 이 후자가 시장에 나타날 때에는 다른 부분이 환류하도록 해야 했을 것이다. 이러한 자본의 **분할**은 **상업**의 경우에도 필요하다. 그러나 상업이 없다면, 유통하는 자본 중 화폐준비 형태로 손에 있는 부분은 생산과정 내부에 있는 부분에 비해 점점 더 커질 수밖에 없으며, 그에 따라 재생산과정의 규모는 제한될 수밖에 없다. 그렇지 않다면, 생산자는 자신의 자본의 더 큰 부분을 본래의 생산과정에 사용할 수 있고, 더 작은 부분을 화폐준비로 사용할 수 있다."(① 348f, E285f, 김346f)

"(1) **분업의 원리**의 결과로서, **오로지** 매매에**만** 종사하는 자본—(여기에는 상품 구매를 위한 화폐 외에, 상인적 사업의 경영에 필요한 노동이나 상인의 불변자본인 점포나 운송의 경비 등에 투하되어야 하는 화폐가 추가된다)은 가령 산업자본가가 자기 업무의 상인적 부분도 **전부** 스스로 운영해야 하는 경우보다도 **작아진다**.

(2) 상인이 오직 이 사업에 종사하기 때문에, 생산자는 자신의 상품이 더 빨리 화폐로 전화될 뿐만 아니라 **상품자본 자체**가 그 변태Metamorphose를 생산자의 손에서 하는 경우보다 더 빨리 끝낼 수 있다.

(3) 상인자본 전체를 생산적 자본과 대비하여 보면, 상인자본의 회전은 하나의 생산부문에 있는 다수의 자본의 회전을 나타낼 뿐만 아니라, 다양한 생산부문에 있는 여러 자본의 회전도 나타낼 수 있다. 첫 번째 경우는 예를 들어 아마포 상인이 자신의 3,000파운드로 한 명의 아마포 생산자의 생산물을 먼저 사고 다시 그것을 판 후, 동일한 생산자가 같은 양의 상품을 다시 시장에 내놓기 전에, 다른 한 명(또는 다수)의 아마포 생산자의 생산물을 사고 다시 그것을 팔아, 이로써 동일한 생산부문에 있는 다양한 자본의 **회전**을 매개하는 경우이다. 두 번째는 종합적 상인이 예를 들어 아마포를 판 후 다음에는 비단을 사는, 따라서 다른 생산부문의 자본의 회전을 매개하는 경우이다."(①349f, E286f, 김347f)

자본주의적 생산양식이 지배적인 사회에서 애초에 왜 상품의 판매를 전문적으로 담당하는 상업이라는 것이 존재하는 것일까요? 상업이 자본주의적 생산에 긍정적인 역할을 하기 때문입니다. 인용문에서 읽을 수 있듯이, 크게 나누어 상업은 자본주의 생산에 두 가지 기능을 합니다.

첫째, 상업자본이 전문적으로 상품 판매를 담당함으로써, 산업자본이 직접 상품 판매를 수행하는 경우보다 상품 판매에 필요한 경비—이는 『자본론』 제2부에서 등장하는 "순수한 유통비"에 해당하는 것입니다—가 절감됩니다. 상품 판매에 필요한 경비에는 점포의 비용이나 판매원의 인건비 등이 포함되지만, 각각의 산업자본이 부담하여 상품 판매를 수행하는 것보다, 전문 상업자본이 다양한 상품의 판매를 일괄적으로 담당하는 편이 이러한 경비를 더 삭감할 수 있음은 말할 나위 없습니다.

둘째, 상업자본이 상품 판매를 담당함으로써 산업자본은 상품 판매를 위한 시간을 대폭 단축하고, 그로 인해 생산을 지속하기 위해 필요한 자본량도 대폭 삭감할 수 있습니다. 만약 산업자본이 직접 상품 판매를 수행한다면, 구매자를 찾는 데 많은 시간이 필요하므로, 상품자본을 화폐자본으로 전화하기 위한 시간은 증대할 수밖에 없습니다. 그동안 생산 활동을 중단할 수도 없으므로, 생산을 지속하기 위한 추가 자본도 필요하게 됩니다. 전자는 자본의 회전속도를 저하시키고, 연간 생산되는 잉여가치량을 감소시키며, 후자는 생산을 지속적으로 수행하기 위해 필요한 자본량을 증대시킵니다. 어느 쪽이든 이윤율을 저하시키는 요인이 됨은 말할 나위 없습니다. 따라서 상업이 산업자본의 이윤율을 끌어올리는 효과가 있음은 이 점만 보아도 명백합니다.

그렇다고 하더라도, 상업에 막대한 자본을 투하해야 한다면, 사회 전체의 자본 중 산업에 투하할 수 있는 자본이 그만큼 줄어들기 때문에, 자본주의적 생산에는 역시 불리할 것입니다. 그러나 예를 들어, 전체 산업자본이 연간 10조 엔의 상품을 상업자본에 판매한다 하더라도, 상업자본 중 상품 매입에 투하되는 자본액이 10조 엔일 필요는 없습니다. 자본을 생산 활동에 투하하지 않고, 상품의 매매만을 수행하는 상업자본은 산업자본에 비해 자본을 빠르게 회전시킬 수 있습니다. 예를 들어, 자본가 A로부터 상품을 매입하여 판매한 후, 다시 자본가 A로부터의 상품 공급을 기다릴 필요는 없습니다. 다른 자본가 B로부터 상품을 매입하여 판매하면 됩니다. 이처럼 상업자본은—궁극적으로는 산업자본으로부터 상품을 매입해야 하므로 산업자본의 생산 활동에 제약을 받지만—산업자본의 회전속도와는 독립적으로 회전속도를 빠르게 할 수 있습니다. 이렇게 하여 상업자본은 연간 매출에 비해 훨씬 적은 자본으로 상품 매입을 수행할 수 있게 되며, 사회 전체로 보면 그만큼 생산에 투입할 수 있는 자본량이 증가합니다.

이상의 이유로, "**상업자본**은 가치도 잉여가치도 — 직접적으로는 — 창조하지 않지"만, 간접적으로는 "생산적 자본가가 창출하는 잉여가치를 늘리는 것을 도울 수 있다"(①354, E291, 김353)는 것입니다. 이것이 다음 절에서 고찰할 "상업이윤"의 근거가 됩니다.

제2절 상업이윤과 그 특징

상업자본도 평균이윤을 올려야 하지만,
그것을 어떻게 끌어들이는가?

"…… 자본의 유통영역도 생산영역과 마찬가지로 재생산과정의 한 국면을 이루고 있으므로, 유통과정에서 자립적으로 기능하는 자본도 생산영역의 다양한 부문에서 기능하는 자본과 마찬가지로 연간 평균이윤을 올려야 한다. 만약 상업자본이 산업자본보다 높은 퍼센트의 평균이윤을 올린다면, 산업자본의 일부는 상업자본으로 전화될 것이다. 만약 상업자본이 더 낮은 퍼센트의 평균이윤을 올린다면, 반대의 과정이 일어날 것이다. 상업자본의 일부는 산업자본으로 전화될 것이다. ……

상업자본 자체는 잉여가치를 창출하지 않으므로, 평균이윤의 형태로 그 손에 들어오는 잉여가치는 분명히 총**생산적 자본**이 창출한 잉여가치 또는 잉여노동의 일부이다. 그러나 지금 문제가 되는 것은 **어떻게** 상업자본은 생산적 자본이 창출한 이윤 또는 잉여가치 중에서 자신의 몫이 되는 부분을 자신에게로 끌어들이는가이다."(①355,

E293, 김355)

이미 살펴본 바와 같이, 상업자본도 실제 비즈니스에 투하되는 자본인 이상, 산업자본과 마찬가지로 평균이윤을 얻을 수 있어야 합니다. 그러나 다른 한편으로, 상업자본은 상품 판매를 전문적으로 담당할 뿐, 사회적 총노동의 한 축을 담당하는 것이 아니므로 가치를 창출할 수 없습니다. 따라서 상업자본이 받는 이윤, 즉 "상업이윤"의 원천은 산업자본이 창출한 잉여가치 외에는 존재하지 않을 것입니다. 그러므로 상업자본은 산업자본으로부터 잉여가치의 분배에 참여함으로써 평균이윤을 획득해야 합니다. 그렇다면 어떤 메커니즘을 통해 이러한 잉여가치의 분배가 실현되는 것일까요? 이 문제에 답을 주는 것이 이 절의 과제입니다.

상업자본은 본래의 생산가격보다 싸게 구매하고,
그 생산가격대로 판매함으로써 평균이윤을 획득한다

"상업이윤은 단순히 **추가**적인 것이며, 상품의 **가치**를 넘어서는 상품 **가격**의 **명목적인** 인상이라는 것은 단순한 **외관**에 지나지 않는다. …… 상품 거래업자가 자신의 상품에 대해 예를 들어 10%의 이윤을 실현할 수 있는 것은 단지 그가 그 상품을 생산가격보다 10%, 즉 1/10만큼 **비싸게** 파는 것에 의해서만 가능하다고 우리가 가정하는 이유는 무엇인가? 그것은 우리가 산업자본이, 이 상품의 생산자{산업자본가는 생산적 자본의 인격화로서 외부에 대해서는 항상 **생산자**로 나타난다}가 그 상품을 상인에게 생산가격으로 팔았다고 가정했기 때문이다.

만약 상품 거래업자에게 있어서 상품의 **구매가격**이 그 상품의 생산가격과 같고 …… 궁극적으로 그 상품의 **가치**와 같다면, 실제로 상인의 **구매가격**을 넘어서는 그의 **판매가격**의 **초과분**—바로 이 차이만이 그의 이윤의 원천이 된다—은 그 상품의 생산가격을 넘어서는 상업가격의 초과분이어야 하며, 궁극적으로 상인은 모든 상품을 그 가치**보다 비싸게** 팔아야 한다. 그러나 산업자본가가 상인에게 상품을 **생산가격**으로 판다는 것은 왜 **가정**되었는가? 그 보다는, 이 가정에서 무엇이 **전제되었**는가? **상업자본**(여기서 다루는 것은 단지 상품취급자본으로서의 상업자본뿐이다)은 **일반적 이윤율**의 형성으로 나아가는 다른 자본과의 경쟁을 하지 않는다는 것이다. 일반적 이윤율의 논의에서는 어쩔 수 없이 이 전제에서 출발해야 했는데, 그 이유는 (1) 상업자본 자체가 그 당시 우리에게 아직 존재하지 않았기 때문이며, (2) 평균이윤(따라서 또한 일반적 이윤율)이 당장은 다양한 생산부문의 생산적 자본에 의해 **실제로** 생산되는 **이윤** 또는 **잉여가치**의 균등화로서 전개될 수밖에 없었기 때문이다. 이에 반해, 상업자본에서 우리가 다루는 것은 이윤의 생산에 기능하지 않고 이윤의 분배를 받는 종류의 자본이다. 그러므로 이제는 이전의 논의(제2장)를 수정한다기보다는 **보충**하는(완성시키는) 것이 필요하다.

1년에 전대된 총생산적 자본은 900이고, 게다가 720c와 180v로 m′〔잉여가치율〕=100〔%〕였다고 하자. 그러면 720c+180v+180m이다. 다음으로 이 생산물 또는 생산된 상품자본을 W라고 하면, W의 **가치** 또는 **생산가격**(우리가 상품의 개별 종류가 아니라 그 전체를 고찰한다면, 둘은 일치한다)은 1,080파운드이며, 총자본 900에 대한 이윤율은 20%이다. 이 20%는 앞서 전개한 바에 따르면 **평균이윤율**과 같다.

왜냐하면 여기서는 잉여가치가 특수한 구성을 가진 개별 자본이 아니라, 평균적인 사회적 구성을 가진 총생산적 자본에 대해 계산되기 때문이다. 따라서 W는 1,080파운드이고 이윤율은 20%이다. 그러나 이제 이 900파운드의 생산적 자본 외에 100파운드의 상업자본이 추가되어, 이것도 그 크기에 따라 생산적 자본과 같은 크기의 이윤 분배를 받는다고 가정하자. 전제에 따르면, 이 상업자본은 총자본 1,000의 1/10이다. 따라서 상업자본은 180의 1/10인 18의 분배에 참여한다. (180이 분배되어야 할 총잉여다.) 그러므로 실제로는 총자본의 나머지 9/10 사이에 분배되는 이윤은 180-18=162밖에 없으며, 또한 이는 162/900=18/100=18%에 불과하다. 따라서 W가 생산적 자본 900의 소유자들에 의해 상품 거래업자에게 판매되는 가격은 720c+180v+162m=1,062이다. 그러므로 이 상인이 자신의 자본 100에 18%의 평균이윤을 붙인다면, 그는 상품들을 1,062+18파운드=1,080파운드로, 즉 상품들의 **생산가격**으로, 또는 총상품자본을 보면 그 실제 **가치**로 팔게 된다. 그럼에도 불구하고 그는 자신의 이윤을 오직 유통 안에서 유통을 통해서 얻는 것이며, 오직 그의 구매가격을 넘어서는 판매가격의 **초과분**에 의해 얻는 것이지만. 그러나 그럼에도 불구하고 그는 그 상품을 가치보다 **비싸게**, 또는 더 구체적으로 말하면 생산가격보다 **비싸게** 파는 것이 아니다. 왜냐하면 그가 그 상품을 가치보다 **싸게**, 또는 생산가격보다 **싸게**, 산업자본가로부터 샀기 때문이다."(①355ff, E293ff, 김355ffff)

이러한 전제를 바탕으로, 산업자본이 그 생산물을 생산가격으로 판다면, 상업자본이 이윤을 얻기 위해서는 생산가격 이상의 가격으로 상품을 판매해야만 할 것처럼 보입니다. 그러나 마르크스가 말하듯, 이는 외관에 불과합니다. 왜냐하면 상업자본이 산업자본으로부터 상품을 매입해 판매하는 작업을 하더라도, 상품을 생산하기 위해 투입해야 하는 노동량이나 이를 동원하기 위한 자본량은 여전히 동일하며, 따라서 상품의 최종 판매가격은 생산가격에 의해 규제되어야 하기 때문입니다. 그렇다면 상업이윤은 산업자본이 본래의 생산가격보다 낮은 가격으로 상품을 상업자본에 판매함으로써만 발생할 수 있습니다.

당장은 산업자본가가 판매 대리인을 고용해 상품을 판매하는 경우를 생각해 보면 이해하기 쉬울 것입니다. 산업자본이 직접 상품을 판매하는 대신 판매 대리인을 고용하면, 확실히 그 자본가에게는 자신의 시간과 노력을 들이지 않고 상품을 판매할 수 있다는 이점이 있습니다. 그러나 그렇다고 해서 상품의 생산가격이 증가하는 것은 아닙니다. 제2장에서 보았듯이, 생산가격은 비용가격과 평균이윤의 합계인데, 이 둘은 자본가가 판매 대리인을 고용했는지 여부에 좌우되지 않기 때문입니다.

그렇다면 이 판매 대리인이 상업자본이 되더라도 기본적으로 사태는 변하지 않을 것입니다. 달라지는 것은 상업자본가가 판매 대리인과 달리 자신의 자본을 투자해 상업을 운영하므로 단순한 판매 수수료가 아니라 투하 자본액에 대응하는 평균이윤을 받아야 한다는 점뿐입니다.

따라서 상업자본이 획득하는 이윤의 원천은 산업자본이 본래의 생산가격보다 낮은 가격으로 상품을 판매함으로써 사실상 평균이윤의 일부를 상업자본에 양도하는 데 있다고 할 수 있습니다.[51]

그러나 여전히 문제가 남아 있습니다. 그것은 어째서 산업자본이 균이 본래의 생산가격보다 낮은 가격으로 상업자본에 상품을 판매하는가 하는 문제입니다. 이 인용문에서는 산업자본가와 상업자본가의 경쟁을 통해 새로운 수준의 일반적 이윤율(인용문의 예에서는 180〔총잉여가치〕÷(900〔전체 산업자본〕+100〔전체 상업자본〕)=18%)이 형성되므로, 상업자본은 이 새로운 일반적 이윤율에 기반한 평균이윤을 획득할 수 있다고 설명합니다.

그러나 이 설명은 설득력이 없습니다. 애초에 산업자본가에게 어떤 이점이 없다면 본래의 생산가격 이하로 상업자본에 상품을 판매할 리 없으며, 따라서 상업자본의 사업도 성립하지 않을 것입니다. 그러나 이 예에서는 산업자본에게 자신의 이윤이 감소하는 단점만 있음에도 불구하고 상업자본에 생산가격보다 싸게 상품을 판매하고 있으며, 이는 분명히 자본주의의 경쟁 원리에 모순됩니다. 여기서도 마르크스는 제2장 말미에서 지적한 실체주의적 가치 규정에 얽매여 있는 듯 보입니다.

산업자본과 상업자본의 경쟁을 생각하려면, 앞 절에서 보았던 상업비용(순수한 유통비)의 절약, 그리고 상업을 통한 산업자본의 회전속도 상승이나 투하 자본의 절약 등의 문제를 고려할 필요가 있습니다. 이는 상업비용(순수한 유통비)을 검토한 후, 다시 검토하겠습니다.

---

51) 참고로, 다음 절에서 자세히 살펴보겠지만, 상업 부문마다 다른 회전수를 가진 상업자본이 평균이윤을 받아야 한다는 사정은 최종 판매가격에 일정한 영향을 미쳐 이를 본래의 생산가격에서 괴리시키지만, 이 경우에도 상업자본의 이윤 원천이 본래의 생산가격보다 싸게 사는 데 있으며, 본래의 생산가격보다 비싸게 파는 데 있는 것이 아니라는 기본적인 관계는 변하지 않습니다. 따라서 이 절에서는 상업 부문별 회전수 차이는 고려하지 않고, 모든 상업자본의 회전수가 동일하다는 가정 하에서 고찰을 진행합니다.

생산가격의 새로운 규정

"…… **생산가격**, 즉 산업자본이 자신이 판매하는 경우의 가격은 상품의 실제 생산가격보다 작다. 또는 총 상품을 보면, 산업자본가 계급이 그것을 판매하는 가격은 그 가치보다 작다. **생산가격**은=**비용+평균이윤**(평균이윤율에 따라 계산된)이므로, 그러나 평균이윤은 실제로 **생산적** 자본에 의해 생산되는 이윤보다 작으므로, 이 생산적 자본의 가치로 계산한다면, 생산가격=비용+평균이윤은 실제 상품 가격보다 작아야 한다는 것이 명백하다. …… 우리는 위에서 전개한 바와 같은 보다 상세한 의미에서 **생산가격**이라는 표현을 유지하고자 한다. 이 경우 명백한 것은 **생산적 자본가의 이윤**은=**생산가격** 중 상품의 **비용가격**을 넘어서는 초과분이고, 이 **산업**이윤과 달리, **상업** 이윤은=**판매가격** 중 상인에게 있어 **구매가격**인 **상품의 생산가격**을 넘어서는 초과분이라는 점이며, 그러나 상품의 **실제 가격**은=상품의 **생산가격+상업이윤**이라는 것이다. 산업자본이 유통에서 잉여가치로서 이미 상품의 가치에 포함된 이윤을 실현하는 것과 마찬가지로, 상업자본이 이윤을 실현하는 것도 단지 산업자본가에 의해 실현되는 상품의 가격에서는 아직 **잉여가치** 또는 **이윤의 전체**가 실현되지 않았기 때문이다. 따라서 상인의 판매가격이 구매가격을 넘어서지만, 이는 **판매가격**이 총가치를 **넘어서기** 때문이 아니라, **구매가격**이 총 가치에 미치지 못하기 때문이다."(①359f, E297, 김360)

앞서 살펴본 바와 같이, 상업자본이 개입함으로써 산업자본만 존재할 때와는 다른 일반적 이윤율이 성립합니다. 그리고 이에 따라 산업자본이 획득할 수 있는 평균이윤도 변화하며, 산업자본에게 있어 생산가격=비용가격+평균이윤은 본래의 생산가격을 밑돌게 됩니다. 상업자본은 산업자본으로부터 매입한 상품에 평균이윤을 추가한 가격으로 판매하지만, 이 가격은—다음 절에서 살펴볼 상업 부문별 상업자본의 회전수 차이 등을 고려하지 않는 한—본래의 생산가격과 일치합니다.

따라서 이제 두 종류의 생산가격이 존재하게 됩니다. 하나는 산업자본에게 평균이윤을 실현하는 상품가격입니다. 이는 기본적으로 그대로 "생산가격"이라 부르지만, 문맥에 따라 '산업자본에게 있어 생산가격'이라 부르기로 하겠습니다.

또 하나는 지금까지와 동일하게 최종적으로 소비자에게 판매될 때의 본래의 생산가격입니다. 이는 상업자본에게 평균이윤을 실현하는 가격이기도 하므로, "상업가격"이라 불리기도 합니다.

순수하게 상업적인 유통비

> "순수하게 **상업적인** 유통비rein *kaufmännischen* Circulationskosten (따라서 발송이나 운송, 상품 보관 등의 비용을 제외한)는 상품의 **가치**를 실현하기 위해, 이 가치를 상품에서 화폐로, 그리고 화폐에서 상품으로 전화시키기(또는 상호 교환하기) 위해, 상품의 **교환과정**을 매개하기 위해 필요한 비용, 즉 구매와 판매 과정의 비용으로 귀착된다. …… 이미 앞에서도 언급했듯이, 이러한 조작은 계산과 부기, 매매 교섭, 통신 등으로 귀착된다. 이에 필요한 **불변**자본은 사무소와 종이, 우편 요금 등이다. …… 그 외의 비용은 **가변자본**, 즉 상업 임금노동자의 사용에 전대되는 자본으로 귀착된다.

이러한 비용은 전부 상품의 사용가치 **생산**에 소비되는 것이 아니라 상품의 가치 **실현**에, 또는 화폐의 상품으로의 재전화에 소비된다. 이는 **순수한** 유통비*reine* Circulationskosten이다. 이는 직접적 생산과정에 들어가지 않지만, 유통과정에 들어가며, 따라서 **생산과정 전체**, 즉 **재생산과정**에 들어간다."(①362f, E299f, 김363f)

이 절에서는 지금까지 상업자본이 투하하는 자본은 상품 매입에 필요한 자본뿐이라는 가정으로 논의가 진행되어 왔습니다. 따라서 이하에서는 "순수하게 **상업적인** 유통비"(제2부에서의 "순수한 유통비"이며, 이 장에서는 "상업비용"이라고도 불립니다)도 고려하여 상업이윤의 형성 메커니즘에 대한 고찰을 진행합니다.

여기서 "순수하게"라는 제한이 붙는 것은 이미 언급했듯이 운송이나 보관 등 사용가치 생산의 연장선상에 있으며, 따라서 가치를 형성할 수 있는 업무는 포함되지 않기 때문입니다. 따라서 "순수하게 **상업적인** 유통비"를 구성하는 것은 "상품으로서의 생산물의 경제적 형태에서 생기는" 업무, 즉 상품의 매매에 직접 관련된 업무뿐입니다. 구체적으로는 상품 매매와 관련된 계산, 부기, 교섭, 통신 등의 업무를 들 수 있습니다.

순수한 유통비(상업비용)는 상품가격에 전가되는가?

"…… 즉, 상인은 G 대신 더 많은 자본 G+ΔG(여기서 ΔG는 직접적으로 상품 매매에 투하되는 G를 도외시한 유통비용 K와 동일하다)를 전대하며, 따라서 상업이윤의 총액은 상승하고, 따라서 더 큰 규모의 상업자본이 생산적 자본과 함께 평균이윤율의 균등화에 가세한 결과, **평균이윤**은 하락한다. 앞서 든 예와 같이, 100의 상업자본 외에 50이 추가로 K를 위해 전대된 경우, **생산적 자본**=720c+180v+180m이지만, 상인자본을 위한 100이 추가됨으로써 잉여가치는 162로 줄어들었다. 따라서 이 경우 **평균이윤**은 20%가 아니라 18%가 되었다. 그러나 이제 추가로 50이 더해져[사회적 총자본은 900+100+50=1,050이 되므로] 평균이윤은 $17\frac{1}{7}$%로 떨어진다. 그러나 상인은 그의 자본 150에 대한 $17\frac{1}{7}$%로 이제 $25\frac{5}{7}$를 얻게 된다. 생산적 자본가는 상품을 900+$154\frac{2}{7}$=$1,054\frac{2}{7}$로 팔고, 상인은 상품을 1,130(1,080+그가 다시 보전해야 하는 비용을 위한 50)으로 판다."(①366, E303, 김367f)

제2부 제1고에서는 순수한 유통비는 잉여가치로부터 공제된다고 되어 있습니다. 순수한 유통비를 지출함으로써 수행되는 업무는 상품의 매매를 담당할 뿐, 사용가치의 생산 자체를 담당하지 않으므로 가치를 형성할 수 없었습니다. 따라서 이에 소요된 비용은 상품가치로부터 보전될 수밖에 없으며, 결과적으로 잉여가치로부터 공제됩니다.

이 가정에 따르면, 상업이윤을 고려할 때도 상품의 최종 판매가격은 '본래의 생산가격'이며, 순수한 유통비에 들어간 비용만큼 상업자본이 실현할 수 있는 이윤은 감소하게 될 것입니다. 예를 들어, 인용문의 예와 같이, 산업자본은 720의 불변자본과 180의 가변자본으로 180의 잉여가치를 생산하고, 상업자본은 매입에 필요한 100의 자본에 더해 순수한 유통비가 50이며, 이를 위해 50의 자본을 추가로 투하해야 하는 경우를 생각해 봅시다. 이때, 순수한 유통비가 잉여가치에서 공제된다면—그리고 일단 앞서 본 일반적 이윤율 계산 방식을 채택한다면—

일반적 이윤율은 (180〔잉여가치〕- 50〔순수한 유통비〕) ÷ (900〔전체 산업자본〕+150〔전체 상업자본〕) = 12.4%가 될 것입니다.

그러나 이 인용문에서는 이윤율이 약 17.1%가 된다고 합니다. 왜 그럴까요? 그 이유는 최종 상품의 판매가격이 '본래의 생산가격'이 아니라 '본래의 생산가격'+'순수한 유통비'로 구성되어 있으며, 순수한 유통비를 잉여가치에서 보전하는 것이 아니라 '본래의 생산가격'을 넘어서는 가격으로 상품을 판매함으로써 보전할 수 있다고 가정했기 때문입니다. 아마도 마르크스는 순수한 유통비가 상업자본에 의해 전대됨으로써 마치 생산에서 소비된 불변자본 가치와 동일하게 상품 가치 내지 상품의 생산가격을 증가시킬 수 있다고 잘못 생각했던 것 같습니다.

물론 이 가정은 마르크스의 가치론과 모순되며, 이에 기반한 제2부 제1고의 논의와도 모순됩니다. 따라서 이 모순을 어떻게 이해할 것인가를 둘러싸고 연구자들 사이에서 논쟁이 이어져 왔습니다.

그럼에도 불구하고, 이 문제에 관해서는 제3부 주요 초고를 작성한 후에 집필된 제2부 제2고에서 이 인용문의 가정을 명확히 거부하는 기술이 존재하므로, 마르크스 자신에게는 해결된 문제였다고 할 수 있을 것입니다. 이 부분은 현행판 『자본론』 제2권에서는 부분적으로만 채택되어 있어 독자 대부분이 읽지 않았을 것으로 보이므로, 아래에 인용해 두겠습니다. 이를 읽으면, 설령 순수한 유통비가 자본으로서 전대되더라도 여전히 잉여가치에서 공제되며, 상품 가격을 증가시키는 것이 아니라고 마르크스가 생각하게 되었음이 분명해질 것입니다.

순수한 유통비는 잉여가치에서 보전된다

"…… 회계담당자를 위해 공동체Gemeinde의 노동력 일부가 농업에서 차출되며, 더욱이 그 기능의 비용은 회계담당자 자신의 노동으로 보전되지 않고, 공동체의 생산물에서 **공제**함으로써 보전된다. 인도 공동체의 회계담당자에게 적용되는 것은 필요한 수정을 가하면 자본가의 회계담당자에게도 적용된다. 회계는 그 현상형태에 따라 기능적 성격을 변화시키지 않으며, 예를 들어 사무실 비용이나 그곳에서의 회계, 즉 회계담당자의 급여 등이 자본 투하로 나타나는지 여부와 같은 회계의 변화가 그 자체로 사안을 바꾸는 것도 아니다. 자본가는 회계담당자의 급여를 위해 {사업 시작 시} 전대를 해야 하지만, 노동자가 생산한 잉여가치의 일부로만 회계담당자에 대한 지급을 할 수 있다. 따라서 자본가가 이를 자본 투하에 산입시키면, m:C의 비율[m/C]은 감소한다. ……

지금까지의 예는 본래의 유통비에 대한 충분한 설명을 제공한다. 본래의 유통비는 **공비***Unkosten*(faux frais)이며, 생산물의 사용가치나 가치량을 바꾸지 않고, 오로지 그 **교환가치**의 형태 변환을 매개하기 위한 노동과 가치의 지출이다. 개인적 규모에서는 독립적인 소상품 생산자에게 이러한 지출은 있는 그대로, 즉 그의 생산적 기능의 중단이나, 그의 개인적 소비나 생산적 소비에 들어가지 않는 가치를 바치는 것으로 나타난다. 더 큰 사회적 규모로, 즉 자본가의 손에 집중되면, 같은 공비가 일부는 유통 대리인의 급여를 위한, 일부는 그들의 노동수단 및 노동재료의 지급을 위한 **자본 투하**로 나타난다. 그러나 자본가의 **계산 방식**이 사물의 성질을 바꾸는 것은 아니다.

이 **공비**의 **보전***Ersatz*은—그것이 빠르든 늦든 지속적으로 반복되지만—**전대자본이 아니라 잉여생산물 또는 잉여가치에 의해 이루어지는** 것이며, 이 공비는 거기에서 **공제***Abzug*되는 것이다. 새로 사업을 시작하는 자본가는 자신의 개인적 소비를 위해 전대하는 것과 완전히 동일하게 이 공비를 위해 전대를 한다. 그러나 **전대**라는 형태는 그 공비에 스스로를 보전하는 힘을 주지 않는 것이며, 이는 그의 개인적 소비 비용에 그러한 힘을 주지 않는 것과 동일하다. 자본가가 공비를 자기 증식하는 자본 가치의 구성 부분으로 산입시키면, 자본가는 잉여생산물 또는 잉여가치의 일부를 자본의 보전분으로 계산에 넣는 것이다. 가치생산물 중에서 자본가가 자본 가치로 기장하는 부분을 자본가는 잉여가치에서 공제한다."(제2부 제2고〔*MEGA* II/11[52] 수록〕 58f)

상업이윤은 어떻게 형성되는가

"유통 조작이 길어진다는 것은 생산적 자본가에게, (1) 그가 생산과정 자체의 지휘자로서 자신의 기능을 수행하는 데 방해받는 한, 그의 시간의 손실을 나타내고, (2) 그의 생산물이 상품형태든 화폐형태든, 유통과정에, 즉 그의 생산물이 가치증식되지 않고 직접적 생산과정이 중단되는 과정에 오래 머무는 것을 나타낸다. 직접적 생산과정이 중단되지 않으려면, 생산을 제한하여 더 작은 부분이 지속적으로 생산과정에 있도록 하거나, 또는 추가 화폐자본을 전대하여

52) 역주: Karl Marx, *Manuskripte zum Zweiten Buch des "Kapitals" 1868 bis 1881, MEGA* II/11, Akademie Verlag, 2008.

생산과정이 언제나 **동일한** 규모로 계속되도록 해야 한다. 어느 쪽이든, 이는 항상 생산과정에서 유지할 수 있는 자본 부분이 **더 작아지기** 때문에 이윤이 **줄어들**거나, **동액의** 이윤을 얻기 위해 추가 화폐자본을 전대해야 한다는 것으로 귀착된다. 이런 일은 생산적 자본가 대신 상인이 등장해도 모두 동일하다. 생산적 자본가가 유통과정에서 많은 시간을 소비하지 않고, 대신 상인이 그 시간을 소비하게 된다. 전자가 유통을 위해 추가 자본을 전대하는 것이 아니라, 대신 상인이 그것을 전대한다. 동일한 일이지만, 그의 자본의 상당히 커다란 부분이 끊임없이 유통과정을 떠도는 것이 아니고, 대신 상인의 자본이 완전히 유통과정에 갇혀 있다. 또한, 생산적 자본가가 얻는 **이윤**이 **줄어드는** 것이 아니라, 대신 그는 자신의 이윤의 일부를 상인에게 양도해야 한다. (상인자본이 그 필요한 한계 내에 제한되어 있는 한) 차이는 단지 이러한 **자본 기능의 분할**로 인해, 유통과정에만 소비되는 시간이 줄어들고, 유통과정을 위해 전대되는 추가 자본이 줄어들며, 그리고 **총이윤** 중 **상업이윤**의 모습으로 나타나는 손실분이 이 분할이 없는 경우에 비해 더 작아진다는 것뿐이다."(①364f, E302, 김417f)

"상업자본과 생산적 자본의 **분할**에는 **상업비용**의 **집중**이 수반되며, 따라서 상업비용의 **축소**가 수반된다고 봐야 한다."(①366, E303, 김368)

이윤의 최대화라는 자본의 행동 원리에 따르면, 산업자본이 상업자본에 상품을 '본래의 생산가격'보다 싸게 판매하는 것은 그렇게 함으로써 이윤을 증대시킬 수 있기 때문입니다. 즉, 산업자본이 본래의 평균이윤의 일부를 상업자본에 양도하더라도, 상품 판매를 상업자본에 맡김으로써 그 이상으로 이윤을 증대시킬 수 있는 것입니다.

그렇다면, 상업에 의한 산업자본의 이윤 증대는 어떻게 이루어질까요? 이것은 이미 앞 절에서 시사되었지만, 다시 확인해 봅시다.

첫째, 산업자본이 상업자본에 상품 판매를 맡김으로써 판매 시간을 대폭 단축할 수 있으며, 또한 이를 통해 같은 규모로 생산을 지속하기 위해 전대해야 하는 자본량을 삭감할 수 있습니다. 판매 시간의 단축은 자본의 회전 속도 증대로 이어지고, 자본량의 절약은 더 많은 자본을 생산과정에 투하할 수 있게 하므로, 이 두 가지 측면에서 이윤을 증대시킬 수 있습니다.

둘째, 상업자본에 상품 판매를 맡김으로써, 산업자본은 상업비용(순수한 유통비)을 전혀 부담할 필요가 없게 됩니다. 물론, 이 비용은 대신 상업자본이 부담해야 하지만, 상업자본은 상품 판매를 전문적이고 집중적으로 수행하므로 이 비용을 대폭 압축할 수 있습니다. 따라서 상업자본은 이 비용을 판매가격과 매입 가격의 차액에서 공제하더라도 이윤을 확보할 수 있습니다.

이를 바탕으로, 다시 상업이윤의 형성 메커니즘에 대해 생각해 봅시다. 문제를 단순화하기 위해, 상업에 의한 산업자본의 이윤 증대는 상업비용과 관련된 요인만 고려하겠습니다. 또한, 상업비용 중 판매 점포의 건물 등 고정자본과 관련된 비용은 고려하지 않겠습니다. 이때, 산업자본 본래의 일반적 이윤율은 20%이지만, 상업자본이 존재하지 않아 상업비용을 모두 산업자본이 부담해야 하며, 모든 자본이 산업에 투하한 자본액 100당 10의(사회 전체로는 50의) 상업비용이 들고, 이를 위해 10의 자본을 추가로 투하해야 하는 경우를 생각해 봅시다. 그러면

그림 4.1과 같이, 모든 산업자본은 110의 자본 투하에 대해 10의 평균이윤을 얻게 될 것입니다. 이때, 일반적 이윤율은 약 9%입니다.

다음으로, 상업자본이 개입하여 상품 판매를 전문적으로 담당하고, 상업자본만이 전적으로 상업비용을 부담하지만, 상업비용이 사회 전체적으로 절감되어 이전 경우의 50에서 16으로까지 감소하는 경우를 생각해 봅시다. 이 경우, 상업자본에게는 판매가격—여기서는 상업자본 내에서의 회전 속도의 차이를 도외시하므로 본래의 생산가격과 일치합니다—과 매입가격의 차액에서 상업비용을 뺀 것이 이윤이 됩니다. 이때의 매입가격이 어느 정도가 되는지는 이윤을 최대화하려는 산업자본과 상업자본의 경쟁에 의해 결정되며, 구체적으로는 산업자본과 상업자본 모두에게 평균이윤을 보장하는 수준, 즉 산업자본에게는 생산가격이 될 것입니다. 매입가격이 이보다 낮아 상업자본의 이윤율이 산업자본을 넘어서면, 산업 부문에 충분한 노동을 동원할 수 없어 충분한 상품이 공급되지 않으므로, 산업자본에게는 생산가격에 이를 때까지 매입가격은 증가할 것입니다. 반대로, 매입가격이 높아서 산업자본의 이윤율이 상업자본을 넘어선다면, 산업 부문에 필요 이상의 노동이 동원되어 과잉 상품이 공급되므로, 산업자본의 생산가격에 이를 때까지 매입가격은 감소할 것입니다.

따라서 상업자본을 고려한 경우에는 산업자본과 상업자본이 동등하게 평균이윤을 얻을 때 마르크스균형이 성립하게 됩니다. 계산이 편리하도록 투하되는 상업자본을 100(매입을 위한 자본 84, 상업비용을 위한 자본 16)으로 하면, 그림 4.2와 같아지며, 일반적 이윤율은 14%가 됩니다. 각각의 산업자본 입장에서는 본래의 생산가격보다 6만큼 저렴하게 판매하게 되지만, 반면에 상업비용의 부담을 면하게 되므로 투하 자본량

그림 4.1

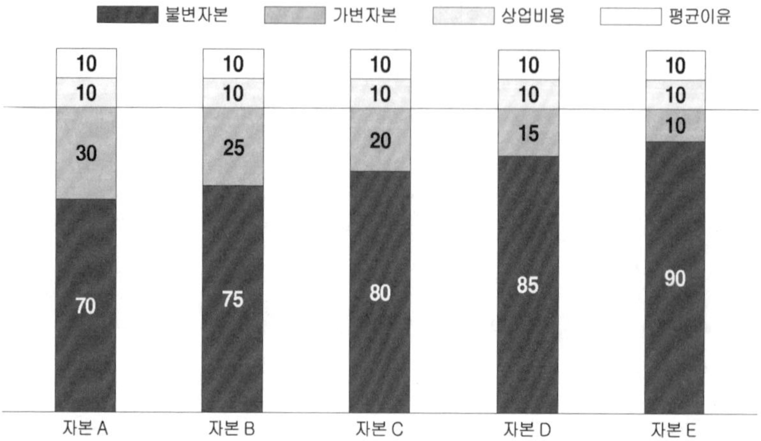

이 줄어들고 이윤이 늘어납니다. 상업자본에게는 판매가격과 매입가격의 차액이 6×5=30이고, 상업비용이 16이므로 14의 이윤을 획득할 수 있습니다. 전체적으로 보면, 상업자본이 개입함으로써 총자본이 획득할 수 있는 이윤이 증대하며, 또한 각각의 산업자본에서도 이윤율이 증대한다는 것을 알 수 있습니다.

위의 관계를 수식으로 표현하면 다음과 같습니다. K는=전체 산업자본, P는=상업비용을 고려하지 않은 경우의 본래 산업자본의 평균이윤, D는=판매가격 총계-매입가격 총계, A는=상업비용, G는=상품 매입을 위해 투하되는 상업자본, B는=상업비용을 위한 자본이라 하면, 마르크스균형이 성립하려면 다음 등식이 성립해야 합니다(지금까지의 예에서는 잉여가치에서 보전되는 상업비용의 총액과 상업비용 지출을 위해 전대되는 자본의 총액이 일치한다고 상정했지만, 실제로는 회전의 영향으로 인해 양자는 달라집니다).

그림 4.2

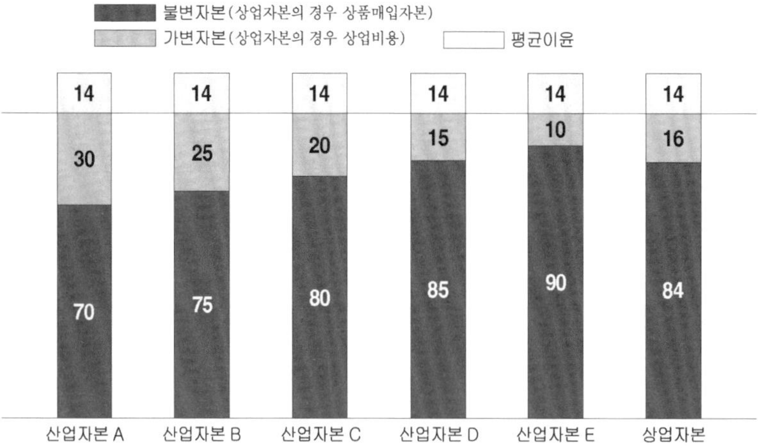

$$\frac{P-D}{K} = \frac{D-A}{G+B}$$

이 등식을 변형하면,

$$\frac{P-D}{K} = \frac{P-A}{K+G+B}$$

이 되므로,[53] 시장가치를 도외시하고 생산가격만을 고려하는 한, 상업자본을 고려한 경우에도 일반적 이윤율 = 총 잉여가치(단, 상업비용을 공제한 것) ÷ 총 투하자본이라는 관계가 성립하게 됩니다.

53) 역주: 위의 예에서 P=100, D=30(=600-570), K=500, A=B=16, G=84이며, (P-D)/K=(100-30)/500=70/500=14%, (D-A)/(G+B)=(30-16)/(84+16)=14/100 = 14%, (P-A)/(K+G+B)=(100-16)/(500+84+16)=84/600=14%이다.

제3절 상업자본의 회전. 가격

이 절에서 다루는 것은 근본적으로 산업자본의 생산활동이나 사회의 소비활동에 의해 규제되면서도 독자적인 움직임을 보이는 상업자본의 회전 방식에 대해 살펴봅니다. 이 절은 지금까지의 내용에 비해 복잡하지만, 사항 자체는 그리 어려운 것을 말하고 있지 않습니다. 일단 여기서는 세부적인 수량 관계보다는 무엇이 주제인지 이해하는 것으로 충분합니다.

상업자본의 회전이 일반적 이윤율에 미치는 영향

"생산적 자본의 회전수 …… 가 클수록 그 자본이 형성하는 **이윤량**도 크다. 그런데 **일반적 이윤율의 형성**에 의해 **총이윤**은 여러 자본이 직접적으로 총이윤의 생산에 참여하는 비율이 아니라, 자본들이 **총자본**에서 차지하는 비중에 따라, 즉 **각 자본의 크기**에 비례하여 자본들 사이에 분배된다. 그렇다고 해서 이것이 사물의 본질을 조금도 바꾸는 것은 아니다. 총자본의 회전수가 클수록 **이윤량**, 즉 1년간 생산되는 잉여가치량, **따라서** 또한 이윤율은 그만큼 크다.

상인자본에서는 그렇지 않다. 상인자본에 있어서는 **이윤율**이 하나의 주어진 크기로서, 한편으로는 **생산적 자본이 생산하는 이윤량**에 의해 규정되고, 다른 한편으로는 **상업자본의 상대적 크기**에 의해서, 또는 **총자본**, 즉 생산과정과 유통과정에 전대된 자본의 총액에 대한 상업자본의 양적 비율에 의해 규정된다. 물론 **상업자본의 회전수**는 **총자본에 대한 상업자본의 비율**에, 또는 유통에 필요한 **상인자본**의 **상대적 크기**에 규정적으로 영향을 미친다. 왜냐하면 필요한 상인자본의 **절대적 크기**와 그 **회전 속도**는 **반**비례한다는 것이 명백하기 때문이다. …… 상업자본의 평균 회전을 단축시키는 사정은 (예를 들어 운송수단의 발달) (다른 사정이 변하지 않는다면) 그만큼 상업자본의 절대적 크기를 줄이고, 따라서 일반적 이윤율을 높인다. 그 반대의 경우도 성립한다."(①382f, E321f, 김389f)

상업자본의 회전이 판매가격에 미치는 영향

"서로 다른 상업 부문에 있는 상업자본들의 (평균) 회전기간이 판매가격에 미치는 영향은 다음과 같은 점으로 귀착된다. 즉 **이윤량**은 상업자본의 크기가 주어져 있는 경우 **일반적** 연간 **이윤율**에 의해 규정되며, 따라서 이 자본의 상인적 조작에 규정되지 않고 (의존하지 않은 채로) 있지만, 이 **동일한 이윤량**이 동일한 가치의 상품량에 배분되는 비율이 이 회전 속도에 비례하여 달라지는데, 예를 들어 〔일반적 연간 이윤율이 15%이고〕 1년에 5회전인 경우에는 15/5=3이 100의 상품자본에 추가되지만, 1년에 1회전이라면 15/1=15가 동일하게 100의 상품자본에 추가된다는 것이다. 따라서 한 경우에는 100파운드의 상품량의 **판매가격**이 3파운드 정도, 즉 그 가치의 3% …… 정도 올라가고, 다른 경우에는 그 가치의 15% …… 정도 올라가는 것이다.

따라서 서로 다른 상업 부문 간에 상업자본의 연간 이윤의 백분율이 동일하더라도, 상품의 **판매가격**은 이들 부문의 회전기간에 비례하여 이들 상품의 가치에 대해 완전히 다른 백분율이 계산됨으로써 이 비율만 높아진다."(①384f, E323f, 김392f)

앞 절에서 살펴본 바와 같이, 본질적 관계로 보면 상업이윤은=본래의 생산가격-'산업자본에게 있어 생산가격'이 되지만, 상업자본 간의 경쟁 조건의 차이에 따라, 상업자본에게 평균이윤의 획득을 가능하게 하는 상업가격은 본래의 생산가격과 괴리됩니다.[54] 상품의 성질상 자본의 회전수가 필연적으로 느려지기 쉬운 상업 부문에서는 상품당 더 많은 상업이윤이 추가되지 않으면 평균이윤을 확보할 수 없으며, 또한 자본의 회전수가 빨라지는 상업 부문에서는 반대의 일이 일어나기 때문입니다.

물론 이러한 괴리는 상업자본이 '가치'를 산출한다는 것을 의미하지는 않습니다. 사회적 총노동의 균형적 배분을 실현하는 데 필요한 본래의 생산가격이 이윤을 증대시키기 위한 상업자본의 매개에 의해 일정한 '수정'을 받는 것에 불과하기 때문입니다. 제2장에서 본 일반적 이윤율의 형성에서는 가변자본의 회전수가 평균이윤의 수준에 영향을 미

54) 또한, 유사한 괴리는 상업 부문에 의한 상업비용의 차이에 대해서도 발생합니다. 즉, 자본당 더 많은 상업비용을 부담해야 하는 상업 부문에서는 상업가격이 높아지고, 더 적은 상업비용으로 가능한 상업 부문에서는 상업가격이 낮아집니다.

쳤지만, 여기서는 상업에 의한 매개의 어려움의 정도가 각 상품의 최종적인 생산가격(상업가격)의 크기에 영향을 미칩니다. 실제로 만약 이러한 '수정'이 이루어지지 않는다면, 예를 들어 상업자본의 회전속도가 빠른 부문에서는 산업자본이든 상업자본이든 어느 하나가 일반적 이윤율보다 높은 이윤을 얻게 되어 마르크스균형은 붕괴되고 맙니다. 그러므로 이러한 '수정'은 오히려 본래의 생산가격에—본질적으로는 가치법칙에—의거한 사회적 총노동의 균형적 배분을 관철하기 위해 필요하다고 할 수 있습니다.

상업자본의 회전이 만들어 내는 외관

"따라서 회전기간이 생산적 자본의 가치형성에 미치는 영향을 정밀하게 고찰하면, 상품의 가치는 상품에 포함된 노동시간에 의해 규정된다는 일반적 법칙과 경제학의 기초로 귀결되지만, 반면 상업가격에 대한 상업자본 회전의 영향이 보여 주는 현상들은 **직접적**으로는 (즉 중간항(매개적인 운동)을 매우 자세히 분석하지 않는다면) 가격의 순수하게 자의적인 규정을, 즉 자본이 1년에 일정량의 이윤을 올리겠다고 어쨌든 결심한다는 것만에 의한 가격 규정을 전제하는 것처럼 보인다. 이러한 회전의 영향으로 마치 **유통과정 자체**가 (일정한 한계 내에서) 생산과정과 무관하게 상품의 가격을 규정하는 것처럼 보인다.

총과정에 관한 모든 표면적이고 전도된 견해는 상업자본의 고찰에서 비롯된 것이며, 또한 상업자본 특유의 운동이 유통 담당자들의 머릿속에 만들어 내는 관념에서 비롯된 것이다."(①385, E324, 김 393f)

이미 살펴본 바와 같이, 상업 부문의 차이에 의한 상업자본의 회전 속도 차이가 상업가격에 영향을 미치므로, 마치 생산과 무관하게 유통 당사자의 주관적인 의도나 그에 기초한 노력에 의해 상품가격이 규정되는 듯한 외관이 나타납니다. 이러한 전도된 외관에 기초하여 자본주의적 생산의 총과정을 생산에서 분리하고, 오로지 유통의 관점에서 파악하는 잘못된 견해가 발생합니다.

상업에서의 초과이윤

"…… 다른 사정이 동일한 경우, **동일한** 생산적 자본의 회전이 1년에 2회였던 것이 4회로 된다면, 이 자본은 2배의 잉여가치를 **생산**하고 따라서 또한 2배의 이윤을 **생산**한다. 이와 반대로, 여러 상업 부문에서의 회전기간의 차이는 일정한 상품자본의 회전으로 얻어지는 **이윤**이 이 상품자본을 회전시키는 화폐자본의 회전에 **반**비례한다는 점에 나타난다. '빠른 환류와 적은 이윤', 이것은 특히 소매상인에게 그가 '원칙'으로 삼아 지키는 **원칙**으로 나타난다.

또한 자명한 일이지만, 상업자본의 회전에 관한 이러한 법칙은 각 상업 부문 내부에서, 그리고 보다 빠른 회전과 느린 회전이 동일한 부문에서 교대로 나타나 상쇄되는 경우를 제외하고, 오직 이 부문에 투하된 상업자본 전체가 행하는 회전들의 평균에만 적용된다. B와 동일한 부문에 투하된 A의 자본이 회전들의 평균수보다 많거나 적게 회전할 수 있다. 이런 경우에는 다른 자본들이 평균수보다 적거나 많게 회전한다. 이것은 이 부문에 투하된 상업자본의 총량의 회전을 조금도 바꾸지 않는다. 그러나 이는 개개의 상인이나 소매업자에게는 결정적으로 중요하다. 그는 이 경우 **초과이윤**을 얻는다 (이는 마치 평균보다 유리한 조건에서 생산하는 산업자본가가 초과이윤을 얻는 것과 같은 것이다). 경쟁상 어쩔 수 없다면, 그는 자신의 이윤을 평균이윤 이하로 낮추지 않고도 상업 동료보다 싸게 팔 수 있다 등등."(①386f, E325f, 김395)

제2장에서 살펴본 바와 같이, 시장생산가격보다 낮은 개별적 생산가격으로 상품을 공급할 수 있는 자본은 초과이윤을 획득할 수 있지만, 마찬가지로, 그 상업 부문의 평균보다 빠른 회전속도로 자본을 회전시킬 수 있는 상업자본도 초과이윤을 획득할 수 있습니다. 그러한 상업자본은 동일한 자본으로 경쟁 상대보다 더 많은 상품을 판매할 수 있을 뿐만 아니라, 경쟁에서 우위를 점하기 위해 상품을 더 싸게 판매하더라도 경쟁 상대보다 더 많은 이윤을 얻을 수 있습니다.

상업에서의 지대

"그의 자본의 보다 빠른 회전을 가능하게 하는 조건이 그 자체로 '구매할 수 있는' 조건, 예를 들어 점포의 위치와 같은 것이라면, 그는 이에 대해 **특별한 렌트***Extrarente*를 지불할 수 있다. 즉, 그의 초과이윤의 일부분은 지대Rente로 전화한다."(①387, E326, 김396)

지대에 대해서는 제6장에서 다루겠지만, 어떤 토지가 상업에 유리하다면, 그 토지를 빌려 상업을 영위하는 자본가가 초과이윤을 획득할 수 있게 됩니다. 농업지대의 경우와 마찬가지로, 이 초과이윤도 지대로 전화합니다.

가공수요

"그러나 상인자본은 …… 첫째, 생산적 자본을 위한 W-G를 **단축한다. 둘째**, 근대적 신용시스템 하에서는 상인자본이 사회의 총화폐자본의 대부분을 지배하고 있으며, 따라서 최종적으로 팔아 버리지 않은 상태에서도 자신의 조작 자체를 반복할 수 있다. 이 경우, 상인 I이 최종적으로 소비자에게 팔아야 하는지, 아니면 그와 최종 소비자 사이에 12명의 상인이 끼어 있어서 그중 상인XII가 최종적으로 소비자에게 팔아야 하는지는 별로 중요하지 않다. **셋째**, 주어진 어떤 제한도 넘어서 끊임없이 영위될 수 있는 재생산과정의 거대한 탄력성Elasticität 때문에, 상인은 생산 그 자체에는 어떤 제한도 발견하지 않거나, 기껏해야 매우 탄력적인 제한만을 발견할 뿐이다. 따라서 여기서는 상품의 본성에서 나오는 W-G와 G-W의 분리와는 별개로 하더라도, 어떤 **가공의 수요***fiktive Nachfrage*가 창출된다. 상인자본의 운동은 그 **자립화***Verselbstständigung*에도 불구하고 결코 유통영역 내부에 있는 생산적 자본 이외의 것이 아니다. 그러나 그 **자립화**로 인해 상인자본은—일정한 제한 내에서는—재생산과정의 제한과 무관하게 운동하며, 따라서 재생산과정을 그 제한을 넘어서까지 추진하는 것이다. 내적 의존성과 외적 독립성은 상인자본을 몰아세워, **내적 관련***innre Zusammenhang*이 폭력적으로, 즉 **공황***Crise*을 통해 회복되는 지점에 도달하게 한다.

그리하여 공황이 가장 먼저 출현하고 폭발하는 곳은, 직접적 소비와 관련된 소매업이 아니라 사회의 화폐자본을 자유롭게 처분할 수 있는 도매업(그리고 **은행업**) 부문이라는 공황 현상이 발생하는 것이다.

제조업자는 실제로 수출업자에게 팔 것이고, 수출업자는 다시 수입업자에게 팔며, 수입업자는 제조업자에게 팔고, 제조업자는 도매상인에게 팔 것이다 등등. 그러나 어딘가 눈에 보이지 않는 지점에서 상품이 팔리지 않고 쌓여 있다(혹은 모든 생산자 등의 재고가 과잉이 된다). 소비는 바로 가장 활발해진다. 왜냐하면 한 명의 생산적 자본가가 일련의 다른 생산적 자본가들을 움직이기 때문이거나, 또는 그들이 사용하는 노동자들이 완전히 고용되어 평소보다 더 많이 지출할 수 있게 되기 때문이다. 노동자계급에 대한 이 영향을 제외하면……, 이미 보았듯이, 불변자본과 불변자본 사이에도 끊임없는 유통이 {가속된 축적과는 별개로} 이루어지고 있으며, 이 유통은 개인적 소비에 결코 들어가지 않는 한 개인적 소비로부터 완전히 독립적이지만, 궁극적으로는 그것에 의해 제한된다. 왜냐하면 불변자본의 생산은 결코 불변자본 그 자체를 위해 이루어지는 것이 아니라, 그 생산물이 개인적 소비에 들어가는 산업 부문에서 더 많은 불변자본이 소비되고 사용되기 때문에 이루어지는 것이기 때문이다. {그럼에도 불구하고, 이는 당분간 기대 수요에 자극받아 순조롭게 진행될 수 있으며,} 따라서 이들 부문에서는 상인이나 생산적 자본가의 사업이 매우 순조롭게 진행된다. 공황이 나타나는 것은 멀리 떨어진 곳에 파는 상인(또는 국내에서도 재고를 쌓아 놓은 상인)의 환류가 느려지고 드물어져서, 은행이나 어음을 가진 다른 상인들로부터 지불을 독촉받을 때이다. 이때 강제 판매, 즉 **지불을 위한** 판매가 시작된다. 그렇게 되면 이는 이미 파국이며, 이는 일거에 외관상의 번영에 종말

을 가져오게 된다."(①377f, E315ff, 김383ff)

상업자본이 판매하는 것은 어디까지나 산업자본이 생산한 상품이므로, 그 운동은 산업자본의 생산 활동에 의해 규제되고 있지만, 다른 한편으로 상업자본의 운동은 유통영역에 한정되므로 그 운동은 산업자본에 대해 자립화됩니다. 게다가 산업자본의 거대한 생산 확대 능력은 생산이 아무런 제한 없이 확대되어 갈 것이라는 착각을 상업자본가들에게 주며, 그러한 착각에 기반하여 상업자본가들은 상업 활동을 확대해 나갑니다.

이렇게 상업자본이 개입함으로써 생산영역과 소비영역의 연관이 서로 독립화되고 점점 더 소원해집니다. 구체적으로 상업자본은 항상 많은 상품을 판매하기 위해 대량의 상품 재고를 보유하게 되고, 최종 수요로부터 독립된 "가공의 수요"를 형성하게 됩니다. 물론 "가공의 수요"는 그것이 가공의 것인 이상, 최종적으로 그 가공성이 드러날 수밖에 없습니다. 그것이 가공 수요임이 밝혀지면 상품의 투매가 시작되고, "가공의 수요"에 기반한 "일거에 외관상의 번영에 종말을 가져오게" 됩니다.

제4절 화폐취급자본

본 절에서 다루어지는 화폐취급자본은 이론적으로는 상품취급자본과 거의 동일하게 생각할 수 있으므로 이해하기는 그리 어렵지 않을 것입니다. 또한 현실의 자본주의 사회에서는 화폐취급자본의 대부분은 다음 장에서 상세하게 살펴볼 이자 낳는 자본과 융합되어 있습니다. 하지만, 여기에서는 우선 순수한 화폐취급자본만을 다룹니다.

화폐취급자본

“생산적 자본의 유통과정과 이제는 여기에 덧붙일 수 있는 상품취급자본의 유통과정(상품취급자본은 **생산적 자본***productiven Capitals*[55])의 유통과정의 일부분을, 자기 **자신**의, 또 자기 자신에 **특유한** 운동으로서 넘겨받기 때문에)에서 화폐가 수행하는 순수하게 **기술적인 운동들**은, 오로지 이러한 운동을 자신에게 특유한 조작으로서 영위할 뿐인 하나의

55) 역주: 엥겔가 편집한 현행판『자본론』제3권에는 “industriellen Kapitals”로 되어 있어서, 이를 대본으로 한 현행 국역본들은 이를 ‘산업자본’으로 번역했다. 하지만, 마르크스의 초고에는 “productiven Capitals”(생산적 자본)로 되어 있다.

특수적 자본 기능으로서 이 자본을 **화폐취급자본**으로 전화시킨다. 생산적 자본의(그리고 좀 더 상세하게 말하면, 또 상품취급자본의) 일부분은, 끊임없이 화폐형태로, 화폐자본Geldcapital으로서 존재할 뿐만 아니라, 이러한 기술적 기능에 종사하고 있는 화폐자본으로서 존재하게 된다. 이제 총자본에서 그 일정 부분이 자립적인 **화폐자본**으로 분리되는데, 그 자본으로서의 기능은 단지 산업자본가 및 상업자본가계급 전체를 위해 이러한 조작을 한다는 것뿐이다. 상품취급자본의 경우와 마찬가지로 유통과정 중에 화폐자본의 자태로 존재하는 생산적 자본으로부터 그 일부분이 분리되어 나머지 자본 전체를 위해 재생산과정의 이러한 조작을 수행하는 것이다. 그러므로 이 화폐자본의 운동들은 자신의 재생산과정 속에 있는 생산적 자본의 **일부분이 자립한 것**의 운동에 지나지 않는 것이다. 왜냐하면 상품취급자본 그 자체가 **생산적 자본**에 대해 이러한 위치에 있기 때문이다."(①387, E327, 김397)

자본이 상품을 취급할 때 부기나 매매 교섭 등 특수한 업무가 발생하는 것처럼 자본이 화폐를 취급할 때도 출납이나 화폐의 보관, 계산이나 결제 등의 특수한 업무가 발생합니다. 따라서 자본주의 사회에서는 상업의 경우와 마찬가지로 화폐 취급과 관련된 사업을 전문적으로 담당하고 그에 따라 수익을 올리는 것이 가능합니다. 화폐취급과 관련된 사업에 투자하여 이윤을 올리는 자본을 '화폐취급자본'이라고 합니다.

화폐 취급에 따른 유통비

"이 경우, 화폐가 유통수단으로서 기능하는지 지불수단으로서 기능하는지는 상품교환의 형태에 따른다. 두 경우 모두 자본가는 끊임없이 많은 사람들에게 화폐를 지급하고, 끊임없이 많은 사람들로부터 화폐를 지급받아야 한다. 이러한 화폐 지불이나 화폐 수납의 단순한 **기술적인 조작**은 그 자체로 노동이며, 이 조작은 화폐가 지불수단으로서 기능하는 한 차액의 계산이나 결제행위를 필요로 한다. 이 노동은 하나의 **유통비**이지 가치를 창조하는 노동이 아니다. 이 노동은 그것이 어떤 특수한 부류의 대행자 혹은 자본가에 의해 나머지 **자본가계급 전체**를 위해 행해짐으로써 **단축**되는 것이다.

자본 중의 일정 부분은 끊임없이 축장화폐로서 존재하고 있어야 하며(구매수단의 준비, 지불수단의 준비, 유휴하는 화폐형태인 채로 사용을 기다리고 있는 자본), 또 자본 중의 일부분은 끊임없이 이 형태로 환류해 온다. 이것은 지불이나 수납이나 부기 외에, 축장화폐의 **보관**을 필요로 하는 것이며, 이것 또한 그 자체로 하나의 특수한 조작이다. 즉, 그것은 실제로는 축장화폐를 끊임없이 유통수단이나 지불수단으로 분해하는 것이며, 또한 판매로 받은 화폐나 만기가 도래한 지급금으로부터 축장화폐를 재형성하는 것이다.—자본 중 기능 그 자체에서 분리된, 화폐로서 존재하는 부분의 이 끊임없는 운동, 이 **기술적인** 운동이 특수한 노동 및 비용의, 즉 **유통비**의 원인이 되는 것이다."
(①388, E328, 김398f)

상업에서 '순수한 유통비'(상업비용)가 그랬던 것처럼 화폐 취급과 관련된 여러 업무 또한 사용가치의 생산과 관련된 본래의 노동이 아니며, 따라서 가치를 형성할 수 없습니다. 따라서 화폐 취급과 관련된 모든 비용은 잉여가치에서 공제됩니다.

화폐취급자본의 본원적 형태 ①—환전업

"내가 이전에 지적한 것처럼, 원래 화폐제도가 최초로 발전해 온 것은, 여러 공동체들Gemeinwesen 사이에서의 상품교환(생산물 교환)에서이다.

그래서 **화폐취급업***Geldhandel*은 무엇보다도 먼저 국제적 교역에서부터 발전해 오는 것이다. 외국에서 매입하는 상인은 **여러 가지 국내 주화**[를 필요로 하며], 현지의 국내 주화를 외국 주화와 또 그 반대로 바꿔야 하며, 또 이 양자를 세계화폐로서 주조되지 않은 순은(또는 순금)과도 바꾸어야 한다. 거기에서 **환전업***Wechslergeschäft*이 생겨나는 것이며, 이는 현대 화폐취급업의 자연발생적 기초 중 하나로 간주해야 할 것이다. 거기에서 발전해 오는 것이 다양한 **환은행***Wechselbanken*으로, 여기서는 은(또는 금)이 세계화폐로서—이제는 유통주화와는 구별되는 **은행화폐** 혹은 **상업화폐**로서 기능한다. **환어음업***Wechselgeschäft*은—그것이 한 나라의 환업자가 다른 나라의 환업자에게 **여행자**를 위해 보내는 단순한 지불 지시Anweisungen인 한에서는—이미 로마나 그리스에서도 본래의 환전업으로부터 발전해 온 것이다."(①389f, E329f, 김399-401)

화폐취급자본의 본원적 형태 ②—지금地金취급업

“사치품 제조를 위한 상품(원료)으로서의 **금은 거래**는 **지금취급업** 즉 세계화폐로서의 화폐의 기능을 매개하는 상업의 자연발생적 기초를 이루고 있다. 그리고 이러한 기능은 이전에 설명한 것과 같이 이중적이다. 즉, 국제적 지불의 결제를 위해서 다수의 국민적 유통영역 사이에서 왕래하는 것(이자를 추구하는 자본의 이동), 그리고 그 생산지에서 나와 세계시장을 거쳐 다수의 국민적 유통영역들로 공급이 분배되는 것이다. 예를 들어 영국에서는 17세기 대부분을 통해 아직도 **금세공업자**가 은행업자로서 기능하고 있었다. ……

세계화폐로서는 국내화폐는 그 국지적인 성격을 벗어 던지고 그 금은의 함량으로 환원된다. …… 그러나 한편 동시에 이 금 및 은의 함량은 둘 다 세계화폐로서 유통되는 두 상품으로서 끊임없이 변동하는 그것들의 가치 비율로 환원되어야 한다. 이 매개를 화폐취급업자는 자신의 특수한 사업으로 한다.

환전업과 **지금취급업**이란 화폐의 이중적인 기능, 즉 국내 주화 및 세계화폐로서의 기능에서 발생하는 화폐취급업의 가장 본원적인 형태이다.”(①390, E330f, 김399ff)

자본주의적 생산양식에서 화폐취급업의 필연성

“자본주의적 생산과정에서 (생산이 아직 자본주의적으로 영위되지 않는 곳에서조차 **상업** 일반에서 발생하는 것처럼) 다음의 일이 발생한다. <u>**첫째, 축장화폐로서 화폐의 형성**, 즉 이제는 자본 중 **지불수단 및 구매수**</u>

단의 준비금으로서 항상 화폐형태로 존재해야 하는 부분의 **형성**. 이 것은 축장화폐의 제1의 형태로, 그것이 자본주의적 생산양식 하에서 재현하는(또한 대체로 상업자본이 발전할 때 적어도 이 자본을 위해 형성된다) 것이다. 양쪽 모두 국내 유통 및 국제적 유통을 위한 것이다. 이 축장화폐는 끊임없이 유동하고 있으며, 끊임없이 유통에 유입되고, 끊임없이 유통으로부터 돌아온다. **제2의 형태**는 유휴 상태에서 당장은 운용되지 않는(화폐형태에 있는) 자본, 혹은 새로 축적되었지만 아직 투하되지 않은 자본. 이 축장화폐 형성 그 자체에 의해 필요한 기능은 축장화폐의 보관, 부기 등등이다. **둘째**, 그러나 이러한 것들에는 살 때의 화폐의 지불, 팔 때의 수납, 지불금의 지불과 수령, 지급들의 결제 등이 연결되어 있다. 이러한 모든 일을 화폐취급업자는 무엇보다도 우선, 상인이나 산업자본가를 위한 단순한 출납대리인으로서 실시하는 것이다."(①390f, E331, 김401f)

자본주의적 생산에 있어서의 화폐취급업의 기능

"화폐유통 전체가 그 범위에 있어서도 그 여러 형태에 있어서도 그 여러 운동에 있어서도 상품유통의 단순한 **결과**이며, 이 상품유통도 자본주의적 입장에서 보면 그 자신 단지 자본의 유통과정 …… 을 나타내고 있을 뿐이라고 한다면, 이것 또한 완전히 자명한 것이지만, **화폐취급업**은 상품유통의 단순한 결과이며, 현상양식인 화폐유통을 단지 매개하는 것만은 아니다. 이 **화폐유통 자체**는 상품유통의 한 계기로서 화폐취급업에서는 **주어진 것**이다. 화폐취급업이 매개하는 것은 그것의 **기술적 조작**이며, 화폐취급업은 이러한 조작을 집중하여 단축하고 간단하게 하는 것이다. 화폐취급업은 축장화폐를 **형성하는** 것이 아니라, 이 축장화폐 형성이 **자발적**인 한 (따라서 유휴자본의 표현 또는 재생산과정 교란의 표현이 아닌 한), 그것을 그 **경제적 최소한으로 축소하기** 위한 **기술적** 수단을 제공하는 것이다. 왜냐하면 구매수단 및 지불수단을 위한 준비금Reservefonds은 자본가계급 전체를 위해 관리되는 경우에는 각 개별 자본가에 의해 관리되는 경우만큼 클 필요는 없기 때문이다. 화폐취급업은 **귀금속**을 사는 것이 아니라 상품취급업이 그것을 사고 나서 그 분배를 매개할 뿐이다. 화폐취급업은 화폐가 지불수단으로서 기능하는 한 차액의 결제를 용이하게 하고, 또한 이 결제의 인위적 기구에 의해 결제에 필요한 화폐량을 감소시키지만, 그러나 그것은 상호적인 지불들의 연관성 및 범위도 정하지는 않는다. 예를 들어 은행업자들과 어음교환소에서 상호 교환되는 어음이나 수표는 이들 교환소 자체로부터는 완전히 독립된 사업을 나타내고 있으며 조작들의 결과이며, 문제는 단지 이들 결과를 더 잘 기술적으로 결제하는 것뿐이다. 화폐가 구매수단으로서 유통되는 한 매매의 규모나 수는 화폐취급업에는 전혀 관계가 없는 것이다. 화폐취급업은 단지 이 매매에 수반하는 **기술적인 조작들**을 단축할 수 있을 뿐이며, 그렇게 함으로써 그 회전에 필요한 현금의 양을 축소할 수 있을 뿐이다."(①392f, E333f, 김404f)

자본주의적 생산에 있어서 여러 가지 화폐 취급 업무에 관계되는 비용은 잉여가치에서 공제되므로, 그것을 삭감하면 할수록, 자본은 자신이 취득하는 이윤을 증대시킬 수 있습니다. 화폐 취급 업무와 관련된 비용은 그 업무를 집중하고 전문적으로 수행함으로써 대폭 삭감할 수 있습니다. 이 때문에 자본주의적 생산양식에서는 화폐 취급 업무의 대부분은 산업자본으로부터 자립화되어 이를 전문으로 하는 자본에 의해 담당되게 됩니다.

화폐 취급업자의 이윤의 원천

"화폐 취급업자가 취급하는 화폐자본의 총량은 유통 속에 있는 상인이나 산업자본가의 화폐자본이라는 것, 또 화폐 취급업자가 행하는 조작은 상인이나 산업자본가의 조작에 지나지 않으며, 화폐 취급업자는 단지 그것들을 매개할 뿐이라는 것은 자명하다.

화폐 취급업자의 경우에는 그들의 이윤이 잉여가치에서의 공제일 뿐이라는 것도 마찬가지로 분명하다. 그들은 단지 실현된 가치(설령 채권의 형태로 실현된 것에 불과하더라도)에 관계를 가질 뿐이기 때문이다.

상품 취급업의 경우와 마찬가지로 이 경우에도 이중화가 생긴다. 이는 화폐유통과 결부된 기술적인 조작의 일부분은 상품 취급업자나 상품 생산자들 자신에 의해 이루어져야 하기 때문이다."(①394, E334, 김406)

본 장의 첫머리에서 말했듯이 화폐취급자본은 광의의 상업자본의 일종으로 상품취급자본과 마찬가지로 생각할 수 있지만 이윤의 취득 방법에는 차이가 있습니다. 상품취급자본(좁은 의미의 상업자본)은 본래의 생산가격보다 싸게 사서 본래의 생산가격으로 파는 것에 의해서 이윤을 올리지만, 화폐취급자본의 경우는 산업자본이나 좁은 의미의 상업자본으로부터 화폐 취급 업무의 수수료를 취하는 것에 의해서 이윤을 올립니다. 산업자본이나 상업자본이 수수료를 지불해서라도 화폐 취급업을 위탁하는 것은 물론, 자기 부담으로 화폐 취급 업무를 수행하는 것보다 그 비용을 삭감할 수 있기 때문입니다.

화폐취급자본이 취득하는 이윤의 수준은, 상업자본의 경우와 같이, 평균이윤이 됩니다. 그러므로 이 경우의 일반적 이윤율의 형성 메커니즘도 상업자본의 경우와 똑같이 생각할 수 있습니다.

제5절 상인자본에 의한 화폐축적의 특수한 형태

제5절에 대해서는 단지 다음과 같이 쓰여 있습니다. "상인자본에 의한 화폐축적의 특수한 형태는, 다음 장에서 처음으로 고찰된다."(①394, E335, 김407) 이 논점은 제5장 제5절의 Ⅲ을 참조하기 바랍니다.

제6절 상업자본에 대한 경제학자의 관념

경제학자는 상업자본을 형태적으로가 아니라 소재적으로 다른 자본과 구별한다

"지금까지 전개한 것으로부터 자명한 것이지만, 예를 들면 광산업이나 목축이나 농경이나 제조업이나 운수산업이나 해운 등이 생산적 자본의 특수한 투하 부문—따라서 또 사회적 분업에 의해서 주어진 생산적 자본의 갈래들—을 이루는 것과 같이, 상품취급자본의 형태든 화폐취급자본의 형태든, **상인자본**을 **생산적 자본**의 하나의 특수 부문으로 보는 것만큼 황당한 것은 있을 수 없다. 어느 생산적 자본도,—유통영역, 즉 재생산과정의 이 특정 국면에 있는 한, 상품자본 및 화폐자본으로서, 그 두 형태를 취하는 상인자본의 고유한 기능으로서 나타나는 것과 같은 기능을 한다는 것을, 잠깐 보기만 하더라도, 전술한 것과 같은 조잡한 견해는 반박될 수밖에 없을 것이다. 이와는 반대로, 상품취급자본과 화폐취급자본에서는 생산적 자본 그 자체와 유통영역에 있는 생산적 자본의 **구별**이 다음과 같은 것에 의해 **자립화**되고 있다. 즉, 자본이 유통영역에서 취하는 특정한 형태나 기능들이 자본의 분리된 부분의 자본들의, 특수한 **종류**의 자립적인 형태나 기능으로 나타나, 단지 자본의 그 부분만의 것으로 된다는 것에 의해서이다. 생산적 자본의 **전화형태**와 다양한 생산에 투하되고 있는 생산적 자본들 사이의, 다양한 생산부문(사용가치)의 성질에서 발생하는 **소재적***stoffliche* 구별과는 천지 차이만큼 다르다.

대체로 경제학자는 실제로는 단지 소재적으로만 자신의 관심을 끄는 형태상의 구별을 조잡하게 고찰하는 것이지만, 이러한 조잡함 외에 속류 경제학자의 경우에는 또 두 가지가 이 혼동의 근저가 되고 있다.

첫째, 그는 상업이윤을 그 고유성으로 설명할 수 없다. **둘째**, 그의 변호론적 노력으로, 이 노력은 무엇보다도 먼저 상품유통(따라서 또 화폐유통)을 그 기초로 전제하는, 자본주의적 생산양식의 독자적인 형태로부터 발생하는 상품자본 및 화폐자본이라는 **형태***Formen*를, 더 나아가, 상품취급자본 및 화폐취급자본이라는 형태를 **생산과정 그 자체**로부터 필연적으로 발생하는 자태Gestalten로서 도출하려 한다."
(①394f, E335f, 김408)

지금까지 살펴보았듯이 상업자본이 이윤을 취득하는 메커니즘은 산업자본의 그것과는 전혀 다릅니다. 그럼에도 불구하고 경제적 형태규정과 그것을 현실에서 담당하고 있는 소재를 구별할 능력이 없는 경제학자들은 양자를 단순한 투자 분야의 차이로 파악합니다. 그들에게 상업은 농업이나 제조업 등 동렬의 자본의 투하처 중 하나일 뿐입니다.

무역이 가치를 창조하지 않는다면

국내 상업도 가치를 창조하지 않는다

"스미스나 리카도 등과 같은 위대한 경제학자라도 자본의 기본형태, **생산적 자본***productives Capital***으로서의** 자본을 고찰하고 있으며, 유통자본circulirende Capital은 사실상 단지 그 자신이 생산적 자본의 재생산과정의 한 국면인 한에서 고찰하고 있을 뿐이므로, 하나의 독자적인 종류의 자본으로서의 **상업자본***mercantilen Capital*에 관해서는 당혹해 한다. 생산적 자본의 고찰로부터 직접적으로 도출되는 이윤(가치형성) 등에 관한 명제는 직접적으로는 상업자본에 해당되지 않는다. 그 때문에 그들은 상업자본을 사실상 완전히 문제 삼지 않는 것이며, 단지 생산적 자본의 **일종**으로서 덧붙여 그것을 언급하고 있을 뿐이다. 그들이 특히 상업자본을 취급하는 경우, 예를 들어 리카도가 무역에서 상업자본을 취급하는 경우, 그들은 상업자본이 **가치를** (따라서 잉여가치를) 창조**하지 않는다**는 것을 증명하려고 한다. 그러나, 무역에 해당하는 것은, 국내 상업에도 해당한다."(①395f, E336f, 김409)

스미스나 리카도 등의 고전파 경제학은, 무역 차액을 중시한 중상주의를 비판하고, 시장을 통한 생산활동의 활성화의 필요성을 주장했습니다. 그런 의미에서 스미스나 리카도는 본질적으로는 부의 증대의 열쇠가 되는 것이 상업이 아니라 생산이라는 것을 이해하고 있었지만, 그럼에도 불구하고, 국내에서 상업자본의 특수성에 대해 잘 이해하지 못했습니다. 결국 스미스나 리카도 같은 위대한 경제학자조차도 자본주의적 생산양식이 역사적으로 특수한 사회적 형태규정을 가진 생산양식임을 이해하지 못했기 때문에(마138ff) 상업자본의 독자성이 그 경제적 형태규정의 특수성에 있다는 것도 파악하지 못했습니다.

제7절 자본주의적 생산양식 이전의 상업자본

상업자본은 자본주의적 생산양식 내부에서는 산업자본에 의존하고 있지만, 역사적으로 보면 자본주의적 생산양식에 앞서 존재하고 있었습니다. 마르크스가 지적하듯이 상업자본은 "**자본**의 역사적으로 가장 오래된 자유로운 존재양식"(①396, E337, 김409)이었습니다. 상업자본은 자본주의적 생산에 선행하여 그것을 촉진하면서 자본주의적 생산의 발전과 함께 그 우위성을 상실하고 자본주의적 생산양식에 종속되는 존재가 되어 갔습니다. 본 절에서는, 자본주의 이전의 상업자본에 대해 검토하고, 상업자본이 자본주의적 생산양식에 포섭되기까지의 프로세스를 개관합니다.

우리는 이미 제1부 제24장 '이른바 본원적 축적'에서 자본주의적 생산양식의 성립사에 대해 개관했습니다. 거기서 해명된 것은 경제사로서의 자본주의 성립사라기보다는 오히려 자본주의적 생산양식이 성립하기 위한 사회적 조건—생산수단과 직접적 생산자의 분리, 임금노동 규율의 창출, 산업자본가의 생성 등—이 어떻게 역사적으로 형성되었는가 하는 것이었습니다. 말하자면, '본원적 축적'론은, 그에 앞선 제1부의 고찰에 근거해 자본주의적 생산이 성립하기 위한 전제가 되는 사회적 조건들을 이론적으로 확정하는 것이었다고 말할 수 있을 것입니다.

제3부에서도 본 절에서 자본주의 이전의 상업자본을 다루고, 나아가 제5장 제6절에서 자본주의 이전의 이자 낳는 자본, 제6장 제5절에서 자본주의적 지대의 역사적 의의에 대해 다루지만, 이것들에서 문제가 되는 것도 자본주의 이전의 상업자본이나 이자 낳는 자본, 혹은 지대의 역사 그 자체가 아닙니다. 오히려, 이것들로 해명되는 것은, 상업이윤이나 이자, 또 지대라고 하는 수입 형태가 자본주의적 생산양식에 포섭되어, 그러한 자본주의적인 존재 형태를 획득하는 데 전제 조건이 어떻게 역사적으로 형성되어 왔는가 하는 것입니다.

본 절은 역사에 대한 서술이 많기 때문에 인용을 중심으로 살펴보겠습니다.

상업자본의 기원

"단순한 상품유통 형태 W—G—W로부터, 화폐는 단지 가치척도나 유통수단으로서뿐만 아니라, 상품의, 그러므로 부의 절대적인 형태, 즉 축장화폐 등이 되어, 그것의 화폐로서의 자기유지와 증대가 자기목적이 되는 것이지만, 그것과 마찬가지로, 단순한 상인재산의 형태 G—W—G'로부터, 화폐, 즉 축장화폐는 양도에 의해 자신을 증식하고 유지하는 것으로서, 단순한 양도에 의해 증식하는 것이 된다.

고대의 상업민족은 세계의 빈 공간에 있던 에피쿠로스의 신들처럼, 또는 오히려 폴란드 사회의 빈틈에 끼여 사는 유대인처럼 존재하고 있었다. 최초의 대규모로 발달한 자립적인 상업민족이나 상업도시 — **중개상업**은 생산하는 여러 민족의 미개상태에 기초했으며, 그들은 이러한 민족 사이에서 매개자의 역할을 했다."(①403, E342, 김416)

상업자본은 자본주의적 생산양식의 전제이지만, 상업자본의 발전만으로 생산양식의 이행을 설명할 수는 없다

"생산이 상업에 들어가는—상인의 손을 통과하는—**범위**는 생산양식에 따라 다른데, 그것은 자본주의적 생산양식에서 그 최대치에 도달하는 것이며, 거기에서는 생산물은 상품으로서 생산될 뿐, 직접적인 생존수단으로서는 생산되지 않는다. 한편, 어떤 생산양식의 기초 위에서도 상업은 교환에 들어가는 생산자{이것은 여기서는 생산물의 **소유자**라고 생각해도 좋다}의 향락이나 축장화폐를 늘리는 것을 목적으로 하는 잉여생산물의 생산을 촉진한다. 즉 생산에 점점 교환가치를 지향하는 성격을 부여한다.

상품의 변태, 상품의 운동은 (1) 소재적으로는 여러 상품들끼리의 교환으로 이루어져 있으며, (2) 형태적으로는 상품의 화폐로의 전화, 즉 판매와 화폐의 상품으로의 전화, 즉 구매로 이루어져 있다. 그리고, 이러한 기능에, 즉 매매에 의한 여러 상품의 교환에, 상인자본의 기능이 귀착한다. 즉, 상인자본은 단지 상품교환을 매개할 뿐이다. 그렇다고 해도 이 교환을 처음부터 단순히 직접적 생산자들 사이의 상품교환으로 파악해서는 안 된다. 노예관계나 농노관계, 공납관계(공동체Gemeinwesen가 고찰되는 한) 하에서는 노예보유자, 봉건영주나 공납 수령 국가가 생산물의 소유자이며, 따라서 그 판매자이기도 하다. 상인은 많은 사람들을 위해 매매한다. 그의 손에 매매가 집중되고, 따라서 매매는 구매자(상인으로서의)의 직접적인 욕망과 결부되지 않게 된다."(①396f, E337f, 김410f)

"그래서 왜 **상인자본**은 자본이 생산양식 자체를 자신의 것으로 하기 훨씬 전부터 자본의 역사적 형태로 나타나는지를 이해하는 것은 조금도 어렵지 않다. 상인자본의 어느 정도 발전은 그 자체로 자본주의적 생산양식의 발전을 위한 **역사적** 전제이기도 하다. 그것은 (1) 화폐재산 집적의 전제이며, 또, (2) 자본주의적 생산양식은 상업을 위한 생산을 전제하고, 즉 (개개의 고객 상대가 아닌) 대량의 생산을 전제하며, 따라서 또한 자신의 개인적 욕망을 충족시키기 위해 사는 것이 아니라 구매 행위를 자신에게 집중하는 상인을 전제하기 때문이다. 한편, 대체로 상인자본의 발전은 생산에 점점 교환가치를 목표로 하는 성격을 부여하거나, 혹은 생산물의 상품으로서의 발전을 촉진하는 방향으로 작용한다. 그렇다고는 해도 …… 상인자본의 발전은 그것만으로는, 어떤 생산양식으로부터 다른 생산양식으로의 이행을 매개하거나 혹은 설명하기에는 불충분하다."(①398, E339, 김412)

본 절을 이해하기 위한 포인트는 자본주의적 생산양식의 성립이라는 관점에서 보았을 때 상업자본의 양면적 성격을 파악하는 것입니다. 이 두 인용문에서는 먼저 상업자본의 발전이 자본주의적 생산양식 발전의 전제 조건이 되는 측면에 대해 서술하고 있습니다. 상업자본은 자본주의적 생산양식이 발전하기 위한 불가결의 전제가 되는 상품거래를 활성화시키며, 상업 자체가 가장 번성하는 것도 자본주의적 생산양식에서입니다.

그런데 다른 한편으로는 상업자본의 발전이 그대로 자본주의적 생산양식의 발전을 가져오지는 않는다는 점에도 주의해 둘 필요가 있습니다. 확실히, 상업이 발전하고 상품경제가 침투하면, 생산은 점점 사용가치가 아니라 가치를 목적으로 한 것이 되어 가는 경향이 있습니다. 그러나, 이 경향이 어느 정도 관철될지는, 즉, 상업에 있어서의 이윤 추구의 논리가 생산을 포섭할 수 있을지는, 그 생산의 존재 방식 그 자체에 좌우되는 것입니다.

상업자본의 자립적 발전은 자본주의적 생산의 발전과 대립한다

"자본주의적 생산양식 안에서는 상인자본은 이전의 자립적 존재에서 자본투하 일반의 하나의 **특수한 계기**로 격하되는 것이며, 또 이윤의 균등화에 의해 상인자본의 이윤율은 평균이윤율로 환원된다. 상인자본은 단지 생산적 자본의 대리자로서 기능할 뿐이다. 상인자본의 발전에 따라 형성되는 특수한 사회 상태는 여기서는 더 이상 규정적인 것이 아니며, 오히려 상인자본이 우세한 곳에서는 시대에 뒤떨어진 상태가 지배적이다. 이것은 같은 나라 안에서도 말할 수 있는 것으로서, 거기에서는 예를 들면 순수 상업도시는 공업도시와는 전혀 다른, 과거 상태와의 유사성을 나타내고 있다.

상인자본이 자립적이고 우세하게 발전한다는 것, 즉 자본이 상인자본으로서 자립적이고 우세하게 발전한다는 것은 생산이 자본에 종속되어 있지 않다는 것, 또는 자본에 대해 낯설고 자본으로부터 독립한, 생산의 사회적 형태를 기초로 하여 자본이 발전한다는 것과 같은 의미이다. 그러므로 상인자본의 **자립적인** 발전은 사회의 **일반적인 경제적 발전**과 반비례하는 것이다."(①398f, E33 9f, 김412f)

상업자본이 자본주의적 생산양식의 성립과의 관련에서 가지고 있는 또 다른 측면은, 상업자본이 자립한 자본으로서 그 지배적인 지위를 유지할 수 있는 것은, 자본주의적 생산이 발전하지 않고, 거기에 아직 포섭되지 않은 한에서이다, 라는 것입니다. 그 때문에 상업자본의 발전에 의해 이윤추구의 논리가 생산에 침투해 가면, 이윽고 상업자본은 산업자본에 종속되어 그 지배적인 지위를 잃게 되고, 다른 한편으로 상업자본의 발전에도 불구하고 이윤추구의 논리가 그 정도로 생산에 침투하지 않는다고 하면, 상업자본에 의한 비자본주의적인 생산양식으로부터의 수탈이 촉진됩니다. 아래 인용문에서 설명되는 바와 같이 상업이윤은 기본적으로 '수탈 이윤'이며, '우세한 지배를 유지하고 있는 상업자본은 어디서나 약탈 시스템을 나타낸다'는 것입니다.

수탈 이윤

"상인자본의 운동은 G－W－G′(즉 G－W－$\widehat{G+\triangle G}$)이므로 (상인에게) 이윤은 첫째, 유통과정 그 자체에서 이루어지는 행위, 즉 사고파는 두 가지 행위로 얻을 수밖에 없다. 그리고 둘째, 그것은 최종 행위인 판매에서 실현된다. 따라서 **수탈 이윤***Profit upon expropriation*[56]으로서 실현된다. 얼핏 보기에는 순수하고 독립적인 상업이윤은 생산물

56) 역주: "profit upon expropriation"을 현행 국역본들에서는 "양도이윤", "상업이윤", "판매를 통한 이윤" 등으로 번역하지만, 이 책에서는 "수탈 이윤"이라고 번역했다.

이 가치대로 팔리는 한, 불가능해 보인다. 싸게 사서 비싸게 파는 것이 상업의 법칙이다. 그러므로 이것은 **등가물**끼리의 교환은 아니다. **가치**의 개념이 존재하는 것은 다양한 상품이 모두 가치이며, 따라서 화폐이고, 질적인 면에서 사회적 노동의 동등한 표현이라는 한에서다."(①402, E341f, 김415)

약탈 시스템으로서의 상업자본

"…… 미발달된 생산양식에서 여러 나라들 사이의 **생산가격**의 차이를 상업자본이 착취한다는 것{그리고 이와 관련하여 상업자본은 상품가치의 균등화와 확정의 방향으로 작용한다}은 별개로 하고, 이 생산양식에서는 상인자본이 **잉여생산물**의 대부분을 차지한다. 그 이유의 일부는, 상인자본을 자신들 사이의 중개자로 삼는 민족(공동체)들의 생산이 아직 본질적으로 사용가치를 지향하고 있고, 이러한 공동체의 경제적 조직에게는, 대체로 유통에 들어가는 생산물 부분을 파는 것, 따라서 생산물을 그 가치로 파는 것은 부수적인 중요성만을 가질 뿐이기 때문이다. 다른 일부는, 자본주의 이전의 생산양식에서는 상인의 거래 상대인 잉여생산물의 주요 소지자, 즉 노예 소유자나 봉건영주, 국가(예를 들어 동양의 전제 군주)가 향락적 부를 대표하며, 상인들은 이 부를 노리고 덫을 치기 때문인데, 이는 이미 애덤 스미스가 봉건 시대에 대해 올바르게 간파한 바와 같다. 따라서 우세한 지배력을 갖고 있는 상업자본은 어디서나 **약탈 시스템**을 나타내고 있으며, 실제로 상업자본의 발전은 고대 상업 민족 하에서도, 근대의 상업 국민 하에서도, 폭력적인 약탈이나 해적질, 노예 사냥, (식민지에서의)

압제와 직접 결부되어 있다. 예를 들어 카르타고나 로마에서, 그리고 나중에는 베네치아인이나 포르투갈인, 네덜란드인 등에서도 그러했다."(①404f, E343, 김417f)

상업의 해체 작용의 정도와 결과는 기존 생산양식의 존재 방식에 의존한다

"공동체들 사이에서 이루어지는 상업은 물론 다소간 그 공동체들에 반작용할 것이다. 상업은 생산을 점차 교환가치에 종속시킬 것이다. 왜냐하면 상업은 향락이나 생존을 생산물의 직접적인 사용보다 오히려 그 판매에 의존하게 만들기 때문이다. 이리하여 상업은 낡은 관계들을 분해하고 화폐 유통을 증가시킨다. 상업은 단지 생산의 잉여만 포착하는 것이 아니라, 점차 생산 자체를 침식하여 개별 생산부문을 자신에게(외부에서 들여오는 사치품 재료에) 의존하게 만든다. 하지만 이 분해 작용은 생산하는 공동체의 성격에 크게 좌우된다."(①403, E342f, 김416)

"상업과 상업자본의 발전은 어디서나 교환가치를 위한 생산을 발전시키고 (동시에 생산의 다양화(세분화)와 확대를 추구한다), (또한 생산을 세계화하고 화폐를 세계화폐로 발전시켰다). 그러므로 상업은 어디서나 원래의 조직 양식에 대해서는, 즉 형태는 다양하게 다르지만 모두 주로 사용가치에 초점을 맞추고 있는 조직 양식에 대해서는 다소간 분해적으로 작용하는 것이다. 그러나 상업이 낡은 생산양식의 분해를 어느 정도까지 일으키는지는 우선 그 생산양식의 견고함과 내부

편성inner Gliederung에 달려 있다. …… 또한 이 분해 과정이 **어디에** 이르는지, 즉 낡은 생산양식을 대신하여 어떤 **새로운 생산양식**이 나타나는지는 상업이 아니라 낡은 생산양식 그 자체의 성격에 달려 있다. 고대·**고전고대** 세계에서는 상업의 작용과 상인자본의 발전은 그 결과가 항상 **노예 경제**였다(또한 출발점에 따라서는, 바로 직접적 생존 수단의 생산에 초점을 맞춘 가부장적인 노예 시스템이 잉여가치의 생산에 초점을 맞춘 농업 플랜테이션 시스템 등으로 전화된다). 반면, 근대 세계에서는 그것은 **자본주의적 생산양식**에 이른다. 이 사실은 이러한 **결과** 그 자체가 아직 상업자본의 발전과는 전혀 다른 사정에 의해 제약되었다는 것을 보여 준다."(①405, E344, 김418f)

전근대적 생산양식의 저항력

"이전의 민족의 생산양식의 내적인 견고함과 편성이 상업의 분해 작용에 대항하여 설정하는 장애물은, 예를 들어 인도·중국 등에서 영국인의 상황에서 잘 드러나고 있다. 여기서는 생산양식의 광대한 기초가 소농업과 가내 공업의 통일에 의해 형성되어 있으며, 그 위에 인도에서는 자급자족적 공동체selfsustaining communities의 형태가 더해지는 것이다. 인도에서 영국인은 이 작은 경제적 공동체를 분쇄하려고, 지배자 및 지대 수취자로서 그들의 직접적인 정치적 권력과 경제적 권력을 동시에 이용했다. 그들의 상업이 여기서 생산양식에 혁명적으로 작용하는 것은, 그들이 이 농공 생산 일체성Einheit der industriell-agricolen Production의 태고적 구성 부분uralt integrirenden Theil을 이루는 방적과 직포를 자신들의 상품의 저렴함(그리고 헐값 판매)을 통해 파멸시키고 공동체를 찢어발기는 한에서만 가능하다. 이 인도에서조차도 그들은 이 분해 작업에 매우 서서히 성공했을 뿐이다. 직접적인 정치적 권력의 도움 없는 중국에서는 더욱 그러하다. 여기서는 농업과 제조업의 **직접적인** 결합에서 생기는 경제와 시간의 커다란 절약이 대공업의 생산물에 매우 완강한 저항력을 제공하고 있다. 왜냐하면 이 대공업의 생산물 가격에는 대공업을 곳곳에서 갉아먹는 유통과정의 공비faux frais가 포함되어 있기 때문이다."(① 407, E346, 김420f)

앞서 보았듯이, 상업이 사용가치를 목적으로 한 기존의 생산양식에 대해 얼마나 해체 작용을 갖는가는 "그 생산양식의 견고함과 내부 편성"에 의존하는데, 그때 마르크스가 중요하게 여겼던 것은 농업과 공업의 일체성이 어느 정도인가 하는 점입니다. 인도나 중국처럼 농업과 가내 공업이 일체를 이루는 공동체가 존재했던 곳에서는, 비록 정치 권력의 힘을 빌렸다 하더라도 공동적 생산을 파괴하는 것은 쉽지 않았습니다. 왜냐하면 그러한 공동체에서는 농촌과 도시의 분리가 일어나지 않아서, 상업을 통해 식량이나 공업 제품을 입수할 필요가 없기 때문에, 유통비와 시간을 절약할 수 있으며, 자급자족적인 생활 방식을 영위하고 있어 상품경제가 침투하는 것도 쉽지 않았기 때문입니다. 마르크스는 중국에서의 농업과 공업의 일체성을 기초로 한 자급자족적인 공동체를 "자연 발생적인 공산주의naturwüchsige Communismus"(①407)[57] 라고 평가했을 정도입니다.

57) 역주: 엥겔스가 편집한 현행판 『자본론』 3권에는 마르크스의 원문(위 인용문) 각주에 있던 "자연발생적인 공산주의"라는 문구가 누락되어 있다.

이것은 우리가 포스트자본주의 사회로서 공산주의를 전망할 때도 큰 시사를 주는 것이라고 할 수 있습니다. 물상화의 힘을 억제하기 위해서는 생산양식 그 자체를 변혁하는 것이 중요하지만, 그때 도시와 농촌을 대립시키지 않는 지산지소地産地消의 생산양식 및 생활양식을 형성하는 것이 하나의 포인트가 될 것이라고 생각되기 때문입니다.

지리상의 '발견'에 따른 상업의 발전과 자본주의적 생산양식으로의 이행

"조금도 의심할 여지가 없는 것이지만—그리고 바로 이 사실이야말로 전혀 잘못된 견해를 낳아 왔지만—16세기 그리고 17세기에도 지리상의 여러 발견에 수반하여 상업에서 발생한—그것과 함께 상인자본의 발전도 가져온—큰 혁명들은 중세의 봉건적 생산양식에서 근대의 자본주의적 생산양식으로의 이행을 촉진하는 주요한 한 계기를 이루고 있다. 세계시장의 돌연한 확대, 유통에 들어가는 상품의 증가, 아시아의 생산물이나 아메리카의 재보를 차지하려는 유럽 국가들의 경쟁, 이것과 손을 잡고 진행되는 식민 시스템, 이러한 것들은 생산양식의 봉건적 제한을 타파하는 데 본질적으로 기여했다. 그러나 근대적 생산양식이 그 최초의 시기—매뉴팩처 시대—에 발전했던 것은, 단지 그 조건들이 중세 동안에 만들어졌던 곳에서뿐이었다. 예를 들어 네덜란드를 포르투갈과 비교해 보라. 그러나 16세기에 (또한 일부는 17세기에도), 상업의 갑작스러운 확장이나 새로운 세계시장의 창조가 낡은 생산양식의 몰락과 자본주의적 생산양식의 성립에 우세한 영향을 미쳤다고 한다면, 이것은 또한 역으로,

이미 창출되어 있던 자본주의적 생산양식의 기초 위에서 일어났던 것이다. 세계시장은 그 자체로 이 생산양식의 기초를 이루고 있다. 반면에 이 생산양식에 내재하는, 끊임없이 더 큰 규모로 생산하려는 필연성은 세계시장의 끊임없는 확장을 추동하며, 따라서 여기서는 상업이 산업을 변혁하는 것이 아니라 산업이 끊임없이 상업을 변혁하는 것이다. 여기서는 상업 지배권도 대공업의 여러 조건의 크거나 작은 우세에 결부되어 있다. 예를 들어 잉글랜드와 네덜란드를 비교해 보라. 지배적 상업국으로서의 네덜란드의 몰락은 상업자본의 생산적 자본에 대한 의존과 종속의 역사이다."(①406f, E3 45f, 김419f)

봉건적 생산양식으로부터의 이행의 이중적 방식

"봉건적 생산양식으로부터의 이행은 이중적인 방식으로 이루어진다. 생산자가 중세 도시 공업의 동업 조합적으로 구속된 자본에 대해서도, 농업적 현물경제에 대해서도 대립하는 **상인**이나 **자본가**가 되는 것이다. 이것이 진정한 혁명적인 길이다. 다른 한편으로는 **상인**이 직접 생산을 장악하는 것이다. 나중의 방식이 역사적으로 이행으로서 작용한다고 할지라도—예를 들어 17세기 잉글랜드의 직물업자가 직공들(그들은 종전에는 자립하고 있었다)을 자신의 지배 하에 두어, 그들에게 가공시킬 양모를 팔고, 그들의 생산물을 사들이는 경우처럼, 이 길은 그 자체로서는 낡은 생산양식을 변혁하기까지는 이르지 못하고, 오히려 낡은 생산양식을 보존하여 그것을 자신의 전제로 유지한다. 예를 들어 프랑스의 견직 공업이나 잉글랜드의 메리야스 공업이나 레이스 공업 등에서도 제조업자는 최근까지 대개 단지 명목상의 제조업자일 뿐, 실제로는 단순한 상인이었는데, 그는 직공 등에게는 옛날의 분산적인 방식으로 작업을 계속하게 하고, 자신은 단지 상인으로서의 지배권을 행사할 뿐이며, 직공들은 사실상 이 상인을 위해 일을 한다. 이 방식은 어디서나 진정으로 자본주의적인 생산양식의 길을 방해하며, 이 생산양식의 발전에 따라 몰락한다. 그것은 생산양식을 변혁하는 것 없이 단지 직접적 생산자들의 상태를 악화시킬 뿐이며, 그들을 직접적으로 자본 아래에 포섭된 노동자보다도 더 나쁜 조건 하에 있는 단순한 임금노동자와 프롤레타리아로 전화시키고, 낡은 생산양식의 기초 위에서 그들의 잉여노동을 차지한다. 어느 정도 변형된 같은 관계는 런던의 수공업적으로 경영되는 가구제조업 등의 일부에도 남아 있다.

타워 햄릿츠Tower Hamlets라고 불리는 런던의 시구에서는 매우 넓은 범위에 걸쳐 가구 제작업이 이루어지고 있다. 그곳에는 생산 전체가 매우 많은 다양한, 서로 독립적이고 자립적인 사업 부문으로 나뉘어 있다는 의미에서 분업이 존재한다. 어떤 사업은 의자만 만들고, 다른 것은 찬장만 만들고, 다른 것은 책상만 만드는 식이다. 그러나 이 사업 그 자체는 다소간 수공업적으로, 몇 명의 직인을 고용하는 한 명의 장인에 의해 경영된다. 하지만 생산은 직접적으로 개인 고객을 상대하기에는 너무 크다. 그 구매자는 가구점의 소유자들이다. 토요일에는 장인이 가구점에 가서 자신의 생산물을 파는데, 그때 가격에 대해 흥정이 이루어지는 것은, 마치 전당포에서 이런저런 물건에 대한 대출금에 대해 흥정이 이루어지는 것과 같다. 이 장인들은 다음 주에 다시 원료를 사거나 임금을 지불하기 위해서라도 매주 파는 것이 필요하다. 이러한 사정 하에서는 장인들은 본래적으로 단지 상인과 자신의 노동자 사이의 중개자에 지나지 않는다. 상인이야말로 잉여가치의 최대 부분을 주머니에 넣는 본래의 자본가이다. 이전에는 수공업적으로 경영되었거나, 혹은 농촌공업의 부업으로 경영되었던 부문에서 매뉴팩처로의 이행의 경우도 마찬가지다. 따라서 리옹이나 노팅엄 등에서는 그 중개자가 노동자를 바로 직접적으로 착취함에도 불구하고, 상인을 **제조업자**라고 부르는 것이다. 그 작은 자기 경영이 가진 기술적 발전도에 따라, 이러한 매뉴팩처, 혹은 또한 대공업(예를 들어 오늘날의 **편물업**을 보라)으로의 이행도 발생한다. 이미 이 경영 자체가 수공업적인 기계—즉 수공업적 경영의 한계 내에서 유지할 수 있는 기계—에 근거하는 경우에는 대공업으로의 이행이 발생한다."(①408f, E347f, 김421f)

자본주의적 생산양식에 의한 상업의 포섭

"중세에는 폽페Poppe[58]가 올바르게 말했듯이, 상인은 **길드 조합원**이나 농민이 생산한 **상품**의 '**도매상**'에 지나지 않았다. 상인이 산업가가 된다. 또는, 오히려 수공업적인(특히 농촌적인) 소공업에 상인 자신을 위한 일을 시킨다. 다른 한편에서는 생산자가 상인이 된다. 예를 들어 직물업자는 자신의 재료를 차례로 조금씩 상인으로부터 받아서 상인을 위해 노동하는 것을 그만두고, 스스로 재료 등을 사게 된다. 생산조건들은 그 자신이 산 상품으로서 생산과정에 들어간다.

58) 역주: Johann Heinrich Moritz Poppe(1776-1854), *Geschichte der Technologie seit der Wiederherstellung der Wissenschaften bis an das Ende des achtzehnten Jahrhunderts*, Bd.1. Göttingen 1807.

그리고 개개의 상인 혹은 특정 고객을 위해 생산하는 것을 그만두고, 직물업자는 이제 상업 세계를 위해 생산한다. 생산자는 그 자신이 상인이다. 상업자본은 여전히 유통과정을 수행할 뿐이다. 처음에는 상업은 길드적, 농촌 가내공업적 및 봉건적 농업 생산을 자본주의적 생산으로 전화시키기 위한 전제였다. 상업은 생산물을 상품으로 발전시킨다. 왜냐하면 한편으로는 상업은 생산물을 위해 시장을 만들어 내기 때문이며, 또한 다른 한편으로는 새로운 상품 등가물을 공급하고, 또한 생산에 새로운 재료나 보조 재료를 공급하여, 이리하여 처음부터 상업에 근거하고 있는 생산부문, 즉 시장을 위한 생산에 근거함과 동시에 세계시장에서 생겨난 생산조건에 근거하고 있는 생산부문을(지역적 혹은 국민적이기를 중지하고) 개척하기 때문이다. 매뉴팩처가 어느 정도 견고해지면, 그리고 대공업이라면 더욱, 그것이 또한 자신을 위해 시장을 만들어 내고 자신의 상품으로 시장을 **정복한다**. 이제 상업은 시장의 끊임없는 확장을 생활조건으로 하는 공업적 생산의 하인이 된다. 그것은 상업이 아니라(상업이 단지 현존하는 수요만을 나타내는 한에서는), 기능하는 자본의 크기와 노동의 생산력의 발전에 의해서만 제한되는 끊임없이 확대되는 대량 생산이 기존의 시장을 끊임없이 범람시키고, 따라서 또한 끊임없이 그 제한을 돌파하려 하기 때문이다."(①409f, E348f, 김423f)

생산자가 상인이 되는 길이든, 상인이 생산을 장악하게 되는 길이든, 자본주의적 생산양식이 성립하려면, 이윤 추구의 논리가 생산을 포착하고, 생산을 둘러싼 사회적 관계의 존재 방식을 근본적으로 변혁해야 합니다. 이 변혁 시에 국가의 거대한 폭력이 큰 역할을 한다는 것은 이미 제1부의 '본원적 축적'론에서 살펴본 바와 같습니다. 자본주의적 생산양식은 국가의 힘을 빌려 생산자를 생산수단으로부터 떼어 놓고, 무소유의 생산자들을 임금노동자로 규율·훈련시킴으로써 비로소 성립할 수 있었습니다.

여기서는 또 하나 중요한 포인트가 지적되고 있습니다. 생산관계의 존재 방식뿐만 아니라, 기술적인 생산의 존재 방식 자체가 근본적으로 변화함으로써 비로소 자본주의적 생산양식이 자립화하고 상업자본을 포섭하게 된다는 것입니다. 즉, 기존의 생산양식에 대해 우위에 서고, 대규모적인 시장 확대를 가능하게 하는 생산력을 실현하는 것은, 자본주의적 생산양식이 시장을 장악하고, 그 메커니즘을 자신의 이윤 추구의 논리에 종속시키기 위한 필수 조건이었던 것입니다.

COLUMN 4 상업자본의 현대적 형태

제4장에서 등장하는 상업자본은 기본적으로 도매와 소매뿐이지만, 상품경제의 다양화 또는 복잡화에 따라 상업자본도 다양한 형태로 발전해 왔습니다.

노동력 상품을 다루는 인재 파견회사, 부기 및 관련 업무를 담당하는 회계 회사, 상품 선전이나 시장 조사 등의 마케팅을 담당하는 광고 대행사 등 그 형태는 매우 다양합니다. 상품 개발에 대해 조언하는 컨설팅 회사도 넓은 의미에서는 상업자본으로 분류할 수 있을 것입니다.

위에 언급된 상업자본의 현대적 형태 중 인재 파견 회사를 제외하고는 직접적으로 상품 매매를 담당하지는 않습니다.

그럼에도 불구하고, 상품 매매를 대신하는 업무를 전문적으로 담당함으로써 유통비용을 절감할 수 있고, 마케팅의 경우에는 시장 자체를 확대할 수 있기 때문에, 이를 통해 확대된 이윤의 일부를 수수료로 청구할 수 있습니다.

1970년대 이후 자본주의 경제가 '장기 불황'에 빠지고 시장 확대가 어려워지면서, 상업자본의 현대적 형태의 중요성이 더 커지고 있습니다. 더 이상 단순히 '대량 생산·대량 소비'가 아니라, 오히려 어떻게 소비자의 수요에 부응할지, 또는 브랜드화branding를 통해 어떻게 희소성을 인위적으로 높여 시장가치를 끌어올릴지가 핵심이 되기 때문입니다. 나아가 이러한 상황을 이용하여 경제적 합리성이 없는 사기성 '상업자본'도 발호하게 되었고, 데이비드 그레이버David Graeber(1961-2020)가 풍자적으로 그려낸 '불쉿잡bullshit job'[59]이 번식하는 토양을 낳고 있습니다.

---

59) 역주: 데이비드 그레이버, 『불쉿잡』, 김병화 옮김, 민음사, 2021.

제5장 이자와 기업이득(산업이윤 또는 상업이윤)으로의 이윤의 분열. 이자 낳는 자본

본 장부터 우리는 드디어 이윤과는 다른 경제적 메커니즘으로 얻어지는 수익에 대해 생각해 보겠습니다. 먼저, 이 장에서는 화폐를 대부함으로써 이자를 취득하는 자본, 즉 '이자 낳는 자본'에 대해 다룹니다.

이자 낳는 자본은 산업자본처럼 직접적으로 생산에 종사하지도 않고, 상업자본처럼 자본순환의 일부를 담당함으로써 평균이윤 형성에 참여하지도 않습니다. 자본순환이나 자본축적을 위한 자금이 부족한 산업자본가나 상업자본가에게 화폐를 대출함으로써 수익을 올릴 뿐이며, 실물 경제를 담당하는 것이 아니라, 오히려 실물 경제로부터 부를 수탈하여 이익을 올리는 기생적인 성격을 가집니다. 물론, 본 장에서 보겠지만, 이자 낳는 자본도 상업자본과 마찬가지로 사회적 생산의 발전을 촉진하는 거대한 역할을 합니다. 그러나 그 자체로서는 실물 경제의 한 축을 담당하지 않으며, 많은 화폐를 소유하고 있다는 단지 그것만으로 수익을 올리는 존재입니다.

그렇다고는 해도, 지금까지 고찰해 온 산업 이윤이나 상업이윤에 비하면, 이자는 친숙하게 느껴질 수도 있습니다. 실제로 우리가 은행에 예금한 예금에는 아주 적지만 이자가 붙고, 반대로 주택 담보 대출이나 교육 대출을 받으면 원금 상환에 더해 이자를 갚아야 합니다. 이자는 자본주의 사회 곳곳에서 이루어지는 화폐의 대차에 따라붙는 것이며, 우리들의 일상생활에도 깊숙이 침투해 있습니다.

그러나 다른 한편으로, 이 이자의 크기가 결정되는 메커니즘에 대해서는 많은 사람에게 소원한 것이 아닐까요? 매일 경제 뉴스나 신문에서 이자율의 변동에 대한 보도가 있지만, 그것이 어떤 메커니즘으로 변동하는지에 대해서는 그다지 생각해 본 적이 없는 분도 적지 않을 것입니다. 또한, 이 이자율을 기반으로 작동하는 여러 금융시장에 대해서 말하자면, 그 구조는 더욱 복잡합니다. 그러므로 이자는 친숙하고 우리의 사고와 행동에 다대한 영향을 미침에도 불구하고, 우리에게는 소원하고 복잡한 메커니즘에 의해 결정되고 있다고 말할 수 있을 것입니다.

본 장에서는 애초에 자본주의 사회에서 이자란 무엇인가라는 이야기부터 시작하여, 최종적으로는 이자율 변동의 메커니즘에 대한 고찰에까지 나아갑니다. 또한, 이자 낳는 자본과 밀접한 관계가 있는 은행제도와 신용시스템에 대해서도 다루게 됩니다.

언제나 그렇듯이 마르크스의 논의의 큰 줄기는 명확한 논리로 전개되지만, 그럼에도 본 장은 제3부 중에서 가장 장대한 장이며, 게다가 제5절처럼 내용적인 일관성이 결여된 부분이 있기 때문에, 읽다 보면 큰 줄기를 놓쳐 버릴 우려도 있습니다. 따라서 미로에 빠지지 않도록 미리 중요한 포인트를 두 가지만 들어 두겠습니다.

첫째, 이자에서도 결국 중요한 것은 그것이 잉여가치의 생산을 기반으로 한다는 것입니다. 이것은 단지 이자의 원천이 잉여가치에 있다는 것을 의미하는 것만은 아닙니다. 애초에 이자라는 수익 형태가 일반화되기 위해서는 실물 경제에서 화폐를 투하함으로써 이윤을 창출할 수 있다는 관계가 성립해야만 합니다. 이 관계 하에서 비로소 대부된 자본은 안정적으로 이자를 취득할 수 있고, 또한 사회적 생산의 발전에 기여할 수도 있기 때문입니다. 반대로 만약 이것이 존재하지 않는다면, 전근대 사회처럼 이자 낳는 자본은 단순한 '고리대금업'에 불과하고, 그 사회에는 부정적인 작용만을 미치므로, 여러 규제 하에 놓여지게 되고 일반화될 수 없습니다. 근대적인 의미에서 이자 낳는 자본의 일반화는 잉여가치 생산, 즉 임금노동의 전반화에 의해서만 가능해지는 것입니다.

둘째, 본 장에서는 이자 낳는 자본과 밀접한 관련이 있는 신용시스템에 대해서도 논하지만, 아무리 복잡한 메커니즘으로 보일지라도 그 근저에 있는 것은 화폐 지불약속에 불과하다는 것입니다. 한편으로 신용이 창출하는 화폐 지불약속은 어디까지나 화폐 지불'약속'에 지나지 않으므로, 반드시 기존의 금속화폐나 자본가치에 얽매이지 않고 자본주의적 생산의 발전을 촉진하는 역할을 할 수 있습니다. 그러나 다른 한편으로는 화폐 지불'약속'에 불과하기 때문에, 실물 경제의 뒷받침 없는 경기의 과열이나 '버블 경제'를 초래하고 맙니다. 물론 화폐 지불약속도 그것이 '약속'인 한 언젠가는 이행되어야 합니다. 그 약속이 이행되지 않는 것이 명확해지면, 이 '약속'에 기초한 거래는 무너지고 실물경제는 막다른 골목에 이르며, 버블은 붕괴하고 맙니다. 이와 같이 신용시스템은 화폐 지불약속에 기초하고 있기 때문에, 자본주의적 생산을 좁은 한계로부터 해방하여 발전시킬 수 있음과 동시에, 다른 한편으로는 그 과도한 팽창과 수축을 초래하고, 다양한 투기나 금융 사기의 기회를 제공하게 되는 것입니다.

문헌고증

엥겔스가 『자본론』 제3권을 편집할 때 가장 고심했던 것이 바로 본 장(현행판 제5부)이었습니다. 엥겔스는 다음과 같이 편집 작업을 회고했습니다.

> "주요한 어려움을 초래한 것은, 이 제3부 전체 중에서 실제로 가장 복잡한 대상을 다루고 있는 제5편이었다. …… 여기에는 완성된 초고가 없고, 완성을 위한 개요의 윤곽조차도 없으며, 있는 것은 단지 논술의 첫머리뿐이며, 그것은 결국 한 무더기의 무질서한 메모나 논평, 발췌로 되어 있다."(E12, 김7)

엥겔스는 이러한 미완성의 초고를 어떻게 해서든 읽기 쉬운 것으로 편집하려고 열심히 노력했지만, 유감스럽게도 결과적으로는 마르크스의 본래 의도를 왜곡하는 것이 되고 말았습니다. 문제점은 주로 세 가지가 있습니다.

첫째, 장의 구분이나 제목이 부적절하다는 문제입니다. 표를 보시면 알겠지만, 주요 초고와 현행판은 장을 나누는 방식이나 장의 제목이 크게 다릅니다. 제24장까지의 구분 방식은 초고를 그대로 따르고 있고, 마르크스가 절 제목을 붙이지 않은 부분의 장 제목도 적절합니다. 그러나 제25장 이후는 초고와 크게 다르며, 장을 나누는 방식도 장 제목도 적절하지 않습니다. 단적인 예를 들면, 엥겔스는 제25장의 제목을 '신용과 가공자본'이라고 붙였지만, 이 부분에 가공자본에 대한 이야기는 거의 나오지 않습니다. 마르크스의 초고를 보면, '신용. 가공자본'이라는 절 제목이 현행판의 제25장에 한정된 것이 아니라, 제25장에서 제35장까지의 테마를 나타내는 것임을 알 수 있습니다. 이러한 엥겔스 편집에 의한 부적절한 장 제목이 텍스트의 의도를 불명료하게 했다는 것은 부정할 수 없습니다.

둘째, 본래의 초고와는 구별되어야 할, 초고 집필을 위한 자료도 그대로 본문에 통합해 버렸다는 문제가 있습니다. 마르크스는 초고를 집필할 때는 용지의 위 절반에 본문, 아래 절반에 주석이나 추가 서술을 집필하는 용지 사용법을 썼습니다. 반면, 초고 집필을 위한 자료가 되는 발췌나 메모의 경우에는 이러한 용지 사용법을 쓰지 않았습니다. 그러므로 오리지널 수고를 보면, 어떤 것이 초고의 원고이고 어떤 것이 그렇지 않은지를 판별하기 쉽지만, 엥겔스는 오리지널 수고를 구술 필기한 것을 이용하여 편집 작업을 했기 때문에 이러한 구별이 보이지 않게 된 것 같습니다.

셋째, 엥겔스가 마르크스의 오리지널 텍스트를 수정함으로써, 다른 내용이 되어 버린 부분이 여러 곳 있습니다. 전형적인 예는 제5절 'Ⅰ'의 조금 앞에 있는 문장입니다. 초고에는 "이제 우리는 **이자 낳는 자본 그 자체**{신용제도에 의한 이자 낳는 자본에 대한 영향, 아울러 이자 낳는 자본이 취하는 형태}의 고찰로 넘어간다"(①505)라고 쓰여 있는데, 현행판에서는 "이하의 장들에서 우리는 신용을 이자 낳는 자본과의 관련 속에서, 즉 신용이 이자 낳는 자본에 미치는 영향, 및 그때 신용이 취하는 형태를 고찰한다"(E457, 김569)로 되어 있어, 전혀 다른 내용이 되어 버렸습니다. 초고에서는 어디까지나 고찰 대상은 이자 낳는 자본이며, 이자 낳는 자본이 신용제도 하에서 취하는 형태라고 되어 있지만, 현행판에서는 고찰 대상은 신용이며, 신용이 이자 낳는 자본에 영향을 미칠 때

취하는 형태라고 되어 있기 때문입니다. 이와 같은 바꿔 쓰기가 쌓이면, 마르크스의 본래 의도를 파악하는 것은 어려워지게 됩니다.

본서에서는 마르크스 자신의 본래 의도를 가능한 한 정확하게 알기 위해, 선체를 통해 마르크스 자신의 초고를 참조한다는 방침을 취하고 있지만, 이 제5장은 특히 초고를 참조하는 것이 중요한 장이라고 말할 수 있을 것입니다. 참고로 본 장에서는 초고의 절 제목을 그대로 채택하고, 마르크스가 쓰지 않은 절 제목에 대해서는 *MEGA* 편집자가 붙인 것을, 항 제목에 대해서는 오타니 데이노스케 씨가 『마르크스의 이자 낳는 자본론』(桜井書店)[60]에서 붙인 것을 채택했습니다.

60) 역주: 大谷禎之介, 『マルクスの利子生み資本論』, 全4巻, 桜井書店, 2016.

표 5.1

제3부 주요 초고(①)	현행판(E)
제5장 이자와 기업이득 (산업이윤 및 상업이윤)으로의 이윤의 분열. 이자 낳는 자본	제5편 이자와 기업가이득으로의 이윤의 분열. 이자 낳는 자본
1) [이자 낳는 자본]	제21장 이자 낳는 자본
2) 이윤의 분할. 이자율. 이자의 자연적인 비율	제22장 이윤의 분할, 이자율, 이자율의 '자연'율
4) 〔오기이므로 이하에서는 3)으로 한다〕 [이자와 기업이득]	제23장 이자와 기업가이득
5) 〔오기이므로 이하에서는 4)로 한다〕 이자 낳는 자본의 형태로의 잉여가치 및 자본관계 일반의 외면화	제24장 이자 낳는 자본의 형태로의 자본관계의 외면화
5) 신용. 가공자본	제25장 신용과 가공자본
	제26장 화폐자본의 축적. 그것이 이자율에 미치는 영향
	제27장 자본주의적 생산에서 신용의 역할
Ⅰ) 〔투크 및 풀라턴에 의한 개념들의 혼동과 잘못된 구별의 비판〕	제28장 유통수단과 자본. 투크와 풀라턴
Ⅱ) 〔화폐적 자본의 형태들과 그들의 가공성〕	제29장 은행자본의 구성부분
Ⅲ) 〔화폐적 자본과 실물자본〕	제30장 화폐자본과 현실자본 Ⅰ
	제31장 화폐자본과 현실자본Ⅱ
	제32장 화폐자본과 현실자본Ⅲ
	제33장 신용제도 하의 유통수단
	제34장 통화주의와 1844년의 영국 은행입법
	제35장 귀금속과 환율
6) 전前부르주아적인 것	제36장 자본주의 이전

제1절 이자 낳는 자본

여기서는 먼저, 그 증식분이 이자라는 형태를 취하는 '이자 낳는 자본'을, 지금까지 획득한 개념으로 어떻게 자리매김할 수 있을지를 고찰합니다.

화폐는 이윤을 낳는다는 사용가치를 가진 상품이 된다

"화폐 …… 는 자본주의적 생산양식의 기초 위에서는 자본으로 전화될 수 있으므로, 그리고 이 전화에 의해 화폐는 주어진 가치로부터 자기 자신을 **증식하고** 증가시키는 **가치**가 되어, 이윤을 생산하는 능력, 즉 자본가에게 노동자로부터 일정량의 불불노동, 잉여가치, 그리고 잉여생산물을 끌어내어 취득하는 능력을 주기 때문에, 화폐는 그것이 **화폐로서** 가지고 있는 **사용가치** 외에 하나의 추가적인 사용가치, 즉 **자본**으로서 기능한다는 사용가치를 얻는다. 화폐의 사용가치란 여기서는 바로 그것이 자본으로 전화되어 생산하는 **이윤**에 있다. 이러한, **가능적** 자본으로서, 이윤을 생산하기 위한 수단으로서의 속성에서, 화폐는 **상품**, 하나의 독특한 종류의 상품이 된다." (①412, E350f, 김429f)

이자란 이윤을 낳는다는 화폐의 사용가치에 대한 지불이다

"연평균이윤율이 20%라고 가정해 보자. 이 경우, 평균적인 조건과 평균적인 지능, 그리고 합목적성을 가지고 100파운드의 가치액을 자본으로 지출한다면, 그것은 20파운드의 이윤을 얻게 될 것이다. …… 이 사람이 이 100파운드를 현실에서 그것을 자본으로 사용하는 다른 사람의 손에 1년간 맡겨 놓는다면, 전자는 후자에게 20파운드의 이윤을 생산하는 힘, 즉 자신에게는 비용도 들지 않고 자신이 등가를 지불하지도 않는 잉여가치를 생산하는 힘을 주는 것이 된다. 후자가 100파운드의 소유자에게 연말에 5파운드 정도를 지불한다면, 다시 말해 **생산된 이윤의 일부분**을 지불한다면, 이로써 그는 이 100파운드가 가지고 있는 사용가치에 대해, 즉 자본으로서 기능한다는, 그래서 또한 20파운드의 이윤을 생산한다는, 그것의 사용가치에 대해 지불하는 것이다. 이윤 중에서 그가 전자에 지불하는 부분은 **이자**라고 불리며, 따라서 이자란 기능자본이 자신의 주머니에 넣지 않고 자본의 소유자에게 지불해야만 하는, **이윤** 중의 **일부분**을 나타내는 특수한 명칭, 특수한 항목에 다름없다는 것이다."(①412, E351, 김430f)

본래 사용가치란 인간들의 욕구를 충족시킬 수 있는 상품의 물질적 속성을 의미하지만, 화폐가 등장하면 인간들은 화폐가 가진 교환력, 즉 가치 그 자체를 욕망하게 됩니다(마200). 이로써 가치에 대한 한도 없는 욕망이 생겨나고, 화폐가 가진 직접적 교환가능성—일반 상품과 달리, 모든 상품에 대해 직접적으로 가치로서 힘을 발휘할 수 있다—그 자체가 사용가치가 된 것이었습니다. 그러나 상업이윤에 이르기까지의 자본의 현상적 메커니즘을 추적해 온 우리에게, 화폐의 사용가치는 더 이상 그 직접적 교환가능성에 머무르지 않습니다. 이제 화폐는 그것을 통상의 조건에서 산업이나 상업에 투자한다면 평균이윤을 올릴 수 있다는 사용가치를 가진 것으로서 나타나고 있기 때문입니다.

물론, 실제로는 가치를 생산하고 잉여가치를 창출할 수 있는 사용가치를 가진 상품은 노동력입니다. 자본가는 화폐로 노동력을 입수하고 사용하는 것에 의해서만 잉여가치를 생산할 수 있습니다. 그러나 제1장이나 제2장, 그리고 제4장에서 본 것과 같은 형상화에 따른 전도를 통해 — 즉 자본주의적 생산관계에서 전도가 생산당사자들의 일상 의식에 그대로 반영됨으로써 잉여가치가 이윤으로 전화하고, 더 나아가 그 전도가 경쟁을 통해 실질화됨으로써 이윤이 평균이윤으로 전화하고, 나아가 상업이윤으로 분배되는 것을 통해서 — 화폐는 그것을 산업이나 상업에 투자하여 기능하게 한다면 평균이윤을 올릴 수 있는 것, 따라서 그 자체로 평균이윤을 낳는 힘을 가진 것으로서 나타나게 되는 것입니다.

이자란 이처럼, 화폐를 자본으로 기능하게 한다면 평균이윤을 얻을 수 있다는 사용가치에 대한 지불에 다름 아닙니다.

자본으로서의 화폐의 판매는 대부라는 형태를 취한다

"이 상품에, 즉 **상품으로서의 자본**에 특유한, **판매**라는 형태를 대신하는 **대부**라는 형태(단 이것은 다른 여러 거래에서도 볼 수 있다)는, **자본**이 여기서는 **상품**으로서 나타난다는, 또는 **자본으로서의 화폐**가 상

품이 된다는 규정 그 자체에서 나오는 것이다."(①414f, E354, 김434)

"자본이 **유통과정**에서 **자본**으로서 나타나는 것은, 단지 전체 과정의 관련 속에서만, 그리고 출발 과정이 동시에 복귀점으로서 나타나는 계기 …… 속에서뿐이다. (생산과정에서는 자본이 자본으로서 나타나는 것은 자본가에 대한 노동자의 종속과 잉여가치의 생산에 의한 것이다). ……

그런데 이자 낳는 자본Zinstragenden Capital에서는 그렇지 않다. 그리고 바로 이것이야말로 이자 낳는 자본의 독자적인 성격을 이루고 있는 것이다.

자신의 화폐를 이자 낳는 자본으로서 증식하려는 화폐 소지자는 그것을 유통 속에 투하하여 제3자에게 양도하고, 그것을 **자본으로서의 상품**으로 만든다. 그 화폐는 그것을 양도하는 그에게 있어서의 자본으로서뿐만 아니라, **자본으로서**, 잉여가치, 이윤을 창조한다는 **사용가치**를 가진 **가치**로서 제3자에게 건네지는 것이다. 즉, 그 화폐가 그에게 인도되는 것은, 자본으로서, 즉 운동 속에서 자신을 **유지하고**, 기능을 마친 뒤에 그 최초의 인도인의 손에, 여기서는 화폐 소지자의 손에 **되돌아오는** 가치로서이다. 즉, 다만 잠시 동안만 그의 손을 떠나, 그 소유자의 점유로부터 기능자본가functionirenden Capitalisten의 점유로 옮겨가며, 지불되어 버린 것도 팔린 것도 아니라, 단지 **대부된**, **대출되었을** 뿐인 가치로서이다. 즉, 일정 기간 뒤에는 그 출발점으로 돌아온다는, 또한 **둘째로는** 실현된 자본으로서, 따라서 잉여가치를 생산한다는 그 **사용가치**를 실현한 자본으로서, 환류한다는 조건 하에서만, 그 가치는 넘겨지는 것이다."(①415f, E355f,

김435ff)

이자는 자본으로서의 화폐의 사용가치에 대한 지불이며, 그런 의미에서 화폐가 가진 자본으로서의—즉 그것을 산업이나 상업에 적절히 투자하면 평균이윤을 취득할 수 있다는—사용가치의 가격이라고 말할 수 있습니다. 그렇다고는 해도 화폐 자체에 가격표를 붙일 수는 없으며, 그것을 판매할 수도 없습니다. 예를 들어 100만 엔을 투자하면 20만 엔의 이윤을 얻을 수 있다고 해도, 110만 엔으로 100만 엔을 굳이 사려는 사람은 아무도 없을 것입니다. 자신이 가진 100만 엔을 투자하면 되기 때문입니다. 그렇다면, 화폐가 가진 자본으로서의 사용가치의 가격은 어떻게 실현할 수 있을까요?

사실, 이것을 가능하게 하는 거래의 형태가 바로 '대부'에 다름 아닙니다. 여기서 자본으로서의 화폐를 판매하는 자본가는 결코 화폐 그 자체를 판매하는 것이 아닙니다. 그가 판매하는 것은 어디까지나 화폐가 가진 자본으로서의 사용가치뿐입니다. 그 사용가치가 평균이윤을 낳는다는 것이기에, 그 화폐의 '대부'라는 형태를 통해, 화폐가 가진 자본으로서의 사용가치를 일정액의 화폐와 교환하여 양도하는 것이 가능합니다. 앞선 예에서 말하면, 100만 엔의 현금은 없지만, 그것을 투자하여 일정한 이윤을 올릴 전망을 가진 자는, 나중에 이자를 지불하겠다는 계약 하에 이 100만 엔을 빌리려 할 것입니다. 이러한 의미에서, "**대부**는 그것을 화폐나 상품으로서가 아니라 **자본**으로서 **양도하기** 위한 적당한 형태"(①423, E362, 김445)가 되는 것입니다.

이상의 설명은, 상식적인 대차의 관념에 익숙한 분들에게는 우회적인 설명으로 느껴질 수도 있습니다. 단순히 돈을 빌려주었으니 이자를 받는 것에 지나지 않는 것이 아니냐고. 그러나 여기서 중요한 것은, 화폐가 가진 자본으로서의 사용가치 그 자체가 대부라는 형태를 통해 상품화되어 버린다는 것입니다.

지금까지 본 자본은 모두 일정한 관련 속에서만 자본으로서 존재할 수 있는 것이었습니다. 예를 들어 화폐는 그것이 산업이나 상업에 투입되기에 자본이 되는 것이지, 화폐 그 자체가 자본인 것은 아닙니다. 이는 기계나 원료 등의 생산수단, 나아가 창고에서 출하되기를 기다리고 있는 상품에 대해서도 마찬가지로 말할 수 있습니다. 기계나 원료는 거기에 임금노동자가 종속되어 잉여가치를 창출함으로써 비로소 생산자본이 되고, 창고에 있는 상품도 그것이 임금노동자의 생산물이며 잉여가치를 포함하고 있는 한에서만 비로소 상품자본이 됩니다. 요컨대, 화폐, 생산수단, 상품 중 어느 것도 자기 증식하는 가치로서의 자본의 운동(자본순환)의 구성 부분인 한에서만 자본일 수 있는 것입니다.

그런데 이자 낳는 자본의 경우에는 그렇지 않습니다. 그것은 처음부터 자본으로서, 즉 평균이윤을 낳을 수 있는 성질을 가진 것으로서 대부됩니다. 즉, 여기서는 화폐가 직접적으로 '자본'으로서 거래됩니다. 이러한 이자 낳는 자본에 특유한 사태를 보여 주기 위해 마르크스는 이자 낳는 자본으로서 운용되는 화폐는 "**자본으로서의 상품**"이 된다는 것을 강조한 것입니다.

참고로 이 인용문에서 '기능자본가'라는 말이 나오는데, 이는 실제로 자본을 산업이나 상업에서 기능하게 하여 이윤을 올리는 자본가를 의미합니다.

이자 낳는 자본에서는 자기증식하는 가치라는 자본의 규정성이 매개하는 중간 운동 없이 자본에 합체된다

"그런데, 화폐는 그것이 자본으로서 대부되는 한에서는 바로 이러한 자신을 유지하고 증식하는 화폐액으로서 대부되는 것이며, 이 화폐액은 일정 기간 뒤에는 이윤과 함께 돌아와서 끊임없이 반복하여 다시 같은 과정을 거칠 수 있다. …… 자본주의적 생산과정을 전체 및 통일체로서 보면, 자본은 자기 자신에 대한 관계로서 나타나는 것인데, 이 자기 자신에 대한 관계가 여기서는 **매개하는 중간 운동 없이** 단순하게 자본의 성격으로서, 자본의 규정성으로서 자본에 합체된다. 그리고 그것은 이러한 규정성에서 양도되는 것이다."(①418, E357, 김438f)

이미 언급했듯이, 이자 낳는 자본의 경우에는 화폐가 직접적으로 '자본'으로서 거래됩니다. 그러므로 여기서는 자기증식하는 가치로서의 성질이 무매개적으로 그 자본에 합체되어 있습니다. 즉, 여기서는 산업이나 상업에 투자되어 잉여가치 생산을 행하거나 잉여가치 생산의 효율화에 기여한다는 매개 없이, 자본 그 자체가 무매개적으로 자기증식할 수 있는 것으로서 나타나는 것입니다. 이러한, 가치증식 운동으로부터 분리된, 외면적인 형태를 취하는 것이 이자 낳는 자본의 가장 중요한 특징을 이루게 됩니다.

이자 낳는 자본에 특유한 유통

"…… 출발점은 A가 B에게 전대하는 화폐이다. …… B의 손에서 이 화폐는 현실에서 자본으로 전화되고, 운동 G—W—G′를 마친 뒤, G′로서, 즉 G+△G로서 A에게 직접적으로 돌아온다. 이 △G는 이자를 나타낸다. ……

즉 이 운동은 $G-\overbrace{G-W-G'}-G'$이다."(①413f, E352f, 김432)

이자 낳는 자본이 형성하는 유통 형태는 자본으로서의 화폐의 이중적인 지출과 환류를 포함하고 있습니다. 먼저, 화폐자본가—화폐를 이자 낳는 자본으로서 운용하는 자본가—가 화폐를 산업자본가 혹은 상업자본가에게 대출하고, 그리고 이것을 빌린 자본가가 그것을 산업 또는 상업에 투자합니다. 그 후, 현실에서 자본을 산업 또는 상업에서 기능하게 한 자본가가 투자한 자본액에 더해 평균이윤을 회수하고, 그리고 처음에 빌린 자본액을 화폐자본가에게 상환함과 동시에, 취득한 평균이윤의 일부에서 이자를 지불합니다.

그러나 이것은 어디까지나 이자 낳는 자본의 운동을, 이자를 현실에서 생산하는 산업 및 상업자본과의 관련에서 본 경우의 유통 형태입니다. 이미 보았듯이, 이자 낳는 자본에서는 자본 관계의 외면화가 발생하고 있어, 이 이자 낳는 자본을 운용하는 화폐자본가에게 자본의 유통 형태는 자본을 빌려준 뒤 이자를 붙여서 환류해 온다는(G—G′) 단순한 것이 되기 때문입니다. 이 점에 대해서는 제4절에서 더 자세히 살펴보겠습니다.

이자 낳는 자본의 순환은 법률상의 거래의 결과일 뿐이지만,
그 전제로 현실의 자본의 순환 운동이 있어야 한다

"일정 기간 화폐의 내어줌(대부), 그리고 이자(잉여가치)를 붙여서의 그 회수, 이것이 이자 낳는 자본 그 자체에 고유한 운동 형태의 전부이다. 대출된 화폐가 자본으로서 행하는 현실의 운동은, 화폐의 대부자와 차입자 사이의 거래의 **저편**에 있는 조작이다. 이 거래에서는 **이 매개는 사라져** 보이지 않으며, 직접적으로는 그것에 포함되어 있지 않다. 독특한 종류의 상품으로서, 자본은 또한 **특유한 양도의 형태**를 가지고 있다. 따라서 여기서는 환류도 일련의 경제적 과정의 귀결이나 결과로서 표현되는 것이 아니라, 구매자와 판매자 사이의 특수한 법률상의 약정의 결과로서 표현되는 것이다. 환류의 시간은 현실의 생산과정에 달려 있다. 이자 낳는 자본에서는, 자본으로서의 그 환류는 대부자와 차입자 사이의 단순한 약정으로 정해지는 것처럼 **보인다**. 따라서 자본의 환류는 이 거래에 관해서는 더 이상 생산과정에 의해 규정된 결과로 나타나지 않고, 마치 화폐의 형태가 자본으로부터 한순간도 사라지지 않는 것처럼 보인다. 확실히 이 거래들은 현실의 환류에 의해 규정되어 있다. 그러나 이 사실은 거래 그 자체 속에는 **나타나지** 않는다. {**경험적으로도** 항상 나타나지 않는다는 것은 결코 아니다. 만약 **현실의 환류**가 적시에 이루어지지 않는다면, 차입자는 그 밖의 어떤 재원으로 대부자에 대한 자신의 채무를 이행해야 할지를 생각해야만 한다}."(①421, E361, 김443f)

산업자본이나 상업자본의 경우, 개별적인 거래는 어디까지나 통상의 상품 유통과 마찬가지인 판매나 구매에 불과합니다. 그러한 경우에 자본이 자기증식할 수 있는 것은, 생산과정에서 잉여가치 생산이 이루어지거나, 상업에서 잉여가치의 실현을 위한 업무가 이루어지기 때문입니다.

그러나 이자 낳는 자본의 경우에는 '특수한 법률상의 약정'이 필요합니다. 왜냐하면 이 경우에 자본이 자기증식할 수 있는 것은 화폐를 대부하고 이자를 받기 때문인데, 이 이자의 수준은 통상의 상품 유통과는 독립적으로, 대부자와 차입자 사이의 약정에 의해 결정되는 것이기 때문입니다. 또한 이처럼 약정에 근거하여 거래되는 것이기에, 이자 낳는 자본은 가치증식을 행하는 생산과정과는 관계없이, 화폐의 형태 그대로 증식하는 것으로 나타나는 것입니다.

이로써 "이자 낳는 자본의 경우에는 복귀도 인도도, 단지 자본의 소유자와 어떤 제3자 사이의 법률상의 거래의 결과"(①422, E361f, 김444)로서만 나타나게 되지만, 다른 한편으로 그것은 산업이나 상업에서의 자본의 현실의 순환 운동이 순조롭게 진행되는 것을 전제로 하고 있습니다. 왜냐하면 차입자가 지불하는 이자의 출처는 차입자가 자본을 산업이나 상업에 투자하여 취득하는 이윤의 일부이기 때문입니다. 따라서 이자 낳는 자본은 한편으로는 법률상의 거래에 기초한 자립적인 운동 형태를 취하면서도, 다른 한편으로는 산업자본이나 상업자본의 현실의 순환 운동에 의존하고 있는 것입니다.

자본주의적 생산양식에서 '공정'이란 무엇인가

> "여기서 '자연적인 공정natural justice' …… 을 운운하는 것은 무의미하다. 생산당사자들 사이에서 이루어지는 **거래의 공정***justice der transactions*은 이 거래들이 생산관계로부터 자연스러운 귀결로서 생긴다는 것에 기초하고 있다. 법률상의 여러 형태에서는, 이 경제적 거래들은 **의지 행위**로서, 그들의 **공통된 의지**의 발현 — 또 개별 당사자에 대해 국가에 의해 강제될 수 있는 계약 — 으로서 나타나는데, 이러한 법률상의 여러 형태는 단순한 형태인 이상, 이 내용 그 자체를 규정할 수는 없다. 이러한 형태는 단지 이 내용을 표현할 뿐이다. 이 내용은 그것이 생산양식에 대응하고 적합할 때에는 **공정***gerecht*하다. 생산양식과 모순될 때에는, 그것은 **불공정***ungerecht*하다. 예를 들어 노예 제도는 자본주의적 생산양식의 기초 위에서는 **불공정**하다."(①412f, E351f, 김431)

경제학자들에게 따르면, 이윤을 올린다는 목적으로 화폐를 차입한 자가 취득한 이윤의 일부를 대부자에게 지불해야 한다는 것은 "자연적인 공정의 자명한 원리"(J.W. 길버트, 『은행업의 역사와 원리』, 1834)[61]이지만, 마르크스에 따르면 이러한 '공정'은 '자연적'인 '자명한 원리'일 수 없습니다. 왜냐하면 무엇이 '공정'한 것으로 간주되는지는 그 거래가 발생하는 기반이 되고 있는 생산관계에 의해 결정되기 때문입니다.

예를 들어 유럽의 봉건제 사회에서는 중세부터 근대의 전환기에 종

61) 역주: James William Gilbart(1794-1863), *The History and Principles of Banking*, London: Longman, Rees, Orme, Brown, Green, & Longman, 1834, p.163.

교개혁이 일어날 때까지 일반적으로 이자는 부정적으로 다루어졌고, 특히 고리대금은 교회에 의해 엄격하게 금지되었습니다. 그런데 자본주의 사회에서는 상품경제가 침투함에 따라, 사적 이익의 추구가 사회 전체를 발전시키는 것으로 긍정적으로 인식되게 되었고, 오히려 시장에서의 자유의지에 기초한 거래야말로 '공정'한 것이라고 생각되게 되어 갑니다(마234). 게다가 앞 장까지 보았듯이, 현상적 메커니즘에서는 불변자본과 가변자본의 구별은 사라지고, 혹은 산업과 상업의 구별조차 모호해져, 일정액의 자본을 투하하면 그에 대응하는 이윤을 취득할 수 있는 것이 당연하다는 식으로 사태가 나타나게 됩니다. 이러한 경제적 '내용'을 기초로, 단지 화폐를 대부하는 것에 의해 취득할 수 있는 이자도, 당사자 간의 자유의지에 기초하여 이루어진 거래의 결과라면, 역시 '공정'한 것으로 나타나는 것입니다.

여기서 중요한 것은 '법률상의 여러 형태'는 어디까지나 생산관계에서 생겨나는 '내용'을 보완하는 것에 지나지 않으며, 그 자체로 이자를 가능하게 하는 것은 아니라는 것입니다. '법률상의 여러 형태'에 기초하여 채무자에 대한 강제 집행이 이루어진다고 해도, 그것이 가능한 것은 어디까지나 자본주의적 생산양식 그 자체로부터 생겨나는 이자에 대한 '공정'의 관념, 정당성의 관념이 있기 때문입니다. 그럼에도 불구하고, '법률상의 여러 형태'의 힘을 과신한다면, 여기서도 또한 "법학 환상juristische Illusion"(마211, 김(1)841)의 함정에 빠지게 될 것입니다.

이자 낳는 자본의 일반화의 근저에 있는 것

"**자본**으로서의 화폐 또는 상품의 가치는, 화폐 또는 상품으로서의 그것들의 가치에 의해서가 아니라, 그것들이 그것들의 소지자를 위해 '생산하는' 잉여가치량에 의해 규정되어 있다. 자본의 생산물은 이윤이다. 화폐가 화폐로서 지출되는가, 아니면 자본으로서 지출되는가는, 자본주의적 생산의 기초 위에서는 단지 화폐 **사용법**의 차이일 뿐이다. 화폐(상품)는 **즉자적***an sich*으로[62] 자본이다(그것은 마치 노동능력이 **즉자적**으로 노동인 것과 같다). 왜냐하면 (1) 화폐는 생산조건들로 전화될 수 있고, 그 상태로 생산조건들의 단순한 추상적 표현이며, **가치**로서의 생산조건들의 정재Dasein이기 때문이다. 또한 (2) 부Reichtbums의 대상적 요소들gegenständlichen Elemente은 **자본**이라는 속성을 즉자적으로 가지고 있기 때문이다. 왜냐하면 그것들의 대립물—임금노동—이, 그것들을 자본으로 만드는 것이, 사회적 생산의 기초로서 존재하고 있기 때문이다. 노동에 대립하는 **대상적 부** *gegenständlichen Reichthums*[63]의 대립적인 사회적 규정성은 과정 그 자체로부터 떼어져, **자본소유 그 자체**에 표현되고 있다. 이 하나의 계기, 그것은 자본주의적 생산과정의 항상적인 결과이며, 또한 이 과정의 항상적인 결과로서 이 과정의 항상적인 전제이기도 한데, 이 계기는 오로지 자본주의적 생산과정 그 자체로부터 분리되어, 다음의 것에 나타나고 있다. 즉 화폐·상품은 즉자적으로, **잠재적으로** *latent* 자본이라는 것, 그것은 **자본**으로서 판매할 수 있다는 것, 또한 그것들이 이 형태에서는 타인의 노동에 대한 지휘권이며, 따라서 또

62) 역주: "an sich"를 현행 국역본들은 "잠재적"으로 번역하지만, 이 책에서는 "즉자적"으로 번역했다.

63) 역주: "gegenständlichen Reichthums"를 현행 국역본들은 "소재적 부", "물적 부" 등으로 번역하지만, 이 책에서는 "대상적 부"로 번역했다.

한 자신을 증식하는 가치라는 것이다{타인의 노동의 취득 청구권}. 여기서는 또한 다음의 것도 명확해진다. 즉 **이 관계**는 타인의 노동을 취득하기 위한 권리Titel 및 수단이며, 자본가 측으로부터의 대가로서의 어떤 노동이 아니라는 것이다."(①429, E367f, 김452f)

본 절에서 보았듯이, 이자 낳는 자본을 이해하는 데 있어서 핵심적인 것은 이자가 자본으로서의 화폐라는 상품의 가격이라는 것입니다. 그러므로 이자는 무엇보다 먼저, 화폐가 즉자적으로 자본이라는 상태, 즉 마음만 먹으면 화폐를 언제든지 자본으로서 기능하게 하여 잉여가치를 생산할 수 있다는 상태에 의존한 존재가 되는 것입니다.

그렇다면 이러한 상태는 어떻게 성립하는 것일까요? 이에 대해서는 이미 제1부에서도 확인했지만, 마르크스는 여기서 다시 두 가지 포인트를 들고 있습니다. 하나는 화폐에 의해 언제든지 생산수단을 취득할 수 있다는 것입니다. 즉, 생산수단이 전근대적인 소유 형태로부터 해방되어 상품화될 필요가 있습니다. 또 하나는 임금노동이 노동의 기본 형태로서 광범위하게 존재한다는 것입니다. 자본의 본질적 규정은 가치증식이지만, 이것을 가능하게 하는 것은 바로 자본에 종속되면서 행하는 노동, 즉 임금노동에 다름 아닙니다. 화폐에 의해 취득된 생산수단도 또한 이러한 임금노동의 작용에 의해서만 비로소 자본이 될 수 있는 것입니다. 그런데 노동자들이 자본에 종속되어 잉여가치를 계속 생산하는 한, 즉 임금노동을 계속 수행하는 한, 오히려 단지 자본을 소유하기만 하면 가치를 증식시킬 수 있는 것처럼 사태가 전도되어 나타나게 됩니다. 이처럼 임금노동을 통해 자본과 임금노동 사이에 전도된 관계가 형성되어 있기에, 자본소유의 계기가 자립화하고, 그것이 하나의 상품으로서 판매되어 이자 낳는 자본으로 전화될 수 있는 것입니다.

이상에서 이자 낳는 자본이 얼마나 일반적인 자본 형태가 되는지는 결국 임금노동이 얼마나 사회적 생산의 기본 형태가 되어 있는지에 의존하고 있다는 것을 이해할 수 있을 것입니다. '자본주의의 금융화'가 외쳐지던 시대에는 일부 '마르크스 경제학자'들 사이에서도 오로지 금융을 중시하는 경향이 있었지만, 애초에 금융화의 전제인 이자 낳는 자본의 일반화가 실현되기 위해서는 그 기초로서 임금노동의 침투가 필요하다는 것을 간과해서는 안 됩니다.

제2절 이윤의 분할. 이자율. 이자의 자연적인 비율

이자의 최고 한계

"이자는, 이윤 중에서, (우리의 지금까지의 전제에 따르면) 기능자본가로부터 화폐자본가monied capitalist에게 지불되어야 할 한 부분에 지나지 않으므로, **이자의 최고 한계**로서 나타나는 것은 **이윤** 그 자체이며, 그 경우에는 기능자본가의 몫이 0이 된다. …… 그런데 이자의 **최저한도 비율**은 전혀 규정할 수 없는 것이며, 이자는 어떤 낮음으로도 내려갈 수 있다. 그렇다고는 해도 항상 머지않아 다시 반작용하는 사정이 나타나서 이자를 다시 이 최저 수준보다 높게 끌어올린다."(①431, E370, 김456f)

이자율은 일반적 이윤율에 제약받는다

"다른 사정은 모두 변하지 않는다고 하면(또는 같은 말이지만, 이자와 총이윤과의 비율을 다소간 **불변한 것**으로 가정하면), 기능자본가는 **이윤율**의 높이에 정비례하여 더 높거나 또는 더 낮은 이자를 지불할 수 있을 것이며, 또한 지불하는 것을 꺼리지 않을 것이다. 이미 보았듯이, 이윤율의 높이는 자본주의적 생산의 발전에 반비례하므로, 따라서 또한 한 나라의 이자율의 높고 낮음도 산업적 발전의 높이에 대해 역시 반비례하게 된다 — 이자의 차이가 현실적으로 **이윤율의 차이**를 나타내는 한에서는 그렇다. 그러나 이것이 반드시 그럴 필요는 없다는 것은 나중에 보게 될 것이다. 이 의미에서는 이자는 **이윤**에 의해, 더 자세히 말하면 **일반적 이윤율**에 의해 규제되고 있다고 말할 수 있다."(①432f, E371f, 김458)

나중에 보게 될 예외적인 경우를 제외하고, 이자의 상한이 이윤이라고 한다면, 이자율도 일반적 이윤율에 제약받게 됩니다. 제3장에서 보았듯이, 생산력의 발전과 함께 일반적 이윤율은 저하되는 경향이 있으므로, 이자율도 또한 생산력의 발전과 함께 저하하는 경향이 있습니다.

이자율은 경쟁 그 자체에 의해 규정된다

"끊임없이 변동하는 시장률과는 구별되는, 한 나라에서 지배적인 **이자의** — 이자율의 — 중간적인 율 또는 **평균율**은, **어떤 법칙으로도** 전혀 규정**할 수 없는** 것이다. **이자의 자연적인 비율**이라는 것은, 예를 들어 이윤의 자연적인 비율 또는 임금의 자연적인 비율이 존재한다는 것과 같은 방식으로는, **존재하지 않는다**. 수요와 공급의 일치 — 평균이윤율을 주어진 것으로 전제하고서 — 는 여기서는 전혀 아무 의미도 가지고 있지 않다. …… 대부자와 차입자 사이의 **중위의** 경쟁 관계가, 왜 화폐 대부자에게 그의 자본에 대해 3%, 4%, 5% 등의 이자를 주게 되는지, 혹은 왜 그것이 그에게 **총이윤에 대한 이 일정한 백분율의 몫**을, 총이윤 중 20%나 50% 등을 주게 되는지, 그 이유는 전혀 없다."(①435f, E374f, 김461f)

"그런데 더 나아가, 왜 평균적인 또는 중위의 이자율의 한계를 일반적인 법칙들로부터 전개할 수 없는가, 라고 묻는 사람이 있다면, 그 대답은 단순히 이자의 성질 속에 있다. 이자는 단지 평균이윤의 한 부분일 뿐이다. 같은 자본이 이중의 규정으로 나타나는 것이다. 즉, 대부자의 손에서는 대부 가능한 자본loanable Capital으로서 나타나고, 기능자본가의 손에서는 산업자본 또는 상업자본으로서 나타나는 것이다. 그러나 그것이 기능하는 것은 단지 한 번뿐이며, 그 자체로 **이윤**을 낳는 것은 단지 한 번뿐이다. 그것의 생산과정 그 자체에서는 자본은 **대부 가능한 자본**으로서는 아무 역할도 수행하지 않는다. 이 이윤에 대한 청구권을 가진 이 두 사람의 인물이 이것을 어떻게 **나누는**가는, 그 자체로서는 하나의 회사 사업을 갖는 여러 출자자들이 공동 이윤의 백분율 몫에 대해 합의를 보는 경우와 마찬가지로, **순전히 경험적**인 사실이다."(①437, E376, 김463f)

이미 보았듯이, 이자는 자본으로서의 화폐라는 상품의 가격이지만, 이 상품이 특수한 상품이기 때문에 한편으로는 상품 가격과 공통적인 성격을 가지고, 다른 한편으로는 상품 가격과는 전혀 다른 성질을 가집니다. 여기서는 후자의 측면이 지적되고 있습니다.

보통의 상품의 경우, 그 시장가격은 수급 관계의 변화에 따라 끊임없이 변동하지만, 이 변동은 가치에 의해 — 제3장에서 보았듯이, 더 자세히 보면 시장생산가격에 의해—규제되고 있으며, 수급이 일치하는 경우에는 시장가격은 가치에—더 자세히 보면 시장생산가격에—일치합니다. 그런데 이자의 경우에는 이러한 변동의 중심이 존재하지 않습니다. 그 수준은 오로지 대부자와 차입자 사이의 경쟁에 의해, 즉 대부 가능한 화폐자본에 대한 수요와 공급의 관계에 의해 결정되게 됩니다.

그렇다면 왜 이자의 경우에는 변동의 중심이 존재하지 않는 것일까요? 그것은 자본으로서의 화폐, 즉 대부 가능한 화폐자본은 생산활동에서는 아무 역할도 하지 않고, 따라서 사회적 총노동의 배분과는 직접적으로 관계가 없기 때문입니다. 애초에 가치가—더 자세히 보면 시장생산가격이—일반 상품의 시장가격을 규제하는 것은, 노동생산물을 거래하는 시장이 노동생산물의 가격을 통해 사회적 총노동의 배분을 완수하는 시스템이기 때문입니다. 그런데 대부 가능한 화폐자본은 산업자본이나 상업자본으로서는 투자되지 않고, 그것들에 대부될 뿐이며, 직접적으로는 이러한 시스템에 영향을 미치지 않습니다. 바로 그렇기 때문에, 이자의 경우에는 변동의 중심이 존재하지 않는 것입니다.

그렇다고는 해도, 대부 가능한 자본도 그것을 차입하는 자본가에 의해 산업이나 상업에 투자되는 한에서는 간접적으로 실물 경제에 영향을 주고, 또한 거기에서 영향을 받습니다. 그러므로 이자율의 상한은 기본적으로 이윤율에 제약받으며, 또한 제5절에서 자세히 보듯이, 이자율은 산업순환 속에서 변동하기도 합니다.

이자율은 시장에서 확정된 크기로 나타난다

> "이미 보았듯이, 이자 낳는 자본은 **상품**과는 절대적으로 다른 범주임에도 불구하고, 독특한 종류sui generis의 **상품**이 되는 것이며, 이 때문에 그것의 가격인 **이자**는—이 또한 일반적 상품의 **가격**과는 완전히 다르지만—상품의 경우와 마찬가지로 그 시장가격이 그러하듯이, 수요와 공급에 의해 그때그때 확정되는 것이다. 그렇기 때문에 이자의 시장률은 끊임없이 변동함에도 불구하고, 상품의 그때그때의 시장가격과 완전히 마찬가지로, 항상 **확정된 균일한 것**으로 나타난다. 화폐자본가들은 이 상품을 공급하고, 기능자본가들은 그것을 **사며**, 그것에 대한 수요를 형성하는 것이다. 이러한 일은 일반적 이윤율로의 균등화의 경우에는 생기지 않는다. …… 이 과정이 **나타나는** 한에서는 그것은 단지 **상품** 그 자체의 시장가격의 변동과 그것의 생산가격으로의 균등화 속에 나타날 뿐이며, 평균이윤의 확정으로 나타나는 것은 아니다."(①439, E379f, 김467)

앞서 보았듯이, 이자는 그 변동의 중심을 가지고 있지 않다는 점에서는 일반 상품과는 성격이 다르지만, 다른 한편으로 그 수준이 화폐시장에서 그때그때 확정된다는 점에서는 일반 상품과 성격이 공통적입니다. 실제로 우리는 신문의 경제면에서 현재 이자율의 수준이 얼마나 되는지 정확히 알 수 있습니다.

이것과 대조적인 것이 이윤율입니다. 이윤은 시장에서 거래되는 어떤 상품의 가격이 아니므로, 시장에서 그때그때 확정되는 것이 아닙니다. 실제로 우리는 그때그때의 이윤율의 수준을 매일의 신문 경제면에서 알 수는 없습니다. 우리는 그 대략적인 수준을 경제학자들의 추계를 통해 알 수 있을 뿐입니다. 그러나 다른 한편으로 이윤은 평균이윤으로 균등화되는 경향이 있습니다. 이것은 이윤을 취득하는 산업자본이나 상업자본의 행동이 사회적 총노동의 배분에 직접적으로 관여하고 있으며, 그러한 자본들의 끊임없는 경쟁을 통해 각각의 자본의 이윤을 끊임없이 평균이윤으로 균등화하려는 힘이 작용하기 때문입니다.

제3절 이자와 기업이득

이윤은 이자와 기업이득으로 분할된다

"차입한 자본으로 사업을 하는 생산적 자본가들에게 **총이윤**은 두 부분으로 나뉜다. 즉, 그가 대부자에게 지불해야 할 **이자**와 **총이윤 마이너스 이자**, 즉 이윤 중에서 그 **자신**의 몫을 이루는 **총이윤 중** 이자를 **넘는 초과분**으로 나뉜다. …… 지금까지 보았듯이, 자본의 본래적이고 고유한 생산물은 **잉여가치**이며, 더 자세히 규정하면 **이윤**이다. 그러나 차입한 자본으로 사업을 하는 자본가에게 있어 자본의 생산물은 **이윤**이 아니라, **이윤 마이너스** 이자이며, 이자를 지불한 후 그의 손에 남는 이윤 부분이다. 그러므로 **이윤 중 이 부분**이 그에게 필연적으로 기능하는 한에서의 자본의 생산물로 나타나며(**그에게는** 현실적으로 그러하다), 그는 단지 **기능하는 자본**으로서의 자본만을 대표한다. 그가 자본의 인격화인 것은 자본이 기능하는 한에서이다. 자본이 **기능하는** 것은 그것이 산업이나 상업에 생산적으로 투자되고, 그것을 사용하는 자가, 그가 그것을 사용하는 사업 부문에서 정해진 여러 조작을 행하는 한에서이다. 따라서 <u>그가 총이윤, 즉 조粗</u>

이윤Rohprofit 중에서 대부자에게 지불해야 하는 **이자**와 대립하여, 이윤 중에서 그의 것이 되는 부분은 …… **기업이득***Unternehmungsgewinns*이라는 자태를 취하는 것이다."(①444, E386, 김475)

이자가 등장하면서 자본가가 얻는 이윤은 두 부분으로 나뉩니다. 하나는 이자이고, 다른 하나는 이윤에서 이자를 뺀 부분입니다. 이 시점에서 전자와 후자의 구분은 순전히 양적인 것이지 질적인 것은 아닙니다. 이는 후자가 자본이 얻은 이윤에서 이자를 지불한 결과에 불과하며, 그 자체로는 독자적인 경제적 의미를 가지지 않기 때문입니다.

하지만 이 후자의 부분도 이자와의 관계에서 독자적인 의미를 얻게 됩니다. 이미 본 바와 같이, 이자는 자본으로서의 화폐의 가격이라는 형태를 취하므로, 실제로는 이윤의 일부에 불과함에도 불구하고, 대부 가능한 화폐자본을 소유하고 있다는 것 그 자체의 산물로 나타납니다. 다른 한편, 이자가 자본소유의 산물이라면, 이윤에서 이자를 뺀 나머지는 자본소유 이외의 성과인 것이 됩니다. 즉, 이 부분은 자본가가 실제로 자본을 산업이나 상업에서 기능시킨 성과로서 나타나는 것입니다. 이렇게 되면 이윤에서 이자를 뺀 부분은 단순한 양적인 잔여가 아니라 독립적인 질적 의의를 갖는 것으로 됩니다. 이 부분을 '기업이득'이라고 부릅니다.

이리하여 이자가 등장하는 것에 의해 분할된 이윤의 두 부분은 단순한 양적 분할에 그치지 않고, 이자와 기업이득이라는 질적 분할이 되는 것입니다.

이자는 자본소유의 과실로 나타나고, 기업이득은 자본 기능의 과실로 나타난다

"…… 그러나 어쨌든 조粗이윤의 **양적** 분할은 여기서는 **질적** 분할로 **전화된다**. 그리고 이 **양적** 분할 그 자체는, **무엇이** 분배되는지, 능동적 자본가aktive Capitalist가 자본을 사용해 어떻게 기능하는지, 또한 그 자본이 기능자본으로서, 즉 능동적 자본가로서의 그의 기능에 의해, 그를 위해 얼마나 많은 조이윤을 올리는지에 따라 정해지는 것이므로, 더욱더 그것은 질적 분할로 전화되는 것이다. 기능자본가는 암묵적으로 전제된 경우에서는 **자본**의 **비소유자**이다. 반대로 자본의 소유는 그와 대립하여 대부자에 의해, 화폐자본가에 의해 대표되고 있다. 따라서 또한 그가 화폐자본가에게 지불하는 **이자**는 **조이윤 중에서 자본소유** 그 자체에 귀속하는 **부분**으로 나타난다. 이와 대립하여 이윤 중에서 그의 것이 되는 부분은 **기업이득**으로 나타나는데, 이 이득은 오로지 그가 재생산과정에서 이 자본을 사용해 행하는 여러가지 조작이나 기능들로부터, 따라서 그가 기업가로서 산업이나 상업에서 행하는 기능들에 의해 발생하는 것이다. 따라서 그에게 **이자**는 **자본소유**의, **재생산과정을 사상한 자본 그 자체**의, '일하지 않고' 기능하지 않는 한에서의 자본의, 단순한 과실Frucht로 나타난다. 반면, 그에게 **기업이득**은 **자본 그 자체**의 과실, **자본소유**의 과실로서가 아니라, 그가 자본을 사용해 행하는 **기능들**의 과실로서, 자본의 **과정 진행**의 과실로서 나타나며, 이 과정 진행은 그에게 화폐자본가에 대립하여, 화폐자본가의 **비활동**, 생산과정에의 불개입에 대립하여, **그 자신의 활동**으로 나타나는 것이다. 이처럼 조이윤의 두 부분이 **질적으로** 나뉜다는 것, 즉 **이자**는 **자본 그 자체**의 **과실**, 생산과정을 도외시한 **자본소유의 과실**이고, **기업이득**은 **과정 진행 중**인 자본의 과실이며, 따라서 또한 자본을 사용하는 자가 재생산과정에서 수행하는 능동적인 역할의 과실이라는 것—이 **질적** 분할은 결코 한쪽의 화폐자본가와 다른 한쪽의 생산적 자본가의 단순한 주관적인 견해가 아니다. 그것은 **객관적인 사실**에 근거하고 있다. 왜냐하면 **이자**는 화폐자본가의 손으로, 즉 **자본의** 단순한 **소유자**이며, 따라서 과정 이전에 생산과정의 밖에서 단순한 **자본소유**를 대표하는 대부자의 손으로 흘러 들어가고, **기업이득**은 **오로지 기능만 하는** 자본가, 즉 자본의 **비소유자**의 손으로 흘러 들어가기 때문이다."(① 445f, E387f, 김476f)

개별 자본가에게 이자의 수준은 그때그때의 이자율에 의해 주어지는 것이지만, 기업이득의 크기는 그 자본가의 노력에 따라, 즉 그 자본을 기능시킴으로써 얼마나 많은 이윤을 올릴 수 있는지에 따라 변동합니다. 이자는 자본을 소유한 것의 과실이고, 기업이득은 자본을 기능시킨 것의 과실이라는 이윤의 질적 분할은 이러한 사정으로 인해 더욱 확고한 것으로 나타나게 됩니다.

이윤의 이자와 기업이득으로의 분할의 골화

"그러나 일단 차입한 자본을 사용해 사업을 하는 한에서의 생산적 자본가에게, 또한 자신의 자본을 스스로는 사용하지 않는 한에서의 화폐자본가에게, **동일한** 자본에 대해, 따라서 또한 그 자본에 의해 생겨나는 이윤에 대해 서로 다른 권리를 가진 두 다른 인격 사이에서의 총이윤의 단순한 **양적** 분할이 **질적** 분할로 **전화**하고, 그 결과 한쪽 부분인 **이자**가 **하나의 규정에서의** 자본의, 그 자체로서 귀속하는 과실로 나타나고, 다른 쪽 부분은 반대되는 한 규정에서의 자본의 고유한 과실로, 따라서 또한 **기업이득**으로 나타나며, 한쪽은 **자본소유**의 단순한 과실로 나타나고, 다른 한쪽은 **단지 자본을 사용하여 기능하는 것, 과정을 진행하는 것**의 과실로서, 과정 진행 중인 것으로서의 과정 진행 중인 자본processirenden Capitals als processirendem의 과실로서, 또는 생산적 자본가가 행하는 **기능들**의 과실로서 나타나면, 이처럼 조이윤의 두 부분이 마치 두 본질적으로 다른 원천에서 생겨난 것처럼 골화Verknöcherung[64]하고 자립화한다는 것이 총자본가계급에게도 총자본에게도 확고하게 될 수밖에 없다. 생산적 자본가에 의해 사용되는 자본이 차입한 것이든 아니든, 혹은 화폐자본가가 소유한 자본이 그 자신에 의해 사용되든 아니든, 그러하다. **어느** 자본의 **이윤**도, 따라서 또한 여러 자본 상호 간의 균등화에 근거하는 **평균이윤**도, 두 **질적으로** 다르고 서로 자립적이며 서로 의존하지 않는 부분으로, 즉 각각 특수적인 법칙들에 의해 규정되는 **이자**와 **기업이득**으로 나뉘거나 분해되는 것이다. **자신의** 자본으로 사업을 하는 자본가도 **차입한** 자본으로 사업을 하는 자본가와 마찬가지로, 자신의 총이윤을 **소유자**로서의 자신, 즉 자기 자신에 대한 자기 자신의 자본 대부자로서의 자신에게 귀속하는 이자와, 기능자본가로서의 자신에게 귀속하는 기업이득으로 분할한다. 이 **분할**(**질적 분할**

64) 역주: "Verknöcherung"을 현행 국역본들은 "화석화" 등으로 번역하지만, 이 책에서는 "골화骨化"로 번역했다.

로서의)에 있어서는 자본가가 **현실에서** 다른 자본가와 나누어 가져야 하는지 여부는 아무래도 좋다. 자본의 사용자는 자신의 자본으로 사업을 하는 경우에도 두 인격, 즉 자본의 단순한 소유자와 자본의 사용자로 분열하고, 그리고 그의 자본 그 자체가 그것이 가져오는 이윤의 두 범주와 관련하여, 자본소유, 즉 **그 자체로서 이자**를 가져오는, 생산과정의 밖에 있는 자본과, 과정을 진행하는 것으로서 **기업이득**을 가져오는, **생산과정 안에 있는 자본**으로 분열되는 것이다." (①446, E388, 김477f)

자본으로서의 화폐의 사용가치가 상품화되어 대부라는 형태로 판매되는 것이 일반적이게 되면서, 자본소유 그 자체가 이자를 낳는다는 관념이 사람들 사이에 침투하고, 또한 실제로 사람들은 자본소유를 그러한 것으로 취급하게 됩니다. 그렇게 되면 자본가들은 화폐자본가에게서 차입하지 않은 자기 자신의 자본에 대해서도 그것이 마치 이자를 낳고 있는 것처럼 생각하게 됩니다. 즉, 자기 자신의 자본 부분에 대해 이자를 지불하지 않아도 되는 것은 바로 자신이 자본을 소유하고 있는 덕분이며, 그 의미에서는 이 자본소유가 자신에게 이자를 가져다주고 있다는 것입니다.

이처럼 이윤이 이자와 기업이득으로 분할되는 사태는 '총자본가계급'에 대해서도, 즉 화폐자본가에게서 대부를 받은 자본가뿐만 아니라 자기 자본으로 산업이나 상업을 경영하는 자본가에 대해서도 타당하게 됩니다. 이자와 기업이득이 각각 자본소유와 자본 기능이라는 독립적인 원천에서 발생하는 것인 양 '골화'하는 것입니다.

우리는 잉여가치가 이윤으로 전화하면서 잉여가치가 노동력의 산물이 아니라 투하된 총자본의 산물로 나타나는 것을 보았습니다. 여기에서도 이미 잉여가치의 산출 원천은 전도되어 나타나는 것이지만, 이윤이 이자(자본소유의 과실)와 기업이득(자본 기능의 과실)으로 나타나는 것에 의해 이 전도는 더욱 심화됩니다. 여기서는 잉여가치가 자본과 대립적인 관계에 있는 임금노동에 의해 생겨나고 있다는 사실이 전혀 보이지 않게 되고, 이자와 기업이득은 각각 독립적인 원천에서 생겨나는 것으로 나타납니다. 이렇게 하여 이제는 이자나 기업이득이라는 이윤의 분할된 형태 그 자체가, "이윤 그 자체의 **발생 근거**로 되고, 그 (주관적인) **정당화 이유**로 된다"(①454, E396, 김488)는 것입니다.

이자와 기업이득의 대립에서, 기업이득은 자본가의 '노동'의 산물로 나타난다

"자본주의적 생산양식에서의 **자본의 독자적인 사회적 규정성**의 계기—자본소유—{소원한 소유로서 노동을 지휘하는 것}—가 고정되고, 따라서 또 이자가 잉여가치 중에서 자본이 이 규정성에서 생겨나게 하는 부분으로 나타남으로써, 잉여가치의 다른 쪽 부분—**기업이득**—은 필연적으로 자본으로서의 자본에서 생겨나는 것이 아니라, 자본—이자라는 표현에서 이미 그 특별한 존재양식을 받아들이고 있는 **자본의 사회적 규정성**으로부터 분리되어, **생산과정**에서 생겨나는 것으로 나타난다. 그러나 자본에서 분리되면 생산과정은 **노동과정** 일반이다. 따라서 산업자본가는 자본소유자로부터 구별된 것으로서는, 기능하는 자본이 아니라, 자본을 도외시한 기능자이며, 노동과정 일반의 단순한 담당자, **노동자**, 그것도 **임금노동자**이다. …… **이자라는 형태**는 이윤의 다른 쪽 부분에 **기업이득**이라는, 더 나아가서는 **감독 임금**이라는 **질적인 형태**를 부여한다. 자본가가 자본가로서 수행해야 하는, 그리고 바로 노동자와 구별되고 노동자와 대립하는 것으로서 자본가에게 속하는, 특수적인 기능들이 **단순한 노동 기능**으로 표현되는 것이다. …… 자본의 소외된 성격, 노동에 대한 자본의 대립이 현실의 착취 과정의 저편으로 옮겨지므로, 이 착취 과정 그 자체는 단순한 노동과정으로 나타나고, 여기서는 기능자본가는 단지 **노동자**가 하는 것과는 **다른** 노동을 할 뿐이며, 따라서 착취하는 노동도 착취당하는 노동도 노동으로서는 같은 것이 된다. 착취하는 노동이 착취당하는 노동과 동일시된다. **이자**에는 자본의 사회적 형태가 속하지만, 그러나 그것은 **중립적**이고 **무차별적인 형태**로 표현되고 있다. 기업이득에는 **자본의 경제적 기능**이 속하지만, 그러나 이 기능의 특정한, 자본주의적인 성격은 사상되어 있다."(①453f, E395f, 김487f)

이자와의 대립에서 기업이득은 자본을 기능시키는 것의 산물로서, 즉 그러한 기능을 수행하기 위한 자본가의 '노동'의 과실로서 나타나게 됩니다.

이 부분의 논리를 이해하는 데 중요한 것은, 이자라는 형태의 존재 때문에 임금노동을 지배하고 그것을 착취한다는 자본의 가장 본질적인 요소가 탈색되어, 자본의 수익이 자본소유와 자본가의 '노동' 중 어느 한쪽에서 생겨나는 것으로 나타나게 된다는 점입니다. 한편으로는 이자는 단순히 자본을 소유하고 있으면—그것을 현실에서 이자 낳는 자본으로 운용하든, 혹은 산업이나 상업에 투자하든 상관없이—취득할 수 있는 것으로 나타나고, 그 본질이 임금노동을 지배하고 착취하는 권력에 붙여진 가격이라는 것은 보이지 않게 됩니다. 그리고 다른 한편으로는 이자가 자본소유의 과실로 나타나기 때문에, 그와 대립하는 기업이득 쪽은 자본이 자본으로서 가지고 있는 권력과 상관없이, 오로지 그 자본을 기능시키는 자본가의 '노동'의 산물로 나타납니다. 여기서는 "착취하는 노동도 착취당하는 노동도 노동으로서는 같은 것"이 되어버립니다.

이리하여 기능자본가가 취득하는 기업이득은 자본가 자신의 '노동'에 대한 '임금', 즉 '감독 임금'이라는 관념이 발생하게 됩니다.

감독임금의 이윤으로부터의 분리

"자본의 대립적 성격으로부터, 자본의 노동 지배로부터 발생하는 한에서의, (따라서 또 대립에 근거하는 모든 생산양식과 자본주의적 생산양식에 공통적인 한에서의), **감독 및 지휘의 노동**은 자본주의적 생산양식의 기초 위에서는 모든 결합된 사회적 노동이 개개의 개인에게 특수적 노동으로서 부과하는 생산적인 기능들과 직접적으로 불가분하게 결합되고 뒤섞여 있다. 그러한 …… 매니저, 혹은 (봉건 시대 프랑스에서 그렇게 불린) 레지쇠르[65]의 **임금**은 이러한 매니저에게 지불할 수 있을 정도로 사업이 대규모로 경영되면, 이윤으로부터 완전히 분리되어 숙련 노동에 대한 **임금**이라는 형태를 취하기도 한다."(①457f, E399f, 김492)

---

65) 역주: 레지쇠르régisseur는 관리인, 혹은 감독을 뜻한다.

기능자본가가 노동자를 착취한다는 자본의 기능을 실제로 완수하기 위해서는 일정한 '노동'이 필요하지만, 이미 제1부의 '협업' 부분에서 본 바와 같이 이 '노동'은 양면성이 있습니다(마333). 그것은 한편으로는 협업을 조직할 때 필요하게 되는 '지휘'를 행하므로, 그 의미에서는 본래의 노동, 즉 인간과 자연 사이의 물질대사를 의식적으로 매개하는 행위의 일환이라고 할 수 있습니다. 그러나 다른 한편, 그것은 자본에 대립하는 임금노동자를 지배하고 착취하기 위한 '감독'으로서의 측면도 있으며, 그 의미에서는 그것은 더 이상 본래의 노동이라고 할 수 없습니다. 따라서 '감독 및 지휘의 노동'은 한편으로는 사용가치 생산에 공헌하는 본래의 노동으로서의 요소가 있기는 하지만, 다른 한편으로는 그것과는 관계없는 '착취하는 노동'이 되는 것입니다.

이러한 '노동'이 자본가 자신에 의해서가 아니라, 그를 위해 특별히 고용된 매니저에 의해 행해지게 되면, 기업이득의 일부는 매니저의 임금, 즉 '감독임금'이라는 형태를 취하고 이윤으로부터 분리됩니다. 다만, 여기에서의 매니저의 임금은 보통의 노동자와 달리, 지휘라는 노동을 수행하는 노동력에 대한 대가라기보다는, '착취하는 노동'을 수행함으로써 노동자에게서 착취한 잉여가치의 분배에 참여한다는 측면을 강하게 갖게 됩니다.

덧붙여, 마르크스는 "자본주의적 생산의 기초 위에서는 **감독임금**에 의한 새로운 종류의 속임수가 발전한다"(①460, E403, 김497)는 점도 지적하고 있습니다. 감독 노동자로서 매니저를 고용하는 것이 일반화되면, 본래의 지휘나 감독과는 무관하게—어떤 경우에는 '인맥'을 위해서, 어떤 경우에는 단순히 부르주아지 내부에서 부를 분배하기 위해서만—중역을 고용하고 그들에게 보수를 지불합니다. 현대에도 감독이나 지휘를 구실로 한 속임수는 소위 '낙하산 인사'의 존재나, 데이비드 그레이버가 지적하는 '불쉿잡'의 증식에서도 볼 수 있습니다.

제4절 이자 낳는 자본의 형태에서의 잉여가치 및 자본관계 일반의 외면화

이자 낳는 자본에서 자본관계는 그 가장 외면적이고 가장 물신적인 형태에 도달한다

"**이자 낳는 자본**에서 **자본관계**는 그 **가장 외면적**_äusserlichste_이고 **가장 물신적**_fetischartigste_인 형태에 도달한다. 여기서 우리는 G−G′, 더 많은 화폐를 낳는 화폐, 자기 자신을 증식시키는 가치를, 이러한 극들을 **매개하는** 과정 없이 갖는다."(①461, E404, 김498)

"상인자본에서는 이윤은 **교환**에서 나오는 {따라서 또한 수탈 이윤인} 것처럼 **보이고**, 따라서 어쨌든 **사물**_Ding_에서가 아니라 **사회적인 관계**에서 나오는 것처럼 **보인다.** 자본 및 이자에서는 자본이 이자의, 자기 자신의 증가의, 신비하고 자기 창조적인 원천으로 나타나고 있다. 사물(화폐, 상품, 가치)이 이제는 사물로서 자본이며, 또한 자본은 단순한 사물로 나타나고, 생산과정 및 유통과정의 총결과가 사물에 내재하는 속성으로 나타난다. …… 그 때문에 <u>이자 낳는 자</u>

본에서는 이 **자동적인 물신**_automatische Fetisch_, 자기 자신을 증식시키는 가치, 화폐를 가져오는(낳는) 화폐가 완성되는 것이며, 그것은 이 형태에서는 더 이상 그 발생의 흔적을 조금도 띠고 있지 않다. 사회적 관계가 사물의 (화폐의) 자기 자신에 대한 관계로서 완성되는 것이다."(①461f, E405, 김498f)

이자 낳는 자본에서는 생산관계의 최고도의 전도와 물상화가 나타난다

"…… 이미 본 바와 같이 현실적으로 기능하는 자본 그 자체가 기능자본으로서가 아니라, **자본 그 자체**로서 (화폐적 자본으로서) **이자**를 낳는 것인 양 나타난다.

다음의 것도 왜곡된다.—이자는 **이윤의 일부**, 즉 기능자본이 노동자에게서 짜내는 잉여가치의 일부에 불과한데, 이제는 반대로 **이자**가 자본의 본래적인 과실, 본원적인 과실로 나타나고, 이윤은 이제는 **기업이득**이라는 형태로 전화하여 단지 생산과정 및 유통과정에서 덧붙여지는 부속물, 부가물로 나타난다. 여기서는 **자본**의 **물신 형상** _Fetischgestalt_ des _Capitals_과 **자본 물신의 표상**_Vorstellung vom Capitalfetisch_이 완성되고 있다. 우리가 G−G′에서 보는 것은 자본의 무개념적인 형태이며, 생산관계의 최고도의 전도와 물상화Versachlichung이다. 이자를 낳는 자태Gestalt[66]는 자본 자신의 재생산과정에 전제되어 있는 자본의 단순한 자태다. 자기 자신의 가치를 증식한다는,

66) 역주: "Gestalt"를 일부 현행 국역본들은 "형태"로 번역하지만, 이 책에서는 "자태", "형상"으로 번역하여, 통상 "형태"로 번역되는 "Form"과 구별한다.

화폐의, 상품의 능력 — 가장 눈부신 형태에서의 자본 신비화이다."

(①462, E405, 김500)

지금까지 우리는 제1부에서부터 물상화의 심화를 추적해 왔습니다. 제1부에서는 생산관계의 물상화, 생산과정의 물상화, 재생산과정의 물상화가 발생했습니다. 제3부에서는 이러한 본질적 메커니즘에서의 물상화를 기초로 형상화가 발생하고, 이 형상화로 인해 초래된 현상적 메커니즘에서의 전도에 관해 고찰해 왔습니다. 생산(생산관계, 생산과정, 재생산과정)에서 노동자가 아니라 물상(상품, 화폐, 자본)이 주체가 된다는 전도가 현상적 메커니즘에 반영되어, 노동자가 산출한 잉여가치가 자본의 산물로서의 이윤으로 전화되고, 이윤이 전대자본의 크기에 비례한 평균이윤으로 전화되며, 게다가 직접적으로는 생산활동을 조직하지 않는 상업자본도 이 평균이윤의 몫에 참여하게 됩니다. 즉, 자본의 총과정의 형상화를 통해 단순히 물상이 노동자를 지배한다는 것뿐만 아니라, 물상 그 자체가 가치를 산출하고 증식한다는 전도가 발생하고 심화되는 것입니다.

이러한 전도 과정의 정점에 있는 것이 바로 이자 낳는 자본입니다. 왜냐하면 여기서는 자본으로서의 화폐 그 자체가 무매개적으로 가치를 산출하고 증식하는 것으로 나타나므로, 그 의미에서 "생산관계의 최고도의 전도"가 발생하고 있기 때문입니다. 형상화를 통해 주체와 객체의 전도가 더욱 심화된다는 의미에서는 '최고도의 물상화'가 발생하고 있다고도 할 수 있을 것입니다. 이리하여 이자 낳는 자본에서는 "**자본**의 **물신 형상**과 **자본 물신의 표상**"이 완성됩니다.

제5절 신용. 가공자본

이 장대한 제5절에서는 처음에 신용제도에 대해 고찰하고, 그다음 신용제도 아래서 다양한 형태를 취하는 이자 낳는 자본의 운동에 대해 검토합니다. 여기서 말하는 신용제도란 은행제도 전체와 은행제도의 틀에는 들어맞지 않는, 보다 일반적인 신용시스템 양쪽을 포괄하는 개념이라고 할 수 있습니다. 현대의 일반적인 말로 하면 대략 '금융시스템'이라는 말과 일치합니다.

하지만, 여기에서의 과제는 신용제도 그 자체를 전면적으로 해명하는 것은 아닙니다. 마르크스는 이 절의 서두에서 다음과 같이 말하고 있습니다.

> "신용제도와 그것이 자신을 위해 만들어 내는, 신용화폐 등과 같은 여러 도구의 분석은 우리 계획Plans의 범위를 벗어난다. 여기서는 단지 자본주의적 생산양식 일반을 특징짓기 위해 필요한 약간의 점만을 명확히 하면 된다."(①469, E413, 김510)

즉, 여기서는 자본주의적 생산양식의 일반적인 경제적 형태규정의 고찰에 필요한 한에서 신용제도에 대해 고찰한다는 것입니다. 바꾸어 말하면, 여기서는 본 장의 주제인 이자 낳는 자본과 그와 관련된 경제적 형태규정의 분석에 필요한 한에서 신용제도에 대해 다룬다는 것입니다.

신용제도의 기초로서의 상업신용 및 상업화폐

"나는 이전에 어떻게 해서 단순한 상품유통으로부터 **지불수단**으로서의 화폐의 기능이 형성되고, 그와 함께 또 상품 생산자나 상품 취급업자들 사이에 채권자와 채무자의 관계가 형성되는지를 밝혔다. 상업이 발전하고, 단지 유통만을 생각해 생산을 하는 자본주의적 생산양식이 발전함에 따라, 신용시스템의 이 **자연 발생적인 기초**는 확대되고, 일반화되고, 정제된다. 대략 화폐는 여기서는 단지 지불수단으로서만 기능한다. 즉, 상품은 화폐와 교환해서가 아니라 서면으로 일정 기일의 **지불약속***promise of* paying과 교환하여 판매되는데, 이 지불약속을 우리는 **어음***Wechsel*이라는 일반적인 범주 아래 포함시킬 수 있다. 이 어음은 그 지불 만기에 이르기까지 그 자체 지불수단으로서 유통하며, 또한 그것들이 본래적인 상업화폐Handelsgeld를 이루고 있다. 그것들은 최종적으로 채권 채무의 상쇄에 의해 결제되는 한에서는 절대적으로 화폐로서 기능한다. 왜냐하면 이 경우에는 화폐로의 그것들의 최종적 전화가 발생하지 않기 때문이다. 생산자나 상인들 사이에서 행해지는 이 상호적인 전대가 신용제도의 **본래적인 기초**를 이루고 있는 것처럼, 그들의 유통 도구인 **어음**이 본래의 신용화폐, **은행권 유통** 등의 기초를 이루고 있으며, 이들의 토대는 화폐 유통(금속화폐이든 국가 지폐이든)이 아니라 **어음** 유통인 것이다."
(①469ff, E413, 김510f)

먼저 대전제로 짚고 넘어가야 할 것은, 자본주의적 생산양식 아래서 구축되는 고도한 신용제도의 기초에는 제1부 제3장 제3절에서 본 지불수단으로서의 화폐의 기능(마201)에서 발생하는, 가장 원초적인 신용 거래가 있다는 점입니다.

거기에서도 보았듯이, 화폐는 지불수단으로서 기능할 수 있으므로 사람들은 단순한 지불약속에 의해 상품을 구매하는 것이 가능하게 됩니다. 이 지불약속을 서면화한 것이 다름 아닌 어음입니다. 어음은 지불 기한까지는 구매수단으로서 유통할 수 있습니다. 또는 채권 채무 관계가 상쇄되는 경우에는 사실상 화폐 그 자체의 기능을 수행하게 됩니다. 왜냐하면 이 경우 화폐 그 자체에 의해 지불할 필요가 없기 때문입니다. 이리하여 어음은 화폐의 기능의 일부를 대체하여 '상업화폐'로서 기능하게 됩니다.

이러한 상품의 매매라는 단순한 거래에서 발생하는 신용(이것을 상업신용이라고 합니다)이 현대의 고도한 신용제도의 토대를 이루고 있다는 점, 또한 그러한 단순한 신용 거래에서 발생하는 '상업화폐'가 은행권의 기초를 이루고 있다는 점이 신용제도에 대해 생각할 때 가장 중요한 포인트가 됩니다.

신용제도와 화폐취급자본

"신용제도의 다른 한쪽 측면은 **화폐 취급업의 발전**과 결부되어 있다.

화폐 취급업의 발전은 물론 자본주의적 생산양식 일반 속에서 진행되는 상품 취급업의 발전과 보조를 맞추어 진행된다.

이미 앞 장에서 보았듯이, 상인 등의 준비금의 보관, 화폐의 수납과 지불의 기술적 업무, 국제적 지불(따라서 지금地金 취급)은 **화폐 취급업자**의 손에 집중된다. 화폐취급업이라는 이 토대 위에서 신용제도의 다른 한쪽 측면이 발전하며 그것과 결부된다—즉 화폐 취급업자의 특수적인 기능으로서의, **이자 낳는 자본** 혹은 화폐적 자본 monied Capital의 관리이다. 화폐의 대차貸借가 그들의 특수적 업무가 된다. 그들은 화폐적 자본의 현실의 대부자와 차입자 사이에 매개자로서 들어온다. 일반적으로 표현하면, 은행업자의 업무는 한편에서는 **대부 가능한 화폐자본** *loanable Geldcapital*을 자신의 수중에 대규모로 집중하는 데 있고, 따라서 개개의 대부자를 대신하여 은행업자가 모든 화폐의 대부자의 대표자로서 재생산적 자본가와 상대하게 된다. 그들은 화폐적 자본의 일반적인 관리자로서 그것을 자신의 수중에 집중한다. 다른 한편에서는 그들은 상업 세계 전체를 위해 돈을 빌리면서 모든 대부자들을 상대로 차입자들을 집중시킨다. (그들의 이윤은 일반적으로 말하면 그들이 대부할 때의 이자보다 낮은 이자로 차입한다는 것에 있다). 은행은 한편에서는 화폐적 자본의, 대부자의 집중을 나타내고, 다른 한편에서는 차입자의 집중을 나타내고 있는 것이다."(①471, E415f, 김513f)

신용제도의 또 하나의 기초는 화폐 취급업입니다. 이것은 앞 장 제4절에서 등장했으므로 아직 기억에 새로울 것입니다.

거기서 본 바와 같이, 자본주의적 생산양식에서는 화폐 취급을 전문적으로 담당함으로써 이윤을 얻는 화폐 취급업이 발전합니다. 이 토대 위에 화폐 취급업자의 기능 중 하나로서 이자 낳는 자본 혹은 대부 가능한 화폐자본의 관리가 발전합니다. 이는 화폐 취급업무의 발전에 수반하여 스스로에게 화폐가 집중하고, 이것을 운용하는 것이 가능해지기 때문입니다. 이리하여 화폐 취급업자는 '은행업자'가 됩니다.

이 은행업자의 주요 업무는 사회 속에 존재하는 대부 가능한 화폐자본을 자신의 손에 집중하고, 산업자본가나 상업자본가에게 대부를 하는 것입니다. 따라서 은행업자는 한편으로는 차입자의 대표자이고, 다른 한편으로는 대출자의 대표자이기도 합니다.

덧붙여, 여기에서 등장하는 '화폐적 자본'이라는 말은 'monied capital'이라는 영어의 번역어입니다. 왜 이 말에 '화폐자본'이 아니라 굳이 '화폐적 자본'이라는 기묘한 번역어를 쓰는가 하면, 이와는 다른 의미를 가지는 말에 'Geldkapital'이라는 독일어가 있으며, 거기에 '화폐자본'이라는 번역어를 쓰고 있기 때문입니다. 후자의 '화폐자본 Geldkapital'은 자본순환의 흐름 속에 존재하는 화폐라는 의미이나, 전자의 '화폐적 자본monied capital'은 이자 낳는 자본으로서 운용할 수 있는 상태에 있는 화폐를 의미합니다. 따라서 예를 들어 이제 막 산업이나 상업에 투자하려는 화폐는 화폐자본이긴 하지만, 대부 가능한 상태에는 있지 않기 때문에 화폐적 자본은 아닙니다. 비슷한 말이라 헷갈리기 쉽지만, 그 의미 내용은 전혀 다르니 주의하기 바랍니다.

은행이 자유롭게 처분할 수 있는 화폐적 자본은
두 가지 방식으로 은행으로 흘러 들어간다

"은행이 자유롭게 처분할 수 있는 대부 가능한 자본은 두 가지 방식으로 은행으로 흘러 들어간다. 한편에서는 생산적 자본가들의 출납계인 은행의 수중에는 각각의 생산자나 상인이 준비금으로서 보유하는 화폐적 자본 혹은 그들에게 지불금으로서 흘러 들어오는 화폐적 자본이 집중된다. 이 준비금은 은행의 수중에서 대부 가능한 화폐적 자본이 된다. 이것에 의해 상업 세계의 준비금은 **공동의** 준비금으로서 집중되므로, 필요한 최소한도로 제한되며, 그렇지 않았더라면 준비금으로서 잠들어 있었을 화폐적 자본의 일부분이 이자 낳는 자본으로서 기능하게 된다. 즉 대출될 수 있게 된다. 그런데 다른 한편에서는 은행의 대부 가능한 자본은 화폐자본가들의 예금에 의해 형성되는데, 그들은 이 예금의 대출을 은행에 맡긴다. 은행시스템의 발전에 따라, 또한 특히 은행이 어느 예금에든 이자를 지불하게 되면, 모든 계급의 화폐 저축(즉 당분간 유휴한 화폐)은 은행에 예금되고, 이리하여 그렇지 않았더라면 화폐적 자본으로서 작동할 수 없었을 소액이 거액으로, 하나의 화폐의 힘으로 한데 모아진다. 이 집적은 은행시스템의 특수적인 작용으로서 본래의 화폐자본가와 차입자 사이에서의 은행의 매개자적 역할과는 구별되어야 한다. 마지막으로, 단지 조금씩 소비하려는 수입도 은행에 예금된다."(①471f, E416, 김 514f)

대부의 여러 형태

> "대부는 …… **어음의 할인**— 어음을 그 만기 전에 화폐로 전환하는 것 — 에 의해, 또한 여러 가지 형태의 전대*Vorschüsse*, 즉 스코틀랜드의 은행들에서와 같은 대인 신용의 직접 전대, 각종의 이자 낳는 증권, 국채증권, 주식을 담보로 하는 전대, 특히 또한 선하증권, 창고증권, 및 **상품소유증서**인 기타 증권을 담보로 하는 전대에 의해, 예금을 초과하는 당좌대월 등에 의해 행해진다."(①472, E416f, 김515)

은행이 행하는 대부에는 어음의 할인, 직접 전대, 유가증권 등을 담보로 하는 전대, 계좌로부터의 인출이 계좌 잔고를 초과하는 경우에 부족분을 대부하는 당좌대월 등이 있습니다.

혹시 몰라 어음의 할인에 대해 설명해 둡니다. 상품 판매자가 구매자로부터 화폐 대신 어음을 받은 후, 이 어음을 그 지불 기일 전에 현금화하고 싶을 때에는 그 어음을 액면가보다 적은 가격으로 은행에 사달라고 할 수 있습니다. 이것을 어음 할인이라고 하며, 액면가와 매입 가격의 차액인 할인료가 은행의 수익이 됩니다. 이 어음의 할인은 상품 판매자가 가지고 있는 상업화폐를 보다 통용력 있는 화폐(실제로는 다음 항목에서 말하는 것처럼 은행권)로 바꾸고, 사후적으로 그 어음의 추심을 행함으로써 그것을 구매했을 때보다 큰 화폐액을 입수하는 것이므로, 넓은 의미에서는 대부에 포함됩니다. 또한 차입자가 은행 앞으로 어음을 발행하고, 그것을 은행이 할인하는 형태로 대부 그 자체를 어음 할인으로 행하기도 합니다.

은행이 주는 신용의 여러 형태

"그런데 은행업자가 주는 신용은 **여러 가지 형태**로, 예를 들어 은행업자 어음[다른 은행업자 앞으로의 어음], 은행 신용[예금 설정], 수표 등에서, 마지막으로 **은행권***Banknoten*으로 주어질 수 있다. 은행권은 지참인 지불의, 또한 은행업자가 개인 어음과 바꾸는, 그 은행업자 앞으로의 어음과 다름없다. 이 마지막 신용 형태는 일반인에게는 특히 눈에 띄는 중요한 것으로 나타난다. 왜냐하면 (1) 신용화폐Creditgeldes의 이 형태는 단순한 상업유통에서 나와 일반적인 유통에 들어가서 여기서 화폐로서 기능하고 있으며, 또한 대부분의 나라에서는 은행권을 발행하는 주요 은행은 국립 은행과 사립 은행의 기묘한 혼합물로서 사실상 그 배후에 국가적인 신용을 가지고 있으며, 그 은행권은 다소간 법화legal tender이기도 하기 때문이다. 왜냐하면 (2) 은행권은 유통하는 신용 표식에 불과하므로, 여기서는 은행업자가 취급하는 것이 **신용** 그 자체라는 것이 눈에 보이게 되기 때문이다. 그러나 은행업자는 그 밖의 온갖 형태의 신용으로도 거래하며, 그가 자신에게 예금된 화폐를 현금으로 전대하는 경우조차도 그러하다 등등. 실제로는 은행권은 단지 도매상의 화폐일 뿐이며, 은행에서 주요한 문제가 되는 것은 항상 예금이다."(①473 ff, E417, 김515)

은행업자가 행하는 대부는 차입자에게 신용을 주는 행위이지만, 이 여신 그 자체가 신용시스템 속에서 발생한 신용에 근거하여 행해집니다. 왜냐하면 은행은 대부에 있어 차입자에게 직접적으로 화폐를 주는 것이 아니라 화폐 지불약속을 주는 것이기 때문입니다. 바꾸어 말하면,

은행은 스스로가 받은 신용에 의해 신용을 주는 것입니다.

전형적인 것이 예금 설정에 의한 대출입니다. 은행이 대출을 할 때, 차입자에게 직접적으로 화폐를 줄 필요는 없습니다. 차입자의 예금 계좌에 대부하는 화폐액을 써넣기만 해도 좋습니다. 이것에 의해 차입자는 수표를 발행함으로써 예금에서 제3자에게 지불을 할 수 있게 됩니다. 왜 이러한 것이 가능할까요? 이것이 가능한 것은 이 계좌에서 지불을 받는 제3자가 은행에 신용을 주고 있기 때문입니다. 지참인에 대한 은행의 지불약속인 수표가 차입자로부터 지불을 받는 제3자에 대해 화폐의 대체물로서 통용될 수 있는 것은, 결국 이 제3자가 은행에 대해 신용을 주고 있기 때문입니다. 그리고 이처럼 수표가 차입자의 거래 상대방에게 통용되기 때문에, 차입자도 또한 단순한 예금 설정을 화폐 그 자체의 대부와 동등한 것으로 받아들이게 됩니다. 이렇게 하여 은행은 받은 신용에 의해 신용을 줄 수 있는 것입니다.

어음의 할인에서도 마찬가지로 말할 수 있습니다. 어음의 할인에서 일반적으로 은행이 지불하는 것은 은행권이지만, 이 은행권 그 자체가 은행이 발행하는 일람불 어음에 다름 아닙니다. 지참인이 은행권을 가지고 와서 태환(화폐와의 교환)을 요구할 때에는 은행은 즉시 그 액면의 금액을 지불해야 합니다. 예를 들어 금본위제를 채택하고 있던 시대에는 1엔=750밀리그램의 금으로 정해져 있었으므로, 1엔 지폐를 그것을 발행한 일본은행에 가지고 가면 언제든지 750밀리그램의 금의 지불을 받을 수 있었습니다. 이처럼 은행권 그 자체가 그것을 받는 사람으로부터 은행에 주어진 신용을 나타내고 있는 셈이지만, 은행은 자신이 받은 신용으로 어음의 할인을 행할 수 있는 것입니다.

이와 같이 은행이 상품 거래에서 발생하는 어음을 은행권으로 대체해 갈수록, 이 은행권이 '신용화폐'로서 널리 유통하게 됩니다. 게다가 은행권은 시대의 경과와 함께 대은행만이 발행할 수 있는 것이 되고, 이윽고 국가의 힘을 배경으로 한 중앙은행이 그 발행권을 독점하게 됩니다. 그렇게 되면 은행권은 단순한 신용화폐일 뿐만 아니라, 국가적인 신용에 힘입은 '법화'가 됩니다. 이렇게 하여 중앙은행이 발행하는 지폐가 본래의 화폐인 금을 대체하여 광범위하게 유통하는 것이 일반적인 광경이 됩니다. 하지만, 은행권은 어디까지나 은행이 거래를 할 때의 신용의 한 형태에 불과합니다. 신용 거래의 발전이 주화(코인)에 의한 거래를 소액 거래의 부문으로 주변화시켜 가듯이, 은행권에 의한 거래도 도매업 등의 거액 거래에서는 오로지 보조적인 역할만을 완수하고, 오히려 예금이 중요한 역할을 완수한다는 것을 마르크스는 지적하고 있습니다.

어쨌든 은행이 등장함으로써 상품 거래에 수반하여 발생하는 단순한 형태에서의 신용에 머무르지 않는, 고도한 신용시스템이 성립하는 것을 볼 수 있습니다. 이다음에 보듯이, 이러한 은행제도를 매개로 한 신용시스템의 발전에 의해 비로소 자본주의적 생산양식은 급속한 발전을 이룰 수 있었습니다.

하지만, 신용시스템이 아무리 고도해졌다고 할지라도, 그 기초에 상품 거래에 근거하는 원초적인 신용 거래가 있다는 것을 잊어서는 안 됩니다. 직접적으로는 가치물인 화폐를 사용하지 않고 신용 거래를 행할 수 있다고 해서, 실물 경제와 무관하게 마법처럼 부를 창조할 수 있는 것은 아닙니다. 예를 들어 은행은 우선 당장 수중에 있는 화폐와 무관하게 예금 설정을 할 수 있지만, 결국 어딘가에서 수표에 대한 지불을 해야 합니다. 그리고 그 지불을 하기 위해서는 대출한 화폐적 자본이 이자를 수반하여 환류되거나, 화폐 취급 업무에서 수수료 수입을 얻거나 하는 것이 필요하며, 그러기 위해서는 실물 경제에서 자본의 생산과정과 유통과정이 어느 정도 순조롭게 진행되고 있어야만 합니다.

또한 은행권이 중앙은행에 의해 발행되고, 국가적인 신용에 지지되며, 게다가 현대처럼 태환이 정지되면, 중앙은행에 의한 신용 공급이 가치의 제약에서 해방되는 것처럼 보이지만, 이러한 견해가 얼마나 잘못되어 있는지는 코로나 사태를 계기로 발생한 인플레이션을 봐도 명백합니다(이 점에 대해서는 505~513쪽도 참조하기 바랍니다).

자본주의적 생산에서의 신용제도의 역할 ①
—이윤율 균등화의 매개

> "(Ⅰ) **이윤율의 균등화**를 매개하기 위해, 즉 자본주의적 생산 전체의 기초를 이루는 이 균등화의 운동을 매개하기 위해, 신용제도가 필연적으로 형성되는 것."(①501, E451, 김562)

제2장에서 이윤율의 균등화에 대해 고찰했을 때에는 아직 신용제도가 등장하지 않았으므로, 마치 개개의 자본가가 여러 산업 부문들을 자유롭게 이동함으로써 균등화가 실현되고 있는 것처럼 기술했습니다. 그러나 실제로는 자본이 각각의 산업 부문 사이를 이동하는 것은 용이하지 않으며, 오히려 신용제도가 공급하는 자본의 증감에 의해 각각의 산업 부문에 투자되는 자본량이 조정되는 것이 실태에 가깝다고 할 수 있습니다. 이 점에서 보면 신용제도는 자본에 의한 사회적 총노동의 배분을 원활하게 하기 위한 장치라는 측면이 있습니다.

자본주의적 생산에서의 신용제도의 역할 ②
—유통비 및 유통 시간의 절감

"(Ⅱ) 유통비의 절감. (A) 하나의 주요 유통비는 **자기 가치**인 한에서의 **화폐** 그 자체이다. 신용에 의해 세 가지 방식으로 절약된다. (a) 거래의 커다란 일부분에서 화폐가 전혀 사용되지 않는 것에 의해. (b) 금속 통화 또는 지폐 통화의 유통이 가속되는 것에 의해. …… (c) 금화폐가 지폐로 대체되는 것. (B) **신용에 의해** 유통 또는 상품 변태의, 더 나아가서는 자본의 상품 변태의 여러 단계가 **빨라지는 것**(따라서 재생산과정 일반이 빨라지는 것)."(①501, E451f, 김562f)

신용제도는 여기에서 지적되고 있는 두 측면에서 자본주의적 생산의 발전을 비약적으로 촉진할 수 있습니다. 하나는 유통비입니다. 신용시스템의 발전에 의해 상품 유통에 필요한 화폐량이 감소하므로, 화폐 재료의 생산에 투입되어야 하는 노동을 대폭 절감할 수 있습니다. 다른 하나는 유통시간의 절감입니다. 신용시스템의 발전은 상품 유통의 속도를 빠르게 하므로 자본의 유통시간의 속도도 빨라지고, 그 결과로서 자본순환 그 자체의 속도가 빨라집니다. 따라서 유통시간의 절감이라는 점만을 고려하더라도 신용시스템의 발전은 자본축적의 페이스를 비약적으로 빠르게 할 수 있습니다. 이다음에 보듯이 신용시스템을 통해 자본이 사회적으로 동원되면 자본축적은 더욱 가속적으로 진행되는 것이 가능하게 됩니다.

자본주의적 생산에서의 신용제도의 역할 ③—주식회사의 형성

"(Ⅲ) **주식회사의 형성**. 이것에 의해 **첫째**, 생산 규모의 엄청난 확장이 생기고, 그리고 사적 자본들에는 불가능한 기업들이 생겨난다. 동시에 종래에는 **정부 기업**이었던 기업들이 **사회적 기업**이 된다. **둘째**, 즉자적으로는 사회적 생산양식을 기초로 하고, 생산수단 및 노동력의 사회적 집중을 전제로 하고 있는 자본이, 여기서는 직접적으로 **사적 자본**에 대립하는 **사회 자본** *Gesellschaftskapital*(직접적으로 어소시에이트한associirter 개인들의 자본)의 형태를 부여받으며, 자본의 기업들이 사기업에 대립하는 사회 기업으로 나타난다. 그것은 자본주의적 생산양식 그 자체의 한계들 **내부에서의**, 사적 소유로서의 자본의 지양이다. **셋째**, 현실에서 **기능하는 자본가**가 (타인의 자본의) 단순한 **매니저**로 전화되고, **자본소유자**는 단순한 소유자, 단순한 **화폐자본가** *moneyed capitalists*로 전화되는 것."(①502, E452, 김563f)

은행제도는 자본에 의한 사회적 총노동의 배분을 원활하게 하고, 유통비를 절감함으로써 자본주의적 생산의 사회적 확대를 촉진하는 것만은 아닙니다. 그것은 주식회사의 형성을 촉진함으로써 기업 형태 그 자체를 사회적인 것으로 변혁합니다.

은행제도의 발전과 함께 주식회사가 발전하여 일반적인 기업 형태로 됩니다. 이는 은행제도의 발전에 의해 대부 가능한 화폐적 자본은 협의의 이자 낳는 자본에 그치지 않고, 거기에서 파생된 다양한 형태로 운용하는 것이 가능해지기 때문입니다. 나중에 자세히 보듯이, 주식도 그 하나의 형태입니다.

주식회사의 등장으로 사회 속의 수많은 자본가로부터 자금을 조달하는 것이 가능해지고, 자본 규모가 거대화되지만, 더 중요한 것은 양적인 변화에 그치지 않는 질적인 변화입니다. 주식회사는 다양한 자본가가 주식에 투자를 함으로써 형성되므로, 이제는 단순한 사기업이 아니라 사회적 기업으로 나타나게 됩니다.

또 하나 중요한 것은 주식회사의 경우에는 기능자본가가 완전히 사라져 버린다는 것입니다. 여기서는 이제 자본가는 단순한 소유자일 뿐이며, 매니저를 포함한 모든 '생산자'가 생산수단에 대해 소원한 방식으로 관여하고, 그것과 대립하고 있습니다. 따라서 이자 부분에 그치지 않고 이윤 전체가—정확하게 말하면 매니저의 임금의 일부는 이윤이 분배된 것이지만, 그 대부분은—자본의 기능에서도 분리되어, "**자본 소유에 대한 단순한 보수**"(①502, E452, 김564)로 나타납니다.

주식회사는 자본주의적 생산양식 내부에서의 자본주의적 생산양식의 지양이다

"주식회사에서는 기능과 자본소유가, 따라서 또한 노동과 생산수단 및 잉여노동의 소유가 완전히 분리되어 있다. 이는 자본주의적 생산이 최고로 발전한 결과이며, 자본이 생산자들의 소유로, 그렇다고는 해도 더 이상 개별 생산자들의 사적 소유로서의 소유가 아니라, 어소시에이트한associirter 생산자[67]로서의 생산자에 의한 소유로서의 소유로, 직접적인 사회 소유unmittelbares Gesellschaftseigen-

67) 역주: "associirter"를 현행 국역본들에서는 "연합" 혹은 "결합"이라고 번역하지만, 이 책에서는 "어소시에이션"이라고 음역했다.

thum로서의 소유로 재전화되기 위한 필연적인 통과지점이다. 그것은 다른 면에서는 자본소유와 결부된 재생산과정 상의 일체의 기능의, 어소시에이트한 생산자들의 **단순한** 기능들로의 전환, 사회적 기능들로의 전화이다. …… 이것은 **자본주의적 생산양식의 내부에서 자본주의적 생산양식의 지양**_Aufhebung_이며, 따라서 또한 자기 자신을 지양하는 것과 같은 모순이며, 이 모순은 일견 명백히 생산양식의 **새로운** 형태로의 단순한 통과지점Uebergangspunkt으로 나타나는 것이다. 그것은 게다가 현상에서도 이러한 모순으로 나타난다. 그것은 어떤 종류의 부문들에서는 **독점**을 성립시키고, 따라서 또 **국가의 간섭**을 유인한다. 그것은 **새로운 금융귀족**을 재생산하고, 기업 기획자나 중역(단순한 **명목**만의 매니저)의 자태를 취한 새로운 기생충 일당을 재생산하며, 주식 거래나 주식 발행 등에 대한 투기와 사기의 전체 시스템을 재생산한다. 사적 소유에 의한 통제 없는 사적 생산. 주식 제도를 도외시하더라도—주식 제도는 **자본주의적 시스템** 그 자체의 기초 위에서의 자본주의적 사적 산업의 하나의 지양이며, 그것이 신장하여 새로운 생산부문을 장악해 감에 따라 사적 산업을 없애 간다—신용은 개개의 자본가 또는 자본가로 간주되고 있는 사람에게, **타인의 자본**이나 **타인의 소유**의(그것에 의해 또한 타인의 노동의)—상대적으로 말해—절대적인 처분권을 준다. 자기 자신의 자본의 것이 아닌 사회적인 자본의 처분권은 그에게 사회적 노동의 처분권을 준다. 자본 그 자체 또는 '자본으로 간주되는 것'은 이미 신용이라는 상부건축물을 위한 토대가 될 뿐이다. (이것은 국부의 대부분이 그 손을 통하는 도매업에는 특히 잘 들어맞는다). 일체의 규범이, 또한 자본주의적 생산양식의 내부에서는 아직 다소간 정당하다고 여겨져 왔던 여러 변명 이유가 여기서는 사라져 버린다. 그가 **위험을 무릅쓰고 거는** 대상은 사회적 소유이지, 자기 자신의 소유가 아니다. 또한 마찬가지로 **절약**이라는 문구도 터무니없는 소리가 된다. 왜냐하면 타인이 그를 위해 절약해야 하는 것이기 때문이다. 또한 그의 사치는 **절욕**이라는 문구를 조롱한다. 자본주의적 생산의 보다 미발전한 단계에서는 아직 뭔가 의미 있는 관념들이 여기서는 전혀 무의미하게 된다. 성공도 실패도 여기서는 동시에 집중으로 귀결되고, **따라서** 또한 터무니없이 엄청난 규모의 **수탈**로 귀결된다. 수탈은 여기서는 직접적 생산자로부터 중소 자본가 그 자체에까지 이른다. 이 수탈은 자본주의적 생산양식의 출발점이며, 이 수탈의 실행은 이 생산양식의 목표이며, 바로 마지막에는 모든 개개인으로부터의 생산수단의 수탈로 끝난다. 생산수단은 사회적 생산의 발전에 따라 사적 생산수단인 것도 사적 산업의 생산물인 것도 아니게 되며, 그것은 이제 그것이 어소시에이트한 생산자들Associirten Producenten[68]의 사회적 생산물인 것과 마찬가지로, 어소시에이트한 생산자들의 손에 있는 생산수단, 따라서 그들의 사회적 소유물에 불과하다. 그런데 이 수탈은 자본주의적 시스템 그 자체의 내부에서는 **대립적으로** 소수자에 의한 사회적 소유의 취득으로 나타나며, 또한 신용은 이 소수자에게 점점 더 순수한 사기꾼의 성격을 부여한다. 소유는 여기서는 주식의 형태로 존재하는 것이므로, 그 운동 그 자체, 즉 그 이전은 거래소 투기의 전적인 결과가 되며, 거기서는 작은 물고기는 상어

68) 역주: "Associirten Producenten"를 현행 국역본들에서는 "연합한 생산자들" 혹은 "결합한 생산자들"이라고 번역하지만, 이 책에서는 "어소시에이트한 생산자들"이라고 음역했다.

에게 삼켜지고 양은 거래소의 늑대들에게 삼켜져 버린다. 주식제도 속에는 이미 이 형태에 대한 대립물이 있지만, 그러나 주식제도 그 자체는 자본주의적인 제한**의 내부**에서 사회적인 부와 사적인 부라는 부의 성격 사이의 대립을 새롭게 만들어 낸다."(①502ff, E453ff, 김 566ff)

신용제도를 매개로 하여 발전해 온 주식회사는 한편으로는 구래의 사적 소유—개개의 자본가의 사적 자본에 의한 경영—를 타파하고, 그것을 새로운 유형의 사회적 소유—'어소시에이트한 개인들의 자본'—로 대체해 갑니다. 그리고 다른 한편으로는 생산과정으로부터 기능 자본가를 몰아내고, 그것을 매니저(비록 일반 임금노동자와 비교해 고액의 봉급을 받고 있다 하더라도, 고용되어 협업에서 불가결한 지휘를 하는 한에서는 여전히 그도 임금노동자입니다)를 포함한 임금노동자들만으로 수행되는 과정으로 바꾸어 버립니다. 이러한 의미에서 마르크스는 주식회사를 생산자들의 어소시에이션에 근거하는 생산양식(마138, 309, 544)으로의 통과점으로 파악하고 있습니다. 실제로 현대의 거대 기업은 '이해관계자 자본주의'나 'ESG 투자' 등에서 단적으로 나타나 있듯이, 자신들이 초래하는 사회적 영향에 대해 전혀 관심을 기울이지 않고 그 기업의 이익만을 추구하는 것은—적어도 표면적인 대응으로서는—점점 더 곤란해지고 있습니다. 또 자본의 기생성이 강해질수록 임금노동자들의 실질적인 생산의 담당자로서의 능력은—계층화와 분단을 강화하면서도 사회 전체의 고학력화에 의해—점점 더 증대하고 있습니다.

하지만, 이러한 주식회사가 가지는 긍정적인 면은 어디까지나 잠재적인 것에 불과합니다. 현실에서는 주식회사라는 새로운 유형의 사회적 소유는 여전히 사적 소유의 틀 안에 있으며, 생산과정에서 기능자본가가 사라졌다고 해서 임금노동자에 대한 자본의 지휘 명령권이 약화되는 것도 아닙니다. 오히려 주식회사는 "사회적인 부와 사적인 부라는 부의 성격 사이의 대립"을 더욱 격화시키고 있습니다. 사적 소유의 틀 안에서의 사회적 소유의 확대는 "소수자에 의한 사회적 소유의 취득"으로 나타나, 투기를 통해 방대한 자산을 형성하는 금융귀족, 그에 기생하는 명목뿐인 중역들을 낳고 있습니다. 다른 한편에서는 구래의 사적 소유에 의해 자본가에게 부과되어 있던 제한이 제거되고, 예전에는 미덕으로 여겨졌던 '절약'이 우스꽝스러운 것이 되고, 산업이나 상업 등에 투하되는 자본은 오히려 그것에 의해 더 많은 신용을 획득하기 위한 수단이 되고 있습니다. 이러한 신용의 개입에 의해 점점 더 거대한 규모에서의 부의 집중과 부의 수탈이 진행되어 가는 것은 말할 필요도 없습니다.

요컨대 신용제도는 한편으로는 신용 거래를 원활하게 함으로써 유통이 직접적으로 화폐에 매개되지 않으면 안 된다는 원초적인 물상화의 좁은 한계를 극복하는 것을 가능하게 하고, 그럼으로써 자본주의적 생산의 사회화를 다양한 차원에서 촉진하는 것이지만, 다른 한편으로는 바로 그것에 의해 직접적으로 생산에 관여하는 일이 없는 기생적인 방식으로, 더 나아가서는 사기적인 방식으로 부를 수탈하는 것을 가능하게 하는 것입니다. 이리하여 신용제도와 그 아래에서의 주식회사의 발전은 잠재적으로는 생산과 소유의 사회화를 추진해 가는 것이면서도, 소수자에 의한 다수자의 부의 수탈을 더욱 가혹하게 하고, 게다가 그것을 점점 더 기생적이고 사기적인 것으로 만들고 있습니다.

신용시스템과 협동조합 공장

"노동자들 자신의 **협동조합 공장** *Cooperativfabriken*은 낡은 형태의 내부에서는 낡은 형태의 최초 돌파이다. 그렇다고는 해도 물론 그것은 어디에서든 그 현실의 조직에서는 기존 시스템의 온갖 결함을 재생산하고 있으며, 또한 재생산하지 않을 수 없는 것이지만. 그러나 자본과 노동과의 대립은 이 협동조합 공장의 **내부에서는** 지양되어 aufgehoben 있다. 비록 처음에는 단지 노동자들이 어소시에이션Association[69]으로서는 자기 자신들의 자본가인 형태, 즉 생산수단을 자기 자신들의 노동의 가치증식을 위해 사용한다는 형태에 의한 것일 뿐이라고 하더라도. 이 공장이 나타내고 있는 것은, 어떤 생산양식에서, 물질적 생산력과 그에 대응하는 사회적 생산형태의 어떤 발전 단계에서, 새로운 어떤 생산양식이 자연적으로 형성되고 있다는 점이다. 협동조합 공장은 자본주의적 생산양식에서 생겨나는 공장시스템이 없었더라면 발전할 수 없었으며, 또한 자본주의적 생산양식에서 생겨나는 신용시스템이 없었더라도 역시 발전할 수 없었다. 신용시스템은 자본주의적 사적 기업이 점점 자본주의적 주식회사로 전화되어 가기 위한 주요한 토대를 이루고 있는 것이지만, 그것은 또한 다소간 국민적인 규모에서 협동조합 기업이 점점 확장해 가기 위한 수단도 제공하는 것이다. 자본주의적 주식 기업도 협동조합 공장과 마찬가지로, 자본주의적 생산양식에서 **어소시에이트한** *associirte*[70]

69) 역주: "Association"을 현행 국역본들에서는 "조합"이라고 번역하지만, 이 책에서는 "어소시에이션"이라고 음역했다.

70) 역주: "associirte"를 현행 국역본들에서는 "연합한" 혹은 "결합한"이라고 번역하지만,

생산양식으로의 과도 형태Uebergangsformen로 간주해도 좋으며, 단 한편에서는 대립이 소극적으로, 다른 한편에서는 적극적으로 지양되고 있는 것이다."(①504, E456, 김568f)

노동자들에 의한 협동조합 공장에서는 노동자들 자신이 그 공장의 경영자가 되므로, 자본과 노동의 대립은 이 공장의 내부에서는 지양됩니다. 그러나 이 공장이 시장경제 속에서 자본과의 경쟁에 노출되어 있는 한에서는 그들 자신도 또한 이 공장의 자본가로서 행동하지 않을 수 없다는 한계가 있습니다.

따라서 마르크스는 협동조합 공장에 대해 언급할 때에는 그 의의와 한계를 동시에 지적하고 있는데, 여기에서는 이 협동조합 공장이 주식회사와 마찬가지로 신용시스템 아래서 비로소 국민적인 규모로 확대해 가는 것이 가능하다고 서술되어 있습니다. 주식회사의 경우에는 자본에 의한 수탈을 강화하고, 협동조합 공장의 경우에는 노동자에 의한 생산과정의 장악을 촉진한다는 큰 차이는 있지만, 양쪽 모두가 발전한 신용시스템 아래서 생산과 소유의 사회화를 추진해 간다는 공통점이 있습니다.

신용제도와 자본주의적 생산양식의 역사적 임무

"신용제도가 과잉생산과 상업에서의 과잉 거래·과도 투기의 주요한 지렛대로 나타난다고 하면, 그것은 단지 그 성질상 탄력적인 재

이 책에서는 "어소시에이트한"이라고 음역했다.

생산과정이 여기서는 극한까지 강행되기 때문이며, 게다가 거기까지 강행되는 것은 사회적 자본의 거대한 부분이 그 **비소유자들**에 의해 사용되고, 따라서 이 사람들이 소유자 자신이 기능하는 한에서는 자신의 사적 자본의 제한을 소심하게 생각하며 하는 것과는 전혀 다른 방식으로 **도박을 하기** 때문이다. 이것에 의해 명백하게 되는 것은, 자본주의적 생산의 **대립적 성격**에 근거하여 행해지는 자본의 **가치 증식**은 생산력의 현실에서의 자유로운 발전을 **어떤 지점**까지밖에 허용하지 않으며, 따라서 실제로는 생산력의 **내재적인 속박**, **제한***Schranke*을 이루고 있지만, 이 속박, 제한은 신용제도에 의해 끊임없이 돌파된다는 점이다. 그러므로 신용제도는 생산력의 물질적 발전과 세계시장의 형성을 촉진하는 것이지만, 이들을 어느 정도까지 — 새로운 생산양식의 물질적 토대로서 — 만들어 내는 것은 자본주의적 생산양식의 **역사적 임무**이다. 동시에 신용제도는 이 모순의 강력한 폭발인 공황을 촉진하고, 따라서 또 낡은 생산양식의 해체의 요소들을 촉진하는 것이다.

신용제도에 내재하고 있으며, 또한 양면적인 성격, 즉 한편에서는 자본주의적 생산양식의 충동인 타인의 노동의 착취에 의한 치부致富를 가장 순수하고 가장 거대한 사기 시스템 및 도박 시스템으로까지 발전시키고, 소수자에 의한 사회적 부의 착취를 발전시킨다는 성격, 다른 한편에서는 새로운 생산양식으로의 과도 형태를 이룬다는 성격, 이 성격들은 로[71]부터 이삭 페레르[72]에 이르기까지의 신용제도의

71) 역주: 존 로John Law(1671-1729)는 스코틀랜드 출신의 경제학자이자 금융가로서, 프랑스 국립은행을 설립하고 지폐를 도입했지만, 1720년 '미시시피회사 거품Mississippi Bubble'을 일으켰다.

주요한 주창자들에게 사기꾼이면서 예언자라는 이 유쾌한 혼합적 성격을 부여하는 것이다."(①505, E457, 김569f)

신용제도의 발전과 함께 기업은 사적 자본에 의해서가 아니라 사회적 자본에 의해, 즉 다양한 자본가의 자본에 의해 경영됩니다. 은행을 통해 타인의 자본의 대부를 받을 뿐만 아니라, 주식회사에서는 애초에 '자기 자본' 그 자체가 다수의 자본가의 자본에 의해 형성되며, 실제로 경영을 담당하는 것은 고용된 매니저가 됩니다. 기능자본가나 주주에게 고용된 매니저들은 점점 더 타인의 자본으로 경영을 하게 되고, 그 때문에 자신의 자산만으로 경영을 했던 옛날의 자본가와는 전혀 다른 방식으로 대담한 경영을 하는 것이 가능하게 됩니다. 또한 자본가의 측에서도 주주의 책임은 한정적인 것이므로, 대담한 투자가 가능하게 됩니다. 이리하여 신용제도는 제3장에서 본 바와 같은 자본의 가치증식에 의한 생산력의 발전의 제한—자본이 생산력의 발전을 가져오는 것은 자본의 가치증식을 촉진하는 범위에서만이며, 생산력의 발전은 그것이 이윤율의 저하를 초래한다는 것에 의해 끊임없이 이 한계에 부딪힌다는 제한—을 끊임없이 돌파하고, 자본주의적 생산의 더 큰 확대를 추진하여 "생산력의 물질적 발전과 세계시장의 형성"을 촉진하는 것입니다. 물론 이 제한의 돌파가 사회적 생산의 균형을 현저하게 상실하게 하여, 최종적으로는 보다 격렬한 공황을 초래하는 것은 말할 필요도 없습니다.

---

72) 역주: 이삭 페레르Isaac Péreire(1806-1880)는 그의 형 에밀 페레르Émile Péreire와 함께 '크레디 모빌리에Crédit Mobilier' 설립 등 19세기 프랑스의 산업화와 금융혁신을 주도했다.

이처럼 신용제도는 자본주의적 생산양식의 역사적 임무, 즉 새로운 어소시에이션적 생산양식의 기반이 될 수 있을 만한 생산력의 발전을 가져오는 지렛대 역할을 하지만, 다른 한편으로는 생산력의 발전과는 직접적으로는 아무런 관련도 없는 화폐적 자본의 운용에 의한 부의 수탈을 촉진하기도 합니다. 즉, 그것은 '자본주의적 생산양식의 충동인 타인의 노동의 착취에 의한 치부를 가장 순수하고 가장 거대한 사기 시스템 및 도박 시스템으로까지 발전시킨다는 성격'이 있습니다. 따라서 신용제도는 한 면에서는 "소수자에 의한 사회적 부의 착취"이며, "다른 면에서는 새로운 생산양식으로의 과도 형태를 이룬다"는 양면적인 성격을 가지게 됩니다.

마르크스는 이런 양면성을 구현하는 인물로 존 로와 이삭 페레르를 들고 있지만, 마르크스와 동시대인이었던 페레르에 대해서는 '칼럼 5'에 다루었으니, 그것도 참조하기 바랍니다.

I. 투크 및 풀라턴에 의한 개념들의 혼동과 잘못된 구별의 비판

여기까지는 신용제도의 기본적인 특징을 대체로 개관했으므로, 이제부터는 드디어 신용제도 아래에서의 이자 낳는 자본의 분석에 들어가겠습니다. 먼저 이 'I'에서 다루는 것은 투크Thomas Tooke(1774-1858)나 풀라턴John Fullarton(1780-1849) 등 이른바 '은행학파'에 대한 비판입니다.

당시 경제학에서 주류였던 것은 화폐를 오로지 유통수단으로 간주하는 '통화학파'라고 불리는 사람들이었습니다. 그들은 인플레이션의 원인을 은행권의 과잉 발행에서 찾아내고, 은행권 발행량은 금준비 양에 맞추어 제한되어야 한다고 주장했습니다. 이것은 '필 조례'[73]로서 실제로 법제화되었습니다.

이것을 엄격하게 비판한 것이 '은행학파'였습니다. 그들은 '통화학파'와는 다르게 화폐를 단순한 유통수단으로 간주하지 않고, 유통수단과 자본의 구별을 강조했습니다. 그들에 따르면 자본의 대부 경우와 달리 유통수단의 공급은 오로지 현실적인 상품 유통의 필요에 따라 행해지므로, 은행에 의한 유통수단의 공급이 인플레이션을 낳는 일은 없다는 것입니다.

마르크스도 '은행학파'와 마찬가지로 화폐를 오로지 유통수단으로 간주하는 '통화학파'를 비판하고, 자본의 전대와 유통수단의 전대('제2부 요약' 제3장)를 구별하는 입장에 서 있었으므로, 투크나 풀라턴을 일정 부분 긍정적으로 평가했습니다. 하지만 여기에서 마르크스의 관심은 그들의 은행업자적 일면성을 비판하고, 그 개념적 혼란을 지적하는 데 있습니다. 마르크스에 따르면 은행학파가 "**유통수단**과 **자본**을 구별 …… 할 때에는, 주화로서의 유통수단과, 화폐, 화폐자본, 이자 낳는 자본(영어 의미에서의 moneyed Capital〔화폐적 자본〕)의 구별이 어지럽게 혼동되어"(①505, E458, 김572)[74] 있다는 것입니다. 따라서 이 'Ⅰ'은 앞으로 행할 고찰에 앞서 개념 정리를 행하고 있는 부분이라고 이해할

73) 역주: 1844년 당시 영국의 총리였던 필Robert Peel(1788-1850)이 도입한 금본위제의 기원이 된 은행법으로서, 영국 은행을 발권부와 은행부로 분리하고 지폐의 발행을 금 보유량에 엄격하게 연동시켰다.

74) 역주: 마르크스의 초고에는 "주화로서의 유통수단과, 화폐, 화폐자본, 이자 낳는 자본 Circulationsmittel als Münze, Geld, Geldcapital und Zinstragendem Capital의 구별"이라고 되어 있지만, 엥겔스가 편집한 현행판 자본론 3권에는 "주화로서의 유통수단, 일반적인 화폐자본으로서의 유통수단, 이자 낳는 자본으로서의 유통수단Zirkulationsmittel als Geld, als Geldkapital überhaupt, und als zinstragendes Kapital의 구별"이라고 자의적으로 수정되어 있다.

수 있습니다.

다만 이 제3부 주요 초고(①)를 집필한 시점에서는 제2부에서의 자본의 전대와 유통수단의 전대에 대한 논의가 완성되어 있지 않았고, 은행학파의 개념적 혼란에 대해서는 정확히 지적하고 있지만, 마르크스 자신의 견해는 명확하게 제시되어 있지 않습니다. 그러므로 이 부분에 대해서는 아주 간단하게 마르크스의 비판의 포인트를 확인해 두면 좋을 것입니다.

이 부분은 '은행학파'의 다양한 혼란에 대해 서술하고 있는 부분이어서, 깔끔하게 이해하기 어려운 부분이기는 하지만, 비판 그 자체는 심플합니다. 마르크스에 따르면 '은행학파'의 근본적인 결함은 은행업자적 견지에서 화폐를 구별하기 때문에 화폐와 자본주의적인 재생산과정의 관련을 충분히 파악할 수 없게 되어 버리는 점에 있습니다. 예를 들어 자신의 자본을 들이지 않고 공급할 수 있는 은행권은 유통수단이지만, 다른 한편 자신의 자본을 들여 공급해야 하는 화폐는 자본이다 같은 식입니다. 이러한 은행업자의 입장으로부터의 좁은 견해를 사회 전체에 투영해 버린 결과, 광의의 유통수단이 기능하는 영역의 차이—사람들의 개인적 소비를 위한 지출에 사용되는 것인가, 아니면 자본가들 사이의 신용 거래에서 지불수단으로서 사용되는 것인가—를 유통수단과 자본의 구별로 간주하는 혼란이 일어납니다.

은행의 현실적인 업무의 관점에서 경제를 고찰한다는 '은행학파'의 입장은 '통화학파'처럼 단순한 '화폐수량설'에 빠지는 것은 회피할 수 있게 하지만, 다른 한편으로 화폐와 자본주의적 생산의 관련을 파악할 수 없고, 화폐의 다양한 기능을 혼동해 버리는 결함을 가지고 있습니다. 마르크스의 입장에서 보면 유통수단의 전대와 자본의 전대의 구별은 어디까지나 자본주의적 재생산과의 관련에서 파악되어야 합니다. 마르크스는 말년에 쓴 『자본론』 제2부 초고에서 이 과제를 수행했습니다.

II. 화폐적 자본의 형태들과 그것들의 가공성

앞 절까지 이자 낳는 자본의 고찰에서는 실제의 가치물인 화폐가 대출되고, 그것이 산업이나 상업에 투자됨으로써 생겨난 잉여가치의 일부가 이자로 환류되는 것이 상정되어 있었습니다. 그 때문에 이자 낳는 자본은 직접적으로 산업이나 상업에 투하되는 것은 아니라고는 해도, 항상 가치의 뒷받침을 가지고 있었습니다. 그러나 본 절에서는 신용제도 아래에서, 이자 낳는 자본을 기초로 하면서도, 직접적으로는 가치의 뒷받침을 가지지 않는 파생적인 자본 형태가 등장합니다. 그것이 '가공자본'입니다. 대표적인 것에 국채나 주식 등이 있습니다. 이 가공자본은 대부 가능한 화폐적 자본의 투하 부문의 일부가 되기 때문에, 화폐적 자본이 취하는 한 형태가 되는 것입니다. 'II'에서는 이 가공자본을 포함해, 화폐적 자본이 취하는 여러 형태에 대해 고찰합니다.

은행업자의 자본은 현금과 유가증권으로 구성되며, 자기 자본과 차입 자본으로 나뉜다

"은행업자의 자본은 (1) 현금(금 또는 은행권), (2) **유가증권**으로 이루어져 있다. 유가증권은 다시 두 부분으로 나눌 수 있다. **상업적 유가증권**(어음)은 유동적인 것으로, 본래의 업무는 이것의 할인이라는 형태로 행해진다. 그리고 **기타 유가증권**(공적 유가증권, 예를 들어 콘솔[75], 국고증권 등, 기타 유가증권, 예를 들어 온갖 종류의 주식), 요컨대 이자 낳는 증권은 어음과는 본질적으로 구별되는 것(경우에 따라서는 또한 **부동산저당증권**도)이다. 은행업자의 자본은 그것이 이 **실물적인 구성부분**들로 구성되어 있다는 것 외에, 은행업자 자신의 투하 자본과 **예금**(그의 은행업 자본, 즉 차입 자본)으로 나뉜다. 발권 은행의 경우에는 은행권이 더해지지만, 은행권은 당분간은 모두 고려 대상에서 제외하기로 하자. **예금**에 대해서는 (**은행권**과 마찬가지로) 바로 뒤에서 더 자세히 논할 예정이므로, 우선 당분간은 고려 대상에서 제외한다. 어쨌든 명백한 것은, 은행업자의 자본의 현실적인 구성 부분—화폐, 어음, 유가증권—은 이들이 나타내는 것이 은행업자의 자기 자본인지, 아니면 그의 차입 자본, 즉 **예금**인지에 따라서는 조금도 바뀌지 않는다는 것이다. 은행업자가 **자기** 자본**만으로** 영업을 하든, 혹은 그에게 **예탁된** 자본만으로 영업을 하든, 이 구분은 바뀌지 않을 것이다."(①520, E481f, 김595f)

먼저 은행업자의 자본은 그 출처가 어디인가라는 시점에서 보면 자기 자본과 차입 자본(예금)으로 나눌 수 있습니다. 또한 여기에—우선 당분간은 도외시한다고 마르크스는 말하고 있지만—은행권을 발행함으로써 얻어진 자본이 추가됩니다. 이것은 '신용 자본'이라고 불리기도 합니다.

---

75) 역주: 콘솔은 1751년 영국 정부가 당시 여러 갈래로 나뉘어 있던 국가부채를 하나로 통합consolidate하여 발행한 만기 없는 영구채로서, 이를 매입한 사람은 일정액의 이자(연금)를 영구히 지급받을 권리를 가졌다.

다음으로, 그 자본이 어떤 형태를 취해 존재하고 있는가라는 시점에서 보면 은행업자의 자본은 현금, 어음, 기타 유가증권으로 구성되어 있는 것으로 됩니다.

아래에서는 먼저 화폐적 자본이 취하는 형태들에 대해 살펴본 다음, 양쪽의 시점에서 은행자본의 가공성에 대해 고찰합니다.

가공자본

"…… **이자 낳는 자본이라는 형태**에 수반하여, 확정된 규칙적인 화폐 수입은 그것이 자본에서 생겨나는 것이든 아니든, 어느 것이든, 어떤 자본의 '**이자**'로 나타나게 된다. 먼저 화폐 수입이 '**이자**'로 전화되고, 다음으로 이 이자와 함께 이것의 원천인 '자본'도 또 발견되는 것이다.

사정은 간단하다. 평균 이자율을 연 5%라고 하자. 그러면 500파운드의 자본은 (대부되면, 즉 이자 낳는 자본으로 전화되면) 매년 25파운드를 가져오게 된다. 거기에서 25파운드의 연 수입은 어느 것이든 500파운드의 한 자본의 이자로 간주된다. 그러나 이러한 것은 25파운드의 원천이 단순한 소유권증서 또는 채권이든, 혹은 예를 들어 토지와 같은 현실의 생산요소이든, 이 원천이 직접적으로 **양도 가능**하거나 혹은 '양도 가능'한 형태를 부여받고 있다는 전제가 없다면, 순전히 환상적인 관념이며, 계속 그럴 것이다."(①520f, E482, 김596f)

"**가공자본***fictiven Capital*의 형성은 **자본환원***Capitalisiren*이라고 불린다. 즉, 모든 규칙적인 수입이 평균 이자율에 따라, 자본이 이 이자율로 대출된다면 가져올 **수익**으로서 계산된다. 예를 들어 연간 수입이 100파운드이고 이자율이 5%라면, 이 100파운드는 2,000**파운드**의 연 이자이며, 거기서 이제 이 상상된 **2,000**파운드가 연액 100파운드에 대한 법적 소유권Rechtstitels(소유권리Eigenthumstitels)의 **자본가치***Capitalwerth*로 간주된다. 이 경우 이 소유권을 사는 사람에게는 이 100파운드라는 연 수입은 사실상 거기에 투하된 그의 자본의 5%의 이자 지불을 나타내는 것이기 때문이다. 이렇게 하여 자본의 현실의 가치증식 과정과의 일체의 관련은 마지막 흔적에 이르기까지 소실되고, 자기 자신을 가치증식하는 자동체로서의 자본이라는 관념이 굳어지는 것이다."(①522, E484, 김599)

이자 낳는 자본이라는 자본형태—즉 일정액의 화폐를 대부하면 주기적으로 일정액의 화폐를 이자로 얻을 수 있다는 자본형태—의 존재가 일반화되고, 일정액의 자본의 투하는 당연히 '이자'를 낳는다는 관념이 정착되면, 주기적인 일정액의 수입은 모두 '이자'로 나타나게 됩니다. 그렇게 되면 이제 그 '이자'를 가져오는 수입 원천도 '자본'으로 나타나게 되는 것입니다.

예를 들어 주식을 구매할 때에는 실제로 화폐를 지불해야 하며, 또한 발행된 주식을 처음에 사는 사람은 실제로 그것을 발행한 기업에 자본가치를 제공하게 되지만, 주식 그 자체가 의미하는 것은 어디까지나 배당을 수취하거나 주주총회에 출석한다거나 하는 권리이며, 그 자체에는 아무런 가치도 없습니다. 그런데 이자율이 1%인 사회에서 이 주식이 연간 10만 엔의 배당을 가져온다고 하면, 이 주식은 10만 엔÷1%=1,000만 엔의 '자본'으로 간주됩니다. 왜냐하면 주식을 사는 쪽에서 보면 10만 엔의 수익을 올릴 수 있다는 점에서는 1,000만 엔을 대부하여 10만 엔의 이자를 취득하는 것도, 10만 엔의 배당을 취득하는 권리를 1,000만 엔으로 사는 것도 동일한 것이 되기 때문입니다.

이처럼 수입 쪽에서 자본을 역산하는 것을 '자본환원'이라고 하며, 그것에 의해 '자본'으로서 통용되는 화폐청구권을 '가공자본'이라고 부릅니다. 주식처럼 그 자체로서는 무가치라고 하더라도, '자본환원'에 의해 부여된 '가치'를 가지는 것으로서 실제로 양도 가능한 한에서는, 혹은 양도 가능한 형태를 부여받는 한에서는, 그것은 그 본질적인 성격으로 보면 자본(자기증식하는 가치)이 아님에도 불구하고, 마치 '자본'인 양 나타납니다. 바로 이 때문에 이것을 '가공자본'이라고 부르는 것입니다. 실제로 그 가공성은 그 화폐청구권이 어떤 사정으로 양도 가능하지 않게 되자마자 그 가격의 폭락이라는 형태로 나타납니다.

이자 낳는 자본의 경우에는 자본가치가 직접적으로 산업이나 상업에 투하되는 것은 아니지만, 그렇다고 하더라도 차입자에 의해 산업이나 상업에 투하되는 자본가치의 소유로부터는 떨어져 있지 않았습니다. 즉 이자 낳는 자본에서는 결과적으로 그 자본가치가 산업이나 상업에서 기능하여 가치증식에 공헌하고 있었습니다. 그런데 가공자본의 구입에 사용된 가치는 이제—발행된 주식을 처음에 구입한 경우 등을 제외하면—자본으로서 기능하지 않습니다. 가공자본의 경우에는 자본가치의 소유로부터도 분리되어, 단순한 화폐청구권으로 환원되어 버렸습니다. 따라서 여기서는 "자본의 현실의 가치증식 과정과의 일체의 관련은 마지막 흔적에 이르기까지 소실되어" 버리고, 현실의 산업이나 상업과는 상관없이, '투자' 그 자체가 수익을 낳는다는 관념이 점점 더 확고하게 됩니다. 이 사실은 다음에 볼 국채에서 명료하게 볼 수 있습니다.

국채

"…… 예로 …… 국채 …… 를 들어 보자. 국가는 자신의 채권자들에게 그들로부터 빌린 자본에 대한 연액의 '이자'를 지불해야만 한다. {이 경우 채권자는 자신의 채무자에게 해약을 통고할 수는 없고, 단지 자신의 채무자에 대한 채권을, 자신의 소유권을 팔 수 있을 뿐이다}. 이 자본은 국가가 다 먹어 치우고 지출해 버렸다. 그것은 더 이상 존재하지 않는다. 국가의 채권자가 가지고 있는 것은 첫째, 예를 들어 100파운드의 국가 앞으로의 **채무증서**이다. 둘째, 이 채무증서는 채권자에게 국가의 세입, 즉 조세의 연액에 대한 정액의, 예를 들어 5%의 청구권을 준다. 셋째, 그는 이 100파운드의 채무증서를 임의로 다른 사람들에게 팔 수 있다. 이자율이 5%라면 {그리고 이것에 대해 국가의 보증이 전제되어 있다면}, A는 이 채무증서를, 그 밖의 사정이 변하지 않는다고 하면, 100파운드로 팔 수 있다. 왜냐하면 사는 사람인 B에게는 100파운드를 연 5%로 대출하는 것도, 100파운드를 지불함으로써 국가로부터 5파운드라는 금액의 연간 수령액을 확보하는 것도 같은 것이기 때문이다.

그러나 이러한 모든 경우에 국가의 지불이 마치 자신이 낳은 자식(이자)으로 여겨지는 **자본**은 **환상적인 것**, 즉 **가공자본**이다. 그것은 국가에 대부된 금액이 더 이상 전혀 존재하지 않는다는 점 때문만은 아니다. 그것은 애초에 **자본**으로서 지출(투하)되도록 예정되어 있었던 것이 전혀 아니며, 게다가 그것은 단지 자본으로서 지출되는 것에 의해서만 자기 자신을 유지하는 가치로 전화될 수 있었을 것이기 때문이다. 최초의 채권자 A에게 연간 조세 중에서 그의 것이 되는 부분이 그의 **자본**의 이자를 나타내는 것은, 바로 고리대금업자에게 낭비자의 재산 중에서 그의 것이 되는 부분이 그의 자본의 이자를 나타내는 것과 같은 것이다. 양쪽 경우 모두, 대출된 화폐액은 자본으로서 지출된 것이 아니지만. 국가 앞으로의 채무증서를 파는 것이 가능하다는 것은 A에게는 **원금의 상환**, 즉 **변제**가 가능하다는 것을 나타내고 있다. B에 대해서 말하자면, 그의 사적인 입장으로부터 보면 그의 자본은 이자 낳는 자본으로서 투하되어 있다. 실제로는 그는 단지 A의 자리를 대신했을 뿐이며, 국가에 대한 A의 채권을 산 것이다. 이러한 거래가 그다음에 몇 번 되풀이되더라도, **국채라는 자본**은 순수하게 **가공적인** 자본이며, 만약 이 채무증서가 팔 수 없는 것이 되면, 그 순간부터 이 자본이라는 외관Schein은 없어져 버릴 것이다. 그럼에도 불구하고 곧 보게 되는 것처럼 이 **가공**자본은 그 자신의 운동을 전개한다."(①521, E482f, 김597f)

주식

"**채무증서—유가증권**—는 국채의 경우와 달리 순수하게 **환상적인** 자본을 나타내고 있는 것이 아닌 경우에도 이 증권의 **자본가치**는 순수하게 환상적이다. 조금 전에 본 바와 같이, 신용제도는 어소시에이트한 자본Associirtes capital[76]을 만들어 낸다. 이 자본에 대한 소유권을 나타내는 증권인 **주식**, 예를 들어 철도 회사, 광산 회사, 수운 회사, 은행 회사 등 회사의 주식은 현실의 자본을 나타내고 있다.

---

76) 역주: "Associirtes capital"을 현행 국역본들에서는 "주식자본", 혹은 "결합 자본"이라고 번역하지만, 이 책에서는 "어소시에이트한 자본"이라고 음역했다.

즉, 이 기업들에서 기능하고 있는(투하되어 있는) 자본, 또는 그러한 기업에서 자본으로서 지출하기 위해 회사 구성원들이 전대한 화폐액을 나타내고 있다. (물론 그 주식들이 단순한 속임수를 나타내고 있을 수도 있다.) 그러나 이 자본은 이중적으로 존재하는 것은 아니다. 즉 한 번은 소유권인, **주식**의 **자본가치**로서 존재하고, 다시 한번은 이 기업들에서 현실적으로 투하되어 있거나 또는 투하되어야 할 **자본**으로서 존재하는 것은 아니다. 그것은 단지 후자의 형태로 존재할 뿐이며, 주식은 이 자본에 의해 실현되어야 할 잉여가치에 대한 **소유권증서***Eigenthumstitel*에 불과한 것이다. A는 이 소유권증서를 B에게 팔고, 또한 B는 C에게 팔 수도 있다 등등. 이러한 거래는 사태의 성질을 조금도 바꾸는 것은 아니다. 이 경우 A 또는 B는 자신의 소유권증서를 자본으로 전화시킨 것이지만, C는 자신의 자본을 주식 자본으로부터 기대될 수 있는 잉여가치에 대한 단순한 소유권증서로 전화시킨 것이다."(①523, E484f, 김599f)

가공자본의 가격의 변동

"국채증권이든 주식이든, 이 **소유권증서**들의 **가치**의 **자립적인** 운동은, 이 소유권증서들이 그것들을 권리가 되게 하는 자본 또는 청구권 외에, 현실의 자본을 형성하고 있는 것과 같은 **외관**을 뒷받침한다. 즉 이 소유권증서들은 **상품**이 되며, 그것들의 가격은 독특하게 운동하고 결정된다. 그것들의 **시장가치**는 현실의 자본의 **가치**가 변하지 않더라도 (물론 그 **가치증식**은 변할 수 있지만) 그것들의 **명목가치**와는 다른 규정을 받는다. 한편으로는 그것들의 시장가치는 이 소유권증서들에 의해 취득되는 수익의 높이와 확실성에 따라 변동한다. 예를 들어 어떤 주식의 **명목가치**, 즉 당초 이 주식에 의해 표시된 불입 금액이 100파운드이며, 그 기업이 5% 대신 10%를 가져온다고 하면, 이 주식의 시장가치는 200파운드로 올라간다, 즉 두 배가 된다. 왜냐하면 5%로 자본환원하면 그것은 이제 200파운드의 가공자본을 나타내고 있기 때문이다. 이 주식을 200파운드로 사는 사람은 이렇게 투하된 그의 자본에서 5%를 받는다. 기업의 수익이 감소할 때에는 역이 된다. 이 시장가치는 어떤 부분은 **투기적**이다. 왜냐하면 이 시장가치가 단지 현실의 수입에 의해서만 아니라, 예상된(미리 계산될 수 있는) 수입에 의해서도 규정되고 있기 때문이다. 그러나 현실의 자본의 **가치증식**을 **불변**이라고 전제하면, 또는 국채의 경우와 같이 아무런 자본도 존재하지 않는 경우에는, 연간의 수익이 **법률에 의해 확정되어 있는** 것으로 전제하면, 이러한 **유가증권**의 **가격**은 **이자율**에(이자율의 변동에) **반**비례하여 오르내린다. 예를 들어 이자율이 5%에서 10%로 올라가면, 5의 수익을 보증하는 **유가증권**은 단지 50의 자본밖에 나타내지 않는다. 이자율이 5%에서 2.5%로 내려가면 5의 수익을 가져오는 유가증권은 100에서 200으로 가치가 올라간다."
(①523f, E485, 김600f)

자본환원의 논리에 따르면 수익이 높으면 높을수록, 그리고 이자율이 낮으면 낮을수록 유가증권의 가격은 상승합니다. 반대도 마찬가지입니다.

다만 마르크스도 지적하고 있는 것처럼 여기에는 투기적인 요인이 끼어듭니다. 왜냐하면 유가증권의 가격은 실제의 수익에 의해서뿐만 아니라 예상되는 수익에 의해서도 좌우되기 때문입니다.

또한 국채처럼 매년의 수익이 확정되어 있었다고 하더라도, 이자율이 변동하면 채권 가격은 변동하며, 게다가 그때그때의 시황에도 크게 영향을 받을 것입니다. 예를 들어 신용 거래가 제대로 되지 않게 되어 사람들이 화폐를 찾아 화폐시장에 쇄도할 때에는 이자율이 폭등할 뿐만 아니라, 화폐를 입수하기 위해 유가증권을 대량으로 매각하기 때문에, 그 가격은 더욱 하락할 수밖에 없습니다.

이리하여 유가증권의 가격은 기본적인 원리로는 수익과 이자율에 의해 규제되면서도, 거기에 투기적인 요인이 끼어들고, 또한 시황의 영향을 끊임없이 받음에 따라, 자본환원에 의한 규제의 범위를 넘어서 크게 변동할 수 있습니다. 자본에게는 이러한 변동도 또한 "화폐 자산 집적의 한 수단"(①524, E486, 김601)이 되는 것은 말할 필요도 없습니다.

가공자본과 실체적인 부

"이 유가증권들의 하락(감가) 또는 상승(증가)이 이 증권들이 나타내고 있는 현실적인 자본의 운동과 관련 없는 것인 한, 한 국민의 부의 크기는 감가 및 증가하기 전과 완전히 동일하다. '1847년 10월 23일에는 공채와 운하·철도 주식은 이미 1억 1,475만 2,225파운드 감가했습니다'[모리스(잉글랜드은행 총재)77), 『상업적 곤궁』, 1847-48]. 이 감가가 생산이나 철도·운하 교통의 현실의 중단이라든가, 현실의 기업의 포기라든가, 전적으로 무익한 사업에 자본을 낭비한 것 등을

77) 역주: 1847-49년 잉글랜드은행 총재를 역임한 제임스 모리스James Morris(1793-1882)를 가리킨다.

나타내는 것이 아닌 한, 이 국민은 이 명목적인 화폐자본의 파열에 의해서는 한 푼도 더 가난해지지 않는다.

모든 이 증권들이 나타내고 있는 것은 실제로는 '**생산에 대한 축적된 청구권***accumulated claims upon production*'에 불과한 것이며, 이 청구권의 화폐 가치 또는 자본가치는 국채의 경우처럼 자본을 전혀 나타내고 있지 않거나, 또는 그것이 나타내고 있는 **현실의 자본의 가치***Werth des wirklichen Capitals*와 무관하게 규제된다.

자본주의적 생산이 지배하는 모든 나라에는 방대한 양의 이른바 **이자 낳는 자본** 또는 **화폐적 자본**이 이러한 형태로 존재하고 있다. 그리고 **화폐자본**의 **축적**이라는 것은 대개 이 '생산에 대한 청구권'의 축적, 및 이 청구권들의 **시장가격**(환상적인 자본가치 illusorischen Capital werths)의 축적에 불과하다."(①524, E486, 김601f)

앞의 항목에서 본 가공자본의 가격 변동에 대한 법칙성에서도 명백하듯이, 유가증권의 가격 변동은 현실적인 부의 감소나 증대에 그대로 대응하는 것은 아닙니다. 현재 사회에서는 평균 주가를 경기 판단의 지표로 삼는 경향이 있지만, 주가가 직접적으로 나타내고 있는 것은 화폐를 청구할 권리, 즉 생산된 잉여가치에 대한 청구권의 가격에 불과하며, 그 이상은 아닙니다. 어디까지나 평균 주가가 높다는 것은 주식에 대한 수요가 높고, 그만큼 주식시장에 화폐적 자본이 유입되고 있다는 것을 의미하는 것이며, 실물 경제가 호조라는 것을 반드시 의미하지는 않습니다. 이는 예를 들어 코로나 사태 아래에서의 주가 상승을 봐도 명백합니다.

은행자본의 구성 부분으로서의 어음

"은행업자 자본의 일부분은 이른바 **이자 낳는 증권**에 투하되어 있다. 이 증권 그 자체는 현실적인 은행업자 업무에서는 기능하고 있지 않은 준비 자본의 일부분이다. 가장 커다란 부분은 **어음**, 즉 생산적 자본가 또는 상인의 지불약속으로 이루어져 있다. 화폐의 대부자에게는 이 어음은 이자 낳는 증권이다. 즉 그는 그것을 살 때 만기까지의 잔존 기간에 대해 **이자**를 차감한다. 따라서 어음에 표시된 금액에서 얼마나 많이 차감되는가는 그때그때의 이자율에 의해 결정되는 것이다."(①524f, E487, 김602)

화폐준비

"마지막으로, 은행업자의 '자본'의 최후의 부분을 이루는 것은 그의 **화폐준비**(금 또는 은행권)이다. 예금은 {장기 약정되어 있는 것이 아니라면} 예금자가 언제든지 자유롭게 할 수 있는 것이다. 그것은 끊임없이 증감한다. 그러나 어떤 사람이 그것을 인출하면 다른 사람이 그것을 보충하므로, '일반적인 평균액은 그다지 변동하지 않는다.'"(①525, E487, 김602)

은행업자의 견지에서 보면, 은행이 빌린 화폐—정확하게 말하면 화폐 그 자체(금) 혹은 신용화폐(은행권)—전부를 수중에 두고 있을 필요는 없습니다. 어떤 사람이 예금을 인출했다고 하더라도, 다른 사람이 입금하므로, 예금의 인출에 대비해 준비해 두어야 할 화폐량은 그다지 변동하지 않습니다. 그러므로 은행업자는 타인 자본, 즉 예금 중의 일부만을 화폐준비로서 보유합니다.

예금

“**예금**은 항상 화폐(금 또는 은행권)로 이루어진다. **준비금**(이는 현실의 유통의 필요에 따라 수축·팽창한다)을 제외하고, 이 예금은 항상 한편에서는 생산적 자본가나 상인(그들은 이 예금으로 어음 할인을 받거나 대부를 받거나 한다)의 수중에, 또는 유가증권의 거래업자(주식 브로커)의 수중에, 또는 자신의 **유가증권**을 판 민간인의 수중에, 또는 정부의 수중에 있다(국고 어음이나 신규 국채의 경우이며, 은행업자는 이들 중의 일부를 담보로서 보유한다). **예금** 그 자체는 이중적인 역할을 한다. 한편에서는 그것은 지금 말한 바와 같은 방식으로 이자 낳는 자본으로 대출되어 있으며, 따라서 은행업자의 금고 속에는 없고, 단지 은행업자에 대한 예금자의 대부 계정으로서 그들의 장부 속에 보일 뿐이다. 다른 한편에서는 상인들 상호간의(통틀어 예금의 소유자들의) 서로의 대부 계정이 그들의 예금에 대한 수표 발행에 의해 상계되고 서로 장부에서 상쇄되는 한에서는, 예금은 대부 계정의 단순한 **기장**記帳으로서 기능한다(그 경우 그 예금들이 **동일한** 은행업자 아래 있어서 이 은행업자가 각자의 신용 계정을 서로 장부에서 상쇄하든, 아니면 별개의 은행업자가 그들의 수표를 교환하여 서로 차액을 지불하든 어느 쪽이든 전혀 상관없다).

이자 낳는 자본 및 신용제도의 발전에 따라 동일한 자본이, 또는 동일한 채권에 불과한 것조차도 여러 사람 손에서 여러 가지 방식으로 여러 가지 형태를 취해 나타남으로써 모든 **자본**이 **두 배가 되는**

것처럼 보이고, 또한 경우에 따라서는 **세 배가 되는** 것처럼 보인다. 이 '화폐자본'의 대부분은 순전히 가공적인 것이다. 예를 들어 예금 전부가 (준비금을 제외하고) 은행업자에 대한 대부 계정과 다름없지만, 보관물의 형태로는 결코 존재하지 않는다. 예금은 그것이 은행업자들에게 대체 거래에 도움이 되는 한, 그것을 그들이 **대출한** 후에도 그들에게 자본으로서 기능한다. 그들은 이 대부 계정들의 차감 계산에 의해 존재하지 않는 예금에 대한 상호 간의 지불 지시를 결제해 주고 있는 것이다."(①525f, E487ff, 김603f)

앞의 항목까지는 은행자본이 취하고 있는 여러 형태—가공자본, 어음, 현금—에 대해 보았는데, 여기서는 이들에 기초해서 예금에 대해 고찰하고 있습니다.

먼저 예금 그 자체는 현금(금 혹은 은행권)에 의해 행해지지만, 이 예금 중 화폐준비를 제외한 부분은 산업자본가나 상업자본가에게 대출되거나 어음의 할인에 사용되거나, 주식이나 국채 등에 투자됩니다. 그러므로 예금의 대부분은 은행의 금고 속에는 존재하지 않고, "은행업자에 대한 예금자의 대부 계정"으로서 은행업자의 장부 속에 존재할 뿐입니다. 예를 들어 어떤 사람이 1,000만 엔을 은행에 예금했다고 해서 은행은 그것에 대응하는 1,000만 엔의 현금을 항상 보유하고 있는 것은 아닙니다. 현실에서는 이 1,000만 엔의 대부분은 은행 장부 속의 숫자로서 존재할 뿐입니다.

다른 한편, 예금자들 사이에서 예금을 상계할 수 있는 한에서는 장부 속의 기록에 불과한 예금이 실제로 지불을 실현하는 것으로서 기능할 수 있습니다. 예를 들어 A도 B도 같은 C은행에 예금 계좌를 가지고 있어서 A에 1,000만의 예금, B에 200만의 예금이 있다고 합시다. 이때 A가 B로부터 구입한 상품의 대금으로서 B에 대해 액면 800만 엔의 수표를 발행하여 지불하고 B가 이것을 C은행에 예치하면, A의 예금에서 800만 엔이 인출되고, 200만 엔이라는 금액이 기장되며, 다른 한편 B의 예금에는 800만 엔이 더해져 1,000만 엔이라는 금액이 기장되게 됩니다. 이 거래에서 현금은 일체 개재하고 있지 않지만, 그래도 A에 의한 B로의 800만 엔의 지불이 실현됩니다. 이처럼 예금은 유통수단과 같이 기능할 수도 있으므로, 이 예금의 기능을 가리켜 '예금 통화'라고 부르기도 합니다.

물론 예금이 지불을 실현하는 수단으로서 기능하기 위해서는 양쪽의 예금이 같은 은행에 있을 필요는 없습니다. A가 C은행에, B가 D은행에 계좌를 가지고 있다 할지라도 사정은 변하지 않습니다. A가 발행한 수표를 B가 D은행에 예치하고, D은행이 이 C은행 앞으로의 수표를 C은행이 누군가로부터 입수한 D은행 앞으로의 수표와 교환한다면—그리고 양쪽의 수표에 차액이 있는 경우에는 그것을 화폐로 결제할 수 있다면—역시 같은 결과가 됩니다. 여기에서도 서로 수표를 상계할 수 있는 한에서는 현금의 개입 없이 은행업자의 장부의 숫자를 고쳐 쓰는 것만으로 거래가 성립합니다.

은행업자가 받아들인 예금이 화폐적 자본으로서 운용되어 수익을 올릴 뿐만 아니라, 동시에 장부의 숫자를 고쳐 쓰는 것에 의해 거래를 성립시키는 '예금 통화'로서 기능할 수 있다면, 자본은 두 배로도 세 배로도 되는 것처럼 보입니다. 이리하여 신용제도의 발전과 함께 자본은 그 실제의 자본가치의 몇 배로 부풀어 올라 보이는 현상이 생기는 것입니다.

은행자본의 가공성

"은행의 준비금은 자본주의적 생산이 발달하고 있는 여러 나라에서는 평균적으로는 **축장화폐**로서 현존하는 화폐의 양을 표현하고 있으며, 그리고 이 **축장화폐**의 일부분은 그 자체 또한 **유가증권***Papier*으로, 즉 결코 **자기 가치**가 아닌 금金에 대한 단순한 지불 지시로 이루어져 있다. 그러므로 은행업자의 자본의 가장 커다란 부분은 순수하게 가공적이다(즉 **채권**(어음과 공적 유가증권) 및 주식(장래의 수익에 대한 소유권증서, 지불 지시)). 이 경우 다음의 것을 잊어서는 안 된다. 즉, 은행업자의 서랍 속의 이 유가증권들이 **나타내고 있는 자본의 화폐가치**는 그 지폐가 **확실한 수익**에 대한 지불 지시(공적 유가증권 등의 경우)이든, 또는 현실의 자본에 대한 소유권증서(주식 등의 경우)인 한에서조차도 완전히 **가공적인 것**이며, 그것은 이 유가증권들이 나타내고 있는 **현실의 자본**의 가치와 다르게 조정된다는 것, 혹은 이 유가증권들이 단순한 수익청구권 (그리고 자본**이 아닌**)인 경우에는, **동일한 수익에 대한 청구권**이 끊임없이 변동하는 **가공적인 화폐자본**으로 표현된다는 것이다. 게다가 이 가공적인 은행업자 자본의 대부분은 **그의** 자본을 나타내고 있는 것이 아니라, 이자가 붙는지 어떤지에 상관없이 그 은행업자에게 **예탁하고 있는** 공중Publicums의 자본을 나타내고 있다는 것이 추가되어야 한다."(①525, E487, 김602f)

앞의 항목 서술에서도 분명하지만, 은행자본은 이중적인 의미에서 가공적인 것이라고 할 수 있습니다. 먼저 은행의 준비금의 일부는 가공자본의 형태를 취하고 있으며, 이러한 유가증권의 가격은 현실의 자본가치를 나타내는 것은 아닙니다. 게다가 이 가공자본의 형태를 취하고 있는 은행자본 그 자체가 자기 자본뿐만 아니라, "그 은행업자에게 **예탁하고 있는** 공중의 자본"에 의해서도 구성되어 있다는 사정이 있습니다. 즉 예금의 대부분은 그것에 대응하는 현금이 존재하지 않는 무無준비의 채무이며, 어디까지나 장부상의 상계에 의한 결제가 가능한 한에서, 타당한 것으로서 성립하고 있다는 것에 불과하다는 것입니다. 나중에 보듯이, 이러한 은행자본의 가공성은 어떤 사정으로 신용시스템이 동요되자마자 현저하게 됩니다.

Ⅲ. 화폐적 자본과 실물자본

이 'Ⅲ' 부분은 제2장 제3절의 시장가치나 생산가격의 형성과 관련된 논의와 마찬가지로, 서술이 착종되어 있어서, 보통으로 읽어서는 좀처럼 그 논의의 골격을 파악하기가 어렵습니다. 그래서 아래에서는 마르크스가 말한 "비할 데 없이 곤란한 문제"—화폐적 자본과 실물자본의 관계와 관련된 문제—의 해결에 있어서 특히 중요하다고 생각되는 논점을 중심으로 살펴보겠습니다.

덧붙여, 마르크스는 "비할 데 없이 곤란한 문제"로서 화폐적 자본과 화폐량의 관계와 관련된 문제도 제시하고 있지만, 이쪽은 단편적인 서술에 그치고 있으므로, 논의의 큰 흐름을 명확히 하기 위해서 아래에서는 기본적으로 언급하지 않겠습니다.

화폐적 자본의 축적과 실물자본의 축적과의 관계라는 비할 데 없이 곤란한 문제

> "이제부터 다루려고 하는, 이 신용 문제 전체 중에서도 비할 데 없이 곤란한 문제einzig schwierigen Fragen는 다음과 같은 것이다. …… 본래의 화폐적 자본의 **축적**. 이것은 어느 정도까지 현실의 **자본축적**의, 즉 확대된 규모에서의 재생산의 지표인가, 또 어느 정도까지 그렇지 않은가? 이른바 **자본의 플레토라***Plethora of capital*(이 표현은 항상 화폐적 자본monied Capital에 대해 사용되는 것이다)—이것은 과잉**생산**과 함께 하나의 특수적인 현상을 이루는 것인가, 아니면 과잉**생산**을 표현하기 위한 하나의 특수적인 방식에 불과한가?"(①529, E493, 김611)

여기에서 제출되고 있는 문제는 형식적으로는 다음과 같은 문제로서 이해할 수 있습니다. 화폐적 자본의 축적, 즉 이른바 금융시장에 투하되는 자본의 증대는 그 자본가치의 출처가 잉여가치인 한에서는 실물자본—산업이나 상업 등에 투하되고 있는 자본을 가리키며, '현실자본'이라는 말도 같은 내용을 의미합니다—의 축적, 즉 실물 경제에 투하되는 자본의 증대에 의존하고 있습니다. 그러나 다른 한편으로 전자와 후자가 항상 대응 관계에 있는 것은 아닙니다. 이 양자 간의 관계를 해명하는 것이 여기에서의 과제가 됩니다.

하지만 여기에서 중요한 것은 어떤 문제의식으로부터 위와 같은 질문이 제기되고 있는가라는 것입니다. 단서가 되는 것은 '자본의 플레토라'라는 말입니다. 기억하듯이, 이 말은 이미 제3장에서 등장했으며,

거기에서는 이윤율의 저하를 이윤량에 의해 메울 수 없고 통상적인 방식으로는 산업에 투하할 수 없는 "분산된 소자본의 거대한 무리"가 발생하는 것을 의미했습니다. 즉, '자본의 플레토라'란 자본의 과잉생산—이윤율의 저하에 의해 자본의 생산 확대가 곤란하게 되는 상태—의 표현과 다름없었습니다.

제3장에서는 시사되는 데 그치고 있었지만, 사실은 본 장에서 본 바와 같은 신용제도를 전제한다면 이러한 '자본의 플레토라'는 은행에 집적된 화폐적 자본의 과잉이라는 형태를 취해 나타납니다. 그러므로 여기에서 제기되고 있는 문제는 제3장에서 그 본질을 '자본의 과잉생산'으로 파악한 '자본의 플레토라'를 실제로 신용제도 아래서 취하고 있는 형태에 비추어 다시 파악하고, 이를 통해 자본축적과 화폐적 자본의 관계에 대해 해명하는 것이라고 할 수 있습니다.

국채나 주식은 화폐적 자본의 투하 대상이며, 화폐적 자본 그 자체는 아니다

"국채도 주식도, 또한 기타 각종의 유가증권도 대부 가능한 자본에게는, 즉 이자를 낳기로 예정되어 있는 자본에게는 **투하 대상**이다. 국채나 주식은 이 자본을 대출하기 위한(투하하기 위한) 형태이다. 그러나 이것들 자체가 그것들에 투하되는 **화폐적 자본***moneyed Capital*은 아니다. 다른 한편 신용이 재생산과정에서 직접적인 역할을 하는 한에서는, 산업가나 상인이 어음 할인이나 대출을 받고 싶다고 생각할 때, 그가 필요로 하는 것은 주식도 국채증권도 아니다. 그가 원하는 것은 **화폐**이다. (다른 어떤 방식으로도 화폐를 조달할 수 없는 경우에는, 오히려 그는 그 유가증권들을 담보로 맡기거나 싸게 팔거나 하는 것이다). 이 **대부 가능한 자본**의 축적이야말로 우리가 여기서 다루어야 하는 것이다. 즉 대부 가능한 '화폐적' 자본loanable 'monied' capital 바로 그것이다. 여기서 문제로 하는 것은 가옥이나 기계 등, 즉 고정자본의 대부가 아니다. 그것은 산업가나 상인이 그들 서로의 사이에서 재생산과정의 순환의 내부에서 주고받는 **전대**도 아니다. …… 문제가 되는 것은 오로지 **은행업자**(중개자로서의)**에 의해** 산업가나 상인에게 대해 행해지는 **화폐 대부**이다."(①531f, E495f, 김614)

'화폐적 자본'에 대해 생각할 때 명확히 해 두어야 하는 것은, 화폐적 자본 그 자체는 어디까지나 대부 가능한 '화폐' 자본이며, 그 화폐적 자본의 투하처인 국채나 주식 등의 유가증권과는 구별되어야 한다는 것입니다. 이미 보았듯이, 그 유가증권들은 이자 낳는 자본에서 파생된 것이며, 자본을 금융 부문에서 운용함으로써 일정한 수익(이자나 배당)을 얻는다는 의미에서는 화폐적 자본과 동일한 것으로 나타납니다. 실제로 잉여의 화폐적 자본이 증대하면 그만큼 유가증권에 투하되는 화폐적 자본도 증대하고, 유가증권의 가격은 부풀어 오를 것입니다. 이러한 관련이 있음에도 불구하고, 화폐적 자본 그 자체와 그 투하 대상인 유가증권은 명확하게 구별되어야 합니다. 이는 현실의 산업이나 상업에서 직접적으로 투하할 수 있는 것은 어디까지나 화폐뿐이기 때문입니다.

화폐적 자본은 대부 가능한 화폐자본과 다름없으며, 그때 대부되는 것은 산업자본가나 상업자본가가 실제로 지불에 사용하거나, 그것을 산업이나 상업에 투하하여 실물자본으로서 기능시킬 수 있는 것, 즉 화폐와 다름없습니다. 국채처럼 유동성이 높은—즉 화폐로 전환하는 것이 용이한—유가증권이라면, 화폐와 마찬가지로 안전성이 높은 자산이라고 생각할 수 있지만, 그래도 국채에 의해 지불하거나 산업이나 상업에 자본을 투하하거나 할 수는 없습니다. 현실의 산업이나 상업에서 결정적인 것은 모든 상품과의 직접적 교환가능성을 독점하고 있는 화폐입니다.

순수한 상업신용에서 대부되는 것은 화폐적 자본이 아니다

"…… 이 경우[순수한 상업신용, 즉 산업자본가나 상업자본가들끼리 어음 등에 의해 서로 주고받는 신용]에 대부되는 것은 결코 **유휴자본**이 아니라, 그 소지자의 수중에서 그 **형태**를 바꾸어야 하는 자본이며, 그 소지자에게는 단순한 **상품자본**이라는 형태로 존재하는 자본, 즉 재전화되어야 하는, 즉 화폐로 전화되어야 하는 자본이다. ……

재생산적인 순환의 내부에서의 **신용**(은행업자의 신용은 별도로 하고)**이 많다**는 것은 대부를 위해 제공되어 유리한 투하를 찾고 있는 **유휴**자본이 많다는 것이 아니라, 재생산과정에서 자본이 **대대적으로 사용되고 있다**는 것이다. 이 경우에 신용이 매개하는 것은 (1) 생산적 자본가가 문제가 되는 한에서는, 어떤 단계에서 다른 단계로의 생산적 자본의 이행, 서로 맞물리고 얽혀 있는 생산부문들의 관련이며, (2) 상인이 문제가 되는 한에서는 상품이 화폐와 교환하여 최종적으로 팔리거나 또는 다른 상품과 교환되거나 할 때까지의 어떤 손에서 다른 손으로의 그 상품의 이행이다."(①538, E499, 김618f)

앞의 항목의 인용문에서도 서술되어 있었지만, 화폐적 자본으로서 대부되는 것은 문자 그대로 화폐와 다름없으며, 어음 등의 형태에서 산업자본가나 상업자본가들끼리 주고받는 신용은 화폐적 자본이 아닙니다. 예를 들어 산업자본가나 상업자본가들 사이에서 서로 주고받는 신용이 풍부하다는 것은, 유휴해서 화폐적 자본이 되는 자본이 많다는 것을 의미하지 않습니다. 오히려 그러한 신용이 풍부하다는 것은 그만큼 산업이나 상업이 활발하게 행해지고 있다는 것이므로, 자본이 산업이나 상업에서 많이 사용되고 있으며, 유휴 자본이 상대적으로 적다는 것입니다.

이자율의 변동은 화폐적 자본의 양에 좌우되며, 통화의 양으로부터는 영향을 받지 않는다

"이자율의 **변동** …… 은 화폐적 자본moneyed capital의 공급량에 좌우된다{신뢰 등과 같은 그 밖의 모든 사정이 **동일하다고 하면**}. 즉 그 자체로서 상업신용에 의해 매개되어 재생산적 당사자 자신들 사이에서 대부되는 **생산적 자본**과는 **구별**되는, 주화나 은행권이라는 화폐의 형태로 대출되는 자본의 공급량에 좌우된다.

하지만 그럼에도 불구하고 이 화폐적 자본의 **양**은 **통화량***Masse der Circulation*과는 다른 것이며, 또한 그것으로부터 독립된 것이다.

예를 들어 20파운드가 하루에 다섯 번 대부되면 100파운드의 화폐적 자본이 대부된 셈이며, 이것은 또한 동시에 이 20파운드가 또한 적어도 네 번은 (최초의 대부자는 제외하고) 구매수단 또는 지불수단으로서 기능했다는 것을 포함하고 있을 것이다. 왜냐하면 같은 화폐가 만약 구매나 지불이라는 매개 없이 다섯 사람 사이에서 대부되었다 고 하면, 따라서 그것이 적어도 네 번은 자본의 전화 형태(상품, 그것에는 노동력도 포함된다)를 나타내지 않았다고 하면, 이 화폐는 단지 각각 20파운드의 다섯 개의 채권을 구성할 뿐이기 때문이다."(①555f, E516, 김640f)

지금까지의 부분에서 여기에서 다루어지는 화폐적 자본에 대한 이미지는 상당히 분명해졌다고 생각하지만, 한 가지 더 주의해야 하는 것이 있습니다. 그것은 화폐적 자본의 양은 이른바 '통화', 즉 유통수단의 양과는 다른 것이며, 그것으로부터 독립된 것이라는 점입니다.

애초에 화폐적 자본과 유통수단으로서의 화폐는 그 경제적 형태규정이 전혀 다르므로(유통수단의 양이 어떻게 정해지는지 상세한 사항에 대해서는 '마189'를 참조하세요), 양자 사이에 비례적인 관계가 없는 것은 당연합니다. 이 인용문에서 마르크스는 새삼스럽게 이 사실을 설명하고 있습니다. 예를 들어 같은 20파운드의 화폐 조각으로 다섯 번의 대부가 행해진다면—예를 들어 A가 B에게 20파운드를 빌려주고, B가 그것으로 C에게 지불을 하고, 이제 C가 D에게 20파운드를 빌려주는 …… 식으로—100파운드의 화폐적 자본이 대부된 것이 되지만, 여기에서 유통수단으로서 기능하는 화폐는 어디까지나 20파운드이지 100파운드가 아닙니다.

그럼에도 불구하고 양자는 혼동되기 쉽습니다. 이는 마르크스가 지적하듯이, "핍박pressure의 시기"에는 "유통수단의 절대량이 규정적인 것으로서 이자율에 결정적인 영향을 미치는"(①601, E545f, 김680) 경우가 있으므로, 양자가 비례 관계에 있는 것처럼 보이기 때문입니다. 공황 시에는 산업자본가나 상업자본가들 사이에서의 신용 거래가 제대로 되지 않게 되므로, 유통을 위해 더 많은 화폐가 필요하게 되고, 화폐적 자본이 핍박해져 이자율이 폭등합니다(이자율은 이자 낳는 자본으로서 기능할 수 있는 자본, 즉 화폐적 자본을 둘러싼 수급 관계에 의해 정해지는 것이므로, 일반적으로 화폐적 자본이 풍부하면 이자율은 낮아지고, 화폐적 자본이 핍박하게 되면 이자율은 높아집니다). 이때 비록 "정부 서한Government Letter"[78](①601, E546, 김680)에 의해 은행이 더 많은 은행권을 공급할 수 있게 되었다고 하더라도, 그것들은 과거에 형성된 채권 채무 관계를 결제하기 위한 수단, 즉 지불수단으로서 사용되므로, 반드시 유통수단의 증대로 이어지는 것은 아닙니다.

이상과 같은 경우에는 유통수단의 부족이 화폐적 자본의 핍박=이자율의 폭등과 동시에 생기는 일이 있을 수 있습니다. 그러나 일반적으로는 양자는 비례 관계에 있지 않습니다. 예를 들어 산업이 활성화된 결과 유통수단이 증대되었다고 하더라도, 곧바로 활성화된 산업에 투자하기 위해 화폐적 자본에 대한 수요가 높아진다면, 화폐적 자본은 핍박해질 것입니다. 반대로 산업이 정체되고 유통수단이 감소한다 할지라도, 산업이 정체되어 있기 때문에 화폐적 자본에 대한 수요가 저조해진다면, 화폐적 자본은 풍부하게 존재할 것입니다.

형태규정에 의한 차이를 무시하고, '화폐' 일반으로 파악해 버리면, 화폐적 자본의 양과 통화량 사이에 어떤 비례적인 관계가 있는 것처럼 보이지만, 양자가 전혀 다른 원리로 규정된다는 것을 생각하면, 그것들이 독립하여 운동하는 것은 명백합니다. 이 시점은 근년의 금융완화 정

78) 1857년 11월 영국의 '정부 서한'으로서 이에 의거하여 잉글랜드은행은 금보유량에 구속되는 법정 한도를 넘어 은행권을 발행할 수 있는 권한을 갖게 되었다.

책이 화폐적 자본의 증대를 가져왔음에도 불구하고, 유통수단의 증대를 가져오지 않았다는 것을 생각하는 데 있어서도 중요합니다.

은행제도의 발전에 의한 화폐적 자본의 증대는 생산적 자본의 증대를 표현하는 것이 아니다

"게다가 화폐적 자본의 팽창은 은행제도가 보급되었기 때문에(예를 들어 입스위치Ipswich[79]에서는 1857년까지 불과 수년 동안 차지농업자의 예금이 네 배로 되었다), 즉 이전에는 사적 축장화폐였던 것, 혹은 또 단순한 주화 준비였던 것이 일정한 기간을 한정해서 언제든지 **대부 가능한 자본**으로 전화된다는 것에서도 생기지만, 화폐적 자본의 이러한 팽창을 **생산적 자본의 어떤 증대**를 표현하는 것이라고 말할 수는 없다(그것은 예금에 이자를 지불하면서 생겨난 런던의 주식은행들에서의 예금의 증대와 마찬가지이다). 생산 규모가 동일한 한, 그것은 단지 생산적 자본에 비해 대부 가능한 화폐적 자본의 과다를 가져올 뿐이다. 바로 그 때문에 이자율이 낮은 것이다."(①541f, E505, 김625f)

여기부터는 드디어 산업순환과의 관련에서 자본축적(이하, 단순히 자본축적이라고 말할 경우에는 현실자본의 축적을 의미합니다)과의 관계를 고찰할 것입니다. 먼저 마르크스는 산업순환—즉 "근대 산업이 그 속에서 운동하는 회전순환—침체 상태, 활기 증대, 번영, 과잉생산, 공황, 정체, 불황"(①433, E372, 김459)—의 특정한 국면과는 관련 없는, 화폐적

79) 역주: 영국 동부의 도시로서 서퍽Suffolk 주의 주도.

자본의 증대 경향에 대해 지적하고 있습니다.

여기에서는 은행제도의 발전에 의해 초래되는 화폐적 자본의 증대는 생산적 자본의 증대와는 직접적으로는 관계없다는 것이 서술되고 있습니다. 이는 이 유형의 화폐적 자본의 증대는 기본적으로는 산업자본가나 상업자본가, 임금노동자나 자영업자들의 사적인 화폐 축장이나 사적인 지불 준비가 예금으로 전화됨으로써 일어나기 때문입니다. 즉, 이러한 화폐적 자본의 증대는 은행제도의 발전과 함께 사람들이 수중에 있는 화폐를 은행에 예금하게 되었기 때문에 발생한 것이며, 실물경제 규모의 확대에 의해 발생한 것은 아닙니다. 만약 자본축적이 정체된 상황에서 이러한 화폐적 자본의 증대가 발생하면 이자율은 저하합니다.

현실의 자본축적에 대응하는 화폐적 자본의 축적

"이미 본 바와 같이 생산적 자본가가 행하는 실체적인 축적reale Accumulation은 재생산적 자본의 요소들 그 자체로 행해지는 것에 대해, 모든 화폐자본가moneyed capitalists가 행하는 축적은 직접적으로는 항상 화폐형태로 행해진다. 그러므로 신용제도의 발전이나 화폐업무의 거대한 집적은 그 자체로서 화폐적 자본의 축적을 현실의 축적wirklichen Accumulation과는 다른 형태로 촉진하지 않을 수 없다. 화폐적 자본의 이러한 발전은 결국 현실의 축적의 한 결과이다. 이는 그 발전은 재생산과정의 발전의 결과인 것이며, 또한 이 화폐자본가들의 축적 원천이 되는 이윤은 단지 재생산적 자본가가 손에 넣는 잉여가치로부터의 한 공제분{동시에 **타인**의 저축의 이자의 일부분의 취등}과 다름없기 때문이다. 그것은 동시에 재생산적 자본가계급들의 희생 위에서 축적하는 것이다."(①557, E518f, 김644f)

"…… **이윤** 중에서 수입으로서 지출되지 않고 축적에 향해지는 부분, 그렇다고는 해도 재생산적 자본가에게 자신의 사업 속에서는 직접적인 사용처가 없는 부분. …… 이 이윤량은 자본 그 자체의 양이 증대하는 것에 따라 증대한다(이윤율이 내려가는 경우에조차도). 수입으로서 지출되어야 할 부분은 점차적으로 소비되지만, 그 사이에는 예금으로서 은행업자의 **화폐적 자본***moneyed Capital*[80]을 형성한다. 따라서 이윤 중 수입으로서 지출되는 부분의 증대조차도 일시적인, 그러나 끊임없이 되풀이되는 **화폐적 자본의 축적***Accumulation des moneyed Capital*으로서 표현되는 것이다. [이윤 중의] 또 하나의, **축적**을 목적으로 하는 부분도 마찬가지이다. 따라서 신용제도와 그 조직의 발전에 따라 수입의(재생산적 자본가들의 소비의) 증대조차도 **화폐적 자본의 축적**으로서 표현되는 것이다. 그리고 이 사실은 수입이 점차적으로 소비되는 한에서는 모두 수입에 해당된다. 즉 지대, 비교적 고급한 형태의 임금, 불생산적 계급들의 수입 등등에도 해당된다."(①558, E519f, 김645f)

80) 역주: "moneyed capital"을 현행 국역본들은 "대부자본" 혹은 "대출자본"으로 번역하지만, 이 책에서는 "화폐적 자본"으로 번역했다. 마르크스는 『자본론』 제3부 원고에서 제1부 및 제2부에서 "Geldcapital" 개념과 구별되는 "moneyed capital" 개념을 도입하고 있기 때문에 현행 국역본들처럼 "moneyed capital"을 "화폐자본"으로 번역할 경우 통상 "화폐자본"으로 번역되어 온 "Geldcapital"과 혼동될 수 있다. 이 책처럼 "화폐적 자본"으로 번역하는 것이 타당하다.

"그런데 이윤의 또 하나의 부분, 즉 수입으로서 소비되는 것으로서 예정되어 있지 않은 부분에 대해 말하면, 그것이 **화폐적 자본** *moneyed Capital*으로 전화되는 것은 단지 그것이 직접적으로 그것을 만들어 낸 생산영역에서의 사업의 확장에 사용되지 않는 경우뿐이다. 이러한 것은 두 가지 원인으로부터 생길 수 있다. 하나의 원인은 이 영역이 필요한 자본으로 포화 상태에 있다는 것이다. 또 하나의 원인은 자본으로서 기능할 수 있게 되기 전에, 축적이 우선 이 특정한 사업에서 새로운 자본 투자의 양적 관계에 규정된 어느 정도의 크기에 도달해야만 한다는 것이다. 따라서 축적은 우선 당분간은 먼저 **화폐적 자본**으로 전화되고, 다른 여러 부문에서 생산의 확장에 도움이 되는 것이다."(①585f, E523, 김650)

여기에서는 화폐적 자본의 증대가 궁극적으로는 현실자본의 축적에 의존하고 있다는 것이 지적되고 있습니다. 그 이유는 극히 간단하며, 화폐자본가의 축적 원천이 되는 이자의 출처는 결국 산업자본가가 취득하는 잉여가치에 다름 아니기 때문입니다.

게다가 마르크스는 현실자본의 축적에 수반하여 화폐적 자본 그 자체가 증대하는 것을 두 가지 관점에서 논하고 있습니다. 산업자본가가 취득하는 이윤은 자본축적에 사용되는 부분과 산업자본가 자신의 개인적 소비에 충당되는 부분으로 나뉘지만, 어느 쪽이든 일단은 화폐의 형태를 취해야 합니다. 이윤이 취하는 이 두 유형의 화폐 형태가 각각 화폐적 자본의 원천이 되는 것입니다.

후자인 자본가의 수입 부분부터 보겠습니다. 이윤 중의 수입 부분은 최종적으로는 자본가가 소비하는 생활수단이나 사치품의 구입에 사용되지만, 물론 한 번에 모든 화폐가 그런 상품들의 구입에 사용되는 것은 아니며, 일정액의 화폐는 자본가의 수중에 계속 남아 있습니다. 그러므로 이 부분이 은행에 예금되어 있다면 화폐적 자본을 형성하게 됩니다. 제3장에서 보았듯이, 현실자본의 축적과 함께 이윤량은 증대하는 경향이 있으므로, 이렇게 하여 형성되는 화폐적 자본도 또한 증대하게 됩니다.

마르크스도 지적하고 있듯이, 이 논리는 산업자본가의 이윤 부분에만 해당되는 것은 아닙니다. 상업이윤이든, 이자든, 기타 금융 수익이든, 다음 장에서 다룰 지대이든, 혹은 임금노동자의 수입이든, 그것들이 자본축적에 수반하여 증대하는 한에서는 화폐적 자본의 증대를 가져오게 됩니다. 그 의미에서는, "**절약**이나 **금욕**이라는 일(화폐 축장자들의)은, 그것이 축적의 요소들을 공급하는 한에서는 …… 그들 중 극히 미미한 부분을 수취하는 사람들, 즉 노동자 등처럼, 은행의 파산 시에는 자신이 저축해 왔던 것조차도 없어져 버리는 사람들에게 맡겨진다"(①586f, E524, 김652)는 것처럼 됩니다. 그러므로 신용제도의 발전은 임금노동자들의 절약의 성과를 자본이 착취를 위해 이용하는 것조차도 가능하게 하는 것입니다.

다음으로, 이윤 중 자본축적에 사용되는 부분에 대해 봅시다. 일반적으로 자본축적 시에는 이윤으로 취득한 화폐를 곧바로 생산의 확대를 위해 투하할 수는 없습니다. 약간의 생산요소의 증강, 즉 원료나 노동력 등의 유동자본 부분만을 증강하는 경우에는 그것도 가능할지 모르지만, 보다 본격적으로 생산을 확대하기 위해 건물이나 기계 등의 고정자본 부분도 증강해야 하는 경우에는 거액의 자금이 필요하게 되고, 그러기 위해서는 어느 정도 기간 동안 자본축적을 위한 재원(축적기금)을 적립해 둘 필요가 있기 때문입니다. 이 부분도 또한 화폐적 자본을 형성하게 됩니다. 자본축적의 규모가 사회적으로 확대되면 확대될수록 축적기금의 규모는 커지므로, 이것에 의해 형성되는 화폐적 자본도 또한 증대합니다.

게다가 여기에서는 마르크스는 지적하고 있지 않지만, 마찬가지의 성격을 가지는 것에 고정자본 감가상각기금이 있습니다. 이것은 자본축적을 하지 않는 경우에도 필요한 고정자본의 갱신을 위한 기금이지만, 이 부분도 자본축적에 의해 사회 전체의 고정자본이 증대하면 증대할수록 팽창하고, 그 결과 이 부분에 유래하는 화폐적 자본도 또한 증대하게 됩니다.

덧붙여 세 번째 인용문에서 지적되고 있듯이, 화폐적 자본의 증대는 자본축적의 곤란이나 정체에 의해서도 초래됩니다. 이 경우에는 현실자본의 축적을 위해 투하되는 것도, 자본가의 개인적 소비로 들어가는 것도 아닌 이윤 부분이 증대하고, 이것이 화폐적 자본으로서 운용되게 됩니다. 어떤 사정으로 이 상태가 만성화된다면, 화폐적 자본의 축적이 진행될 것입니다. 많은 논자들이 지적하고 있듯이, 1970년대 이후의 화폐적 자본의 증대나 자본주의의 금융화의 진전은 바로 자본축적의 장기정체를 배경으로 하여 생겨난 것이라고 생각할 수 있습니다.

하지만, 마르크스의 시대에는 아직 장기정체와 같은 현상은 생겨나지 않았으며, 자본축적의 곤란이나 정체는 산업순환의 특정 국면과 결부되어 있었습니다. 이 산업순환과의 관련에 대해서는 이다음에 고찰하겠습니다.

화폐적 자본의 축적의 어느 것도 현실의 자본축적을 나타내는 것은 아니며, 공황 다음의 정체기에는 화폐적 자본의 양이 증대한다

"먼저 명백한 것은, **화폐적 자본**{대부 가능한 자본}의 **축적** 혹은 증가의 **어느 것도** 현실의 자본축적 혹은 재생산과정의 확대를 나타내는 것은 아니라는 것이다. 재생산과정의 교란은 어느 것이든 {공황의 붕괴가 지나가면} 화폐적 자본에 대한 **수요를 감소시키고**, 따라서 그것을 상대적으로 과잉으로 할 뿐만 아니라, 동시에 그 공급을, 따라서 또 그것의 절대량을 **증대시킨다**. 바로 그 때문에 재생산과정이 수축한{예를 들어 영국의 공업 지역의 생산은 1847년의 공황 다음에는 3분의 1가량 수축했다} 어떠한 공황 다음에도 상품의 가격은 그 최저점까지 하락하며, 기업 정신은 마비되며, **이자율**의 수준이 낮아지지만, 이자율의 이 낮은 수준이 여기에서 나타내고 있는 것은 **생산적 자본의 수축과 마비**로 인한 **화폐적 자본**의 증가에 다름 아니다."(①532, E502, 김622)

이제부터는 산업순환과의 관련에서 자본축적과 화폐적 자본의 관계를 보겠습니다. 제1부에서 보았듯이, 산업순환은 "중위의 활황, 번영, 과잉생산, 공황Krise, 정체라는 시기들의 한 계열"(마385, 김(1)611)를 이루고 있습니다. 이 산업순환은 제3장에서 본 자본축적의 운동 양식과 밀접하게 관련되어 있으므로, 거기에서의 논의를 떠올리면서 읽어 나가는 것이 포인트가 됩니다.

먼저 명백한 것은 화폐적 자본의 증대의 어느 것도 현실의 자본축적을 의미하는 것은 아니라는 것입니다. 그것을 단적으로 나타내고 있는

것이 공황이 지나간 다음의 정체기입니다. 이 시기에는 시장의 상황이 나쁘고 자본축적이 활발하지 않기 때문에 오히려 화폐적 자본의 양이 증대합니다. 이는 그러한 시기에는 한편으로는 유휴자본이 증대하고, 다른 한편으로는 화폐적 자본의 수요가 감소하기 때문입니다.

번영기는 화폐적 자본의 풍부함이 생산적 자본의 확대와 결부되어 있는 유일한 시점이다

"재생산과정이 다시 그것의 번영의 상태(이는 과도 긴장의 상태에 선행한다)에 도달하면, 상업신용은 매우 커지는 것이지만, 그 경우 이 신용에는 실제로 순조로운 환류와 확대된 생산이라는 '건강한' 토대가 있다. 이 상태에서는 이자율은 그 최저한도보다는 높아진다고는 해도 역시 아직 낮다. 실제로 이 시기야말로 낮은 이자율, 따라서 또 대부 가능한 자본의 상대적인 풍부함이 생산적 자본의 현실의 확장과 동시에 나타난다고 말할 수 있는 유일한 시점이다. 거대한 **상업신용**과 결부된 환류의 순조로움은 대부 가능한 자본의 공급을 그것에 대한 수요의 증대에도 불구하고 확실하게 하고, 그것을 그 수준에서 유지한다. 다른 한편에서는 이제야 겨우 준비 자본 없이, 혹은 자본 없이 사업을 하는, 따라서 또 전적으로 화폐 신용에만 의존해 조작을 하는 모험가들이 눈에 띌 정도로 들어온다. 이제는 또한 온갖 형태에서의 고정자본의 대대적인 확장이나 새로운 기업들의 설립 등이 나타나고 있다. 이제 이자는 그 평균적인 높이까지 상승한다."
(①542, E505, 김626)

번영기에서는 화폐적 자본의 풍부함과 자본축적의 진행이 양립할 수 있습니다. 확실히 이 시기에는 자본축적이 활성화되기 때문에 한편으로는 화폐적 자본에 대한 수요가 증대합니다. 그러나 다른 한편으로는 시장이 견조하기 때문에 산업자본가나 상업자본가들 사이의 신용이 확대되고, 자본가의 수중으로의 화폐의 환류가 순조롭게 진행되므로, 지불수단으로서의 화폐에 대한 수요가 억제됩니다. 게다가 화폐가 자본가의 수중으로 순조롭게 환류된다는 것은 '**현실의 자본축적에 대응하는 화폐적 자본의 축적**'의 항목에서 본 바와 같은 화폐적 자본의 공급을 확실하게 할 것입니다. 이리하여 자본축적이 진행되면서도 화폐적 자본이 풍부하고 상대적으로 낮은 이자율인 것이 가능하게 되는 것입니다.

하지만, 이 상태는 역시 일시적인 것이며, 시장의 상황이 활성화됨에 따라 화폐적 자본에 대한 수요가 높아져 가고, 이자는 "그 평균적인 높이까지" 상승합니다.

화폐적 자본의 플레토라가 증명하는 것은
자본주의적 생산의 제한 외에 아무것도 아니다

"…… 여러 사정이 모두 변하지 않는다고 가정하면, 자본으로 재전화하는 것으로 예정된 이윤의 양은, 얻어지는 이윤의 양에, 따라서 또 여러 사정이 모두 변하지 않는다고 전제하면, 현실의 재생산 과정의 확장에 의존할 것이다. 그러나 이 새로운 축적이 그것의 사용에 있어서 투하 영역의 부족에서 생기는 곤란에 부딪히게(따라서 그 결과 사용 중인 재생산적 자본이 지불하는 이자가 저하하게) 된다면, 이러한

화폐적 자본의 플레토라*Plethora of moneyed capital*가 증명하는 것은 **자본주의적 생산과정의 제한***Schranken* 외[81])에 아무것도 아니다. 그것에 이어지는 신용 사기는 이 잉여 자본의 사용에 대한 **적극적인** 장애Hindernіß가 존재하지 않는다는 것을 증명하고 있지만, 그러나 자본의 **가치증식의 법칙들**, 즉 자본이 자본으로서 가치증식할 때의 제한으로 인한 장애는 존재하는 것이다. 화폐적 자본 그 자체의 플레토라는 반드시 과잉생산을, 혹은 자본의 투하 영역의 부족을 표현하는 것은 아니다.

덧붙여서 다음의 것을 생각한다면, 즉 화폐적 자본의 축적이란 단지 **화폐**가 대부 가능한 화폐로서 침전하는(혹은 대부 가능한 화폐라는 형태를 취하는) 것이며, 이 과정은 화폐의 자본으로의 현실의 전화와는 매우 다른 것이다 …… 라는 것, 이 축적은 이미 지적했듯이 현실의 축적과는 매우 다른 여러 계기를 표현할 수 있다는 것 — 이러한 것을 생각한다면, 현실의 축적이 끊임없이 확장되고 있는 경우에, 화폐자본Geldcapital의 축적의 확장은 일부는 현실의 축적의 확장의 결과일 수도 있고, 일부는 현실의 축적의 확장에 수반되고 있지만 그것과는 전혀 다른 여러 계기의 결과일 수도 있다(양자가 대립하는 경우는 도외시하더라도). 현실의 축적과는 독립적이면서도 그것에 수반하는 그러한 계기들에 의해 화폐적 자본의 축적이 팽창된다는 것을 보더라도, 순환의 일정한 국면들에서는 항상 이 화폐적 자본의 플레토라가 생기지 않을 수 없으며, 또 신용제도의 발전에 따라 이 플레

81) 역주: 마르크스는 헤겔을 따라 '극복될 수 있는 제한'으로서의 "Schranken"과 '뛰어넘을 수 없는 근본적인 한계'로서의 "Grenze"를 구별한다. "Schranken"을 현행 국역본들에서는 "한계"로 번역하지만, 이 책에서는 "제한"으로 번역했다.

토라가 발전하지 않을 수 없으며, 따라서 동시에 생산과정을 그것의 자본주의적 제한을 넘어서 몰아세우는 필연성이—과잉 거래, 과잉생산, 과잉 신용이—발전하지 않을 수 없다. 게다가 이것은 항상 반동 rebound을 불러일으키는 것과 같은 형태들로 일어날 수밖에 없다." (①586, E523f, 김650ff)

위 문장은 'Ⅲ'의 서두에서 제기되고 있는 '자본의 플레토라'와 자본축적과의 관련에 대한 문제에 답을 주고 있습니다. 동시에 이 인용문에서 주제가 되는 '플레토라'는 산업순환의 과잉생산기에 대응하는 것이므로, 과잉생산기에서 화폐적 자본과 자본축적과의 관련에 대한 설명도 제시되어 있습니다.

먼저 후자의 시점에서 이 인용문을 살펴보겠습니다. 과잉생산기에서는 제3장에서 보았듯이, 경기가 과열되는 속에서 이윤율이 저하하고, 점점 더 많은 소자본이 통상적인 자본 투하에서는 이윤을 확보하는 것이 곤란하게 됩니다. 이렇게 하여 형성된 "과다한 자본"이 수익을 올릴 수 있는 투하 영역을 찾아 "모험, 투기, 신용 사기, 주식 사기"로 내몰리게 되는 것이었습니다. 지금까지의 이자 낳는 자본 및 신용제도에 대한 고찰을 전제로 한다면, 이러한 "과다한 자본"은 은행제도 아래에서 화폐적 자본의 형태를 취해 나타납니다. 즉, "자본의 플레토라"는 "화폐적 자본의 플레토라"로서 나타나는 것입니다. 그러므로 "이러한 **화폐적 자본의 플레토라**가 증명하는 것은 **자본주의적 생산과정의 제한** 외에 아무것도 아니다"라는 것으로 됩니다.

본래대로라면, 과잉생산기에는 이윤율이 저하하는 속에서 이윤량을 증대시키기 위해 더욱더 자본축적이 추진되는 것이므로, 화폐적 자본에 대한 수요가 증대하고 이자율이 폭등해도 이상하지 않습니다. 그러나 가속적인 자본축적이 이윤율의 저하를 수반하면서 진행되기 때문에 "화폐적 자본의 플레토라"가 발생하고, 이것에 의해 이자율의 폭등이 억제되어 어느 정도의 상승에 그칩니다. 이러한 화폐적 자본의 플레토라에 의한 이자율 폭등의 억제는 더욱더 과잉생산, 더욱더 과잉 거래(가공 수요의 증대)를 촉진하게 됩니다.

그뿐만이 아닙니다. 경기가 과열되고 있는 상태에서는 원료비나 임금의 폭등, 더 나아가서는 초과이윤의 상실에 의해 이윤율의 저하가 진행되고, 자본축적을 위한 투하 영역이 점점 더 부족하게 되는 것이므로, 이것에 의해 발생한 "과다한 화폐적 자본"은 "투기, 신용 사기, 주식 사기"로, 즉 가공자본으로 향하지 않을 수 없습니다. 이는 한편으로는 이윤율 저하라는 자본주의적 생산의 확대에 대한 제한이 존재함에도 불구하고, 다른 한편으로는 더 많은 자본을 투하하여 더 많은 수익을 취득하려는 충동에는 제한이 없기 때문입니다. 이러한 움직임은 이른바 '금융 버블'을 일으키고, 가공자본 가격의 폭등을 초래합니다. 이리하여 공황을 현실적인 것으로 하는 '계기'가 더욱더 발전해 가는 것입니다.

그러면 지금까지의 고찰을 바탕으로 'Ⅲ'의 서두에서 제기된바, "**자본의 플레토라** …… 는 과잉**생산**과 함께 하나의 특수적인 현상을 이루는 것인가, 아니면 과잉**생산**을 표현하기 위한 하나의 특수적인 방식에 불과한가?"라는 문제에 대해 생각해 보겠습니다. 지금까지 보았듯이, 제3장에서 그 본질이 파악된 자본의 과잉생산에 기인하는 "자본의 플레토라"는 이자 낳는 자본과 은행제도를 고려한다면, "화폐적 자본의 플레토라"로서 나타납니다. 그 의미에서는 자본의 플레토라란 "과잉생산을 표현하기 위한 하나의 특수적인 방식에 불과하다"는 것이 될 것입니다.

하지만, 마르크스는 위의 인용문 속에서 "화폐적 자본 그 자체의 플레토라는 반드시 과잉생산을, 혹은 자본의 투하 영역의 부족을 표현하는 것은 아니다"라고도 서술하고 있습니다. 이것은 무슨 뜻일까요?

조금 전에 본 것처럼, 화폐적 자본은 산업순환의 특정 국면과 상관없이, 은행제도의 발전 그 자체에 의해서도, 은행제도 아래에서의 자본축적의 진전에 의해서도 증대하는 경향이 있습니다. 그러므로 이 의미에서는 "자본의 플레토라"는 과잉생산이라는 산업순환의 특정 국면과 상관없이 발생할 수 있으므로, "과잉**생산**과 함께 하나의 특수적인 현상을 이루는 것"이라고 말할 수 있을 것입니다. 이러한 화폐적 자본의 경향적 증대는 과잉생산에 의해 발생하는 "자본의 플레토라"를 증폭시키고, "생산과정을 그것의 자본주의적 제한을 넘어서 몰아세우는 필연성"을 더욱더 발전시키게 됩니다.

화폐적 자본이 핍박해지는 것은
유휴하고 있는 생산적 자본이 과다할 때이다

"재생산과정이 계속 유동적이며, 따라서 환류가 확보되어 있는 동안은, 이 신용은 계속 팽창하는 것이며, 그 팽창은 재생산과정 그 자체의 팽창에 근거하고 있다. 환류가 지체되어 시장이 공급 과잉이 되고 가격이 하락하여 정체가 나타나면 **생산적 자본의 과잉**이 있는 것이지만, 그러나 그것은 생산적 자본이 그 기능들을 완수할 수 없는 형태에서의 과잉이다. 팔 수 없는 대량의 상품자본이 있다. 대량의 고정자본이 있다. 그러나 상품자본은 팔 수 없다. 다른 한편으로 고정자본은 재생산의 정체에 수반하여 일부는 유휴하고 있다. 신용은 수축하지만, 그 원인은 (1) 이 자본이 "사용되고 있지 않기" 때문에, 즉 어떤 재생산 단계에서 정체되어 있어서 그 변태를 완수할 수 없기 때문이며, (2) 재생산과정의 유동성에 대한 신뢰가 깨졌기 때문이며, (3) 이 상업신용에 대한 수요가 감소하기 때문이다. 직물업자는 생산을 제한하고 있고 대량의 팔리지 않는 직물을 짊어지고 있으므로, 면사를 신용으로 살 필요가 없고, 상인은 직물을 신용으로 살 필요가 없다 등등.

재생산과정의 이러한 긴장이나 팽창 속에서 교란이 생기면, 한편에서는 물론 신용 결핍이 생기며, 외상 구매하는 것이 곤란하게 된다 {현금 지불을 요구하는 것은, 즉 **신중하게** 파는 것은 산업순환 중의 패닉 다음에 오는 국면을 특징짓는 것이지만}. 그러나 무엇보다도 누구나 팔지 않으면 안 되는데 팔 수 없고, **지불하기 위해 팔아야만 하기** 때문에, 자기 자신의 재생산과정 속에 막혀 있는 자본의 양(이것은 유휴하고 있어서 투하를 찾고 있는 자본의 양이 아니다)은 바로 신용 결핍이 가장 심각한 그 시기(따라서 또 할인율이 최고일 때)에 최대 규모에 도달한다. 그러한 때에는 재생산과정이 막혀 있으므로, 자본은 실제로 대량으로 유휴하고 있다. 공장은 멈추고, 원료는 창고에 쌓이며, 완성 생산물은 상품으로서 시장에 계속 머물러 있다. 따라서 이러한 상태를 **생산적 자본의 결핍** 탓으로 돌리는 것 이상으로 잘못된 것은 없다. 이러한 때에 생산적 자본의 **과잉**이 있는 것이다. 즉, 그것은 일부는 재생산의 현실의 규모, 이 경우에는 수축하고 있는 규모로부터 보아 과잉인 것이며, 일부는 마비된 소비로부터 보아 과잉인 것이다."(①

539, E500, 김619f)

산업순환은 과잉생산기에서 경기의 과열을 통해 최종적으로는 제3장에서 본 바와 같이 "자본의 절대적 과잉생산"에 빠지고, 공황기에 돌입합니다. 공황기에는 생산활동이 대폭 수축하고, 현실자본의 축적이 정지함과 동시에 생산적 자본의 다수가 기능하지 않게 됩니다. 다른 한편으로는 신용이 수축하고 지불수단에 대한 수요가 급증하기 때문에 화폐적 자본이 핍박해지고 이자율이 폭등하게 됩니다.

전체적으로 보면 화폐적 자본의 운동은 생산적 자본의 운동과는 반대가 된다

"즉 전체적으로 보면 화폐적 자본의 운동(이자율로 표현되는 그것)은 생산적 자본의 운동과는 반대이다. 이자율이 그 평균적인 높이에, 즉 그 최저한도에서도 최고한도에서도 같은 거리에 있는 중위점에 도달했다는 것은 풍부한 대부 가능 자본과 생산적 자본의 거대한 확장이 동시에 생기고 있다는 것을 표현한다. '호전' 및 '신뢰의 증대'와 동시에 나타나는, 낮다고는 해도 최저한도보다는 높은 이자율도 같은 것을 표현한다. 그러나 산업순환의 발단에서는 낮은 이자율이 생산적 자본의 수축과 동시에 나타나고, 최종 국면에서는 높은 이자율이 생산적 자본의 과다와 동시에 나타난다. '호전'에 수반하는 낮은 이자율은 상업신용이 화폐신용을 조금밖에 필요로 하지 않고 아직 자립하고 있다는 것을 표현하고 있다.

이 순환은, 일단 최초의 충격이 가해지면 동일한 순환을 주기적으로 반복하게 되어 있다. 불황 상태state of quiescence에서는 생산은 그것이 이전의 순환 중에 도달한 수준, 그리고 이제는 그것을 위한 실체적 토대가 놓여져 있는 수준 이하로 감소한다. 번영 (중위)일 때에는 생산은 이 토대 위에서 더욱 발전한다. 과잉 거래의 시기에는 생산은 생산력을 극도로 가동시켜 생산과정의 자본주의적 제한들마저 넘어서도록 몰아세운다."(①542f, E505ff, 김626ff)

어떤 종류의 은행입법으로도 공황을 없앨 수는 없다

"공황Crise의 시기에 '지불수단'이 부족하게 되는 것은 자명하다. 어음의 현금 전환가능성Convertibility이 상품의 변태Metamorphose 그 자체를 대신하게 되었으며, 이것은 바로 이러한 시점에서 일부 자본이 순전히 신용에만 의존해 영업을 하면 할수록 그만큼 더 그러하다. 자의적인 은행입법(1844-45년의 그것과 같은)은 이 화폐공황Geldcrise을 더 심각하게 할 수 있다. 그러나 어떤 종류의 은행입법으로도 공황을 제거할 수는 없다. 전 과정이 신용에 근거하고 있는 곳에서는 일단 신용이 끊겨 현금 지불밖에 통용되지 않게 되면, 신용공황Creditcrise과 지불수단의 결핍이 생기는 것은 자명하며, 따라서 또 모든 공황이 첫눈에는 신용공황 및 화폐공황인 것처럼 보인다. 그러나 실제로 문제가 되고 있는 것은 어음의 화폐로의 '전환가능성'만이 아니다. 방대한 금액의 이러한 어음이 나타내고 있는 것은 단순한 사기 거래이며, 실패로 끝난, 또 타인의 자본으로 행해진 투기이며, 마지막으로 감가하고 있는 상품자본, 혹은 더 이상 결코 이루어질 수 없는 환류이며, 그것들이 이제 폭발했고, 밝혀지는 것이다. 물론 재생산과정의 폭력적인 확장의 이 인위적인 시스템 전체를 이제 어떤 은행(예를 들어 잉글랜드은행)이 지폐로 모든 사기꾼에게 그들에게 부족한 자본을 제공하고, 모든 상품을 이전의 명목가치로 사들이는 것과 같은 것에 의해 치유할 수는 없다. 어쨌든 모든 것이 왜곡되어 나타난다. 이는 이 종이의 세계papiernen Welt에서는 어디에도 실체적인 가격reale Preiß이나 그것의 실체적인 계기들은 나타나지 않고, 나타나는 것은 지금Bullion이나 은행권, 어음(전환가능성), 유가증권뿐이기 때문이다. 특히 국내의 화폐 거래 전체가 집중되는 중심지(예를 들어 런던 등)에서는 이러한 전도가 나타난다. 생산의 중심지에서는 그 정도는 아니지만." (①543, E507, 김628f)

지금까지 보아 온 것처럼, 공황은 신용제도를 통해 증폭되며, 또한 공황 그 자체도 신용의 현저한 수축과 지불수단의 부족으로 나타납니다. 그러므로 외관만 보면, 모든 공황은 "신용공황, 화폐공황"이라는 형태를 취합니다.

만약 공황이 그 외관대로 단순한 "신용공황, 화폐공황"이라면, 은행입법이나 중앙은행의 개입에 의해 지불수단을 풍부하게 공급하면 공황을 치유하는 것은 가능할지 모릅니다. 그러나 실제로는 그것들은 공황을 완화하는 데 그치며, 그것을 치유할 수는 없습니다. 이는 공황의 근본 원인은 "자본의 절대적 과잉생산"이며, 단순한 지불수단의 부족만이 문제가 되는 것은 아니기 때문입니다.

이 사실을 명확히 이해하기 위해서는, 단순한 지불수단의 부족—즉 상품의 판매에 의해 화폐자본순환을 실현할 실물 경제적인 조건이 존재함에도 불구하고 사회에 공급되어 있는 화폐가 부족하기 때문에 지불수단이 부족해진 사태—와, 자본 그 자체의 부족—즉 과잉생산에 의해 애초에 화폐자본순환을 실현할 실물 경제적인 조건이 존재하지 않기 때문에 지불수단이 부족해진 사태—를 명확히 구별할 필요가 있습니다. 만약 전자만이 문제가 되고 있는 것이라면, 은행이 자본가들에게 화폐를 공급하면, 자본의 순환이 순조롭게 진행되므로, 은행은 대부한 화폐를 회수할 수 있을 것입니다. 그러나 후자가 문제가 되는 것이라면, 이것을 모두 은행의 화폐 공급에 의해 해결할 수는 없습니다. 이러한 경우 자본가에게 화폐를 공급하여 "부족한 자본을 제공"한다고 할지라도, 애초에 그들의 사업이 원활하게 진행될 조건이 상실되어 있기 때문에, 대부한 화폐를 회수하는 것은 곤란하며, 많은 경우 불량채권으로 되어 버릴 것입니다.

물론 이 사태에 중앙은행이 개입하여 불량채권을 떠맡을 수는 있지만, 그 개입에는 역시 한계가 있습니다. 이는 그러한 개입이 지나치면 이번에는 중앙은행의 신용 그 자체가 동요하게 되고, 태환(은행권과 금과의 교환)의 정지에 내몰리거나, 태환을 하지 않는 관리통화제도 아래에 있더라도 인플레이션이 심화되어 긴축정책으로 전환할 수밖에 없기 때문입니다.

신용시스템의 화폐시스템으로의 전환은 필연적이다

"…… 신용화폐 그 자체가 **화폐**인 것은 단지 그것이 그것의 가치의 측면에서 현실의 화폐를 절대적으로 대신할 있는 한에서이다. 지금 bullion이 유출됨에 따라 신용화폐의 화폐로의 **전환가능성** *Convertibilität*, 즉 그것과 금의 동일성은 의심스럽게 된다. 이로부터 이 전환가능성을 확보하기 위해 이자율 인상 등등의 강행 조치가 행해진다. 이 사실은 여러 가지 잘못된 화폐이론에 근거하고 있고, 화폐 상인들(오버스톤Overstones)의 이해에 의해 국민에게 강요되는 잘못된 입법에 의해 다소간 격화될 수도 있다. 그러나 그 기초는 생산양식 그 자체의 기초와 함께 주어져 있다. 신용화폐의 감가 …… 가 생기면 그것은 모든 기존의 관계를 동요시킬 것이다. 그러므로 상품의 가치는 화폐의 형태로의 이 가치의 공상적이고 자립적인 정재Dasein[82]를 확보하기 위해 희생되는 것이다. 애초에 상품의 가치가 화폐 가치로서 보장되는 것은 오직 화폐 자체가 보장되는 동안뿐이다. 그러므로 불과 몇 백만 개의 화폐를 위해 수백만 개의 상품이 제물로 바쳐지지 않으면 안 되는 것이다. 이것은 부르주아적 생산에서는 불가피하며, 이 생산의 아름다움Schönheiten의 하나를 이루는 것이다. 그 이전의 생산양식들에서는 이런 일은 존재하지 않았다. 왜냐하면 그 생산양식들이 운동하는 좁은 토대 아래에서는 신용도 신용화폐도 발전하지 않았기 때문이다. 노동의 **사회적** 성격이 상품의 **화폐 정재***Gelddasein*로서 나타나고, 따라서 또 현실의 생산의 밖에 있는 하나의 **사물***Ding*로서 나타나는 한, 화폐공황Geldcrisen은 현실의 공황과는 상관없이, 또는 그것의 격화로서, 불가피하다. 다른 한편으로 명백한 것은, 은행의 **신용**이 동요하고 있지 않는 한, 은행은 이러한 경우에는 신용화폐를 늘리는 것에 의해 패닉Panic을 완화하고, 신용화폐를 수축시키는 것에 의해 패닉을 조장한다는 것이다. 근대 산업의 모든 역사가 보여 주는 것은, 만약 국내의 생산이 조직화되어 있다면, 지금bullion

82) 역주: "Dasein"을 현행 국역본들에서는 "존재", "존재형태" 등으로 번역하지만, 이 책에서는 "정재定在"로 번역했다.

은 사실상 단지 국제무역의 균형이 동요했을 때 그 청산을 위해 필요한 것일 뿐이라는 것이다(국내는 금화폐를 필요로 하지 않는다는 것이다. 그러므로 비상시에는 태환Barzahlungen 정지가 행해지는 것이다)." (①594f, E532f, 김662ff)

"중앙은행은 신용시스템의 중심축Pivot이며, **지금 준비***Bullionreserve*는 이 은행의 중심축이다. 내가 이미 이전에 '**지불수단**' 부분에서 서술했듯이, 신용시스템에서 화폐시스템[중금주의]으로의 전환은 **필연적**이다. **금속의 토대**를 유지하기 위해 실물 부realem Reichthum의 최대의 희생이 필요하다는 것은 로이드Loyd[83]와 마찬가지로, 투크Tooke도 승인하고 있다. …… 하지만 금은 무엇에 의해 부의 다른 여러 자태와 구별되는가? 그 가치의 크기에 의해서가 아니다. 왜냐하면 가치의 크기는 그것에 물질화되어 있는 노동의 분량에 의해 규정되기 때문이다. 오히려 금과 은은, 부의 **사회적** 성격의 자립한 화신, 표현이라는 점에서 구별된다. 이 **사회적** 정재는 사회적 부의 **현실의** 요소들 곁에서, 그 바깥에서, 그 **피안***Jenseits*으로서, 사물로서, 물상Sache으로서, 상품으로서 나타나는 것이다. 생산이 원활하게 진행되고 있는 동안에는 이 사실은 **망각**된다. 이제 부의 사회적 형태로서의 **신용**이 화폐의 지위를 밀어내고 빼앗아 버린다. 생산의 사회적 성격에 대한 신뢰야말로 생산물의 화폐형태를 단지 순간적인 것(단순한 표상blosse Vorstellung), 단지 관념적인 것으로서 나타나게 하는 것이다. 그런데 신용이 흔들리면—그리고 그런 국면은 근대 산업

83) 역주: 새뮤얼 존스 로이드Samuel Jones Loyd(1796-1883)는 19세기 영국 은행가로서, 오버스톤 경Lord Overstone으로도 알려진 통화학파의 주요 논객이었다.

의 순환 중에 항상 필연적으로 출현한다—이제는 일체의 실물의 부가 **현실에서 화폐**로, 금과 은으로 전화되지 않으면 안 되게 된다. 하지만 이 터무니없는 요구는 시스템 그 자체로부터 필연적으로 생겨나는 것이며, 게다가 이 거액의 요구와 비교될 금과 은은 전부 [잉글랜드]은행의 지하 창고에 있는 수백만 [파운드]에 불과하다. 즉 지금 유출Bulliondrain의 결과들을 통해 다음과 같은 사실들이 극명하게 드러난다. 즉 생산이 현실에서는 **사회적 과정**으로서 **사회적** 제어*gesellschaftlichen* Controlle에 복종하고 있지 않다는 것, 그리고 부의 **사회적** 형태*gesellschaftliche* Form des Reichthums가 부의 바깥에 하나의 **사물**로서 나란히 존재한다는 것이다."(①625f, E587ff, 김735ff)

"중금주의[화폐시스템]는 본질적으로 가톨릭적이며, 신용시스템은 본질적으로 프로테스탄트적이다. '스코틀랜드인들은 금을 싫어한다.' 지폐로서는 상품들의 화폐 정재는 **단지 사회적일 뿐인** 정재이다. 구원을 받게 하는 것은 **신앙**이다. 상품들의 내재적인 정신Geist으로서의 화폐 가치에 대한 신앙, 생산양식과 그것의 예정된 질서에 대한 신앙, 자기 자신을 증식시키는 자본의 단순한 인격화로서의 개개의 생산당사자에 대한 신앙. 그러나 프로테스탄트교가 가톨릭교의 기초들로부터 해방되지 않는 것처럼, 신용시스템도 화폐시스템[중금주의]이라는 토대에서 해방되지 못한다."(①646, E606, 김760)

본 절에서 우리는 고도로 발전한 은행제도, 더 나아가서는 그 기반에 있는 신용시스템을 무대로 한 이자 낳는 자본의 형태들과 그 운동에 대해 보았습니다. 물론 더욱 고도로 발전한 현대의 금융시스템에서 보면 원초적이지만, 그래도 제1부의 상품에서 출발한 고찰은 일견 물질적인 상품생산과는 동떨어져 있는 것처럼 보이는 고도한 신용의 세계에까지 도달한 것입니다.

하지만, 여기에서 중요한 것은 고도로 발전한 은행제도 혹은 신용시스템의 기초에 있는 것은 역시 제1부에서 고찰한 상품이나 화폐이며, 자본주의적 생산입니다. 그 의미에서 고도한 은행제도나 신용시스템에 지지되는 '신용화폐'에 대해서도 그 기초에 있는 것은 일반적 등가물로서의, 즉 가치체로서의 '화폐'인 것입니다.

이것은 결코 단순한 추상론은 아닙니다. 어떤 사정으로 신용이 과잉하게 되고, 신용화폐의 감가가 발생하는 사태가 되면, 중앙은행은 금의 유출을 막기 위해 이자율의 인상 등의 조치를 강행하고, 은행권과 금과의 전환가능성을 유지해야만 합니다. 왜냐하면 자본가의 힘의 근원은 노동의 사회적인 성격, 즉 사회적인 힘이 사물 그 자체에 유착되어 있는 화폐에 있기 때문입니다. 만약 화폐 그 자체가 불안정하게 되어 힘을 잃어버린다면, 상품을 판매하는 것도, 그것에 의해 이윤을 얻는 것도 모두 불가능해져 버립니다. 물론 그러한 조치에 의해 물가는 강제적으로 하락하고, 많은 상품의 가치가 희생되므로, 자본가들도 타격을 입는 셈이지만, 그럼에도 불구하고 자본가의 힘의 근원을 이루는 화폐 '가치'의 유지를 우선해야만 하는 것입니다.

주의가 필요한 것은, 여기에서 문제가 되고 있는 것은 신용화폐와 금과의 전환가능성 그 자체가 아니라, 오히려 화폐 '가치'의 유지라는 것입니다. 애초에 신용화폐가 성립하는 것은 그 기초에 마르크스가 말한 '상업신용', 즉 산업자본가나 상업자본가들이 서로 주고받는 신용이 있기 때문입니다. 그리고 이러한 '상업신용'은 자본의 생산과 유통이 순조롭게 진행되는 것에 의존하고 있습니다. 그러므로 자본주의적 생산이 순조롭게 진행되는 한, 신용에 근거하는 거래는 안정적으로 성립한다고 할 수 있습니다. 그러나 다른 한편으로 이 '토대'가 동요하고 신용거래가 제대로 되지 않게 된다면 자본가들은 노동생산물이자 직접적으로 가치를 체현하는 것으로서 금에 매달릴 수밖에 없습니다. 가치가 사적 노동의 사회적 힘의 대상적인 표현인 한, 사적 이해의 상호 간의 대립이 선명하게 되고 생산의 사적 성격이 가장 부각되는 신용의 수축기에야말로 가치를 직접적으로 체현하는 것으로서 금속화폐의 힘이 누구의 눈에도 분명하게 됩니다. 바로 이것이 예전의 은행제도에서 금준비가 그 '중심축'에 놓여 있었던 연유입니다.

그러나 이 금속화폐를 '중심축'으로 한 신용시스템에는 큰 한계가 있습니다. 이 시스템에서는 경기가 과열되고, 경제 전체에서 보면 국외로의 약간의 금 유출이 일어났다고 하더라도 긴축으로 전환하지 않을 수 없습니다. 그러므로 막상 경기가 악화되는 시기에 신용을 수축시키는 것과 같은 대응을 취할 수밖에 없게 됩니다. 그러한 상황에서의 이자율의 인상이나 은행권의 유통량의 제한이 자본주의 경제 전체에 심각한 피해를 미치는 것은 말할 필요도 없습니다. 이 의미에서는 금과의 태환을 기축으로 하는 금본위제는 화폐 '가치'의 안정을 위해 중앙은행에 의한 신용 공급을 억제하는 시스템이었다고 할 수 있습니다.

하지만, 실제로는 중앙은행의 신용은 『자본론』의 고찰 대상인 경제적 형태규정과는 다른 힘에 의해서도 지지되고 있습니다. 그 힘은 바로 '국가'입니다.[84] 금본위제는 그 약점으로 인해 몇 번이나 기능 정지에

84) 마르크스는 근대국가를 자본주의적 생산양식에 조응한 정치형태로서 파악하고, 그것이 갖는 독자성에 관한 고찰을 남겼습니다. 다음 장에서도 국가에 관한 고찰이 약간 이루어

빠졌고, 최종적으로는 국가의 힘을 빌려 불환제로, 즉 '관리통화제도'로 이행하게 되었습니다. 이 '관리통화제도'에서는 중앙은행은 더 이상 금준비에 속박됨이 없이 신용을 확대하는 것이 가능하게 됩니다. 그러나 현재와 같이 인플레이션이 되면 역시 금융 긴축이 필요하게 되고, 그래도 해결할 수 없다면 국가에 의한 긴축정책이 강행될 것입니다. 결국 '관리통화제도'는 예전에 금준비에서 집약적으로 나타나고 있었던 자본주의 시스템의 모순—"생산이 현실에서는 **사회적인 과정**이면서도 **사회적** 제어에 복종하고 있지 않다는 사정"—을 각종 제도나 국가로 이전하는 것에 불과한 것입니다.

말할 필요도 없이, 그것이 모순의 이전인 한, 금본위제로부터의 이탈에 의해 문제가 해결되는 것은 아닙니다. 중앙은행이나 국가의 개입 능력의 증대에 의해 이전보다 공황을 완화하는 것이 가능해졌지만, 공황 그 자체를 없앨 수는 없으며, 그 개입 능력 자체에도 한계가 있습니다.

더욱이, 이러한 중앙은행이나 국가에 의한 개입 능력의 한계는 이 모순의 이전 그 자체가 불완전한 것이며, 본질적으로 금속화폐에서 탈각하는 것이 불가능하다는 것도 의미합니다. 이 점을 단적으로 보여 주는 것이, 현재의 인플레이션 속에서 각국의 중앙은행이 금 구매액을 급증시키고 있다는 사실입니다. 결국, 현실의 생산시스템이 사적 생산시스템인 한, 신용시스템은 가치의 체화물에 대한 의존을 멈출 수 없습니다. 마르크스가 말했듯이, 여전히, "신용시스템에서 화폐시스템으로의 전환은 **필연**"입니다.

집니다(608쪽). 이 점에 관해 상세한 논의는 隅田聡一郎, 『국가에 대항하는 마르크스』, 堀之内出版(국역: 스미다 소이치로, 『국가에 대항하는 마르크스』, 정성진·서성광 옮김, 산지니, 2024)을 참고하시기 바랍니다.

제6절 전前부르주아적인 것

이미 제4장 제7절의 서두에서 확인했듯이, 본 절에서 문제가 되는 것은 이자 낳는 자본의 역사 그 자체가 아니라, 그것이 자본주의적인 존재형태를 획득하는 데 있어서 전제 조건이, 어떻게 역사적으로 형성되어 왔는가를 해명하는 것입니다. 본 절에서도 인용을 중심으로 살펴보겠습니다.

고리대자본

"**이자 낳는 자본**, 혹은 그것의 고풍스러운 형태는 **고리대자본**이라고 부를 수도 있는데, 그것은 그것의 쌍둥이 형제인 **상인자본**과 함께, 대홍수 이전의 자본 형태antediluvianischen Formen des Capitals, 즉 자본주의적 생산양식보다 훨씬 전부터 있었고, 매우 다양한 경제적 사회 구성체ökonomischen Gesellschaftsformationen 속에서 나타나는 자본 형태에 속한다."(①646, E607, 김761)

"고리대도 상업도 **주어진 생산관계들을 착취하는** 것이지, 그것들을 만들어 내는 것이 아니며, 바깥에서부터 그것들에 관여한다. 고리대는 끊임없이 되풀이하여 그 생산양식을 착취할 수 있도록 하기 위해 그것을 직접적으로 유지하려 하며, 보수적이고, 단지 그것을 더욱 비참하게 만들 뿐이다. 생산조건들이 상품으로서 과정에 들어가고 상품으로서 거기에서 나오는 일이 적으면 적을수록, **화폐**로부터 그것들을 만들어 내는 것은 더욱 특별한 행위로서 나타난다. 전체 생산이 유통에 입각하는 일이 적으면 적을수록, 그만큼 고리대자본은 번성한다."(①655, E623, 김782)

"그렇다고 하더라도, 자본주의적 생산양식 이전의 시대에 **고리대자본**이 존재하는 특징적인 형태에는 두 가지가 있다. 낭비를 일삼는 귀족(주로 **토지소유자**)에 대한 화폐 대부에 의한 **고리대**, 둘째, 자기 자신의 노동조건을 가지고 있는 소생산자에 대한 화폐 대부에 의한 **고리대**이다. ……

둘 다, 즉 고리대에 의한 부유한 토지소유자의 파멸도 소생산자들의 착취도, 모두 거대한 화폐자본Geldcapitalien의 형성과 집중으로 통한다. 그러나, 어느 정도까지 이러한 과정이 (현대 유럽에서의 결과가 그러했듯이) 낡은 생산양식을 폐지하는지, 그리고 그것이 자본주의적 생산양식을 만들어 내는지는, 전적으로 역사적인 발전단계와 그와 함께 주어진 제반 사정에 달려 있다."(①647, E608, 김762f)

자본주의 이전의 이자 낳는 자본은 기본적으로 "고리대"이며, 수탈적인 성격이 있습니다. 왜냐하면, 자본주의 이전의 사회에서는 빌린 화폐를 자본으로서 운용하여, 수익을 올리는 것이—일부 상인을 제외하고—어렵기 때문입니다. 그러므로, 고리대자본은 그것을 부유한 토지 소유자에게 대부하든, 혹은 농민 등의 소생산자에게 대부하든, 그 사람들에게서 생산수단을 수탈하고, 혹은 노동의 성과를 착취하게 됩니다. 그것에 의해, 한편에서는 기존의 소유관계의 파괴가, 다른 한편에서는 화폐자본의 형성과 집중이 촉진되는 것입니다.

그러나, 상업자본의 발전이 그것만으로는 자본주의적 생산양식을 가져오지 않는 것과 마찬가지로, 고리대자본에 의한 수탈 그 자체가 낡은 생산양식을 폐지하고, 자본주의적 생산양식을 가져오는 것은 아닙니다. 결국, 고리대자본도 생산양식에 대해 외적인 작용을 미칠 수 있을 뿐이고, 그 파괴적 작용이 생산양식 그 자체를 변혁하기 위해서는 제4장 제7절에서 본 바와 같은 조건들이 필요하게 되는 것입니다.

신용제도의 발전이 고리대에 대한 반작용으로서 실현된다는 것은, 이자 낳는 자본이 자본주의적 생산양식의 조건과 요구들에 종속된다는 것이다

"**신용제도의 발전**은 **고리대에 대한 반작용**으로서 실현된다.

그러나, 이 점을 오해해서는 안 된다. 또한, 결코 그것을 고대의 저술가나 교회의 교부, 루터Martin Luther(1483-1546)나 사회주의자들이 생각하는 의미로 받아들여서는 안 된다.

이 점이 의미하는 것은, 이자 낳는 자본이 **자본주의적 생산양식**의 제반 조건과 제반 요구에 **종속된다**는 것 그 이상도 그 이하도 아니다. 대체로 이자 낳는 자본은 현대의 신용제도 아래서는 자본주의적 생산양식의 제반 조건에 적합하게 된다. **고리대** 그 자체는, 존속할

뿐만 아니라, 자본주의적 생산양식이 발달한 국민들에서는, 모든 낡은 입법이 그것에 부과했던 제한에서 해방된다. 이자 낳는 자본은, 자본주의적 생산양식의 의미에서는 차입이 이루어지지 않거나 이루어질 수 없는, 개인이나 계급에 대해서는, 또는 그러한 사정 아래서는, 고리대자본으로서 나타난다(고리대자본이라는 형태밖에 취하지 않는다). ……

자본주의적 생산양식의 본질적인 한 요소를 이루는 한에서의 **이자 낳는 자본**을, **고리대자본**에서 구별하는 것은, 결코 이 자본 그 자체의 성질 또는 성격이 아니다. 그것은, 단지, 이 자본이 기능하는 조건들이 변화했다는 것 뿐이고, 따라서 또 화폐의 대부자에 상대하는 차입자의 자태가 완전히 달라졌다는 것 뿐이다. 재산도 없는 사람이, 산업가로서든 상인으로서든, 신용을 받을 경우, 그것은, 그가 **자본가**로서 기능하고, 차입한 자본으로 불불노동을 취득할 것이라고 믿기 때문이다. 그에게 신용이 주어지는 것은, **잠재적인 자본가**로서의 그에게 주어지는 것이다. 그리고, 경제학적 변호론자들이 매우 감탄하는 이 사정, 즉, 재산은 없지만 열정, 능력, 견실함, 사업 지식 등이 있는 사람이 이렇게 하여 자본가로 전화될 수 있다는 …… 이 사정은, 기존의 개별적 자본가들에 대해서는 달갑지 않은 일련의 새로운 모험가들을 끊임없이 전장에 끌어 들이는 것이라 할지라도, 자본에 의한 지배 그 자체를 확고히 하고, 이 지배의 기초를 확대하여, 그것이 사회의 하층으로부터의 신선한 힘에 의해 끊임없이 보충되는 것을 가능하게 하는 것이다. 그것은, 마치, 중세의 가톨릭 교회가 신분이나 출신, 재산을 문제 삼지 않고 인민 속의 가장 좋은 두뇌로 구성되어 있었다는 사정이, 교회의 위계 제도와 평신도 억압을 공고히 하기 위한 주요한 수단이었던 것과 같은 것이다. 하층 계급의 가장 뛰어난 인물을 자기 속에 흡수할 수 있는 능력이 지배계급에 있으면 있을수록, 그 지배는 더 확고하고 더 위험한 것이다."(①652f, E613f, 김769ff)

신용제도가 고리대자본에 대항하는 형태로 발전해 나갔다는 것은, 루터나 사회주의자들이 생각했던 것처럼, 사적 이익의 추구를 억제하는 '공정한' 거래가 발전해 나갔다는 것을 의미하는 것은 아닙니다. 오히려, 그것이 의미한 것은, 자본주의적 생산양식이 이자 낳는 자본을 종속시켜, 스스로의 발전에 이바지하도록 포섭해 나갔다는 것이었습니다. 그러므로, 개인적 소비를 위해 쓰이는 화폐를 대출해 주는 고리대가 폐지되기는커녕, 어떤 면에서는 낡은 공동체 사회의 규제로부터 해방되어, 전반화되었다고도 말할 수 있습니다. 지금도, '소비자금융'이나 '카드론'이라는 이름의 고리대가 얼마나 만연해 있는지는, TV나 인터넷, 다이렉트 메일 등을 통해서 매일같이 흘러나오는 광고에서도 분명할 것입니다.

그러나, 다른 한편으로, 이자 낳는 자본이 기능하는 조건은 근본적으로 변화하여, 그 대부분은 자본주의적 생산을 위한 자금을 제공하는 것으로 되었습니다. 즉, 소비자에게 화폐를 대부하여 그의 자산을 축내거나 빈곤의 구렁텅이로 몰아넣는 것이 아니라, 노동자를 착취하고 이윤을 취득할 수 있는 능력을 가진 기능자본가에게 자금을 제공하고, 거기에서 안정적으로 이자를 취득하게 되었습니다. 물론, 이자 낳는 자본인 한, 화폐적 자본의 독점에 근거한 타인의 부의 수탈일 뿐이지만, 그것이 사회적 생산의 발전에 공헌한다는 의미에서는, 전혀 다른 사회적 기능을 수행하게 됩니다.

특히 여기에서 강조되고 있는 것은, 이자 낳는 "자본이 재산은 없지만 열정, 능력, 견실함, 사업 지식 등이 있는 한 사람"을 이렇게 하여 자본가로 전화시킬 수 있다는, 그 능력입니다. 지금도, 미국 등에서는, 거대 은행이나 거대 자본의 우산 아래 있는 벤처 자본이 많은 스타트업 기업에 출자하여, 성공하면, 그 기업의 주식을 매각하여 막대한 이익을 얻는 일이 활발하게 이루어지고 있습니다. 이와 같이 은행=신용시스템은, 화폐 재산을 갖고 있지 않지만 능력 있는 인물을 기능자본가로 만듦으로써, "자본에 의한 지배 그 자체를 확고히 하고, 이 지배의 기초를 확대하여, 그것이 사회의 하층으로부터의 신선한 힘에 의해 끊임없이 보충되는 것을 가능하게 하는" 것입니다.

산업자본 및 상업자본에 대한 이자 낳는 자본의 종속

"암스테르담은행(1609)은 (함부르크은행(1619)과 마찬가지로) 현대 신용제도의 발전에서 한 시기를 구분하는 것은 아니다. 순수한 예금은행. 이 은행이 발행한 어음은 실제로는 단지 예탁된 귀금속(또는 경화硬貨)의 수령증에 불과했으며, 그것이 단지 그 수취인의 배서背書에 의해 유통되었을 뿐이었다. 그러나 네덜란드에서는 상업과 제조업의 발달과 더불어 상업신용과 화폐취급업이 발달했기 때문에, 이자 낳는 자본은 발달 그 자체에 의해 산업자본이나 상업자본에 종속하게 되었다. 이 점은 **이자율이 낮은 것**에서도 나타나 있었다(**양적으로**). ……

18세기 전체를 통해 네덜란드를 본받아, 이자 낳는 자본을 상업자본과 산업자본에 종속시키고 그 반대가 되지 않도록 하기 위해, 이 자율의 **강제적인** 하락을 요구하는 외침이 울려 퍼졌다(그리고 입법은 그 방향으로 나아갔다). ……

고리대에 대한 이러한 **격렬한** 공격, 다시 말해 이자 낳는 자본을 산업자본에 종속시키는 것은 자본주의적 생산양식의 조건들을 만들어 내는 유기적 창조물인 근대적 은행제도의 전주곡일 뿐이다. 근대적 은행제도는 한편으로는 모든 사장死藏되어 있는 화폐준비금을 집중하여 그것을 화폐시장에 투하함으로써 고리대자본에서 그 독점을 빼앗아 오고, 다른 한편으로는 신용화폐의 창조에 의해 귀금속 그 자체의 독점을 제한한다."(①654f, E616f, 김772ff)

신용=은행시스템은 자본주의 생산양식을 최종 형태로까지 발전시킨다

"…… 신용제도는 사적 개인에 의한 사회적 생산수단(**자본**이나 **토지소유**의 형태로의)의 독점을 **전제**하는 것이며, 신용제도는 그 자신 **자본주의적 생산양식**의 내재적 형태인 동시에 다른 한편으로는 이 생산양식을 그 가능한 한 최종의 형태로까지 발전시키는 하나의 매체이다.

은행시스템은 형태적인 조직화 및 집중으로 보아, 대체로 자본주의적 생산양식이 만들어 내는 가장 인공적이고 가장 발달한 산물이다. 바로 그 때문에 잉글랜드은행 같은 기관이 상업이나 산업에 대해 거대한 힘을 휘두르는 것이다. 하지만 상업이나 산업의 현실의 운동이 완전히 잉글랜드은행의 영역 외부에 있다는 점에는 변함이 없으며,

이 운동에 대한 잉글랜드은행의 관련은 수동적이다. 그것과 함께 은행은 확실히 생산수단의 사회적인 규모에서 일반적인 기장記帳 가능성과 배분의 형태(다만 형태일 뿐이긴 하지만)를 부여한다. 이미 본 바와 같이, 개별 자본가, 특수적 자본의 평균이윤은 이 자본이 착취하는 잉여노동에 의해 규정되는 것이 아니라, 총자본이 착취하는 사회적인 잉여노동의 분량에 의해 규정되는 것이며, 특수적 자본은 그 속에서 단지 이 총자본 속에서 차지하는 비율에 따라 자신의 몫을 끌어낼 뿐이다. 자본의 이 '사회적인' 성격은 신용=은행시스템의 발전에 의해서 비로소 매개되고 실현된다. 다른 한편으로는 이것은 한층 더 나아간다. 신용=은행시스템은 산업자본가나 상업자본가에게 사회의 처분 가능하며 아직 능동적으로 사용되지 않은 모든 자본을 빌려준다. 그리하여 이 자본의 대부자나 그 사용자도 이 자본의 '소유자'나 생산자가 아니게 된다. 신용=은행시스템은 이와 같이 자본의 **사적 성격**을 지양Aufhebung하며, 따라서 **즉자적으로***an sich*, 그러나 단지 **즉자적으로**만, 자본 그 자체의 지양을 포함하고 있는 것이다.85)

은행제도는 자본의 배분을 사적 자본가나 고리대의 손으로부터 빼앗아 하나의 **특수적 업무**, 사회적인 기능으로 만들었다. 그러나 이로써 동시에 은행제도는 자본주의적 생산을 그 자신의 제한들을 넘어서 진행시키는 가장 능동적인 수단이 되며, 또한 공황, 투기 등등의 가장 유효한 매개물의 하나가 되는 것이다."(①661f, E620f, 김 778f)

85) 역주: "an sich", "Aufhebung"을 현행 국역본들에서는 "자기 자신 안에", "철폐"라고 번역하지만, 이 책에서는 "즉자적", "지양"으로 번역했다.

자본주의적 생산양식 하에서 발전하는 신용=은행시스템의 사회적 성격에 대해서는 앞 절에서도 반복하여 언급되었지만, 마르크스는 다시 한번 역사적인 관점에서 이 문제에 대해 논하고 있습니다.

마르크스가 지적하듯이, "**은행시스템**은 형태적인 조직화 및 집중으로 보아, 대체로 자본주의적 생산양식이 만들어 내는 가장 인공적이고 가장 발달한 산물"이며, 그러므로 그 정점에 서 있는 중앙은행은 막강한 힘을 행사할 수 있습니다. 물론 이 막강한 힘 자체가 신용시스템 전체에, 더 나아가 그 신용시스템의 토대에 있는 자본주의적 생산에 의존하고 있다는 것을 잊어서는 안 됩니다. 실제로 중앙은행조차도 공황 시에는 "은행의 **신용**이 동요하고 있지 않는 한"에서 "신용화폐를 늘림으로써 패닉을 완화"(①595, E533, 김663)할 수 있을 따름이며, 어디까지나 "상업이나 산업의 운동"에 대해 "수동적"으로 관련할 수밖에 없다는 것은 앞 절에서도 지적되었던 바입니다. 하지만, 이러한 제약 하에서도 신용=은행시스템은 자본을 배분하는 힘을 사적 자본가나 고리대금업자의 손에서 빼앗아, 그것을 사회적인 기능으로 만듦으로써 자본주의적 생산양식의 사회화를 촉진합니다. 은행제도가 사회의 다양한 영역에서 모은 화폐적 자본이나, 신용시스템 전체가 창조하는 신용이, 사적 자본가의 사적 자본만으로는 절대로 불가능한 자본주의적 생산의 비약적 발전을 가져오는 것입니다. 따라서 신용=은행시스템은 그 대부자의 자본도, 그 사용자의 자본도 더는 사적 자본이 아니라는 의미에서 "자본의 **사적 성격**을 지양"하게 됩니다.

그런데 다른 한편으로 신용=은행시스템은 이와 같이 자본주의적 생산을 촉진함으로써 "자본주의적 생산을 그 자신의 제한들을 넘어서 진행시키는 가장 능동적인 수단"이 되며, 이로써 경기의 과열, 화폐적 자본의 플레토라, 유가증권의 가격 상승이 초래됩니다. 이리하여 그것은 "공황, 투기 등등의 가장 유효한 매개물의 하나"가 됩니다.

그러므로 역사적으로 보면, 신용=은행시스템은 한편으로는 자본주의적 생산양식의 사회화를 추진하고, 새로운 사회의 잠재적 요소를 형성하면서도, 다른 한편으로는 극소수의 기생 계급에 의한 사회적 부의 대규모 수탈을 가능하게 한다는 이중적 성격을 갖게 됩니다.

> 사회주의적인 의미에서의 신용=은행제도의 기적적인 힘에 대한 환상은 자본주의적 생산양식과 신용제도에 대한 완전한 무지에서 생겨난다

"마지막으로, 자본주의적 생산양식에서 **어소시에이트한 노동***Associirten Arbeit*[86]의 생산양식으로의 과도기Uebergang에 신용시스템이 강력한 지렛대로서 역할할 것이라는 점은 조금도 의심할 여지가 없다. 하지만, 그것이 역할하는 것은 단지 이 생산양식 그 자체의 다른 커다란 유기적인 변화들과의 관련 속에서 한 계기로서만이다. 이에 반해, 사회주의적인 의미에서의 신용=은행제도의 기적적인 힘에 대한 여러가지 환상은 자본주의적 생산양식과 그 형태의 하나로서 신용제도에 대한 완전한 무지에서 생겨나는 것이다. 생산수단이 **자본**으로 전화되는 것을 중지하면(여기에는 사적 토지소유의 지양도 포함되어 있다), **신용** 그 자체는 더는 아무 의미도 없는데, 덧붙여 말하면 이 점은 생시몽주의자들조차도 간파했던 바이다. 다른 한편, 자본주의

86) 역주: "Associirten Arbeit"를 현행 국역본들에서는 "연합한 노동"으로 번역하지만, 이 책에서는 "어소시에이트한 노동"이라고 음역했다.

적 생산양식이 존속하는 한, 이자 낳는 자본은 그 형태의 하나로서 존속하며(그리고 사실 이것이 신용시스템의 토대가 되고 있다), 단지 상품 생산은 존속시켜 두고 **화폐**를 폐지하고자 했던 그 '**인기 영합 저술가**'인 프루동Pierre-Joseph Proudhon(1809-1865)만이, **무상신용***crédit gratuit*이라는 괴물, 즉 저 소부르주아적 관점의 경건한 소망을, 몽상할 수 있었다. 이곳이야말로 온갖 공허한 기획가들과 허풍선이들의 자연스러운 독무대이다."(①662f, E621, 김779)

앞에서 본 바와 같이, 신용=은행시스템은 자본주의적 생산양식에서 생산의 사회화를 촉진하는 역할을 합니다. 그러므로 "자본주의적 생산양식에서 **어소시에이트한 노동**의 생산양식으로의 과도기"에는, 즉 자본주의에서 공산주의로의 과도기에 있는 사회에서는 — 그 사회에 아직 자본주의적인 생산관계가 잔존하고 있는 한에서 — 신용=은행시스템을 이용하여 자본의 배분을 변화시킴으로써 자본주의적 생산양식의 축소와 어소시에이션에 기초한 생산양식의 확대를 촉진할 수 있을 것입니다.

그러나 이러한 것이 가능한 것은 "이 생산양식 그 자체의 다른 커다란 유기적인 변화들과의 관련" 속에서만입니다. 즉 어떤 의미에서 직접 생산활동과 관련된 사람들이 연대하고, 자신들 스스로 생산이나 분배를 조직하기 위한 시도를 대규모로 하는 가운데, 앞서 언급한 것과 같은 형태로 은행=신용시스템을 이용한다면, 아직 잔존하고 있는 자본주의적 생산관계의 변혁에 "한 계기로서" 역할할 수 있을 따름이라는 것입니다.

마르크스가 이 점을 굳이 강조한 것은, 생산양식 그 자체에는 손대지 않고 은행=신용제도만 변혁하면 사회주의를 실현할 수 있다고 생각하는 "사회주의자"가 존재했기 때문입니다. 애초에 은행=신용제도가 거대한 힘을 가지고 있다고 한다면, 그것은 바로 자본주의적 생산양식의 발전의 결과에 지나지 않습니다. 화폐의 힘에 의해 생산수단을 배타적으로 독점한다는 자본주의적인 소유 형태가 없다면, 혹은 그것을 끊임없이 재생산하는 임금노동이 없다면, 근대적인 은행=신용제도가 성립할 수 없습니다. 은행=신용제도는 화폐 취급 업무와 함께 이자 낳는 자본의 관리를 그 기둥으로 하고 있는데, 반복해서 살펴보았듯이, 이 이자 낳는 자본은 자본주의적 생산을 전제로 함으로써만 일반화될 수 있기 때문입니다.

그러므로 이 기초인 자본주의적 생산에 손대지 않고, 자본주의적 생산을 그 토대로 삼고 있는 은행=신용제도의 힘을 이용하여 사회주의를 실현하려 하는 것은 완전한 "환상"이라고 말할 수밖에 없습니다.

예를 들어 프루동은 인민은행Banque du Peuple을 설립하여, 금속화폐의 제약에 얽매이지 않고 무이자로 은행권을 공급함으로써 부의 수탈을 없앨 수 있다고 생각했습니다. 그러나 실제로는 무이자로 소생산자들에게 자금을 공급한다고 해도, 그들이 대자본가들과 경쟁해야 한다면, 인민은행에서 빌린 자금을 상환하기는 어려울 것입니다. 이에 대해 인민은행이 다시 무이자로 은행권을 계속 공급할 수도 있지만, 그렇게 되면 이번에는 인플레이션이 발생하고, 인민은행의 신용 공급 능력 자체가 훼손되고 맙니다. 결국 사적 노동과 임금노동에 기초한 자본주의적 생산 그 자체를 변혁하지 않는 한, 금속화폐의 저주에서도, 이자의 저주에서도 탈피할 수는 없는 것입니다.

불환제로의 이행에 의해 중앙은행의 힘이 증대하고 있는 것처럼 보이는 현재, "사회주의적인 의미에서의 신용=은행제도의 기적적인 힘에 대한 여러가지 환상"은 더욱 강력해지고 있습니다. 그래서 여기에서 마르크스의 비판은 극히 중요한 현대적 의의가 있다고 말할 수 있을 것입니다.

COLUMN 5 페레르 형제와 현대의 '사회주의자'

마르크스가 신용제도의 양면성(본서 461쪽)을 구현하는 인물로서 거론한 이삭 페레르는 형 에밀과 함께 1852년에 '크레디 모빌리에'라는 은행을 설립한 것으로 알려져 있습니다. 이 은행은 소유하고 있는 주식을 보증으로 주식을 발행하고, 조달한 자금으로 새 사업의 주식을 사는 등의 수법으로 철도 건설에 광범위하게 투자했습니다. 당연히 이러한 투기적인 수법이 오래 지속될 리 없었고, 이 은행은 1867년에 파산했습니다. 흥미로운 것은 페레르 형제가 사회주의의 한 파벌이었던 생시몽주의의 신봉자였다는 점입니다.

생시몽주의자들은 "뭔가 신기한 공적 신용 계획에 의해 보편적인 부를 창출하면 일체의 계급적 적대관계는 해소될 것이라는 몽상을 믿고" 있었습니다(『마르크스·엥겔스 전집』 ⑫26). 페레르 형제는 이 "몽상"을 나폴레옹 3세Charles Louis Napoléon Bonaparte(1808-1873)의 정부와 유착하면서 사기적인 수법으로 실현하려 했던 것입니다. 마르크스는 사회주의 사상의 선구자 중 한 명이었던 "생시몽이 …… 사기의 예언자로 …… 오염된 구세주가 될 줄이야!"라고 탄식하며, "이보다 더 잔혹한 풍자의 예는 달리 없다"고까지 말했습니다(같은 책 27).[87)]

그러나 이러한 종류의 "몽상"은 그 후에도 반복되고 있습니다. 최근에도 일부 "사회주의자"가 "중앙은행이 대량의 국채를 매입하고, 거액의 재정지출만 한다면 경제성장을 실현하고 노동자의 생활을 풍요롭게 할 수 있다"고 주장했던 것[88)]은 기억에 생생합니다. 만약 마르크스가 이러한 사

87) 역주: Karl Marx, "The French Crédit Mobilier", *New-York Daily Tribune*, No. 4737, June 24, 1856, *MECW*, Vol.15, International Publishers, 1986, p.15.

88) 역주: '현대화폐이론MMT'의 주장으로서, 일본의 경우 松尾匡, 『反緊縮社会主義論: 脱

태를 목격했다면, 더욱 깊이 탄식했을 것이 틀림없습니다.

成長論と帝国主義の超克』, あけび書房, 2024가 대표적이다.

제6장 초과이윤의 지대로의 전화

자본주의적 생산양식의 부의 기본적인 형태인 상품에 대한 고찰에서 출발한 우리는 긴 여정을 거쳐, 마침내 자본주의적 생산양식 그 자체에서 발생하는 최후의 경제적 형태규정에 도달했습니다. 그것이 바로 본 장에서 고찰할 '지대'입니다. 이름 그대로, 지대는 토지를 빌려줄 때의 임대료입니다.

이 지대는 상업이윤이나 이자처럼 직접적으로 잉여가치 생산에 관여하여 생기는 것이 아니라, 파생적인 수입 형태 중 하나입니다. 그러나 다른 한편으로, 지대는 더 이상 상업이윤이나 이자처럼 실제로 자본가치를 투하함으로써 얻는 것이 아닙니다. 자본가치의 소유나 투하와는 상관없이, 단순히 토지를 소유하고 있다는 것만으로 수익을 올릴 수 있는 것입니다.

이런 의미에서, 지대는 앞 장에서 등장한 유가증권과 비슷합니다. 유가증권은 '자본'이라는 외관을 취하지만, 실제로는 아무런 자본가치도 가지고 있지 않으며, 배당이나 이자를 얻을 수 있는 화폐청구권에 불과합니다. 마르크스가 말하듯이, 바로 '가공자본'일 뿐입니다. 그러므로 현실의 자본가치와 상관없이 수익을 올릴 수 있다는 점에서, 유가증권과 토지는 공통된 성격을 가지고 있습니다.

그러나 이 둘이 생산활동과 맺는 관계는 완전히 다릅니다. 유가증권은 어디까지나 화폐청구권에 불과하며, 그 자체로서는 생산과 무관하고, 생산활동에 필요한 것도 아닙니다. 그에 반해, 토지는 현실의 생산활동에 있어 가장 근본적인 생산요소가 됩니다. 토지는 모든 생산활동에 대해 불가결한 생산수단이며, 특히 농업이나 광업에서는 그 토지가 그러한 생산활동에 적합한 성질을 가지고 있는지가 결정적인 요소가 됩니다. 토지는 가장 기본적인 생산요소임에도 불구하고, 자본에 의해서는 — 즉, 자본이 동원할 수 있는 임금노동에 의해서는 — 창조할 수 없는 것이며, 기껏해야 거기에 일정한 개량을 가할 수 있을 뿐입니다. 토지 자체를 자본에 의해 만들어 낼 수는 없으므로, 토지를 사용하기 위해서는 토지소유자에게 지대를 지불하거나, 그 토지를 사들이는 수밖에 없습니다.

그렇다면, 이때 자본이 지불해야 하는 지대는 어떤 메커니즘으로 결정되는 것일까요? 혹은, 토지를 구매할 때의 가격은 어떻게 결정되는 것일까요? 이를 해명하는 것이 본 장의 과제입니다.

이 문제를 이론적으로 고찰할 때, 우선 주목해야 할 것은 농업입니다. 왜냐하면, 생산활동에 있어 토지가 결정적인 영향을 미치는 것은 농업에서이며, 이 경우에야말로, 지대는 일정한 경제법칙에 따라 결정되기 때문입니다(광업에서도 토지가 결정적이지만, 과거의 경제학자들을 따라 마르크스는 주로 농업에 주목합니다). 물론 현실에서는 공업용지든 상업지든 주택지든 지대가 발생합니다. 그러나 공업용지나 상업지는 농업이나 광업의 파생적인 경우(토지 자체의 성질이 아니라 그 위치가 영향을 미치는 경우)로 이해할 수 있고, 주택지의 경우에도—산업이나 상업이 영위되는 것은 아니므로 사업용지보다는 낮은 지대가 되지만—역시 유사한 메커니즘이 작동합니다.

또 하나, 이 문제를 이론적으로 생각할 때 중요한 것은, 자본주의적 생산에 포섭된 토지소유를 상정하는 것입니다. 자본은 토지를 창조할 수는 없지만, 토지소유의 존재 방식에 커다란 영향을 미치고, 그것을 근본적으로 변화시켜 왔습니다. 자본주의적 생산에 포섭된 토지소유는 예전의 봉건적 토지소유와는 전혀 다른 것은 물론이고, 자기 토지에서 농업을 영위하는 소농의 경우와도 다릅니다. 여기서는 자본가, 임금노동자, 토지소유자 세 사람이 등장하여, 토지소유자가 자본가에게 토지를 빌려주고, 자본가가 임금노동자를 고용하여 농업을 경영하며, 그것에 의해 자본가가 올린 이윤의 일부를 토지소유자가 지대로서 취득한다는 관계가 성립합니다.

현실에서는 현재에 이르기까지 농업이 자본주의적 생산에 완전히 포섭되지는 않았지만, 그래도 이러한 상정을 하는 데에는 두 가지 의의가 있다고 말할 수 있을 것입니다. 하나는, 지대라는 경제적 형태규정을 순수한 형태로 해명하는 것이 가능해진다는 것입니다. 이것은 상업자본에 대한 고찰에서, 상업자본이 담당하는 산업자본으로서의 측면을 사상한 것과 같은 이치입니다. 또 하나는, 마르크스 자신은 전혀 상정하지 않았지만, 본 장에서 고찰되는 지대와 유사한 수익 획득 메커니즘은, 오늘날, 지식재산권이나 디지털 플랫폼의 독점이라는 형태로, 자본주의적 생산과 관련된 많은 분야에서 나타나고 있다는 것입니다. 그런 의미에서, 본 장에서 전개되는 고찰은 좁은 의미의 지대에 그치지 않고, 넓은 의미의 렌트rent의 발생 메커니즘에 대한 이론적 고찰로서 읽을 수도 있을 것입니다.

문헌고증

제6장에 대한 엥겔스의 편집은 대체로 타당합니다. 엥겔스는 초고에 존재하지 않는 절 구분을 했지만, 여기에는 명확한 근거가 있기 때문입니다. 마르크스는 본 장의 초고 마지막 부분에 다음과 같은 절 구분 구상을 남겨 두었습니다.

"(**지대를 다룰** 경우의 항목은 다음과 같다. (A) I **차액지대** 일반의 **개념**. 수력에 의한 예시. 그것으로부터 본래의 농경 지대로의 이행. Ⅱ **차액지대 No. I**. 다양한 토지 단위의 비옥도 차이로부터 발생하는 것. Ⅱ〔Ⅲ〕 **차액지대 No. Ⅱ**. 동일한 토지에 계속적 자본 투하로부터 발생하는 것. Ⅲ〔Ⅳ〕 이 지대의 **이윤율**에 대한 영향. (B)**절대지대**. (C)**토지가격**. (D)**지대에 관한 결론적 고찰**. **Ⅱ는 다시 다음과 같이 나뉜다**. (α)**생산가격이 변하지 않는** 경우의 차액지대. (β)**생산가격이 하락하는** 경우의 차액지대. (γ)**생산가격이 상승하는** 경우의 차액지대). (그것에 (δ)**초과이윤의 지대로의 전화**)."(①816f, E736, 김922f)

표 6.1을 보면 알 수 있듯이, 엥겔스가 이 계획에 따라 장章 나누기와 구분을 하고 있음은 분명합니다.

다만, 한 가지 큰 차이가 있습니다. 마르크스는 마지막 절 제목을 '지대에 관한 결론적 고찰'로 예정했지만, 엥겔스는 이에 해당한다고 생각되는 부분의 절 제목을 '자본주의적 지대의 생성'이라고 했습니다. 이 엥겔스의 제목은 다소 오해를 불러일으킬 수 있습니다. 이 부분은 확실히 자본주의적 지대의 생성에 대해서도 다루고 있지만, 오히려 여기에

표 6.1

제3부 주요 초고(①)	현행판(E)
제6장 초과이윤의 지대로의 전화	제6편 초과이윤의 지대로의 전화
a) 서론	제37장 서론
b) 차액지대〔수고에서는 c 다음에 쓰여 있습니다〕	제38장 차액지대. 개설
	제39장 차액지대의 제1형태 (차액지대 I)
	제40장 차액지대의 제2형태 (차액지대 II)
	제41장 차액지대 II — 제1예 생산가격이 불변인 경우
	제42장 차액지대 II — 제2예 생산가격이 저하하는 경우
	제43장 차액지대 II — 제3예 생산가격이 상승하는 경우
	제44장 최열등지에서도 발생하는 차액지대(①만 아니라 ⑧도 사용)
c) 절대지대〔수고에서는 a 다음(b 앞)에 쓰여 있습니다〕	제45장 절대지대
〔d) 토지가격〕	제46장 건축지지대. 광산지대. 토지가격
〔e) 지대에 관한 결론적 고찰〕	제47장 자본주의적 지대의 생성

서 문제가 되고 있는 것은 자본주의적 지대의 의의를 전근대적 지대와의 비교를 통해 해명하는 것이기 때문입니다.

그러므로 이 부분에 대해서는, 역시 마르크스 자신의 구상대로, '지대에 관한 결론적 고찰'이라고 제목을 다는 것이 타당할 것입니다.

내용적으로 큰 차이가 있는 것은 차액지대 부분입니다. 특히 현행판의 '제43장 차액지대 II — 제3예 생산가격이 상승하는 경우'와 '제44장 최열등지에서도 발생하는 차액지대'에 해당하는 부분에서 엥겔스에

표 6.2

제6장 초과이윤의 지대로의 전화	
제1절	서론
제2절	차액지대 Ⅰ) 차액지대 일반의 개념. 수력에 의한 예해例解 Ⅱ) 차액지대Ⅰ, 다양한 토지 단위의 비옥도 차이로부터 발생하는 것 Ⅲ) 차액지대Ⅱ, 동일한 토지에서 계속적 자본 투하로부터 발생하는 것
제3절	절대지대
제4절	토지가격
제5절	지대에 관한 결론적 고찰

의한 변경 및 가필 중 일부는 타당하다고 할 수 없습니다. 지면 관계상 상세히 논할 수는 없지만, 이것은 엥겔스가 실체주의적인 가치론에 기울어져 있었고, 시장가치론을 불충분하게밖에 이해하지 못했음을 반영하는 것으로 보입니다.

본서에서는 제6장을 기본적으로 마르크스 자신의 절 나누기와 절 제목에 따라 표 6.2와 같이 구성하고 있습니다. 다만, 제2절의 Ⅳ, 그리고 그리스 문자로 쓰여 있는 목目(항項의 다음의 구분)은 번잡해지므로 채택하지 않았습니다. 또한, 초고에서는 알파벳으로 절 나누기가 되어 있지만, 본서에서는 지금까지의 장의 체재에 맞추어, 숫자로 절을 나누겠습니다.

제1절 서론

본 장에서 다루는 것은 토지소유로 얻는 지대이지만, 물론 여기에서 말하는 토지소유는 예전의 봉건적인 토지소유가 아닙니다. 본 장에 등장하는 토지소유는 자본주의적 생산양식에 대응한 근대적인 토지소유이며, "**순수하게 경제적인 형태**"(①670, E631, 김794)를 취하고 있습니다. 서론에서는 이 근대적 토지소유를 비롯하여, 다음 절 이후의 본격적인 지대론의 전제가 되는 사항을 확인해 보겠습니다.

본 장의 과제는 토지소유의 경제적 이용을 전개하는 것이다

"토지소유는, 지구Erdkörpers의 일정한 부분들을 자신의 사적인 의지의 배타적 영역으로서, 일체의 타인을 배제하고, 자유롭게 처분한다는, 특정한 인격들에 의한 **독점**을 전제한다. 이 점을 전제하면, 문제가 되는 것은, 자본주의적 생산양식의 기초 위에서 이 독점의 **경제적 가치**, 즉 그것의 **이용**을 해명하는 것이다. 지구Erdballs의 여러 부분을 사용하고 남용하는, 이러한 인격들의 **법학상**의 힘*juristischen* Macht만으로는, 아무것도 결정되지 않는다. 왜냐하면, 이 힘의 사용은, 그들의 의지에서 독립한 경제적 조건들에 완전히 의존하고 있기 때문이다. 이 법학적 표상juristische Vorstellung 그 자체는, 모든 상품소유자가 자신의 상품을 다루는 것과 마찬가지 방식으로, 토지소유자는 토지를 다룰 수 있다는 것 외에는 아무것도 의미하지 않는다. 그리고, 이 표상—자유로운 사적 토지소유라는 법학적 표상—은, 고대 세계에서는 단지 유기적 사회 질서의 해체 시대에만 나타나고, 근대 세계에서는 단지 자본주의적 생산양식의 발전에 따라서만 나타난다. 아시아에서는 이 표상은, 여기저기에서 유럽인에 의해 수입되었을 뿐이다."(①668f, E628ff, 김791f)

제1부 제2장에서 본 것처럼, 자본주의적 생산양식에서의 소유, 즉 근대적 소유는 상품이나 화폐의 소지자가 물상(상품이나 화폐)의 힘에 의존하여 서로를 소유자로서 승인함으로써 성립합니다(마144). 화폐 소지자는 자신의 화폐의 힘에 의해 거래 상대방의 상품을 소지하는 것을 인정하게 하고, 상품 소지자는 자신의 상품의 힘에 의해 거래 상대방의 화폐를 소지하는 것을 인정하게 하는, 그러한 형태로 소유가 성립하는 것입니다.

본 장에서 문제가 되는 근대적 토지소유도 바로 이 근대적 소유의 원리에 따라 성립하고 있습니다. 그러므로, 토지소유도 그것이 근대적 소유인 한에서는—실제로 그 토지가 어떠한 경위로 취득되었는지와 상관없이—상품 일반의 소유와 마찬가지로, 소유자가 소유자 이외의 의지와 상관없이 자유롭게 그것을 처분할 수 있다는 배타적인 소유권을 행사할 수 있는 것입니다.

따라서 근대적 토지소유는 "인격들의 **법학상의** 힘", 즉 어떠한 자연법이나 실정법에 근거한 의지의 힘으로 성립하고 있는 것이 아닙니다. 오히려, 이들의 의지로부터 독립하여 성립하는 물상화된 관계가 먼저 존재하고, 이 관계 아래에서 각각의 인격들이 "물상의 인격화"(화폐의 인격화 혹은 상품의 인격화)로서 행위함으로써 성립하는 것입니다.

다음 절부터는 이러한 근대적 토지소유의 힘을 이용함으로써, 어떤 메커니즘으로 경제적 수익을 취득할 수 있는지를 고찰해 보겠습니다.

진정으로 합리적인 농업은 어디서든
사적 소유에서 넘기 힘든 제한을 발견한다

"완전히 보수적인 농예화학자, 예를 들어 존스턴[89](!)도, 진정으로 합리적인 농업은 어디서든 사적 소유에서 넘기 힘든 제한을 발견한다는 것을 인정하고 있으며, 그 점은 지구Erdballs의 사적 소유의 독점을 공공연히 변호하는 자도 인정하고 있다. 예를 들어, **샤를 콩트**[90]씨도 사적 소유의 변호를 특별한 목적으로 하는 두 권의 책에서 그것을 인정하고 있다. 그는 다음과 같이 서술하고 있다. '**한 국민을 먹여 살리는 토지의** 어떤 **부분에도 일반적인 이익과 가장 잘 조화하는 용도가 주어지지** 않는다면, 그 국민은 그 성질에서 당연히 생겨나야 할 행복과 힘에 도달할 수 없다. 그 국민의 부에 커다란 발전을 주기 위해서는, **가능하다면**, 단 하나의, 그리고 특히 계몽된 의

---

89) 역주: 존스턴James Finlay Weir Johnston(1796-1855): 스코틀랜드 출신의 농업화학자이자 대중적 과학 저술가.

90) 역주: 샤를 콩트François-Charles-Louis Comte(1782-1837): 프랑스의 법률가, 언론인.

지가 그 국민의 영토의 각 부분의 처리를 인수하여, 어떤 부분도 다른 모든 부분의 번영에 기여하도록 해야만 할 것이다. 그러나, 이러한 의지의 존재는 …… 토지를 사유지propriétés privées로 분할하는 것과는 양립하지 않을 것이고 …… 또한, 자신의 재산을 거의 절대적인 방식으로 처분할 수 있다는, 어떤 소유자에게도 보장되어 있는 능력과도, 양립할 수 없을 것이다.'[91]

존스턴이나 콩트 등은 사적 소유Privateigenthums와 합리적 농학rationellen Agronomie과의 모순에 직면하여, 단지 한 나라의 토지를 하나의 전체로서 경작할 필요성을 염두에 두고 있을 뿐이다. 그러나 특수한 토지생산물의 재배가 시장가격의 변동에 좌우된다는 것, 또한 이 가격 변동에 따라 재배가 끊임없이 변화한다는 것, 그리고 자본주의적 생산의 전체 정신Geist이 **직접** 눈앞의 돈벌이에 향해져 있다는 것, 이러한 것은 서로 연결된 여러 세대 인간의 항상적인 생활조건을 충당해야만 하는 농업과는 모순된다. 그 적절한 예는 **삼림**인데, 삼림은 단지 그것이 사적 소유**가 아니라** 국가 관리 아래 놓여 있을 경우에만 어느 정도는 전체의 이익에 적합하도록 관리된다."(①670, E630f, 김793f)

자본주의적 생산양식은 생산을 둘러싼 지식의 존재 방식을 재편하고, 농업에서도 예전의 경험적인 방식에서 벗어나 근대 과학에 근거한 "합리적인 농업"을 실현할 가능성을 가져다줍니다.[92] 그러나 이 가능

91) 역주: François-Charles-Louis Comte, Traite de la propriété, vol.1, Paris, 1834, pp.228, 631.

92) 하지만 마르크스가 이후에도 이러한 견해를 유지했는지는 의문이 있습니다. 『자본론』

성은 어디까지나 잠재적인 것에 불과합니다. 왜냐하면 동시에 자본주의적 생산양식은 그 근대적 사적 소유로 "합리적인 농업"의 실현을 가로막기 때문입니다.

첫째, 사적 소유에 의해 농학에 근거한 생산력의 향상이 방해받는다는 문제가 있습니다. 먼저, 존스턴이나 콩트도 지적했듯이, 사적 소유에 의해 토지가 분할됨으로써, 농학에서 보아 합리적인 대규모 협업이나 보다 고도한 생산수단의 도입이 방해받습니다. 또한, 이는 나중에 차액지대론에서 다룰 논점이지만, 토지소유자가 차지농업자가 투하한 자본의 성과(과학적 개량, 관개 설비, 농장 건물의 축조 등)를 차지 계약 종료 후에 가로채게 되므로, 차지농업자에 의한 토지개량에 대한 동기 부여가 저하되는 문제도 있습니다. 생산수단이어야 할 토지가, 토지소유에 의해 생산자로부터 분리되어 버림으로써, 생산력의 합리적 발전이 방해받는 것입니다.

둘째, 이쪽이 더 본질적인 문제이지만, 근대적 사적 소유의 근본 원리로서의 물상의 논리 — 즉 생산이나 교환의 목적이 가치이며 사용가치가 아니라는 것 — 가 합리적인 농업과는 근본적으로 모순된다는 것

제1부에서도 강조되듯이, 근대 과학에 기반을 둔 기술의 방식은 자본주의적 생산양식에 의해 크게 제약받고 있습니다(마393). 예를 들어, 이는 노동생산성의 증대라는 의미에서의 합리성을 추구하는 것이며, 이 합리성은 그곳에서 일하는 사람들의 상황을 고려하지 않습니다. 마찬가지로, 여기서 말하는 농학의 "합리성"도 자본주의적 관점의 영향을 받은 좁은 의미의 합리성이라고 볼 수 있을 것입니다. 실제로, 『자본론』 제1권 집필 이후 마르크스는 농학 연구를 진행하는 과정에서 그 합리성의 한계를 더욱 깊이 인식하게 됩니다. 그리고 만년의 마르크스는 공동체 연구를 통해 오히려 전근대 사회가 지닌 "생명력", 즉 인간과 자연 사이의 물질대사를 제어하는 능력을 높이 평가하게 됩니다. 이 점에 대한 자세한 내용은 斎藤幸平(1987-), 『大洪水の前に: マルクスと惑星の物質代謝』, 角川ソフィア文庫, 2022(국역: 사이토 고헤이, 『마르크스의 생태사회주의』, 추선영 옮김, 두번째테제, 2020)를 참고하시기 바랍니다.

입니다. 물론, 마찬가지 모순은 공업에서도 발생하지만, 자연에 의해 주어진 비옥도나 생물의 생육生育에 크게 의존하고 있는 농업에서는 이 모순은 더욱 현저하게 나타납니다. 그 좋은 예가 마르크스가 여기에서 들고 있는 임업인데, 만약 단기적인 이익만을 추구하여 벌채를 한다면, 삼림은 순식간에 황폐해져 버립니다. 합리적인 농업을 하기 위해서는, "**직접** 눈앞의 돈벌이"에 향해져 있는 "자본주의적 생산의 전체 정신"에서 탈각하여, "여러 세대 인간의 항상적인 생활조건"을 고려한 지속가능한 생산, 즉 지속가능한 인간과 자연 간의 물질대사의 제어를 목표로 해 나갈 필요가 있는 것입니다. 따라서, "진정으로 합리적인 농업"의 실현을 위해서는, 단순히 사적 소유를 국가 관리로 함으로써 사적 소유의 결함을 억제하는 것만으로는 불충분하며, 근본적으로는 자본주의적 생산양식 그 자체의 극복이 필요하게 됩니다.

토지가격과 이자율

> "지대는 …… 이자와 혼동되어, 지대의 독자적인 성격이 잘못 이해될 수 있다. 지대는 토지소유자가 지구Erdballs[93]의 한 필지의 임대로 매년 받는 **일정한 화폐액**으로 표시된다. 이미 본 바와 같이, 일정한 화폐 수입은 모두 **자본환원**될 수 있다. 즉, 어떤 관념적인 자본의 이자로 간주될 수 있다. 그러므로, 예를 들어 중위의 이자율이 5%라고 한다면, 연액 200파운드의 지대는 4,000파운드라는 자본의 이자로 간주할 수 있다. 이와 같이 **자본환원된 지대**가 **토지의 구매**

93) 역주: "Erdballs"는 현행 국역본들은 "땅" 혹은 "토지"로 번역하지만, 이 책에서는 "지구"로 번역했다.

가격 또는 **토지의 가치**를 이루는 것이지만, 이는 얼핏 봐도 분명히, 노동의 가격이 불합리한 것과 마찬가지로, **불합리한** 범주이다. 왜냐하면, 토지는 노동의 생산물이 아니며, 따라서 **가치를** 가지고 있지 **않기** 때문이다. 그러나, 다른 한편, 이 불합리한 형태의 배후에는 하나의 현실의 생산관계가 숨어 있다. 어떤 자본가가 연액 200파운드의 지대를 올리는 토지를 4,000파운드에 산다고 한다면, 그는 4,000파운드의 5%에 해당하는 통상적인 평균 연이자를 얻는 것이고, 그것은 마치 그가 이 자본을 이자 붙은 증권에 투하하거나, 그렇지 않으면 그것을 5% 이자로 빌려주었을 경우와 같은 것이다. …… 그러나, 이러한 지대의 자본환원은 지대를 전제하고 있는 것이고, 반대로 지대를 그 자신의 자본환원으로부터 도출한다거나 설명한다거나 할 수는 없다. 판매와는 독립된, 지대의 **존재**가 오히려 여기에서는 전제인 것이고, 이 전제로부터 출발하는 것이다."(①675, E636, 김800f)

토지가격에 대해서는 제4절에서 다시 다루겠지만, 기본적인 관계에 대해서는 이미 여기에서 서술되어 있습니다. 가공자본과 마찬가지로, 토지도 노동생산물이 아니어서 가치를 가지고 있지 않지만, 그것에 의해 지대라는 수익을 얻을 수 있으므로, 그 가격을 자본환원에 의해 구할 수 있습니다.

제2절 차액지대

I 차액지대 일반의 개념. 수력에 의한 예시

폭포수의 예에 의한 차액지대 설명

"지대의 이 형태의 일반적인 성격을 명확히 하기 위해, 한 나라의 매뉴팩처의 대다수는 증기기관에 의해 운전되지만, 특정한 소수는 **자연의 폭포의 힘**으로 운전된다고 가정하자. 전자의 매뉴팩처에서 일정량의 제품의 생산가격은 115이고, 그 제품에는 100의 자본이 소비되었다고 하자. ……

더욱이, 특정한 수량 관계는 여기에서는 전혀 중요하지 않으므로, 수력으로 운전되는 매뉴팩처에서 비용가격은 100이 아니라 90에 불과하다고 가정하자. 이 상품군의 시장규제적인 생산가격=115 ……이니, 기계를 수력으로 운전하는 공장주들도 역시 115에 팔 것이다. 즉 그들은 그 상품을, 시장가격을 규제하는 평균가격에 팔 것이다. 따라서 그들의 이윤은 15가 아니라 25가 될 것이다 …… [이 경우, 초과이윤은 10]. 이렇게 되는 것은, 그들이 자신의 상품을 생산가격 **이상**

으로 팔기 때문이 아니라, 생산가격**으로** 팔기 때문이고, 예외적으로 유리한 조건에서, 즉 이 부문에서 지배적인 생산조건의 평균적인 수준을 웃도는 조건에서 그들의 상품이 생산되고, 그들의 자본이 기능하기 때문이다."(①754, E653f, 김821f)

"그[폭포를 이용하는 공장주]에 의해 사용되는 노동의 생산력의 상승은, **자본**이나 **노동** 그 자체에서 생기는 것도 아니며, 자본이나 노동과는 별개의 것이기는 하지만, 자본에 합체되어 있는 자연력의 단순한 이용에서 생기는 것도 아니다. 그것은, 어떤 자연력의 이용과 결부된, 노동의 **자연발생적인** 생산력 증대에서 생기지만, 그렇다고 하더라도, 이 자연력은, 예를 들어 증기의 탄성처럼, 같은 생산영역의 모든 자본이 만들어 낼 수 있는 자연력(즉 일정한 기술적 조건 아래에서 자본이 이 영역에 투하된다면, 자명한 것)이 아니라, 폭포수처럼, 그 자체로 **대지***Erdbodens* **의 특정 부분**과 그 부속물을 자유롭게 이용할 수 있는 사람들만이 이용할 수 있는, **독점 가능한** 자연력이다. 이러한 노동의 생산력 증대를 위한 **자연 조건**을 만들어 내는 것은 자본이 할 수 있는 것은 결코 아니며, 어떤 자본이라도 물을 증기로 바꾸는 것이 가능한 것과는 다른 것이다. 이러한 자연 조건은 자연 속에 단지 국지적으로 존재할 뿐이고, 또한, 기계나 석탄 등처럼 노동에 의해 만들어 낼 수 있는 생산물에는 결부되어 있지 않으며, 따라서 일정한 자본의 투하에 의해 만들어 낼 수 있는 것이 아니다. 그것은, 토지Bodens의 특정한 자연관계들, 토지의 특정 부분에 결부되어 있다. 공장주 중 폭포수를 점유하고 있는 부분은, 그것을 점유하고 있지 않은 부분을 이 자연력의 이용으로부터 배제한다. 왜냐하면, 토지는,

그리고 수력이라는 은혜를 받은 토지는 제한되어 있기 때문이다. …… 이 자연력의 점유는 그 점유자의 손에 하나의 **독점**을, 자본 그 자체의 생산과정에 의해서는 만들어 낼 수 없는 투하 자본의 높은 생산력의 한 조건을 형성한다. 이와 같이 독점하는 것이 가능한 이 자연력은 언제나 대지Erde에 부착되어 있다. …… 폭포가, 그것이 속하는 토지와 함께, 지구의 이 부분의 소유자 즉 **토지소유자**(지구의 일부의 소유자)로 간주되는 주체의 수중에 있다고 생각해 보면, 그 경우에는 그들은 자본의 투하를 배제하고, 자본에 의한 폭포의 이용을 배제한다. 그들은 이용을 허락할 수도 있고 거부할 수도 있다. 그러나, 자본은 스스로 이 조건을 만들어 낼 수는 없다. 그 때문에, 이러한 폭포의 이용에서 생기는 **초과이윤**은, **자본**에서 생기는 것이 아니라, 독점될 수 있는, 또한 독점되어 있는 **자연력**을 자본이 이용하는 것으로부터 생기는 것이다. 이러한 사정 아래에서는 초과이윤은 **지대**로 전화한다. 즉, 그것은 폭포 소유자의 것이 된다. …… 자본가 자신이 폭포를 소유하고 있다고 할지라도, 사태는 조금도 달라지지 않을 것이다. 그는 변함없이 10파운드의 초과이윤을, 자본가로서가 아니라, 폭포의 소유자로서 손에 넣고, 그리고, 이 초과분은 그의 자본 그 자체에서 생기는 것이 아니라, 그의 자본에서 분리 가능한, 독점 가능한, 그 범위가 제한되어 있는 **자연력**에 대한 처분력에서 생기는 것이기 때문에야말로, 이 초과분은 **지대**로 전화하는 것이다."(①758f, E657ff, 김826ff)

"…… 이 지대는 언제나 **차액지대**다. 왜냐하면, 그것은 상품의 일반적 **생산가격**에 규정적으로 들어가는 것이 아니라, 그것을 전제하고 있기 때문이다. 이 지대는, 언제나 독점 가능한 자연력을 자유롭게 처분할 수 있는 자본의 개별적 **생산가격**(혹은 이 자연 조건 아래에서 혹은 이 자연 조건에서 노동하는 자본의 개별적 생산력)과 자본의 **일반적 생산가격** 사이의 **차액***Differenz*에서 생긴다."(①759, E659, 김828)

마르크스는 농업에서의 차액지대 설명에 들어가기 전에, 먼저, 폭포의 예를 이용하여 차액지대의 기본적 원리를 설명하고 있습니다.

어떤 제조업에서 대부분의 자본가는 증기기관을 이용하여 공장을 가동하고 있지만, 극히 일부의 자본가는 공장이 있는 토지에 우연히 폭포가 있어, 그 폭포의 수력을 이용하여 공장을 가동할 수 있는 상황을 생각해 봅시다. 이때, 대부분의 자본가는 증기기관을 이용하므로, 증기기관 자체나 그것을 움직이기 위한 석탄의 비용을 부담해야 합니다. 그러나, 자연에 존재하는 폭포의 수력을 이용할 수 있는 자본가는, 이러한 비용을 부담할 필요가 없습니다. 물론, 수력을 이용하는 경우에도 물레방아 등의 설비는 필요하겠지만, 그 비용도 증기기관을 이용하는 경우에 비해 저렴할 것입니다.

그러므로, 수력을 이용할 수 있는 자본가는, 증기기관을 이용하는 일반 자본가에 비해, 적은 비용가격으로 상품을 생산하는 것이 가능해집니다. 여기에서 마르크스가 서술하고 있는 예로 말하면, 증기기관을 사용하는 자본가가 100의 비용가격을 들여 생산하는 상품을, 수력을 이용하는 자본가는 90의 비용가격으로 생산할 수 있는 것입니다.

그러나 다른 한편, 그들이 생산하는 상품이 같은 것인 한 그 상품들은 시장에서 같은 가격에 판매될 것입니다. 제2장에서 자세히 본 것처럼, 현실적으로 시장을 규제하는 시장가치(여기서는 시장생산가격)는 일반적으로 가장 전형적인 생산조건에서 생산되는 상품의 개별적 가치(여기서는 개별적 생산가격)에 의해 결정됩니다. 문제를 단순하게 하기 위해, 증기기관을 이용하는 자본가들의 생산력이 서로 완전히 같은 수준이라고 가정하면, 증기기관을 이용하는 자본가 그룹의 개별적 생산가격이 그대로 시장생산가격이 됩니다. 그 시장생산가격을 마르크스의 예에 따라 115(100(비용가격)+15(평균이윤))라고 한다면, 일반 자본가가 그 상품들의 판매를 통해 115-100=15의 이윤을 올리는 데 반해, 수력을 이용하는 자본가는 115-90=25의 이윤을 올리게 됩니다. 즉 우연히 자신의 토지에 수력이 있어, 그것을 이용할 수 있는 자본가는 평균이윤 15에 더해, 10의 초과이윤을 획득할 수 있는 것입니다.[94]

제2장에서 본 것처럼, 초과이윤 그 자체는, 다른 자본가에 앞서 생산력을 향상시키고, 비용가격을 절감시키는 데 성공한 자본가라면, 누구든지 취득할 수 있습니다. 그러나 이 폭포의 예에서는, 초과이윤은 자본가 자신의 노력에 의해 얻어지는 것이 아닙니다. 그 자본가가 가동하는 공장의 토지에 우연히 천연의 폭포가 존재하고 있었기 때문에, 비용

---

94) 이 장에서 마르크스는 초과이윤을 두 가지 방법으로 계산하고 있습니다. 여기서 인용된 맥락에서는 "초과이윤 = 시장생산가격 - 초과이윤을 얻는 생산자의 개별적 비용가격 - 평균이윤"으로 정의되지만, 일반적으로는 "초과이윤 = 시장생산가격 - 개별적 생산가격"으로 정의됩니다. "개별적 생산가격 = 개별적 비용가격[해당 자본가의 비용가격] + 개별적 평균이윤[해당 자본가의 평균이윤]"이며, 이 사례처럼 토지의 우수성으로 인해 초과이윤이 발생하는 경우 평균이윤 > 개별적 평균이윤이므로, 일반적으로 후자의 계산 방식의 초과이윤이 더 크게 됩니다. 개념적 엄밀성 측면에서는 후자의 계산 방법이 적절하지만, 현실의 자본가가 갖는 이미지는 전자의 계산 방법에 더 가깝습니다.
또한 이는 지대를 비용가격으로 계산하는지, 그렇지 않은지라는 문제와도 관련됩니다. 본 장에서는 지대의 생성 메커니즘을 규명하는 것을 목표로 하고 있으므로, 기본적으로 지대는 비용가격에 포함되지 않으며, 어디까지나 자본이 획득한 초과이윤이 지대가 된다는 논리 구조를 취하고 있습니다. 그러나 한편으로, 이 관계가 고정화되면 오히려 지대는 토지를 이용하기 위한 비용으로 변모하여 비용가격에 포함된 것으로서 나타날 것입니다. 이 점에 대해서는 다음 장에서 논의됩니다.

이 드는 증기기관을 이용하지 않고 공장을 가동하는 것이 가능해졌고, 그 결과, 초과이윤을 획득할 수 있는 것입니다. 즉 여기에서의 초과이윤은, 다른 자본가가 이용할 수 없는 자연력을 독점적으로 사용함으로써 가지게 된 것입니다.

여기에서 핵심은, 초과이윤을 가져오는 생산력이 자본에 의해 만들어 낼 수 있는 것인지, 아니면, 자본에 의해서는 만들어 낼 수 없고, 그러므로 독점 가능한 것인지, 하는 것입니다. 통상적인 경우에도 자본가들은 일반적인 자본가보다 고성능의 증기기관을 도입함으로써 초과이윤을 취득할 수 있지만, 그 우월한 생산력을 언제까지나 독점할 수는 없습니다. 조만간, 다른 자본가들도 고성능의 증기기관을 도입하고, 동등한, 혹은 그 이상의 생산력을 획득하기 때문입니다. 이에 반해, 천연에 존재하는 폭포가 만들어 내는 생산력은 자본가가 만들어 낼 수 있는 것이 아닙니다. 그렇기 때문에, 천연의 폭포를 이용하는 자본가들은 언제까지나 그 생산력을 독점적으로 계속 이용할 수 있고, 그것에 의해 초과이윤을 얻을 수 있는 것입니다.

이러한 경우, 자본가가 취득하는 초과이윤은 "**자본**에서 생기는 것이 아니라, 독점될 수 있는, 또한 독점되어 있는 **자연력**을 자본이 사용함으로써 생기는 것"이므로, 초과이윤은 이 자연력의 소유자인 토지소유자의 수익, 즉 지대로 전화합니다. 자본가들은, 토지소유자가 허락하지 않는 한, 그 토지를 사용할 수 없습니다. 그리고, 바로 그 토지가 가진 우위성에 의해 자본가가 초과이윤을 취득하는 것이 가능해진다면, 토지소유자는 토지 이용의 조건으로서 그만큼의 지불을 요구할 것입니다. 이렇게 하여, 토지의 우위성에 의해 얻어진 초과이윤은 지대로 전화하는 것입니다. 이것을 '차액지대'라고 합니다.

실제로는, 현실의 지대는 다양한 요인에서 발생하지만, 지대를 경제적 형태규정으로서 보았을 때, 가장 기본이 되는 것은 이 차액지대에 다름 아닙니다. 아래에서는, 생산요소로서의 토지가 중요한 역할을 수행하는 농업에서의 차액지대에 대해 고찰해 보겠습니다.

Ⅱ 차액지대Ⅰ. 다양한 토지 단위의 비옥도 차이로부터 발생하는 것

차액지대Ⅰ은 동일한 면적의 토지에서 등량의 자본이 토지의 비옥도나 위치의 차이 때문에 다른 결과를 낳는 경우에 발생한다

"Ⅰ 우리는 동일한 면적의 **다양한** 토지Ländereien에서 **등량의 자본의 부등한 결과**{또는 오히려, **다르게 경작되는** 토지의 **등량의** 부분에 대해 계산된 결과}를 고찰해 보자.

이러한 부등한 결과의, 자본과는 관계없는 두 가지 일반적인 원인은, (1) 토지의 **비옥도**, (2) 토지의 **위치**이다. …… (1)에 대해서는, 토지의 **자연적 비옥도** 안에 도대체 무엇이, 또한 어떠한 **여러 가지** 계기가 포함되어 있는지를 논해야 한다. 둘째로, 차액지대의 이 두 가지 다른 원인인 비옥도와 위치가, 반대 방향으로 작용할 수도 있다는 것은 분명하다. 어떤 토지가 위치는 좋지만, 비옥도는 낮을 수도 있고, 그 반대도 또한 마찬가지이다. 이 사정은 중요하다. 왜냐하면, 겉보기에는 불분명한 여러 사정들, 즉 더 좋은 토지에서 열등한 토지로 나아가는 경우도 있고, 마찬가지로, 반대로 나아가는 경우도 있으며, 또한 한 나라의 모든 토지의 개간이 서서히 진행되는지를 명확히 하기 때문이다. (3) 사회적 생산 일반의 진보는 한편으로는,

지방의 시장들을 만들어 내고, **커뮤니케이션 수단**이나 **운송수단**의 창조에 의해 위치를 만들어 냄으로써, 이 차액지대의 원인을 **평등하게 하는** 것처럼 작용하고, 다른 한편으로, 사회적 생산의 진전이, 제조업의 농업으로부터의 분리나 생산의 거대한 중심의 형성, 농촌의 상대적인 고립화에 의해 **토지의 지리적 위치의 차이**를 증대시키는 것은 분명하다.

하지만, 당분간 우리는 이 **위치라는 점**은 무시하고, 단지 **자연적 비옥도**라는 점만을 고찰해 보자. 여기서 기후적인 것 등 기타 모든 계기들을 묻지 않는다고 하면, **자연적 비옥도의 차이**는, **토지의 화학적 성분**의 차이, 즉 이 토지에 포함된 **식물의 영양소**의 다양한 성분에 있다. 그렇다고는 해도, 두 토지의 **화학적 성분**이 같고, 그 의미에서 **자연적 비옥도도 같다**고 전제해도, 현실의 유효한 비옥도는, 이들 영양물이, 식물의 양분으로서 동화同化 가능하고 직접적으로 이용 가능한 **상태·형태**를 띠고 있는지, 그렇지 않은지에 따라 상이할 것이다. 따라서, **비옥도가 같은 토지**에서 동일한 자연적 비옥도가 어느 정도까지 이용 가능한 것이 되는지는, 일부는 농업의 **화학적** 발전에 달려 있고, 일부는 그 **기계적** 발전에 달려 있을 것이다. 그러므로, **비옥도**는, 토지의 객관적 속성이지만, 경제적으로는 언제나 **관계**를, 즉 농업의 주어진 화학적 및 기계적 **발전 상태**에 대한 관계를 포함하고 있으며, 따라서 또한, 이 발전 상태에 따라 **변화한다**. **화학적** 수단{예를 들어, 단단한 점토지에서의 어떤 종류의 유동성 비료의 시비施肥나 또는 경질硬質 점토의 소성燒成}에 의해서든, 또는 **기계적** 수단{예를 들어, 경질 토양을 위한 특별한 쟁기 등}에 의해서든, 비옥도가 같은 토지를 실제로는 더 비생산적으로 만들었던 장애물들을 제거할 수 있다{배수도 거기에 포함된다}, 또는 토지 종류에서의 **순서**조차도 그것에 의해 변화될 수 있다……. ……

다른 토지의 **비옥도 차이**에 대한 이들 영향은 모두, 다음의 것에 귀착된다. 즉 **경제적** 비옥도에 있어서는, **노동의 생산력** 수준, 즉 토지의 비옥도를 **자유롭게 사용하고**, 이용 가능하게 하는 농업의 능력—발전단계가 다르면 다른 능력—은, 토지의 **화학적 조성**(다른 **자연적** 계기들은 제외하고)이나 **토양의 풍부함**과 마찬가지로, 토지의 소위 **자연적 비옥도**의 한 계기이다."(①762ff, E663ff, 김833ff)

먼저, 마르크스는 데이비드 리카도의 차액지대론에 의거하여, 농업에서 차액지대가 발생하는 경우에 대해, 간결하게 정리합니다. 같은 면적의 토지에 동일한 금액의 자본이 투하되었을 때, 그 토지가 가진 성질의 차이 때문에, 다른 수확량을 가져온다면, 차액지대Ⅰ이 발생하게 됩니다. 이 구체적인 메커니즘에 대해서는 이 뒤에서 자세히 살펴볼 것이지만, 여기서 중요한 것은, 어떠한 토지의 성질이 그러한 수확량의 차이를 가져오는가 하는 것입니다.

우선, 누구나 알 수 있는 것은, 토지의 비옥도가 미치는 영향입니다. 당연히, 비옥한 토지는 같은 면적에 같은 자본량을 투하한다고 해도 많은 농작물을 가져옵니다. 그 반대도 마찬가지입니다. 이 수확의 차이가 차액지대의 원천이 되므로, 일반적으로, 비옥도가 높은 토지일수록, 차액지대가 높아지는 경향이 있습니다.

덧붙여, 마르크스는 19세기의 농학 지식에 기반하고 있으므로, 비옥도를 결정하는 요인으로서 화학적 성질(그 토양에 얼마나 많은 영양소가 포함되어 있는가)과 기계적 성질(토양의 통기성이나 수분 유지 능력 등이 영양소의 흡수를 원활하게 하는 상태가 되어 있는가)만 지적되었지만, 그 후의 농학의 발전에 의해 생물적 성질(그 토양에 영양소로의 분해를 수행하는 미생물이 얼마나 포함되어 있는가)도 중요한 역할을 한다는 것을 알고 있었습니다.

다음으로 마르크스가 지적하는 것은 토지의 위치가 미치는 영향입니다. 농작물은 최종적으로는 인간들에 의해 소비되므로, 소비지에 근접해 있을수록 운송을 위한 시간도 비용도 적어져, 유리한 토지가 됩니다. 예를 들어, 같은 비옥도의 토지에서 경작을 한다고 해도, 소비지에 가까운 토지는 그만큼 운송비용이 내려가므로, 등량의 자본을 투하한다고 해도 더 많은 농작물을 수확할 수 있습니다. 그러므로, 더 우수한 위치에 있는 토지는 차액지대가 높아지는 경향이 있습니다.

이와 같이, 농업에서 토지가 얼마나 많은 차액지대를 만들어 내는지는, 일반적으로, 비옥도와 위치라는 두 가지 요인의 조합에 의해 결정됩니다. 이 두 가지는 토지 자체의 자연적 성질에 크게 의존하고 있으므로, 농업에서는 토지소유가 경제적으로 큰 의미를 갖게 됩니다. 하지만, 여기서 마르크스가 강조하고 있듯이, 비옥도이든, 위치이든, 자연적인 요인만으로 결정되는 것이 아니라, 동시에 사회적인 요인이 큰 영향을 미치는 것도 잊어서는 안 됩니다. 예를 들어, 농학이나 기타 테크놀로지의 발전에 의해, 과거에는 비옥도가 낮았던 토지가 비옥도가 높은 토지로서 경작할 수 있게 되는 경우도 있을 것입니다. 또한, 운송수단의 발달에 의해 원격지라도 운송비용이 그리 들지 않게 되거나, 혹은 소비지 자체가 변화하거나 하는 경우도 있을 것입니다. 그러므로 인간측의 요인도, 농업에서 토지의 성질에 영향을 미치게 됩니다.

아래에서는 위치에 대해서는 당분간 도외시하고, 비옥도의 차이만으로 토지의 성질의 차이를 생각해 보겠습니다.

차액지대 I의 예

"네 가지 토지 종류 A, B, C, D를 상정해 보자. 또한, 1쿼터[약 12.7kg]의 밀의 가격=60실링이라고 상정해 보자.[95] 지대는 난시 **차액지대**이므로, 최열등지에게는, 이 1쿼터당 60실링의 가격=예를 들어 밀의 생산비[생산가격], 즉=**자본+평균이윤**이다[다만, 생산가격=자본+평균이윤이 성립하기 위해서는 고정자본의 존재를 사상하는 것이 필요하다].

A는 이 최열등지이며, $54\frac{6}{11}$실링의 투하로 60실링=1쿼터를 얻는다고 하자(110:60=100:$54\frac{6}{11}$이므로, 이것[이 이윤율]은 10%가 될 것이다)(따라서 $5\frac{5}{11}$실링의 이윤).

B는 같은 투하로 2쿼터를 얻고, 따라서 그것이 120실링으로 판매된다고 하자(이것은 $65\frac{5}{11}$의 이윤, 즉 60실링의 초과이윤이 될 것이다)(=$5\frac{5}{11}$+60실링).

C는 같은 투하, 즉 $54\frac{6}{11}$실링의 투하로 3쿼터를 얻고, 따라서 그것이 180실링으로 판매된다고 하자(초과이윤=120실링, 총이윤=$125\frac{5}{11}$).

D는 4쿼터=240실링=180실링의 초과이윤을 얻는다고 하자.

우리는 다음과 같은 표 I을 얻을 것이다.

95) 원문에서는 파운드 표기와 실링 표기가 병기된 경우가 빈번하지만, 보기 쉽게 하기 위해 실링 표기로 통일했다.

표 I

자본	이윤	생산물	생산물 중 지대	지대
A) 54 $\frac{6}{11}$실링	5 $\frac{5}{11}$실링	1쿼터	0	0
B) 54 $\frac{6}{11}$실링	65 $\frac{5}{11}$실링	2쿼터	1쿼터	60실링
C) 54 $\frac{6}{11}$실링	125 $\frac{5}{11}$실링	3쿼터	2쿼터	120실링
D) 54 $\frac{6}{11}$실링	185 $\frac{5}{11}$실링	4쿼터	3쿼터	180실링
합계		10쿼터	6쿼터	360실링

각각의 지대는

D = 185 $\frac{5}{11}$실링 - 5 $\frac{5}{11}$실링, 즉 D와 A의 차액,

C = 125 $\frac{5}{11}$실링 - 5 $\frac{5}{11}$실링, 즉 C와 A의 차액,

B = 65 $\frac{5}{11}$실링 - 5 $\frac{5}{11}$실링, 즉 B와 A의 차액이 되고,

B, C, D에게의 총지대 = 6쿼터 = 6×60 = 360실링, 따라서 = D와 A의 차액, C와 A의 차액, B와 A의 차액의 합계가 될 것이다."(①764f, E665f, 김836)

여기서는 차액지대 외의 지대는 존재하지 않는다는 것이 전제되어 있으므로, 토지 종류 B, C, D가 취득하는 지대는 모두 차액지대가 됩니다. B, C, D는 모두 가장 비옥도가 낮은 토지, 즉 최열등지인 A보다 비옥도가 더 높으므로, 같은 자본 투하라도 A보다 많은 수확을 얻을 수 있습니다. 이 A와의 차액이, 각각의 토지소유자가 얻을 수 있는 지대가 됩니다. 좀 더 자세히 살펴보겠습니다.

우선, 여기서는 일반적 이윤율은 10%라고 가정되어 있습니다. 또한, 사회 전체의 밀의 수요를 충족시키기 위해서는, 이 중에서도 가장 열등한 비옥도만을 가진 A에도 자본을 투하할 필요가 있다고 되어 있습니다.

게다가, 지대만을 순수하게 고찰하기 위해, 각각의 자본 사이에 자본 자신에 의해 만들어진 생산력의 차이—즉 새로운 기계나 테크놀로지를 도입하는 등, 각각의 자본가의 노력에 의해 만들어진 생산력의 차이—는 전혀 존재하지 않는 것으로 가정되어 있습니다.

이런 경우에, 만약 마르크스균형이 성립한다고 한다면, 이 생산 부문, 즉 밀의 생산에 투하된 자본은 모두 10%의 이윤율을 올릴 수 있어야 합니다. 왜냐하면, A, B, C, D의 자본의 생산력 차이는, 자본가들 자신으로서는 어떻게 할 수도 없는 토지의 비옥도 차이에 기인하고 있으며, 만약 토지의 비옥도가 낮기 때문에 10%의 이윤율을 달성할 수 없다고 한다면, 그 자본을 다른 산업 부문에 투하할 것이기 때문입니다.

생산력의 차이를 자본 자신의 노력에 의해 만회하는 것이 가능한 상황이라면, 일시적으로 일반적 이윤율을 실현할 수 없다고 해서, 자본가들이 즉시 다른 생산부문으로 이동하지는 않습니다. 다른 생산부문으로 옮겼다고 해서, 거기서 우월한 생산력을 확보할 수 있다는 보장이 없기 때문입니다. 실제로 제2장에서 보았듯이, 전형적인 경우에 시장생산가격의 수준은 그 생산부문의 모든 자본가에게 평균이윤을 보증하는 것이 아니라, 그 생산부문에서 다수를 차지하는 자본가에게 평균이윤을 가져오는 것에 불과했습니다.

그러나, 토지의 비옥도가 결정적인 중요성을 갖는 농업에서는 사정이 다릅니다. 토지라는 자본가로서는 어떻게 할 수도 없는 요인으로 인해 항상 일반적 이윤율을 밑도는 상황이 계속된다면, 자본가들은 더 이상 그 토지에는 자본을 투하하지 않고, 다른 생산부문으로 옮길 것입니다. 왜냐하면, 적어도 다른 생산부문에서는, 자신으로서는 어떻게 할 수도 없는 요인에 의해 열위에 놓이는 일은 없기 때문입니다.

그러므로, 마르크스균형을 실현할 수 있는 농작물의 시장생산가격은 최열등지에 투하되는 자본의 개별적 생산가격과 일치하게 됩니다. 왜냐하면, 최열등지에 투하한 자본가가 평균이윤을 취득하는 것이 가능한 수준의 가격이 아니라면, 최열등지에 투하하는 자본가가 없게 되고, 밀의 수요를 충족시킬 수 없게 되기 때문입니다. 그렇게 되면, 공급 부족 때문에, 밀의 가격은 최열등지에서 평균이윤의 취득이 가능하게 되는 수준까지 상승하지 않을 수 없을 것입니다. 이 예에서 말하면, 최열등지 A의 개별적 생산가격인 밀 1쿼터 = 60실링까지 밀 가격이 상승함으로써, 비로소 A에 자본 투하하는 자본가에게 평균이윤을 가져올 수 있을 것입니다. 그러므로, 밀의 균형가격인 시장생산가격은, 밀 1쿼터 = 60실링이 됩니다.

다른 한편, B, C, D는 A보다 높은 비옥도를 가지고 있으므로, 같은 자본 투하라도 각각 A보다 1, 2, 3쿼터만큼 많은 밀을 수확할 수 있고, 그것이 통째로 초과이윤이 됩니다. 이리하여, B, C, D에 투하된 자본 각각이 취득할 수 있는 60, 120, 180실링의 초과이윤이, B, C, D의 토지소유자가 얻을 수 있는 차액지대로 전환하게 됩니다.

허위의 사회적 가치

"차액지대 일반에 대해 말해 둘 것은, **시장가치**[시장생산가격]가 **생산물량의 총생산가격**을 초과하고 있다는 것이다.

예를 들어 표 I을 보자. 10쿼터에 600실링의 비용이 드는 것은, 시장가격이 A의 생산가격에 의해 규정되기 때문이다. **현실의 생산가격**은, 다음과 같다.

A) 1쿼터 = 60실링, 즉 1쿼터 = 60실링

B) 2쿼터 = 60실링, 즉 1쿼터 = 30실링

C) 3쿼터 = 60실링, 즉 1쿼터 = 20실링

D) 4쿼터 = 60실링, 즉 1쿼터 = 15실링

합계 10쿼터 = 240실링, 즉 **평균** 1쿼터 = 24실링

10쿼터의 현실의 생산가격은 240실링과 같지만, 그것은 600실링으로, 즉 250% 비싸게 팔린다.

1쿼터당 현실의 평균가격은 = 24실링이지만, 시장가격은 60실링이며, 250% 높다.

이것이, 자본주의적 생산양식의 기초 위에서 (경쟁에 의해) 관철되는 **시장가치**에 의한 규정이다. 이것은, 어떤 허위의 사회적 가치 falschen socialen Werth를 만들어 낸다. 이 일은, 토지생산물이 따르는 **시장가치**의 법칙에서 발생한다. 즉, 생산물의 교환가치에 [기반하는] **사회적인** 규정에서 발생하는 것이고, **토지**나 그 비옥도의 차이에서 발생하는 것이 아니다. 사회의 자본주의적 형태가 지양되고, 그것을 어소시에이션Association96)으로 생각한다면, 10쿼터는 240실링에 포함된 사회적 노동시간의 양을 나타낼 것이다. 따라서, 사회Gesellschaft는 이 토지생산물을 그것에 포함된 현실의 노동시간의 2.5배로 사지는 않을 것이다. 토지소유자라는 계급의 기초는 그것에 따라 없어질 것이다. …… 따라서 …… 자본주의적 생산이 어소시에이션에 의해 지양될 경우에도, 생산물의 **가치**가 불변일 것이라고 주장하는 것은 잘못이다. 동종의 상품들의 **시장가치**가 같다는 것은,

96) 역주: "Association"을 현행 국역본들에서는 "연합", 혹은 "결합체"라고 번역하지만, 이 책에서는 "어소시에이션"이라고 음역했다.

가치의 사회적 성격이, 자본주의적 생산양식의 기초 위에서, 또한 일반적으로 개개인의 상품교환에 기반하는 생산 위에서 관철되는 방식이다. 사회(소비자로서의)가 토지생산물에 대해 과다하게 지불하는 것, 그것은 토지생산물에서 사회의 노동시간 실현의 마이너스를 이루는 것이지만, 그것이 이제 사회의 한 부분, 즉 토지소유자의 플러스가 되는 것이다."(①772, E673f, 김845ff)

실은, 지금까지 보아 온 차액지대론은 마르크스의 가치론 전체에 있어서 중요한 논점을 제기하고 있습니다. 왜냐하면, 여기서는 토지소유라는 요소가 끼어듦으로써, 본래의 생산가격으로부터 시장생산가격의 괴리가 일반적으로 발생하게 되기 때문입니다.

제2장에서 보았듯이, 시장가치나 생산가격은 이미 가치로부터 괴리되어 있었습니다. 그러나, 그럼에도, 생산가격의 가치로부터의 괴리는 자본의 유기적 구성이 평균 구성으로부터 괴리되는 정도에 의해 규정되어 있었으므로, 전체를 보면 총가치 = 총가격이 성립했습니다. 시장가치나 시장생산가격의 경우에는 더 이상 총가치 = 총가격이 성립하지 않는다고 해도, 그것들은 전형적으로는 다수를 차지하는 생산자 그룹의 개별적 가치 내지 개별적 생산가격에 의해 규정되어 있었고, 시장가치 내지 시장생산가격의 가치 내지 생산가격으로부터의 괴리는 한정적인 것이었습니다.

그리고, 제4장에서는, 상업이윤이 상업자본으로 분배됨으로써 생산가격이 재정의되지만, 결국은, 상업이윤이 산업자본이 취득한 평균이윤을 분배한 것인 이상, 이 새로운 생산가격도 기존의 생산가격을 부분적으로 수정하는 것에 불과했습니다.

결론적으로, 자본주의 경제시스템 내부에서는 이윤의 최대화를 위해 임금노동을 동원하는 자본이야말로 사회적 총노동의 배분을 실현하는 주체이며, 그러한 한에서, 다양한 왜곡을 받으면서도, 가치법칙은 양적으로도 관철되지 않을 수 없습니다.

그런데, 지대론에서 고찰되는 농업이나 광업에서는, 토지라는 독점 가능한 생산요소의 소유라는 계기가 전면적으로 끼어듦으로써, 가치법칙으로부터의 양적인 괴리가 일반화됩니다. 이 인용문의 예에서도 명확하듯이, 여기서는 총생산가격(240실링)과 총시장생산가격(600실링)은 전혀 일치하지 않습니다. 즉, 차액지대로 전화되는 초과이윤분의 360실링은 본래의 생산가격과 무관하게 토지소유의 힘에 의해 만들어진 교환력이며, 따라서 가치의 실체인 추상적 인간적 노동의 뒷받침을 가지고 있지 않습니다. 이와 같이, 가치 실체의 뒷받침을 가지지 않고, 오로지 독점 가능한 생산요소의 소유에 의해 만들어진 교환력을 마르크스는 "허위의 사회적 가치"라고 불렀습니다.

이 허위의 사회적 가치에는 그것에 상응하는 가치 실체가 없기 때문에, 그 교환력을 행사하는 것은 사회 전체로부터의 순수한 수탈이 됩니다. 물론, 제5장에서 보았던 가공자본의 매매도 그 뒷받침이 되는 가치가 없는 이상, 순수한 수탈이 될 수 있습니다. 하지만, 기본적으로 가공자본은 화폐적 자본의 투하 대상이기 때문에, 그 매매 그 자체가 직접적으로 사회로부터의 수탈이 되는 것은 아니고, 주로 산업순환 속에서의 버블의 형성과 붕괴를 통해서 사회에 부담을 지우는 형태를 취하게 됩니다. 그에 반해, 허위의 사회적 가치의 형성에 의한 사회로부터의 수탈은, 생산요소의 독점이 형성되는 곳에서는 어디서나 발생할 수 있습니다(또 『자본론』 체계에서는 임금은 노동력의 재생산비와 일치한다고 가정되어 있으므로, 이 가정 하에서는 허위의 사회적 가치에 의한 사회로부터의 수탈은 결국 자본가가 취득한 잉여가치로부터의 수탈이 됩니다).

다만, 여기서 주의해야 할 것은, 토지소유가 가치법칙으로부터의 괴리를 일반화하고, 허위의 사회적 가치를 발생시킨다고 해서, 그것에 의해 가치법칙이 폐기되는 것은 아니라는 것입니다. 이 인용문에서 말하고 있듯이, 오히려, 허위의 사회적 가치는 제2장에서 해명된 시장가치의 법칙에서 발생합니다.

이것은 한편으로는, 여기서 마르크스가 지적하고 있듯이, 같은 상품에 대해서는 하나의 같은 시장가치 내지 시장생산가격이 성립하고, 그것을 통해서 사회적 총노동의 배분이 이루어진다는 시장시스템의 본질적 특징이, 초과이윤의 발생 근거가 되고 있다는 것을 의미합니다. 그러나, 그것만이 아닙니다. 토지의 독점을 근거로 한 농작물의 독점가격 또한, 시장가치의 법칙에 복속되고 있으며, 그 독점의 힘에 의해 끝없이 독점가격을 끌어올릴 수는 없다는 것을 의미합니다.

실제로, 이 경우의 시장생산가격도 여전히 최열등지의 개별적 생산가치에 제약되어 있습니다. 또한, 여기서는 최열등지 A의 밀이 그 개별적 생산가격으로 판매되어도 사회적으로 수요가 존재한다는 것이 전제되어 있지만, 실제로는, 수요의 가격탄력성이 작용하기 때문에, 시장생산가격이 상승하면 그만큼 수요가 수축하고, 애초에 A에서의 생산이 불필요하게 되는 경우도 생각할 수 있습니다. 물론, 밀처럼 사람들의 생활 습관 속에 깊이 편입되어 있는 농작물이라면, 수요의 가격탄력성은 낮고—즉 가격의 영향에 의해 수요가 오르내리는 일은 적고—다소 가격이 올라도 소비량은 떨어지지 않을 것입니다. 그러나, 이 예처럼 극단적으로 밀 가격이 상승한다면, 수요가 수축해서 A가 생산에서 탈락하고, B의 개별적 생산가격이 시장생산가격을 규정하게 되는 사태도 충분히 생각할 수 있습니다. 아무리 독점 가능한 생산요소의 소유가 강력한 경제적 힘을 가진다고 해도, 역시 거기에는 한계가 있는 것입니다.

이와 같이, 마르크스는, 토지소유의 개입에 의해 가치법칙으로부터의 괴리가 일반화되는 것과 같은 상황에서도, 거기에서 가치법칙이 강력하게 작용하고, 사태를 규제하고 있다는 것을 명확히 했습니다. 이것이 가능했던 것은, 제2장에서 보았듯이, 마르크스가 가치법칙을 단지 총가치=총가격으로서가 아니라, 마르크스균형의 관점에서 파악했기 때문입니다.

Ⅲ 차액지대Ⅱ. 동일한 토지에서 계속적 자본 투하로부터 발생하는 것

차액지대Ⅱ란 무엇인가

"지금까지 차액지대를, 비옥도가 다른 **동일한 토지 면적**에서의 동일한 자본 투하의 **다른 생산성**의 결과로서만 고찰해 왔다. 따라서, **차액지대**는 최열등의 지대를 낳지 않는 토지에 투하된 **자본**과 우등지에 투하된 **자본**과의 차이에 의해 규정되고 있었다. 이 경우에는, 자본 투하는 **별개의** 토지에서 **병행**해서 이루어지는 것이며, 따라서, 자본의 새로운 투하에는 그때마다 토지의 외연적 경작, 경작 면적의 확장이 상응하고 있었다. 그러나, 결국, **차액지대**는, 사실상, 토지에의 **등량의 자본들**의 생산성의 차이의 결과에 다름 아니었다. 이제,

각각 생산성이 다른 **자본량**이 **차례로 같은** 토지에 이용될 경우와, 혹은, 그것들이 **별개의** 토지들에 **병행해서** 이용될 경우와는, 결과는 같게 될 뿐이라고 해도, 두 경우 사이에 어떠한 구별이 있을 수 있을까?"(①778f, E686, 김861)

"우리는 먼저 차액지대Ⅱ의 경우의 **초과이윤**의 형성만을 고찰하고, 당분간 이 초과이윤이 **지대**로 전화하는 조건들에 대해서는 문제 삼지 않기로 하자.

그 경우에 명확한 것은, **차액지대Ⅱ**는 단지 **차액지대I**의 다른 표현에 지나지 않는 것이고, 사실상 차액지대I과 일치하는 것이라는 점이다. 차액지대I의 경우에, 다양한 토지 종류의 비옥도 차이가 **작용하는** 것은, 단지 이 차이가 다음의 것을 **가져오는** 한에서뿐이다. 즉 토지에 투하된 자본들이 **동일한 크기인** 경우에, 혹은 자본들의 **크기의 비율**로 보아, 그러한 자본들이 **부등한** 결과(생산물)를 **가져오는** 한에서이다. 이러한 부등함이, 같은 토지에 계속적으로 투하되어 다른 결과를 가져오는 별개의 자본에 대해 발생하든지, 혹은 다양한 토지 종류에 투하되어 다른 결과를 가져오는 별개의 자본에 대해 발생하든지, 비옥도의 차이, 그 생산물의 차이에는 아무런 영향도 미치지 않으며, 따라서 더 생산적으로 투하된 자본 부분에 대한 차액지대의 형성에도 아무런 영향을 미칠 수 없다."(①786f, E690, 김865ff)

지금까지 차액지대는 오로지 비옥도가 다른 토지로의 자본 투하로부터 발생하는 것으로 상정되었습니다. 그러나, 실제로는, 같은 토지에 차례로 자본 투하를 행함으로써도, 차액지대는 발생합니다. 이것을 차액지대Ⅱ라고 합니다.

조금만 생각해 보면 알겠지만, 초과이윤이 지대로 전화될 때의 곤란에 관련된 문제나, 나중에 자세히 말할 것과 같은 특수한 경우를 제외하고, 차액지대Ⅱ는 차액지대Ⅰ과 다를 바 없습니다. 기본적으로는 계속적으로 이루어지는 자본 투하의 생산성이 최열등지의 생산성을 상회하는 한에서, 그것은 차액지대를 만들어 낼 수 있기 때문입니다. 아래에서, 구체적인 예에 대해 살펴보겠습니다.

차액지대Ⅱ의 예

"…… **추가자본**이, 처음에 **투하된 자본 부분들**에 비례해서 초과생산물을 얻고, 따라서 초과이윤을 형성하지만, **그 비율이 저하**되어, 자본의 **증대**에 비례하지 않는 경우.97)

[초고에서는 여기에 다음 표가 들어간다.]

…… 유일한 전제는, 지대를 낳는 토지 종류 중 어느 하나에서의 추가자본 투하는 초과이윤을 낳지만, 그것은 자본의 증가 비율에 대해 **감소하는** 비율로 이루어진다는 것이다. 이 감소의 한계는, 예를 들자면 이 표의 가정에서는, 최우등지 D에의 1차 자본 투하의 지대인 3쿼터=180실링과, 최열등지 A에의 동일 금액의 자본 투하의 생산물인 1쿼터=60실링과의 사이에서 변동한다. 자본의 투하에 의한 최우등지의 생산물은, 계속적 자본 투하가 최우등지 D에서 행해지든, D와 A 사이의 초과생산물을 얻는 어떤 토지에서 행해지든 …… 초과

97) 이후 본 절에 등장하는 표는 모두 필자가 약간 간략화하고 수정을 가했습니다. 또한, 관련해서 본문 상의 숫자 일부도 수정했습니다.

에이커		자본(실링)	평균이윤(실링)	일반적 이윤율	개별적 생산가격 총액(실링)	생산물(쿼터)	시장생산가격 총액(실링)	초과이윤(실링)	초과이윤율	화폐지대(실링)
A	1	50	10		60	1	60	0	0	0
B	1	1차 자본투하 50	10		60	2	120	60	120%	60
		2차 자본투하 50	10		60	1.5	90	30	60%	30
		합계 100	20		120	3.5	210	90	90%	90
C	1	1차 자본투하 50	10		60	3	180	120	240%	120
		2차 자본투하 50	10	20%	60	2	120	60	120%	60
		합계 100	20		120	5	300	180	180%	180
D	1	1차 자본투하 50	10		60	4	240	180	360%	180
		2차 자본투하 50	10		60	3.5	210	150	300%	150
		합계 100	20		120	7.5	450	330	330%	330
합계	4	350(1차 투자 200, 2차 투자 150)	70		420	17	1,020	600 (1차 투자 360, 2차 투자 240)	약 171% (1차 투자 180%, 2차 투자 160%)	600 (1차 투자 360, 2차 투자 240)

생산물을 얻지 않는 최열등지 A의 생산물은, 그 생산물의 최저 한계를 이루고 있다."(①794ff, E700f, 김877ff)

여기서는, 수요가 확대되고, 또한, B나 C나 D에서 경영하고 있는 자본가가 자본축적을 행할 수 있는 상태가 되어, 추가로 제2차 자본 투하가 이루어진다는 경우에 대해 고찰하고 있습니다. 또한, 여기서는 제2차 자본 투하가 제1차 자본 투하보다 낮은 생산성으로 이루어지는 것이 상정되어 있습니다. 이 표에서도 명확하듯이, 차액지대Ⅱ의 경우도 기본적으로는 차액지대Ⅰ과 완전히 똑같이 생각할 수 있습니다.

따라서, 제1차 투자와 제2차 투자에 의해 얻어진 결과를 토지 종류별로 합계해서 생각한다고 해도, 결과는 아무것도 변하지 않습니다. 예를 들어, 제1차 투자와 제2차 투자를 구별하지 않고, D 전체에서 1에이커당 100의 자본을 투하할 수 있고, 그것이 7.5쿼터의 수확을 가져오므로, 결과적으로 330의 초과이윤을 얻을 수 있다 라고 생각한다고 해도, 결과는 전혀 변하지 않습니다. 이렇게 해서, 대부분의 경우, 차액지대Ⅱ는 차액지대Ⅰ로 해소됩니다.

그렇다면, 왜 차액지대Ⅱ를 Ⅰ과 구별해서 생각할 필요가 있을까요? 아래에서는, 차액지대Ⅱ에 고유한 문제에 대해 살펴보겠습니다.

지주와 차지농업자의 투쟁

> "다양한 분량의 자본에 대한 **초과이윤**과 다양한 초과이윤율은, 여기서는, 어느 쪽[차액지대 Ⅰ과 Ⅱ]의 경우에도 균일하게 형성된다. 그리고, 지대는 이 초과이윤의 한 **형태**에 지나지 않으며, 초과이윤이 지대의 실체를 이루고 있다. 그러나, 어쨌든 두 번째 방법[차액지대Ⅱ]에서는, 초과이윤의 지대로의 전화에 있어서, 즉 자본주의적 차지농으로부터 토지소유자로의, 즉 토지의 점유자로의 초과이윤의 이전을 포함하는 이 형태변화에 있어서 여러 곤란이 생긴다. 그 때문에, 정부의 농업통계에 대한 영국 차지농들의 완강한 저항이 생겨난다. 따

라서, 그들의 자본 투하의 현실적 성과에 대한 평가를 둘러싸고 그들과 지주 사이의 투쟁도 생긴다. 어쨌든, **지대**는 토지의 임대차 시에 결정된다. 한편으로는, 계속적인 자본 투하로부터 생기는 초과이윤은, 어쨌든, **임차계약**이 지속되는 한, 차지농업자의 주머니로 흘러들어간다. 그러므로, 장기 **임대차**를 요구하는 차지농업자의 투쟁이 일어나며, 또한 반대로, 지주가 우세하다면 1년으로 해제 가능한 계약이 증가하는 것이다.

따라서 상기한 것으로부터 명확한 것은, **부등한 결과를 낳는 등량의 자본들이** 같은 면적의 토지에 **나란히** 투하되든, 혹은 그들 자본이 **같은 토지 부분에 계속적으로** 투하되든, **초과이윤의 형성** 법칙에 어떠한 변화도 가져오지 않지만, **초과이윤의 지대로의 전화**에 있어서는, 그것이 어떤 중요한 차이를 만들어 내고, 후자의 방법은, 이 전화를 보다 좁고 또한 보다 불확정한 한계에 가둔다는 것이다. 따라서 보다 **집약적인** 경작이 행해지고 있는 나라들에서는 …… **토지감정인**의 일이 …… 하나의 매우 중요한, 복잡하고, 곤란한 일이 되어 있다. 보다 항구적인 토지개량의 경우에는, 임대차계약의 만료 시에, 인공적으로 높여진 토지의 비옥도의 차이는 그 자연적 비옥도의 차이와 겹쳐져 버리고, 따라서 **지대**의 평가는 토지 종류들 사이의 다양한 비옥도 일반의 평가와 일치한다. 그에 반해, 초과이윤의 형성이 경영자본의 크기에 의해 규정되고 있는 한에서는, 일정한 크기의 경영자본 하에서의 **지대의 크기**는 그 나라의 **평균 지대**에 가산되고, 따라서 새로운 차지농업자는 동일한 집약적인 방식의 토지 경작을 계속하기에 충분한 자본량을 보유할 것이 요구된다."(①779f, E687f, 김862f)

일반적으로, 각각의 자본가가 토지 독점의 힘에 의해 취득할 수 있는 초과이윤이 전부 그대로 지대로 전화되는지는 불확정적입니다. 왜냐하면, 애초에 기준이 되는 평균이윤 그 자체가 현실에서는 불확정한 것이며, 또, 그 토지를 이용하는 자본가의 경영이 모두 투명하게 되어 있는 것도 아니기 때문입니다. 그러므로, 순수하게 경제법칙을 생각하면, 차액지대의 원천이 토지 독점에 기반한 초과이윤에 있다고는 해도, 실제 차액지대의 수준은 토지소유자와 자본가의 계급투쟁에 의해 좌우됩니다.

이러한 관점에서 생각했을 때, 자본의 계속적 투하에 의해 얻어지는 차액지대Ⅱ는 매우 중요한 의미를 갖게 됩니다. 왜냐하면, 지대는 자본이 수익을 획득한 뒤가 아니라, 차지 계약을 맺을 때 확정되기 때문입니다. 그 때문에, 자본가로서는, 임차 기간이 길면 길수록, 계속적 투자에 의해 더 나은 이윤을 획득할 기회를 얻을 수 있으므로, 유리합니다. 이 경우, 자본가는 계속적 투자로부터 얻어지는 이윤을, 초과이윤도 포함하여 통째로 자신의 호주머니에 넣을 수 있습니다. 반대로, 지주로서는, 차지 기간이 길면 길수록, 불리하게 되므로, 그들은 1년 갱신의 임차 계약을 요구하게 되고, 실제로, 이것이 일반화되었습니다.

덧붙여 차지 계약의 단기화는, 계속적 투자에 수반한 차액지대를 놓치는 것을 방지한다는 것 이상의 의미가 있습니다. 만약 자본가가 합리적으로 농업을 경영한다면, 일반적으로 토지는 개량되어 갈 터인데, 이 자본가에 의한 개량의 성과는 토지의 자연적 비옥도와 융합하므로, 새로운 차지 계약 시에는 그 자본가가 달성한 토지개량의 성과가 그대로 자본가가 지불해야 할 지대로 전화되어 버립니다. 차지 계약이 장기에 걸치는 경우에는, 그 사이에 자본가들은 개량의 과실을 취득할 수 있으므로, 토지개량에 대한 동기 부여가 유지될 것이지만, 만약 단기 계약이 되어 버리면, 개량의 과실을 거의 획득하지 못하는 사이에 그것이 지대로 전화되어 버리기 때문에, 토지개량에 대한 동기 부여는 대폭 저하되고 말 것입니다. 이렇게 해서, 토지소유는 합리적인 농업을 가로막는 장애물이 됩니다.

또한, 여기서는, 새로운 계약에서 지금까지 행해진 계속적 투자를 고려하여 지대를 설정한다고 한다면, 집약적인 농업을 가능하게 하는 것과 같은 거대한 자본을 가진 차지농업자가 아닌 한, 농업을 경영하는 것이 불가능하게 된다는 것이 지적되고 있습니다. 그러므로, 문제를 순수하게 경제적으로 생각하는 한, 토지소유의 장벽은 농업의 진입에 필요한 자본 규모를 더욱 더 확대하게 될 것입니다. 농업의 발전에 수반하는 필요자본량의 증대에 대해서는 다음 항목에서 상세하게 고찰하겠습니다.

표준적 자본 투하의 필요성은
최열등지에서 차액지대Ⅱ를 소멸시킨다

"어떤 토지도 자본 투하 없이는 생산물(예를 들어 밀)을 생산하지 못한다. 그러므로, 단순한 차액지대, 즉 **차액지대**I의 경우에도, 만약 A 즉 생산가격을 규제하는 토지에서 1에이커는 이러저러한 양의 생산물을 이러저러한 가격으로 얻는다고 하고, 또한 B, C, D, 즉 우등한 토지 종류가 매우 많은 **차액 생산물**을 낳고, 따라서 또한 이 규제적인 가격에서는 이러저러한 액수의 화폐지대를 얻는다고 한다면,

그 경우에는, 항상, 주어진 생산관계 하에서 **표준적**이라고 간주되는 **일정량**의 **자본**이 사용된다는 것이 전제되어 있다. 그것은 마치, 공업에서도 **상품**을 그 생산가격으로 판매할 수 있기 위해서는 **일정한 최소한도의 자본**이 필요한 것과 마찬가지이다. ……

그러므로 **차액지대Ⅱ**는 **차액지대Ⅰ**의 경우에는 나타나지 않은 한 계기를 포함하고 있다는 것을 알 수 있다. 왜냐하면, 차액지대Ⅰ은 1에이커당의 **표준적 자본 투하**가 어떻게 변동하더라도, 그것에 관계없이 존속할 수 있기 때문이다. 이 계기는, 한편으로는, 토지 A에서의 별개의 자본 투하의 결과의 소실消失이며, 그 결과, 생산물은 1에이커당의 평균 생산물로서 나타난다. 그것은, 다른 한편으로는, 1에이커당의 **자본 투하**의 **표준적 최소한** 또는 **평균적인 양**의 **변화**이며, 그 결과, 이 변화는 **토지의 속성**으로서 나타나는 것이다. 마지막으로, 그것은, **초과이윤**의 **지대** 형태로의 전화에서의 차이가 된다."

(①812ff, E718f, 김900f)

차액지대Ⅱ에 고유한 또 하나의 문제는, 차액지대Ⅱ에서는 시장생산가격의 결정 방식이 보다 복잡해진다는 것입니다. 우선, 이 인용문에서 말하고 있는 "표준적 자본 투하"의 문제가 있습니다.

차액지대Ⅱ를 형식적으로 고찰한다면, 최열등지에서 최열등 투자가 행해지고 있는 경우, 이 투자는 항상 시장생산가격을 결정하는 것처럼 보입니다. 그러나, 반드시 최열등지에서의 최열등 투자가 시장생산가격을 규제한다고는 한정할 수 없습니다. 예를 들어, 축차적으로 투하되는 자본이 더 생산성이 높고, 게다가 그러한 축차적인 자본 투하가 최열등지의 자본가에게 일반화된다면, 그렇게 해서 일반화된 표준적인 규모로 자본 투하를 행하지 않는 자본가들은 경쟁에서 열위에 놓여, 평균이윤을 획득하는 것조차 곤란해져 버리기 때문입니다. 즉, 그러한 경우에는, 추가적인 자본 투하는 밀의 판매가격을 끌어내리고, 다른 최열등지의 자본가들에게 대항하기 위한 수단이 되는 것이고, 판매가격을 유지한 채 초과이윤을 취득하기 위한 수단이 되지는 않습니다. 토지의 비옥도와는 달리, 자본 투하액의 크고 작음은 자본가들 자신의 노력에 좌우되는 것이므로, 그것에 의해 독점가격을 형성하는 것은 불가능합니다. 그렇다고는 해도, 다른 한편으로는, 앞의 항목에서 보았듯이, 토지소유자들은 다음의 계약 갱신 시에는 확대된 자본 규모를 기준으로 해서 지대를 설정하므로, 실제로는, 표준적 자본 투하의 생산성 그 자체가 토지의 생산성으로서 나타나게 됩니다.

최열등지에서 차액지대가 발생하는 경우

"곡물에 대한 수요가 증대하고, 공급이 충족될 수 있기 위해서는, 지대를 낳는 토지에서 생산력이 감소하는 **계속적 자본 투하**에 의하든지, 또는 토지 A에서와 마찬가지로 생산력이 떨어지는 추가적 자본 투하에 의하든지, 혹은 또한 토지 A보다 열등한 새로운 토지에서의 **자본 투하**에 의할 수밖에 없다고 가정하자.

우등한 토지의 대표로서 토지 B를 취해 보자.

B에서 1쿼터(100만 쿼터 등)의 증산을 위해, 추가자본 투하는, **시장가격**이 1쿼터당 60실링이라는 지금까지의 규제적 생산가격보다 높아지는 것을 필요로 한다. …… 만약 이 1쿼터가 B에서의 추가자본 투하에 의해, A에서의 동량의 추가자본에 의한 것보다—혹은 예를

들어 B에서의 추가자본 투하가 75실링으로 1쿼터를 생산할 수 있지만 토지 A^{-1}으로 하강한다면 1쿼터를 80실링으로밖에 생산할 수 없는 경우보다 싸게 생산될 수 있다면, 그 경우에는 토지 B에서의 추가적 자본이 **시장가격**을 규제할 것이다.

…… 이 경우〔B에 대한 제3차 투자가 A의 생산성을 하회하고, 1쿼터의 개별적 생산가격이 70실링이 되는 경우〕에는, A의 1에이커는 10실링의 지대를 얻을 것이다. 이때는 최열등지 A가 아니라 우등지 B가 70실링이라는 생산가격을 규제할 것이다. 이 경우에는 물론 이전부터의 경작지와 똑같이 위치가 좋고 A와 같은 지력을 가진 토지는 사용할 수 없고, 보다 많은 생산비가 드는 A에서의 **제2의 자본 투하**나 A^{-1} 토지로의 도피가 필요하다는 것이 상정되어 있다. 따라서, **차액지대Ⅱ**가 계속적 자본 투하에 의해 작용한다면, **생산가격의 상승의 한계**는 **우등**지에 의해 규제될 수도 있으며, 또한 **차액지대Ⅰ**의 기초인 **최열등지**도 또한 지대를 낳을 수 있는 것이다. 이리하여 **차액지대**만 존재하는 경우에도, 모든 경작지가 지대를 낳게 될 것이다. ……

〔초고에서는 여기에 다음 표가 들어간다.〕"(①827f, E747ff, 김937f)

차액지대Ⅱ에서는 최열등지에서도 차액지대가 발생하는 경우가 있습니다. 예를 들어, 이 인용문처럼, 우등지에서의 최열등 투자의 생산물의 개별적 생산가격이 시장생산가격이 되는 경우입니다. 여기서는, B에서의 제3차 투자가 최열등 투자가 되어, 그 개별적 생산가격(70실링)이 시장생산가격이 되어 있습니다.

그렇다면, 어떠한 조건에서 이러한 것이 가능하게 될까요? 예를 들어, 밀에 대한 수요가 증대하고, 기존의 토지에서 추가투자를 행하든지, 미

에이커		자본투하 (실링)	평균이윤 (실링)	생산물 (쿼터)	쿼터당 개별적 생산가격 (초과이윤) (실링)	화폐지대 (실링)
A	1	50	10	1	60(10)	10
B	1	1) 50	10	1) 2	30(40)	125
		2) 50	10	2) 1.5	40(30)	
		3) $58\frac{1}{3}$	$11\frac{2}{3}$	3) 1	70(시장생산가격)	
C	1	1) 50	10	1) 3	20(50)	265
		2) 50	10	2) 2.5	24(46)	
D	1	1) 50	10	1) 4	15(55)	405
		2) 50	10	2) 3.5	$17\frac{1}{7}$($52\frac{6}{7}$)	
합계	4	$408\frac{1}{3}$	$81\frac{2}{3}$	18.5		805

경작 토지에 투자하는 것이 필요하게 된 경우에, 최열등지 A에 추가투자하는 것보다, 혹은 새로운 미경작 토지 A^{-1} 토지에 투자하는 것보다, B에 추가투자하는 편이, 개별적 생산가격이 싸다면, 추가투자는 B에서 행해질 것입니다. 그러나, 그때 동시에, B에 대한 추가투자의 개별적 생산가격이 기존의 시장생산가격보다 높다고 한다면, 시장생산가격은 이 B에 대한 추가투자에 의한 개별적 생산가격의 수준까지 상승해야만 합니다. 그렇지 않으면, B에 대한 추가투자는 평균이윤을 취득할 수 없고, 그러한 투자는 행해지지 않을 것이기 때문입니다. 이리하여, 추가투자의 생산성이 최열등지의 생산성보다 낮고, 게다가, 그 추가투자가 우등지에서 가장 유리한 조건으로 행해진다면, 우등지에 대한 추가투자의 개별적 생산가격이 시장생산가격을 규제하고, 그것에 의해 최열등지에도 지대를 가져오게 됩니다.

또 마르크스는, 최열등지에서 투자가 개량적으로 행해지거나, 생산력이 감퇴하는 형태로 행해지거나 하는 경우에도, 어떤 사정으로, 혹은 일시적으로, 그러한 투자가 경쟁에 의해 그 이전의 투자와 융합하고, 평균화하는 일이 없다면, 최열등지에서 차액지대가 발생할 수 있음을 지적하고 있습니다.

제3절 절대지대

제2절에서는 차액지대가 주제가 되어 있었으므로, 최열등지는—앞 절의 마지막에서 본 예외적인 경우를 제외하고—아무런 지대도 낳지 않는다는 전제에서 고찰이 이루어졌습니다. 그러나, 현실에서는, 최열등지라고 해서 그 소유자가 무상으로 자본가에게 빌려주는 일은 있을 수 없습니다. 그렇다면, 이 경우의 지대는 어떻게 설명할 수 있을까요?

한 가지 방법으로는, 뒤에 서술할 "본래의 독점가격"에 의해 설명한다는 방식이 있습니다. 그러나, 이것은 그때그때의 시장 상황에 의존한 초과이윤에 대해 설명하는 것이며, 최열등지의 지대 설명에 적합한 것이라고는 말할 수 없습니다. 그에 반해, 본 절에서 서술되는 "절대지대"론은, 최열등지에서도 일반적으로 발생하는 지대에 관해 설명합니다. 아래에서는 그 발생 메커니즘에 대해 살펴보겠습니다.

절대지대의 발생 메커니즘

"…… **생산가격**은 상품 가치들의 균등화Ausgleichung에서 생기는 것이며, 이 균등화는 다양한 생산영역들에서 소비된 각각의 자본가치를 상각한 후에, 총잉여가치를 그것이 개개의 생산부문들에서 만들어진 비율에 따라서가 아니라(혹은 같은 말이지만, 다양한 생산부문들의 자본들이 운동시키는 잉여노동의 비율에 따라서가 아니라), 따라서 또 그들 생산물에 포함되어 있는 비율에 따라서가 아니라, 진대된 자본들의 크기에 비례하여 분배하는 것이다. 단지 이렇게 해서만, **평균이윤**도, 평균이윤을 특징적 요소로 하는 상품의 **생산가격**도 생기는 것이다. ……

…… 이 균등화의 기초에 있는 것은, 앞서 논했듯이, 사회적 총자본이 다양한 생산부문들 사이에 끊임없이 새로운 비율로 분배되는 것이며, 자본들의 끊임없는 출입 이동이며, 한 부문에서 다른 부문으로의 이전 가능성, 요컨대, 사회적 총자본의 독립된 부분들이 똑같이 이용할 수 있는 투하 장면으로서 이들 다양한 생산부문들 사이의 자본들의 자유로운 운동이다. 이 경우에 전제되어 있는 것은, 자본들의 경쟁에 대해, 예를 들어, 상품의 **가치**가 그 **생산가격 이상**인 것과 같은, 즉 생산된 **잉여가치**가 **평균이윤** 이상인 것과 같은 생산부문에서는, 가치를 생산가격까지 끌어내리고, 따라서 또 이 생산부문의 초과적인 잉여가치를 자본이 이용 가능한 모든 생산부문들에 비례적으로 분배하는 것을 방해하는 것과 같은 **제한**은 아무것도 없거나, 설령 있어도 그것은 단지 우연적이고 일시적인 **제한**일 뿐이라는 것이다. 그러나, 만약 반대의 일이 일어나서, 자본이 어떤 외적인 힘에 부딪혀, 이 힘을 자본이 전혀 극복할 수 없거나 단지 부분적으로밖에 극복할 수 없고, 또한 이 힘이 특수한 생산부문들에서 자본의 투하를 제한하고, 앞서 말한 것과 같은 잉여가치의 평균이윤으로의 일반적 균등화를 완전히 혹은 부분적으로 배제하는 것과 같은 조

건들 하에서만 자본의 투하를 허용한다면, 분명히, 그러한 생산부문들에서는, 상품의 생산가격을 넘는 상품 가치의 초과분Ueberschuß des Waarenwerths über ihren Productionspreiß에 의해 **초과이윤**이 생기는 것이며, 이것이 **렌트***Rente*[98]로 전화하고, 이윤에 대해 독립화될 수 있는 것이다. 그런데 자본이 토지에 투하되는 경우에는, 이러한 외적인 힘 및 제한으로서, **토지소유**가 자본에, 혹은 **토지소유자**가 **자본가**에게 대립하는 것이다.

토지소유는 여기서는 장벽Barrière이며, 이 장벽은 지금까지 미경작 또는 미임대였던 토지에 대한 새로운 자본 투하를, 관세를 징수하는 것 없이는, 즉 지대Rente를 요구하는 것 없이는 허용하지 않는 것이다."(①703f, E769f, 김965f)

제2장에서 본 것처럼, 일반적으로 마르크스균형—사회적 총노동의 균형적 배분—이 성립하려면, 어떤 자본이든 그 자본의 유기적 구성과 관계없이, 그 크기에 비례한 이윤을 취득할 수 있어야만 합니다. 즉 어떤 자본이든 평균이윤을 획득할 수 있어야 하며, 어떤 자본의 이윤율도 일반적 이윤율로 균등화되어야 합니다.

그 때문에, 여기에서는 마르크스균형을 실현하는 상품 가격은 생산가격(비용가격+평균이윤)에 의해 규정되며, 가치에 의해서는 직접적으로 규정되지 않게 됩니다. 이제 가치에 의한 규정은 그것이 평균이윤의 수준을 규제한다는 형태로 간접적으로 반영될 뿐입니다.

98) 기본적으로 "Rente"는 "지대"로 번역했지만, 이 문맥에서는 지대에 한정되지 않는, 보다 일반적인 '렌트'로 해석했습니다. 이 점에 관해서는 본 절의 마지막 항목도 참고하시기 바랍니다.

하지만, 이상의 것이 성립하는 것은, 서로 다른 생산부문들 사이에서 자본이 자유롭게 이동할 수 있는 경우뿐입니다. 즉 이윤을 둘러싼 자본의 경쟁에 대해, 일반적 이윤율로의 균등화를 실현하기 위한 장애가 존재하지 않거나, 존재하더라도 일시적인 것에 불과한 경우 뿐입니다. 만약 어떤 특정 생산부문에서 이러한 경쟁이 "어떤 외적인 힘"에 의해 항상 제한되고, 그 생산부문으로의 진입이 어려워진다면, 그 생산부문에서는 이윤율의 일반적 이윤율로의 균등화는 발생하지 않을 것입니다. 그리고 그 생산부문에서 상품의 시장가치는, 그 부면으로의 자본 진입이 제한되어 있으므로, 생산가격보다 높아질 것입니다. 따라서, 어떤 "외적인 힘"에 의해 경쟁이 제한된 생산부문에서는, 일반적으로 평균이윤을 웃도는 초과이윤이 발생하게 됩니다.

더욱이, 이때 "외적인 힘"은 항상 계속 작용하므로, 경우에 따라서는 초과이윤은 "렌트"(임대료)가 될 수 있을 것입니다. 즉, 그 초과이윤은 "외적인 힘"에 의해 가능해진 것이므로, 그 "외적인 힘"의 소유자에게 귀속되는 것으로서 이윤으로부터 독립할 수 있게 됩니다.

마르크스는 바로 이러한 "외적인 힘"의 전형이 농경지 소유라고 말합니다. 농경이 가능한 토지는 한정되어 있으므로, 비록 최열등지라 할지라도, 그것을 소유하고 있다면, 이윤율을 균등화시키는 자본의 경쟁을 방해하고, 초과이윤을 가져올 수 있습니다. 그러므로, 최열등지의 소유자일지라도, 이 초과이윤을 지대로서 취득할 수 있습니다. 이처럼, 토지소유의 힘으로 이윤율의 균등화를 방해하는 것에 의해 취득할 수 있는 것이 바로 "절대지대"입니다.

차액지대든, 절대지대든, 토지소유가 자본가의 경쟁을 방해하고 일종의 "독점가격"을 만들어 내는 것을 통해 발생하는 것이지만, 그 메커니즘은 전혀 다른 것입니다. 차액지대의 경우, 각각의 자본으로서는 어찌할 수 없는 농경지의 비옥도나 위치와는 관계없이 그것들이 평균이윤을 취득할 수 없다면 마르크스균형은 성립하지 않는다는 사정으로부터 발생하는 것이었습니다. 그러므로, 그것은 상대적으로 우위에 있는 비옥도나 위치를 독점하는 것으로부터 발생하는 것이며, 비록 자본가가 자유롭게 산업부문을 이동할 수 있다고 가정하더라도 발생할 수 있었습니다.

그러나 절대지대의 경우는 그렇지 않습니다. 절대지대는 오히려 농경지의 독점을 통해 농업으로의 자유로운 자본 진입을 방해함으로써 발생합니다. 애초에 토지 자체가 한정된 것이고, 게다가 그 토지가 농경이 가능한지 여부도 지형이나 토양의 화학적·물리적·생물학적 성질에 의존하고 있습니다. 농학의 발전과 함께 토지개량이 가능해진다 하더라도, 농경지는 자본이 자유자재로 만들어 낼 수 있는 것이 아닙니다. 그러므로, 비옥도나 위치의 우위성이 어떻든, 즉 비록 그것이 최열등지라 할지라도, 그것이 토지소유자에게 독점되어 있는 한, 농업으로의 자본의 자유로운 진입이 방해되어, 그곳에서 생산된 생산물에 독점가격을 설정하는 것이 가능하게 됩니다.

다음으로 문제가 되는 것은, 그렇다면 이렇게 해서 발생하는 절대지대의 수준은 어떻게 결정되는가 하는 점입니다. 차액지대의 경우, 기본적으로는 최열등지의 개별적 생산가격과 우등지의 개별적 생산가격과의 차액이 그것을 규정했습니다. 마찬가지로, 절대지대의 경우에도 그 수준을 규정하는 것이 있을까요? 아래에서는 이에 대해 살펴보겠습니다.

"본래 농업에서는 자본의 구성이 사회적 평균 자본의 구성보다 **낮다**고 한다면, 이것은 언뜻 보아도 명백한 것처럼, 발전한 자본주의적 생산양식의 여러 나라에서는, 농업이 제조업과 같은 정도로는 진보하지 않고, **상대적으로** 작은 정도로 진보한다는 것의 표현일 것이다(따라서 이것은 진보가 있는지 없는지가 아니라, 단지 그 **정도**에만 관계된다). 이러한 사실은, 다른 모든, 부분적으로는 결정적인 **경제적인** 사정은 제쳐 두고서라도, 화학이나 지질학이나 생리학의(특히 그것들의 농업에 대한 응용의) 뒤처진, 일부는 아주 유치한 발전과 비교하여, 역학적 과학들의(특히 그것들의 응용의) 발전이 훨씬 이전부터 급속하게 진행되어 온 것으로부터도 설명될 수 있을 것이다. 어쨌든 농업 자체의 진보가, 자본의 가변 부분에 대한 불변 부분의 상대적으로 커다란 증대 속에 표현되며, 또 표현되어 왔다는 것은, 의심할 여지가 없는 것이고, 오래전부터 알려져 있다. 자본주의적 생산양식이 지배적인 어떤 일정한 나라, 예를 들어 영국에서, 농업 자본의 구성이 **사회적 평균 자본**의 구성보다 **낮은**지 어떤지는, 단지 통계적으로만 해결될 수 있는 문제이며, 이에 대해 상세히 파고드는 것은 우리 목적에는 불필요하다. 어쨌든 이론적으로 확실한 것은, 단지 이 전제 하에서**만** 농업생산물의 **가치**가 그 **생산가격보다 높아**질 수 있다는 것, 즉 주어진 크기의 자본에 의해 농업에서 생겨나는 **잉여가치**는, 또는 같은 말이지만, 그 자본에 의해 움직여지고 지휘되는 **잉여노동**(따라서 또 사용되는 산 노동 일반)은, 같은 크기의 사회적 평균 구성의 자본의 경우보다 크다는 것이다."(①701f, E768, 김964)

앞 항목의 해설 마지막에서 언급한 문제를 해결하기 위해, 마르크스는 농업이 공업에 비해 생산력이 낮고, 그 때문에 자본의 유기적 구성이 낮다는 사실에 주목합니다. 농업에서 자본의 유기적 구성이 평균보다 낮다고 한다면, 농업생산물에 대해서는 가치 > 생산가격이라는 부등식이 성립합니다. 마르크스는 이 가치와 생산가격과의 차액이 절대지대의 원천을 이룬다고 생각했습니다. 즉, 토지소유가 자본의 경쟁을 제한하고, 농업생산물의 가치가 그 생산가격으로 저하되는 것을 방해함으로써, 절대지대의 원천이 되는 초과이윤이 발생한다고 생각했던 것입니다.

마르크스는 기본적으로 이 아이디어에 기초하여 절대지대론을 전개하고 있지만, 이 논의에는 치명적인 약점이 있습니다.

먼저, 이 논의에서는 농업의 생산력이 발전하여 농업 부문의 자본의 유기적 구성이 평균 이상이 되었을 경우의 절대지대에 대해 설명할 수 없습니다. 비록 농업 부문의 유기적 구성이 평균 이상으로 높아지더라도, 농경이 가능한 토지가 한정되어 있으며, 그것을 독점함으로써 자본의 자유로운 경쟁을 방해할 수 있다는 사정은 전혀 변하지 않습니다. 그러한 한, 여전히 절대지대는 계속 존재할 것입니다. 그런데, 절대지대의 원천을 가치와 생산가격과의 차액이라고 생각하는 한, 자본의 유기적 구성이 평균 이상으로 고도화되자마자 절대지대는 소멸하고 마는 것입니다.

그리고, 비록 농업 부문의 유기적 구성이 항상 평균 이하라고 가정하더라도, 왜 가치와 생산가격의 차액이 절대지대의 원천이 되는지에 대한 설득력 있는 설명은 되지 못합니다. 물론, 토지소유에 의해 농업 부문으로의 자유로운 진입이 제한된다면, 농작물 가격은 생산가격 이상으로 상승하겠지만, 그렇다고 해서 그것이 가치와 일치할 보장은 어디에도 없습니다. 여기서 마르크스는, 제2장에서 본 바와 같은 실체주의적인 가치론에 이끌려, 경쟁이 존재하지 않는 경우에는 상품은 가치대로 교환될 것이라고 상정해 버린 것처럼 보입니다. 그러나 다음 장에서 마르크스가 강조하고 있듯이, 가치법칙 자체가 경쟁에 의해 관철되는 것임을 잊어서는 안 됩니다.

> "…… 내적인 법칙은, 단지 그들의 **경쟁**, 그들이 서로에게 가하는 압력에 의해서만 관철되는 것이며, 이 경쟁이나 압력에 의해 여러 가지 괴리는 상쇄되는 것이다. 여기서는 가치법칙Gesetz des Werths은 단지 내적인 법칙으로서, 개개의 당사자에 대해서는 **자연법칙** *Naturgesetz*으로서 작용할 뿐이고, 생산의 우연적인 변동들 속에서만 생산의 사회적 균형Gleichgewicht을 관철하는 것이다."(①897, E887, 김1115)

따라서, 경쟁이 억제된다면, 농작물은 가치대로 교환되고, 그것이 절대지대의 원천이 된다는 논의는, 마르크스 자신의 가치법칙에 대한 이해와 모순되는 것입니다. 그런데, 마르크스도 이 모순을 눈치채고 있었던 것이 아닌가 생각됩니다. 왜냐하면, 마르크스는 이 제3부 주요 초고(지대론 부분은 1865년에 집필)에서는, 농작물의 시장가치가 일반적인 경우에는 가치와 일치한다는 『1861-1863년 초고』까지의 논의를 포기하기 때문입니다.

실제로 절대지대로 전화하는 것은 가치와 생산가격의 차액 중 일부분이다

"[절대] 지대가, 가치와 생산가격과의 차액 전부와 같을지, 아니면 이 차액의 크고 작음에 관계없이 일부분과만 같을지는, 전적으로 단지, 수요에 대한 공급의 상태와 새롭게 경작에 편입된 토지의 넓이에 달려 있을 것이다."(①704, E770, 김967)

"토지소유가 토지생산물의 가격을 그 생산가격 이상으로 끌어올릴 수 있다 해도, 시장가격이 어느 정도 생산가격을 넘어 가치에 가까워질지, 즉 주어진 평균이윤을 넘어 농업에서 생산된 잉여가치가 어느 정도까지 지대로 전화하고, 어느 정도까지 잉여가치의 평균이윤으로의 일반적 균등화에 참가할지는, 토지소유가 아니라 일반적인 시장관계allgemeinen Marktverhältnissen에 의존한다."(①706, E772, 김969)

이상의 인용문에서 볼 수 있듯이, 마르크스는 농작물의 시장가치가 항상 가치와 일치하는 것이 아니라 가치와 생산가격 사이의 값을 취하고, 그 범위 안에서 구체적으로 어떤 수준에 안착할지는 "일반적인 시장관계"에 의존한다고 말하고 있습니다. 그러므로, 여기서는 이미 가치실체론으로부터의 탈피가 시작되었다고 보아도 좋을 것입니다. 그러나 다른 한편으로는, 가치를 농작물의 시장가치의 상한선으로 설정하고 있기 때문에, 여전히 유기적 구성이 고도화되었을 경우의 절대지대를 설명할 수 없다는 한계가 있습니다.

그렇다면, 마르크스의 본래의 가치론에 부합하는 형태로, 절대지대의 수준에 관해 설명하는 것이 가능할까요? 이 점에 대해서는 마르크스를 따라서, "일반적인 시장관계"에 의존한다고 생각할 수 있을 것입니다. 절대지대가 얼마나 높은 수준이 될지는, 그것으로 인한 농작물 가격 상승이 수요를 얼마나 수축시킬지, 혹은 현재 경작되고 있는 최열등지보다도 더 열등한 토지와의 경쟁—임차인을 찾지 못한 농경지의 토지소유자는 더 낮은 수준의 지대일지라도 임대에 응할 가능성이 있습니다—등과 같은 사정에 의해 결정될 것입니다. 다만, 여기에서 마르크스가 기술한 것처럼 농작물의 시장가치의 상한선으로서 가치를 설정할 필요는 없고, 따라서, 농업 부문의 유기적 구성이 평균 이상이 되는 경우도 마찬가지로 생각할 수 있을 것입니다. 다른 한편으로, 가치가 상한선이 아니게 되더라도, 앞서 말한 바와 같이 수요의 탄력성이나 공급 구조에 의한 제한이 걸리기 때문에, 여전히 시장가치 법칙의 제약 하에 놓여 있다고 할 수 있을 것입니다.

또한, 이처럼 절대지대를 다시 해석하면, 절대지대의 뒷받침이 되는 가치는—농업 자본의 유기적 구성이 평균 이상이 될 경우에는—존재하지 않게 되지만, 차액지대나 다음에 볼 독점지대의 경우와 마찬가지로, 절대지대도 사회로부터의 수탈(임금 = 노동력의 재생산비라는 가정 하에서는 잉여가치로부터의 수탈)을 이룬다고 생각할 수 있을 것입니다.

본래의 독점가격

"우리가 독점가격Monopolpreiß이라고 말할 때, 일반적으로 생각되는 것은, 생산물의 일반적 생산가격에 의해서도, 생산물의 가치에 의해 규정되는 가격과도 관계없이, 단지 구매자의 지불 능력과 의욕만으로 규정되는 가격이다. 예를 들어, 일반적으로 비교적 소량으로밖에 생산될 수 없는 아주 특별한 품질의 포도를 생산하는 포도밭은 독점가격을 낳는다. 이 독점가격이 생산물의 가치를 넘는 초과분은 오로지 상류의 와인 애호가의 부와 기호嗜好에 의해서만 규정되며, 포도 재배자는 이 독점가격에 의해 극히 커다란 초과이윤을 실현할 것이다. 여기서는 독점가격으로부터 흘러나오는 이 초과이윤이 지대로 전화하여, 그리고 지대라는 형태로 토지소유자의 손에 들어가는데, 그것은 이 지구Erdkörpers 중에서도 특별한 속성을 갖춘 이 필지에 대한 그의 소유권Titels에 의거한 것이다."(①717, E783, 김983)

"어떤 상품의 **독점가격**은 단지 다른 상품 생산자들의 이윤의 일부분을, 독점가격을 가진 상품으로 옮길 뿐이다. …… 그 상품이 임금 그 자체를 끌어내릴(임금의 가치는 동일하게 유지됨에도 불구하고) 수도 있지만, 그렇게 되는 것은 단지, 임금이 그 물리적 최저한계보다 높은 한에서이다. 이러한 경우에는, 독점가격은, 실질임금(즉 노동자가 동일한 양의 노동에 의해 수취할 수 있는 사용가치의 양)으로부터의 공제나 다른 자본가들의 **이윤**으로부터의 공제에 의해 지불될 것이다."(①879f, E869, 김1091)

마르크스는, 지금까지 보아 온 차액지대나 절대지대와는 다른 경우에 발생할 수 있는 지대에 대해서도 말하고 있습니다. 그것은 "본래의 독점가격"으로부터 발생하는 지대입니다.

여기서 마르크스가 말하고 있듯이, 그 토지에서밖에 재배할 수 없는 특별한 사용가치를 가진 농작물이 독점가격을 갖는 것은 명백하지만, 여기서 중요한 것은, 차액지대나 절대지대의 경우와 달리, 그것이 경제 법칙의 관철을 일반적으로 방해하는 요소로부터 발생하는 것이 아니라, 이 특별한 사용가치에 대한 일부 사람들의 욕망과 지불능력으로부터 발생한다는 것입니다. 즉, "본래의 독점가격"에 기초한 지대는, 차액지대나 절대지대라는 경제적 형태와는 별개로, 순수한 경쟁관계나 시장관계에 의해 발생하는 지대인 것입니다.99)

독점지대도 차액지대의 경우와 마찬가지로, 그 원천은 사회로부터, 즉 임금노동자나 다른 생산부문의 자본가로부터 수탈한 것이 될 것입니다(임금=노동력가치의 경우에는 잉여가치로부터의 수탈이 됩니다).

고정화된 초과이윤으로서의 렌트

"여기에는 두 가지 경우가 있다. **독점이 일시적인 것에 불과하고**, 그 산업 부문으로의 자본 투자의 발전에 의해, 따라서 보통의 자본주의적 경쟁에 의해 타파되는 경우. 그 경우, 초과이윤은 렌트Rente로 고정화되지 않는다.

---

99) 덧붙여, 마르크스는 다음 장에서 "절대지대는 **생산물의 가치** 중 그 **생산가격**을 넘는 **초과분**이 실현된 것이든가, 또는 생산물의 가치를 넘는 초과적 독점가격을 전제한다."(①746, E813,김1020) "다양한 생산부문에서 잉여가치의 평균이윤으로의 균등화가, 인위적 독점 혹은 자연 독점, 또한 특히 토지소유 그 자체의 독점이라는 장애에 부딪혀, 이로 인해 독점의 작용을 받는 상품의 생산가격이나 가치를 초과하는 **독점가격**을 강요하는 것이 가능하게 된다"(①879, E868, 김1091)라고도 말합니다. 그러므로, 본서와 같이 절대지대의 상한선을 가치와 생산가격의 차액으로 하는 해석을 포기한다면, 오히려 절대지대를 독점지대에 포괄해 버리는 해석도 가능할지 모릅니다. 그러나 본서에서는 본 장에서 본래의 독점가격에 관련된 기술을 살려, 절대지대와 독점지대를 구별하는 방향으로 해석하고 있습니다.

그 반대의 경우. 그 경우, 초과이윤은 렌트로 고정화된다. 하지만 그것은 다시 양적으로는 크게 변화한다. 예를 들어 지대Grundrente.

다른 한편, 자연 독점을 형성하는 사업 부문, 예를 들어 철도와 같은—이는 그 이윤이 일반적 이윤율의 규정에 들어가지 않는, 즉 경쟁에 의해 일반적 이윤율의 수준으로 끌어내려질 수 없기 때문이다—다른 한편, 그러한 사업 부문은 전체로서, 우연적인 재난이 일어났을 경우에는, 일반적 이윤율 이하로조차 저하될 수 있다. 그리고 그러한 부문에 투하된 거대한 고정자본은 철수가 곤란하며, 그 일부에 대해서는 철수가 완전히 불가능하다. 그 때문에 또, 사회적 자본 중의 각각의 특정 사업 부문에 투하되고 있는 부분의 확대 혹은 축소에 의해서만 균등화가 진전될 수 있다.—일반적 이윤율의 계산에 있어서, 그러한 초과이윤을 고려에 넣는 한, 계산은, 공동출자자 중의 몇몇이 다른 사람과 같은 몫 외에 특수한 프리미엄을 받게 하는 회사의 결산과 같은 것이다."(⑨161)[100)]

본 절 마지막으로, 지금까지 보아 온 지대론이 보다 일반적인 '렌트' 론으로 확장될 가능성이 있었음을 살펴보겠습니다. 이 인용문은 만년(1878년경)의 마르크스가 집필한 단편으로부터의 발췌이지만, 이것을 보는 한, 마르크스는 지대론과는 구별되는, 보다 광범위한 렌트론을 전개하려고 했던 것으로 생각됩니다.

본 장에서 지금까지 검토해 온 제3부 주요초고(①)에서는 지대와 렌트는 거의 동의어로 사용되었으며, 기본적으로 양쪽에 "지대"라는 번

---

100) 역주: Karl Marx, "Manuskripte zum Dritten Buch des 'Kapitals' 1871 bis 1882", *MEGA* II/14, Akademie Verlag, 2003, p.161.

역어를 붙여 왔습니다. 그러나 이 인용문에서는, 초과이윤이 일시적인 것이 아니라, 따라서 "보통의 자본주의적 경쟁"에 의해서는 타파되지 않는, 어떤 장애에 의해 고정화될 수 있는 것이라면, 그것은 렌트로 전화한다고 말하고 있습니다. 더 이상 렌트=지대가 아니라, 지대는 렌트의 전형적인 예로 거론되고 있을 뿐입니다.

다른 한편, 이 인용문에서는, 초과이윤이 고정화되는 산업의 예로서 철도가 들어지고 있습니다. 철도에 진입하려면 막대한 자본이 필요하며, 게다가 자금 회수에 시간이 걸리는 고정자본이 대부분을 차지하기 때문에, 다른 산업과 같은 경쟁에 노출되는 일 없이, 초과이윤이 고정화되기 쉽다는 것입니다. 물론, 어떤 "우연적인 재난"—예를 들어, 재해에 의한 철도 설비의 파괴나 철도 건설에 따른 예상 밖의 지출—에 의해 평균이윤을 밑도는 사태가 발생할 수도 있지만, 경쟁에 의해 일반적 이윤율의 수준으로 끌어내려지는 일은 없습니다. 여기서는, 균등화의 작용은, 신용제도를 통해 철도 산업에 투하되는 자본량이 조정되는 것에 의해서 이루어지는 것에 불과하며, 초과이윤의 고정화를 방해할 정도는 아닙니다. 이 경우, 초과이윤의 발생을 가능하게 하는 생산수단은 철도 산업에 투하된 자본에 의해 소유되고 있으므로, 이 초과이윤이 자립화하여 렌트로 전화하는 일은 없지만, 그럼에도 생산수단의 소유에 의한 경쟁의 제한을 통해 초과이윤이 고정화되고, 그것을 생산수단의 소유자가 취득할 수 있다는 의미에서는, 이 초과이윤을 광의의 렌트로 생각하는 것도 가능할 것입니다.

어쨌든, 단편적인 고찰이므로, 여기서 마르크스의 렌트론 구상 전체를 읽어 낼 수는 없지만, 이 고찰은 현대자본주의에 관해 생각하는 데 있어서도 중요한 단서가 될 것입니다. 왜냐하면, '서문'에서도 말했듯이, 현재 '렌트 자본주의'라고 특징지을 수 있는 자본주의적 생산양식의 새로운 형태가 대두되고 있기 때문입니다. 이 점에 관해서는 '칼럼 6'도 보시기 바랍니다.

제4절 토지가격

자본주의적 생산양식에 있어서는, 소유는 상품이나 화폐의 힘에 의존하여 성립되는 것이 되므로, 토지의 소유권도 또한 이 근대적 사적 소유의 원리에 따라 상품으로서 매매됩니다. 토지가격이 자본환원(지대/이자율)에 의해 규정되는 것은 이미 서론에서 보았으니, 여기서는 토지가격이라는 경제적 형태가 초래하는 전도에 대해 살펴보겠습니다.

토지가격이라는 전도된 형태가 지대의 기생적 성격을 은폐한다

"이러한 지대의 특색을 이루는 것은 …… 소유자의 완전한 수동성이 명확하며, 그의 능동성은 단지 사회적 발전의 진보를 착취하는 것에 있을 뿐이고, 이 진보를 위해 산업자본가라면 무언가라도 할 것이지만, 이 소유자는 아무런 공헌도 하지 않고, 아무런 위험도 감수하지 않는다는 것이다."(①714, E781, 김980)

"한 무리의 사람들이 사회의 **잉여노동**의 일부분을 공물Tribut로서 취득하고, 생산의 발전에 따라 점점 더 큰 정도로 취득하는 것을 가능하게 하는 것이, 단지 이들이 가지고 있는 지구Erdball에 대한 사적 소유의 권리Titel에 불과하다는 것은, 다음과 같은 사정에 의해 가려지고 있다. 즉 자본환원된 지대, 바로 이 공물이 자본환원된 것이 토지의 가격으로서 나타나고, 따라서 또, 토지가 다른 모든 거래 물품과 마찬가지로 판매될 수 있다는 사정에 의해서이다. 따라서 구매자에게는, 지대 청구권Anspruch auf die Rent은 **무상**無償으로 손에 넣은 것으로서, 또 노동이나 리스크, 자본의 기업가 정신도 없이 무상으로 손에 넣은 것으로서 나타나지 않고, 그 등가를 지불하고 손에 넣은 것으로서 나타나는 것이다. 그에게는, 이미 전에 말했듯이, 지대는, 단지 그가 토지를, 따라서 또 지대 청구권을 구매하는 데 사용한 자본의 이자로서만 나타난다. 그것은, 흑인을 산 노예소유자에게는, 그의 흑인 소유가 노예제도 그 자체에 의해 얻어진 것이 아니라, 상품의 매매에 의해 얻어진 것으로 나타나는 것과 완전히 같다. 그러나 권리 그 자체는 판매에 의해 생겨나는 것이 아니라, 단지 이전될 뿐이다. 권리는, 그것이 팔릴 수 있기 전에, 거기에 존재하고 있어야 하는 것이고, **한 번의** 판매가 이 권리를 만들어 낼 수 없는 것과 마찬가지로, 몇 번의 판매도, 그 판매의 항구적인 반복도, 이 권리를 만들어 낼 수는 없는 것이다. 일반적으로 권리를 만들어 낸 것은 생산관계이다. 이 생산관계가 탈피umhäuten하지 않을 수 없는 지점에 도달하자마자, 권리의, 그리고 그 권리에 기초한 일체의 거래의 물질적 원천, 경제적이고 역사적으로 정당한 원천, 사회적인 생명생산 과정으로부터 발생하는 원천은 사라지게 된다. 보다 고도의 경제적 사회구성체ökonomischen Gesellschaftsformation의 입장에서 보면, 개별적 개인들의 지구에 대한 사적 소유는, 어떤 인간의 다른 인간에 대한 사적 소유와 마찬가지로 완전히 우스꽝스러운 것으로 나타날 것이다. 하나의 사회조차, 하나의 나라조차, 더 나아가 동시대의 사회들 전체조차 대지Erde의 **소유자***Eigenthümer*가 아니다. 그것들은 단지 대지의 **점유자***Besitzer*이며, 그 **용익자***usefruitiers*일 뿐이고, 그들은 '선량한 가장boni patres familias'으로서 이것을 개량하여 다음 세대에 물려주어야 한다."(①717f, E784, 김983f)

본 장에서 보았듯이, 지대는 자본이 취득한 이윤의 일부를—그러므로 임금노동자들이 생산한 가치의 일부를—토지소유의 힘에 의해 수탈하는 것에 기초하고 있습니다. 산업자본가라면, 그 목적이 노동자의 착취에 있고, 더 나아가 노동의 소외나 환경파괴를 초래한다고 하더라도, 생산양식을 혁신하고, 사회적 생산력의 발전을 촉진한다는 역할을 수행합니다. 그런데, 토지소유자들의 역할은 완전히 수동적인 것이며, 사회적 발전의 진보의 성과를 착취할 뿐이고, 이 진보에 공헌하는 일은 없습니다. 토지소유자는, 자신의 생산물도 아니며, 인간의 생산물도 아닌 지구의 일부분을 배타적으로 독점함으로써 타인의 노동의 성과를 수탈하고 있을 뿐입니다.

그러나 이러한 지대의 기생적 성격은 토지에 가격이 붙고, 상품으로서 매매됨으로써 가려집니다. 즉, 본질적으로는 노동자가 생산한 가치의 일부를 수탈하고 있을 뿐이지만, 이것이 마치 토지 '투자'에 대한 정당한 보상인 것처럼 나타나는 것입니다. 여기서는, 토지의 배타적 독점에 기초한 "허위의 사회적 가치"의 취득권이 자본환원되어 '가공자본'이 되고, 이 '자본'으로서의 자격에 의해 사회적 부의 수탈이 정당화된다는 극도의 전도가 발생하는 것입니다.

왜 이러한 것이 가능할까요? 자본주의적 생산양식이 그 형상화를 통해 잉여가치 생산과는 관계없이, 투자 그 자체가—그것이 실제로 자본으로서 기능하는지 여부와 관계없이—수익을 낳는다는 관념을 만들어 내기 때문입니다. 앞 장에서 보았듯이, 이자라는 경제적 형태를 통해 자본소유가 생산으로부터 분리되어 자립화하고, 더 나아가 가공자본에 있어서는 자본가치의 소유로부터도 분리되어, 단순한 화폐청구권에 대한 투자에 의해 지속적인 수익을 올리는 것이 가능하게 됩니다. 이렇게 해서, 잉여가치 생산과 관계없이, 단순한 자본 투자로부터 수익을 올리는 것이 가능하다는 관념이 확고하게 되었습니다. 바로 이 관념이, 토지소유에 의한 지대의 수탈을 정당화하는 것입니다.

물론, 실제로는, 토지에 대한 투자가 지대를 낳는 것이 아닙니다. 지대를 취득할 수 있는 권리를 낳는 것은, 자본주의적 생산관계 그 자체입니다. 본 장에서 보았듯이, 자본주의적 생산이 토지소유—즉 물상의 힘에 기초한 토지의 배타적 소유—의 제약에 부딪혀, 그 경쟁의 양상이 수정되거나(차액지대), 혹은 경쟁 그 자체의 수준이 제한되거나 함으로써(절대지대 및 독점지대), 발생하는 것이 바로 지대입니다. 그러므로, 자본주의적 생산관계가 폐절된다면, 이 권리 그 자체가 성립되지 않을 것입니다. 물상의 힘에 기초한 토지의 배타적 소유도 인정되지 않게 될 것입니다. 나아가, 자본주의적 생산관계의 폐절을 통해 보다 고도한 경제적 사회구성체—공산주의 사회—를 실현한다면, 현재의 사회에 있어서 노예제도가 완전히 우스꽝스러운 것처럼, 모든 토지소유는 우스꽝스러운 것이 될 것입니다. 비록 그것이 개인의 소유가 아니라, 국가나 사회의 소유라 할지라도 우스꽝스러운 것으로 나타날 것입니다. 왜냐하면, 인간에게, 더 나아가 지구상의 모든 생명에게, 지구는 결코 독점하거나 소유할 수 있는 것이 아니라, 그로부터 다양한 은혜를 받을 수 있는 '커먼'(공유물)에 다름 아니기 때문입니다. 즉, 인간은 어디까지나 '커먼'의 '용익자'에 불과하며, 풍요로운 자연과 생태계를 다음 세대에게 전해줄 의무를 지고 있는 것입니다.

그런데 바로 지대란 — 그리고 더 일반적으로 말해 렌트란 — 이처럼 사회적으로 보호하고 세대를 넘어 계승해 나가야만 하는 커먼을, 화폐의 힘을 빌려 사인私人이나 사적 법인이 배타적으로 독점하고 사적 이익을 위해 사용함으로써 얻는 초과이윤에 다름 아닙니다. 그러므로 현재와 같이 현실 자본의 축적이 막히고 렌트의 비중이 증대하고 있다는 사실은, 단지 사회적 부의 수탈이 늘어나고 격차가 확대되며 빈곤이 증대한다는 것만을 의미하지 않습니다. 그것은 인류의 장기적인 영위에 있어 가장 중요하다고도 할 수 있는 요소를, 눈앞의 이윤극대화를 위해 탕진해 버리는 태도가 더욱더 일반화된다는 것을 의미하기도 합니다.

제5절 지대에 관한 결론적 고찰

본 절에서는 전근대적인 사회시스템 아래에서의 지대와 대비하면서, 자본주의적 생산양식 아래에서의 지대의 특수성에 대해 해명하는 것이 과제입니다. 상인자본을 다룬 제4장이나 이자 낳는 자본을 다룬 제5장에서도 역사적인 고찰이 이루어졌지만, 거기에서는 상인자본이나 이자 낳는 자본이 전근대 사회에서 어떤 형태로 존재했고, 그것이 어떤 조건 아래에서 자본주의적 생산 아래에 편입되어 가는지가 고찰되었습니다. 그것에 대해, 지대는 애초에 토지에 대한 자본 투하에 의해 취득할 수 있는 것이 아니라, 앞 절에서 본 것처럼 토지의 자본환원을 통해 비로소 그러한 외관을 획득할 뿐입니다. 오히려 역사적으로 보면, 지대는 상품이나 화폐 등과 같은 물상적인 관계로부터 독립된 일정한 공동체적 관계에 근거한 것이었습니다. 자본주의에 대응한 근대적인 지대는, 이 공동체적 관계를 파괴함으로써 비로소 성립할 수 있었습니다.

그 때문에, 지대의 경우에는, 상인자본이나 이자 낳는 자본과 달리, 역사적 프로세스를 통해 그 성질이 근본적으로 변화됨으로써, 비로소 자본주의적 생산양식에 대응하는 형태가 생겨나게 됩니다. 본 절에서 문제가 되는 것은, 이 근대적인 지대의 역사적인 특수성을 파악하는 것에 다름 아닙니다.

지대를 다루는 것의 곤란은 어디에 있는가?

"자본주의적 생산양식의 이론적 표현인 근대경제학이 지대를 분석할 때 직면하는 곤란이 본래 어디에 있는가를 명확히 해야 한다. …… 곤란은 다음의 것을 증명하는 것에 있다. 즉 다양한 자본들 아래에서 잉여가치가 **평균이윤**으로, 즉 자본들의 각각의 크기(혹은, 자본들이 사회적 자본 속에서 이루고 있는 상대적 크기)에 상응한 총가치—모든 생산부문을 합친 총자본이 생산한—의 비례적인 몫으로 균등화된 후에, 즉 이 균등화 후에도, 외관상으로는 이미 분배되어야 할 모든 잉여가치의 분배가 이루어진 후에도, 여전히 토지에 투하된 자본이 **지대**의 형태로 토지소유자에게 지불하는 이 잉여가치의 **초과** 부분은 어디에서 나오는가, 하는 것에 있다."(①723f, E790, 김991f)

아무런 이론적 전제 없이 소박하게 생각하면, 지대란 토지를 빌려주는 것에서 얻어지는 수익입니다. 이와 같이 지대를 단순하게 파악한다면, 현대의 토지소유자가 취득하는 지대도, 전근대 사회에서 영주가 농민에게서 징수하는 지대도 같은 것이 되고 말 것입니다. 물론, 이러한 소박한 생각에 사로잡혀 있는 한, 자본주의 사회에서 지대의 특수성에 대해 인식할 수 없고, 그것을 해명할 수도 없습니다. 지대를 이해하는 것의 어려움은, 사실은, 이 자본주의 사회에서의 지대의 특수성을 인식하는 것에 있습니다.

아래에서는, 이러한 관점에서, 역사적으로 존재했던 다양한 지대의 형태에 관해 살펴보겠습니다.

노동지대

"**노동지대***Labour Rent*라는 가장 간단한 형태에서의 지대, 즉 직접적 생산자가 주週의 한 부분은 (사실상 혹은 법률상) 그 자신의 노동도구(쟁기·가축 등)로 (사실상) 그 자신의 토지를 경작하고, 주의 다른 날에는, 지주의 영지에서 지주를 위해 무보수로 노동한다는 형태에서의 지대를 고찰한다면, 여기에서는 사태가 여전히 매우 명확하다. …… 이윤이 아니라 **지대**가, 이 경우에 **불불 잉여노동**을 나타내는 형태이다(이 형태에 대해 서술하고 있는 제1부 제2장['절대적 잉여가치'의 장을 가리킨다]과 비교하라). …… 더욱이 명확한 것은, 직접적 노동자가, 그 자신의 생활유지 수단의 생산을 위해 필요한 **생산수단** 혹은 **노동조건**의 '**점유자***Besitzer*'로 남아 있는 모든 형태들에서는, 소유관계는 동시에 직접적인 **지배·예속 관계**Herrschafts- und Knechtschaftsverhältniß로서 나타나지 않을 수 없고, 그러므로 직접적 생산자는 자유롭지 못한 사람으로서 나타나지 않을 수 없다는 것이다. …… 왜냐하면, 직접적 생산자는 이 경우에는, 전제에 따르면, 그 자신의 생산수단(자신의 노동의 실현과 자신의 생활유지 수단의 창조를 위해 필요한 객체적 노동조건들)을 점유하고 있고, 자신의 농경을, 그것과 결부된 농촌가내공업과 마찬가지로, **자립적**으로 꾸려나가고 있으며 {예를 들어 인도 등등에 있어서처럼, 이 자활적 소농이 서로 다소간 자연발생적인 생산공동체를 형성하고 있다는 것에 의해서는 해소되지 않는 그러한 자립성. 왜냐하면, 여기에서는 단지 명목상의 토지소유자**에 대**

한 자립성만이 문제가 되고 있기 때문이다}, 명목상의 토지소유자를 위한 잉여노동은, 단지 **경제외적인** 강제*ausserökonomischen* Zwang에 의해서만 그들로부터 강탈될 수 있는 것이며, 이 강제가 어떠한 형태를 취하든 마찬가지이다. {이 점을 노예경제나 플랜테이션경영과 구별하는 것은, 노예는 여기에서는 타인의 생산조건들로 노동하고, 자립적으로 노동하는 것이 아니라는 것이다}. 그러므로, **인격적인** 종속관계*persönliche* Abhängigkeitsverhältnisse가 필요하고, 인격적인 자유의 제약이 어떤 정도이건 항상 필요하며, 토지의 부속물로서 토지에 매여 있는 것, 즉 본래 의미에서의 **예속**이 필요한 것이다."(① 730ff, E798f, 김1000ff)

상품경제가 미발전한 전근대적 공동체에서는, 사람들의 경제적 관계는 상품이나 화폐를 통해서가 아니라, 사람들 자신의 직접적인 인격적 관계에 의해 형성되었습니다. 또한, 사람들의 생산활동의 대부분은 자급자족을 목적으로 한 것이었습니다.

이러한 사회에서 지대가 성립하기 위해서는, 직접적인 지배·예속 관계가 필요한 것은 분명합니다. 왜냐하면, 직접적 생산자들—실제로 생산활동을 하고 있는 사람들—은, 토지소유자로부터 독립하여, 자립적으로 생산활동을 영위하고 있기 때문입니다. 명목상의 토지소유자에 불과한 영주가 그들에게서 지대로서 부를 수탈하기 위해서는, 경제외적인 강제에 의존할 수밖에 없습니다. 전근대 사회에서의 지대는, 기본적으로, 생산자들을 토지에 묶어 두고, 종속시킴으로써 성립합니다. 이러한 전근대 사회의 지대 중에서도 가장 본원적인 형태의 지대가 바로 이 인용문에서 서술되고 있는 "노동지대"입니다.

노동지대가 강제노동임은 자명하다

"지대의 가장 간단하고 가장 본원적인 형태인 **노동지대**에 대해서는, 다음과 같은 것은 지극히 자명하다. 즉, 지대는 이 경우에는, **잉여가치**[101]의 본원적인 형태이며, 그것과 일치한다. …… 왜냐하면, 이 일치는 여기에서는 아직 눈에 보이고, 손으로 잡을 수 있는 명백한 형태로 존재하고 있기 때문이다. 왜냐하면, 직접적 생산자들이 자기 자신을 위해 행하는 노동은, 여기에서는, 공간 및 시간에 의해, 그가 소유자를 위해 행하는 노동으로부터 분리되어 있고, 후자는, 직접적으로, 제3자를 위한 **강제노동**이라는 야만적인 형태로 나타나기 때문이다."(①732f, E800, 김1003)

노동지대에서는, 신비로운 것은 아무것도 없습니다. 인격적인 종속관계에 의해 자신을 위한 것이 아닌 잉여노동을 생산자들에게 강제한다는 것이 노동지대임은 분명하기 때문입니다. 여기에서는, 근대적인 지대와의 차이는 일목요연합니다.

전근대 사회에서의 전통의 역할이 잉여노동을 낮은 수준으로 억제한다

"몇몇 역사학자들은, 직접적 생산자는 소유자Eigenthümer가 아니라 단지 점유자Besitzer일 뿐이고, 또한 실제로, 법률적으로 그의 잉여

101) 현물경제에 잉여가치는 존재하지 않지만, 마르크스는 본 절에서 잉여가치라는 용어를 강제된 잉여노동이라는 의미로 사용하고 있는 것으로 생각됩니다.

노동은 모두 토지소유자의 것이므로, 대체로 이러한 관계들 아래에서는, 재산의, 혹은 상대적으로 말하면 부의 독립적인 발전이 부역의무자나 농노의 측에서 발전할 수 있다는 것에 대해, 놀라움을 표명했다. 하지만, 이 사회적 생산관계와 그것에 조응하는 생산양식의 기초를 이루는 자연발생적이고 미발전한 관계들에서는, **전통**이 우세한 역할을 할 수밖에 없다는 것은 분명하다. 둘째, 이 경우에는, 모든 다른 사정들 아래서와 마찬가지로, 사회의 지배층의 이익은 현존하는 것을 **법률**로서 신성화하고, 그 제한을 권리, 관습, 전통에 의해 신성화된 **법률적**인 제한으로 전화하는 것이 분명하다. …… 이제, 예를 들어, 소유자의 영지에서의 부역노동이 원래는 2일 혹은 3일이었다고 가정하자. …… 이 잉여노동은, 그 형태가 노동의 모든 사회적 생산력의 미발전에 근거하고, 즉 노동양식 그 자체의 미성숙함에 근거하고 있기 때문에, 상대적으로 직접적 생산자의 총노동 속에서는 훨씬 작은 부분을 차지하지 않을 수 없고, **당연히**, 더 발전한 생산양식, 특히 자본주의적 생산양식의 기초 위에서의 경우와 비교해 작은 부분을 차지하지 않을 수 없다. 예를 들어, 1주에 2일의 부역노동은, 이렇게 하여 고정되어 있고, 관습법에 의해서든, 성문법에 의해서든, 법률적으로 규제되어 있는 하나의 불변의 크기이다. 그러나, 직접적 생산자가 스스로 자유롭게 사용할 수 있는 주중의 나머지 날들의 **생산성**은, 하나의 **가변적인** 크기이고, 그의 경험이 쌓임에 따라 발전할 것임에 틀림없다. ……"(①734f, E801f, 김1004f)

생산물지대

"**노동지대**의 **생산물지대***Produce Rent*로의 전화는 경제학적으로 말하자면, 지대의 본질을 조금도 바꾸는 것은 아니다. 지대의 본질은, 우리가 여기에서 고찰하고 있는 형태들에 있어서는, 지대가 **잉여가치** 혹은 **잉여노동**의 유일한 지배적인 **정상적인 형태**라는 것에 있고, 달리 말하면, 지대는 자기 자신의 재생산을 위해 필요한 노동조건들을 **점유***Besitz*하고 있는 직접적 생산자가, 이 상태에서 포괄하고 있는 모든 노동조건들, 즉 토지의 **소유자***Eigenthümer*에게 바쳐야만 하는 유일한 잉여노동 혹은 유일한 잉여생산물이고, 또 다른 한편으로, 직접적 생산자에 대해, **타인의 소유물**이며, 그에게 적대하여 **독립화되고** 인격화된 노동조건으로서 대립하는 것은 단지 토지뿐이라는 것이기도 하다. 생산물지대가 지대의 지배적인 가장 발전한 형태인 한, 어쨌든, 그것은 언제나 다소간, 이전 형태의 잔재와, 즉 직접적으로 노동으로 지불되어야 할 지대와, 그러므로 부역노동과 결부되어 있고, 혹은 아직 그것을 동반하고 있으며, 영주가 사적 개인이든 국가이든 이 점에 변함은 없다. …… 생산자가 자기 자신을 위해 행하는 노동과 토지소유자를 위해 행하는 노동은 더 이상 명백하게, 시간적으로도 공간적으로도 구분되어 있지 않다. 이러한 순수한 생산물지대는, 더 발전한 생산양식이나 생산관계들 속에서도 단편적으로 전해 이어질 수 있다고는 하더라도, 여전히 현물경제를 전제하고 있다. …… 이 지대 형태에 수반하여, 잉여노동이 나타나는 생산물지대가 결코 농촌 가족의 잉여노동의 전부를 다 수탈하는 것은 아니다. 오히려, 노동지대와 비교해, 생산자에게는 잉여노동의 시간을 위한 커다란 여지가 주어져 있고, 그의 불가결한 욕구들의 충족을 위해 필요한 노동의 생산물이 그 자신의 것인 것처럼, 이 잉여노동의 생산물은 그 자신의 것이다."(①735f, E802ff, 김1006ff)

생산물지대에서 발생하는 착각

"지대의 성질에 대한 한 가지 착각은 다음과 같은 사정에 근거하고 있다. 즉 중세의 현물경제에서 시작하여, 게다가 자본주의적 생산양식의 조건들과 완전히 모순되면서도, **현물형태의 지대**가, 일부는 교회의 십일조로서, 일부는 낡은 계약에 의해 영구화된 유물로서, 현대까지 남아 있다는 사정이다. 이 때문에, 지대는 농업생산물의 **가격**에서 생기는 것이 아니라, 그 **물량**에서 생기는 것이고, 따라서, 사회적 관계에서가 아니라, 토지에서 생긴다는 외관이 생겨난다."(①728f, E795f, 김997f)

전근대 사회에서 지대는 현물형태 — 생산물 혹은 노동의 제공 — 라는 형태를 취하고 있었습니다. 현물형태의 지대는 이윽고 **화폐지대**로 대체되었지만, 19세기에 이르러서도 봉건적인 사회관계가 일부에서 잔존하고 있었고, 생산물지대(생산물의 형태로 납부하는 지대)도 잔존하고 있었습니다.

이러한 사정 때문에, 농업에서는 토지라는 자연적인 요소로서 큰 역할을 수행하므로, 토지 그 자체의 힘에 의해 잉여 생산물이 발생하고, 이것이 지대의 원천이 된다는 생각이 생겨나게 되었습니다. 이것이, 토지 독점에 의해 일종의 독점가격이 성립하고, 그것이 초과이윤을 가져옴으로써 지대가 발생한다는 자본주의에 특유한 지대 발생 메커니즘을 이해하기 어렵게 한 이유 중 하나입니다.

화폐지대

"여기서 우리는 화폐지대를—(평균이윤을 **넘는** 초과분일 뿐인 자본주의적 생산양식에 기초한 산업지대 또는 상업지대와는 구별하여)—생산물지대의 단순한 형태전화에서 비롯된 지대, 따라서 생산물지대라는 기초에서 출발하며, 생산물지대가 전화된 노동지대였던 것처럼, 전화된 생산물지대로 이해한다. 이 경우, 직접적 생산자는 토지소유자에게 생산물이 아닌 그 가격을 지불해야 한다 …… 따라서 현물형태의 생산물 초과분으로는 더는 적합하지 않다. 그 초과분은 이 현물형태에서 화폐형태로 전화되어야 한다. 그러므로 직접적 생산자는 여전히 자신의 욕구의 대부분을, 즉 자신의 생활유지 수단 대부분을 스스로 생산하지만, 그의 생산물의 일부는 **상품**으로 전화되어야 하고, **상품**으로 생산되어야 한다. 그 때문에 생산양식 전체의 성격이 다소 변하게 된다. 그것은 그 독립성, 즉 사회적 연관으로부터의 고립 상태를 잃는다. 그것은 시장관계에 의존하게 된다. 이제 다소간 생산비에서 화폐지출이 차지하는 비중이 결정적이 되고, 또한 어떤 경우든 총생산물 중 어떤 부분은 다시 재생산수단으로, 또 어떤 부분은 직접적인 생활유지 수단으로 사용되어야 하는 부분을 넘어 화폐로 전화되는 초과분이 결정적이 된다. 그러나 지대의 기초는, 그것이 해체를 향해 나아가기는 하지만, 출발점을 이루는 생산물지대에서와 동일하다. 직접적 생산자는 여전히 상속이나 기타 전통적인 토지의 점유자이며, 그는 자신의 중요한 생산조건의 소유자인 토지소유자에게, **여분의 강제노동**을, 즉 불불의, 등가물이 없이 이루어지는 노동을, 잉여생산물로 전화된 잉여노동의 형태로 또한 화폐로 전화된 잉여생산물의 형태로 지불해야 한다. (토지와는 다른 동산이나 농기구 등에 대한 소유는 이미 이전의 형태들에서, 처음에는 사실적으로, 그 후에는 법률적으로, 직접적 생산자들의 소유로 전화되며, 이 점은 화폐지대 형태의 경우에는 더욱 전제된다.) 처음에는 산발적으로, 점차 다소간에 국민적인 규모로 이루어지는 생산물지대의 화폐지대로의 전화는 상업이나 도시 공업, 상품생산 일반 및 그에 수반하는 화폐유통이 이미 상당히 발전했음을 전제한다. 또한 그것은 생산물의 시장가격을 전제하고, 생산물이 많든 적든 그 **가치**에 가깝게 팔리는 것을 전제하는데, 이는 이전의 형태들에서는 결코 필요한 것이 아니었다. 유럽의 동부에서는 부분적으로 아직도 우리 눈앞에서 이 전화가 이루어지는 것을 볼 수 있다."(①737f, E805f, 김1009f)

여기서 말하는 **화폐지대**는 전근대적 관계 하에서의 현물형태의 지대가 화폐로 납부되는 지대로 대체된 것을 의미합니다. 생산물지대가 화폐지대로 전화되려면 그 전제로서 상업이나 상품생산이 발전해 있어야 하지만, 다음 항목에서 상세히 보듯이, 이 화폐지대 자체가 농업에 상품경제를 침투시키는 역할을 하여 자본주의적 생산관계의 형성을 촉진하게 됩니다.

화폐지대는 농업에서 자본주의적 생산관계의 형성을 촉진한다

"화폐지대와 함께 필연적으로, 토지의 일부를 **점유하고 이용하는** 예농Untersassen(그것이 국가의 것이든 사적 소유의 것이든)과 토지소유자 사이의 전통적인 관습법적 관계는 **계약에 기초한**, 실정법의 확고한 규정에 따라 규정된 순수한 화폐관계로 전화한다. 따라서 점유자는 사실상 **단순한 차지농업자**가 된다. 이러한 전환은 한편으로는 기타 일반적인 생산관계가 적합하다면, 구래의 점유자를 점차 수탈하여 그를 자본가적 농업자로 대체하기 위해 이용된다. 다른 한편으로, 그것은 구래의 점유자가 자신의 지대 지불의무를 매입하고 자신이 경작하는 토지의 완전한 소유권을 갖는 독립 농민으로 전화되기에 이른다.

현물지대의 화폐지대로의 전화는 더 나아가 필연적으로 무산無産의, 또 화폐로 고용되는 일용노동자계급의 형성을 수반할 뿐만 아니라, 이 계급의 형성이 이러한 전화에 선행하기까지 한다. 따라서 이 계급이 단지 산발적인 발전기나, 그것이 국민적 규모로 등장하여 성숙하기 전에는, 지대 지불의무를 지닌 형편이 더 나은 토지 점유자들 사이에서 그들 자신의 계산으로 농촌 임금노동자들을 착취하는 관습이 필연적으로 발전했다. 그것은 예를 들어 봉건시대에서, 봉건제도가 지배적인 한편, 재산을 모은 어떤 종류의 예농들Hörigen 자신이 또한 예농을 소유했던 것과 마찬가지이다. 이리하여 그들의 수중에 자본을 형성하고, 자신을 장래의 자본가들로 전화시키는 수단이 점차 발전해 간다. 이는 자본주의적 농업자의 양성소이며—기존의 자경 토지 점유자들 사이에서는—그 발전은 농촌 외부에서 자본주의적 생산양식의 일반적 발전에 의해 조건 지어지며, 만약 그것에 16세기에 전통적인 장기 차지계약 하에서, 지주들을 희생시키고 자본주의적 농업자를 풍요롭게 한 화폐의 누진적인 감가와 같은 특별히 유리한 사정이 가세한다면, 특히 빠르게 발달한다.

더 나아가 지대가 화폐지대의 형태를 취하고, 그것과 함께 경작자와 지주 사이의 관계가 계약관계의 형태를 취하자마자—이러한 전화는 일반적으로 세계시장이나 상업 및 매뉴팩처의 상대적으로 높은 발전이 이미 주어져 있는 경우에만 가능한 것이지만—필연적으로 자본가에게 토지를 임차하는 것도 나타난다. 이 자본가는 지금까지는 농촌적 제한 밖에 있었지만, 이제 도시에서 얻은 자본이나 도시에서는 이미 발전했던 자본주의적 경영 양식을, 단순한 상품으로서의, 단순한 잉여노동의 취득을 위한 수단으로서의 토지생산물의 생산을 농촌으로 옮기는 것이다. 이러한 형태가 일반적이 될 수 있는 것은, 봉건적 생산양식에서 자본주의적 생산양식으로의 이행 시에 세계시장을 지배한 나라들에서뿐이다. 지주와 현실의 농경민 사이에 자본주의적 농업자가 개재하게 되면, 구래의 농촌적 생산양식에서 비롯된 모든 관계들은 찢겨진다. 차지농업자는 이들 경작자들의 현실의 우두머리가 되고, 또 그들의 잉여노동의 현실의 착취자가 되며, 다른 한편으로 지주는 이 농업자본가에 대해서만 직접적인 관계를 가지며, 그것도 단순한 화폐·계약관계를 가질 뿐이다. 이와 함께 **지대의 성격**도 부분적으로는 이미 이전의 형태들 사이에서 이루어졌던 것처럼 단지 사실상으로 그리고 우연적으로 변화할 뿐만 아니라, **정상적으로**, 그 공인된 지배적인 형태로서 변화하는 것이다. 그것은 잉여가치 및 잉여노동의 정상적인 형태로부터 그 잉여노동

중 착취하는 자본가에 의해 이윤의 형태로 취득되는 **부분**을 넘는 초과분으로 전락한다. 또한, 잉여노동 전체, 즉 이윤과 이윤을 넘는 초과분은 이제, 직접적으로 착취하는 자본가에 의해 추출되고, 총잉여생산물의 형태로 취득되며, 화폐로 전환된다. …… **이윤**은 이제 **지대**를 대신하여 잉여가치의 정상적인 형태normale Form가 되었고, 지대는 더는 단지 잉여가치 일반이 아니라, 잉여가치의 일정한 한 부분인 **초과이윤**이 특수한 사정 하에서 자립화된 한 형태로 통용될 따름이다. …… 더는 토지가 아니라, 바로 자본이 이제 농촌 노동까지도 자신과 자신의 생산성 아래 직접 종속시킨 것이다."(①739ff, E806ff, 김1011fff)

여기에서 보듯이, 지대를 역사적으로 고찰함으로써 다시금 분명해지는 것은, 그때그때의 지대의 존재 방식이 생산관계에 의해 규정된다는 것입니다. 노동이나 생산물에 의한 현물형태의 지대는 전근대적인 공동체적인 생산관계에 기초하고 있으며, 화폐지대는 일정한 상품경제의 발전을 전제하면서도 여전히 전근대적인 생산관계가 그 기초에 있습니다. 전근대적 사회에서 지대는 타인의 잉여노동을 취득하기 위한 전형적인 형태였으며, 그 때문에 그 실체는 농민들의 잉여노동일 뿐이었습니다. 그러나 그러한 잉여노동의 수탈이 전통적인 공동체적인 질서에 기반을 두었기 때문에, 지대의 양은 고정적이었고, 따라서 농업에서의 생산력 증대와 함께 농민들 사이에서 일정한 부의 축적이 가능했던 것입니다.

이에 반해, 근대적인 지대의 기초에 있는 것은 자본주의적 생산관계입니다. 여기서는 더는 지대가 잉여노동을 취득하기 위한 전형적인 형태가 아닙니다. 자본주의적 생산관계에서는 전형적인 잉여가치의 취득형태는 자본이 획득하는 이윤이며, 지대는 그 일부인 초과이윤의—게다가 그것이 토지소유의 작용으로 인한 것인 한에서의—취득 형태에 지나지 않습니다. 다른 한편으로 직접적 생산자들은 차지농업자에게 고용된 임금노동자가 되고, 생산의 자립성을 박탈당하며, 부의 축적 가능성도 빼앗기게 됩니다. 이리하여 자본주의적 생산관계는 농업 부문까지도 자신에게 포섭하고, 지대나 농업의 성격을 근본적으로 변화시키는 것입니다.

독자적인 국가형태의 비밀

"불불잉여노동을 **직접적 생산자**로부터 추출하는ausgepumpt[102] 독자적인 **경제적** 형태가 지배·예속관계Herrschafts und Knechtschafts-verhältniß를 규정하는 것이며, 이 관계는 생산 그 자체로부터 직접 생겨나고, 그 자체, 생산을 규정하는 것으로 나타난다. 그러나 이 위에는, 생산관계 그 자체로부터 생겨난 경제적 공동체의 전체 자태가, 또한 그와 동시에 이 공동체의 독자적인 정치적 자태politische Gestalt가 세워진다. 그것은 항상 생산조건들의 소유자의 직접적 생산자에 대한 직접적 관계이며, 이 관계는 그것 자체로 당연히 노동의 방법 및 양식의 일정한 발전단계에, 따라서 또한 노동의 사회적 생산력의 발전에 조응하는entspricht 것이지만, 이 관계에서야말로 우리는 사회적 구조 전체의, 따라서 또한 주권·종속관계Souverainitäts und Abhängig-

102) 역주: "ausgepumpt"를 일부 국역본에서는 "강탈하는"이라고 번역하지만, 이 책에서는 "추출하는"으로 번역했다.

keitsverhältnisses의 일반적 정치적 형태의, 요컨대 독자적인 국가형태 Staatsform의 가장 깊은 비밀, 숨겨진 기초를 발견하는 것이다. 이것은 동일한 경제적 기초가—주요한 조건들로 볼 때—무수한 다양한 경험적 사정들, 즉 자연관계들, 종족관계들, 외부로부터 작용하는 역사적 영향 등등에 의해, 현상적으로는 무한한 변형이나 뉘앙스를 나타낼 수 있다는 것을 방해하는 것은 아니며, 이들은 단지 경험적으로 주어진 사정들의 분석에 의해서만 이해될 수 있다."(①732, E799f, 김1002f)

지대론과 관련하여 마르크스는 자신의 국가론의 핵심을 단적으로 제시하고 있습니다. 그것은 "불불잉여노동을 **직접적 생산자**로부터 추출하는 독자적인 **경제적** 형태"에 의해 규정되는 "지배·예속관계"를 기초로 하여, "생산관계 그 자체에서 생겨난 경제적 공동체의 전체 자태가, 또한 그와 동시에 이 공동체의 독자적인 정치적 자태가 세워진다"는 테제입니다.

직접적 생산자로부터 잉여노동을 추출하려면 어떤 종류의 권력관계가 필요하게 되지만, 이 권력관계의 존재 방식은 사회에 따라 다양하게 변합니다. 전근대적인 공동체 사회에서는 잉여노동의 추출은 직접적인 인격적 지배라는 형태를 취하지만, 자본주의 사회에서는 잉여노동의 착취는 물상의 권력, 자본의 권력에 기초하게 됩니다. 이처럼 그 사회가—그것이 타인의 노동의 착취와 수탈에 기초한 사회인 한—잉여노동의 추출을 위해 필요로 하는 권력관계의 존재 방식은 타인을 지배하고 잉여노동을 강제한다는 의미에서는 어떤 사회에서도 같지만, 그 권력의 형태는 사회에 따라 완전히 다른 것이 됩니다.

그렇다면, 이러한 형태의 차이는 어디에서 비롯되는 것일까요? 마르크스가 주목하는 것은 여기에서도 역시 노동의 존재 방식입니다. 그 노동이 어떤 사회적 형태로 이루어지는지, 더 나아가 그 노동이 어떤 생산력을 가지고 수행되는지가 "지배·예속관계"의 존재 방식, 즉 "생산조건들의 소유자의 직접적 생산자에 대한 직접적 관계"의 존재 방식을 결정하는 것입니다. 노동이 공동체적인 관계 속에서 자립성을 가지고 자급자족적으로 이루어진다면, 잉여노동을 수탈하는 경제적 형태는 직접적인 인격 지배가 될 수밖에 없을 것입니다. 다른 한편, 노동이 물상화된 관계 속에서 임금노동으로서 자립성을 잃은 형태로 이루어진다면, 잉여노동의 강제는 '자유 의지'에 기초한 노동력의 구매와 그 소비에 의해 가능하게 될 것입니다.

바로 이러한 타인의 노동을 지배하는 데에 있어서의 경제적 형태의 존재 방식이 "경제적 공동체의 전체 자태"의 존재 방식, 더 나아가 "이 공동체의 독자적인 정치적 자태"의 존재 방식을 규정하게 되는 것입니다. 잉여노동의 추출이 직접적인 인격적 지배의 형태를 취하는 사회에서는 그것에 대응하는 전통과 관습이 형성되어 갈 것이며, 또한 그것을 직접 정당화하고 유지하기 위한 봉건적인 정치시스템이 형성될 것입니다. 다른 한편, 잉여노동의 착취가 자본의 권력에 의한 지배라는 형태를 취하는 사회에서는 여러 관계들이 자본주의적 생산 하에 포섭되고, 그것에 적합하도록 재편성되어 갈 것입니다. 예를 들어, 토지소유는 더는 잉여노동을 수탈하는 전형적인 형태가 아니라, 그것에 의해 독점가격을 형성하는 것이 가능한 한에서 초과이윤을 취득하는 것에 불과한 것으로 될 것입니다. 그리고 이 경제시스템에 상응하는 근대 국가라는 형태를 가진 정치시스템이 형성될 것입니다. 이 근대 국가는 더는 잉여노동의 수탈을 직접 정당화하고 유지하는 것이 아니라, 오히려 자본주의적 생산관계 그 자체에서 발생하는 물상의 권력과 그 "정당성" — "자유, 평등, 소유, 그리고 벤담"(마233, 김(1)232) — 에 의존하면서, 법률이나 제도를 통해 물상의 권력을 외적으로 보완하는 것이 될 것입니다.

물론 실제 국가가 어떤 것이 될 것인가에 대해서는 다양한 요인들이 작용하므로, 무한한 변형이 존재할 것입니다. 그러나 그 국가가 어떤 "정치적 형태"를 취할 것인가는 역시 잉여노동을 추출하는 경제적 형태, 나아가 그것을 규정하는 노동의 사회적 형태가 규정합니다.

자본주의적 농업은 사회적 물질대사와 자연적 물질대사 사이에 복구 불가능한 균열을 야기한다

"여기서 〔소토지소유의 경우에는〕 토지의 사적 소유의 형태이자 결과인 **토지가격**은 생산 그 자체의 제한Schranke으로 나타난다. 대농업의 경우에도, 또한 자본주의적 경영 양식에 기초한 대토지소유의 경우에도, **소유***Eigenthum*는 마찬가지로 제한으로 나타난다. 왜냐하면 그것은 차지농업자에 대해, 최종적으로는 자신의 이익이 되지 않고 토지소유자의 이익이 되어 버리는 생산적인 자본 투하를 하는 것을 제한하기 때문이다. 어느 경우에도 토지를 공동체적이고 영구적인 소유gemeinschaftlichen und ewigen Eigenthums로서, 즉 교대해 가는 인간 세대들의 연쇄의 양도할 수 없는 존재조건 및 재생산조건으로서 의식적이고 합리적으로 다루는 대신에, 지력의 착취와 낭비가 발생한다. …… 이것은 소규모 소유의 경우에는 노동의 사회적 생산력을 이용하기 위한 수단들이나 과학이 결여되어 있는 것으로부터 발생하며, 대소유의 경우에는 차지농업자나 소유자의 부를 가능한 한 빠르게 늘리기 위해 이 수단을 과도하게 이용하는 데서 일어나며, 그리고 어느 경우에도 시장가격에 대한 의존성으로 인해 발생한다.

소토지소유에 대한 모든 비판은 결국 농업의 제한이나 장애로서의 **사적 소유**에 대한 비판으로 귀결된다. 대토지소유에 대한 반대의 비판도 모두 마찬가지이다……. 이러한 제한이나 이러한 장애는 토지의 사적 소유 전체가 생산에 대해서, 또한 토지 그 자체의 합리적인 취급이나 유지, 개량에 대해서 설정하는 것이지만, 소토지소유와 대토지소유에서는 단지 다른 형태로 발전할 따름이며, 폐해의 이 독자적인 형태에 대한 논쟁에서는 폐해의 궁극적인 원인은 잊혀지고 만다.

소토지소유는 인구의 압도적인 다수가 농촌인구이며, 사회적 노동 대신에 고립적 노동을 하고, 따라서 부도 재생산의 발전도, 그 정신적 조건들의 발전도 물질적 조건들의 발전도 이러한 사정들 하에서는 배제되어 있으며, 따라서 또 합리적인 경작의 조건들도 배제되어 있다는 것을 전제한다. 반면, 대토지소유는 농업 인구를 끊임없이 감소시켜 최저한까지 축소하고, 또 그것에 대해 끊임없이 증대하며 대도시에 집중하는 공업 인구를 대치시킨다. 이리하여 대토지소유는 사회적인 물질대사와 자연적인 토지의 자연법칙에 의해 규정된 물질대사[103]의 연관 속에 복구 불가능한 균열unheilbaren Riß을 야기하는

103) 역주: 마르크스의 원문은 "natürlichen, durch die Naturgesetze des Bodens, vorgechriebnen Stoffwechsels(자연적인, 토지의 자연법칙에 의해 규정된 물질대사)"이다. 엥겔스는 이 중 "natürlichen(자연적인)"을 삭제하고 "Bodens(토지)"를 "Lebens(생명)"로 대체하여, "durch die Naturgesetze des Lebens vorgeschriebnen Stoffwechsels (생명의 자연법칙들에 의해 규정된 물질대사)"로 수정했다. 이에 대해서는 *Karl Marx:*

조건들을 만들어 내는 것이며, 그로 인해 지력은 황폐화되고, 또 이 황폐화는 상업을 통해 자국의 경계를 넘어 멀리까지 확산되는 것이다.

소토지소유가 절반은 사회 밖에 존재하는 야만인Vandalen 계급을 만들어 내고, 이 계급이 원시적인 사회형태들의 조야함과 문명 국가들의 모든 고뇌와 비참함을 결합시키고 있다고 한다면, 대토지소유는 노동력을, 그 최후의 피난처letzte Stätte, 즉 노동력의 자연발생적인 에너지가 거기에 피난하여, 국민들의 생명력 재생을 위한 예비기금Reservefonds으로서 비축되는 바로 그곳, 농촌 그 자체에서 파괴하고 있다. 양자, 즉 대공업과 공업적으로 경영되는 농업은 손을 맞잡는다. 양자를 본래적으로 구별하는 것이 전자가 주로 노동력, 따라서 인간의 자연력을 황폐화시키고 파멸시키지만, 후자는 주로 직접 토지의 자연력을 황폐화시키고 파멸시키는 것이라고 한다면, 그 후의 진전에서는 양자는 손을 맞잡는다. 왜냐하면 공업시스템은 농촌에서도 노동자들을 쇠약하게 하고, 공업과 상업은 농업에 토지를 피폐하게 만드는 수단들을 제공하기 때문이다."(①752f, E820f, 김1029f)

당시의 농학에서는 더 합리적인 농업을 실현하기 위해 대규모 농업이 바람직한가, 아니면 소규모 농업이 바람직한가라는 논쟁이 있었습니다. 이 논쟁은 근대적 사적 소유 하에서 농업이 현실에서 직면하는 어려움을 반영한 것이었습니다. 소토지소유에서는—특히 "자영 농민의 자유로운 분할지소유Parcelleneigenthums라는 형태"(①746, E815, 김

Economic Manuscript of 1864-1865 (Brill, 2016)에 대한 저자의 서평 (*Marx-Engels Jahrbuch*, 2017, pp.238-245)을 참고하시오.

1021)에서는—농민들이 자신의 토지에서 자신의 지식을 활용하여 노동할 수 있으니, "자유로운 개성의 발전"(마536, 김(1)1043)을 위한 조건이 주어지지만, 다른 한편으로는 토지의 이용이 좁은 범위로 한정되어 있기 때문에, 농학에 의해 해명된 지식을 전면적으로 활용하여 생신력을 향상시킬 수 없습니다. 대토지소유의 경우에는 농학의 지식을 이용하기 위한 조건이 주어지지만, 이 생산력 상승의 성과를 지대로서 수탈당하기 때문에, 차지농업자가 생산력 향상에 적극적이지 않다는 문제를 안고 있습니다.

그러나 마르크스에 따르면 진정한 문제는 대토지소유냐, 아니면 소토지소유냐 하는 문제가 아닙니다. 토지소유와 농업이 자본주의적 생산에 포섭되어, 본래 "공동적이고 영구적인 소유로서, 즉 교대해 가는 인간 세대들의 연쇄의 양도할 수 없는 존재조건 및 재생산조건으로서 의식적이고 합리적으로 다루"어져야 할 토지가 특정의 사적 개인에 의해 배타적으로 독점되고, 농업이 오로지 단기적인 금전적인 이해를 위해 영위되게 되어 버린 것 자체가 근본 문제입니다. 이러한 조건 하에서는 아무리 농학이 발전하더라도 그것을 사용하여 합리적인 농업을 영위하기는 어렵습니다.

더 나아가, 농업이 가진 소재적 특수성에 대해서도 고려할 필요가 있습니다. 농업은 극히 복잡한 자연 환경에 의존하고 있습니다. 그 때문에 수천 년에 걸친 역사 속에서 인류가 끊임없이 쌓아 온 경험적 지식에 의존하고 있는 부분이 적지 않았고, 실제로 근대적 테크놀로지의 논리에 기초하여 농업을 발본적으로 재편성하는 것은 쉽지 않았습니다. 물론 그러한 시도는 몇 번이고 억지스러운 방식으로 행해졌지만, 결과적으로 물질대사의 대규모 교란을 가져오는 경우가 적지 않았던 것입니다. 예를 들어, 다대한 성과를 올렸다고 여겨지는 '녹색혁명'도 그 실태를 보면 단기적으로 수확량을 증대시키는 대신에 토지를 황폐하게 만드는 것이었습니다. 또한 그러한 기존의 물질대사의 파괴로 인해 '발전도상국'의 농민은 경작을 위해 항상 씨앗이나 화학비료, 농약이나 살충제를 '선진국'의 기업에서 구매해야 하는 상황으로 내몰리고, 빚에 시달리게 되며, 경제적으로도 수탈당하게 된 것입니다. 더 나아가 인도의 펀자브처럼 그것에 의해 기존의 공동체 사회가 파괴되고, 정세가 불안정화되고, 폭력적인 분쟁이 발생한 지역도 있었습니다. 저명한 에코페미니스트인 반다나 시바Vandana Shiva(1952-)가 지적하듯이, 오늘날 진행되고 있는 생명공학 기술에 의한 농업의 재편성도 마찬가지의 위험성을 내포하고 있다고 할 수 있습니다.[104] 바로 자본주의적 생산양식 하에서는 "공업시스템은 농촌에서도 노동자들을 쇠약하게 하고, 공업과 상업은 농업에 토지를 피폐하게 만드는 수단들을 제공하"는 것입니다.

104) 역주: 반다나 시바, 『누가 세계를 약탈하는가』, 류지한 옮김, 울력, 2003.

COLUMN 6 렌트 자본주의

'서문'에서도 언급했듯이, 현재 '렌트 자본주의'로 특징지을 수 있는 자본주의적 생산양식의 새로운 형태가 대두하고 있습니다.

1970년대 이후 자본축적이 정체하고 산업자본의 이윤을 확대하는 것이 어려워지는 가운데 자본주의의 금융화가 진행되었습니다. 또 토지나 자원, 더 나아가 지적 소유권 등에 의존한 '렌트'도 중요한 의미를 획득하게 되었습니다. 그리고 2000년대 이후는 이른바 'IT 혁명'의 흐름 속에서 디지털 플랫폼의 독점을 통해 데이터를 수집하고, 더 효율적이고 고성능의 알고리즘을 만들어 냄으로써 막대한 수익을 획득하는 새로운 유형의 렌트 취득이 목표로 삼아지게 되었습니다. 이제 이러한 유형의 렌트 취득은 이른바 '디지털 산업'에 한정되지 않습니다. 다종다양한 행동 이력의 수집이나 사물 인터넷화를 통해 제조업, 돌봄 노동, 더 나아가 상업이나 금융 등 광범위한 영역에서 추구되고 있습니다.

자본주의의 금융화는 사람들에게 빚을 지게 하고 투자 활동으로 이끌면서 자본에 대한 종속을 촉진해 왔지만, 렌트 자본주의 또한 사람들의 일상생활을 포섭함으로써 자본에 대한 종속을 촉진하는 것으로 작용한다고 생각할 수 있습니다. 이러한 '렌트 자본주의'를 분석하는 데에는 제6장에서 살펴본 마르크스의 지대론을 토대로 삼으면서도, 그것을 확장하여 더 현대적인 렌트론을 구축해 나가는 것이 필요할 것입니다.

제7장 수입(소득)과 그 원천

본 장은 제3부의 최종장인 동시에, 『자본론』 체계 전체를 총괄하는 장이기도 합니다(마르크스의 플랜에서는 제4부도 예정되어 있었지만, 거기서의 테마는 경제학의 역사이며, 제3부까지의 내용을 보충하는 것이었습니다). 그 때문에 제1부부터 제3부에 걸쳐 살펴본 자본주의적 생산양식의 성립 메커니즘에 대해 총괄하면서, 그 전개의 도달점이자 완성형인 '자본—이자, 토지—지대, 노동—임금'이라는 '경제적 삼위일체'에 대해 논하게 됩니다.

이 '경제적 삼위일체'야말로 매일 우리가 경험하는 '현실' 그 자체이며, 모든 경제학이 자신의 이론적 전제로 삼고 있는 것입니다. 실제로 자본주의 사회에서 경제활동을 영위하는 한, 자본을 빌리려면 이자를 내야 하고, 토지를 빌리려면 지대를 내야 하며, 노동을 동원하려면 임금을 내야 합니다. 그러므로 경제학자들에게는 자본주의 시스템을 분석할 때 자본이 이자를 낳고, 토지가 지대를 낳고, 노동이 임금을 낳는다는 '삼위일체적 정식'에서 출발하는 것이 당연해 보입니다.

물론 지금까지 『자본론』 제3부의 내용에 대해 상세히 보아 온 우리로서는 이것이 전도된 견해임이 분명합니다. 상품이 갖는 가치는 추상적 인간적 노동의 사회적 성격의 대상화에 의해 생겨나는—시장가치나 생산가격의 법칙에 따라 일정한 수정을 받기는 하지만—것이며, 각각의 생산요소에서 가치가 발생하는 것은 아닙니다. 또한 애초에 이자나 지대가 전근대적인 형태(고리대·현물지대)가 아니라 자본주의적 생산에 합치된 형태를 취하려면, 잉여가치 생산이 일반화되어야 하며, 이를 위해서는 임금노동이라는 역사적으로 특수한 노동형태가 사회적 생산의 대부분을 차지하는 사회가 되어야 합니다.

그러나 여기서 중요한 것은 경제학자들의 견해가 전도되어 있다는 것이 아닙니다. 오히려 그러한 전도된 견해가 자본주의적 생산양식 그 자체의 전도에 뿌리를 두고 있으며, 그것이 실제로 우리의 '현실'을 구성하는 것으로 나타난다는 것이 중요한 것입니다. 지금까지 보아 온 바와 같이, 이자, 지대, 임금이 그 수입 원천에서 직접 생겨난다는 외관은 바로『자본론』제3부의 테마인 자본주의적 생산양식의 형상화의 귀결에 다름 아닙니다. 본 장에서는 이 형상화의 프로세스를 총괄하면서 '삼위일체적 정식'에 대해 검토하고, 나아가 이 전도된 역사적으로 특수한 생산양식을 어떻게 극복할 수 있을지에 대해 논하게 됩니다.

문헌고증

표 7.1을 보시면 알겠지만, 제7장에 대해서는 현행판과 큰 차이는 없습니다. 굳이 지적하자면, 엥겔스에 의한 제1절(제48장)의 배열과 세 부분으로의 구분이 타당한가 라는 문제가 있지만, 이는 해석에 그다지 중요한 영향을 미치는 것은 아닙니다. 또 마르크스가 메모 형식으로 쓴 괄호로 묶인 문장을 괄호를 푼 채 그대로 원래 위치에 배치했다는 문제도 있지만, 이는 다른 장에 대해서도 말할 수 있는 것입니다.

제2절의 제목을 *MEGA* 편집자는 현행판을 따라 '생산과정의 분석을 위하여'로 하고 있지만, 오히려 이곳은 경제적 삼위일체와 재생산과정

과의 관련에 대해 서술하고 있는 부분이므로, 본서에서는 '재생산과정의 분석을 위하여'로 했습니다(표 7.2).

표 7.1

제3부 주요초고(①)	현행판(E)
제7장 수입(소득)과 그 원천	제7편 수입과 그 원천
제1절 삼위일체적 정식	제48장 삼위일체적 정식 I II III
제2절 [생산과정의 분석을 위하여]	제49장 생산과정의 분석을 위하여
제3절 경쟁의 외관	제50장 경쟁의 외관
제4절 분배관계와 생산관계	제51장 분배관계와 생산관계
제5절 계급들	제52장 계급들

표 7.2

제7장 수입(소득)과 그 원천	
제1절	삼위일체적 정식
제2절	재생산과정의 분석을 위하여
제3절	경쟁의 외관
제4절	분배관계와 생산관계
제5절	계급들

제1절 삼위일체적 정식

삼위일체적 정식(자본－이자, 토지－지대, 노동－임금)

"…… 자본가에게는 그의 자본이, 토지소유자에게는 그의 토지가, 노동자에게는 그의 노동력이, 혹은 오히려 노동 그 자체가 …… 이윤, 지대, 임금이라는 그들의 독자적인 수입Revenuen의 세 가지 **다른 원천**으로 나타난다. …… 자본은 해마다 노동이 [낳은] 가치, 그러므로 그 생산물의 일부분을 **이윤의 형태***Form des Profits*로 고정화하고, 토지소유는 다른 일부분을 **지대의 형태***Form* der *Rente*로 고정화하며, 임금노동은 제3의 일부분을 **임금***Arbeitslohns*의 형태로 고정화하고, 바로 이 전화에 의해 각각을 자본가의 수입, 토지소유자의 수입, 노동자의 수입으로 전환하는 것이지만, 그렇다고 해서 이 별개의 범주Categorien로 전화하는 것 같은 실체Substanz 그 자체를 낳는 것은 아니며, 오히려 거기서는 이 실체를, 즉 물질화된 사회적 노동materialisirte gesellschaftliche Arbeit과 다름없는 연간 생산물의 **총가치**를 전제로 하고 있는 것이다. 그런데 생산당사자들에게는, 즉 생산과정의 **다양한 요소**들의 담당자들에게는 사정이 이러한 의미에서는 나타나지 않고, 오히려 전도된 형태verkehrten Form로 나타난다. …… **자본**과 **토지소유**와 **노동**은 그들에게는 세 가지 다른 독립적인 원천으로 나타나고, 이러한 원천 그 자체에서 연간 생산되는 가치의 …… 세 가지 다른 구성부분이 발생하는 것이며, 따라서 이 가치의 다양한 **형태**가 사회적 생산과정의 특수한 요인들의 손에 들어가는 수입으로서 발생할 뿐만 아니라, 이 가치 그 자체가, 따라서 또 이러한 수입형태Revenueformen의 실체가 발생하는 것으로 나타난다.

자본－이윤(기업이득+이자), **토지－지대**, **노동－임금**, 이것은 사회적 생산과정의 모든 비밀을 포괄하고 있는 삼위일체적 형태trinitarische Form이다.

더 나아가, 앞에서도 분명히 한 바와 같이, **이자**는 자본의 본래적인 특징적 산물로 나타나지만, 기업이득은 그와 반대로 자본으로부터 독립한 임금으로 나타나므로, 그 삼위일체적 형태는 또한 더 잘 보면 다음과 같은 것으로 귀착된다.

자본－이자, 토지－지대, 노동－임금. 여기서는 이윤, 즉 자본주의적 생산양식을 독특하게 특징짓는 잉여가치의 형태는 다행히도 소거되고, 제거되어 있으며, 완전히 사라져 버렸다."(①839f, E822·830f, 김1033·1043f)

제1부부터 제3부 제6장까지 자본주의적 생산양식의 경제적 형태규정의 전개를 추적해 온 우리에게는 이윤이나 지대, 그리고 임금의 원천이 노동자가 낳은 가치임이 분명합니다. 그러나 이 책에서 본 바와 같이, 자본주의 사회에서 경제활동을 영위하는 당사자들에게는 사태가 그렇게 나타나지 않습니다. 오히려 이윤은 자본의 산물로서, 지대는 토지

의 산물로서, 임금은 노동의 산물로서 나타납니다. 그리고 이들 독립된 원천에서 생겨난 이윤, 지대, 임금이 상품 가치를 구성하는 것처럼 보입니다.

더 나아가, 이윤은 이자와 기업이득으로 분열하고, 이자야말로 자본소유 그 자체에서 발생하는 수입으로 나타나고, 다른 한편으로 기업이득은 기능자본가의 노동의 성과로 나타나므로, "자본—이윤, 토지—지대, 노동—임금"은 "자본—이자, 토지—지대, 노동—임금"으로 전화됩니다. 여기서는 착취자들의 수입 원천을 이루는 잉여가치의 흔적은 더욱 눈에 띄지 않게 됩니다. 이 정식이야말로 다름 아닌 '삼위일체적 정식'인 것입니다.

본 절에서는 제1장에서 제6장까지의 고찰을 바탕으로, 삼위일체적 정식이라는 자본주의적 생산양식의 완성된 전도된 현상형태가 발생하는 메커니즘에 대해 살펴보게 됩니다.

삼위일체적 정식에서의 생산요소의 신비화

" …… 실제로 **임금노동**이 노동의 사회적으로 규정된 한 형태로 나타나는 것이 아니라, 모든 노동이 그 본성상 **임금노동**으로 나타나므로 {혹은 자본주의적 생산관계에 사로잡힌 사람에게는 그렇게 관념되므로}, 이것에 의해 객체적인 **노동조건**—생산된 **생산수단**과 **토지**—이 임금노동에 대립하여 취하는 **일정한 독자적인 사회적** 형태들 *spezifisch gesellschaftlichen* Formen(그것들은 또 역으로 **임금노동**을 전제한다)도 또한 이들 노동조건의 **소재적** 정재*stofflichen Dasein*와 일치하게 된다. 바꿔 말하면, 이들 노동조건이 일반적으로 현실적인 노동과정에서 취하는 자태, 즉 노동과정의 어떤 독자적인 사회적 형태와 독립적으로, 나아가 노동과정의 모든 사회적 형태로부터도 독립적으로 이러한 노동조건이 취하는 자태와 일치하게 된다. 그 때문에 노동으로부터 **소외되고**, **자립하며**, 그리고 **전화된** 노동조건의 자태, 따라서 그 자태에서는 **생산된 생산수단은 자본이** 되고, **토지**는 사적 소유, 즉 **독점된** 토지, **소유된 토지**가 된다는 이 자태는, 노동과정 즉 생산과정 일반에서의 **생산된 생산수단** 및 **토지**의 정재 및 기능과 일치하는 것으로 된다. ……

노동 그 자체는 합목적적인 생산활동이라는 그 단순한 규정성에서는 그 사회적 형태규정성에서의 생산수단과 관련되는 것이 아니라 그 소재적 실체에서의, 노동재료 및 노동수단으로서의 생산수단과 관련되는 것이며, 이들 생산수단은 역시 단지 소재적으로만, 단지 사용가치로서만 서로 구별되는 것이고, 토지는 생산되지 않은 노동수단으로서, 그 밖의 것은 생산된 노동수단으로서 서로 구별된다. 따라서 노동이 임금노동과 일치한다면, 노동조건이 노동에 대립하여 취하는 일정한 사회적 형태도 또한 노동조건의 소재적 정재와 일치한다. 그때 **노동수단**은 그 자체로서 **자본**이며, **토지**는 그 자체로서 **토지소유** 하에 포섭된 토지이다. 그때, 노동에 대한 이들 노동조건의 형태적 자립화formale Verselbstständigung, 즉 노동조건이 임금노동에 대해 취하는 자립화는, 사물로서의, 물질적 생산조건으로서의 노동조건과 불가분한 속성(규정성)이며, 생산요소로서 노동조건에 내재적으로 뿌리 박혀 있는 성격이다. 자본주의적 생산과정에서 노동조건의 일정한 사회적 성격은, 그들 사물에 자연적으로, 생산과정의 요소들로서 갖추어진 물적인 성격이 된다. 바로 그 때문에 그때 토지가 본원적인 일터로서, 자연력의 영역으로서, 모든 노동대상의 천연의 창고로서, 생산과정 그 자체에 관여하는 각각의 역할과, 생산된 생산수단(용구·원료 등)이 그것에 관여하는 각각의 역할은, 자본과 토지소유 하에 포섭된 토지로서 그것들에 귀속하는 각각의 몫, 즉 그들의 사회적인 대표자에게 이윤(이자)과 지대라는 형태로 귀속하는 각각의 몫으로 나타나는 것처럼 보일 수밖에 없다. 이는 노동자에게는 생산과정에서 그의 노동의 역할에 대한 분배몫이 임금으로 나타나는 것과 마찬가지이다. 이렇게 하여 지대, 이윤, 임금은 토지, 생산된 생산수단과 노동이 실재적인 노동과정 — 단순한 인간적인 자연과정으로서 본 — 에서 수행하는 역할에서부터 생겨나는 것처럼 보이는 것이다."(①846ff, E832ff, 김1045fff)

마르크스는 『자본론』에서 자본주의적 생산관계를 형성하는 가장 기저基底에 있는 요소가 일정한 사회적 형태에서의 노동 — 사적 노동 및 임금노동 — 임을 반복해서 강조하고 있지만, 삼위일체적 정식에서 신비화에 있어서의 핵심도 역시 노동입니다.

삼위일체적 정식에서는 임금노동은 그 사회적 형태가 벗겨지고, 단순한 노동 일반으로 나타납니다. 즉 임금노동은 본래 노동이 취하는 하나의 특수 형태에 불과함에도 불구하고, 모든 노동이 임금노동인 것처럼 나타납니다. 이로써 임금노동이라는 특수한 노동형태에 의해 생겨나는 자본 또한 그 사회적 형태가 벗겨지고, 단순한 생산수단 일반으로 나타납니다. "자본은 노동자의 생산물이 자립적인 권력selbstständige Mächte으로 전화된 것, 그 생산자들의 지배자 및 구매자로서의 생산물일 뿐만 아니라, 그것은 또 이 노동의 **사회적인 힘***gesellschaftlichen*

*Kräfte*이, **게다가** 이 노동의 **형태***Form*에서, 노동의 생산물의 **속성들**로서 노동자와 대립하고 있"(①843, E823, 김1034)음에도 불구하고, 모든 생산수단이 생산을 위한 수단으로서 역할하는 그 소재적 성질에 의해 자본인 것처럼 나타나는 것입니다. 마찬가지로, 생산수단에 대해 그것을 타인의 것으로 여기면서 관계하는 임금노동을 전제로 하고 있는 근대적 토지소유 또한 그 사회적 형태가 벗겨지고, 단순한 토지소유 일반으로 나타나게 됩니다.

이렇게 하여, 모든 것이 사회적 형태가 벗겨지고, 사회적 형태와는 관련이 없는 단순한 자연 소재로서의 노동, 생산수단, 토지가 그대로 임금노동, 자본, 근대적 소유에 의해 포섭된 토지인 것처럼 나타납니다. 그렇게 되면, 이 자연 소재로서의 임금노동, 자본, 토지가 생산과정에서 수행하는 소재적인 역할에서 임금, 이자, 지대라는 수익이 발생해 오는 것처럼 보이게 됩니다. 이리하여 '삼위일체적 정식'에서는 모든 것이 신비화되는 것입니다.

그렇다면, 이처럼 모든 것을 신비화하는 '삼위일체적 정식'은 어떻게 해서 발생하는 것일까요? 이에 대해서는 지금까지도 종종 언급했지만, 아래에서 마르크스는 제1부부터 제3부까지의 내용을 되돌아보면서, 중층적으로 진행되어 온 신비화의 프로세스를 다시금 추적하고 있습니다. 이로써 자본주의적 생산양식의 근본 특징이 그 전도적 성격에 있으며, 그것이 자본주의적 생산양식의 신비화를 초래하고 있다는 것을 명확히 이해할 수 있을 것입니다.

자본주의적 생산양식에서 중층적인 신비화의 도달점으로서의 형상화

“우리는 이미 자본주의적 생산양식의 가장 단순한 여러 범주, 즉 **상품**과 **화폐**에 대해 서술한 곳에서, 신비화되는 성격을 보았다. 이 성격은 부의 소재적 요소가 생산에서 그것의 담당자로서 역할하는 사회적 관계들을, 이들 사물 그 자체의 여러 속성으로 전화시키고(**상품**), 또한 더 분명하게 생산관계 그 자체를 하나의 사물로 전화시킨다(화폐). 모든 사회 형태는 그것이 상품생산이나 화폐유통에까지 도달하고 있는 한, 이러한 전도에 관여하고 있다. 그러나 자본주의적 생산양식에서는, 그리고 그 지배적 범주이자 지배적 생산관계인 자본에서는, 이 점은, 이 마법에 걸리고 전도된 세계verzauberte und verkehrte Welt는 더욱 발전한다. 자본을 먼저 직접적 생산과정에서 — 잉여노동을 추출하는 것으로서 — 고찰한다면, 이 관계는 아직 매우 간단해서, 현실의 관련은 이 과정의 담당자인 자본가 자신의 뇌리에 강한 인상을 주어, 그들에게 의식되고 있다. 노동일의 한계를 둘러싼 격렬한 투쟁은 이 점을 명확히 증명하고 있다. 그러나 이러한 무매개적 영역, 즉 노동과 자본 사이의 직접적 과정의 영역 속에서조차 이러한 간단한 상태에 머무르지는 않는다. 상대적 잉여가치와 본래의 독자적인 자본주의적 생산양식의 발전과 함께 노동의 사회적 생산력이 발전하는데, 이 발전과 함께 이 생산력도 직접적 노동과정에서의 노동의 사회적 관련도 노동에서 자본으로 옮겨지며, 그것에 의해 자본은 이미 매우 신비적인 존재가 된다. 왜냐하면 노동의 모든 사회적 생산력이 노동 그 자체에 대립하여 자본에 속하는 힘으로서,

자본 자신의 태내에서 생겨나는 힘으로서 나타나기 때문이다. 그런 다음 **유통과정**도 개입하는데, 이 과정의 물질대사와 형태전환Stoff und Formwechsel에 자본의 모든 부분이, 농업자본 부분조차도, 독자적인 자본주의적 생산양식이 발전하는 것과 같은 정도로, 내맡겨진다. 이 유통과정이야말로 본원적인 가치 생산의 관계들이 완전히 뒷전으로 물러나는 부문이다. 자본이 직접적 생산과정에서 추출하고, 상품 속에 실현한 잉여가치가 얼마이든 간에 ……, 상품에 포함되어 있는 가치도 잉여가치도 유통과정에서 실현되어야 하며, 그리고 생산에 전대된 가치의 회수도, 또한 특히 상품에 포함되어 있는 잉여가치도, 유통 속에서 실현되는 것이 아니라 유통에서 발생하는 것처럼 나타난다. 이 외관은 특히 두 가지 사정에 의해 굳어진다. 즉 **수탈이윤***profit upon expropriation*[105)]은 구매자와 판매자의 사기, 책략, 전문 지식, 기교, 무수한 시황에 의존하고 있지만, 그러나 둘째로 그것은 여기서는 노동시간 외에 제2의 규정적인 요소로서 **유통시간**이 추가된다는 사정에 의존한다. 이 **유통시간**은 확실히 단지 가치형성 및 잉여가치형성의 소극적 제한으로서 작용할 뿐이지만, 그러나 노동 그 자체와 마찬가지로 적극적 근거로서 나타나고, 자본의 본성에서 생겨난, 노동과는 독립적인 규정을 가져오는 것처럼 보인다. 우리는 당연히 이 유통영역을 그것이 낳는 새로운 형태규정과의 관련에서 서술하고, 거기서 이루어지는 자본의 자태Gestalt의 더 이상의 발전을 지적하기만 하면 되었다. 그런데 현실에서는 이 영역은 경쟁

105) 역주: "profit upon expropriation"을 현행 국역본들에서는 "양도이윤", "상업이윤", "판매를 통한 이윤" 등으로 번역하지만, 이 책처럼 "수탈 이윤"이라고 번역하는 것이 적절하다.

의 영역이어서, 그것은 각각의 개별적인 경우를 보면 우연에 의해 지배되고 있다. 따라서 거기에서는 내적인 법칙은—그것은 이들 우연들을 대량의 것으로 한데 모아, 내적으로 규제한다—생산당사자 자신들에게는 보이지 않게 되고, 알 수 없게 된다. 이제는 더욱이 현실의 생산과정은 직접적 생산과정과 유통과정의 통일로서, 새로운 형상화Gestaltungen를 낳는데, 이들 속에서는 내적 관련의 실마리가 점점 사라지고, 생산관계들은 서로 자립화하며, 가치의 성분들은 서로 자립적인 형태들로 골화된다."(①848ff, E835f, 김1048ff)

마르크스는 위 인용 문단에서 『자본론』 제1부부터 제2부까지의 내용을 빠르게 총괄하고 있습니다. 최초의 신비화가 발생하는 것은 제1부 제1편에서 본 생산관계의 물상화입니다. 여기서는 사람들의 생산관계는 상품들 사이의 관계로 나타나고, 노동의 사회적 성격은 상품 그 자신의 속성으로 반영됩니다. 더 나아가, 상품 가치를 표현하기 위한 가격형태를 획득할 때 필연적으로 발생하는 화폐는 추상적 인간적 노동의 사회적 성격을 직접적으로 구현하는 존재가 되고, 모든 상품에 대한 직접적 교환가능성을 얻습니다. 이렇게 하여, 먼저 사적 노동을 통해 형성되는 상품생산 관계에서 생산자들이 자신들의 사회적인 생산활동을 제어하는 것이 아니라, 오히려 그들의 생산물인 상품이나 화폐가 사회적 힘을 가지고, 그들의 생산활동이 상품이나 화폐 사이의 관계에 의해, 즉 자신들이 생산한 상품을 얼마에 팔 수 있는가 하는 점에 의해 제어된다는 전도가 발생합니다. 이렇게 하여 상품이나 화폐에 대한 물신숭배—상품이나 화폐가 갖는 사회적 권력이 사람들의 사적 노동이 형성하는 생산관계에 의해 생겨난 것임에도 불구하고, 그러한 생산관계와 상관없이 상품이나 화폐가 그 자체로서 사회적 권력을 갖는 것처럼 보이는 착각—가 발생하고, 사람들의 생산관계는 전근대 사회와 같은 자명성을 상실합니다. 물론 전근대 사회에서도 전통이나 종교에 의한 신성화는 존재했지만, 그래도 생산활동이 현물형태를 취하는 한에서 존재했던 자명성은 여기서는 완전히 상실됩니다. 이렇게 하여 경제활동을 둘러싼 새로운 지식이 요청되게 되었고, 이것이 경제학(정치경제학)의 탄생을 가져온 것입니다.

이 신비화는 제3편부터 제5편에서 전개되는 자본주의적 생산과정에서도 발생합니다. 일견, 노동일을 둘러싼 투쟁이 보여 주듯이, 거기서는 임금노동이 자본의 가치증식을 성립시키고 있음이 자명해 보입니다. 그러나 생산력의 발전과 함께 자본이 노동을 실질적으로 포섭하게 되면, 즉 노동자들의 생산력이 자본이 조직한 협업, 작업장 내 분업, 기계 설비에 의존하게 되면, "노동의 모든 사회적 생산력이 노동 그 자체에 대립하여 자본에 속하는 힘으로서, 자본 자신의 태내에서 생겨나는 힘으로서 나타나는" 것처럼 되어, 이 관계도 신비화됩니다. 이렇게 하여 실제로는 임금노동자의 자본에 대한 종속이야말로 자본의 권력을 낳고 있음에도 불구하고, 오히려 자본이 그 자체로서 자신의 사회적 권력을 낳고 있는 것처럼 보이게 되는 것입니다.

더 나아가, 여기서는 마르크스가 서술하고 있지 않지만, 마찬가지의 사태는 제7편에서 전개되는 자본의 축적과정에서도 발생합니다. 여기에서도 점점 더 큰 규모로 반복되는 임금노동이 자본주의적 생산관계를 확대재생산하고, 자본의 권력을 확대재생산하는 것이지만, 자본은 그렇게 하여 증대된 권력을 이용하여 실제로 사회 전체의 생산활동을 조직하는 힘을 장악하게 됩니다. 이렇게 하여, 자본이 잉여가치를 취득할

(증대시킬) 수 있는 한에서만 사회적 부의 생산을 수행(확대)할 수 있다는 전도된 사태가 발생하고, 우리가 풍요로워지기 위해서는 자본의 자기증식 활동을 추진할 수밖에 없다는 착각이 생겨나는 것입니다.

이러한 신비화는 제2부에서 전개되는 자본의 유통과정에서 더욱 심화됩니다. 왜냐하면 자본가는 생산된 잉여가치를 유통과정에서 상품을 판매함으로써 실현해야 하기 때문입니다. 실제로 자본은 상품의 유통시간—판매나 구매에 소요되는 시간—을 단축하면 할수록 일정 기간 내에 점점 더 많은 잉여가치를 생산하고 취득하는 것이 가능해지므로, 자본의 유통과정이야말로 부를 낳는 영역이라고 착각하기 더욱 쉬워집니다. 이렇게 하여 잉여가치는 각각의 자본이 상품을 판매하는 역량에서부터 생겨나는 것처럼까지 보이기 시작합니다.

그리고 제3부에서는 자본주의적 생산의 총과정의 형상화가 이 신비화를 더욱 심화시키게 됩니다. 이 점에 대해서는 본서 전체에서 본 바와 같지만, 아래에서 마르크스는 다시 한번 그 프로세스를 세 가지 국면으로 나누어 총괄하고 있습니다. 순서대로 살펴봅시다.

형상화에 의한 신비화 ①—잉여가치의 평균이윤으로의 전화

"무엇보다도 먼저, 잉여가치의 이윤으로의 전화는 생산과정에 의해서 규정되어 있음과 동시에 유통과정에 의해서도 규정되어 있으며, 거기서 잉여가치는 이윤이라는 형태에서는 더는 잉여가치가 거기서부터 생겨나는 노동에 투하된 자본 부분에는 관련되지 않고, 총자본에 관련되어 있으며, 그리고 이윤율은 고유한 법칙들에 의해 규제되고, 이 법칙들은 잉여가치율이 동일하게 유지되더라도 이윤율의 변화를 낳는(허용하는) 것이지만, 이러한 잉여가치의 이윤으로의 전화는 잉여가치의 참된 성질, 따라서 자본의 현실적인 구동 장치를 점점 더 가려 버린다. 더욱이 이윤이 평균이윤으로 전화되고, 가치가 생산가격, 시장가격의 규제적인 평균regulirenden Durchschnitte으로 전화되면, 더욱 심해진다. 여기서는 하나의 복잡한 사회적 과정인—자본들의 평균화 과정이 들어오는데, 이 과정은 상품의 상대적인 평균가격과 다양한 생산부문에서의 평균이윤을—각각의 특수한 생산부문에서의 개별적인 자본 투하를 완전히 무시하면—그 현실의 가치에서 떼어 놓고, 각각의 자본에 의한 노동자의 착취에서 떼어 놓는다. …… **정상적인 평균이윤***normalen Durchschnittsprofite* 그 자체는 자본에 내재적인 것이며, 착취와는 관련이 없는 것처럼 보인다." (①850f, E836f, 김1050f)

제1부의 자본주의적 생산과정이나 자본의 축적과정에서도 이미 생산수단과 직접적인 생산자 사이의 전도에 대해서는 해명되었지만, 그것이 본질적 메커니즘, 즉 물상화의 근원적 메커니즘을 대상으로 했던 한에서, 여전히 잉여가치라는 경제적 범주에 의해 사정이 고찰되었습니다. 그러나 이러한 전도된 생산관계에서 활동하는 당사자들에게는 자본이 임금노동자에게서 착취하는 잉여가치는 그대로의 형태로는 나타나지 않고, 오히려 자본의 산물로서의 이윤이라는 형태로 나타납니다. 더 나아가, 자본의 경쟁을 통해 이 이윤이 평균이윤으로 전환되면, 이윤 형태에서의 전도가 실체화되고, 잉여가치에 의한 이윤의 규제, 가치에 의한 상품가격의 규제는 직접적으로는 보이지 않게 되어 버립니다.

"기업이득과 이자로의 이윤의 분열은 …… 잉여가치 **형태***Form*의 자립화를, 잉여가치의 실체Substanz 그 본질Wesen에 대한 그 골화를 완성한다. 왜냐하면 이윤의 일부분은 다른 부분과 대립하여, 자본관계 그 자체로부터는 완전히 분리되어, 임금노동을 착취하는 기능(물론 그것의 감독과 불가분한)에서 발생하는 것이 아니라, 자본가 자신의 임금노동에서 발생하는 것처럼 나타나고, 그리고 이 부분과 대립하여 이자는 임금노동이나 자본가 자신의 노동과 독립적으로, 자신의 고유하고 독립적인 원천으로서의 자본으로부터 발생하는 것처럼 보이기 때문이다. 자본이 처음에는 유통의 표면에서 자본물신Capitalfetisch으로서, 가치를 낳는 가치로서 나타났다면, 그것이 이제는 또한 그 가장 소외된entfremdetsten[106] 가장 독특한 형태로서의 이자 낳는 자본의 자태Gestalt로 나타난다."(①851, E8 37, 김1051f)

평균이윤이 자본의 산물로서 발생한다는 현상형태를 기초로 하여, 이자가 자본가치의 소유 그 자체의 산물로서 나타나고, 더 나아가 이윤의 나머지 부분이 자본가의 노동의 산물로서 나타납니다. 이러한 현상형태는 결코 사람들의 착각이 아니라, 자본주의적 생산양식이 성립하고 있는 한 흔들림 없는 '사회적 사실'이므로, 자본은 이자를 낳는다는 관계는 '골화'된 것으로 나타나게 됩니다. 즉 다시 생각해 볼 필요도 없는, 사람들의 삶에 있어서의 현실로서 나타나게 됩니다. 이렇게 하여,

106) 역주: "entfremdetsten"을 일부 국역본에서는 "피상적인"이라고 번역하지만, 이 책에서는 "가장 소외된"으로 번역했다.

이자 낳는 자본에서 자본은 단지 그것이 자본이기 때문에 수익을 낳을 수 있는 것이라는 신비화가 완성되게 됩니다.

더 나아가, 여기서는 마르크스가 서술하고 있지 않지만, 이자 낳는 자본을 기초로 하여 주식이나 국채 등의 유가증권이 등장하면, 더는 자본이 취득하는 수익은 자본가치의 소유의 결과물조차 아니게 됩니다. 여기서는 수익은 단순한 화폐청구권에서 얻어지는 것이 되고, 이 경우의 자본 '가치'는 글자 그대로 '가공'의 것이 되어버립니다. 이렇게 하여 금융 수익의 취득은 생산의 영역에서 더욱 분리되고, 점점 더 신비화됩니다.

형상화에 의한 신비화 ③ — 토지소유에 의한 지대의 수탈

> "마지막으로, 잉여가치의 자립적인 원천으로서의 자본과 나란히, 토지소유가 나타나는데, 이 토지소유는 평균이윤에 대한 하나의 제한이며, 이윤(잉여가치)의 일부분을 하나의 범주 — 스스로 노동하는 것도 아니며 노동을 직접 착취하는 것도 아니며, 또한 이자 낳는 자본처럼 도덕적이고 경건한 위안의 구실, 예를 들어 자본을 빌려줄 때의 위험이나 희생을 늘어놓을 수도 없는 범주 — 에게 할당한다. <u>여기서는 잉여가치의 일부분은 직접적으로는 사회관계에 결부되어 있지 않고, 하나의 자연 요소인 토지에 결부되어 있는 것처럼 보이기 때문에, 잉여가치의 다양한 부분들 상호 간의 소외와 골화 형태가 완성되어 있으며, 내적 관련과 잉여가치의 원천은 생산과정의 다양한 소재적 요소에 결부된 생산관계들의 상호간의 자립화에 의해 완전히 은폐되어 버린다.</u>"(①851f, E837f, 김1052f)

산업자본의 경쟁은 토지소유에서 그 제한을 발견하고, 거기에서 발생하는 독점가격이 지대의 발생 근거가 됩니다. 그러나 당사자들에게는 지대의 취득 근거는 어디까지나 토지소유이며, 산업자본이 아닙니다. 그러므로 사회관계에서 독립적으로 자연 요소로서의 토지에서 지대라는 수입이—즉 타인의 생산물을 취득하는 힘이—발생하는 것처럼 보이는 것입니다. 즉, 토지를 빌려주면 당연히 취득할 수 있는 수익으로서 지대는 골화되어 나타나게 됩니다. 또한 다른 한편으로는 유가증권과 마찬가지로 지대가 자본환원되는 것을 통해서, 지대의 취득이 토지에 대한 자본 투하의 산물로서 나타나게 됩니다. 이리하여 지대의 원천이 토지의 독점에 의해 발생한 초과이윤의 수탈임이 보이지 않게 되고, 토지라는 자연적 생산요소에 대한 자본 투하에서 얻어지는 수입으로 신비화되는 것입니다.

삼위일체적 정식에서의 자본주의적 생산양식의 신비화의 완성

"자본—이윤, 또는 더 적절하게는 자본—이자, 토지—지대, 노동—임금에서, 즉 가치 및 부 일반의 성분들과 그것들의 원천들과의 관련으로서의 이 경제적 삼위일체에서는 자본주의적 생산양식의 신비화, 사회적 관계들의 물화Verdinglichung,[107] 소재적 생산관계들과 그 사회적 규정성의 직접적인 유착이 완성되어 있다. 이것은 마법에 걸린 verzauberte, 전도되고 거꾸로 선 세계로서, 거기서 자본 씨Monsieur le

107) 역주: 이 책에서는 마르크스의 "Versachlichung"과 "Verdinglichung"을 각각 "물상화"와 "물화"로 구별하여 번역하지만, 일부 영역본 및 국역본들에서는 이들을 모두 "물화 reification"나 "사물화" 등으로 동일하게 번역하여 두 개념의 차이를 알 수 없게 한다.

Capital와 토지 부인Madame la Terre이 사회적인 등장인물로서, 또한 동시에 직접적으로는 단지 사물로서, 유령Spuk처럼 행동한다. 이러한 잘못된 외관Schein, 이러한 기만, 부의 다양한 사회적 요소들의 상호간의 자립화와 골화, 이러한 물상의 인격화와 생산관계의 물상화Versachlichung, 일상생활의 종교Religion of every day's life, 이들을 해소한 것은 고전파 경제학의 큰 공적이다. 왜냐하면 고전파 경제학은 이자를 이윤의 일부분으로 환원하고, 지대를 평균이윤으로 환원하여, 그렇게 하여 이 두 가지가 잉여가치에 합류하도록 했기 때문이며, 유통과정을 단순한 형태들의 변태Metamorphose der Formen로서 보여 주었고, 그리고 마지막으로 직접적 생산과정에서 상품의 가치와 잉여가치를 노동으로 환원했기 때문이다. 그럼에도 불구하고 고전파 경제학의 대변자들 중 가장 훌륭한 사람조차도, 부르주아적 입장에서는 그렇게 될 수밖에 없지만, 자신들이 비판적으로 해소한 외관의 세계에 역시 아직 다소간 사로잡혀 있으며, 그러므로 모두 다소간 불철저함이나 어중간함이나 해결할 수 없는 모순에 빠져 있다. 이에 반해, 다른 한편으로는 현실의 생산당사자들이 자본—이자, 토지—지대, 노동—임금이라는 이 소외된 불합리한 형태entfremdeten und irrationellen Formen에서 완전히 내 집에 있는 것과 같은 편안함을 느끼는 것도 역시 당연한 일이다. 왜냐하면 바로 이것이야말로 그들이 매일 관련을 맺고 있으며, 그 속에서 움직이는 외관의 자태Gestaltungen des Scheins이기 때문이다. 그러므로 마찬가지로 당연한 일이지만, **속류경제학**—이것은 현실의 생산당사자들의 일상적 표상을 교사인 체하면서 교의적으로 번역한 것으로서 이들 표상 아래 일종의 이해할 수 있는 질서를 가져오게 한다—은 바로 이, 일체의 내적 관련이 소거되어 버린 삼위일체 속에서 자신의 천박한 허세의 **자연스러운**, 모든 의혹을 날려 버리는 토대를 발견한다. 이 정식은 동시에 지배적인 여러 계급의 이해관계와도 일치하고 있다. 왜냐하면 그것은 지배적인 여러 계급의 **수입 원천**의 자연필연성과 정당성을 선언하여, 그것을 하나의 교의로까지 격상시키고 있기 때문이다.” (①852, E838f, 김1053f)

본질적 메커니즘의 당사자들의 일상의식으로의 현상과 당사자들의 경쟁이라는 두 가지 요인에 의해 발생하는 형상화의 세 가지 국면을 통해, 우리는 마침내 “자본—이자, 토지—지대, 노동—임금”이라는 경제적 삼위일체에 도달했습니다. 이 삼위일체적 정식은 자본주의적 생산양식의 내부에서 활동하는 당사자에게 있어서의 직접적인 현상형태를 그대로 표현한 것이며, 그들에게는 ‘현실’ 그 자체입니다. 따라서 삼위일체적 정식이 자본주의적 생산양식의 중층적인 신비화의 귀결이라고 해도, 그것은 결코 사람들이 현실을 잘못 인식한 결과로서 생겨난 것이 아닙니다. 오히려 앞서 보았듯이, 여기에서의 중층적인 신비화는 자본주의적 생산양식 그 자체의 중층적인 전도의 결과로서 생긴 것이며, 그러한 의미에서는 ‘삼위일체적 정식’은 이 중층적인 전도의 결과를 그 현상형태 그대로 포착한 것이라고 말할 수 있을 것입니다.

그러나 ‘삼위일체적 정식’이라는 개념에는 그 이상의 함의가 있습니다. 그것은 ‘사회적 관계들의 물화’, 즉 ‘소재적 생산관계와 그 사회적 규정성과의 직접적인 유착’입니다. 이것은 자본주의적 생산양식의 중층적인 전도 구조의 형성—본질적 메커니즘에서의 물상화와 그 심화로서의 현상적 메커니즘에서의 형상화—만으로 생성되는 것이 아닙니다. 이자, 지대, 임금 등과 같은 수입의 자립화가 일어나는 것이 본서에서 본 바와 같은 형상화가 발생하기 때문이라는 것은 분명합니다. 그러나 이것이 각각의 수입 원천에 대해 '골화하고', 소재적 생산관계와 그 사회적 규정성이 직접적으로 유착하려면, 경제활동의 당사자들이 이들 자립화를 자명한 전제로 받아들여야 합니다. 즉 이 유착='사회적 관계들의 물화'가 성립하려면, 자본주의적 생산양식의 경제적 형태규정이 단지 그 경제적인 권력에 의해 당사자들에게 그것들에 따를 것을 강제하는 것만으로는 불충분합니다. 그 강제 하에서 당사자들이 그것을 강제라고 느끼지 않을 정도로 자명한 사실로서 받아들였을 때, 즉 그들의 인격의 의지나 욕망의 수준에서 그것들을 받아들였을 때, 즉 "이 소외된 불합리한 형태에서 완전히 내 집에 있는 것과 같은 편안함을 느끼는" 때에야 비로소 '물화'가 완성된다고 말할 수 있습니다. 그러므로 이러한 물화에야말로 자본주의적 생산양식의 권력이 얼마나 강력한지가 표현되어 있다고 말할 수 있을 것입니다.

제2절 재생산과정의 분석을 위하여

본 절의 과제

"도대체 어떻게 하여, 임금+이윤+지대와 같은 양의 한 해 동안 생산된 가치가 (임금+이윤+지대)+C〔불변자본가치〕와 같은 가치를 가지고 있는 생산물을 살 수 있을까? 어떻게 하여, 한 해 동안 생산된 가치는 자기 자신보다 높은 가치를 가진 생산물을 살 수 있는 것일까?"(①856, E843, 김1059)

"알 수 있듯이, 여기서 제기되고 있는 문제는 이미 재생산과정의 고찰(**제2부 제3장**)에서 해결되어 있다. 우리가 여기서 이 문제로 되돌아가는 것은, (1) 그때에는 **잉여가치**가 아직 수입 형태(**이윤과 지대**)(즉 **이윤**(=기업이득+이자)과 지대)로 전개되지 않았으며, 그러므로 그것을 이러한 형태로 다룰 수는 없었기 때문이며, (2) 바로 **수입**으로서의 임금, 이윤, 지대라는 형태에 애덤 스미스 이래의 전 경제학을 관통하고 있는, 믿을 수 없는 분석상의 큰 오류가 결부되어 있기 때문이다."(①857, E844, 김1061)

마르크스가 서술하고 있듯이, 여기서 제기되고 있는 문제는 이미 제2부 제3장108)에서 해결되었습니다. 그러나 제2부에서는 아직 본서에서 다루어 온 것과 같은 수입 형태가 등장하지 않았으므로, 여기서 다시 한번 문제를 재검토해 볼 필요가 있다는 것이 마르크스가 본 절을 설정한 이유입니다.

그러나 적어도 이 초고 단계에서는 이 질문에 직접 관련되는 것과 같은, 본질적으로 새로운 논점은 포함하고 있지 않은 것처럼 보입니다. 왜냐하면 본 절에서 지적되고 있는 것은, 제2부에서 본 것과 같은 '스미스의 도그마'—상품 가치는 결국 모두 이윤, 임금, 지대와 같은 수입 형태로 환원되어 버린다—가 제3부에서 본 수입 형태의 자립화에 의해 더욱 정당화되기 쉬워진다는 점뿐이기 때문입니다.

그래서 본 절에서는 다소나마 검토할 가치가 있는 사회 전체의 수입에 관한 논점에 대해서만 다루기로 합니다.

총수익과 총수입의 구분

"만약 쓸데없는 곤란에 휘말리고 싶지 않다면, **총수익***Rohertrag*과 **진정한 수익***Nettoertrag*(순수익*Reinertrag*)을, **총수입***Roheinkommen*과 **순수입***Nettoeinkommen*(진정한 수입*Reineinkommen*)에서 구별해야 한다.

총수익=총생산물은 재생산된 생산물 전체이다. 사용되기는 했지만 소비되지는 않은 고정자본 부분을 제외하면, 총수익의 가치 혹은

108) 역주: "제2부 제3장"은 현행판『자본론』제2권 제3편 '사회적 총자본의 재생산과 유통'을 말한다.

총생산물의 가치 = 전대되어, 또 생산에서 소비된 불변자본 및 가변자본의 가치 + 이윤과 지대로 분해되는 잉여가치이다. 혹은 개개의 자본의 생산물이 아니라, 사회적 총자본의 생산물을 생각한다면, = 불변자본과 가변자본을 이루는 소재적 요소들 + 이윤과 지대를 나타내는 소재적 요소들, 즉 잉여생산물이다.

총수입은 **총생산물** 내지 **총수익** 중에서 전대되었고, 또한 생산에서 소비된 **불변자본**을 보전하는 총생산의 **가치 부분** 및 그것에 의해 계산되는 **생산물 부분**을 공제한 후 남는 **가치 부분** 및 그것에 의해 계산되는 부분이다. 따라서 총수입 = **임금**(혹은 생산물 중 가변자본을 보전하고 다시 노동자의 수입이 되도록 정해져 있는 부분) + **이윤** + **지대**이다. 순수입은 **잉여가치**(그러므로 **잉여생산물**)이며, 그것은 **임금**을 공제한 후에 남아 있고, 그러므로 실제로 자본에 의해 실현되어 토지소유자와의 사이에서 분할되는 **잉여가치**(그러므로 그것에 의해 계산되는 **잉여생산물**)를 나타내고 있다."(①861, E847f, 김1065f)

이상에서 알 수 있듯이 한 국가의 상품생산도 개별적인 상품생산과 마찬가지로 생각할 수 있습니다. 마르크스가 말하는 "총수익", 즉 한 국가에서 생산되는 상품의 총가치는 전년까지 생산된 생산수단 중 올해의 생산에서 소비되어 생산물로 이전된 부분의 가치 + 올해의 생산에서 새롭게 부가된 가치에 의해 결정됩니다. 이 "총수익" 중에서 사람들의 소득이 되는 것은 새롭게 생산되어 생산물에 부가된 가치 부분뿐입니다. 이 '총소득' 내지 "총수입"은 다시 임금을 보전하는 부분과 그 외의 "순수입"(①862, E848, 김1066)으로 나뉘게 됩니다.

제3절 경쟁의 외관

『자본론』의 주제는 경제적 형태규정의 분석이며, 현실의 경쟁을 그 대상으로 삼는 것은 아니지만('보론'을 참조), 자본주의적 생산의 총과정의 형상화에 의해 발생하는 새로운 경제적 형태규정의 설명에 필요한 한에서 경쟁에 대해서도 논해 왔습니다. 본 절에서는 형상화에 의해 발생한 경제적 형태규정을 전제로 한 뒤에, 그것들이 당사자들의 경제활동, 즉 경쟁에서 어떻게 나타나는지가 논해집니다.

제1절에서는 수입의 자립화가 그들의 형태적 독자성의 관점에서 고찰되었지만, 본 절에서는 각각의 수입의 양적 규정성의 독자성—즉 각각의 수입의 액수를 결정하는 메커니즘의 독자성—의 관점에서 고찰됩니다.

경쟁에서는 사태가 전도되어 나타난다

"개개의 자본가들 사이의 경쟁에서도, 세계시장에서의 경쟁에서도, 임금, 이자, 지대의 주어진, 전제된 크기가 **불변으로** 규제적인 크기로서 계산에 들어온다. 불변이라는 것은 그것들이 크기를 바꾸지 않는다는 의미는 아니고, 그것들이 끊임없이 변동하는 시장가격에 대한 불변의 한계를 이루고 있다는 의미이다. 예를 들어 세계시장에서의 경쟁의 경우, 문제되는 것은 단지 주어진 임금, 이자, 지대를 지불하면서 상품을 주어진 일반적인 시장가격으로, 혹은 그것보다 싸게 팔아서 이익을 올리는 것이, 즉 기업이득을 실현하는 것이 가능한가 하는 점뿐이다.

어떤 나라에서는 자본주의적 생산양식이 일반적으로 발전하지 않았기 때문에 임금과 토지의 가격은 싸지만 자본의 이자가 높고, 다른 어떤 나라에서는 임금과 토지의 가격은 명목상 높지만 자본의 이자가 싸다면, 자본가는 전자의 나라에서는 더 많은 노동과 토지를 이용하고, 후자의 나라에서는 상대적으로 더 많은 자본을 이용한다. 어느 정도까지 경쟁이 가능한가 하는 계산에서 이러한 요인들은 계산의 규정적 요인으로 들어온다. 따라서 이 경우, 경험이 반론의 여지없이 이론적으로 보여 주고 있으며, 자본가의 이해관계 계산이 실천적으로 보여 주고 있는 것은, 상품의 가격은 임금, 이자, 지대에 의해, 즉 노동, 자본, 토지의 각각의 가격에 의해 규정되고 규제되고 있으며, 이들 가격 요소들이 실제로 규제적인 **가격형성자**Preißbildner라는 것이다." (①892, E881f, 김1107f)

본서에서는 『자본론』 제3부의 내용에 따라, 자본주의적 생산양식의 내적인 본질적 메커니즘이 형상화를 통해 어떻게 우리가 일상적으로 보고 있는 현상적 메커니즘으로서 생성되는지를, 공들여 추적해 왔습니다. 본 장의 테마인 '삼위일체적 정식'은 바로 그 도달점과 다름없습니다.

그러나 이 현실의 자본주의적 생산양식 속에서 매일의 경제활동을 펼치고 있는 당사자에게는 이러한 프로세스는 전혀 눈에 보이지 않으며, 애초에 그러한 프로세스에는 관심이 없습니다. 그들이 일상적으로 보는 것은 본질적 메커니즘이 현상적 메커니즘으로 생성되는 프로세스가 아니라, 그 생성의 결과인 '삼위일체적 정식'의 세계입니다. 게다가 그들에게 문제인 것은 이 세계를 학문적으로 해명하는 것이 아니라, 그 세계의 구조를 전제로 한 뒤에 '어떻게 돈을 벌 것인가'입니다. 그러므로 예를 들어, 산업자본가에게는 이자는 필요한 자본을 조달하기 위한 비용으로서, 지대는 토지를 이용하기 위한 비용으로서, 그리고 임금은 노동을 동원하기 위한 비용으로서 나타나고, 이 비용을 전제로 한 뒤에 어떻게 자신이 이익을 올릴 수 있는지를 추구하게 됩니다. 여기서는 이자, 지대, 임금이 모두 노동자가 낳은 가치가 분열된 것이라는 점은 전혀 보이지 않게 되고, 반대로 각각을 이용하기 위한 비용이 자신이 생산하는 상품 가격의 일부를 구성하는 것으로 나타나고, 실제로 그러한 것으로서 산업자본가는 비용을 산출합니다. "이들 부분은 잉여가치가 분해된 것인데, 개개의 자본가에게는 비용가격의 여러 요소로서 나타나므로, 역으로 **그 잉여가치의 형성자**로서, 즉 임금이 상품 가격의 다른 부분을 형성하듯이, 상품 가격의 일부분을 형성하는 것으로 **나타난다**"(①869, E878, 김1104)는 것입니다. 마르크스가 반복적으로 서술했듯이, 바로 경쟁에서는 모든 것이 전도되어 나타나는 것입니다.

"상품 가치 분해의 결과들이 항상 가치형성 그 자체의 **전제**로서 나타난다는 것의 비밀은 단지 다음과 같은 점이다. 즉 **자본주의적 생산양식**은 다른 어떤 생산양식과 마찬가지로 끊임없이 물질적 생산물을 재생산할 뿐만 아니라, 이 생산물의 형성의 사회적인 경제적 관계들을, 그 **경제적 형태규정성***ökonomischen Formbestimmtheilen*을 재생산한다는 것이다. 그러므로 이 생산양식의 결과는 끊임없이 그 전제로서 나타나며, 마치 그 전제가 결과로서 나타나는 것과 마찬가지이다. 그리고 이러한 동일한 관계들의 부단한 재생산이야말로 개개의 자본가가 자명한 것으로서, 물질적인 사실로서, **예상하는** 것이다. 자본주의적 생산이 그 형태규정Formbestimmtheit을 유지하는 한, 새롭게 덧붙여지는 노동의 일부분은 끊임없이 임금으로 분해되고, 또 다른 부분은 이윤(이자와 기업이득)으로, 그리고 세 번째 부분은 지대로 분해된다. 다양한 생산 요인들의 소유자들 사이의 계약에서는 이 점이 **전제**되어 있는 것이며, 이 전제는 상대적인 크기가 변동하더라도 올바른 것이다. 다양한 가치 부분들이 각각 일정한 형상Gestalt으로 대립한다는 것이 **전제**되어 있는 것은, 그 형상이 끊임없이 재생산되기 때문이며, 또한 그것이 끊임없이 재생산되는 것은, 그것이 끊임없이 전제되고 있기 때문이다."(①889f, E879, 김1104)

본서 전체를 통해 보아 왔듯이, 그리고 본 장 제1절에서 간략하게 총괄했듯이, 자본주의적 생산양식은 그 형상화를 통해 필연적으로 삼위일체적 정식을 만들어 냅니다. 임금노동에 의해 자본주의적 생산양식이 재생산되는 한, 경제적 삼위일체도 끊임없이 재생산됩니다. 따라서 경제활동의 당사자들의 눈앞에 나타나는 것은 형상화의 프로세스 그 자체가 아니라, 그 결과로서 성립하는 경제적 삼위일체일 수밖에 없습니다.

게다가 이 경제적 삼위일체는 당사자들이 그것을 스스로의 전제로 행동함으로써 '골화'됩니다. 이때 특히 중요한 것은 노동과 임금노동의 유착입니다. 임금노동자들이 자신의 노동을 임금노동으로서 행할 것을 전제하고, 실제로 그렇게 행동한다면, 자본주의적 생산관계가 계속 재생산되고, 자신의 노동을 임금노동으로서만 수행할 수 있다는 관계 속에 계속 놓이게 될 것입니다. 이처럼 '노동—임금'이라는 관계가 골화된다면, 이자나 지대에 대해서도 역시 마찬가지의 일이 일어납니다. 자본이 이자를 낳고, 토지가 근대적인 의미에서의 지대를 낳는 것을 전제로 하여 당사자들이 행동한다면, 실제로 그러한 관계가 다음 행동의 전제로서 계속 재생산되는 것입니다.

이렇게 하여 삼위일체적 정식이라는 외관은 단지 사람들의 관념 속에만 존재하는 것이 아니라, 사람들의 매일의 활동에 있어서의 흔들림 없는 '현실'로서 나타납니다. 자본주의는 인간들이 만들어 낸 하나의 특수한 생산관계에 불과함에도 불구하고, 사람들이 그것을 전제하고 행동하기 때문에, 스스로도 또한 그것을 전제로 행동할 수밖에 없고, 그 결과 이 특수한 생산관계가 계속 재생산되어, 인간들로서는 어찌할 수도 없는 '현실'로서—그것이 얼마나 많은 격차나 빈곤, 환경 파괴를 만들어 내고 있든 간에—수용하는 듯한 태도가 생겨나는 것입니다. 일찍이 프레드릭 제임슨Fredric Jameson(1934-2024)은 "자본주의의 종말을 상상하는 것보다, 세상의 종말을 상상하는 것이 더 쉽다"[109]고 말했지만, 이러한 '자본주의 리얼리즘'(Mark Fisher, 1968-2017)[110]의 기초에는 삼위일체적 정식이 있다고 말할 수 있을 것입니다.

109) 역주: Frederic Jameson, "Future City", *New Left Review*, No.21, May-June 2003, p.97.

110) 역주: 마크 피셔, 『자본주의 리얼리즘: 대안은 없는가』, 박진철 옮김, 리시올, 2024.

제4절 분배관계와 생산관계

소위 분배관계는 자본주의적 생산양식에 상응하는 생산관계의 이면이다

"…… 자본주의적 생산양식은 고유한 종류의, 독자적인 역사적 규정성을 가진 하나의 생산양식이며, 다른 모든 특정한 생산양식과 마찬가지로 이 생산양식은 사회적 생산력과 그 발전형태의 일정한 단계를 **자신의 역사적 조건**으로서 전제하는 것이지만, 이 조건은 그 자체가 선행하는 과정의 역사적인 결과와 산물이며, 그것을 또한 자신의 주어진 기초로 삼아 새로운 생산양식이 거기서부터 출발한다는 것, 이 독자적으로 사회적인, 즉 역사적으로 규정된 생산양식에 상응하는 **생산관계**—인간들이 그들의 사회적 생활과정 속에서, 바꿔 말하면, 그들의 사회적 생활의 생산 속에서 맺는 관계—는 독자적인, 역사적이고 일시적인 성격을 가지고 있다는 것, 그리고 마지막으로, 소위 **분배관계**는 본질적으로 이 **생산관계**와 동일하며, 그 이면이며, 따라서 이 둘 모두 동일한 역사적으로 일시적인 성격을 공통적으로 가지고 있다는 것이다."(①895, E885, 김1112f)

자본주의적 생산양식은 그것이 만들어 내는 경제적 삼위일체에 의해 흔들림 없는 '현실'인 것처럼 나타나지만, 그럼에도 불구하고 존 스튜어트 밀John Stuart Mill(1806-1873)과 같이 '교양'과 '비판적인 의식'을 갖춘 사람들은 자본주의의 분배관계에 대해서는 그 역사적 특수성을 인정합니다. 즉, 생산관계 그 자체는 어떤 사회에서도 자본, 토지, 노동을 필요로 하므로 그것을 변혁할 수는 없지만, 거기에서 발생하는 수익의 분배 방식에 대해서는 변혁하는 것이 가능하다는 일정한 '비판적'인 의식이 생겨납니다. 실제로 지금의 사회에서도 '지금의 사회는 격차가 너무 벌어져 있으니 격차를 축소하자'든가, '빈곤층에게 부를 분배하자'는 등의 주장은 자본주의적 생산양식 그 자체를 변혁한다는 주장에 비해, 많은 사람에게 받아들여지기 쉽습니다.

그러나 자본주의적 생산관계에 전혀 손대지 않고 분배관계만 변혁하는 것은 불가능합니다. 왜냐하면 마르크스가 지적하듯이, 자본주의적 분배관계는 자본주의적 생산관계의 이면에 불과하며, 본질적으로 양자는 동일하기 때문입니다. 이 점은 전작인 『마르크스 자본론』이나 본서에서 전개해 온 자본주의적 생산양식 그 자체의 분석에서 이미 분명하다고 생각하지만, 본 절에서 마르크스는 이 문제—즉 자본주의적 생산관계와 분배관계와의 관계성—를 다시금 고찰하고 있습니다.

본원적 축적에 의해 형성되는 사회적 조건들은 특정한 노동형태(사적 노동 및 임금노동)의 전제가 된다

"확실히 **자본**(또 자본이 자신의 대립물로서 전제하고 있는 토지소유)은 그 자체 이미 어떤 **분배**를 전제하고 있다, 즉 노동자로부터의 노동조건의 수탈, 소수의 개인의 손 안에서의 이들 조건의 집적, 다른 여러 개인들을 위한 토지의 배타적 소유, 요컨대 '**본원적 축적***Ursprüngliche Accumulation*'에 관한 편Abschnitt에서 전개된 관계들의 모든 것을 전제하고 있다고 말할 수 있다. 그러나 이러한 **분배**는 사람들이 생산관계에 대립시켜 분배관계에 하나의 역사적인 성격을 주려고 할 때 생각하고 있는 분배관계와는 완전히 다른 것이다. 뒤쪽의 분배관계는, 생산물 중 개인적 소비에 들어가는 부분에 대한 다양한 권리를 의미한다. 이에 반해, 앞쪽의 분배관계는 생산관계 그 자체의 속에서 직접적 생산자에게 대립하여 생산관계의 특정 당사자들에게 할당되는 특수한 사회적 기능의 기초이다. 이 분배관계는, 생산조건 그 자체와 그 대표자들에게 특수한 사회적 성질을 부여한다. 그것은 생산의 전체 성격과 전체 운동을 규정하는 것이다."(①896, E886, 김 1113f)

"생산은 일정한 생산도구의 분배에서 출발해야 하기 때문에, 분배는 이 의미에서 생산에 선행하고, 그것의 전제를 이룬다고 말하는 사람이 있다면, 이에 대해서는, 생산은 실제로 그 조건과 전제를 가지고 있으며, 이들 조건과 전제가 생산의 계기를 이루고 있다고 대답할 수 있다."(『자본론 초고집』 ①45)[111]

먼저 명확히 해 두어야 할 것은, 여기서 말하는 분배란 어디까지나 자본주의적 생산양식의 내부에서의 분배이며, 그 조건을 형성하는 것

111) 역주: 칼 맑스, 『정치경제학 비판 요강 I』, 김호균 옮김, 2000, p.67.

과 같은 "분배"는 아니라는 것입니다. 전자는 자본주의적 생산관계에서의 시장에서의 거래를 통해 이루어지는 것이지만, 후자는 이른바 "본원적 축적"을 통해 이루어집니다. 구체적으로는 인클로저에 의한 토지의 수탈이나 길드의 해체, 너 나아가 식민지나 노예제에 의한 부의 수탈을 통해, 한편으로는 생산수단의 집중이 진행되고, 그것이 자본가에게 독점되게 되며, 다른 한편으로는 생산수단을 빼앗긴 무소유자들이 대량으로 발생합니다. 후자는 다시 국가가 제정한 '그로테스크한 테러리즘적인 법률'에 의해 노동력상품의 담당자로 '규율화'됩니다.

자, 이상과 같은 폭력적인 생산수단의 '분배'에 의해, 비로소 자본주의적 생산관계가 성립하기 위한 사회적 조건들이 형성되는 것인데, 이 '분배'는 이미 성립한 자본주의적 생산관계에서 매매나 대차로서 이루어지는 본래의 분배와는 성질이 전혀 다릅니다. 그것은 그 자체로서는 기본적으로 매매나 대차라는 형태를 취하지 않고 — 혹은 외형적으로는 그러한 형태를 취했다고 해도, 그 내실은 조직된 폭력에 의존하여 — 이루어지는 '분배'입니다. 하지만 그것은 자본주의적 생산관계 그 자체를 형성하고 재생산하는 것과 같은 노동형태 — 즉 임금노동으로서 이루어지는 사적 노동 — 를 가능하게 하는 사회적 조건을 만들어 냅니다.

따라서 이 종류의 '분배'에 의해 형성된 사회적 조건들은, 임금노동이라는 노동형태에 대한 '계기'를 이룬다고 말할 수 있을 것입니다(그림 7.1). 일단 임금노동이라는 노동형태가 성립하면, 그것은 자본주의적 생산관계를 형성하고 재생산할 뿐만 아니라, 일찍이 '본원적 축적'에 의해 형성된 스스로를 위한 사회적 조건들 — 가장 본질적으로는 직접적 생산자와 생산수단의 완전한 분리 — 도 동시에 재생산하게 됩니다.

그림 7.1

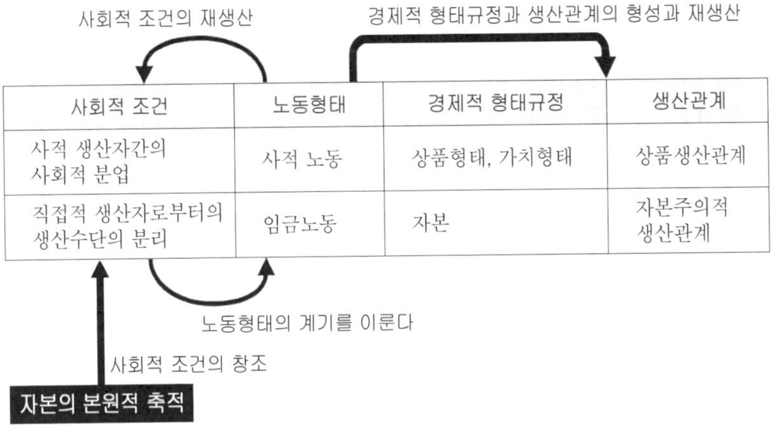

이리하여 임금노동이 성립하자마자, 일찍이 혹독한 폭력에 의해 형성된 사회적 조건들은 이 임금노동을 구성하는 '계기'가 되는 것입니다.

자본주의적 생산양식을 특징짓는 것 ① — 물상화와 그것에 기초한 권력

"자본주의적 생산양식을 처음부터 두드러지게 하는 것은 다음 두 가지 특징이다.

첫째, 이 생산양식은 그 생산물을 **상품**으로서 생산한다. 상품을 생산한다는 것은 이 생산양식을 다른 생산양식으로부터 구별하는 것은 아니다. 그러나 **상품**이라는 것이 그 생산물의 지배적이고 규정적인 성격이라는 것은 확실히 이 생산양식을 다른 생산양식에서 구별한다. 이 점은 먼저 노동자 자신이 오로지 **상품의 판매자**로서, 그러므로

자유로운 임금노동자로서 나타나고, 그러므로 노동이 일반적으로 **임금노동**으로서 나타난다는 것을 포함하고 있다. 지금까지 주어진 전개 후에, 자본과 임금노동과의 관계가 어떻게 이 생산양식의 전체 성격을 규정하고 있는지를 다시 한번 논증할 필요는 없다. 이 생산양식 그 자체의 주요한 당사자인 **자본가**와 **임금노동자**는, 그러한 것으로서는 이 특정한 사회적 생산관계의 구현*Verkörperungen* 및 인격화*Personnificirungen*에 불과하며, 사회적 생산과정 속에서 개인들이 부여받는 개인들의 일정한 사회적 성격에 불과하다. 즉 이 특정한 사회적 생산관계의 산물에 불과한 것이다."(①897, E886f, 김1114)

"더 나아가, 이미 **상품** 속에는, 그리고 **자본의 생산물**로서의 상품 속에는 더욱이, 자본주의적 생산양식의 전체를 특징짓고 있는 사회적인 생산 규정들의 물화*Verdinglichung*도 생산의 물질적 기초의 주체화*Versubjektivirung*도 포함되어 있는 것이다."(①897f, E887, 김1115)

"자본가가 자본의 인격화로서 직접적 생산과정에서 얻는 권위*Autorität*, 생산의 지휘자 및 지배자로서 수행하는 사회적 기능은, 노예적, 농노적 생산 등을 기초로 하는 권위형태와는 본질적으로 다른 것이다.

자본주의적 생산양식의 기초 위에서는 직접적 생산자의 대중에 대해, 그들의 생산의 **사회적** 성격이, 매우 엄격하게 규제하는 권위의 형태를 취하고, 또한 노동과정의 완전히 편성된 위계와 사회적 메커니즘의 형태를 취하여 상대하고 있다 — 다만 이 성격은, 단지 노동에 대립하는 노동조건의 인격화로서만 생산의 지휘자에게 주어지는 것이며, 이전의 생산형태에서와 같이 정치적 또는 신정적 지배자 등으로 주어지는 것은 아니지만—그 한편으로, 그 지휘자들, 서로 단지 상품 점유자로서만 대립하는 자본가들 자신들 사이에서는 가장 완전한 무정부 상태*Anarchie*가 지배하고 있으며, 이 상태 속에서는 생산의 사회적 연관은 단지 개인적 자의를 압도하는 자연법칙Naturgesetz으로서 그 힘을 나타낼 뿐이다."(①898, E888, 김1116)

자본주의적 생산양식을 가장 근본적으로 특징짓는 첫 번째 요소는 상품생산입니다. 이 점이 중요한 것은, 이로써 전근대적 공동체의 현물경제와는 완전히 다른, 물상화된 생산관계가 성립하기 때문입니다. 사회적 총노동의 배분은 공동체적 질서에 의해서가 아니라, 시장에서의 상품의 매매를 통해 이루어지게 되고, 또한 착취자의 권력도 정치적 내지 종교적인 권위에 기초한 것이 아니라, 자본의 힘에 기초한 것이 됩니다.

자본주의 하에서의 분배는 모두 이러한 물상화된 생산관계에 기초하여 이루어집니다. 거기서는 수입은 모두 화폐의 형태를 취하고 있으며, 이윤 내지 이자는 자본의 산물로서만, 지대는 근대적 소유에 의해 포섭된 토지의 산물로서만, 임금은 노동력상품—혹은 그 현상 형태인 '노동'이라는 상품—의 산물로서만 취득할 수 있기 때문입니다. 따라서 수입의 분배는 모두 이 물상의 힘에 의해 편성된 권력관계 하에서 이루어지고, 그 영향을 끊임없이 받게 됩니다. 예를 들어, 임금노동자는 자본 밑으로의 실질적 포섭, 더 나아가 자본주의적 축적의 일반적 법칙의 영향을 끊임없이 받고 있으며, 그러한 불리한 조건 하에서 자본가와 교섭하고, 자신의 임금 수준을 확보해야만 합니다. 그 때문에 충분한 노동운동이 없다면, 임금노동자들은 임금 수준을 본래의 노동력 가치, 즉 노동력의 재생산비용의 수준으로 유지하는 것조차 어려워집니다.

이 사실만 보더라도, 자본주의적 생산관계를 변혁하는 것 없이, 그 분배관계에 본질적인 변화를 주는 것이 불가능한 것은 분명합니다.

자본주의적 생산양식을 특징짓는 것 ②—잉여가치 생산

"자본주의적 생산양식을 특히 두드러지게 하는 **두 번째 것**은, 생산의 직접적 목적 및 규정적 동기로서 **잉여가치 생산**이다. …… 이 자본주의적 생산에 독자적인 생산양식은, 노동의 사회적 생산력의—그렇다고 해도 노동자에게 대립하는 독립적인 자본의 힘으로서의, 그 때문에 노동자 자신의 발전에 대립하고 있는 생산력의—발전의 하나의 특수한 형태이다. 가치와 잉여가치를 위한 생산은, 더욱 나아간 전개에서 분명해졌듯이, 상품의 생산에 필요한 노동시간, 즉 **그 상품의 가치**를 그때그때의 현존하는 사회적 평균보다 낮게 하고 {**생산과정**에서는. 동시에 그것은 가능한 한 그 가치보다 비싸게 판매하려는 경향을 포함하고 있다—**유통과정**에서는}, 가능한 한 최저한까지 낮추려고 하는 경향(규칙·규범), 특히 **비용가격**의 최저한까지의 **삭감**을 포함하고 있다."(①898, E887f, 김1115f)

"단지 임금노동의 형태Form에 있는 노동과 자본의 형태에 있는 생산수단이 전제되어 있다는 이유만으로—즉 이 두 가지 본질적인 생산 동인이 이 독자적인 사회적 자태Gestalt112)를 취하고 있다는 것의 결과로서만—가치(생산물)의 일부분은 **잉여가치**로서 나타나고, 또한 이 잉여가치는 **이윤**(지대)로서, 자본가의 이득으로서, 자본가에게 속하는 추가적인 처분 가능한 부로서 나타난다. 그러나 바로 잉여가치가 그렇게 **자본가의 이윤**으로서 나타나기 때문에야말로, 재생산의 확대로 향해져 있으며 이윤의 일부분을 이루고 있는 추가 생산수단은 새로운 추가**자본**으로서 나타나며, 또한 재생산과정의 확대는 일반적으로 자본주의적 **축적과정**으로서 나타난다.

임금노동으로서의 노동의 형태는 전체 과정의 자태에 대해서도 생산 그 자체의 독자적인 양식에 대해서도 결정적이지만, **임금노동**이 가치를 규정하는 것은 아니다. 가치규정에서 문제되는 것은 사회적 노동시간 일반이며, 사회 전체가 처분할 수 있는 노동량이며, 다양한 생산물에 의한 이 노동량의 상대적인 흡수가 말하자면 생산물 각각의 사회적인 비중을 규정하는 것이다. 사회적 노동시간이 상품의 가치 등에서 규정적인 것으로서 자신을 관철하는 특정한 형태는, 물론 임금노동으로서의 노동의 형태와 관련되고, 또한 그것에 상응하는 자본으로서의 생산수단의 형태와 관련되는 것이지만, 이와 같이 관련되는 것은 단지 이 기초 위에서만 **상품생산**이 생산의 일반적인 형태가 되기 때문이다 등등."(①901, E888f, 김1116f)

자본주의적 생산양식을 특징짓는 두 번째 요소는 잉여가치 생산입니다. 이는 단지 잉여생산물이 자본주의에서 취하는 형태일 뿐만 아니라, 생산의 목적 그 자체를 이룬다는 점에서 결정적으로 중요합니다.

---

112) 역주: "Form"과 "Gestalt"를 일부 현행 국역본들은 모두 "형태"로 번역하지만, 이 책에서는 "형태"와 "자태"로 구별하여 번역했다.

즉 자본주의적 생산양식에서는 잉여가치의 취득에 도움이 되는 한에서만 생산이 이루어지는 것이며, 또한 그 증대에 도움이 되는 한에서만 자본축적이, 즉 생산의 확대가 이루어지는 것입니다.

이러한 자본주의에 특유한 생산의 목적이 어떻게 분배관계를 제약하고, 사회의 소비력을 제약하는지는 제3장에서 자세히 본 바와 같습니다. 이윤을 증대시킬 수 있는 한에서는 자본축적이 활발하게 이루어지고, 노동자계급의 상태도 개선되지만, 그러나 그것에 의해 임금이 높아지자마자, 자본축적에 의해 이윤을 증대시키는 것이 곤란해지고, 자본의 절대적 과잉생산에 직면할 수밖에 없습니다. 생산의 목적이 이윤에 있는 한, 분배관계는 자본의 이해관계에 의해 근본적으로 제약될 수밖에 없는 것입니다.

분배관계는 생산관계와 함께 변혁된다

"따라서, 소위 **분배관계**는 생산과정의, 그리고 인간들이 생산과정에서 맺는 관계들의, 역사적으로 규정된 독자적으로 사회적인 여러 형태에 상응하는 것이며, 또한 이 형태들로부터 생겨나는 것이다! 이 분배관계의 역사적인 성격은 생산관계의 역사적인 성격이어서, 분배관계는 단지 생산관계의 일면을 나타내고 있을 뿐이다! 그러나 동일한 여러 형태에 생산형태와 분배형태가 나타나 있는 것이다! 부르주아적(자본주의적) 분배는 다른 생산양식에서부터 생겨나는 분배형태와는 다르므로, 이 분배는 자신이 거기에서부터 나왔고, 자신이 거기에 속하는 특정 생산형태와 함께 소멸한다.

단지 분배관계**만**을 역사적인 것으로서 고찰하는 견해는, 무엇보다도 먼저, 부르주아 경제학에 대한 초기의 제한적인 비판적 견해에 불과하다! 그러나 다른 한편으로는, 이 견해는 사회적 생산과정을, 이 과정의 아무런 **사회적** 발전 없이 개개의 미개인도 또한 행해야만 하는, **단순한 노동과정**과 혼동하고 동일시하는 것에 기초하고 있다. 노동과정이 단지 인간과 자연과의 단순한 과정일 따름인 한에서는, 노동과정의 단순한 요소들은 노동과정의 모든 사회적 발전형태에 항상 공통적인 것이다! 다른 한편으로는, 이 과정의 특정한 역사적인 형태는 각각, 다시 이 과정의 사회적인 물질적인 기초 일반과 형태 일반을 발전시킨다! 어떤 성숙 단계에 도달하면, 일정한 역사적인 형태는 버려지고, 더 높은 형태에 자리를 내준다! 그러한 위기 Crise의 순간이 도래했다는 것을 알 수 있는 것은, 분배관계들 사이의 모순과 대립이, 그러므로 또한 그것에 상응하는 생산관계의 특정한 역사적인 자태와 생산력, 그 동인들의 생산능력 및 발전과의 모순과 대립이, 넓이와 깊이를 획득했을 때이다! 그렇게 되면, 생산의 물질적 발전과 생산의 사회적 형태 사이에 충돌이 발생한다."(①900, E890f, 김1118f)[113)]

분배관계는 생산관계의 이면이므로, 만약 현재의 분배관계가 부당하다고 생각한다면, 생산관계 그 자체를 변혁해야만 합니다. 그리고 이 생산관계를 변혁하려면, 이것을 만들어 내고 재생산하는 노동형태를 변혁해야만 합니다.

그렇다고는 해도, 이러한 생산관계의 변혁은 자의적으로 이룰 수 있

113) 역주: 이 인용문 중 여러 문장에서 마르크스가 붙인 느낌표들은 엥겔스가 편집한 현행 『자본론』 제3권 및 이를 대본으로 한 현행 국역본들에는 모두 삭제되어 있다.

는 것이 아닙니다. 새로운 생산양식—생산자들의 어소시에이션을 기초로 한 생산양식—을 실현하려면, 먼저 낡은 생산양식 속에서 그것을 가능하게 하기 위한 사회적 생산력이 발전되어 있어야 하며, 또한 자본주의와의 투쟁 속에서 생산자들의 어소시에이션이 잠재적으로든, 현상적으로든, 어느 정도 확대되어 있어야 합니다. 더 나아가 이 조건이 성숙해 가는 가운데, 자본주의적 생산양식이 위기에 빠진다면, 즉 공황이나 환경 파괴 등과 같은 형태로 "생산의 물질적 발전과 생산의 사회적 형태 사이에 충돌이 일어나는" 것이라면, 변혁의 기회는 찾아올 것입니다.

어느 경우든, 현실에서 변혁을 실현할 수 있는 것은 사람들의 주체적인 노력뿐입니다. 마르크스는 이 변혁의 담당자를 노동자계급에서 발견했습니다. 본 장, 그리고 제3부 전체를 마무리하는 것은 바로 계급에 관한 고찰이 될 것입니다.

제5절 계급들

3대 계급

"임금, 이윤, 지대를 각각의 수입 원천으로 하는 단순한 노동력의 소유자, 자본의 소유자, 토지소유자, 즉 임금노동자, 자본가, 토지소유자는 자본주의적 생산양식을 기초로 하는 근대 사회의 3대 **계급**을 이루고 있다."(①901, E892, 김1120)

계급이란 무엇인가

"먼저 대답해야 할 것은 무엇이 계급을 형성하는가?라는 질문이다. 그리고 그 대답은 무엇이 임금노동자, 자본가, 토지소유자를 세 가지 거대한 사회계급의 형성자로 만드는가?라는 다른 질문에 대답함으로써 저절로 분명해지는 것이다.

언뜻 보기에 이는 **수입과 수입 원천이 동일하다**는 점이다. 세 개의 거대한 사회적 집단이 있고, 그 개개의 구성 요소, 바로 그 집단을 구성하는 개개인은 각각 임금, 이윤, 지대에 의해, 즉 그들의 노동력,

그들의 자본, 그들의 토지소유권의 운용에 의해 생활하고 있는 것이다.

그렇다고는 해도, 이 입장에서 보면 예를 들어 의사나 관료도 두 개의 계급을 형성하게 될 것이다. 왜냐하면 그들은 두 가지 다른 사회적 집단에 속해 있고, 두 집단의 각각의 구성원에게 있어서의 그들 집단의 수입은 동일한 원천에서 흘러나오기 때문이다. 마찬가지로, 사회적 분업에 의해 노동자도 자본가도 토지소유자도 (예를 들어 토지소유자는 포도밭 소유자나 광산 소유자나 어장 소유자나 경작지 소유자로) 분할되어 가는 온갖 이해관계와 지위의 무한한 세분화에 대해서도 말할 수 있을 것이다."(①902, E893, 김1121)

일반적으로 마르크스의 계급 개념은 생산수단의 소유관계에 의해 구분되는 사회 집단으로서 정의된다고 여겨져 왔습니다. 예를 들어, 20년 정도 전에 간행된 『신마르크스학 사전』에서는 "생산수단의 유무 내지 보유하는 생산수단의 종류에 의해 상호 구별되는 사회적 및 정치적 집단"114)이라고 계급을 정의하고 있습니다. 그러나 적어도 본 절의 서술에 따른다면 이러한 이해는 올바르지 않습니다.

본 절은 위 인용문까지만 서술이 중단되어 미완성으로 끝났습니다. 그러나 이 인용 부분에서 자본가계급은 자본, 노동자계급은 노동력, 토지소유자는 토지와 같이, 여러 계급은 일단 수입 원천에 의해 구별되지만, 여기서 말하는 수입 원천은 의사나 관료와 같은 개개의 직업이나 산업을 의미하는 것은 아니라는 점을 서술하고 있습니다. 만약 마르크

---

114) 역주: 마토바 아키히로的場昭弘 외 엮음, 『맑스사전』, 오석철·이신철 옮김, 도서출판 b, 2011, p.21.

스가 이어서 썼다면, 이다음은 어떻게 되었을까요?

대답은 분명합니다. 자본, 노동력, 토지가 수입 원천이 되는 것은 산업이나 직업 등의 소재적 규정에 의해서가 아니라, 그 경제적 형태규정에 의해서라는 점이 서술되었을 것입니다. 그리고 자명하지만, 이 경제적 형태규정이 결국은 생산관계의 산물이라는 점도 서술되었을지 모릅니다.

그렇다고 해도, 여기서 생산관계를 궁극적으로 결정하는 것은 소유관계가 아닌가, 하는 의문을 갖는 분도 있을 것입니다. 확실히 이 이해는 이전에는 통설로 여겨졌지만, 현재에는 '소유 기초론'으로서 비판받고 있습니다. 특히 『자본론』 제1부의 제1장이나 제2장을 보면 분명하듯이, 생산관계는 결코 소유관계로 환원할 수 없으며, 오히려 소유관계는 생산관계의 하나의 결과에 불과합니다. 예를 들어, 마르크스는 생산수단의 사적 소유가 상품이라는 생산물의 형태를 낳는 것이 아니라, 오히려 사적 노동이 상품형태를 낳고, 이 상품형태 하에서 상품생산에 특유한 근대적 사적 소유가 성립한다는 논의를 전개하고 있습니다(마 144). 마찬가지로, 자본가에 의한 생산수단의 사적 소유에 대해서도, 그것이 임금노동의 전제가 되기는 하지만, 어디까지나 임금노동이라는 특수한 노동형태에 의해 재생산되는 것이 강조됩니다(마451 및 앞절 참조). 이와 같이, 사적 소유를 주어진 전제로 삼지 않고, 그것을 노동형태에 의해 동태적으로 재해석하는 마르크스의 방법론은 마르크스의 경제학비판의 문제구성의 핵심 중 하나를 이룬다고 해도 과언이 아닙니다. 반대로, 소유를 주어진 전제로 삼는 '소유 기초론'은 '삼위일체적 정식'과 마찬가지로, 생산관계들의 결과를 그 전제로 보는 전도된 인식에 빠져 있는 것입니다.

요컨대, 마르크스의 계급 개념은 소유가 아니라, 경제적 형태규정, 더 나아가 그것을 만들어 내는 생산관계에 의해 정의되어야 한다는 것입니다. 이러한 순이론적인 논의는 단순한 훈고학처럼 보일지도 모르겠지만, 그렇지 않습니다. 왜냐하면 이로써 계급투쟁의 이미지가 결정적으로 바뀌기 때문입니다.

『자본론』 제3부의 끝은 계급투쟁론이 될 예정이었다

"마지막으로, 그 세 가지[임금, 지대, 이윤(이자)]는 각각 토지소유자, 자본가, 임금노동자라는 세 계급의 수입 원천이므로—결론으로서, 그 속에서 모든 오물Scheiße들의 운동과 해체가 해소되는 **계급투쟁**."
(「엥겔스에게 보내는 편지 1868년 4월 30일」, 『마르크스·엥겔스 전집』 ㉜64)[115]

마르크스는 엥겔스에게 제3부의 개요를 소개한 편지 속에서, 제3부의 끝이 **계급투쟁론**이 될 것을 예고했습니다. 그러나 앞서 서술했듯이, 계급론 그 자체가 도중에 중단되었고, 계급투쟁에 대해서도 쓰여지지 않았습니다. 만약 마르크스가 계급투쟁론을 썼다면, 어떤 것이 되었을까요?

이것을 생각하는 데 하나의 실마리가 되는 것이, 앞서 본 것과 같은 생산관계를 기축으로 한 계급의 이해입니다. 기존의 소유 기초론에서는, 계급은 오로지 생산수단의 소유 유무나 종류에 의해 정태적으로 정의되

115) 역주: 카를 마르크스, 「마르크스가 맨체스터에 있는 엥겔스에게」(1868.4.30), 『자본론에 관한 서한집』, 김호균 옮김, 중원문화, 1990, p.179.

므로, 계급투쟁은 고정된 경제적 구분을 가진 집단이 각각의 경제적 이해관계를 둘러싸고 부딪치는 이미지로 파악되어 왔습니다. 그런데 계급을 생산관계에 의해 파악함으로써 이 이미지는 일변합니다. 예를 들어, 마르크스는 『프랑스 내전』의 제1 초고에서 다음과 같이 서술합니다.

"국가기구와 의회제도가 지배계급의 진정한 생활이 아니라, 그들의 조직된 일반적 기관에 불과하고, 낡은 질서의 정치적 보장, 형태 및 표현에 불과한 것과 마찬가지로, 코뮌도 노동자계급의 사회적 운동, 따라서 또한 인류의 전반적 재생의 사회적 운동이 아니라, 그 조직된 행동수단이다. 코뮌이 계급투쟁을 폐지하는 것이 아니라, 노동자계급이 계급투쟁을 통해 모든 계급, 그러므로 모든 계급의 지배를 폐지하기 위해 싸우는 것이다."(『마르크스·엥겔스 전집』⑰517)

"노동자계급은 그들이 계급투쟁의 다양한 국면을 통과해야만 한다는 것을 알고 있다. 노동의 노예제도의 경제적 여러 조건을, 자유로운 어소시에이트한 노동free and associated labour[116]의 여러 조건과 바꿔 놓는 것은 시간을 요하는 점진적인 작업일 수밖에 없는 것, …… 이를 위해서는 분배의 변경뿐만 아니라, 생산의 새로운 조직이 필요하다는 것, 혹은 오히려 현재의 조직된 노동에 기초한 생산의 사회적 형태들(현재의 산업에 의해 생겨난)을 노예제도의 족쇄에서, 그 현재의 계급적 성격에서 구출하여(해방하여), 전국적 및 국제적으로 조화로운 방식으로 조정할 필요가 있다는 것을 그들은 알고 있다."

116) 역주: "associated labour"를 현행 국역본들에서는 "연합한 노동"으로 번역하지만, 이 책에서는 "어소시에이트한 노동"이라고 음역했다.

(『마르크스·엥겔스 전집』 ⑰517f)[117]

여기서 마르크스가 서술하고 있는 계급투쟁이란 단순한 "분배의 변경"을 요구하는 임금 인상 투쟁도, 정치권력을 탈취하기 위한 봉기도 아닙니다. 오히려 코뮌이라는 새로운 직접 민주주의적인 정치시스템의 백업 하에, 시장이나 자본에 의존하지 않는 "생산의 새로운 조직"을 형성하고, "자유로운 어소시에이트한 노동"의 여러 조건을 창출해 가는 것에 다름 아닙니다. 즉 계급투쟁은 생산관계의 존재 방식 그 자체를 변혁하고, 생산양식을 재조직하기 위한 투쟁인 것입니다.

이와 같이 계급 개념을 쇄신하고 계급투쟁의 이미지를 전환함으로써 계급투쟁을 이론적으로 업데이트할 수 있을 것입니다. 기존의 계급론에서는 문제되는 것이 생산수단의 소유였고, 계급투쟁의 이미지도 사회적 생산을 둘러싼 투쟁, 특히 그 생산물의 분배를 둘러싼 투쟁에 한정되기 쉬웠습니다. 그러나 이 새로운 계급 개념 하에서는 계급투쟁은 더욱 광범위한 것으로서 나타나는 것입니다. 이 점에 대해 생각하기 위해, 마지막으로 본 장 제1절에 등장하는 유명한 서술을 살펴봅시다.

필연성의 나라 저편에서 진정한 자유의 나라가 시작된다

"**잉여노동** 일반은 주어진 욕망의 정도를 넘는 노동으로서는 언제나 존재해야만 한다. 자본주의 시스템 하에서나 노예 시스템 등에서 잉여노동은 단지 적대적인 형태만을 띨 따름이며, 사회의 일부분의

117) 역주: 카를 마르크스, 「『프랑스에서의 내전』 첫 번째 초고」, 『칼 맑스 프리드리히 엥겔스 저작선집』 4, 최인호 외 옮김, 박종철출판사, 1995, pp.20-23.

완전한 무위도식Müssiggang에 의해 보완된다. 일정량의 잉여노동은 뜻밖의 재해에 대한 보험을 위해 필요하며, 인구의 증가와 욕망 그 자체의 발달에 상응하는 재생산과정의 필연적인 누진적 확장을 위해 필요한데, 이 확장은 자본주의적 입장에서는 **축적**이라고 불리는 것이다. 자본의 문명화적civilisatorischen 측면 중 하나는, 자본이 이 잉여노동을 생산력이나 사회적 관계의 발전에 대해, 또 더 고도한 새로운 형성을 위한 요소들의 창조에 대해, 이전의 노예제나 농노제 등의 형태에서의 경우보다 유리한 방식과 조건 하에서 강제한다는 점이다. 생산력의 발전은 한편으로는 강제Zwang가, 그리고 다른 한편으로는 사회적 발전 (그 물질적 및 지적 이점들과 더불어)을 사회의 다른 부분을 희생시켜 가며 사회의 일부분이 독점하는 현상이 소멸하는, 그러한 단계를 앞당긴다. 다른 한편으로, 생산력의 발전은 더 높은 사회형태에서는 이 **잉여노동**을 물질적 노동에 바쳐지는 시간 전반의 더 큰 단축과 결부시키는 것을 가능하게 해 주는 관계들을 위한 물질적 수단과 맹아를 창출한다. …… 실제로 자유의 나라Reich der Freiheit는 궁핍이나 외적인 합목적성에 쫓겨서 노동하는 것이 없어지는 곳에서 비로소 시작된다. 즉 그것은 사물의 본성상, 본래의 물질적 생산의 영역 저편에 있는 것이다. 미개인Wilde은 자신의 욕망을 채우기 위해, 자신의 삶을 유지하고 재생산하기 위해 자연과 격투해야만 하지만, 마찬가지로 문명인도 그렇게 해야만 하는 것이며, 게다가 어떤 사회형태에서도, 생각할 수 있는 한의 어떤 생산양식 하에서도 그렇게 해야만 하는 것이다. 그의 발달과 함께 이 자연필연성의 나라Reich der Naturnothwendigkeit는 확대된다. 왜냐하면 그의 욕망이 확대되고, 동시에 이 욕망을 채우는 생산력도 확대되기 때문이다.

자유는 이 영역 속에서는 단지 다음의 점에만 있을 수 있다. 즉 사회화된 인간, 어소시에이트한 생산자들associirten Producenten[118)]이 이러한 자신들과 자연 사이의 물질대사를 합리적으로 규제하고, 맹목적인 힘으로서의 물질대사에 의해 제어되는 것을 그만두고, 그것을 자신들의 공동체적 제어gemeinschaftliche Controlle 하에 두는 것, 힘의 최소의 소비에 의해, 자신들의 인간성에 가장 걸맞고 가장 적합한 조건들 하에서 이 물질대사를 행하는 것이다. 그러나 이것은 역시 아직 필연성의 나라Reich der Nothwendigkeit이다. 이 나라 저편에서, 자기 목적으로서 인정되는 인간의 힘의 발전menschliche Kraftentwicklung이, 진정한 자유의 나라가 시작되는 것이지만, 그러나 그것은 단지 저 필연성의 나라를 그 토대로 삼고 그 위에서만 개화할 수 있다. 노동일의 단축이 토대이다."(①837f, E827f, 김1039ff)

마르크스는 이 유명한 한 구절에서, "어소시에이트한 생산자들이 …… 물질대사를 합리적으로 규제하고, …… 자신들의 공동적 제어 하에 두는 것, 힘의 최소의 소비에 의해, 자신들의 인간성에 가장 걸맞고 가장 적합한 여러 조건 하에서 이 물질대사를 행하는 것"에 의해서야말로 공산주의 사회를 실현할 수 있다는 것을 시사하고 있습니다.

앞의 항목에서 본 것처럼, 생산양식을 재편성하기 위한 싸움이 계급투쟁이라면, 이러한 인간적이고 지속가능한 물질대사를 실현하기 위한 노력은 바로 계급투쟁 그 자체에 다름 아닐 것입니다. 현재 인류가 직면하고 있는 기후위기에 대처하려면 이미 서술한 것과 같은 생산시

118) 역주: "associirten Producenten"을 현행 국역본들에서는 "연합한 생산자들"로 번역하지만, 이 책에서는 "어소시에이트한 생산자들"이라고 음역했다.

스템의 근본적 변화가 필요하지만, 이를 실현해 나가기 위한 시도가 바로 계급투쟁인 것입니다. 지금까지 계급투쟁과 생태학적 투쟁을 분리하려는 시도가 양쪽에서 이루어져 왔지만, 실제로는 생태학 없는 계급투쟁도, 계급투쟁 없는 생태학도 있을 수 없습니다.

마찬가지의 점은 젠더나 섹슈얼리티의 영역에 대해서도 말할 수 있을 것입니다. 우리가 재건해야 하는 것은 이른바 '사회적' 생산에서의 물질대사뿐만이 아닙니다. 애초에 생산을 '사회적'인 것과 '사적인' 생활영역으로 분할한 것은 자본주의적 생산관계 그 자체, 즉 물상화에 의한 사회적 생산영역의 특권화에 다름 아닙니다. 우리는 물상화의 극복을 통해 생활영역에서 노동의 경시를 극복해야 하며, 또한 그 생활영역에서 물질대사의 합리적이고 인간적인 제어에도 힘써야만 합니다.

마르크스는 이러한 생산 및 생활의 전 영역에 걸친, 즉 "필연성의 나라"에서의 자유의 실현을 통해, 그것을 넘어선 "자유의 나라"에서 "진정한 자유"를 실현할 수 있다고 생각했던 것입니다. 즉 살아가기 위해 필요한 활동에서의 자유와는 구별되는, 활동 그 자체를 자기목적으로 하는 영역에서의 자유입니다. 이렇게 하여 마르크스는 젊은 시절부터 품어 왔던 공산주의 사회의 구상—"공산주의 사회kommunistischen Gesellschaft, 즉 개인의 독창적이고 자유로운 발전originelle und freie Entwicklung der Individuen이 결코 공문구Phrase가 아닌 유일한 사회"(『독일이데올로기』119))—을, 오랜 세월에 걸친 경제학비판에 기초하여 더욱 풍요롭게 전개했던 것입니다. 이 구상은 만년의 마르크스의 연구에 의해 더욱 급진적인 비전으로 발전하게 됩니다.

---

119) 역주: 카를 마르크스·프리드리히 엥겔스, 『독일이데올로기』, 이병창 옮김, 먼빛으로, 2019, p.881.

『자본론』 제2부 「자본의 유통과정」 요약

여기서는 본서를 읽는 데 필요한 한에서, 제2부의 내용을 소개해 두겠습니다.

제2부의 테마는 '자본의 유통과정'입니다. 이미 제1부 제3장에서 상품유통 일반에 대한 고찰은 이루어졌지만(마176), 제2부에서는 제1부에서의 자본주의적 생산에 대한 고찰을 바탕으로, 자본의 운동의 일부를 이루는—그리고 그것과 관련되는—유통과정(상품의 매매)을 해명하는 것이 과제가 됩니다. 제2부는 '자본의 변태와 그 순환', '자본의 회전', '유통과정과 재생산과정의 실체적 조건들'이라는 세 개의 장으로 구성되어 있습니다. 순서대로 살펴봅시다.

제1장 자본의 변태와 그 순환

제1장의 테마는 자본순환입니다. 상품을 W, 화폐를 G로 나타내면, 팔기 위해 사는 자본의 운동은 "G—W—G′"라는 "자본의 일반적 정식"으로 나타낼 수 있습니다(마217). 그러나 이 정식은 왜 G가 (G+ΔG)가 될 수 있는지를 보여 주는 것이 아닙니다. 이를 가능하게 하는 것은 자

그림 8.1

$$G - W \begin{cases} Pm \\ A \end{cases} \cdots\cdots P \cdots\cdots W' - G'$$

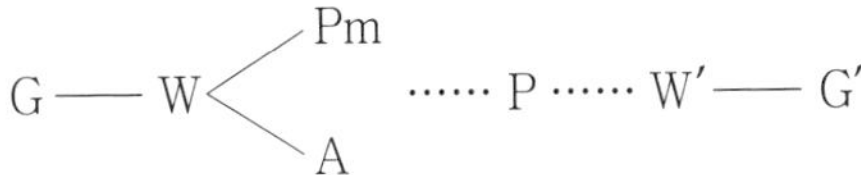

본가가 노동력과 생산수단을 구매함으로써 이루어지는 가치증식 과정입니다(마5장). 그러므로 노동력을 A, 생산수단을 Pm, 양자를 합친 '생산자본'을 P라고 하면, 자본의 운동은 그림 8.1과 같이 나타낼 수 있습니다. 여기서는 '—'라는 기호는 시장에서의 거래를 나타내고, '…'는 생산과정에 들어가 있음을 보여 주고 있습니다. G'는 (G+ΔG)이고, W'는 이 자본에 의해 생산된 상품을 나타내고 있습니다.

이 그림에서 알 수 있듯이, 자본의 운동은 그 자태를 다양하게 바꾸면서도(변태하면서도), 하나의 순환을 그리고 있습니다. 자본가가 화폐를 지출하고, 노동력과 생산수단을 구매하고, 상품생산을 하고, 그런 다음 완성된 상품을 판매하여, 처음에 지출한 화폐액에 잉여가치의 몫을 더한 화폐를 되찾습니다. 그리고 자본가는 되돌아온 화폐로 다시 새로운 순환을 시작하는 식입니다. 그림을 간략화하고 A와 Pm을 사용하지 않고 서술하면, G—W…P…W'—G'가 됩니다.

자본은 자기증식하는 가치이므로, 화폐나 상품, 혹은 생산요소인 노동력과 생산수단을 맥락에서 분리하여 단독으로 보면 그것들은 자본이 아닙니다. 그러나 그것들이 앞서 본 것과 같은 자본의 순환 운동의 일부를 구성하고 있다면, 그것들은 자본이라고 생각할 수 있습니다. 그러므로 마르크스는 자본순환 속에 있는 화폐를 **화폐자본**, 상품을 **상품자본**, 노동력과 생산수단을 **생산자본**이라고 불렀습니다. 이 용어들은 제3부에서도 자주 등장하므로 잊지 마시기 바랍니다.

자, 이렇게 생각하면, G－W…P…W′－G′라는 순환은 화폐자본에서 시작하여 화폐자본에서 끝나는 순환임을 알 수 있습니다. 그러므로 이 순환형태를 **화폐자본순환**이라고 합니다. 화폐자본순환은 자본주의적 생산의 목적(가치증식)을 단적으로 보여 주는 순환형태이며, 자본주의 시스템에 대해 생각할 때 가장 중요한 순환형태가 됩니다. 왜냐하면 애초에 자본의 운동은 가치증식이라는 목적의 실현이 예상되는 한에서만 시작되는 것이며, 자본의 운동은 모두 이 목적의 실현을 향해 움직여 가기 때문입니다.

그렇다고는 해도, 자본의 운동은 순환운동을 이루고 있으므로, 반드시 화폐자본에서 출발하여 순환을 생각할 필요는 없습니다. 예를 들어, 생산자본에서 순환을 시작시키면, P…W′－G′－W…P라는 순환형태가 되며, 이를 **생산자본순환**이라고 부릅니다. 이와 같이 자본순환의 시작과 끝을 바꾸는 것에 무슨 의미가 있는가, 하고 의아해하는 분도 있을지 모릅니다. 그러나 이 생산자본순환이라는 순환형태에 주목함으로써, 화폐자본순환만을 보고 있었을 때는 알 수 없는 점이 보이게 됩니다. 왜냐하면 이 순환형태는 가치증식에 필수적인 생산과정이 순조롭게 진행되려면, 그때마다 W′－G′－W라는 상품 유통에 매개되어야만 한다는 것을 명시하고 있기 때문입니다. 스스로가 생산한 상품을 판매하고, 그것에 의해 다음 생산을 위한 생산수단과 노동력을 구매할 수 없다면, 생산을 계속할 수 없습니다. 그리고 생산을 계속할 수 없다면 가치증식을 할 수 없고, 자본의 순환운동은 정지해 버립니다. 그러므로 생산자본순환은 자본에 의한 생산의 계속이나 확대(생산에 의한 생산)를 실현하기 위한 유통의 여러 조건에 대해 생각하는 데 적합한 순환형태라고 말할 수 있습니다.

더 나아가, 세 번째 순환형태로서 W′−G′−W…P…W′라는 **상품자본순환**을 생각할 수 있습니다(W에서 시작하는 순환에 대해서도 생각할 수 있을 것 같지만, 이 W는 이 자본이 판매하는 것이 아니라 생산자본이 되므로 독자적인 순환형태가 되지는 않습니다). 이 순환형태의 독자성은 출발점인 상품자본이 이 자본에 의해 생산된 상품이며, 따라서 잉여가치를 포함하고 있다는 점에 있습니다. 화폐자본순환의 경우에는 투하되는 화폐자본에서 출발하고, 생산자본순환의 경우도 출발점이 되는 생산자본은 가치액으로 보면 투하되는 화폐자본과 같습니다. 이에 반해 상품자본순환의 경우에는 출발점인 상품자본은 가치증식 과정의 결과이며, 그 상품 가치는 자본가나 임금노동자에 의해 개인적으로 소비되는 가치 부분을 포함하고 있으므로, 그들에 의한 개인적인 소비에도 초점이 맞추어지게 됩니다(화폐자본이나 생산자본도 노동력가치의 부분은 포함하고 있지만, 그 부분은 어디까지나 노동력의 구매에 필요하게 되는 가치 부분을 나타내고 있을 뿐, 직접적으로는 노동자가 소비하는 상품의 가치 부분을 나타내고 있는 것은 아닙니다). 그러므로 상품자본순환은 생산활동과 소비활동의 얽힘, 자본의 유통과정과 여러 개인의 수입 지출과의 얽힘을 통해 어떻게 '상품에 의한 상품의 생산'이 실현되는지를 고찰하는 데 적합한 순환형태라고 말할 수 있습니다.

또한, 제1장에서는 자본순환 중 유통에 소요되는 시간과 비용도 문제가 됩니다. 왜냐하면 유통과정에서는 가치증식이 이루어지지 않으므로, 자본은 이 시간과 비용을 가능한 한 삭감하려는 성질이 있기 때문입니다. 특히 유통비에 관해서는 주의가 필요합니다. 유통에 관련된 비용에는 상품의 운송이나 보관 등 상품의 사용가치의 유지 및 형성에 도움이 되는 노동에서 발생하는 비용과, 계산과 부기 등 순수한 상품

거래를 위한 노동에서 발생하는 비용이 있습니다. 전자는 생산과정의 연장으로 생각되므로 상품 가치를 형성하지만, 후자는 '순수한 유통비'라고 불리며 가치를 형성하지 않고, 상품 가치의 일부로 보전해야 하는 비용입니다. 이 '순수한 유통비'는 제3부 제4장의 상업자본 고찰에서 '상업비용'이라는 형태로 등장합니다.

제2장 자본의 회전

자본의 회전이란 글자 그대로 빙글빙글 돌고 반복되는 자본순환을 의미합니다. 자본순환에서는 자본 변태의 형태나 그것에 주목하는 것의 의의가 문제가 되었지만, 자본의 회전에서는 그 시간이나 속도가 주요 문제가 됩니다. 즉 투하한 자본이 어느 정도의 시간으로 한 바퀴 회전하는가(**회전시간**), 또한 일정 기간에 몇 번 회전하는가(**회전수**)와 같은 것이 문제가 되는 것입니다.

먼저 회전시간이지만, 화폐로 투하된 자본가치 전체가 다시 화폐로 되돌아오는 데까지의 시간으로 정의할 수 있습니다. 또한 회전수는 통상 1년간의 회전수가 되므로, 회전수=1년/회전시간이 됩니다. 예를 들어, 회전 시간이 3개월인 자본의 경우, 회전수는 4회가 됩니다.

자본의 회전과 관련하여, 새로운 자본의 구별 방식이 등장합니다. 유동자본과 고정자본입니다. 이 구별은 투하한 화폐자본이 다시 화폐자본으로서 되돌아오는 그 방식과 관련되어 있습니다. 예를 들어, 원료나 노동력의 구매에 사용된 자금은 각각의 화폐자본순환(G−W…P…W′−G′)이 이루어질 때마다 그 전액이 되돌아옵니다. 왜냐하면 그것들의 구매에 사용된 가치는 그 자본순환 속에서 생산된 상품 가치 안에 모두 포함되어 있기 때문입니다. 이처럼 개개의 화폐자본순환이 이루어질 때마다 그 전액이 환류하는 자본 부분을 **유동자본**이라고 합니다. 노동대상과 노동력에 투하되는 자본 부분은 일반적으로 유동자본이 됩니다. 화폐자본순환이 1년에 2회 이루어진다면, 유동자본의 회전수는 2회가 됩니다.

다른 한편, 기계나 건물 등의 구매에 사용된 자금은 화폐자본순환이 이루어질 때마다 그 전액이 되돌아오는 것은 아닙니다. 왜냐하면 기계나 건물 등은 한 번의 자본순환에서 소비되어 버리는 것이 아니라, 장기적으로 사용하는 것이 가능하기 때문입니다. 그러므로 그것들의 구매에 투하된 자본은 한 번의 자본순환에서 생산된 상품의 판매에 의해 회수할 필요는 없고, 그 기계나 건물의 내용연수耐用年數에 맞춰서 장기적으로 회수하면 됩니다. 예를 들어, 10억 원에 구입한 기계의 내용연수가 10년이며, 화폐자본순환이 1년에 2회 이루어진다고 하면(즉 유동자본의 회전수가 2회라고 하면), 한 번의 화폐자본순환이 이루어질 때마다 5천만 원씩 환류하게 됩니다. 이와 같이 개개의 화폐자본순환에서는 부분적으로만 화폐자본으로서 환류하고, 긴 기간을 거쳐야 비로소 그 전액이 환류해 오는 자본 부분을 **고정자본**이라고 합니다. 예외적인 경우를 제외하고—내용耐用 기간이 생산시간보다 짧은 도구나 생산시간이 기계나 도구의 내용연수를 상회하는 산업을 제외하고—노동수단에 투하되는 자본 부분은 고정자본이 됩니다. 내용연수가 10년인 기계의 경우에는 회전시간도 10년이 되므로, 이 고정자본의 회전수는 0.1이 됩니다.

덧붙여, 이상의 유동자본과 고정자본의 구별도 제3부에서 자주 등장합니다.

제3장 유통과정과 재생산과정의 실체적 조건

제3장에서는 개별적인 자본의 유통과정에 머무르지 않고, 사회 전체의 자본의 유통과정에 대해 고찰하는 것이 과제가 됩니다. 사회 전체의 자본은 개별적인 자본의 총계와 다름없으므로, 사회 전체의 자본의 유통과정을 고찰할 경우에는, 개별적인 자본이 유통과정에서 어떻게 얽히는지—즉 어떻게 서로 상품을 매매하는지—가 문제가 됩니다. 또한 자본들 사이의 얽힘뿐만 아니라, 수입을 지출하여 자본이 생산한 상품을 구매하는 개인들의 소비활동과의 얽힘에 대해서도 고찰하는 것이 필요합니다.

제1장에서 본 것처럼, 생산활동과 소비활동의 얽힘, 자본의 유통과정과 개인들의 수입 지출과의 얽힘에 대해 고찰하는 데 적합한 순환형태는 상품자본순환(W′−G′−W…P…W′)이므로, 본 장에서는 상품자본순환에 의존하면서 이상과 같은 얽힘에 대해 고찰하게 됩니다.

덧붙여, 제3부 주요 초고의 집필을 일시 중단하고 쓴 제2부 초고에서는 이 제3장에 해당하는 부분의 서술은 매우 거칠고, 개념이 명확화되지 않았거나 중요한 문제가 해결되지 않은 부분이 있습니다. 이 완성도의 낮음을 반영하여, 제3부 주요 초고의 후반부에서도 제2부 제3장과 관련된 논점을 충분히 살리지 못하고 있습니다. 그러므로 여기서는 그 내용에 대해 아주 간단하게 소개하는 데 그치겠습니다. 처음 보는 분들에게는 어려울 수도 있지만, 일단은 대략적인 이미지만 파악하면 충분합니다.

먼저, 단순화를 위해 매년 동일한 규모로 생산과 소비가 이루어지는, 즉 '단순재생산'이 이루어지고 있는 자본주의 사회를 상정합니다. 그리고 이 사회에서 자본주의적 생산을 하는 생산부문을 두 개로 나누어 생각하겠습니다. 제1부문을 생산수단을 생산하는 부문, 제2부문을 소비수단 — 자본가나 임금노동자에 의해 개인적으로 소비되는 상품 — 을 생산하는 부문으로 합니다. 사회 속에는 수천 종류의 산업이 있지만, 왜 단 두 개의 부문으로 분할하는가 하면, 두 부문에서 생산되는 상품이 경제적으로 수행하는 역할이 완전히 다르기 때문입니다. 제1부문의 생산물은 생산수단이므로 생산활동에서 소비되고, 그 가치는 상품으로 이전됩니다. 또한 그 구매 시에는 불변자본이 투하됩니다. 이에 반해 제2부문의 생산물은 소비수단이므로 각자의 생활에서 소비되고, 그 가치가 상품으로 이전되는 일은 없습니다. 또한 그 구매 시에는 임금노동자의 수입인 임금, 혹은 자본가의 수입인 잉여가치 — 여기서는 자본축적을 하지 않고 단순재생산이 이루어지고 있다고 가정했으므로 — 가 지출되게 됩니다.

자, 이러한 구별에 기초하면, 사회 전체의 자본의 유통과정은 다음 두 줄의 식으로 나타낼 수 있습니다. 이것이 **재생산표식**이라고 불리는 것입니다.

Ⅰ 4,000c + 1,000v + 1,000m = 6,000
Ⅱ 2,000c + 500v + 500m = 3,000

이 표식에서의 c는 불변자본, v는 가변자본, m은 잉여가치를 나타내고, 각각의 기호 앞에 쓰여 있는 숫자는 그 기호가 의미하는 내용의 가치량을 나타냅니다. 예를 들어 '4,000c'는 불변자본의 가치량이 4,000임을 의미합니다.

이 표식이 직접적으로 나타내는 것은, 제1부문과 제2부문의 각각에서 상품자본순환(W′−G′−W…P…W′)의 출발 및 복귀점이 되는 상품자본(W′)의 가치 구성입니다. 제1부문에 대해서는, 상품자본의 총가치가 6,000, 그중 이 상품 전체의 생산을 위해 사용된 생산수단의 가치(c)가 4,000, 노동에 의해 부가된 가치가 2,000, 더 나아가 이 부가가치 중 생산에 필요로 된 노동력가치를 보전하는 부분(v)이 1,000, 잉여가치(m)가 1,000임을 보여 주고 있습니다. 제2부문에 대해서는, 상품자본의 총가치가 3,000, 그중 이 상품 전체의 생산을 위해 사용된 불변자본가치가 2,000, 노동에 의해 부가된 가치가 1,000, 더 나아가 이 부가가치 중 생산에 필요로 된 노동력가치를 보전하는 부분이 500, 잉여가치가 500임을 보여 주고 있습니다.

더 나아가, 재생산표식은 이상과 같이 상품자본순환의 출발점이자 복귀점인 상품자본의 가치구성을 보여 줌으로써 — 가치구성을 보면 그 상품이 어떻게 생산되었는지를 알 수 있으므로—동시에 두 부문의 상품자본순환이 서로 어떻게 얽혀 있는지도 보여 주고 있습니다. 그 프로세스에 대해 구체적으로 살펴봅시다. 단순화를 위해 두 부문의 상품자본순환은 모두 1년 안에 이루어진다고 해 두겠습니다.

먼저, 자본가 전원이 상품자본(W′)만 가지고 있는 상태라면, 누구에 의해서도 구매가 이루어지지 않고, 상품자본순환(W′−G′−W…P…W′)의 진행이 불가능해져 버리니, 적어도 자본가 중 누군가는 최초 시점에서 자본으로서 투하하지 않고 남겨두었던 화폐를 보유하고 있는 것이 필요합니다. 여기서는 제2부문의 자본가가 연초에 2,500의 화폐를 보유하고 있는 것 외에, 각각의 부문 내에서의 자본가들끼리의 매매에 필요하게 될 화폐를 두 부문의 자본가가 보유하고 있다고 가정하겠습니다.

자, 매년 동일한 규모로 상품 생산이 이루어지므로, 제1부문의 생산물인 생산수단 6,000 중, 4,000의 생산수단은 제1부문의 자본가들 사이에서 매매되어 제1부문의 생산활동에 사용됩니다. 나머지 2,000의 생산수단은 2,500의 화폐를 보유하고 있는 제2부문의 자본가에게 판매되어 제2부문의 생산활동에 사용됩니다. 또한 이 판매에 의해 제1부문의 자본가는 2,000의 화폐를 입수했으므로, 그중 1,000을 사용하여 노동력을 구매합니다. 노동력을 판매하여 1,000의 화폐를 입수한 임금노동자들은 이것을 소비수단의 구입에 사용합니다. 남은 잉여가치분인 1,000은 자본가가 자신들의 소비수단 구입에 사용합니다.

이상의 거래를 통해, 제1부문의 자본가는 전기前期에 생산한 상품을 모두 판매하고, 잉여가치를 입수하는 동시에, 금기今期의 생산에 필요한 생산수단 4,000과 노동력 1,000을 입수할 수 있었으며, 전기와 같은 상품을 생산할 수 있습니다.

제2부문의 생산물인 소비수단 3,000 중, 2,000의 소비수단은 제1부문의 자본가 및 임금노동자에게 각각 1,000씩 판매됩니다. 이로써, 앞서 생산수단의 구매를 위해 지출한 2,000의 화폐가 제2 부문의 자본가의 손에 되돌아옵니다. 또한 500의 소비수단은 제2부문의 자본가들 사이에서 매매되어, 자본가들은 잉여가치를 화폐화하고, 그것에 의해 개인적 소비를 위한 소비수단을 입수합니다. 더 나아가, 제2부문의 자본가는 연초에 보유해 두었던 화폐 2,500 중 나머지 500으로 노동력을 구매합니다. 500의 화폐를 입수한 임금노동자들은 이것에 의해 500의 소비수단을 구매합니다. 이로써, 노동력의 구매를 위해 지출한 500의 화폐가 제2부문의 자본가의 손에 되돌아옵니다.

이렇게 하여, 제2 부문의 자본가도 전기前期에 생산한 상품을 모두 판매하여 잉여가치를 실현함과 동시에, 금기今期의 생산에 필요한 생산수단 2,000과 노동력 500을 입수할 수 있었으며, 전기와 같은 상품을 생산할 수 있습니다. 게다가 상품의 매매를 매개하기 위해 필요했던, 연초에 보유하고 있었던 화폐 2,500도 모두 손에 되돌아와 있습니다.

이상의 재생산표식의 고찰에서 알 수 있는 것은 다음 두 가지 점입니다. 먼저, 제1부문과 제2부문은 서로 생산수단과 소비수단을 매매하고 있으며, 이 거래가 과부족 없이 성립하는 것은 매매하는 상품의 가치가 서로 2,000으로 일치하고 있기 때문이라는 것입니다. 즉 일반적으로 단순재생산이 성립하려면 제1부문의 v와 m을 합친 가치와 제2부문의 c의 가치가 일치할 필요가 있습니다.

또 한 가지는, 두 부문에서 화폐를 자본으로서 전대—이런 표현을 쓰는 것은 이 화폐가 되돌아오기 때문입니다—할 뿐만 아니라, 화폐를 유통수단으로서 전대하는 것이 필요하게 된다는 것입니다. 앞의 예에서 말하자면, 제2부문의 자본가가 보유하고 있었던 2,500의 화폐는 개개의 자본가의 시점에서 보면 일시적인 자금 부족을 보충하기 위해 보유해 두었던 유휴자본에 불과하지만, 사회적으로 보면 유통수단으로서 누군가가 투하해야만 하는 화폐이며, 이 화폐의 투하는 **유통수단의 전대**라는 규정성을 부여받는 것입니다. 만약 유통수단으로서 전대되는 화폐량이 부족해지는 사태가 된다면, 비록 제1 부문의 v와 m의 가치와 제2부문의 c의 가치가 일치했더라도 단순재생산은 성립하지 않습니다. 이 **자본의 전대와 유통수단의 전대의 구별**은 제3부의 신용제도의 고찰에서 매우 중요한 의미를 갖게 되지만, 제3부 주요 초고를 썼던 시점에서는 그 구별을 이론적으로 명확히 하는 것이 가능하지 않았고, 단편적으로 언급하는 데 그치고 있습니다.

또한 제3부의 신용제도의 고찰과 관련된 중요한 논점으로서 고정자본의 문제가 있습니다. 어떤 자본이 고정자본의 상각을 하고 있는 한, 실현된 상품 가치의 일부는 고정자본의 갱신을 위해 비용으로서 비축되고, 상품의 구매에는 지출되지 않습니다. 그러므로 사회 전체에서 단순재생산이 막힘없이 성립하려면, 고정자본의 갱신을 위해 비축되는 화폐액과 지금까지 비축된 화폐에서 고정자본으로 투하되는 화폐액이 일치해야만 합니다. 마르크스는 이 두 가지의 불균형도 신용시스템에 큰 영향을 미치고, 공황을 가져오는 요인 중 하나가 된다고 생각했습니다.

제3부에서는 더욱이 확대재생산과 관련된 문제가 다루어지며, 만년의 초고에서는 그와 관련된 다양한 이론적 문제에 대한 고찰이 이루어지고 있지만, 본서에 필요한 범위를 크게 넘어서므로 여기서는 언급하지 않겠습니다. 단, 본서와도 관련되는 점을 하나만 지적해 두겠습니다. 자본축적 시에는 어느 정도의 자본 규모가 필요하므로, 실제로 자본축적을 하기 전에 한동안 화폐축장을 해야만 하지만, 이 화폐축장의 규모와 지금까지 축장된 화폐에서 자본축적을 위해 투하되는 화폐액의 규모가 일치하지 않으면, 확대재생산이 막힘없이 진행될 수는 없다는 문제가 새롭게 등장합니다. 이 점도 신용시스템에 큰 영향을 미치게 됩니다.

보론 — 플랜 문제에 대하여

'인물과 작품'에서 본 것처럼, 마르크스가 『자본론』의 구성을 확정하기까지는 다양한 플랜의 변천이 있었습니다. 이 변천의 의의를 어떻게 이해할 것인가 하는 문제를 '플랜 문제'라고 합니다. 일견 학자 취향의 지나치게 전문적인 논의인 것처럼 보이지만, 사실 이 '플랜 문제'는 특히 『자본론』 제3부의 내용 이해와 밀접한 관계가 있습니다. 왜냐하면 '플랜 문제'를 어떻게 이해하는가에 따라 『자본론』 제3부의 주제가 무엇인지에 대한 이해도 바뀌기 때문입니다. 아래는 제3부의 논의를 어느 정도 알고 있다는 것이 전제되어 있으므로, 초학자분들에게는 본편을 통독한 뒤에 읽는 것을 권합니다.

마르크스는 『자본론』의 전신에 해당하는 『경제학비판』(1859년 간행)의 서언에서 다음과 같이 서술하고 있습니다.

> "나는 부르주아 경제의 시스템을 이런 순서로, 즉 **자본·토지소유·임금노동**, 그리고 **국가·외국무역·세계시장**이라는 순서로 고찰한다."
> (『자본론 초고집』 ③203)[120]

여기서 알 수 있는 것은, 『경제학비판』의 고찰 대상이 "부르주아 경

120) 역주: 칼 마르크스, 『정치경제학 비판을 위하여』, 김호균 옮김, 중원문화, 1988, p.5.

제의 시스템"이며, 게다가 그것이 "자본·토지소유·임금노동"에 머무르지 않고, "국가·외국무역·세계시장"도 포함하고 있다는 점입니다. 이것은 분명히 『자본론』의 고찰 대상과는 다릅니다. 그렇다면 왜 『경제학비판』과 『자본론』에는 고찰 대상이나 편별 구성에 있어서 차이가 있는 것일까요? 『자본론』 연구에서는 이 문제가 '플랜 문제'로서 검토의 도마 위에 올려져 왔습니다. 아래에서 플랜을 시계열적으로 고찰함으로써 이 문제에 대해 생각해 봅시다.

마르크스는 『경제학비판요강』 속에서 최초의 플랜을 제시했습니다(1857년 8월경).

"(1) 일반적 추상적 규정allgemeinen abstrakten Bestimmungen. 그것들은 따라서, 어느 정도 모든 사회 형태들에 통하지만, 그것도 이상에서 설명한 의미에서.

(2) 부르주아 사회의 내적 편성innre Gliederung을 이루고, 또 기본적 계급들이 그 위에 존립하고 있는 범주들. 자본, 임금노동, 토지소유. 그것들 상호의 관련. 도시와 농촌. 3대 사회계급. 이 세 계급들 사이의 교환. 유통. 신용제도(사적).

(3) 부르주아 사회의 국가형태Form des Staats로의 총괄. 자기 자신에 대한 관련에서의 고찰. '불생산적' 계급들. 조세. 국채. 공적 신용. 인구. 식민지. 이민.

(4) 생산의 국제적 관계. 국제적 분업. 국제적 교환. 수출입. 환율.

(5) 세계시장과 공황."(『자본론 초고집』 ①62)[121]

121) 역주: 칼 맑스, 『정치경제학 비판 요강 I』, 김호균 옮김, 2000, p.80.

이 플랜이 『경제학비판』에서 제시되고 있는 플랜의 기초가 되었다는 것은 한눈에 분명할 것입니다. 그렇다고 해도, (1)의 "일반적 추상적 규정"은 『경제학비판』의 플랜에는 포함되어 있지 않습니다. 여기서 말하는 "일반적 추상적 규정"이란 특정의 사회 형태들에만 해당하는 규정이 아니라, 어떤 사회 형태들에도 타당한 여러 규정을 의미합니다. 실제로 "일반적 추상적 규정"을 서두에 놓는 플랜이 제시되고 있는 『요강』의 '서설'에는 어떤 사회에도 타당한 생산, 소비, 분배, 교환의 일반적 규정이 고찰되고 있습니다.

하지만 "일반적 추상적 규정"을 포함하는 당초의 플랜은 일찍이 포기됩니다. 마르크스는 1857년 11월경에 쓰인 『요강』의 한 구절에서 다음과 같이 서술하고 있습니다.

"Ⅰ. (1) 자본의 일반적 개념Allgemeiner Begriff — (2) 자본의 특수성Besonderheit. 즉 유동자본. 고정자본. (생활수단으로서의, 원료로서의, 노동용구로서의 자본). 화폐로서의 자본. Ⅱ. (1)**자본의 양. 축적**. (2)**그 자신으로 측정된 자본. 이윤. 이자. 자본의 가치**. 즉 이자 및 이윤으로서의 그 자신으로부터 구별된 자본. (3)**자본들의 유통**. (α)자본과 자본과의 교환. 자본과 수입과의 교환. 자본과 **가격들**. (β)**자본들의 경쟁**. (γ)**자본들의 집적**. Ⅲ. 신용으로서의 자본. Ⅳ. 주식회사로서의 자본. Ⅴ. **화폐시장으로서의 자본**. Ⅵ. 부의 원천으로서의 자본. 자본가. 다음으로, 자본 뒤에는 토지소유가 논의되어야 할 것이다. 토지소유 뒤에는 임금노동. 이 세 가지가 모두 전제된 뒤에는, 이제 그 내적 총체성에서 규정된 유통으로서, **가격들의 운동**. 다른 한편으로는, 생산이 그 세 가지 기본적 형태들과 유통의 전제들의 형태로 정립된 것으로서의, 세 가지 계급. 다음으로는 **국가**. (국가와 부르주아사회.—조세, 또는 불생산적 계급들의 존재.—국채.—인구.—대외적으로 향한 국가Staat nach aussen, 즉 식민지. 외국무역. 환율. 국제적 주화로서의 화폐.—마지막으로 세계시장. 부르주아 사회가 국가를 넘어 퍼져 나가는 것. 공황. 교환가치 위에 세워진 생산양식과 사회형태의 해체. 개인적 노동을 사회적 노동으로서, 또한 그 반대로 사회적 노동을 개인적 노동으로서 실재적으로 정립하는 것)."(『자본론 초고집』 ①310f)[122]

여기서는 더는 일반적 추상적 규정은 플랜에 포함되어 있지 않고, 대신에 서술의 단초로서 "자본의 일반적 개념"이 배치되어 있습니다. 또한 당초의 플랜에서는 "자본, 임금노동, 토지소유"라는 순서로 편별 구성이 제시되었지만, 여기서는 『경제학비판』의 플랜과 마찬가지인 "자본, 토지소유, 임금노동"이라는 순서가 제시되어 있습니다. 당초의 플랜과 비교하여, 『경제학비판』의 플랜에 접근하고 있음이 엿보입니다.

더 나아가, 여기서 주목해야 할 것은, 처음에 고찰되어야 할 "자본" 항목의 구체적인 편별 편성이 주어져 있다는 점입니다. 여기서 제시된 플랜은 미정리된 것이어서 그 내용을 추측하기는 쉽지 않지만, 그 직후에 마르크스가 『요강』에 기록한 플랜에서는 더 정리된 편별 편성이 제시되어 있습니다.

122) 역주: 칼 맑스, 『정치경제학 비판 요강 I』, 김호균 옮김, 2000, p.263.

"**자본**. I. **일반성***Allgemeinheit*—(1)(a)화폐로부터의 자본의 생성. (b)자본과 노동(**타인**의 노동에 의해 매개된). (c)자본의 요소들, 그것이 노동에 대해 갖는 관계에 따라 분해된 것(생산물. 원료. 노동용구). (2) **자본의 특수화***Besondrung*. (a)유동자본. 고정자본. 자본의 유통. (3) **자본의 개별성***Einzelnheit*. 자본과 이윤. 자본과 이자. 이자 및 이윤으로서의 그 자신으로부터 구별된 **가치**로서의 자본.

II. **특수성***Besonderheit* — (1)자본들의 축적. (2)자본들의 경쟁. (3)자본들의 집적(동시에 질적인 구별이기도 하고, 또한 자본의 크기와 작용의 **척도**이기도 하다. 자본의 양적인 구별).

III. **개별성***Einzelnheit*—(1)신용으로서의 자본. (2)주식자본으로서의 자본. (3)화폐시장으로서의 자본. ……"(『자본론 초고집』 ①329)[123)]

앞의 플랜과 마찬가지로 헤겔의 논리학이 의식된 일반, 특수, 개별의 중첩 구조로 플랜이 구성되어 있습니다. 여기서 중요한 것은, 자본의 특수성의 의미가 확정됨으로써 자본의 일반성에서 고찰되어야 할 범위가 앞의 플랜보다 명확하게 제시되었다는 것입니다. 이 플랜에서는 자본의 특수성의 고찰에서 비로소 자본들, 즉 복수형의 자본에 대한 고찰이 이루어지므로, 자본의 일반성의 고찰에서는 아직 복수형의 자본에 대한 고찰은 이루어지지 않게 됩니다. 그러므로 여기서의 '자본의 일반성'이란 복수의 자본을 고찰하는 것 없이 해명할 수 있는, 즉 마치 사회에 단일의 자본만이 존재하는 것과 같은 이론적 상정에서 해명할 수 있는, 자본의 일반적인 성질이라는 것이 될 것입니다.

---

123) 역주: 칼 맑스, 『정치경제학 비판 요강 I』, 김호균 옮김, 2000, pp.278-279.

그 후, 자본의 일반성의 편별 편성은 두 가지 점에 대해 변경이 이루어집니다. 한편으로는 자본일반의 고찰을 갑자기 화폐에서 시작하는 것이 아니라, "(1)가치, (2)화폐, (3)자본일반(자본의 생산과정, 자본의 유통과정, 양자의 통일 또는 자본 및 이윤, 이자)"이라는 순서로 고찰하게 됩니다(1858년 3월 11일 라살에게 보낸 편지)[124]. 다른 한편으로는 자본일반 내부의 편별 구성이 나중의 『자본론』 제1부에 가까워집니다('자본에 관한 장에 대한 플랜 초안'[125], 1859년 봄 내지 1861년 여름경).

덧붙여, 이 두 가지 점의 변경과 함께 마르크스가 변증법적 형태에 의한 서술의 한계를 깨달은 것도 중요한 포인트입니다. 자본일반 앞에 "가치"와 "화폐" 항목을 둘 것을 결정했을 때, 마르크스는 "화폐" 항목의 내부에서 "화폐의 자본으로의 전화"를 논할 생각이었습니다('일곱 권의 노트에 대한 색인'[126]). 그런데 마르크스는 1858년 8월부터 10월 사이에 『경제학비판』 원초고Urtext를 집필하는 가운데 화폐의 개념에서 곧바로 자본으로 이행하는 것은 불가능하다는 것을 깨닫습니다.

> "변증법적 형태로 서술dialektische Form der Darstellung하는 것은 자신의 한계Grenzen를 잘 알고 있는 경우에만 올바르다는 것을, 이 지점[화폐의 자본으로의 이행을 논하는 부분]에서 분명히 알 수 있다."
> (『자본론 초고집』 ③194)[127]

---

124) 역주: 카를 마르크스, 「마르크스가 베를린에 있는 페르디난트 라살레에게」(1858.3.11), 『자본론에 관한 서한집』, 김호균 옮김, 중원문화, 1990, p.102.

125) 역주: Karl Marx, "Planentwurf zum Kapitel über das Kapital", *Ökonomische Manuskripte und Schriften, 1858-1861, MEGA* II/2, Dietz Verlag Berlin, 1980, pp.256-263.

126) 역주: Karl Marx, "Index zu den 7 Heften", *Ökonomische Manuskripte und Schriften, 1858-1861, MEGA* II/2, Dietz Verlag Berlin, 1980, pp.3-14.

이리하여 마르크스는 그 후에 집필한 '자본에 관한 장에 대한 플랜 초안'에서는, 나중의 『자본론』 제1부와 마찬가지로 "자본" 항목의 내부에서 "화폐의 자본으로의 전화"를 논할 것을 결정했습니다. 이로써 마르크스는 화폐의 개념 규정에서 자본 개념을 쥐어짤 필요가 없어졌고, 자본주의적 생산양식에서 매일 관찰할 수 있는 가장 기초적인 자본의 현상형태로서의 자본의 일반적 형식에서 서술을 시작하여, 이 일반적 형식을 그때까지 획득한 상품형태와 화폐형태에 대한 지식과 대비시킴으로써 이론적 전개를 하는 서술 방법을 채택하는 것이 가능하게 된 것입니다.

어쨌든 이상과 같은 변화는 있었지만, "자본" 항목에서는 먼저 복수의 자본을 배제한 자본일반을 고찰하고, 그 후에 경쟁 등의 복수의 자본 사이의 관계가 논해지고, 마지막에 신용이나 주식회사가 논해진다는 기본적인 플랜의 구조는 유지되었습니다. 『경제학비판』 간행 후의 『1861-1863년 초고』라는 방대한 초고에서도 마르크스는 이 플랜에 따라 집필을 시작했습니다.

그러나 이 『1861-1863년 초고』의 집필 중에 큰 전환이 찾아옵니다. 마르크스는 이 초고에서 이윤에 관해 논하는 가운데, 경쟁에 관해, 즉 복수의 개별 자본의 상호작용에 대해 전혀 논하지 않고 이윤에 관해 전개하는 것은 불가능하다는 것을 최종적으로 깨달았던 것입니다. 마르크스는 1863년 1월경에 쓴 한 구절에서 다음과 같이 서술하고 있습니다.

---

127) 역주: Karl Marx, "Zur Kritik der politischen Ökonomie. Urtext", *Ökonomische Manuskripte und Schriften, 1858–1861, MEGA* II/2, Dietz Verlag Berlin, 1980, p.91.

"'자본과 이윤'에 관한 제3부 중, 일반적 이윤율의 형성이 다루어지는 제2장에서는 다음의 점들을 고찰해야 할 것이다. 1. **자본들의 유기적 구성의 상이함.** 이는 일부는 **생산 단계**에서 생겨나는 한에서의 가변자본과 불변자본과의 구별에 의해, 기계나 원료와 그것들을 움직이는 노동량과의 절대적인 **양적** 비율에 의해 제약되어 있다. 이러한 구별은 노동과정과 관련이 있다. 또한 **유통과정**에서 생겨나는 **고정자본과 유동자본**의 구별도 고찰해야 할 것이다. 그것은 **일정한 기간**에서 가치증식을, 부문이 다름에 따라서 상이하게 만든다. 2. 서로 다른 자본의 **부분들의 가치 비율의 상이함**으로서, 그들 자본의 유기적 구성에서 생기는 것이 아닌 상이함. 이러한 일이 생겨나는 것은 가치 특히 원료의 가치의 상이함으로부터이다. 가령 원료가 두 가지 다른 부문에서 등량의 노동을 흡수한다고 가정하더라도 그렇다. 3. 이러한 여러 가지 상이함의 결과로서 생겨나는, 자본주의적 생산의 **여러 가지 다른 부문에서 이윤율의 다양성**. 이윤율이 같고 이윤량이 이용자본의 크기에 비례한다는 것은 구성 등이 동일한 자본들에 관해서만 올바르다. 4. 그러나 **총자본에 관해서는** 제1장에서 전개한 것이 해당된다. 자본주의적 생산에서는 각 자본은 총자본의 단편, 나눌 수 있는 부분으로 정립된다. **일반적 이윤율의 형성.** (경쟁). 5. **가치의 생산가격으로의 전화**. 가치와 비용가격, 생산가격의 상이함."(『자본론 초고집』 ⑧460)[128]

이 새로운 플랜에서는 자본일반에 포함되어야 할 "자본과 이윤"에

128) 역주: Karl Marx, *Zur Kritik der politischen Ökonomie (Manuskript 1861-1863), MEGA* II/3.5, Dietz Verlag Berlin, 1980, pp.1816-1817.

서도 복수의 개별 자본의 존재는 더 이상 배제되어 있지 않습니다. 또한 이 항목 속에서 일반적 이윤율의 형성이 다루어지고 있는 것에서도 알 수 있듯이, 그것을 형성하는 경쟁에 대해서도 여기서 논해질 것임이 보여지고 있습니다(본서 제2장). 이 점은 이 시점에서 마르크스가 "자본일반"이라는 대상의 한정을 포기했음을 의미합니다.

애초에 사회에 단일의 자본만이 존재한다는 이론적 상정은 위에서 언급한 일반적 이윤율의 형성의 경우에 국한되지 않고, 곳곳에서 이론적 전개에 지장을 초래하는 것이었습니다. 예를 들어, 제2부의 사회적 총자본의 재생산과 관련된 논의('재생산표식'과 관련된 논의. 제2부의 요약 참조)에서도 복수의 개별자본의 자본순환의 얽힘을 생각하는 것 없이 사회적 총자본의 재생산에 대해 생각할 수는 없습니다. 혹은 제1부의 범위에 한정하더라도, 특별잉여가치라는 개념은 경쟁을 전제로 하고 있으며(마10장), 애초에 가치법칙 그 자체가 경쟁 없이는 관철될 수 없습니다(본서 제2장). 사회에 단일의 자본만이 존재한다는 "자본일반"의 이론적 상정은 근본적인 곳에서 무리가 있는 것입니다.

물론 마르크스는 아무런 이유 없이 "자본일반"을 이론적 전개의 출발점으로 삼은 것은 아닙니다. 마르크스가 "자본일반"이라는 비현실적인 상정에 의존한 개념을 세운 것은, 이론적 전개에서 갑자기 경쟁에서 출발한다면 다양한 이론적 오류에 빠져 버릴 가능성이 있었기 때문이었습니다. 본서 전체에서 서술되고 있듯이, 경쟁에 의해 성립하는 현상형태는 그것을 만들어 내는 본질적인 메커니즘을 가려 버리고, 그것을 전도된 형태로 나타냅니다. 그러므로 경쟁에만 주목하고, 그 이면에 있는 본질적 메커니즘에 대해 고찰하지 않는다면, 필연적으로 자본주의적 생산양식에 대한 전도된 관념에 빠져 버리게 됩니다.

따라서 마르크스가 "자본일반"이라는 개념을 세움으로써 이러한 오류를 피하려고 했던 것에는 중요한 의미가 있습니다. 결과적으로는 잘못된 방법론이었다고 하더라도, 러시아의 『자본론』 연구자였던 로스돌스키Roman Rosdolsky(1898-1967)가 시적했듯이, 그것은 "작업 모델"로서 커다란 역할을 수행했던 것입니다.129)

그렇다면 "자본일반"을 포기한 뒤, 마르크스는 어떤 원리에 따라 『자본론』의 편별 편성을 구상했을까요? 이 점에 대해 중요한 시사점을 주는 것이 『자본론』 제3부 제1고입니다. 마르크스는 이 초고 속에서 다음과 같은 서술을 남기고 있습니다.

"**임금의 그 가치 이하로의 하락**. 이것은 여기서는 단지 경험적 사실로서만 지적해 둔다. 왜냐하면 그것은 실제로 이 연구에서 언급해도 좋을지 모르는 다른 몇 가지와 마찬가지로, 자본의 일반적 분석allgemeinen Analyse des Capitals과는 관계없는 것이며, 우리가 이 저작에서 다루지 않는 경쟁 등의 서술에 속하는 일이기 때문이다."(① 305, E245, 김293f)

"마지막으로, 임금과 노동일의 균등화, 따라서 잉여가치율의 균등화는 **다양한 생산부문** 사이에서, 그리고 **동일한 국가**에서의 하나의 **동일한 생산부문**에서의 다양한 투하 자본 사이에서조차, 다양한 지역적 장애에 의해 좌절되지만, 그러나 이 장애는 자본주의적 생산이 진전되고 모든 경제관계가 이 생산양식 하에 종속됨에 따라 감소해

129) 역주: 로만 로스돌스키, 『마르크스의 자본론의 형성 1』, 양희석 옮김, 백의, 2003, p.97.

간다. 이러한 마찰의 연구는 임금에 관한 각각의 특수 연구Spezial-untersuchung에 대해서는 중요하더라도, 그것들은 자본주의적 생산의 일반적 연구allgemeine Untersuchung에 대해서는 우연적이고 비본질적인 것으로서 제거될 수 있다(무시될 수 있다). 이러한 일반적인 연구에서는 대체로 언제나 현실의 관계들은 그들의 개념과 일치한다는 것이 전제되는 것이며, 혹은 마찬가지이기는 하지만, 이 현실의 관계들은 그들 자신의 일반적인 유형allgemeinen Typus을 표현하는(나타내는) 한에서만 서술되는 것이다."(①212ff, E151f, 김177f)

"**생산관계의 물상화**의 서술이나 생산당사자 자신에 대한 생산관계의 **자립화**의 서술에 있어서, 온갖 관련이 세계시장, 그 경기변동, 시장가격의 운동, 신용의 기간, 산업이나 상업의 순환, 다양한 시기의 번영과 공황 등을 통해 생산당사자들에게 대해 **압도적인**, 말없이 그들을 지배하는 **자연법칙, 맹목적인 필연성**으로서 나타나고, 그러한 것으로서 그들에게 대립하여 관철되는 방식에는 우리는 깊이 들어가지 않는다. 왜 깊이 들어가지 않는가 하면, 경쟁의 현실적인 운동wirkliche Bewegung der Konkurrenz 등은 우리의 플랜의 범위 밖에 있는 것이어서, 우리는 단지 자본주의적 생산양식의 내적 편성innere Organisation을, 말하자면 그 이념적 평균idealen Durchschnitt에서 서술하기만 하면 되기 때문이다."(①852f, E839, 김1054)

이상의 인용문에서 다음 두 가지 점을 읽어 낼 수 있습니다.

첫째, 예전의 "자본 일반"과 "자본들"의 구별을 대신하여, "자본의 일반적 분석", "자본주의적 생산의 일반적 연구", "자본주의적 생산양식의 내적 편성"의 "이념적 평균"에서의 "서술"과 "경쟁 등의 서술", "임금에 관한 각각의 특수 연구", "경쟁의 현실적인 운동"과의 구별이 채택되었습니다. 예전의 구별이 고찰 대상이 "일반"(단일의 자본)인가 "특수"(복수의 자본)인가라는 구별이었다고 한다면, 『자본론』에서의 구별은 고찰의 방식이 "일반적"인가 "특수"인가라는 구별이란 것입니다.

둘째, 이 새로운 구별에서 일반적 연구 내지 분석에 포함되지 않는 범위에 대해서는, "우리가 이 저작에서 다루지 않는", "우리의 플랜의 범위 밖에 있는", "특수 연구"임이 보여지고 있습니다. 즉 마르크스는 "자본일반"에 대신하는 새로운 구별을 채택함과 동시에, 이 구별에서 "일반적 연구"로 여겨진 것 외에는 『자본론』의 플랜에 포함되지 않는다고 한 것입니다. "자본일반"이라는 비현실적인 상정을 했던 예전의 플랜에서는 "자본일반"만으로 이론적 전개를 완결시키는 것은 불가능했습니다. 이에 반해, 연구 내지 고찰의 방법을 "일반적"인 것으로 한정한 새로운 플랜에서는 "일반적 분석" 그 자체의 내부에서 이론적 전개를 일단 완결시키는 것이 가능하게 되었습니다. 또한 이로써 원래의 플랜에는 포함되어 있었다고 생각되는 임금노동이나 토지소유, 더 나아가 경쟁이나 신용에 대한 특수 연구가 플랜에서 제외됨과 동시에, 이른바 후반 체계, 즉 "국가·외국무역·세계시장"도 플랜에서 제외되게 됩니다.

이리하여 이상의 고찰에서, 『자본론』에서는 더는 "부르주아 경제의 시스템"의 총체는 고찰 대상이 되지 않았으며, 자본주의적 생산양식이 그 "일반적 분석" 내지 "일반적 연구"에 필요한 범위에서 고찰의 대상이 되었다는 것을 알 수 있습니다. 그렇다고 해도 여전히 애매한 점이 남아 있습니다. 그것은 "일반적 연구"와 "특수 연구"가 어떻게 구별되는가 하는 문제입니다. 예를 들어, 『자본론』은 "자본일반"만을 고찰 대상으로 삼는 것이 아니라, "자본의 일반적 분석"을 과제로 삼으므로, 물론 거기서는 경쟁에 대해 고찰할 수 있으며, 실제로 경쟁은 시장가치론이나 생산가격론과 관련하여, 더 나아가 이윤율의 경향적 저하 법칙이나 지대론과 관련하여 논해지고 있습니다(본서 제2장, 제3장, 제6장). 그런데 다른 한편으로는 이미 인용한 문단에서 서술되어 있었듯이, "경쟁의 현실적인 운동 등은 …… 플랜의 범위 밖에 있는 것"이며, 적어도 경쟁의 일정한 측면에 대해서는 일반적 연구로서의 『자본론』에서가 아니라, 그 특수 연구에서 고찰되어야 할 것으로 되어 있습니다. 그렇다면 이때 일반적 분석에서 다루어지는 경쟁과 특수 연구에서 고찰되어야 할 경쟁은 어떤 기준으로 구별되는 것일까요?

이 문제를 푸는 열쇠는 '인물과 작품'에서 고찰한 제3부 제1고의 서두 문단에 있습니다(50쪽). 거기서 서술했듯이, 제3부의 과제는 "자본의 과정 — 전체로서 본 — 으로부터 생겨나는 구체적인 형태들을 찾아내 서술하는 것"이었습니다. 즉 제3부에서는 제1부와 제2부에서 해명된 자본의 생산과정과 유통과정의 통일로서의 총과정이 당사자의 일상의식과 그러한 의식을 가진 당사자가 수행하는 경쟁을 통해 어떤 "구체적인 형태들"을 취하게 되는지가 해명되는 것입니다.

중요한 것은 여기서 말하는 "구체적인 형태들"이란 경제적 형태규정에 다름 아니라는 것입니다. "상품", "화폐", "자본"과 같은 경제적 형태규정은 생산물에 처음부터 갖추어져 있는 것이 아닙니다. 『자본론』 제1부가 해명하고 있듯이, 그것들은 특정한 조건 하에서의 인간들의 특수한 경제활동의 존재 방식을 통해 만들어지는 것입니다. 그렇지만 그것들은 인간 활동의 산물임에도 불구하고, 인간 활동의 존재 방식을 규제하고 제어합니다. 예를 들어, 자본주의 시스템에서는 생산활동의 사회적 편성은 자신들이 생산한 상품이 팔리는지, 혹은 얼마에 팔리는지 하는 것을 통해, 즉 상품형태를 통해 조정되고 제어됩니다. 단적으로 말하면, 사적 생산자로 이루어진 사회에서는 인간들이 생산의 편성과 생산물의 분배를 직접적으로 실현할 수 없고, 그것을 상품형태에 의존하여 행해야만 하는 것입니다. 이와 같이 자본주의 시스템에서는 인간들이 스스로의 행위를 통해 만들어 낸 경제적 형태규정이 인간들의 행위나 의식을 틀 지우고 규정하는 힘을 가집니다. 이러한 근대에 고유한 주체와 객체의 전도를 초래하는 경제적 형태규정의 지배야말로 『자본론』 전체의 모티브를 이루고 있다고 말해도 좋을 것입니다. 제3부에서도 바로 현상적 메커니즘에서의 경제적 형태규정의 해명이 과제가 되는 것입니다.

어떤 경쟁이 제3부에서 다루어지고, 어떤 경쟁이 제3부에서 제외되는가 하는 문제도, 이 관점에서 해결할 수 있습니다. 제3부에서는 위에서 언급한 과제의 해결에 필요한 한에서만 경쟁이 다루어지므로, 그것을 넘어서는 범위의 경쟁에 대해서는 고찰되지 않고, 특수 연구의 대상으로 여겨지게 됩니다. 예를 들어, 시장가치를 형성하는 경쟁(어떤 특정 부문의 공급 구조나 수요의 탄력성 하에서 균형가격을 가져오는 경쟁), 일반적 이윤율을 형성하는 경쟁(부문간의 상이한 자본의 유기적 구성 하에서 평균이윤을 가져오는 경쟁), 일반적 이윤율의 경향적 저하를 가져오는 경쟁(산업순환을 통해 이윤율 저하 법칙을 관철시키는 경쟁) 등은, 그것들이 시장가치나 평균이윤 등의 경제적 형태규정 그 자체, 혹은 가치법칙이나 일반적 이윤율의 저하 법칙과 같은 경제적 형태규정의 성격에 직접 관련되는 경제법칙의 분석에 필요한 한에서는 고찰되어야만 합니다.

이에 반해, 예를 들어, "온갖 관련이 세계시장, 그 경기변동, 시장가격의 운동, 신용의 기간, 산업이나 상업의 순환, 다양한 시기의 번영과 공황 등을 통해 생산당사자들에게 대해 **압도적인**, 말없이 그들을 지배하는 **자연법칙**, **맹목적인 필연성**으로서 나타나고, 그러한 것으로서 그들에게 대립하여 관철되는" 경우의 경쟁은, 확실히 가치법칙을 관철시키는 경쟁이기는 하지만, 반드시 경제적 형태규정의 해명—"**생산관계의 물상화**의 서술이나 생산당사자 자신에 대한 생산관계의 **자립화**의 서술"—에 필요한 경쟁은 아닙니다. 왜냐하면 가치법칙 그 자체는 가장 추상적인 수준에서는 제1부의 상품 장에서 이루어진 것처럼 독립적인 사적 생산자들이 구성하는 사회적 분업에서 설명할 수 있으며, 더 구체적인 수준에서 시장가치, 혹은 생산가격에서의 가치법칙의 관철을 고찰하는 경우에도, 어떤 특정 부문의 기술적인 공급구조나 수요의 탄력성 하에서의 경쟁, 부문간의 상이한 자본의 유기적 구성 내지 회전속도 하에서의 경쟁, 더 나아가 그들 요인이 변화하는 상황 하에서의 경쟁을 고찰하는 것으로 충분하기 때문입니다. 그런데 현실의 경쟁은 이들에 머무르지 않는 다수의 계기들의 복잡한 얽힘으로서 나타납니다. 그러한 현실의 경쟁에 대한 고찰은 경제적 형태규정의 분석에는 불필요할 뿐만 아니라, 오히려 그 성질을 불명료하게 만들 수도 있습니다. 그렇다고는 해도, 다른 한편으로는 가치법칙이 그렇게 복잡한 현실의 운동을 통해 관철되는 것인 한에서는, 특수 연구에서는 그러한 경쟁의 복잡한 운동을 고찰해야만 합니다.

마찬가지의 점은 마르크스가 제3부 초고의 여러 곳에서 논구하고 있는 경쟁 외의 특수 연구에도 타당합니다. 예를 들어, 마르크스가 제5장에서 신용제도에 대한 이론적 개관을 하면서도, 다른 한편으로는, "신용제도와 그것이 자신을 위해 만들어 내는, 신용화폐 등과 같은 도구들의 분석은 우리의 계획의 범위 외에 있다"(①469, E413, 김510)고 서술한 것은, 이자 낳는 자본과 관련된 경제적 형태규정의 해명에 필요한 한에서만 신용제도를 고찰한다는 것을 의미하는 것입니다.

이상의 고찰에서, 마르크스가 말하는 "자본의 일반적 분석"의 의미를 확정할 수 있습니다. 여기서 말하는 분석의 일반성이란 막연히 "일반적으로 이리저리 반성"하는 것이 아니라, 경제적 형태규정이 다양한 특수한 소재에 담당될 수 있다는 의미에서의(다종다양한 사용가치가 상품형태를 취할 수 있는), 혹은 다양한 특수한 제도들 하에서도 변함없이 존재할 수 있다는 의미에서의(화폐를 둘러싼 제도들이 아무리 변용될지라도 가치형태는 변화하지 않는다), 일반성인 것입니다. 이 의미에서, "자본의 일반적 분석"은 결국, 자본주의적 생산양식 그 자체의 경제적 형태규정의 분석에 다름 아닙니다.

더 나아가, 이상과 같은 "자본의 일반적 분석"에서 "자본일반"을 전제하는 것 없이, 앞서 서술한 것과 같은, 경쟁의 고찰에서 파생되는 오류를 회피할 수 있음도 분명할 것입니다. 마르크스는 대상에 관해 "일반" "특수" "개별"이라는 구별을 세우는 것이 아니라, 『자본론』의 플랜 전체를 자본주의적 생산양식 그 자체의 경제적 형태규정의 고찰에 한정한 뒤에, 먼저 자본주의적 생산양식의 발전형태들의 본질적 메커니즘(자본주의적 생산양식의 모든 현상적인 운동을 규제하는 가치 및 잉여가치의 차원에서의 메커니즘)과 관련된 경제적 형태규정을 생산과정, 유통과정의 순서로 분석하고, 그 후, 이 본질적 메커니즘의 분석을 전제로 한 뒤에 총과정의 현실의 운동을—그렇다고는 해도, 다종다양한 계기들이 복잡하게 얽혀 있는 현실의 운동 그 자체가 아니라, 그것이 당사자의 일상의식과 그들의 의식에 기초한 경쟁을 통해 새로운 경제적 형태규정을 만들어 내는 한에서의 현실의 운동을—분석했습니다. 이러한 이론 구성을 취함으로써, 마르크스는 각각의 경제적 형태규정의 고찰에 필요한 한에서 끊임없이 경쟁의 계기를 고려에 넣으면서도, 동시에 경쟁에 얽힌 이론적 오류도 회피할 수 있었습니다.

맺음말 ―『자본론』 제3부를 읽기 위한 문헌 안내

전작인 『마르크스 자본론』도 500페이지가 넘는 큰 책이었는데, 이번에는 더욱 큰 책이 되고 말았습니다. 서점에서 책을 손에 드셨을 때 "두껍다!"고 생각한 독자분들도 많지 않았을까 합니다.

완성된 책의 두께에서 보면 의외일지도 모르지만, 본서의 집필에 있어서는 전체 분량을 줄이는 작업에 상당한 노력을 쏟았습니다. 최초의 원고 시점에서는 1,000페이지를 훌쩍 넘는 정도의 분량이 있었지만, 가능한 한 간결하게 포인트를 파악하실 수 있도록, 삭감을 위한 노력을 거듭했습니다. 그래도 중요 포인트를 놓치지 않고, 전체상을 정확하게 이해하도록 하기 위해서는 아무래도 이 정도의 분량이 필요했습니다. 역시 『자본론』 제3부 초고가 그만큼 풍부한 내용을 담은 저작이라는 것이겠지요.

그런 이유로, 본서는 어디까지나 『자본론』 제3부의 전체상을 파악하는 것을 목표로 하고 있으며, 개개의 세세한 논점을 모두 다루고 있지는 않습니다. 또한 군데군데 시사하고는 있지만, 추상적인 이론 틀과 관련된 논의에 대해 상세히 설명하고 있지는 않습니다. 그래서 독자 여러분이 이러한 점에 대해 스스로 이해를 깊게 할 때 유익하다고 생각되는 문헌을 소개해 두고자 합니다.

본서를 통독한 후, 바로 개개의 논점에 대해 더욱 심화해 나가는 방향으로 가도 좋지만, 그 전에, 굳이 본서와는 다른 해석의 흐름을 보여 주는 저작을 접해 보는 것도 좋을지 모릅니다. 다른 해석과 비교함으로써 본서 해석의 독자성과 그 장점에 대해 더 깊이 이해할 수 있으며, 또한 다양한 해석의 가능성을 인식함으로써 사정을 더욱 입체적으로 이해할 수 있기 때문입니다.

그 점에서 먼저 추천하고 싶은 것은,

- 富塚良三·服部文男·本間要一郎(편집대표), 『자본론 체계』 전10권(有斐閣, 1984-2001)

입니다. 당시의 『자본론』 연구자들 대부분이 참가하여 간행된, 매우 충실한 『자본론』 해설서입니다. 이 중 『자본론』 제3부를 해설하고 있는 것은 제5권 '이윤·생산가격', 제6권 '이자·신용', 제7권 '지대·수입'입니다. 많은 연구자들이 집필했으므로 반드시 통일적인 해석이 제시되어 있는 것은 아니지만, 전체적으로는 정통적인 해석이 제시되어 있으므로, 일본의 『자본론』 연구에서의 통설을 아는 데에는 적합한 저작이라고 말할 수 있을 것입니다. 또한 연구사 상의 논점이나 논쟁에 대해서도 망라적으로 소개하고 있으니, 앞으로 학술적으로 『자본론』을 연구하고 싶은 분들에게는 필독 문헌이 될 것입니다.

다음으로 추천하고 싶은 것은,

- 森田成也, 『신편新編 마르크스경제학 재입문』 상·하(社会評論社, 2019)

입니다. 다소 특이한 점이 있지만, 많은 것을 생각하게 해 주는 저작입니다. 모리타 세이야森田成也 씨의 해석의 특징은, 마르크스의 논의 그 자체를 비판의 도마 위에 올려놓음으로써, 더 정합적인 마르크스 경제학 체계를 구축하려고 한다는 점에 있습니다. 그러한 의미에서 가능한 한 마르크스의 텍스트에 충실하게 『자본론』을 이해해 나가려는 본서와는 상당히 해석이 다릅니다. 일찍이 우노 고조宇野弘蔵(1897-1977)도 모리타 씨와 비슷한 스타일로 자본론을 연구하여, '우노파'라고 불리는 학파를 형성할 정도의 영향력을 자랑했지만, 우노파의 해석이 매우 독특하고 난해한 것에 비해, 모리타 씨의 해석은 기본적으로는 기존의 '마르크스주의'의 정통적인 해석을 기반으로 하고 있으니, 비교적 이해하기 쉬울 것으로 생각합니다.

다음으로 개개의 논점과 관련된 문헌을 소개하겠습니다. 본서에서도 제2장에 상당히 큰 지면이 할애된 것에서 알 수 있듯이, 생산가격의 형성을 둘러싼 문제에 대해서는 마르크스의 서술이 불명확했던 점도 있어, 오랜 세월에 걸쳐 논쟁이 벌어져 왔습니다. 이 '전형문제' 논쟁에 대해 개관하려면,

- 프레드 모즐리, 『화폐와 총체성: 「자본론」의 마르크스 논리에 대한 거시 화폐적 해석과 '전형문제'의 종언(가제)』(森本壮亮 감역, 堀之内出版, 근간 예정)130)

을 참조하는 것이 좋을 것입니다. 모즐리Fred Moseley(1946-) 씨는 1980년대 이후에 대두한 '신조류新潮流'에 속해 있으며, 어디까지나 그 입장에서이기는 하지만, '전형문제' 논쟁의 개요를 수식을 거의 사용하지 않고 알기 쉽게 보여 주고 있습니다. 또한 이 저작은 본서와 마찬가지로, 마르크스의 이론 체계에서는 비용가격은 주어진 것으로 여겨지며, 그 '전형'에 대해 생각할 필요는 없다는 입장에 서 있으며, 그 점이 상세히 설명되어 있는 것도 그 장점이라고 말할 수 있을 것입니다(덧붙여, 일본에서도 오타니 데이노스케, 오노 세츠오大野節夫(1910-1989), 코니시 카즈오小西一雄(1948-), 미야가와 아키라宮川彰(1944-2021), 모리모토 소스케 씨들에 의해 동일한 해석이 제시되어 있습니다). 다른 한편으로, 생산가격의 형성 메커니즘에 대해서는 거의 고찰이 이루어지지 않고 있으며, 이 점에서는 본서의 해석과는 입장을 달리하고 있습니다.

'전형문제'에서 파생하여 독자적인 발전을 이룬, 이른바 '수리數理 마르크스경제학'에 대해 알고 싶은 독자분들에게는,

- 松尾匡(1964-) 편저, 『최강의 마르크스경제학 강의』(ナカニシヤ出版, 2021)

의 '제Ⅱ부 수리 마르크스 경제학'을 추천합니다. 수리 마르크스경제학의 기본이 자세하게 설명되어 있습니다. 이것을 읽으면, 본서에서 본 것과 같은 마르크스의 가치론이 수리 마르크스경제학의 가치론과는 완전히 다르다는 것을 이해할 수 있을 것입니다.

---

130) 역주: Fred Moseley, *Money and Totality: A Macro-Monetary Interpretation of Marx's Logic in Capital and the End of the 'Transformation Problem'*, Brill, 2015.

또한 생산가격의 형성 메커니즘의 설명에는 성공하지 못했지만, 그 전제가 되는 시장가치론의 형성 메커니즘의 해명에 크게 공헌한 저작으로서,

- 아이작 루빈, 『마르크스 가치론 개설』(竹永進 역, 法政大学出版局, 1993)[131]

을 들 수 있습니다. 추상적 인간적 노동의 이해에 혼란이 보이는 탓에 불필요하게 뒤얽힌 논의가 되어 버린 것이 아쉽지만, 시장가치론뿐만 아니라, 물신성이나 물상의 인격화 등 다양한 논점에서 선구적인 논의를 하고 있습니다. 바로 『자본론』 연구사에 남을 명저라고 말할 수 있을 것입니다. 원저의 초판은 1923년에 러시아에서 간행되어 큰 반향을 불러일으켰지만, 아쉽게도 저자인 루빈은 스탈린에 의한 '대숙청'의 희생이 되어, 1937년에 목숨을 잃었습니다.

덧붙여, 시장가치론에 대해서는,

- 伊藤誠, 『가치와 공황』(伊藤誠·江原慶 역, 岩波書店, 2024)[132]

도 중요한 통찰을 줍니다. 이것은 우노파의 대표자 중 한 명이었던 이토 마코토伊藤誠(1936-2023) 씨가 영어로 간행한 저서의 번역이며, 우노파의 가치론의 가장 양질의 부분이 제시되어 있는 저작이라고 말할 수 있습니다(덧붙여, 우노파의 상품론 및 화폐론에 대한 필자의 비판은, 降旗節雄,

131) 역주: 아이작 일리치 루빈, 『마르크스의 가치론』, 함상호 옮김, 이론과 실천, 1989.
132) 역주: 伊藤誠, 『가치와 공황』, 김수행 옮김, 비봉출판사, 1988.

『신판新版 화폐의 수수께끼를 풀다』(白順社, 2020)의 '해설'을 보시기 바랍니다).

생산가격론과 나란히 논쟁의 대상이 되어 온 이윤율 저하 법칙에 대해 이해를 깊게 하기 위해서는,

- 大谷禎之介·前畑憲子 편저, 『마르크스의 공황론』(桜井書店, 2019)

가 든든한 길잡이가 될 것입니다. 수록된 논문 모두 훌륭하지만, 특히 마에하타 노리코前畑憲子(1947-) 씨에 의한 숙고를 거듭한 중후한 논고는 『자본론』 제3부 제3장을 더욱 정밀하게 읽어 내는 데 큰 실마리를 줄 것입니다.

더 나아가, 난해한 제5장의 이자 낳는 자본론에 대해서는,

- 久留間健, 『화폐·신용론과 현대』(大月書店, 1999)
- 小西一雄, 『자본주의의 성숙과 전환』(桜井書店, 2014)
- 小西一雄, 『자본주의의 성숙과 종언』(桜井書店, 2020)
- 宮田惟史, 『마르크스의 경제 이론』(岩波書店, 2023)
- 大谷禎之介, 『마르크스의 이자 낳는 자본론』 전4권(桜井書店, 2016)
- 三宅義夫, 『마르크스·엥겔스 영국공황사론』 상·하(大月書店, 1974)

을 추천합니다.

쿠루마 켄久留間健(1932-2022) 씨의 저작은 현행판밖에 검토하지 않았다는 결점이 있지만, 제3부 제5장과 제2부 제3장 '유통과정과 재생산과정의 실체적 조건'의 관계를 고찰하고 있으며, 자본의 전대와 유통수단의 전대의 구별이 신용론에 있어서 얼마나 중요한지를 가르쳐 줍

니다. 코니시 카즈오小西一雄 씨의 저작은 모두 마르크스의 신용론의 요체를 보여 주면서, 그것이 현실의 자본주의를 고찰하는 데 어떻게 활용되는지를 명확하게 그려 내고 있으며, 현대자본주의의 분석으로서도 훌륭합니다. 또한 미야타 코레후미宮田惟史(1983-) 씨의 저작은, 제5장 중에서도 특히 난해한 현실자본의 축적과 화폐적 자본의 축적의 관계를, 이윤율 저하 법칙과의 관련에서 명쾌하게 풀어내고 있다는 점에서 훌륭합니다.

그렇다고는 해도, 마르크스의 이자 낳는 자본론은 매우 풍부한 내용을 담고 있으며, 어떤 하나의 흐름의 설명으로 수렴시킬 수 있는 것이 아닙니다. 그러한 의미에서 제3부 제5장의 초고를 철저하게 검증하고, 그 전모를 해명한 오타니 데이노스케 씨의 저작은 우리가 마르크스의 이자 낳는 자본론에 대해 고찰하고, 그것을 현실 분석의 무기로 활용해 나가는 데 큰 도움이 될 것입니다. 학술적인 견지에서 보더라도, 이것이야말로 초고 연구라고 말할 수 있을 정도의 기념비적 저작이며, 향후의 초고 연구가 목표로 삼아야 할 하나의 도달점을 보여 주고 있다고 말할 수 있을 것입니다.

마지막의 미야케 요시오三宅義夫(1916-2005) 씨의 저작은 마르크스와 엥겔스의 서술에 기초하여 19세기의 영국 공황의 역사를 극명하게 그린 것입니다. 제5장의 초고를 정확하게 이해하기 위해서는 당시의 영국 신용제도에 대한 어느 정도의 지식이 필요한데, 이 미야케 씨의 저작은 충분한 지식을 줄 것입니다.

상업자본론이나 지대론에 대해서는 일찍이 연구가 활발하게 이루어졌지만, 현재는 저조하며, 추천할 만한 문헌을 찾기 어렵습니다. 지대론을 대상으로 한 것은 아니지만, 그것을 이해하기 위한 전제로서 농학

에 대한 지식을 얻기 위해서는,

- 祖田修(1939-2025), 『근대농업사상사』(岩波書店, 2013)

가 도움이 될 것입니다. 기본 사항이 교과서적으로 설명되어 있으므로, 문외한이더라도 농학의 발전사의 개요를 파악할 수 있습니다.

본서는 지금까지 제가 집필한 것 중에서 가장 고생했던 저작입니다. 전작인 『마르크스 자본론』을 다 쓴 뒤, 초고의 번역 작업을 하면서, 제3부가 대상으로 하는 광대한 영역에 대한 선행 연구를 두루 찾아보고, 정합적인 해석을 추구하는 작업을 반복했습니다. 그럼에도 『자본론』 제3부의 전체상은 좀처럼 보이지 않았고, 겨우 그 윤곽이 보이기 시작한 것은 2021년에 아사히朝日 컬처 센터에서 했던 『자본론』 제3권 강좌 때였습니다. 그 윤곽을 실마리로 삼아, 2022년 가을경부터 본서의 집필을 시작했지만, 예상보다 집필이 난항을 겪었고, 최종적으로 탈고하기까지 10개월 정도가 걸리게 되었습니다.

집필 과정에서 끊임없이 직면했던 것이 본서에서 반복적으로 지적한, 제3부 초고의 완성도의 낮음입니다. 저 자신, 그토록 초고 연구의 중요성을 강조하면서도, 선행 연구의 인상에 사로잡혀 있었기 때문에, 제3부가 어디까지나 초고이며 미완성이라는 점을 가볍게 보았습니다. 그럼에도 검토에 검토를 거듭하여, 마르크스가 의도했다고 생각되는 논리의 흐름을 어떻게든 찾아내고, 그것에 의해 통일적인 해석으로 정리할 수 있었습니다.

물론 이것이 완전한 해석이라는 생각은 없습니다. 제2부 제1고와 제2부 제8초고의 완성도가 완전히 다른 것처럼, 제3부 제1고와 그 최종

판의 완성도는 완전히 달랐을 것이며, 그 최종판이 어떤 구성이 되었는지까지 상세히 검토할 수 있었던 것은 아니기 때문입니다. 어디까지나 본서의 과제는 마르크스가 남긴 텍스트를 가능한 한 정확하게 읽어 내는 데에 있습니다. 그러한 의미에서는 『자본론』 제3부 연구에는 아직도 광대한 미개척 영역이 남아 있다고 말할 수 있을 것입니다.

그러한 한계성에도 불구하고, 본서를 간행한 것은 '서문'에서 서술한 것처럼, 『자본론』 제3부의 이론이 현대자본주의의 분석에서, 그리고 그 변혁에 있어서 점점 더 중요해지고 있기 때문입니다.

한편으로는 자본주의의 위기가 심각화되는 가운데, 글로벌 규모로 젊은 세대의 좌경화가 진행되고, 보수적인 일본에서조차 사이토 고헤이 씨의 『인신세人新世의 「자본론」』[133]이 50만 부를 넘는 베스트셀러가 되는 등 변화의 조짐이 나타나고 있습니다. 그러나 다른 한편으로는 상품경제가 우리를 더욱 강력하게 포위하고, 자본주의가 점점 더 강대해지는 가운데, 기후위기에 대한 대책은 늦어지고, 격차 확대도 멈추지 않습니다.

이 희망과 체념이 공존하는 혼돈스러운 역사적 분기점에서, 더 이상 땜질식의 개혁론으로는 어찌할 수 없다는 것은 분명합니다. 인류를 세계사적인 위기에 빠뜨리면서도, 아직 그 힘을 잃지 않은 자본주의 시스템에 대항하려면, 기존의 권력관계나 관념에 사로잡히지 않고, 상상력 풍부하게 변혁을 구상하고 실천하는 것이 핵심이 될 것입니다. 『자본론』 제3부는 바로 그러한 구상과 실천에 있어, 『자본론』 제1부와 함께 '최강의 이론적 무기'가 될 것입니다.

133) 역주: 사이토 고헤이, 『지속 불가능 자본주의: 기후 위기 시대의 자본론』, 김영현 옮김, 다다서재, 2021.

마지막으로, 본서의 편집에 힘써 주신 아사다 에리코麻田江里子 씨, 아사히 컬처 센터에서 『자본론』 제3권 강좌의 기회를 주신 아라이 키요에荒井清恵 씨, 본서의 초고를 살펴보고 코멘트해 주신 사이토 고헤이 씨, 스미다 소이치로隅田聡一郎(1986-) 씨, 번역 체크를 도와주신 타케다 마사토竹田真登 씨에게 진심으로 감사를 표합니다.

2023년 9월

사사키 류지

옮긴이의 말

이 책은 사사키 류지佐々木隆治(1974- , 릿쿄대학 경제학부 교수)가 쓴 『マルクス 資本論 第3巻』(KADOKAWA, 2024, 756pp)을 완역한 것이다. 저자는 일본 *MEGA*(『新마르크스·엥겔스전집』) 편집위원회 편집위원으로서 마르크스 초고의 새로운 편집·출판·번역 및 이에 기초한 현대자본주의 분석과 포스트자본주의 대안 연구를 중심으로 일본의 '차세대' 마르크스주의 연구를 주도하고 있다. 대표적인 저서로는 이번에 번역해 낸 책 외에, 『マルクスの物象化論』(社會評論社, 2011)과 『カール·マルクス』[ちくま新書, 2016; 이 책의 한국어판 및 영어판은 『한 권으로 읽는 마르크스와 자본론』(정성진 옮김, 산지니, 2020); *A New Introduction to Karl Marx*(Palgrave Macmillan, 2021)으로 출판되었다], 『マルクス 資本論』(KADOKAWA, 2020) 등이 있다.

이 책은 마르크스의 『자본론』 제3권 해설서이다. 그런데 『자본론』 해설서는 국내에 이미 수십 권 넘게 나와 있기 때문에, 이런 해설서를 또 추가할 필요가 있을까 하는 의문이 들 수도 있다. 하지만 기존에 국내에서 출판된 해설서들은 『자본론』 제1권 해설 위주이고, 제2권 혹은 제3권을 따로 다룬 것은 전무하다시피 하다. 물론 『자본론』 출판과 연구의 역사가 한 세기가 넘는 일본에서는 제3권을 별도로 해설한 단행본들이 다수 출판되어 있다. 하지만, 이 책은 엥겔스가 편집한 현행판 『자본론』 제3권이 아니라 마르크스의 『자본론』 제3권 초고 자체를 해설한 점에서 엥겔스판 『자본론』 제3권을 해설한 기존의 해설서들과 근본적으로 구별된다. 이 점이 왜 중요하냐 하면, 엥겔스가 편집한 현행판 『자본론』 제3권은 그 원본인 마르크스의 『자본론』 제3권 초고와 다른 부분이 적지 않기 때문이다.[『자본론』 제3권 초고의 주요 부분은 1992년 Karl Marx, *Ökonomische Manuskripte 1863-1867, MEGA* II/ 4.2 (Dietz Verlag Berlin, 1992)으로 최초로 공간되었고, 그 영역본은 Karl Marx, *Marx's Economic Manuscript of 1864-1865* (Brill, 2016)으로 출간되었으며, 저자가 역자로 참여한 일역본은 근간 예정이다. 현재 한국어판 『자본론』 제3권은 모두 3종이 출판되어 있는데(김수행 옮김, 비봉출판사, 1990; 강신준 옮김, 도서출판 길, 2010; 황선길·김진희 옮김, 라움, 2025), 모두 엥겔스판 『자본론』 제3권의 번역이며, 마르크스의 『자본론』 제3권 초고의 번역이 아니다.]

마르크스의 『자본론』 제3권 초고와 현행판 『자본론』 제3권의 체재 및 내용에서의 차이와 함의에 대해서는 이 책에서 상세하게 검토하고 있지만, 몇 가지 예를 들면 다음과 같다. 엥겔스는 『자본론』 제3권의 제목부터 수정했다. 마르크스는 『자본론』 제3권 초고의 제목을 '총과정의 형상화Gestaltungen'라고 붙였지만, 엥겔스는 여기에서 '형상화'를 삭제하고 '자본주의적 생산'이란 구절을 추가하여 '자본주의적 생산의 총과정'이라고 수정했다. 또 현행판 제3편 '이윤율의 경향적 저하 법칙'은 '법칙 그 자체', '상쇄요인들', '법칙의 내적 모순들의 전개'라는 제목의 장들로 구분되어 있는데, 마르크스의 초고에는 이런 장 구분 자체가 없다. 마르크스의 초고의 완성도가 낮았던 제5편 이자와 신용은 엥겔스의 대폭 편집을 통해 사실상 '새로운 물건'으로 재탄생했다. 이 과정에서 '화폐자본Geldkapital'과 '화폐적 자본moneyed capital'을 엄밀하게 구별한 마르크스의 문제의식 등은 알 수 없게 되었다. 마르크스의 『자본론』 제3권 초고에 대한 엥겔스의 이와 같은 자의적인 첨삭·수정은 마르크스 자신의 사유의 흐름을 이해하기 위해서는 엥겔스가 편집한 현행판이 아니라 마르크스의 초고 자체를 직접 읽을 필요가 있음을 시사한다. 마르크스의 『자본론』 제3권 초고 전체를 정밀한 문헌고증을 통해 원상태로 복원하고, 이에 근거하여 마르크스가 애초에 전개했던 논리를 파악·재현·해설한 이 책은 『자본론』 제3권 초고 독해를 위한 완벽한 가이드이다.

이 책의 가치는 사상 최초의 『자본론』 제3권 초고 전체의 해설서라는 데 있는 것만은 아니다. 발췌·요약·주해 위주의 기존의 해설서들과는 달리, 이 책은 『자본론』 제3권 전체를 관통하는 마르크스의 문제설정을 '형상화'와 '마르크스균형'에서 포착하고, 이 문제설정을 중심으로 제3권의 논리 전개를 일관되게 설명한다. 저자에 따르면 『자본론』 제3권은 '형상화' 개념을 핵심 축으로 하여 『자본론』 제1권과 제2권에서 전개된 본질적 메커니즘의 '물상화'가 현상적 메커니즘을 통해 심화되는 과정을 서술한 것이다. 『자본론』 제1권, 제2권이 인간의 노동이 상품이라는 '물상'으로 전환되는 과정을 다룬다면, 제3권은 그렇게 만들어진 물상(상품, 화폐, 자본)이 거꾸로 인간을 지배하며 스스로 가치를 증식시키는 듯한 외관, 즉 '형상'을 만들어 내는 과정을 폭로한다는 것이다. 이는 노동자가 창출한 잉여가치가 자본 자체가 낳은 이윤으로, 화폐가 낳은 이자로, 토지가 낳은 지대로 둔갑하는 현상이다. 저자는 또 이 책에서 '마르크스균형'이라는 개념을 도입하고(저자에 따르면 '마르크스균형'이란 단지 수요와 공급의 균형이 아니라, 사회 전체에서 노동력 배분의 균형을 가리킨다), 이 관점에서 이윤율의 균등화, 가치의 생산가격으로의 전형(이른바 '전형문제'), 시장가치와 시장생산가격, 이윤율의 경향적 저하, 순수유통비 고려 시 상업이윤율 계산, 이자 낳는 자본과 가공자본, 허위의 사회적 가치, 절대지대 등 『자본론』제3권의 주요 주제들 및 관련 쟁점들을, 마르크스 자신의 오류를 포함하여, 새롭게 해석하고 해결한다.

예컨대 저자는 마르크스의 지대론을 생산수단 소유의 독점을 통한 초과이윤의 고착화 논리, 즉 '렌트rent론'으로 확장하고, 이를 통해 마르크스의 지대론이 오늘날 '렌트 자본주의'를 분석하는 기초 이론과 이론적 토대가 될 수 있음을 보인다. 나아가 저자는 이 책에서 '형상화'와 경제적 형태규정의 지배에 기반한 자본주의의 완강한 존속과 재생산 및 이에서 비롯된 인간과 자연의 물질대사의 위기, 이에 맞선 새로운 형태의 계급투쟁과 어소시에이션의 발전 등 포스트자본주의 기획 관련 쟁점들도 검토하고 있는데, 이것들은 기존의 제3권 해설서들에서는 무시되거나 주변적으로 처리된 것들이다. 독자들은 난해하고 난삽하기로 유명한 마르크스의 『자본론』 제3권을 '형상화'와 '마르크스균형'이라는 새로운 시각으로 깔끔하게 해설한 이 책을 길잡이로 하여 『자본론』 제3권에서 마르크스의 본래의 사상을 영유하고, 이에 기초하여 오늘날 자본주의의 모순과 위기의 분석과 포스트자본주의 기획으로 나아갈 수 있을 것이다.

이 책의 전반부는 서성광이, 후반부는 정성진이 번역했고, 역주와 원문 병기 작업은 주로 정성진이 맡았다. 하지만, 번역 초고를 서로 교차 수정했기 때문에 번역에 대한 책임은 공동으로 진다. 역주는 이 책 원서에서 언급된 문헌들에 대응하는 국역본의 서지사항과 쪽수를 밝히고, 마르크스의 주요 용어에 대한 저자의 번역과 이에 대응하는 기존의 국역을 대조하는 것을 위주로 작성했다. 또 심화된 독해를 위해 일부 마르크스의 주요 용어들에 대해 이에 대응하는 원문을 *MEGA*를 기준으로 병기했다. 번역 과정에서 역자들의 질문에 친절하게 답해 주고, 한국어판을 위해 새로운 서문과 함께 원서에는 없던 일부 내용을 추가해 준 저자께 감사드린다. 또 번역 원고를 원서 및 해당 *MEGA* 원문과 대조·교열하여 중요한 오류를 바로잡아 준 이승무 순환경제연구소 소장님과 어려운 출판 상황에도 불구하고 이 책의 출판을 기꺼이 맡아 준 21세기문화원 류현석 원장께 감사드린다. 이 책의 번역은 2021년 대한민국 교육부와 한국연구재단의 지원을 받아 수행된 연구(NRF-2021S1A3A2A02096299)의 일부로 이뤄졌음도 밝혀 둔다.

2026년 1월 11일

정성진, 서성광

찾아보기

마르크스 자본론 제3권

2026년 1월 20일 초판 1쇄 인쇄
2026년 1월 30일 초판 1쇄 발행

지은이 사사키 류지
옮긴이 정성진·서성광
펴낸이 류현석

펴낸곳 21세기문화원
등　록 2000.3.9 제307-2000-18호
주　소 서울 성북구 북악산로1가길 10
전　화 02-923-8611
팩　스 02-923-8622
이메일 21_book@naver.com

ISBN 979-11-92533-30-8 93320

값 52,000원